新世纪工程管理类系列教材

建设法规与典型案例分析

主　编　马　楠
副主编　何　燕　刘黎虹　李彦军
参　编　赵丽丽　孙　钥　韩国波　柳　锋　董　晶
主　审　吴怀俊

机械工业出版社

本书结合我国当前最新立法、司法动态,基于工程建设的基本程序,以建设项目的全寿命周期为主线,按照不同的阶段,以实际应用为目的,将工程建设基本法律制度与典型案例有机结合起来,系统、全面地介绍了当前我国工程建设领域的最新法律、法规,以案说法,以案学法,使读者在学习理论知识的同时,能够及时掌握新近修改颁布实施的《建筑法》、《物权法》、《城乡规划法》、《劳动合同法》、最高人民法院《关于审理建设工程施工合同纠纷案件适用法律问题的解释》对于工程建设的影响。本教材的主要特色是借鉴了大量生动翔实的典型实用案例,使读者置身于真实法律环境中,具有较强的应用性和实践性。

本书可作为高等学校建筑学、土木工程、工程管理、城市规划、建筑设备与环境工程及相关专业的本科教材,还可作为工程建设管理人员的培训教材和学习参考用书。

图书在版编目（CIP）数据

建设法规与典型案例分析/马楠主编 .—北京：机械工业出版社，2011.5（2024.6重印）
新世纪工程管理类系列教材
ISBN 978-7-111-34126-0

Ⅰ.①建… Ⅱ.①马… Ⅲ.①建筑法—中国—高等学校—教材
Ⅳ.①D922.297

中国版本图书馆 CIP 数据核字（2011）第 063318 号

机械工业出版社（北京市百万庄大街22号　邮政编码100037）
策划编辑：冷　彬　责任编辑：冷　彬　孙晶晶
版式设计：张世琴　责任校对：赵　蕊
封面设计：张　静　责任印制：单爱军
北京虎彩文化传播有限公司印刷
2024年6月第1版第9次印刷
169mm×239mm · 28.5 印张 · 559 千字
标准书号：ISBN 978-7-111-34126-0
定价：69.00 元

电话服务　　　　　　　　　　网络服务
客服电话：010-88361066　　机 工 官 网：www.cmpbook.com
　　　　　010-88379833　　机 工 官 博：weibo.com/cmp1952
　　　　　010-68326294　　金 书 网：www.golden-book.com
封底无防伪标均为盗版　　　　机工教育服务网：www.cmpedu.com

前言

我国建筑业的持久繁荣需要呼唤更加健全的法律来规范行业的发展，建设工程领域立法进程的加快也有力地促进了建筑业的发展。近几年来，国家修订、完善了包括《建筑法》、《城乡规划法》、《物权法》、《房地产法》、《消防法》、《民事诉讼法》等在内的一大批与工程建设相关的法律、法规，这些法律、法规将对我国建筑业的改革产生重大而深远的影响。但目前我国普通高等院校建设法规类课程的教材体系内容却严重滞后，远远不能满足新形势下社会对于建设类人才的培养需求。

在这一新的背景下，当前建设法规类课程体系和教材内容的调整已经刻不容缓。为了及时将国家最新颁布实施的法律、法规引入教材，作者在总结多年的科研、教学实践以及以往教材编写经验的基础上，根据新形势下我国普通高等教育工程管理、土木工程、建筑学、城市规划、建筑设备与环境工程等本科专业人才培养目标对本课程的教学要求，并结合当前建设工程领域立法最新动态，编写了这本教材，旨在满足新形势下我国对建设类相关专业人才培养的迫切需求。

本教材基于工程建设的基本程序，以建设项目的全寿命周期为主线，按照不同阶段以实际应用为目的，将工程建设基本法律制度与典型案例有机结合起来，系统、全面地介绍了当前我国工程建设领域的最新法律、法规，以案说法，以案学法，形成了本教材的独特风格：

1. 课程内容新颖实用。本教材以当前国家最新颁布的建设法律、法规为依据，尽量吸收工程建设中司法实践的最新成果，反映了国内外本课程的最新动态。

2. 知识体系博采众长。广泛参考和吸取国内相关教材的优点，充分吸收国内关于本课程的最新理论研究成果和教学改革成果。

3. 教学案例典型丰富。本教材在编写过程中始终坚持理论够用，重在能力运用的人才培养原则，借鉴了大量生动翔实的典型实用案例，特别是首创将大规模案例教学引入课堂教学，使学生置身于真实法律环境中，以案说法，以案学法，具有较强的应用性和实践性。

4. 教材内容广泛全面。本教材在内容上涵盖了建设工程领域的主要法律、法规，完全符合普通高等教育建筑类相关专业对于建设法规类课程的教学要求，符合这些专业的人才培养目标。

5. 课程知识结构合理。在知识结构上本教材以工程建设基本程序为主线，做到知识主线明确、内容全面、层次分明、重点突出、结构合理。

6. 教学设计力求创新。本教材知识体系完整，每章后设置典型案例分析，便于教师教学和学生自学，有助于学生尽快学习和领悟我国的立法轨迹和法律现状，加强对所学知识的综合应用。

本书由马楠教授担任主编，何燕、刘黎虹、李彦军担任副主编。具体分工为：马楠编写第1章、第2章和第3章；刘黎虹、赵丽丽合编第4章和第5章；孙钥编写第6章；何燕编写第7章、第10章、第13章和第15章；韩国波编写第8章；柳锋编写第9章；李彦军编写第11章、第12章和第14章；董晶参加了部分案例的编写工作。全书由马楠负责统稿。中国建设工程造价管理协会教育专家委员会的专家吴怀俊教授对全书进行了详细审阅，并提出了宝贵的意见。特此表示诚挚的感谢！

由于编者水平有限，在成书过程中虽经反复研究推敲，书中不妥之处仍在所难免，诚请读者批评指正。

编 者

目 录

前言
第1章 工程建设法律基础 …… 1
- 1.1 工程建设及其程序 …………… 1
- 1.2 工程建设法律概述 …………… 10
- 1.3 工程建设法律关系 …………… 13
- 1.4 工程建设相关的基本民事法律制度 …………………………… 20
- 1.5 工程建设法律基础典型案例分析 …………………………… 27

第2章 工程建设从业资格制度 …………………………… 31
- 2.1 从业资格制度概述 …………… 31
- 2.2 从业单位资质管理 …………… 33
- 2.3 专业人员执业资格管理 ……… 37
- 2.4 工程建设从业资格制度典型案例分析 …………………………… 45

第3章 建筑法律制度 …………… 52
- 3.1 建筑法概述 …………………… 52
- 3.2 建筑工程许可制度 …………… 54
- 3.3 工程发包与承包制度 ………… 59
- 3.4 建设工程监理制度 …………… 64
- 3.5 建筑法典型案例分析 ………… 68

第4章 工程建设招标投标法律制度 …………………………… 76
- 4.1 工程建设招标投标法概述 …… 76
- 4.2 工程建设项目招标 …………… 78
- 4.3 工程建设项目投标 …………… 87
- 4.4 工程建设项目的开标、评标与中标 …………………………… 93
- 4.5 工程建设招标投标法典型案例分析 …………………………… 98

第5章 建设工程合同法律制度 …………………………… 103
- 5.1 建设工程合同法律制度概述 … 103
- 5.2 建设工程合同的订立 ………… 107
- 5.3 建设工程合同的效力 ………… 112
- 5.4 建设工程合同的履行 ………… 116
- 5.5 建设工程合同的变更、终止 … 124
- 5.6 违约责任 ……………………… 127
- 5.7 建设工程合同纠纷案件司法解释相关规定及应用 ……………… 130
- 5.8 建设工程合同法典型案例分析 …………………………… 137

第6章 城乡规划法律制度 ……… 145
- 6.1 城乡规划管理概述 …………… 145
- 6.2 城乡规划制定 ………………… 148
- 6.3 城乡规划的实施 ……………… 153
- 6.4 城乡规划的修改 ……………… 159
- 6.5 城乡规划的监督检查 ………… 164
- 6.6 城乡规划法典型案例分析 …… 166

第7章 建设工程勘察设计法律制度 …… 170
- 7.1 建设工程勘察设计法律制度概述 …… 170
- 7.2 建设工程勘察设计文件的编制 …… 172
- 7.3 施工图设计文件的审查 …… 175
- 7.4 工程勘察设计咨询业知识产权保护与管理 …… 179
- 7.5 建设工程勘察设计法律典型案例分析 …… 188

第8章 建设工程质量管理法律制度 …… 194
- 8.1 建设工程质量管理法律制度概述 …… 194
- 8.2 建设工程质量管理责任和义务 …… 200
- 8.3 建设工程质量的监督管理 …… 208
- 8.4 建设工程竣工验收与工程质量保修制度 …… 214
- 8.5 建设工程质量管理法律典型案例分析 …… 217

第9章 建设工程安全生产管理法律制度 …… 221
- 9.1 建设工程安全生产管理法律制度概述 …… 221
- 9.2 建设工程安全责任 …… 225
- 9.3 建设工程安全生产的行政监督管理 …… 235
- 9.4 建设工程重大安全事故的处理 …… 239
- 9.5 建设工程安全生产管理法律典型案例分析 …… 242

第10章 工程建设环境保护法律制度 …… 252
- 10.1 工程建设环境保护法律制度概述 …… 252
- 10.2 我国的环境保护基本法及专项法 …… 255
- 10.3 建设项目环境保护制度 …… 269
- 10.4 工程建设环境保护法律典型案例分析 …… 273

第11章 房地产管理法律制度 …… 279
- 11.1 房地产管理法律制度概述 …… 279
- 11.2 房地产开发用地 …… 281
- 11.3 房地产开发 …… 286
- 11.4 房地产交易 …… 291
- 11.5 房地产权属登记 …… 298
- 11.6 房地产管理法律典型案例分析 …… 311

第12章 物业管理法律制度 …… 317
- 12.1 物业管理概述 …… 317
- 12.2 业主及其自治管理组织 …… 326
- 12.3 物业服务企业 …… 331
- 12.4 物业管理法律典型案例分析 …… 335

第13章 工程建设其他法律制度 …… 340
- 13.1 建筑节能及相关法律规定 …… 340
- 13.2 消防法 …… 343
- 13.3 档案法 …… 346
- 13.4 劳动法 …… 355
- 13.5 与工程建设相关的其他法律典型案例分析 …… 362

第14章 工程建设纠纷的解决途径 …… 365
- 14.1 概述 …… 365
- 14.2 证据制度 …… 367
- 14.3 仲裁制度 …… 373
- 14.4 诉讼制度 …… 381
- 14.5 工程建设纠纷典型案例

　　分析 …………………………… 399
第15章　建设法律责任 ………… 407
　15.1　法律责任概述 ……………… 407
　15.2　建设工程常见法律责任 ……… 411
　15.3　建设工程法律责任的认定与

　　处理 …………………………… 425
　15.4　建设工程法律责任典型案例
　　分析 …………………………… 441
参考文献 ………………………………… 448

IV.

第1章
工程建设法律基础

1.1 工程建设及其程序

1.1.1 工程建设相关概念

1. 工程建设的概念

工程建设是指投资建造固定资产和形成物质基础的经济活动。凡是固定资产扩大再生产的新建、扩建、改建、复建工程及与之相关的活动均称为工程建设。因此，工程建设的实质是形成新增固定资产的一项综合性的经济活动，其主要内容是把一定的物质资料如建筑材料、机械设备等通过购置、建造、安装和调试等活动转化为固定资产，形成新的生产能力或使用效益的过程。与之相关的其他工作，如征用土地、勘察设计、筹建机构和生产职工培训等，也属于工程建设的组成部分。

2. 工程建设的内容

工程建设是通过勘察、设计和施工等活动，以及与其他相关部门的经济活动来实现的。它包括从资源开发规划，确定工程建设规模、投资结构、建设布局、技术政策和技术结构、环境保护、项目决策，到建筑安装、生产准备、竣工验收、联动试车等一系列复杂的技术经济活动。工程建设的内容主要有：建筑工程、机械设备及工器具购置与安装工程，以及工程建设等其他相关工作。

(1) 建筑工程 建筑工程是指永久性和临时性的各种建筑物和构筑物。如厂房、仓库、住宅、学校、矿井、桥梁、电站、体育场等新建、扩建、改建或复建工程；各种民用管道和线路的敷设工程，设备基础、炉窑砌筑、金属结构件（如支柱、操作台、钢梯、钢栏杆等）工程，以及农田水利工程等。

(2) 机械设备及工器具购置 机械设备及工器具购置是指按设计文件规定，对用于生产或服务于生产达到固定资产标准的设备、工器具的加工、订购和采购。

(3) 安装工程　安装工程是指永久性和临时性生产、动力、起重、运输、传动和医疗、试验等设备的装配、安装工程，以及附属于被安装设备的管线敷设、绝缘、保温、刷油等工程。

(4) 工程建设等其他相关工作　工程建设等其他相关工作是指上述三项工作之外而与建设项目有关的各项工作。其内容因建设项目性质的不同而有所差异，以新建工作而言，主要包括：征地、拆迁、安置，建设场地准备（三通一平），勘察、设计招标，承建单位招标，生产人员培训，生产准备，竣工验收，试车等。

1.1.2　建设项目及其分类

1. 建设项目的概念

工程建设项目通常简称为建设项目。它是指按照一个总体设计进行施工，可以形成生产能力或使用价值的一个或几个单项工程的总体。它在行政上一般实行统一管理，在经济上实行统一核算。

凡属于一个总体设计中分期、分批进行建设的主体工程和附属配套工程、供水供电工程等都作为一个建设项目。按照一个总体设计方案和总投资文件在一个场地或者几个场地上进行建设的工程，也属于一个建设项目。

在工业建设中，一般以一个工厂为一个建设项目；在民用建设中，一般以一个事业单位，如一所学校、一家医院为一个建设项目。

2. 建设项目的分类

建设项目可以按不同标准进行分类。

(1) 按建设项目的建设性质分类　建设项目按建设性质可分为基本建设项目和更新改造项目。基本建设项目是投资建设用于进行扩大生产能力或增加工程效益为主要目的工程，包括新建项目、扩建项目、迁建项目和复建项目。

1) 新建项目。它是指从无到有的新建设的项目。按现行规定，对原有建设项目重新进行总体设计，经扩大建设规模后，其新增固定资产价值超过原有固定资产价值三倍以上的，也属新建项目。

2) 扩建项目。它是指现有企业或事业单位为扩大生产能力或新增效益而增建的主要生产车间或其他工程项目。

3) 迁建项目。它是指现有企业或事业单位出于各种原因而搬迁到其他地点的建设项目。

4) 复建项目。它是指现有企业或事业单位原有固定资产因遭受自然灾害或人为灾害等原因造成全部或部分报废，而后又重新建设的项目。

更新改造项目是指原有企业或事业单位为提高生产效益，改进产品质量等原

因，对原有设备、工艺流程进行技术改造或固定资产更新，以及相应配套的辅助生产、生活福利等工程和有关工作。

（2）按建设项目的用途分类　按建设项目在国民经济各部门中的作用，可分为生产性建设项目和非生产性建设项目。

1）生产性建设项目。它是指直接用于物质生产或满足物质生产需要的建设项目。它包括工业、农业、林业、水利、交通、商业、地质勘探等建设工程。

2）非生产性建设项目。它是指用于满足人们物质文化需要的建设项目。它包括办公楼、住宅、公共建筑和其他建设工程项目。

（3）按建设项目规模分类　根据国家有关规定，基本建设项目可划分为大型建设项目、中型建设项目和小型建设项目；更新改造项目可划分为限额以上项目（能源、交通、原材料工业项目 5000 万元以上，其他项目总投资 3000 万元以上）和限额以下项目两类。

（4）按行业性质和特点分类　按行业性质和特点建设项目可分为竞争性项目、基础性项目和公益性项目。

1）竞争性项目。它主要是指投资效益比较高、竞争性比较强的一般性建设项目。这类项目应以企业为基本投资对象，由企业自主决策、自担投资风险。

2）基础性项目。它主要是指具有自然垄断性、建设周期长、投资额大、收益低的基础设施和需要政府重点扶持的一部分基础工业项目，以及直接增强国力的符合经济规模的支柱产业项目。这类项目主要由政府集中必要的财力、物力，通过经济实体进行投资。

3）公益性项目。它主要包括科技、文教、卫生、体育和环保等设施，公、检、法等政权机关以及政府机关、社会团体的办公设施等。公益性项目的投资主要由政府利用财政资金来安排。

1.1.3　建设项目的组成

建设项目按照建设管理和合理确定工程造价的需要，划分为建设项目、单项工程、单位工程、分部工程和分项工程五个项目层次。

1. 建设项目

建设项目一般是指具有设计任务书和总体规划，经济上实行独立核算，管理上具有独立组织形式的基本建设单位。如一座工厂、一所学校、一家医院等均为一个建设项目。

2. 单项工程

单项工程又叫工程项目，是建设项目的组成部分。一个建设项目可能是一个单项工程，也可能包括若干个单项工程。单项工程是指具有独立的设计文件，建成后可以独立发挥生产能力和使用效益的工程。如一所学校的教学楼、办公楼、图书馆等，一座工厂中的各个车间、办公楼等。

3. 单位工程

单位工程是单项工程的组成部分。单位工程是指具有独立的设计文件，可以独立组织施工，但建成后一般不能独立发挥生产能力和使用效益的工程。如办公楼是一个单项工程，该办公楼的土建工程、室内给排水工程、室内电气照明工程等，均属于单位工程。

4. 分部工程

分部工程是单位工程的组成部分。分部工程是指在一个单位工程中，按工程部位及使用材料和工种进一步划分的工程。如一般土建单位工程的土石方工程、桩基础工程、砌筑工程、混凝土和钢筋混凝土工程、金属结构工程、构件运输及安装工程、楼地面工程、屋面工程，均属于分部工程。

5. 分项工程

分项工程是分部工程的组成部分。分项工程是指在一个分部工程中，按不同的施工方法、不同的材料和规格，对分部工程进一步划分的，通过较为简单的施工过程就能完成，以适当的计量单位就可以计算其工程量的基本单元。如砌筑工程可划分为砖基础、内墙、外墙、空斗墙、空心砖墙、砖柱、钢筋砖过梁等分项工程。分项工程没有独立存在的意义，它只是为了便于计算建筑工程造价而分解出来的"假定产品"。

综上所述，一个建设项目通常是由一个或几个单项工程组成的，一个单项工程是由几个单位工程组成的，而一个单位工程又是由若干个分部工程组成的，一个分部工程可按照选用的施工方法、使用材料、结构构件规格的不同等因素划分为若干个分项工程。合理地划分概预算编制对象的分项工程，是正确编制工程概预算造价的一项十分重要的工作，同时也有利于项目的组织管理。

1.1.4 工程建设程序

1. 工程建设程序的概念

工程建设过程中所涉及的社会层面和管理部门广泛，协调合作环节多。因此，必须按照建设项目建设的客观规律和实际顺序进行工程建设。工程的建设程序就是指建设项目从酝酿、提出、决策、设计、施工到竣工验收及投入生产整个过程中各环节及各项主要工作内容必须遵循的先后顺序。这个顺序是由工程建设进程所决定的，它反映了建设工作客观存在的经济规律及自身的内在联系特点。

2. 工程建设程序阶段的划分

在我国，根据现行工程建设程序法规的规定，政府投资项目工程建设一般程序见表1-1。

表 1-1 政府投资项目工程建设一般程序

工程建设程序的阶段划分	各阶段的主要环节
（1）工程建设前期阶段 （投资决策阶段）	① 建设项目投资意向确定
	② 建设项目投资机会分析
	③ 编制项目建议书
	④ 建设项目可行性研究
	⑤ 项目审批立项
（2）工程建设准备阶段	① 建设项目规划
	② 获取土地使用权
	③ 征地拆迁
	④ 建设项目报建
	⑤ 建设项目发包与承包
（3）工程建设实施阶段	① 工程勘察设计
	② 设计文件审批
	③ 施工准备
	④ 工程施工
	⑤ 生产准备
（4）工程竣工验收交付使用阶段	① 竣工验收
	② 工程保修
	③ 投资后评价

从表 1-1 中可知，政府投资项目工程建设程序共分四个阶段，每个阶段又各包含若干环节。各阶段、各环节的工作应按规定顺序进行。当然，工程项目的性质不同，规模大小不同，同一阶段内各环节的工作会有一些交叉，有些环节还可省略，在具体执行时，可根据本行业、本项目的特点，在遵守工程建设程序的大前提下，灵活地开展各项工作。

1.1.5 工程建设程序各个阶段的工作内容

1. 工程建设前期阶段的内容

工程建设前期阶段即投资决策阶段，这一阶段主要是对工程项目投资的合理性进行考察，对工程项目进行选择。对投资者来讲，这是进行战略决策，它将从根本上决定其投资效益，因此是十分重要的阶段。这个阶段包含确定投资意向、投资机会分析、编制项目建议书、可行性研究与评价、审批立项等几个环节。

（1）确定投资意向　投资意向是投资主体发现社会存在合适的投资机会而产生的投资愿望。它是工程建设活动的起点，也是工程建设活动得以进行的必备条件。

（2）投资机会分析　投资机会分析是投资主体对投资机会所进行的初步考查和分析，在认为机会合适、有良好的预期效益时，则可进行下一步行动。

（3）编制项目建议书　项目建议书是投资机会分析结果文字化后所形成的书面文件，以方便投资决策者分析、抉择。项目建议书应对拟建工程的必要性、客观可行性和获利可能性逐一进行论述。

大中型和限额以上项目的投资项目建议书由行业归口主管部门初审后，再由国家发改委（原国家计委）审批。小型项目的项目建议书，按隶属关系由主管部门或地方计委审批。

（4）可行性研究与评价　可行性研究是指项目建议书被批准后，对拟建项目在技术上是否可行、经济上是否合理等内容所进行的分析论证。广义的可行性研究还包括投资机会分析与评价。

可行性研究应对项目所涉及的社会、经济、技术问题进行深入的调查研究，对各种各样的建设方案和技术方案进行发掘并加以比较、优化，对项目建成后的经济效益、社会效益进行科学的预测及评价，提出该项目建设是否可行的结论性意见。对可行性研究的具体内容和所应达到的深度，有关法规都有明确的规定。

可行性研究报告必须经有资格的咨询机构评估确认后，才能作为投资决策的依据。

（5）审批立项　审批立项是有关部门对可行性研究报告的审查批准程序，审查通过后即予以立项，正式进入工程项目的建设准备阶段。

《关于建设项目进行可行性研究的试行管理办法》对审批立项作了具体规定：

大中型建设项目的可行性研究报告由各主管部，各省、市、自治区或全国性工业公司负责预审，报国务院审批。

小型项目的可行性研究报告，按隶属关系由各主管部，各省、市、自治区到全国性专业公司审批。

2. 工程建设准备阶段的内容

工程建设准备是为勘察、设计、施工创造条件所做的建设现场、建设队伍、建设设备等方面的准备工作。这一阶段包括建设项目规划、获取土地使用权、拆迁、报建、工程发包与承包等主要环节。

（1）建设项目规划　在规划区内建设的工程，必须符合城市规划或村庄、乡镇规划的要求。其工程选址和布局，必须取得城市规划行政主管部门或村、镇规划主管部门的同意、批准；在城市规划区内进行工程建设的，要依法先后领取城市规划行政主管部门下发的"选址意见书"、"建设用地规划许可证"、"建设工程规划许可证"，方能获取土地使用权，进行设计、施工等相关建设活动。

（2）获取土地使用权　我国的《土地管理法》规定：农村和城市郊区的土

地（除法律规定属国家所者外）归农民集体所有，其余土地都归国家所有。工程建设用地必须通过国家对土地使用权的出让或划拨而取得，需在农民集体所有的土地上进行工程建设的，也必须先由国家征用农民土地，然后再将土地使用权出让或划拨给建设单位或个人。

通过国家出让而取得土地使用权的，应向国家支付出让金，并与市、县人民政府土地管理部门签订书面出让合同，然后按合同规定的年限与要求进行工程建设。

由国家划拨取得土地使用权的，虽然不向国家支付出让金，但在城市工程建设单位要承担拆迁费用，在农村和郊区工程建设单位要承担土地原使用者的补偿费和安置补助费，其标准由各省、直辖市、自治区规定。

（3）拆迁　在城市进行工程建设，一般都要对建设用地上的原有房屋和附属物进行拆迁。国务院颁发的《国有土地上房屋征收与补偿条例》规定，市、县级人民政府负责本行政区域的房屋征收与补偿工作。市、县级人民政府确定的房屋征收部门组织实施本行政区域的房屋征收与补偿工作。房屋征收部门可以委托房屋征收实施单位，承担房屋征收与补偿的具体工作。房屋征收实施单位不得以营利为目的。房屋征收部门拟定征收补偿方案，报市、县级人民政府。市、县级人民政府应当组织有关部门对征收补偿方案进行论证并予以公布，征求公众意见。征求意见期限不得少于30日。市、县级人民政府作出房屋征收决定前，应当按照有关规定进行社会稳定风险评估；作出房屋征收决定前，征收补偿费用应当足额到位、专户存储、专款专用。作出房屋征收决定的市、县级人民政府对被征收人给予补偿。

（4）报建　建设项目被批准立项后，建设单位或其代理机构必须持工程项目立项批准文件、银行出具的资信证明、建设用地的批准文件等资料，向当地建设行政主管部门或其授权机构进行报建。凡未报建的工程项目，不得办理招标手续和发放施工许可证，设计、施工单位不得承接该项目的设计、施工任务。

（5）工程发包与承包　建设单位或其代理机构在上述准备工作完成后，须对拟建工程进行发包，以择优选定工程勘察设计单位、施工单位或总承包单位。工程发包与承包有招标发包和直接发包两种方式，为鼓励公平竞争，建立公正的竞争秩序，国家提倡招标发包方式，并对许多工程强制进行招标、投标。

3. 工程建设实施阶段的内容

（1）工程勘察设计　设计是工程项目建设的重要环节，设计文件是制订建设计划、组织工程施工和控制建设投资的依据。它对实现投资者的意愿起关键作用。设计与勘察是密不可分的，设计必须在进行工程勘察，取得足够的地质、水文等基础资料之后才能进行。

另外，勘察工作也服务于工程建设的全过程，在工程选址、可行性研究、工程施工等各阶段，也必须进行必要的勘察。

（2）施工准备　施工准备包括施工单位在技术、物资方面的准备和建设单位取得开工许可两方面内容。

1) 施工单位在技术、物资方面的准备。工程施工涉及的因素很多,过程也十分复杂,所以,施工单位在接到施工图后,必须做好详细的施工准备工作,以确保工程的顺利建成。它包括熟悉审查设计施工图,编制施工组织设计,向下属单位进行计划、技术、质量、安全、经济责任的交底,下达施工任务书,准备工程施工所需的设备、材料等活动。

2) 建设单位取得开工许可。建设单位取得开工许可的条件如下:
① 已经办好该工程用地批准手续。
② 在城市规划区的工程,已取得规划许可证。
③ 需要拆迁的,拆迁进度满足施工进度要求。
④ 建筑安装施工企业已确定。
⑤ 有满足施工需要的施工图和技术资料。
⑥ 有保证工程质量和安全的具体措施。
⑦ 建设资金已落实并满足有关法律、法规规定的其他条件。

建设单位具备以上条件,方可按国家有关规定向工程所在地县级以上人民政府建设行政主管部门申领施工许可证。未取得施工许可证的建设单位不得擅自组织开工。已取得施工许可证的,应自批准之日起三个月内组织开工,因故不能按期开工的,可向发证机关申请延期,延期以两次为限,每次不超过三个月。既不按期开工,又不申请延期或超过延期时限的,已批准的施工许可证自行作废。

(3) 工程施工 工程施工是施工队伍具体配置各种施工要素,将工程设计物化为建筑产品的过程,也是投入劳动量最大、所费时间较长的工作。其管理水平的高低、工作质量的好坏对建设项目的质量和所产生的效益起着十分重要的作用。

工程施工管理具体包括施工调度、施工安全、文明施工、环境保护等几方面的内容。施工调度是进行施工管理,掌握施工情况,及时处理施工中存在的问题,严格控制工程的施工质量、进度和成本的重要环节。施工单位的各级管理机构均应配备专职调度人员,建立和健全各级调度机构。

施工安全是指施工活动中,对职工身体健康与安全、机械设备使用的安全及物资的安全等应有保障制度和所采取的措施。根据有关规定,施工单位必须执行国家有关安全生产和劳动保护的法规,建立安全生产责任制,加强规范化管理,进行安全交底、安全教育和安全宣传,严格执行安全技术方案,定期检修、维修各种安全设施,做好施工现场的安全保卫工作,建立和执行防火管理制度,切实保障工程施工安全。

文明施工是指施工单位应推行现代管理方法,科学组织施工,保证施工活动整洁、有序、合理地进行。其具体内容包括:按施工总平面布置图设置各项临时设施，施工现场设置明显标牌，主要管理人员要佩戴身份标志。机械操作人员要持证上岗，施工现场的用电线路、用电设施的安装使用和现场水源、道路的设置要符合规范要求等。

环境保护是指施工单位必须遵守国家有关环境保护的法律、法规，采取措施控制各种粉尘、废气、噪声等对环境的污染和危害。如不能控制在国家相关行业规定的范围内，则应事先报请有关部门批准。

（4）生产准备　生产准备是指工程施工临近结束时，为了保证建设项目能及时投入使用所进行的准备活动。如招收和培训必要的生产人员，组织人员参加设备安装调试和工程验收，组建生产管理机构，制定规章制度，收集生产技术资料和样品，落实原材料、外协产品、燃料、水、电的来源及其他配合条件等。建设单位要根据建设项目或主要单项工程的生产技术特点，及时组成专门班子或机构，有计划地做好这项工作。

4. 工程竣工验收交付使用阶段的内容

（1）工程竣工验收　工程项目按设计文件规定的内容和标准全部建成，并按规定将工程内外全部清理完毕后称为竣工。原国家计委颁发的《建设项目（工程）竣工验收办法》规定，凡新建、扩建、改建的基本建设项目（工程）和技术改造项目，按批准的设计文件所规定的内容建成，符合验收标准的必须及时组织验收，办理固定资产移交手续。根据《建筑法》及国务院颁发的《建设工程质量管理条例》等相关法规规定，交付竣工验收的工程，必须具备下列条件：

① 完成建设工程设计和合同约定的各项内容。
② 有完整的技术档案和施工管理资料。
③ 有工程使用的主要建筑材料、建筑构配件和设备的进场试验报告。
④ 有勘察、设计、施工、工程监理等单位分别签署的质量合格文件。
⑤ 有施工单位签署的工程保证书。

竣工验收的依据是已批准的可行性研究报告、初步设计或扩大初步设计、施工图和设备技术说明书以及现行施工技术验收的规范和主管部门（公司）有关审批、修改、调整的文件等。工程验收合格后，方可交付使用。此时承发包双方应尽快办理固定资产移交手续和工程结算，将所有工程款项结算清楚。

（2）工程保修　根据《建筑法》及《建设工程质量管理条例》等相关法规的规定，工程竣工验收交付使用后，在保修期限内，承包单位要对工程中出现的质量缺陷承担保修与赔偿责任。

（3）投资后评价　建设项目投资后评价是工程竣工投产、生产运营一段时间后，对项目的立项决策、设计施工、竣工投产、生产运营等全过程进行系统评价的一种技术经济活动。它是工程建设管理的一项重要内容，也是工程建设程序的最后一个环节。它可使投资主体达到总结经验、吸取教训、改进工作、不断提高项目决策水平和投资效益的目的。目前,我国的投资后评价一般分建设单位的自我评价、项目所属行业(地区)主管部门的评价及各级计划部门(或主要投资主体)的评价三个层次进行。

1.2 工程建设法律概述

1.2.1 工程建设法的概念

工程建设法是法律体系的重要组成部分,它直接体现国家组织、管理、协调城市建设、乡村建设、工程建设、建筑业、房地产业、市政公用事业等各项建设活动的方针、政策和基本原则。

工程建设法是调整国家管理机关、企业、事业单位、经济组织、社会团体,以及公民在工程建设活动中所发生的社会关系的法律规范的总称。工程建设法的调整范围主要体现在三个方面:① 工程建设管理关系,即国家机关正式授权的有关机构对工程建设的组织、监督、协调等职能活动。② 工程建设协作关系,即从事工程建设活动的平等主体之间发生的往来、协作关系,如发包人与承包人签订工程建设合同等。③ 从事工程建设活动的主体内部劳动关系,如订立劳动合同、规范劳动纪律等。

1.2.2 工程建设法的基本原则

工程建设活动通常具有周期长、涉及面广、人员流动性大、技术要求高等特点,因此,在建设活动的整个过程中,必须贯彻以下基本原则,才能保证建设活动的顺利进行:

1. 工程建设活动应确保工程建设质量与安全原则

工程建设质量与安全是整个工程建设活动的核心,是关系人民生命、财产安全的重大问题。工程建设质量是指国家规定和合同约定的对工程建设的适用、安全、经济、美观等一系列指标的要求。工程建设活动确保工程建设质量就是确保工程建设符合有关适用、安全、经济、美观等各项指标的要求。工程建设的安全是指工程建设对人身的安全和财产的安全。确保工程建设的安全就是确保工程建设不能引起人身伤亡和财产损失。

2. 工程建设活动应当符合国家的工程建设安全标准原则

国家的建设安全标准是指国家标准和行业标准。国家标准是指由国务院行政主管部门制定的,在全国范围内适用的统一的技术要求。行业标准是指由国务院有关行政主管部门制定并报国务院标准化行政主管部门备案的,没有国家标准而又需要在全国范围内适用的统一技术要求。工程建设安全标准是对工程建设的设计、施工方法和安全所作的统一要求。工程建设活动符合工程建设安全标准对保证技术进步，提高工程建设质量与安全，发挥社会效益与经济效益，维护国家利益和人民利益具有重要作用。

3. 从事工程建设活动应当遵守法律、法规原则

社会主义市场经济是法制经济，工程建设活动应当依法行事。法律是全国人大及其常委会审议通过并发布，在全国有效的规范性文件；行政法规是国务院制定并发布，在全国有效的规范性文件；地方法规是由地方人大及其常委会制定并发布，在本区域有效的规范性文件。作为工程建设活动的参与者，从事工程建设勘察、设计的单位、个人，从事工程建设监理的单位、个人，从事工程建设施工的单位、个人，从事建设活动监督和管理的单位、个人，以及建设单位等，都必须遵守法律、法规的强制性规定。

4. 不得损害社会公共利益和他人的合法权益原则

社会公共利益是全体社会成员的整体利益，保护社会公共利益是法律的基本出发点，从事工程建设活动不得损害社会公共利益也是维护建设市场秩序的保障。

5. 合法权利受法律保护原则

宪法和法律保护每一个市场主体的合法权益不受侵犯，任何单位和个人都不得妨碍和阻挠依法进行的建设活动，这也是维护建设市场秩序的必然要求。

1.2.3 工程建设法的特征及作用

1. 工程建设法的特征

工程建设法作为调整工程建设管理和协作所发生的社会关系的法律规范，除具备一般法律基本特征外，还具有不同于其他法律的特征。

（1）行政隶属性　行政隶属性作为工程建设法的主要特征，也是区别于其他法律的主要特征。这一特征决定了工程建设法必然要采用直接体现行政命令的调整方法，即以行政指令为主的方法调整工程建设法律关系。其调整方式包括：

1）授权。国家通过工程建设法律规范，授予国家工程建设管理机关某种管理权限，或具体权力，对工程建设进行监督管理。如规定设计文件的审批权限、工程建设质量监督、工程建设合同的鉴证等。

2）命令。国家通过工程建设法律规范赋予工程建设法律关系主体某种作为的义务。如限期拆迁房屋，进行企业资质认定，领取开工许可证等。

3）禁止。国家通过工程建设法律规范赋予工程建设法律关系主体某种不作为的义务，即禁止主体某种行为。如严禁利用工程建设承发包索贿受贿，严禁无证设计、无证施工，严禁工程建设转包、肢解发包、挂靠等行为。

4）许可。国家通过工程建设法律规范，允许特别的主体在法律允许范围内有某种作为的权利。如房屋建筑工程施工总承包企业资质等级，特级企业可承担各类房屋建筑工程的施工；一级企业可承担40层以下、各类跨度的房屋建筑工程的施工；二级企业可承担30层以下、单跨跨度36m以下的房屋建筑工程的施工；三级企业可承担14层以下、单跨跨度24m以下的房屋建筑工程的施工。

5）免除。国家通过工程建设法律规范，对主体依法应履行的义务在特定情况下予以免除。如用炉渣、粉煤灰等废渣作为主要原料生产建筑材料的可享有减、免税的优惠等。

6）确认。国家通过工程建设法律规范，授权工程建设管理机关依法对争议的法律事实和法律关系进行认定，并确定其是否存在，是否有效。如各级工程建设质量监督站检查受监工程的勘察、设计、施工单位和建筑构件厂的资质等级和营业范围，监督勘察、设计、施工单位和建筑构件厂是否严格执行技术标准，并检查其工程（产品）质量等。

7）计划。国家通过工程建设法律规范，对工程建设进行计划调节。计划可分为两种：一种是指令性计划，一种是指导性计划。指令性计划具有法律约束力，具有强制性。当事人必须严格执行，违反指令性计划的行为，要承担法律责任。指令性计划本身就是行政管理。指导性计划一般不具有约束力，是可以变动的，但是在条件可能的情况下也是应该遵守的。工程建设必须执行国家的固定资产投资计划。

8）撤销。国家通过工程建设法律规范，授予工程建设行政管理机关，运用行政权力对某些权利能力或法律资格予以撤销或消灭。如没有落实工程建设投资计划的项目必须停建、缓建。对无证设计、无证施工、转包和挂靠予以坚决取缔等。

（2）经济性 工程建设法是经济法的重要组成部分。经济性是工程建设法的又一重要特征。工程建设法的经济性既包括财产性，也包括其与生产、分配、交换、消费的关联性。如工程建设勘察设计、施工安装等都直接为社会创造财富，随着工程建设的发展，其在国民经济中的地位日益突出。

（3）政策性 工程建设法律规范体现着国家的工程建设政策。它一方面是实现国家工程建设政策的工具，另一方面也规范了国家工程建设政策。国家工程建设形势总是处于不断发展变化之中，工程建设法要随着工程建设政策的变化而变化，灵活而机敏地适应变化了的工程建设形势的客观需要。如国家人力、财力、物力紧张时，基建投资就要压缩，通过法律规范加以限制。国力储备充足时，就可以适当增加基建投资，同时，以法律规范予以扶植、鼓励。可见，工程建设法的政策性比较强，相对比较灵活。

（4）技术性 技术性是工程建设法律规范一个十分重要的特征。工程建产品的质量与人们的生命财产紧紧连在一起。为保证工程建设产品的质量和人们生命财产的安全，大量的工程建设法规是以技术规范形式出现的，直接、具体、严密、系统，以便于广大工程技术人员及管理机构遵守和执行。如各种设计规范、施工规范、验收规范、产品质量监测规范等。有些非技术规范的工程建设法律规范中也带有技术性规定。如城市规划法就含有计量、质量、规划技术、规划编制内容等技术性规范。

2. 工程建设法的作用

工程建设业是与社会进步、国家强盛、民族兴衰紧密相连的一个行业。它所从事的生产活动，不仅为人类自身的生存发展提供一个最基本的物质环境，而且反映各个历史时期的社会面貌，反映各个地区、各个民族科学技术、社会经济和文化艺术的综合发展水平。工程建设产品是人类精神文明发展史的一个重要标志。工程建设管理是自然科学与社会科学交叉的一个独立学科，它由工程技术、经济、管理、法律四个平台支撑。工程建设法律、法规是工程建设管理的依据。

在国民经济中，工程建设业是一个重要的物质生产部门，工程建设法的作用就是保护、巩固和发展社会主义的经济基础，最大限度地满足人们日益增长的物质和文化生活的需要，保障工程建设业健康、有序的发展。

国家要发展，人类要生存，国家建设必不可少。工程建设业要最大限度地满足各行各业最基本的环境，为人们创造良好的工作环境、生活环境、教学研究环境和生产环境。为此，工程建设法通过各种法律规范规定工程建设业的基本任务、基本原则、基本方针，加强工程建设业的管理，充分发挥其效能，为国民经济各部门提供必需的物质基础，为国家增加积累，为社会创造财富，推动社会主义各项事业的发展，促进社会主义现代化建设。

1.3 工程建设法律关系

1.3.1 工程建设法律关系的概念

1. 法律关系的概念

法律关系是指由法律规范调整一定社会关系而形成的权利与义务关系。一定的法律关系是以一定的法律规范为前提的，是一定法律规范调整一定社会关系的结果。

2. 工程建设法律关系的概念

工程建设法律关系是法律关系的一种，是指由工程建设法律规范确认和调整的，在建设管理和建设协作过程中所产生的权利和义务关系。

工程建设法律关系是工程建设法律规范在社会主义市场经济活动中实施的结

果，只有当社会组织按照工程建设法律规范进行建设活动，形成具体的权利和义务关系时才构成工程建设法律关系。

1.3.2 工程建设法律关系的特征

不同的法律关系有着不同的特征，构成其特征的条件是不同的法律关系的主体及其所依据的法律规范。建设业活动面广，内容繁杂，法律关系主体广泛，所依据的法律规范多样，由此决定工程建设法律关系具有如下特征。

1. 综合性

与工程建设法律规范相适应，工程建设法律关系不是单一的，而是带有明显的综合性。工程建设法律规范是由工程建设行政法律、工程建设民事法律和工程建设技术法规构成的。这三种法律规范在调整工程建设活动中是相互作用、综合运用的。如国家建设主管部门行使组织、管理、监督的职权，依据工程建设程序、工程建设计划，组织、指导、协调、检查建设单位和勘察、设计、施工、安装等企业的工程建设活动，就一定会导致某种法律关系的发生。这种法律关系是以指令服从、组织管理为特征的工程建设行政法律关系。与建设行政法律关系交叉相互作用的则是民事法律关系。这主要是建设单位和银行、勘察、设计、施工、安装等企业之间产生的权利和义务关系。如资金借贷关系、工程承包关系、设备和材料承包供应关系等。这些关系往往表现为平等、自愿、公平的合同关系。而建设单位与勘察、设计、施工、安装等企业完成工程建设任务的标准及评价依据是设计规范、施工规范和验收规范。可见，调整工程建设活动是建设行政法律、工程建设民事法律和工程建设技术法规的综合运用。由此而产生了工程建设法律关系。

2. 复杂性

工程建设法律关系是一种涉及面广、内容复杂的权利与义务关系。工程建设活动关系到国民经济和人民生活的方方面面。如建设单位要进行工程建设，必须使自己的建设项目获得批准，列入国家计划，由此而产生了它与业务主管机关、计划批准机关的关系。建设计划被批准后，又需进行筹备资金、购置材料、招标投标，进一步组织设计、施工、安装，以便将建设计划付诸实施，这样又产生建设单位与银行、物资供应部门及勘察、设计、施工、安装等企业的关系、项目管理关系等。这些关系中有纵向的关系、横向的关系，也有纵横交错的关系。

3. 协同性

工程建设行政法律关系决定、制约、影响着工程建设协作关系。工程建设活动的法律调整是以行政管理法律规范为主的，工程建设行政法规与工程建设民事法规保持着高度协调一致性，具有与其同步平行发展的特征。

1.3.3 工程建设法律关系的构成要素

任何法律关系都是由法律关系主体、法律关系客体和法律关系内容三个要素构成，缺少其中任何一个要素都不能构成法律关系。由于三要素的内涵不同，则组成不同的法律关系，诸如民事法律关系、行政法律关系、劳动法律关系、经济法律关系等。同样，变更其中一个要素就不再是原来的法律关系。

工程建设法律关系则是由工程建设法律关系主体、工程建设法律关系客体和工程建设法律关系内容构成的。

1. 工程建设法律关系主体

工程建设法律关系主体是指参加建设业活动，受工程建设法律规范调整，在法律上享有权利、承担义务的人。

（1）自然人　自然人是基于出生而依法成为民事法律关系主体的人。在我国的民法通则中，公民与自然人在法律地位上是一样的。但实际上，自然人的范围要比公民的范围广。公民是指具有本国国籍，依法享有宪法和法律所赋予的权利和承担宪法和法律所规定的义务的人。在我国，公民是社会中具有我国国籍的一切成员，包括成年人、未成年人和儿童。自然人则既包括公民，又包括外国人和无国籍的人。各国的法律对自然人一般都没有条件限制。

自然人在工程建设活动中也可以成为工程建设法律关系的主体。如施工企业工作人员（建筑工人、专业技术人员、注册执业人员等）同企业签订劳动合同时，即成为工程建设法律关系主体。

（2）法人　法人与自然人相对，法人是具有民事权利能力和民事行为能力，依法独立享有民事权利和承担民事义务的组织。法人的存在必须具备如下几个条件：依法成立；有必要的财产或者经费；有自己的名称、组织机构和场所；能够独立承担民事责任。

我国的民法通则依据法人是否具有营利性，把法人分为如下两大类、四种具体类型：

1）企业法人。企业法人是指以从事生产、流通、科技等活动为内容，以获取利润和增加积累、创造社会财富为目的的营利性的社会经济组织。在我国的各类法人中，最基本的、最典型的、为数众多的、在社会经济生活中活动最频繁的，就是企业法人。从我国实际社会经济生活来看，企业法人有：国有企业法人、集体企业法人、私营企业法人、联营企业法人、中外合资企业法人、中外合作企业法人、外资企业法人、股份有限公司法人和有限责任公司法人等。工程建设活动中，企业法人的表现形式如下：

① 勘察设计单位。勘察设计单位是指从事工程勘察设计工作的各类设计院、所等。我国有勘察设计合一的机构，也有分立的勘察和设计机构。

②城市规划编制单位。城市规划编制单位的任务是进行城镇建设总体规划、详细规划及建设项目选址、可行性研究等。根据2001年1月23日发布的建设部令第84号《城市规划编制单位资质管理规定》，国家根据城市规划编制单位的技术条件和资历将其分为甲、乙、丙三级，授予等级证书，并规定取得不同等级证书的编制单位的业务范围，城市规划编制单位必须严格执行。

③建筑业企业。建筑业企业是指从事土木工程、建筑工程、线路管道设备安装工程、装修工程的新建、扩建、改建活动的企业。

关于施工企业的资质，建设部第159号令《建筑业企业资质管理规定》已于2007年6月26日发布，自2007年9月1日起开始实施。新资质将施工企业资质分为施工总承包、专业承包和劳务分包三个序列：施工总承包序列企业资质设特级、一级、二级、三级共四个等级，分为12个资质类别；专业承包序列企业资质设2~3个等级，分为60个资质类别；劳务分包序列企业资质设1~2个等级，分为13个资质类别。

④房地产开发企业。房地产开发企业是指依法设立、具有企业法人资格的、专营城市综合开发建设、经营商品房屋等房地产开发项目的经济实体。根据2000年3月29日发布的建设部令第77号《房地产开发企业资质管理规定》，房地产开发企业按资质条件划分为一级、二级、三级、四级共四个等级。国家严格规定了不同等级的业务范围，房地产开发企业必须严格遵照执行。

2）非企业法人。非企业法人是为了实现国家对社会的管理及其他公益目的而设立的国家机关、事业单位或者社会团体。非企业法人包括：

①机关法人。它也称为国家机关法人，是指依照法律或者行政命令组建的、行使国家某项专门职能、拥有独立预算经费的社会组织，包括国家权力机关、行政机关、审判机关、检察机关、军事机关、政党机关等。

国家权力机关。国家权力机关是指全国人民代表大会及其常务委员会和地方各级人民代表大会及其常务委员会。国家权力机关参加工程建设法律关系的职能是审查批准国家建设计划和国家预决算，制定和颁布工程建设法律，监督和检查国家各项工程建设法律的执行。

行政机关。行政机关是依照国家宪法和法律设立的依法行使国家行政职权、组织管理国家行政事务的机关。它包括国务院及其所属各部委、地方各级人民政府及其职能部门。

国家机关法人还包括审判机关和检察机关。但作为国家机关组成部分的审判机关和检察机关不是以管理者身份成为工程建设法律关系的主体，而是工程建设法律关系监督与保护的重要机关。

②事业单位法人。它是指从事社会各项公益事业，并以谋求社会公益为宗旨的各类法人。如从事文化、教育、卫生、体育、科学、新闻、广播、电视等事

业的单位法人。

③ 社会团体法人。它是指自然人或者法人自愿组成的从事社会公益、文学艺术、学术研究、宗教等活动，依法不能从事以盈利为目的的经营性活动的各类法人。我国境内的各种协会、学会、联合会、研究会、基金会、联谊会、促进会、教会、商会等，凡是具备法人条件并经核准登记，都可以成为社会团体法人。我国的各类工会，也都具有社会团体法人资格。

(3) 其他组织　这里的其他组织是指依法或者依据有关政策成立、有一定的组织机构和财产、但又不具备法人资格的各类组织。这些组织在我国社会的政治、经济、文化、教育、卫生等方面具有重要作用。赋予这些组织以合同主体的资格，有利于保护其合法权益，规范其外部行为，维护正常的社会经济秩序，促进我国各项事业的健康发展。

在现实生活中，这些组织也被称为非法人组织，包括非法人企业，如不具备法人资格的劳务承包企业、合伙企业、非法人私营企业、非法人集体企业、非法人外商投资企业、企业集团、个体工商户、农村承包经营户等；非法人机关、事业单位和社会团体，如附属性医院、学校等事业单位和一些不完全具备法人条件的协会、学会、研究会、俱乐部等社会团体。

2. 工程建设法律关系客体

工程建设法律关系客体是指参加工程建设法律关系的主体享有的权利和承担的义务所共同指向的事物。在通常情况下，建设主体都是为了某一客体，彼此才设立一定的权利和义务，从而产生工程建设法律关系，这里的权利和义务所指向的事物，便是工程建设法律关系的客体。

法学理论上，一般客体分为财、物、行为和非物质财富。工程建设法律关系客体也不外乎四类：

(1) 表现为财的客体　财一般是指资金及各种有价证券。在工程建设法律关系中表现为财的客体主要是建设资金，如基本建设贷款合同的标的，即一定数量的货币。

(2) 表现为物的客体　法律意义上的物是指可为人们控制的并具有经济价值的生产资料和消费资料。在工程建设法律关系中表现为物的客体主要是建筑材料，如钢材、木材、水泥等，及其构成的建筑物，还有建筑机械等设备。某个具体基本建设项目即是工程建设法律关系中的客体。

(3) 表现为行为的客体　法律意义上的行为是指人的有意识的活动。在工程建设法律关系中，行为多表现为完成一定的工作，如勘察设计、施工安装、检查验收等活动。工程建设勘察设计合同的标的，即完成一定的勘察设计任务；工程建设施工合同的标的，即按期完成一定质量要求的施工行为。

(4) 表现为非物质财富的客体　法律意义上的非物质财富是指人们脑力劳

动的成果或智力方面的创作,也称智力成果。在工程建设法律关系中,如果设计单位提供的是具有创造性的设计图,该设计单位依法可以享有专有权,使用单位未经允许不能无偿使用。

3. 工程建设法律关系内容

工程建设法律关系的内容即建设权利和建设义务。工程建设法律关系的内容是建设主体的具体要求,决定着工程建设法律关系的性质,它是连接主体的纽带。

(1) 建设权利　建设权利是指工程建设法律关系主体在法定范围内,根据国家建设管理要求和自己企业活动的需要有权进行各种建设活动。权利主体可要求其他主体做出一定的行为或抑制一定行为,以实现自己的建设权利,因其他主体的行为而使建设权利不能实现时有权要求国家机关加以保护并予以制裁。

(2) 建设义务　建设义务是指工程建设法律关系主体必须按法律规定或约定承担应负的责任。建设义务和建设权利是相互对应的,相应主体应自觉履行建设义务,义务主体如果不履行或不适当履行,就要受到法律制裁。

1.3.4　工程建设法律关系的产生、变更和消灭

1. 工程建设法律关系的产生、变更和消灭的概念

(1) 工程建设法律关系的产生　工程建设法律关系的产生是指工程建设法律关系的主体之间形成了一定的权利和义务关系。某建设单位与施工单位签订了工程建设承包合同,主体双方产生了相应的权利和义务。此时,受工程建设法律规范调整的工程建设法律关系即告产生。

(2) 工程建设法律关系的变更　工程建设法律关系的变更是指工程建设法律关系的三个要素发生变化。

1) 主体变更。主体变更是指工程建设法律关系主体数目增多或减少,也可以是主体改变。在建设合同中,客体不变,相应权利和义务也不变,此时主体改变也称为合同转让。

2) 客体变更。客体变更是指工程建设法律关系中权利和义务所指向的事物发生变化。客体变更可以是其范围变更,也可以是其性质变更。

3) 工程建设法律关系主体与客体的变更,必然导致相应的权利和义务,即内容的变更。

(3) 工程建设法律关系的消灭　工程建设法律关系的消灭是指工程建设法律关系主体之间的权利和义务不复存在,彼此丧失了约束力。

1) 自然消灭。工程建设法律关系自然消灭是指某类工程建设法律关系所规范的权利和义务顺利得到履行,取得了各自的利益,从而使该法律关系达到完结。

2）协议消灭。工程建设法律关系协议消灭是指工程建设法律关系主体之间协商解除某类工程建设法律关系规范的权利和义务，致使该法律关系归于消灭。

3）违约消灭。工程建设法律关系违约消灭是指工程建设法律关系主体一方违约，或发生不可抗力，致使某类工程建设法律关系规范的权利不能实现。

2. 工程建设法律关系产生、变更和消灭的原因

工程建设法律关系并不是由工程建设法律规范本身产生的，工程建设法律规范并不直接产生法律关系。工程建设法律关系只有在一定的情况下才能产生，而这种法律关系的变更和消灭也是由一定情况决定的。这种引起工程建设法律关系产生、变更和消灭的情况，即是人们通常称之为的法律事实。法律事实即是工程建设法律关系产生、变更和消灭的原因。

（1）法律事实　法律事实是指能够引起工程建设法律关系产生、变更和消灭的客观现象和事实。工程建设法律关系不会自然而然地产生，不是任何客观现象都可以作为法律事实，也不能仅凭工程建设法律规范规定，就可在当事人之间发生具体的工程建设法律关系。只有通过一定的法律事实，才能在当事人之间产生一定的法律关系，或者使原来的法律关系变更或消灭。不是任何事实都可成为工程建设法律事实，只有当工程建设法规把某种客观情况同一定的法律后果联系起来时，这种事实才被认为是工程建设法律事实，成为产生工程建设法律关系的原因，从而和法律后果形成因果关系。

（2）工程建设法律事实的分类　工程建设法律事实按是否包含当事人的意志分为两类。

1）事件。事件是指不以当事人意志为转移而产生的自然现象。当工程建设法律规范规定把某种自然现象和建设权利和义务关系联系在一起时，这种现象就成为法律事实的一种，即事件。这就是工程建设法律关系的产生、变更或消灭的原因之一。如洪水灾害导致工程施工延期，致使某建筑安装合同不能履行。事件产生大致有以下三种情况：

① 自然事件。自然现象引起的，如地震、台风、水灾、火灾等自然灾害等。

② 社会事件。社会现象引起的，如战争、暴乱、政府禁令等。

③ 意外事件。即突发事故，如失火、爆炸、触礁等。

2）行为。行为是指人的有意识的活动，包括积极的作为或消极的不作为，都能引起工程建设法律关系的产生、变更或消灭。行为通常表现为以下几种：

① 民事法律行为。民事法律行为是指基于法律规定或有法律依据，受法律保护的行为。如根据设计任务书进行的初步设计的行为、依法签订工程建设承包合同的行为。

② 违法行为。违法行为是指受法律禁止的侵犯其他主体的建设权利和建设义务的行为。如违反法律规定或因过错不履行工程建设合同；没有国家批准的建

设、擅自动工建设等行为。

③ 行政行为。行政行为是指国家授权机关依法行使对建设业管理权而发生法律后果的行为。如国家建设管理机关下达基本建设计划、监督执行工程项目建设程序的行为。

④ 立法行为。立法行为是指国家机关在法定权限内通过规定的程序，制定、修改、废止工程建设法律的活动。如国家制定、颁布工程建设法律、法规、条例等行为。

⑤ 司法行为。司法行为是指国家司法机关的法定职能活动。它包括各级检察机构所实施的法律监督，各级审判机构的审判、调解活动等。如人民法院对工程建设纠纷案件作出判决的行为。

1.4 工程建设相关的基本民事法律制度

1.4.1 法律制度的含义

法律制度有多种含义，从广义上讲，法律制度是指一个国家法律规范的总和；从狭义上讲，法律制度是指调整某一类特定关系，规范某一类特定行为的法律规范的总和。在本书中所要了解的是狭义的法律制度。

法律制度按照划分方式不同，可以有不同的分类，但多数都以法律部门为依据来建立法律制度，如企业法律制度、民事法律制度、诉讼法律制度等。在一个部门法中，还有许许多多不同的具体法律制度，如在宪法制度中包含有政党制度、议会制度、经济制度等；在诉讼法制度中有回避制度、两审终审制度等；在工程建设法律制度中有质量责任制度、安全生产制度、招标投标制度、许可制度等。

由于本书把工程建设管理作为重点，所以在此只阐述了工程建设所涉及的相关法律制度。本节中，重点要介绍与工程建设有关的基本民事法律制度。

1.4.2 法人制度

1. 法人概述

（1）法人的概念　依照《中华人民共和国民法通则》（以下简称《民法通则》）第36条规定，"法人是具有民事权利能力和民事行为能力，依法独立享有民事权利和承担民事义务的组织。"

法人是与自然人相对应的一个法律概念，是指在法律上与自然人（或称公民）相对应的"人"。

（2）法人成立的条件　具体如下：

1）依法成立。这里要求，一是法人的设立目的和方式必须符合法律法规的具体规定和要求；二是设立法人必须经过有关国家机关的批准；三是设立法人必须经过主管机关的批准或核准登记。

2）有必要的财产或经费。这是法人进行民事活动的物质基础，它要求法人的财产或经费必须与法人的经营范围和设立目的相适应，否则不能被批准设立或核准登记。

3）有自己的名称、组织机构和经营场所。法人的名称或字号是法人之间相互区别的标志和法人进行民事活动时使用的名称；法人的组织机构是指对内管理法人事务、对外代表法人进行民事活动的常设机构或机关，包括法人的决策机构、执行机构和监督机构以及内部业务活动机构；法人的经营场所是法人进行业务活动的所在地。

4）能够独立承担民事责任。法人能够以自己所拥有的财产或经费承担其在民事活动中的债务，以及法人在民事活动中给他人造成损失时的赔偿责任。

2. 法定代表人

法人的法定代表人是指能够代表法人行使民事权利、承担民事义务的主要负责人。法人作为一个组织是不能直接实施行为的，而必须通过法定代表人的行为，或其依照职权和法律要求而授权他人的行为才能完成。所以，法定代表人是法人实施行为的第一载体。

在了解法定代表人时需要注意以下几个问题：

（1）法定代表人不一定是法人的最高领导人　一方面，成为法定代表人往往要受一定条件的限制，如法定代表人的户籍所在地应当与法人的注册地相一致；另一方面，法定代表人是代表法人实施行为的载体，其作用是对外代表本单位，与内部管理往往没有直接关系。所以，作为法定代表人首先要注意的是在代表法人实施有关民事法律行为时，必须贯彻法人的决策意志，不可一意孤行。

（2）法定代表人享有的权利和承担的义务具有特殊性　由于法定代表人对外代表着法人整体，所以，他具有特殊的权利和义务范围。在权利方面，法定代表人享有授权代理权、诉讼权、签约权、指令职工实施法人权限之内行为的权利等；在义务方面，法定代表人相应地也要承担一些特殊的法律责任。

（3）法定代表人的变更并非意味着法人的变更　尽管法人的行为都是通过法定代表人或其法定代理人实施的，但归根结底还应当是法人的行为。因此，法人更换法定代表人不影响法人所实施行为的法律效力。

1.4.3　代理制度

1. 代理的概念

代理是代理人在代理权限内，以被代理人的名义实施民事法律行为。被代理人对代理人的代理行为承担民事责任。由此可见,在代理关系中,通常涉及三个人,即被代理人、代理人和第三人。如甲委托乙去丙处为自己购买一台机床,在这个代理关系中,甲为被代理人,乙为代理人,丙为第三人。

2. 代理的种类

代理有委托代理、法定代理和指定代理三种形式。

(1) 委托代理　委托代理是指根据被代理人的委托而产生的代理。如公民委托律师代理诉讼即属于委托代理。

委托代理可采用口头形式委托,也可采用书面形式委托,如果法律明确规定必须采用书面形式委托的,必须采用书面形式,如代签工程建设合同就必须采用书面形式。

在实际生活中,委托代理应注意下列问题:

1) 被代理人应慎重选择代理人。因为代理活动要由代理人来实施,且实施结果要由被代理人承受,因此,如果代理人不能胜任工作,将会给被代理人带来不利的后果,甚至还会损害被代理人的利益。

2) 委托授权的范围要明确。由于委托代理是基于被代理人的委托授权而产生的,所以,被代理人的授权范围一定要明确。如果由于授权不明确而给第三人造成损失的,则被代理人要向第三人承担责任,代理人承担连带责任。

3) 委托代理的事项必须合法。被代理人自己不能亲自进行违法活动,也不能委托他人进行违法活动;同时,代理人也不能接受此类的委托,否则,被代理人、代理人要承担连带责任。

(2) 法定代理　法定代理是基于法律的直接规定而产生的代理。如父母代理未成年人进行民事活动就属于法定代理。法定代理是为了保护无行为能力的人或限制行为能力的人的合法权益而设立的一种代理形式,适用范围比较窄。

(3) 指定代理　指定代理是指根据主管机关或人民法院的指定而产生的代理。这种代理主要是为无行为能力的人和限制行为能力的人而设立的。如人民法院指定一名律师作为离婚诉讼中丧失行为能力而又无其他法定代理人的一方当事人的代理人,就属于指定代理。

3. 代理人在代理活动中应注意的几个问题

1) 代理人应在代理权限范围内进行代理活动。如果代理人没有代理权、超越代理权限范围或代理权终止后进行活动,即属于无权代理,倘若被代理人不予以追认,则由行为人承担法律责任。

2) 代理人应亲自进行代理活动。代理关系中的委托授权,是基于对代理人的信任,委托代理就是建立在这种人身信任的基础上的,因此,代理人必须亲自进行代理活动,完成代理任务。

3) 代理人应认真履行职责。代理人接受了委托,就有义务尽职尽责地完成代理工作。如果不履行或不认真履行代理职责而给被代理人造成损害的,代理人应承担赔偿责任。

4)不得滥用代理权。滥用代理权表现为:

① 以被代理人的名义同自己实施法律行为。如果以被代理人的名义同自己订立合同,就属于此种情形。

② 代理双方当事人实施同一个法律行为。例如,在同一诉讼中,律师既代理原告,又代理被告,这就很可能损害合同一方当事人的利益,因此,此种情形为法律所禁止。

③ 代理人与第三人恶意串通损害被代理人的利益。例如,代理人与第三人相互勾结,在订立合同时给第三人以种种优惠,而损害了被代理人的利益,对此,代理人、第三人要承担连带责任。

4. 代理权的终止

由于代理的种类不同,代理关系终止的原因也不尽相同。

(1) 委托代理的终止　具体如下:

1)代理期限届满或代理事务完成。

2)被代理人取消委托或代理人辞去委托。

3)代理人死亡或丧失民事行为能力。

4)作为被代理人或代理人的法人组织终止。

(2) 法定代理或指定代理的终止　具体如下:

1)被代理人或代理人死亡。

2)代理人丧失行为能力。

3)被代理人取得或恢复民事行为能力。

4)指定代理的人民法院或指定单位取消指定。

5)由于其他原因引起的被代理人和代理人之间的监护关系消灭。

1.4.4　诉讼时效制度

1. 时效的概念

时效是指一定事实状态在法律规定期间内的持续存在,从而产生与该事实状态相适应的法律效力。时效一般可分为取得时效和消灭时效。

关于时效,我国《民法通则》作了专章规定。在我国只承认消灭时效制度,不承认取得时效制度。消灭时效就是通常所说的诉讼时效。

2. 诉讼时效

(1) 诉讼时效的概念　诉讼时效是指权利人在法定期间内,未向人民法院提起诉讼请求保护其权利时,法律规定消灭其胜诉权的制度。

(2) 诉讼时效的种类　分为以下几种:

1）普通诉讼时效。我国《民法通则》第135条规定，向人民法院请求保护民事权利的诉讼时效为2年，法律另有规定的除外。由此可见，普通诉讼时效期间通常为2年。

2）短期诉讼时效。我国《民法通则》第136条规定，下列诉讼时效期间为1年：

①身体受到伤害要求赔偿的。

②延付或拒付租金的。

③出售质量不合格的商品未声明的。

④寄存财物被丢失或损毁的。

3）特殊诉讼时效。《民法通则》第141条规定，法律对诉讼时效另有规定的，依照法律规定。如我国《合同法》第129条规定，因国际货物买卖合同和技术进出口争议提起诉讼或者申请仲裁的期限为4年。

4）权利的最长保护期限。《民法通则》第137条规定，诉讼时效期间从知道或应当知道权利被侵害时起计算。但是，从权利被侵害之日起超过20年的，人民法院不予保护。这就是说，权利人不知道或不能知道权利已被侵害，自权利被侵害之日起经过20年的，其权利也失去法律的强制性保护。

（3）诉讼时效的起算　诉讼时效的起算，即诉讼时效期间的开始，它是从权利人知道或应当知道其权利受到侵害之日起开始计算，即从权利人能行使请求权之日开始算起。但是，从权利被侵害之日起超过20年的，人民法院不予保护。

（4）诉讼时效的中止　诉讼时效的中止是指在时效进行中，因一定法定事由的出现，阻碍权利人提起诉讼，法律规定暂时终止诉讼时效期间的计算，待阻碍诉讼时效的法定事由消失后，诉讼时效继续进行，累计计算。我国《民法通则》第139条规定，在诉讼时效期间的最后6个月，因不可抗力或者其他障碍不能行使请求权的，诉讼时效中止。从中止诉讼时效的原因消除之日起，诉讼时效期间继续计算。

（5）诉讼时效的中断　诉讼时效的中断是指在时效进行中，因一定法定事由的发生，阻碍时效的进行，致使以前经过的诉讼时效期间统归无效，待中断事由消除后，其诉讼时效期间重新计算。我国《民法通则》第140条规定，诉讼时效因提起诉讼、当事人一方提出要求或者同意履行义务而中断。从中断时起，诉讼时效期间重新计算。

1.4.5　物权制度

1. 物权的概念

物权是指权利人依法对特定的物享有直接支配和排他的权利，包括所有权、用益物权和担保物权。

2. 物权的种类

1）所有权。它就是权利人全面支配标的物，并排除他人干涉的权利。"全面支配"表现为所有权的权利内容具体包括对标的物的占有、使用、收益和处分，不仅包括对标的物使用价值的支配，还包括对标的物交换价值的支配。

我国《物权法》确定的所有权形式包括国家所有权、集体所有权和个人所有权。

2）用益物权。它是指非所有人对他人所有的不动产或者动产依法所享有的占用、使用和收益的权利。我国《物权法》第十一章到第十四章明确规定了土地承包经营权、建设用地使用权、宅基地使用权和地役权四种用益物权。《物权法》其他条目还规定了海域使用权、探矿权、采矿权、取水权和使用水域、滩涂从事养殖、捕捞的权利。

3）担保物权。它是指以担保债务的清偿为目的，为了担保债的履行而在债务人或第三人特定的物或权利上所设定的权利。《物权法》第十六章到第十八章规定了抵押权、质权、留置权三种担保物权。

3. 物权的保护方法

物权的保护方法有刑法、民法、行政法之分，这里仅介绍民法的保护方法。

1）请求确认物权。当物权归属不明或发生争执时，当事人可以向法院提起诉讼，请求确认物权。请求确认物权包括请求确认所有权和请求确认他物权。

2）请求排除妨碍。当他人的行为非法妨碍物权人行使物权时，物权人可以请求妨碍人排除妨碍，也可请求法院责令妨碍人排除妨碍。排除妨碍的请求，所有人、用益物权人都可行使。

3）请求恢复原状。当物权的标的物因他人的侵权行为而遭受损坏时，如果能够修复，物权人可以请求侵权行为人加以修理以恢复物的原状。恢复原状的请求，所有人、合法使用人都可以行使。

4）请求返还原物。当所有人的财产被他人非法占有时，财产所有人或合法占有人，可以依照有关规定请求不法占有人返还原物，或请求法院责令不法占有人返还原物。

在请求返还原物时，应注意以下问题：①只能向非法占有者要求返还。凡没有合法根据的占有都属于非法占有，不管主观上是否有过错，均可要求返还。②原物必须存在。如原物不存在，则只能请求赔偿。③如物权已被转让，则情况较为复杂。一般认为原则上要保护所有人的合法权益，也要顾及善意占有的第三人的正当利益。即以第三人在取得物权时有无过错，或是否有偿取得来确定。如果第三人在取得物权时并无过错，并支付了合理的价金，所有人则无法向第三人主张权利，只能向非法转让人要求赔偿。如第三人在取得物权时有过错，则所有人有权请求返还占有。如第三人是无偿取得物权，则不论第三人主观上是否有过错,均应返还物权。

5)请求损失赔偿。当他人侵害物权的行为造成物权人的经济损失时,物权人可以直接请求侵害人赔偿损失,也可请求法院责令侵害人赔偿损失。

1.4.6 债权制度

1. 债的概念

债是按照合同约定或依照法律规定,在当事人之间产生的特定的权利和义务关系。

2. 债与物权的区别

债与物权都是与财产有密切联系的法律关系,但它们却有着明显的不同。

1)债与物权的主体不同。债权的权利主体和义务主体都是特定的,是对人权;物权的权利主体是特定的,义务主体则是不特定的,是对世权。

2)债与物权的内容不同。债权的实现需要义务主体的积极行为的协助,是相对权;物权的实现则不需要他人的协助,是绝对权。

3)债与物权的客体不同。债权的客体可以是物、行为和智力成果;物权的客体则只能是物。

3. 债的发生根据

根据我国《民法通则》以及相关的法律规范的规定,能够引起债发生的法律事实,即债的发生根据,主要有:

1)合同之债。合同是指民事主体之间关于设立、变更和终止民事关系的协议。合同是引起债权、债务关系发生的最主要、最普遍的根据。

2)侵权行为之债。侵权行为是指行为人不法侵害他人的财产权或人身权的行为。因侵权行为而产生的债,在我国习惯上也称之为"致人损害之债"。

3)不当得利之债。不当得利是指没有法律或合同根据,有损于他人而取得的利益。它可能表现为得利人财产的增加,致使他人不应减少的财产减少了;也可能表现为得利人应支付的费用没有支付,致使他人应当增加的财产没有增加。不当得利一旦发生,不当得利人负有返还的义务。因而,这是一种债权债务关系。

4)无因管理之债。无因管理是指既未受人之托,也不负有法律规定的义务,而是自觉为他人管理事务的行为。无因管理行为一经发生,便会在管理人和其事务被管理人之间产生债权、债务关系,其事务被管理者负有赔偿管理者在管理过程中所支付的合理的费用及直接损失的义务。

5)债的其他发生根据。债的发生根据除前述几种外,遗赠、扶养、发现埋藏物等,也是债的发生根据。

4. 债的消灭

债因一定的法律事实的出现而使既存的债权债务关系在客观上不复存在，叫做债的消灭。债因以下事实而消灭：

1）债因履行而消灭。债务人履行了债务，债权人的利益得到了实现，当事人间设立债的目的已达到，债的关系也就自然消灭了。

2）债因抵消而消灭。抵消是指同类已到履行期限的对等债务，因当事人相互抵充其债务而同时消灭。用抵消方法消灭债务应符合下列的条件：①必须是对等债务。②必须是同一种类的给付之债。③同类的对等之债都已到履行期限。

3）债因提存而消灭。提存是指债权人无正当理由拒绝接受履行或其下落不明，或数人就同一债权主张权利，债权人一时无法确定，致使债务人一时难以履行债务，经公证机关证明或人民法院的裁决，债务人可以将履行的标的物提交有关部门保存的行为。

提存是债务履行的一种方式。如果超过法律规定的期限，债权人仍不领取提存标的物的，应收归国库所有。

4）债因混同而消灭。混同是指某一具体债务的债权人和债务人合为一体。如两个相互订有合同的企业合并，则产生混同的法律效果。

5）债因免除而消灭。免除是指债权人放弃债权，从而解除债务人所承担的义务。债务人的债务一经债权人解除，债的关系自行解除。

6）债因当事人死亡而解除。债因当事人死亡而解除仅指具有人身性质的合同之债，因为人身关系是不可继承和转让的，所以，凡属委托合同的受托人、出版合同的约稿人等死亡时，其所签订的合同也随之终止。

1.5 工程建设法律基础典型案例分析

1.5.1 案例1

原告：××房地产开发有限公司（以下简称甲方）
被告：××建筑集团第六分公司（以下简称乙方）

1. 基本案情

2006年4月，甲方与自称是××建筑集团第六分公司的乙方签订建设工程施工合同，合同约定：经甲方同意，技术措施费（以下简称技措费）及赶工费用按实际发生进入结算价款。2007年1月双方又签订终止协议，该"协议"约定："技措费及赶工费另行协商，如不能达成协议，此纠纷交由某仲裁委员会仲裁。" 2009年5月，乙方根据终止协议中的仲裁条款就技措费及赶工费问题向协议约定的仲裁委员会申请仲裁。甲方则在仲裁庭首次开庭前向法院申请确认该仲裁条款无效。甲方认为：乙方在签订建设工程施工合同及终止协议时并未依法注册成立，因此根本不具有签订仲裁条款的主体资格。乙方辩称：2007年9月某建筑集团申请成立了第六分公司；而且早在2002年，某建筑集团就为乙方出具了授权其在该地区承揽工程的委托书，因此上述建设工程施工合同及终止协议有效，仲裁条款当然有效。

2. 案件审理

法院认为，仲裁条款应由具有民事行为能力的民事主体签订。乙方与甲方签订仲裁条款时，尚未取得工商管理部门的工商登记，无缔约的民事行为能力，故法院裁定乙方与甲方签订的仲裁条款应属无效。

3. 案例评析

本案的争议焦点为，未依法注册登记的公司分支机构签订的仲裁条款是否产生法律效力。根据《仲裁法》第17条的规定，无民事行为能力人或限制民事行为能力人订立的仲裁协议无效。在本案中，被告在签订建设工程施工合同及终止协议时尚未依法注册登记。《公司登记管理条例》第40条规定："公司设立分公司的，应当向分公司所在地的市、县公司登记机关申请登记；核准登记的，发给营业执照。"因此，依法办理工商登记是公司分支机构取得民事主体资格的必要条件；未注册登记的公司分支机构，不具有合法的民事主体资格，即不具有民事权利能力及民事行为能力，其签订的仲裁条款当属无效。

此外，尽管某建筑集团曾为乙方出具授权委托书，但由于当时被告并未注册登记，不具有民事主体资格，因此这种代理行为不具有法律效力。

1.5.2 案例2

原告：香港××投资有限公司（以下简称A公司）

被告：广州××有限公司（以下简称B公司）

1. 基本案情

2004年6月10日，A公司与B公司在深圳签订了一份《土地使用权转让合同书》，约定B公司将其拥有的位于广州市××工业区的一块面积为20000m^2的工业用地转让给A公司，转让款共500万元。该合同签订后，A公司即依约将转让款500万元支付给B公司。B公司收款后却迟迟没有办理有关转让手续。至2006年12月，A公司从有关部门了解到，B公司所转让的土地根本不能依法办理过户手续。为此A公司要求B公司返还转让金，并于2008年8月12日向法院提起诉讼，要求依法解除双方签订的土地使用权转让合同，依法判决B公司返还A公司土地转让费人民币500万元及利息，并赔偿经济损失港币28万元。而B公司辩称，A公司与B公司于2004年6月10日签订了土地使用权转让合同后，该合同已于2004年履行完毕。此后，双方从未对上述合同的履行有过任何争议或补充协议，A公司的起诉已超过了诉讼时效，请求依法驳回 A 公司的诉讼请求。

2. 案件审理

法院经审理认为，A 公司的起诉已超过了法定的诉讼时效，且未能举证证实诉讼时效有中止或中断的情况，其诉讼请求依法应予驳回，根据《中华人民共和国民法通则》（以下简称《民法通则》）第 135 条的规定，判决驳回香港公司的诉讼请求，本案受理费 41000 港元由 A 公司负担。

3. 案例评析

本案中 A 公司败诉的关键在于其起诉已超过诉讼时效，而且又不能举证证实诉讼时效有中止或中断的情况。《民法通则》第 135 条规定"向人民法院请求保护民事权利的诉讼时效期间为两年"，第 137 条规定："诉讼时效期间从知道或者应当知道权利遭受侵害时起计算"。

本案中，原告与被告签订的合同约定：在合同签订后 3 个月内，A 公司付清余款的同时，B 公司应完善用地手续，即出具有效的土地使用权证书。因此，诉讼时效期间从合同签订之日后 3 个月开始计算，即从 2004 年 9 月 10 日至 2006 年 9 月 10 日止。《民法通则》第 139 条、140 条分别规定了诉讼中止和中断的情形。但是，本案中香港公司虽称其曾于 2005 年 5 月 2 日、2007 年 1 月 5 日两次函告 B 公司，但未举证证实其主张，所以未获法院采纳。因此，为了使诉讼时效延长，一定要留下证实诉讼时效中断的证据。例如，本案中 A 公司致函给 B 公司，应亲自送 B 公司签收，留下回执，或通过邮局挂号邮寄，这样才能保证民事权利在被侵害时得到法律的保护。

1.5.3 案例 3

1. 基本案情

A 公司与 B 医院建设工程合同纠纷一案经北京仲裁委员会审理，于 2002 年 7 月 24 日作出以下裁决：B 医院于裁决书送达之日起 20 日内给付 A 公司工程欠款 20997522.98 元及利息损失，库存材料和设备款 8436706 元及其利息损失，停工损失 587185.87 元，仲裁费及鉴定费 436685 元。因 B 医院未按时履行裁决书确定的义务，A 公司于 2003 年 1 月 24 日向北京市大兴区人民法院申请执行，执行标的总金额 4687.5 万余元（包括利息损失）。法院于 2003 年 3 月 10 日查封了 B 医院位于北京经济技术开发区荣华中路 1 号的国有土地使用权及地上建筑物，并于 2005 年 7 月 18 日对上述房地产进行拍卖，所得价款共计人民币 6170 万元。

C 公司与 B 医院于 2004 年 12 月在南京市中级人民法院的主持下就另案达成调解协议：B 医院于 2005 年 3 月 31 日之前分期归还 C 公司欠款 600 万美元；如 B 医院按时足额履行上述还款义务，C 公司同意免除其另应归还的欠款 235900 美元及利息；B 医院承诺以其位于北京经济技术开发区荣华中路 1 号的 26353.20m^2

的国有土地使用权及13050.60m²的地上建筑物，为C公司此笔6235900美元债权设定抵押担保，并协助C公司在2005年1月15日前办理相应抵押登记手续。因B医院逾期未履行调解书确定的还款义务，C公司于是向南京市中级人民法院申请执行，该院于2005年3月致函北京市大兴区人民法院，认为C公司对拍卖B医院房地产所得价款享有参与分配权及优先受偿权。

2. 案件审理

执行法院认为：根据最高人民法院《关于建设工程价款优先受偿权问题的批复》及《担保法》的有关规定，A公司的建设工程款债权优于享有抵押权的债权。因此，A公司的工程款应从拍卖款中优先受偿。

3. 案例评析

本案的关键在于抵押权与工程款优先受偿权的受偿顺序及优先权的范围问题。根据最高人民法院《关于建设工程价款优先受偿权问题的批复》（以下简称《批复》），A公司的工程款部分应享有优先受偿权，抵押权人受偿顺位在后，但优先于普通债权人受偿。

根据《担保法》和相关司法解释的规定，在没有其他优先权人的情况下，抵押权人对该房地产拍卖所得价款优先受偿。但是，我国《合同法》第286条规定：“发包人未按照约定支付价款的，承包人可以催告发包人在合理期限内支付价款。发包人逾期不支付的，除按照建设工程的性质不宜折价、拍卖的以外，承包人可以与发包人协议将该工程折价，也可以申请人民法院将该工程依法拍卖。建设工程的价款就该工程折价或者拍卖的价款优先受偿。”对于建设工程价款优先权和抵押权的关系，《批复》第1条规定：“人民法院在审理房地产纠纷案件和办理执行案件中，应当依照《合同法》第286条的规定，认定建筑工程的承包人的优先受偿权优于抵押权和其他债权。”据此，A公司的建设工程款债权优于享有抵押权的债权，抵押权人的债权仅优于普通债权。

《批复》第3条将《合同法》286条保护的范围，限定在承包人为建设工程支付的工作人员报酬、材料款等实际支出的费用。可以说，建设工程价款中，除预期利润和违约金之外的部分均享有优先受偿权。经工程造价鉴定，北京仲裁委员会裁决B医院欠付A公司工程款20997522.98元。此金额是用工程已完工部分造价减去债务人已付款所得，符合《批复》规定的建设工程价款范围。至于其他部分，包括利息、库存材料款、设备款、停工损失、仲裁费和鉴定费都是因发包人违约行为给A公司造成的损失，依照《批复》规定，不属于优先受偿的范围。故A公司只在20997522.98元范围内对拍卖价款享有优先受偿权。

本案中，A公司20997522.98元工程款应优先受偿；对剩余价款，抵押权人按照抵押登记确定的金额优先受偿；如还有剩余价款，则由各债权人依普通债权金额按比例受偿。

# 第 2 章
工程建设从业资格制度

2.1 从业资格制度概述

2.1.1 建立从业资格制度意义

建筑工程种类很多，不同的建筑工程，其建设规模和技术要求的复杂程度可能有很大的差别。而从事建筑活动的施工企业、勘察单位、设计单位和工程监理单位的情况也各有不同，有的资本雄厚，专业技术人员较多，有关技术装备齐全，有较强的经济和技术实力，而有的经济和技术实力则比较薄弱。为此，我国在对建筑活动的监督管理中，将从事建筑活动的单位按其具有的不同经济、技术条件，划分为不同的资质等级，并对不同的资质等级的单位所能从事的建筑活动范围作出了明确的规定。《建筑法》第13条明确规定："从事建筑活动的建筑施工企业、勘察单位、设计单位和工程监理单位，按照其拥有的注册资本、专业技术人员、技术装备和已完成的建筑工程业绩等资质条件，划分不同的资质等级，经资质审查合格，取得相应等级资质证书后，方可在其资质等级许可证的范围内从事建筑活动。"这在法律上确定了我国从业资格许可制度。实践证明，从业资格制度是建立和维护建筑市场的正常秩序，保证建筑工程质量的一项有效措施。

国家按照有利于经济发展、社会公认、国际可比、事关公共利益的原则，在涉及国家、人民生命财产安全的专业技术工作领域，实行专业技术人员职业资格制度。它包括注册建筑师、注册结构师、注册监理师、注册造价师、注册估价师和注册建造师等。

开展职业技能鉴定，推行职业资格证书制度，是落实党中央、国务院提出的"科教兴国"战略方针的重要举措，也是我国人力资源开发的一项战略措施。这对于提高劳动者素质，促进劳动力市场的建设以及深化国有企业改革，促进经济发展都具有重要意义。

2.1.2 专业技术人员职业资格分类

专业技术人员职业资格是对从事某一职业所必备的学识、技术和能力的基本要求，职业资格包括从业资格和执业资格。

从业资格是政府规定专业技术人员从事某种专业技术性工作的学识、技术和能力的起点标准；执业资格是政府对某些责任较大、社会通用性强、关系公共利益的专业技术工作实行的准入控制，是专业技术人员依法独立开业或独立从事某种专业技术工作学识、技术和能力的必备标准。

2.1.3 职业资格证书制度

1. 职业资格证书制度概述

职业资格证书制度是劳动就业制度的一项重要内容，也是一种特殊形式的国家考试制度。它是指按照国家制定的职业技能标准或任职资格条件，通过政府认定的考核鉴定机构，对劳动者的技能水平或职业资格进行客观公正、科学规范的评价和鉴定，对合格者授予相应的国家职业资格证书。

2. 职业资格证书作用

职业资格证书是表明劳动者具有从事某一职业所必备的学识和技能的证明。它是劳动者求职、任职、开业的资格凭证，是用人单位招聘、录用劳动者的主要依据，也是境外就业、对外劳务合作人员办理技能水平公证的有效证件。

3. 实施职业资格证书制度的法律依据

《劳动法》第69条规定："国家确定职业分类，对规定的职业制定职业技能标准，实行职业资格证书制度，由经过政府批准的考核鉴定机构负责对劳动者实施职业技能考核鉴定"。《职业教育法》第8条明确指出："实施职业教育应当根据实际需要，同国家制定的职业分类和职业等级标准相适应，实行学历文凭、培训证书和职业资格证书制度。"这些法规确定了国家推行职业资格证书制度和开展职业技能鉴定的法律依据。

4. 职业资格证书的办理

根据国家有关规定，办理职业资格证书的程序为：职业技能鉴定所（站）将考核合格人员名单报经当地职业技能鉴定指导中心审核，再报经同级劳动保障行政部门或行业部门劳动保障工作机构批准后，由职业技能鉴定指导中心按照国家规定的证书编码方案和填写格式要求统一办理证书，加盖职业技能鉴定机构专用印章，经同级劳动保障行政部门或行业部门劳动保障工作机构验印后，由职业技能鉴定所（站）送交本人。

2.2 从业单位资质管理

2.2.1 从业单位的条件

1. 有符合国家规定的注册资本

注册资本反映的是企业法人的财产权,也是判断企业经济力量的依据之一。从事经营活动的企业组织,都必须具备基本的责任能力,能够承担与其经营活动相适应的财产义务。

这既是法律权利与义务相一致、利益与风险相一致的反映,也是保证债权人利益的需要。因此,建筑施工企业、勘察单位、设计单位和工程监理单位的注册资本必须适应从事建筑活动的需要,不得低于一定限额。注册资本由国家规定,既可以由全国人大及其常委会通过制定法律来规定,也可以由国务院或国务院建设行政主管部门来规定。

2. 有与其从事的建筑活动相适应的具有法定执业资格的专业技术人员

由于建筑活动是一种专业性、技术性很强的活动,所以从事建筑活动的建筑施工企业、勘察单位、设计单位和工程监理单位必须有足够的专业技术人员。如设计单位不仅要有建筑师,还需要有结构、水、暖、电等方面的工程师。建筑活动是一种涉及公民生命和财产安全的一种特殊活动,因而从事建筑活动的专业技术人员还必须有法定执业资格。这种法定执业资格必须依法通过考试和注册才能取得。建筑工程的规模和复杂程度各不相同,因此,建筑活动所要求的专业技术人员的级别和数量也不同,建筑施工企业、勘察单位、设计单位和工程监理单位必须有与其从事的建筑活动相适应的专业技术人员。

3. 有从事相关建筑活动所应有的技术装备

建筑活动具有专业性强、技术性强的特点,没有相应的技术装备无法进行。如从事建筑活动,必须有相应的施工机械设备与质量检验测试手段;从事勘察设计活动的建筑施工企业、勘察单位、设计单位和工程监理单位,必须有从事相关建筑活动所应有的技术装备。没有相应技术装备的单位,不得从事建筑活动。

4. 法律、行政法规的其他条件

建筑施工企业、勘察单位、设计单位和工程监理单位,除了应具备以上三项条件外,还必须具备从事经营活动所应具备的其他条件。如按照《民法通则》第37条规定,法人应当有自己的名称、组织机构和场所。按照《公司法》规定设立从事建筑活动的有限责任公司和股份有限公司,股东或发起人必须符合法定人数;股东或发起人共同制定公司章程;有公司名称,建立符合要求的组织机构;有固定的生产经营场所和必要的生产条件等。

2.2.2 从业单位资质

1. 建筑业企业资质审查

获得施工总承包资质的企业，可以对工程实行施工总承包或者对主体工程实行施工承包。承担施工总承包的企业可以对所承接的工程全部自行施工，也可以将非主体工程或者劳务作业分包给具有相应专业承包资质或者劳务分包资质的其他建筑业企业。

获得专业承包资质的企业，可以承接施工总承包企业分包的专业工程或者建设单位按照规定发包的专业工程。专业承包企业可以对所承接的工程全部自行施工，也可以将劳务作业分包给具有相应劳务分包资质的劳务分包企业。

获得劳务分包资质的企业，可以承接施工总承包企业或者专业承包企业分包的劳务作业。

施工总承包资质、专业承包资质、劳务分包资质序列按照工程性质和技术特点分别划分为若干资质类别。各资质类别按照规定的条件划分为若干等级。建筑业企业资质等级标准由国务院建设行政主管部门会同国务院有关部门制定。

（1）房屋建筑工程施工总承包企业资质等级标准 房屋建筑工程施工总承包企业资质分为特级、一级、二级、三级。

（2）建筑业企业的资质管理 具体如下：

1) 建筑业企业资质许可。建筑业企业可以申请一项或多项建筑业企业资质；申请多项建筑业企业资质的，应当选择等级最高的一项资质作为企业主项资质。

申请施工总承包序列特级资质、一级资质；国务院国有资产管理部门直接监管的企业及其下属一层级的企业的施工总承包二级资质、三级资质；水利、交通、信息产业方面的专业承包序列一级资质；铁路、民航方面的专业承包序列一级资质、二级资质；公路交通工程专业承包不分等级资质，城市轨道交通专业承包不分等级资质，应当向企业工商注册所在地省、自治区、直辖市人民政府建设主管部门提出申请。其中，国务院国有资产管理部门直接监管的企业及其下属一层级的企业，应当由国务院国有资产管理部门直接监管的企业向国务院建设主管部门提出申请。省、自治区、直辖市人民政府建设主管部门应当自受理申请之日起20日内初审完毕并将初审意见和申请材料报国务院建设主管部门。国务院建设主管部门应当自省、自治区、直辖市人民政府建设主管部门受理申请材料之日起60日内完成审查，公示审查意见，公示时间为10日。其中，涉及铁路、交通、水利、信息产业、民航等方面的建筑业企业资质，由国务院建设主管部门送国务院有关部门审核，国务院有关部门在20日内审核完毕，并将审核意见送国务院建设主管部门。

建筑业企业施工总承包序列二级资质（不含国务院国有资产管理部门直接监

管的企业及其下属一层级的企业的施工总承包序列二级资质）；专业承包序列一级资质（不含铁路、交通、水利、信息产业、民航方面的专业承包序列一级资质）；专业承包序列二级资质（不含民航、铁路方面的专业承包序列二级资质）；专业承包序列不分等级资质（不含公路交通工程专业承包序列和城市轨道交通专业承包序列的不分等级资质）的资质许可，由企业工商注册所在地省、自治区、直辖市人民政府建设主管部门实施。

建筑业企业施工总承包序列三级资质（不含国务院国有资产管理部门直接监管的企业及其下属一层级的企业的施工总承包三级资质）；专业承包序列三级资质；劳务分包序列资质；燃气燃烧器具安装、维修企业资质许可，由企业工商注册所在地设区的市人民政府建设主管部门实施。

2）建筑业企业资质管理。企业首次申请、增项申请建筑业企业资质，不考核企业工程业绩，其资质等级按照最低资质等级核定。

已取得工程设计资质的企业首次申请同类别或相近类别的建筑业企业资质的，可以将相应规模的工程总承包业绩作为工程业绩予以申报，但申请资质等级最高不超过其现有工程设计资质等级。企业申请资质升级不受年限限制。

企业资质有效期为5年，资质有效期届满，企业需要延续资质证书有效期的，应当在资质证书有效期届满60日前，申请办理资质延续手续。

企业合并的，合并后存续或者新设立的建筑业企业可以承继合并前各方中较高的资质等级，但应当符合相应的资质等级条件。企业分立的，分立后企业的资质等级，根据实际达到的资质条件，按照本规定的审批程序核定。企业改制的，改制后不再符合资质标准的，应按其实际达到的资质标准及本规定申请重新核定。

2. 工程勘察和工程设计单位资质审查

建设部令第160号令《建设工程勘察设计资质管理规定》对工程勘察和工程设计单位资质等级、申请、审批进行了明确规定。

（1）勘察设计单位资格等级　工程勘察资质分为工程勘察综合资质、工程勘察专业资质、工程勘察劳务资质。工程勘察综合资质只设甲级；工程勘察专业资质设甲级、乙级，根据工程性质和技术特点，部分专业可以设丙级；工程勘察劳务资质不分等级。

取得工程勘察综合资质的企业，可以承接各专业（海洋工程勘察除外）、各等级工程勘察业务；取得工程勘察专业资质的企业，可以承接相应等级相应专业的工程勘察业务；取得工程勘察劳务资质的企业，可以承接岩土工程治理、工程钻探、凿井等工程勘察劳务业务。

工程设计资质分为工程设计综合资质、工程设计行业资质、工程设计专业资质和工程设计专项资质。工程设计综合资质只设甲级；工程设计行业资质、工程设计专业资质、工程设计专项资质设甲级、乙级。根据工程性质和技术特点，个别行业、专业、专项资质可以设丙级，建筑工程专业资质可以设丁级。取得工程设计综合资质的企业，可以承接各行业、各等级的建设工程设计业务；取得工程设计行业资质的企业，可以承接相应行业相应等级的工程设计业务及本行业范围内同级别的相应专业、专项（设计施工一体化资质除外）工程设计业务；取得工程设计专业资质的企业，可以承接本专业相应等级的专业工程设计业务及同级别的相应专项工程设计业务（设计施工一体化资质除外）；取得工程设计专项资质的企业，可以承接本专项相应等级的专项工程设计业务。

（2）工程勘察设计单位资格申请和审批　工程勘察甲级资质、工程设计甲级资质，以及涉及铁路、交通、水利、信息产业、民航等方面的工程设计乙级资质的，应当向企业工商注册所在地的省、自治区、直辖市人民政府建设主管部门提出申请。其中，国务院国资委管理的企业应当向国务院建设主管部门提出申请；国务院国资委管理的企业下属一层级的企业申请资质，应当由国务院国资委管理的企业向国务院建设主管部门提出申请。工程勘察乙级及以下资质、劳务资质、工程设计乙级（涉及铁路、交通、水利、信息产业、民航等方面的工程设计乙级资质除外）及以下资质许可由省、自治区、直辖市人民政府建设主管部门实施。

3. 工程监理企业资质审查

国家对工程监理单位实行资质许可制度。《建设工程质量管理条例》第34条第1款规定："工程监理单位应当依法取得相应等级的资质证书，并在其资质等级许可的范围内承担工程监理业务。"同时，该条还规定："禁止工程监理单位超越本单位资质等级许可范围或者以其他工程监理单位的名义承担工程监理业务。禁止工程监理单位允许其他单位或者个人以本单位的名义承担工程监理业务。工程监理单位不得转让工程监理业务。"这与对勘察、设计、施工单位的规定是一致的。

根据《中华人民共和国建筑法》、《建设工程质量管理条例》，住建部于2007年6月26日颁布了部令第158号《工程监理企业资质管理规定》，规定工程监理企业应当按照其所拥有的注册资本、专业技术人员和工程监理业绩等资质条件申请资质，经审查合格，取得相应等级的资质证书后，方可在其资质等级许可的范围内从事工程监理活动。

（1）工程监理单位资质等级　工程监理企业资质分为综合资质、专业资质和事务所资质。其中，专业资质按照工程性质和技术特点划分为若干工程类别。综合资质、事务所资质不分级别。专业资质分为甲级、乙级；其中，房屋建筑、水利水电、公路和市政公用专业资质可设立丙级。

（2）工程监理单位资质的申请和审批　申请综合资质、专业甲级资质的，

应当向企业工商注册所在地的省、自治区、直辖市人民政府建设主管部门提出申请。省、自治区、直辖市人民政府建设主管部门应当自受理申请之日起20日内初审完毕，并将初审意见和申请材料报国务院建设主管部门。由国务院建设主管部门根据初审意见审批。

专业乙级、丙级资质和事务所资质由企业所在地省、自治区、直辖市人民政府建设主管部门审批。省、自治区、直辖市人民政府建设主管部门应当自作出决定之日起10日内，将准予资质许可的决定报国务院建设主管部门备案。

（3）工程监理单位资质管理　有下列情形之一的，资质许可机关或者其上级机关，根据利害关系人的请求或者依据职权，可以撤销工程监理企业资质：

1）资质许可机关工作人员滥用职权、玩忽职守作出准予工程监理企业资质许可的。

2）超越法定职权作出准予工程监理企业资质许可的。

3）违反资质审批程序作出准予工程监理企业资质许可的。

4）对不符合许可条件的申请人作出准予工程监理企业资质许可的。

5）依法可以撤销资质证书的其他情形。

此外，以欺骗、贿赂等不正当手段取得工程监理企业资质证书的，应当予以撤销。

2.3　专业人员执业资格管理

从事建筑活动的专业技术人员，应当依法取得相应的执业资格证书，并在执业资格证书许可的范围内从事建筑活动。

2.3.1　执业资格制度的含义

执业资格制度是指对具备一定专业学历、资历的从事建筑活动的专业技术人员，通过考试和注册确定其执业的技术资格，获得相应建筑工程文件签字级的一种制度。

当前，对从事建筑活动的专业技术人员实行执业资格制度非常必要，其作用主要体现于以下几个方面。

（1）推进深化我国建筑工程管理体制改革　我国较早就对从事建筑活动的单位实行资质审查制度。这种管理制度虽然从整体上束缚了单位的资格，但对专业技术人员的个人技术资格缺乏定量的评定，专业技术人员的责、权、利不明确，常常出现高资质单位承接的任务，由低水平的专业技术人员来完成的现象，影响了建筑工程质量和投资效益的提高。实行专业技术人员执业资格制度有利于克服上述种种问题，保证建筑工程由具有相应资格的专业技术人员主持完成设计、施工、监理任务。

（2）促使我国工程建设领域与国际惯例接轨，适应对外开放　当前，世界大多数发达国家对从事涉及公众生命和财产安全的建筑活动的专业技术人员都制定了严格的执业资格制度，如美国、英国、日本、加拿大等国。随着我国对外开放的不断扩大，我国的专业技术人员走向世界，其他国家和地区的专业技术人员希望进入中国建筑市场，建筑专业技术人员执业资格制度有利于对等互相承认和管理。

（3）加速人才培养，提高专业技术人员业务水平和队伍素质　执业资格制度有一套严格的考试、注册办法和继续教育的要求，这种激励机制有利于促进建筑工程质量、专业技术人员水平和从业能力的不断提高。

2.3.2 专业人员执业资格

1. 注册建筑师

1995年9月国务院发布的《中华人民共和国注册建筑师条例》和2008年住建设部发布的《中华人民共和国注册建筑师条例实施细则》，对注册建筑师执业资格作了具体规定。

（1）注册建筑师的概念　注册建筑师是指依法取得注册建筑师证书并从事房屋建筑设计及相关业务的人员。我国注册建筑师分为两级，即一级注册建筑师和二级注册建筑师。

（2）注册建筑师考试　具体如下：

1）考试的级别、时间和方式。注册建筑师考试分为一级注册建筑师考试和二级注册建筑师考试两级。两个级别的考试在标准、内容、参加考试的条件等方面均有所不同。

注册建筑师考试一般每年举行一次。在特别情况下，也可以每半年或每两年举行一次。注册建筑师的考试实行全国统一考试制度。由全国注册建筑师管理委员会统一组织、统一命题，在全国同时进行。

2）考试的条件。申请参加注册建筑师考试者，必须符合国家规定的教育标准和职业实践要求。

3）考试合格证书的颁发。一级注册建筑师考试合格者，由全国注册建筑师管理委员会核发《一级注册建筑师考试合格证书》。二级注册建筑师考试合格者，由省、自治区、直辖市注册建筑师管理委员会核发《二级注册建筑师考试合格证书》。《注册建筑师考试合格证书》式样由国务院建设行政主管部门统一制定。

（3）注册建筑师注册　经注册建筑师考试合格，取得注册建筑师资格，按照《注册建筑师条例》规定，均可注册。

注册建筑师的申请注册采取个人注册与单位统一办理手续相结合的程序。即申请注册建筑师注册，由申请注册者向注册建筑师管理委员会提出申请，由聘用的设计单位统一办理注册手续。申请者能否注册决定于其是否具备注册的条件，设计单位无权决定。经注册建筑师管理委员会审查合格后，予以注册，并发给相应等级的注册建筑师注册证明。

一级注册建筑师的注册机构是全国注册建筑师管理委员会。二级注册建筑师的注册机构是省、自治区、直辖市注册建筑师管理委员会。

（4）注册建筑师的执业　具体如下：

1）注册建筑师的执业范围。注册建筑师的执业范围包括建筑设计、建筑设计技术咨询、建筑物调查与鉴定、对本人主持设计的项目进行施工指导和监督，以及国务院建设行政主管部门规定的其他业务。

一级注册建筑师的业务范围与二级注册建筑师的业务范围有所不同。一级注册建筑师业务范围不受建筑规模和工程复杂程度的限制，二级注册建筑师的业务范围限定在国家规定的建筑规模和工程复杂程度范围内。

2）执业的机构、业务的承担及收费。注册建筑师执行业务，应当加入建筑设计单位。注册建筑师执行业务应由设计单位统一接受委托并指派。注册建筑师不得私自承接业务。注册建筑师执行业务应当由设计单位统一收费，注册建筑师不得私自收费。

3）注册建筑师的权利和义务。

注册建筑师的权利如下：

① 专有名称权。注册建筑师有权以注册建筑师的名义执行注册建筑师业务。非注册建筑师不得以注册建筑师的名义执行注册建筑师业务。二级注册建筑师不得以一级注册建筑师的名义执行业务，也不得超越国家规定的二级注册建筑师的执业范围执行业务。

② 设计文件签字权。国家规定的一定跨度和高度以上的房屋建筑，应当由注册建筑师主持设计并在设计文件上签字。

③ 独立设计权。任何单位和个人修改注册建筑师的设计图，应当征得该注册建筑师的同意；但是，因特殊情况不能征得该注册建筑师同意的除外。

注册建筑师的义务如下：

① 遵守法律、法规和职业道德，维护社会公共利益。

② 保证建筑设计的质量，并在其负责的设计图上签字。

③ 保守在执业中知悉的单位和个人的秘密。

④ 不得同时受聘于两个以上建筑设计单位执行业务。

⑤ 不能准许他人以本人名义执行业务。

4）注册建筑师的责任。因设计质量造成的经济损失，首先由设计单位承担赔偿责任，再由设计单位对签字的注册建筑师根据其承担的责任大小进行追偿。

2. 注册结构工程师

1997年9月1日，原建设部、人事部联合发布的《注册结构工程师执业资格制度暂行规定》，对注册结构工程师的执业资格作出了规定。

（1）注册结构工程师的概念　注册结构工程师是指取得中华人民共和国注册结构工程师执业资格证书和注册证书，从事房屋结构、桥梁结构及塔架结构等工程设计及相关业务的专业技术人员。注册结构工程师分为一级注册结构工程师和二级注册结构工程师。

（2）注册结构工程师考试　注册结构工程师考试实行全国统一大纲、统一命题、统一组织的办法，原则上每年举行一次。一级注册结构工程师资格考试由基础考试和专业考试两部分组成。通过基础考试的人员，从事结构工程设计或相关业务满规定年限，方可申请参加专业考试。注册结构工程师资格考试合格者，颁发注册结构工程师执业资格证书。

（3）注册结构工程师注册　有下列情形之一的，不予注册：

1）不具备完全民事行为能力的。

2）因受刑事处罚，自处罚完毕之日起至申请注册之日止不满5年的。

3）因在结构工程设计或相关业务中犯有错误受到行政处罚或者撤职以上行政处分，自处罚、处分决定之日起至申请注册之日止不满2年的。

4）受吊销注册结构工程师注册证书处罚，自处罚决定之日起至申请注册之日止不满5年的。

5）住建部和国务院有关部门规定不予注册的其他情形的。

对准予注册的申请人，分别由全国注册结构工程师管理委员会和省、自治区、直辖市注册结构工程师管理委员会核发注册结构工程师注册证书。

（4）注册结构工程师的执业　具体如下：

1）注册结构工程师的执业范围。注册结构工程师的执业范围包括结构工程设计；结构工程设计技术咨询；建筑物、构筑物、工程设施等调查和鉴定；对本人主持设计的项目进行施工指导和监督；住建部和国务院有关部门规定的其他业务。

一级注册结构工程师的执业范围不受工程规模及工程复杂程度的限制；二级注册结构工程师执业范围另行规定。

2）执业的机构、业务的承担及收费。注册结构工程师执行业务，应当加入一个勘察设计单位，由勘察设计单位统一接受业务并统一收费。

3）注册结构工程师的权利和义务。

注册结构工程师的权利如下：

①名称专有权。注册结构工程师有权以注册结构工程师的名义执行注册结

构工程师业务。非注册结构工程师不得以注册结构工程师的名义执行注册结构工程师业务。

② 结构工程设计主持权。国家规定的一定跨度、高度以上的结构工程设计，应当由注册结构工程师主持设计。

③ 独立设计权。任何单位和个人修改注册结构工程师的设计图，应当征得该注册结构工程师的同意；但是因特殊情况不能征得该注册结构工程师同意的除外。

注册结构工程师的义务如下：

① 遵守法律、法规和职业道德，维护社会公众利益。

② 保证工程设计的质量，并在其负责的设计图上签字或盖章。

③ 保守在执业中知悉的单位和个人的秘密。

④ 不得同时受聘于两个以上勘察设计单位执行业务。

⑤ 不得准许他人以本人名义执行业务。

⑥ 按规定接受必要的继续教育，定期进行业务和法规培训。

4）注册结构工程师的责任。因结构设计质量造成的经济损失，由勘察设计单位承担赔偿责任；勘察设计单位有权向签字的注册结构工程师追偿。

3. 注册监理工程师

2006年1月，原建设部以部令第147号发布了《注册监理工程师管理规定》，对注册监理工程师的管理作出了规定。

（1）注册监理工程师的概念　注册监理工程师是岗位职务，是指经全国统一考试合格并经注册取得《监理工程师岗位证书》的工程建设监理人员。经全国统一考试合格只是成为监理工程师的一个前提条件；同时，还应在建设监理岗位上工作，才能申请注册；经过注册取得《监理工程师岗位证书》，就成为注册监理工程师。不从事监理工作，就不再具有监理工程师岗位职务。

注册监理工程师按专业设置岗位，一般设置建筑、土建结构、工程测量、工程地质、给水排水、采暖通风、电气、通信、城市燃气、工程机械及设备安装、焊接工艺、建筑经济等岗位。目前，我国还没有设计监理工程师，国际上很多发达国家已设立了设计监理工程师。

监理工程师一经政府注册确认，就意味着具有相当于岗位责任的签字权，监理单位任命的工程项目总监理工程师具有对外签字权。

（2）注册监理工程师资格考试　注册监理工程师资格考试，在全国监理工程师资格考试委员会的统一组织指导下进行，原则上每年进行一次。

经监理工程师资格考试合格者，由监理工程师注册机关核发监理工程师执业资格证书。

（3）监理工程师注册　注册监理工程师实行注册执业管理制度。取得资格证书的人员，经过注册方能以注册监理工程师的名义执业。注册监理工程师依据其所学专业、工作经历、工程业绩，按照《工程监理企业资质管理规定》划分的工程类别，按专业注册。每人最多可以申请两个专业注册。取得资格证书的人员申请注册，由省、自治区、直辖市人民政府建设主管部门初审，国务院建设主管部门审批。

初始注册者，可自资格证书签发之日起 3 年内提出申请。逾期未申请者，须符合继续教育的要求后方可申请初始注册。

申请初始注册，应当具备以下条件：

1）经全国注册监理工程师执业资格统一考试合格，取得资格证书。
2）受聘于一个相关单位。
3）达到继续教育要求。
4）没有《注册监理工程师管理规定》第十三条所列情形。

初始注册需要提交下列材料：

1）申请人的注册申请表。
2）申请人的资格证书和身份证复印件。
3）申请人与聘用单位签订的聘用劳动合同复印件。
4）所学专业、工作经历、工程业绩、工程类中级及中级以上职称证书等有关证明材料。
5）逾期初始注册的，应当提供达到继续教育要求的证明材料。

注册监理工程师每一注册有效期为 3 年，注册有效期满需继续执业的，应当在注册有效期满 30 日前，按《注册监理工程师管理规定》中规定的程序申请延续注册。

(4) 注册监理工程师的执业　取得注册监理工程师资格证书的人员，应当受聘于一个具有建设工程勘察、设计、施工、监理、招标代理、造价咨询等一项或者多项资质的单位，经注册后方可从事相应的执业活动。从事工程监理执业活动的，应当受聘并注册于一个具有工程监理资质的单位。工程监理活动中形成的监理文件由注册监理工程师按照规定签字或盖章后方可生效。

(5) 注册监理工程师继续教育　注册监理工程师在每一注册有效期内应当达到国务院建设主管部门规定的继续教育要求。继续教育作为注册监理工程师逾期初始注册、延续注册和重新申请注册的条件之一。

4. 注册造价工程师

(1) 注册造价工程师的概念　注册造价工程师是指经全国统一考试合格，取得造价工程师执业资格证书，并经注册从事工程建设造价业务活动的专业技术人员。

凡从事工程建设活动的建设、设计、施工、工程造价咨询、工程造价管理等单位和部门，必须在计价、评估、审查（核）、控制及管理等岗位配备有造价工程师执业资格的专业技术人员。

（2）注册造价工程师的考试 造价工程师执业资格考试实行全国统一大纲、统一命题、统一组织的办法。原则上每年举行一次。

（3）注册造价工程师的注册 具体如下：

1）注册管理机关。住建部及各省、自治区、直辖市建设行政主管部门和国务院有关部门为造价工程师的注册管理机构。

2）注册的条件。申请注册的人员必须同时具备下列条件：遵纪守法，恪守造价工程师职业道德；取得造价工程师执业资格证书；身体健康，能坚持在造价工程师岗位工作；所在单位考核同意。

再次注册者，应经单位考核合格并有继续教育、参加业务培训的证明。

3）注册程序。考试合格人员在取得证书 3 个月内到当地省级或部级造价工程师注册管理机构办理注册登记手续。

注册机关经审查符合注册条件的，批准注册，由其单位所在省、自治区、直辖市或国务院有关部门造价工程师注册管理机构核发住建部印制的造价工程师注册证，并在执业资格证书的注册登记栏内加盖注册专用印章。各注册管理机构应将注册汇总名单报住建部备案。

4）注册有效期。造价工程师注册有效期为 2 年，有效期满前 2 个月，持证者应当到原注册机构重新办理注册手续。对不符合注册条件的，不予重新注册。

（4）注册造价工程师的权利与义务 具体如下：

注册造价工程师的权利如下：

1）有独立依法执行造价工程师岗位业务并参与工程项目经济管理的权利。

2）有在所经办的工程造价成果文件上签字的权利；凡经造价工程师签字的工程造价文件需修改时应经本人同意。

3）有使用造价工程师名称的权利。

4）有依法申请开办工程造价咨询单位的权利。

5）造价工程师对违反国家有关法律法规的意见和决定有权提出劝告，拒绝执行并有向上级或有关部门报告的权利。

注册造价工程师的义务如下：

1）必须熟悉并严格执行国家有关工程造价的法律法规和规定。

2）恪守职业道德和行为规范，遵纪守法，秉公办事。对经办的工程造价文件质量负有经济和法律责任。

3）及时掌握国内外新技术、新材料、新工艺的发展应用，为工程造价管理部门制定、修订工程定额提供依据。

4）自觉接受继续教育，更新知识，积极参加职业培训，不断提高业务技术水平。

5）不得参与与经办工程有关的其他单位事关本项工程的经营活动。

6）严格保守执业中知悉的技术和经济秘密。

5. 注册建造师

（1）注册建造师的概念　注册建造师是指通过考核认定或考试合格取得中华人民共和国建造师资格证书（以下简称资格证书），并按照本规定注册，取得中华人民共和国注册建造师注册执业证书（以下简称注册证书）和执业印章，担任施工单位项目负责人及从事相关活动的专业技术人员。

未取得注册证书和执业印章的，不得担任大中型建设工程项目的施工单位项目负责人，不得以注册建造师的名义从事相关活动。

建造师分为一级建造师和二级建造师。本书主要介绍关于一级建造师的注册、管理、执业的有关规定。其涉及的规章主要包括2002年12月5日由人事部、原建设部联合发布的《建造师执业资格制度暂行规定》和2007年3月1日起施行的《注册建造师管理规定》。

（2）注册建造师执业考试　注册建造师考试实行全国统一大纲、统一命题、统一组织的办法，原则上每年举行一次。

建造师考试合格，由各省、自治区、直辖市人事部门颁发人事部统一印制，人保部、住建部用印的建造师执业资格考试合格证书，一级建造师执业资格证书在全国范围内有效，二级建造师执业资格证书在所在行政区域内有效。

（3）注册建造师的注册　具体如下：

1）注册程序。一级建造师执业资格注册，由本人提出申请，由各省、自治区、直辖市建设行政主管部门或其授权的机构初审合格后，报住建部或其授权的机构注册。准予注册的申请人，由住建部或其授权的注册管理机构发放由住建部统一印制的中华人民共和国一级建造师注册证书。

二级建造师执业资格的注册办法由省、自治区、直辖市建设行政主管部门制定，颁发辖区内有效的中华人民共和国二级建造师注册证书，并报住建部或其授权的注册管理机构备案。

2）注册管理。

① 注册效力。取得建造师执业资格证书的人员，必须经过注册登记，方可以建造师的名义执业。

② 注册的监督检查。人事部和各级地方人事部门对建造师执业资格注册和使用情况有检查、监督的责任。

③ 注册期限。建造师执业资格注册有效期一般为3年，有效期满前3个月，持证者应到原注册管理机构办理再次注册手续。在注册有效期内，变更执业单位者，应当及时办理变更手续。

④ 再注册。再次注册者须提供接受继续教育的证明，每年要接受不少于30学时的建造师执业继续教育。

⑤ 注销注册。经注册的建造师有规定的执业违规情况的，由原注册管理机构注销注册。

⑥ 注册公示。住建部和省、自治区、直辖市建设行政主管部门应当定期公布建造师执业资格的注册和注销情况。

(4) 注册建造师的执业要求　具体如下：

1) 建造师执业前提。建造师经注册后，方有权以建造师的名义担任建设工程项目施工的项目经理及从事其他施工活动的管理。取得建造师执业资格，未经注册的，不得以建造师名义从事建设工程施工项目的管理工作。

2) 建造师执业基本要求。建造师在工作中，必须严格遵守法律、法规和行业管理的各项规定，恪守职业道德。

(5) 注册建造师的主要执业范围　具体如下：

1) 注册建造师的执业范围。注册建造师有权以建造师的名义担任建设工程项目施工的项目经理；从事其他施工活动的管理；从事法律法规或国务院行政主管部门规定的其他业务。

2) 注册建造师担任项目经理。注册建造师执业资格制度建立以后，承担建设工程项目施工的项目经理仍是施工企业所承包某一具体工程的主要负责人，他的职责是根据企业法定代表人的授权，对工程项目自开工准备至竣工验收，实施全面的组织管理。而大中型工程项目的项目经理必须由取得建造师执业资格的建造师担任，即建造师在所承担的具体工程项目中行使项目经理职权。注册建造师资格是担任大中型工程项目项目经理的必要条件。建造师须按人发〔2002〕111号文件的规定，经统一考试和注册后才能从事担任项目经理等相关活动，是国家的强制性要求，而项目经理的聘任则是企业行为。

3) 鼓励和提倡注册建造师"一师多岗"。近期，注册建造师以建设工程项目施工的项目经理为主要岗位。但是，同时鼓励和提倡注册建造师"一师多岗"，从事国家规定的其他业务，例如，担任质量监督工程师等。

2.4　工程建设从业资格制度典型案例分析

2.4.1　案例1

1. 基本案情

2005年1月18日，原告张某与被告李某签订了一份协议书，约定双方共同合股承包某俱乐部工程。原告占25%的股份，出资50万元，被告占75%股份，出资剩余部分（即150万元）。该协议签订后，被告于同年1月18日和1月19日先后两次收取了原告入股金15万元。

被告在收到原告的15万元资金后，并没有让原告参与管理，原告因此与被告多次协商，但被告拒不理睬。依据相关法律规定，承包工程必须有相关建筑资质，原告、被告个人承接工程，违反了我国的强制性法律规定，应属无效。据此，请求法院判令：

1）确认原告、被告双方签订的合股承包经营协议无效。

2）被告退还原告入股金人民币15万元，支付利息人民币4599元（按股金的每日利息2.1/万暂计至2005年6月14日），并赔偿损失人民币7354.50元，合计人民币161953.50元。

3）本案诉讼费用由被告承担。

被告未到庭，无答辩。

经审理查明，2005年1月18日，原告张某与被告李某签订协议书一份，约定：

1）甲（被告）乙（原告）双方共同合股（有限责任公司）承包经营管理施工某俱乐部工程，由乙方出资50万元人民币，分阶段投入项目的施工建设中，乙方占整个工程项目的25%的股份。

2）该俱乐部工程施工所需的其余资金由甲方负责，甲方占有整个项目的75%的股份。

3）（略）。

4）（略）。

5）项目部的资金有余额时，应按照甲乙双方股份比例归还甲乙双方所投入的资金。最后竣工时的盈利及工程所有盈利由甲乙双方按股份比例进行分配，项目部购买的机械设备以资金形式分配给甲方。

6）本协议在双方签字之日起生效，在双方分配完所有利润后自动解除。签订协议当日，被告收到原告该俱乐部工程施工入股金人民币50000元。次日，被告又收到原告第二笔施工入股金人民币100000元。

庭审中，原告向本院提交交通费及住宿费票据，合计金额人民币7354.50元，证明原告交通费及住宿费损失。

2. 案件审理

深圳市南山区人民法院作出一审判决如下：

1）原告、被告双方签订的合股承包经营协议书无效。

2）被告李某应本判决生效之日起10日内返还原告张某人民币15万元。

3）驳回原告张某的其他诉讼请求。

本案受理费人民币4749元，由原告张某负担人民币351元，被告李某负担人民币4398元（此款原告已预缴，不退，被告负担之数应于上述付款期内一并支付给原告)。判决下达后,原告、被告均未上诉。

3. 案例评析

本案是合伙纠纷。被告经法院合法传唤,无正当理由未到庭应诉,应视为其放弃对原告主张的抗辩,法院对原告主张的事实予以确认。根据我国《建筑法》规定,承包建筑工程的单位应当持有依法取得的资质证书,并在其资质等级许可的业务范围内承揽工程。原告、被告是个人,双方关于共同承包建设某俱乐部工程的协议,违反了上述法律、法规的强制性规定,应为无效,被告因该合同取得的财产,应予返还。原告诉请返还入股金人民币15万元,法院给予支持。原告明知自己及被告没有建筑施工企业资质,而与被告签订协议,存在过错,应承担相应的法律后果,其对利息及交通费、住宿费的诉讼请求,法院不予支持。

2.4.2 案例2

原告:A建筑公司

被告:朱某

1. 基本案情

原告A建筑公司诉称,2008年5月6日,A建筑公司与朱某签订挂靠经营合同,约定由朱某向A建筑公司缴纳一定数额的管理费用后,由朱某以A建筑公司的名义对外承接工程,A建筑公司不参与朱某与工程有关的任何事宜,包括对工人的管理及工资发放。2008年9月23日,朱某以A建筑公司名义承接的北京市某小区的总承包方B建设集团有限公司,向朱某发出停工通知并要求撤场,朱某接到此通知后态度消极,其后便携款销声匿迹。为了维护社会稳定,A建筑公司只得替朱某向农民工发放工资及经济补偿,在扣除B建设集团有限公司给付的金额以外,A建筑公司又替朱某发放工人工资及经济补偿总计86555元,为维护京华建筑公司的合法权益,故诉至法院,诉讼请求:

1)判令朱某立即给付A建筑公司为其垫付的农民工工资及经济补偿金86555元。

2)本案诉讼费由朱某承担。

被告朱某辩称:

1)签订的合同是违反我国法律禁止性规定,属于无效。

2)根据A建筑公司提供的证据,款项合计1104641元,均由A建筑公司从B建设集团有限公司领取,扣除相应管理费之后给付朱某,但A建筑公司没有给付朱某,故朱某不欠A建筑公司任何钱,且应退还朱某保证金50000元。

经审理查明,2008年3月18日,A建筑公司与B建设集团有限公司签订《建筑工程劳务分包合同》,双方约定B建设集团有限公司将位于北京市某小区25号地1#办公楼工程分包给B建筑公司。开工日期为2008年3月10日,结构封顶时间为2008年7月10日,分包工程质量标准为合格,分包合同总价2608296元。包含承包方(指A建筑公司)完成合同范围内全部工作内容所发生的全部管理人员及生产人员工资、工资性津贴等,同时还约定承包人不得转包其分包工程。2008年5月6日,A建筑公司与朱某签订《承包协议》,A建筑公司将B建设集团有限公司位于北京市某小区25号地1#办公楼工程分包给朱某,双方约定,A建筑公司与用人单位签订劳务合同,并协助朱某办理进京手续,A建筑公司代表朱某与朱某雇佣的工人签订劳务协议;A建筑公司有责任协助朱某与用工单位结算劳务费;朱某必须全面履行A建筑公司与用人单位签订的劳务合同和A建筑公司与本队工人签订的劳务合同。如有违反由朱某负完全责任,发生的问题费用由朱某进行处理和承接。朱某有责任向A建筑公司报告工人的工作情况和收入分配情况,服从A建筑公司管理,有责任依法纳税和按规定缴纳管理费;有责任将全部劳务费以转账支票形式转移到A建筑公司账户上,不得外流,朱某必须按外流总金额缴纳管理费;朱某发放工资必须按工资表由工人亲自签字并直接发放到工人手里,不准发放到班组长手里,也不准由代办人转手发放,工资表要提前填报,款到后当日要全部发放给工人,不得在工地存放。承包协议签订后朱某以A建筑公司的名义招聘工人、组织现场施工,并由其聘用人员戴某具体负责现场管理、工资发放等事宜。

2008年9月23日,B建设集团有限公司向A建筑公司发出停工通知并要求退场。2008年9月29日,B建设集团有限公司与A建筑公司达成协议,双方约定该办公楼工程结算金额为966641元,经济补偿138000元,已支付761197元,尚欠343444元,B建设集团有限公司于2008年9月30日支付给A建筑公司,朱某也在该协议上签字。2008年9月30日,朱某在未对工人发放工资及经济补偿的情况下藏匿,导致工人滞留在工地。后经有关部门协调,A建筑公司发放工人工资为434999元,替朱某垫付工人工资86555元。另外A建筑公司收取朱某管理费10965.86元,朱某未向A建筑公司缴纳履行合同保证金50000元。

上述事实有建筑工程劳务分包合同、承包协议、职工工资分配表、协议书、6张发票、6张菜金收据、戴××证言、姚××证言以及双方当事人当庭有关陈述在案佐证。

2. 案件审理

依据我国《建筑法》第26条、《合同法》第52条第5项的规定,判决如下:①原告A建筑公司与被告朱某于2008年5月6日签订的承包协议无效。②被告朱某于本判决生效后七日内返还原告A建筑公司垫付工资款86555元。如果未按本判决指定的期间履行给付金钱义务,应当依照《中华人民共和国民事诉讼法》第229条的规定,加倍支付迟延履行期间的债务利息。

案件受理费1044元,由原告和被告各自承担一半。

3. 案例评析

依据我国法律相应规定，从事建筑工程应取得主管部门颁发的相应资质，在未取得资质的情况下，不得从事建筑工程。朱某未取得从事建筑工程资质，故其与 A 建筑公司签订的《承包协议》无效，对此 A 建筑公司与朱某均有责任，A 建筑公司违法所得 10965.86 元，法院予以收缴。朱某在建设工程中雇佣工人从事劳动，理应由其负责工资费用的发放，但未实际全额发放；A 建筑公司出于维护社会稳定，替朱某垫付工人工资，因此，朱某应予以返还。

2.4.3 案例 3

第一原告：宋某
第二原告：上海某房地产开发公司
被告：上海某区建设行政主管部门

1. 基本案情

1999 年 3 月 15 日，被告上海某区建设行政主管部门收到第二原告举报，称其正在进行施工的建筑图存在严重质量问题，希望被告对该图的设计单位进行查处。被告经调查后发现，该项目施工图是由第一原告宋某组织无证设计人员私自安排刻制，并使用本应当由市建委统一管理发放的施工图出图专用章，且以某建筑设计院上海分院的名义设计。据此，被告于 1999 年 11 月 17 日对第一原告作出了"责令停止建筑活动并处 5 万元罚款"的行政处罚。同时，上述项目的开发单位、第二原告在未验明设计单位的资质情况下，将工程设计发包给事实上是个人的第一原告，并将无证人员设计的施工图交给施工单位使用，被告因此对第二原告也作出了"责令改正，并处罚款 3 万元"等的行政处罚。处罚决定书下达后，两原告均不服上述行政处罚，于 2000 年 1 月 6 日向法院提起行政诉讼，要求撤销被告的上述行政处罚。

第一原告认为其在设计活动中的一切行为均代表蚌埠某建筑设计院上海分院，施工图出图专用章是由该设计院的管理机关领取，是有证从事建筑设计活动的，不应由其承担无证设计的法律后果；同时，委托设计是在 1996 年上半年签订的，被告援引 1997 年 10 月颁布实施的地方性法规和《上海市建筑市场管理条例》对其进行处罚，在法律适用上也是错误的。第二原告则认为其委托的设计单位是有设计资质和入沪许可的蚌埠某建筑设计院上海分院，从未委托过第一原告个人；工程设计发包行为发生在 1996 年，1997 年经上海市建设工程招投标办公室同意，补办了招标手续。被告援引 1999 年 3 月颁布实施的法规对其进行处罚，显然是适用法律不当。

而被告则以大量证据材料证明：

1）第一原告与第二原告签订委托设计合同时使用的"合同章"，蚌埠某建筑设计院并不认可，该院从未有此合同章，故更不可能同意第一原告使用。

2）第一原告及其雇用的在施工设计图上签字的人员均不具备国家规定的相应从业资格。

3）第一原告私自安排刻制了应由上海市建委颁发的"工程建设施工图出图专用章"，并在其组织无证人员设计的图上使用了该出图专用章，没有证据证明蚌埠某建筑设计院在此事上有授权或共同行为。

4）第二原告在与第一原告签订合同时没有验证设计单位有效的证明文件。

5）第二原告签订委托设计合同时，看了第一原告显示的无效的营业执照后，仍与第一原告签订合同，且在施工过程中委托第一原告担任项目经理，将工程全权委托给其管理。因此，第一原告代表第二原告接受无证人员设计的施工图所引起的法律后果应追责至第二原告。

6）第二原告所称的1997年补办招标手续时，提交的设计合同为1994年的，而当时蚌埠某建筑设计院尚未进沪，第二原告也尚未成立，招标手续显是欺骗所得。

7）第一原告的无证设计活动自1996年至被告对其进行查处的过程中，一直处于持续状态；而第二原告委托第一原告设计的行为，自双方委托设计合同签订之日至第二原告重新委托设计之日止从未间断；且该工程一直没有竣工。因此，被告援引违法行为继续期间颁布实施的法律、法规对其予以处罚，在法律适用上是正确的。

2. 案件审理

法庭对被告方提供的证据和法律依据逐项进行了审查，认为这些证据内容真实、与被诉行政处罚决定认定的事实相关且合法，具有证明效力，法院全部予以采信，并据此确认：

1）第一原告在进行工程项目设计时，组织没有本市建筑设计从业资格的设计人员进行设计，并在设计图上加盖了自行刻制的施工图出图章和施工图发图负责人章，其主观上违法的故意十分明显。被告认定其无证从事建筑设计活动的事实清楚，证据充分。

2）第二原告在将设计这一工程重要环节发包给设计单位时，理应验明设计单位的资质证书和勘察设计临时许可证。以第二原告的行为能力，应当能够验明第一原告提供的注册税务登记证、企业法人代码证书、企业法人营业执照、进沪许可证已全部无效。

3）第一原告与第二原告于1997年4月18日签订设计合同，委托设计行为自此开始，并一直持续到1999年9月1日第二原告将工程重新委托给其他设计所设计时止。期间，双方并未发生终止、解除合同的情形。故对违法行为的追责，应当自行为终了之日起计算。因此，被告使用法律正确。

2000年4月13日，受理案件的上海市某区人民法院作出了一审判决，依法确认了被告的行为合法。两被告不服一审判决，于2000年4月20日向上海市第一中级人民法院提起上诉。经开庭审理，二审法院于2000年11月17日作出了终审判决："驳回上诉，维持原判。"

3. 案例评析

在本案中，第一原告宋某未经注册，以注册执业人员的名义从事建设工程勘察设计活动，且私刻图章，以其他单位的名义从事建设工程勘察设计任务；第二原告上海市某房地产开发公司违反有关法律法规的规定，将建设工程勘察设计任务发包给不具有相应资质等级的勘察设计单位。第一原告和第二原告均违反了有关法律法规的强制规定，本案被告建设行政主管部门依据法律规定对上述被告进行行政处罚，是正确的。

第 3 章
建筑法律制度

3.1 建筑法概述

3.1.1 建筑法的概念及立法目的

1. 建筑法的概念

建筑法是指调整建筑活动的法律规范的总称。建筑活动是指各类房屋及其附属设施的建造和与其配套的线路、管道、设备的安装活动。

建筑法有狭义和广义之分。狭义的建筑法是指1997年11月1日由第八届全国人民代表大会常务委员会第二十八次会议通过的，于1998年3月1日起施行的《中华人民共和国建筑法》（2011年4月22日修正，以下简称《建筑法》）。该法是调整我国建筑活动的基本法律，共8章，85条。它以规范建筑市场行为为出发点，以建筑工程质量和安全为主线，规范了总则、建筑许可、建筑工程发包与承包、建筑工程监理、建筑安全生产管理、建筑工程质量管理、法律责任、附则等内容，并确定了建筑活动中的一些基本法律制度。广义的建筑法，除《建筑法》之外，还包括所有调整建筑活动的法律规范性文件。这些法律规范分布在我国的宪法、法律、行政法规、部门规章、地方性法规、地方规章以及国际惯例之中。由这些不同层次的法律调整建筑活动所组成的法律规范即是广义的建筑法。更为广义的建筑法是指调整建设工程活动的法律规范的总称。

2. 建筑法的立法目的

《建筑法》第1条规定："为了加强对建筑活动的监督管理，维护建筑市场秩序，保证建筑工程的质量和安全，促进建筑业健康发展，制定本法。"此条即规定了我国《建筑法》的立法目的。

（1）加强对建筑活动的监督管理　建筑活动是一个由多方主体参加的活动。没有统一的建筑活动行为规范和基本的活动程序，没有对建筑活动各方主体的管理和监督，建筑活动就是无序的。为保障建筑活动的正常、有序进行，就必须加强对建筑活动的监督管理。

（2）维护建筑市场秩序　建筑市场作为社会主义市场经济的组成部分，需要确定与社会主义市场经济相适应的新的市场秩序。但是，在新的管理体制转轨过程中，建筑市场中旧的经济秩序打破后，新的经济秩序尚未完全建立起来，以致造成某些混乱现象。制定《建筑法》就要从根本上解决建筑市场混乱状况，确立与社会主义市场经济相适应的建筑市场管理，以维护建筑市场的秩序。

（3）保证建筑工程的质量和安全　建筑工程的质量和安全，是建筑活动永恒的主题，无论是过去、现在还是将来，只要有建筑活动的存在，就有建筑工程的质量和安全问题。

《建筑法》以建筑工程质量与安全为主线，作出了一些重要规定：

1）要求建筑活动应当确保建筑工程质量和安全，符合国家的建筑工程安全标准。

2）建筑工程的质量与安全应当贯彻建筑活动的全过程，进行全过程的监督管理。

3）建筑活动的各个阶段、各个环节，都要保证质量和安全。

4）明确建筑活动各有关方面在保证建筑工程质量与安全中的责任。

（4）促进建筑业健康发展　建筑业是国民经济的重要物质生产部门，是国家重要支柱产业之一。建筑活动的管理水平、效果、效益，直接影响到我国固定资产投资的效果和效益，从而影响到国民经济的健康发展。为了保证建筑业在经济和社会发展中的地位和作用，同时也是为了解决建筑业发展中存在的问题，迫切需要制定《建筑法》，以促进建筑业健康发展。

3.1.2　工程建设法

1. 工程建设法的概念

工程建设法即规范建设工程的法律规范，它是调整工程勘察设计、土木工程施工、线路管道设备安装等建设活动中发生的建设管理及建设协作的法律规范的总称。工程建设法以《建筑法》为基础，同时还应包括《建设工程质量管理条例》、《建设工程勘察设计管理条例》等法规及相应的规章。

2. 工程建设法的调整范围

（1）建设工程行政管理关系　建设工程行政管理关系是指建设工程的计划、组织、调控、监督等关系。它具体规范工程项目建设程序、建设工程招标投标、建设工程投资、建设质量监督、建筑市场、建设工程监理、建设工程合同管理等内容。此外，国家还要通过财政、金融、审计、会计、统计、物价、税收等监督、管理、规范建设工程活动。

(2) 建设工程平等主体的协作关系 建设工程平等主体的协作关系主要体现在建设工程合同的签订与履行中。如勘察设计单位与业主的工程合同关系，建筑安装企业与业主的工程合同关系，以及业主、勘察设计单位、建筑安装企业、监理单位在建设活动中相互间协作关系，还有围绕建筑材料供应、建筑设备租赁发生的往来关系等。建设工程主体内部的协作关系、内部承包合同关系也是建设工程平等主体的协作关系，但具有内部行政性的特征。

(3) 建设工程行政执法

1) 建设工程行政执法的概念。建设工程行政执法是指国家建设行政主管部门在本部门的职能权限内，运用或执行关于建设工程行政管理方面的法律、法规、规章和规范性文件的具体行政行为。

2) 建设工程行政执法的特征。

① 建设工程行政执法内容广泛。建设工程行政执法内容包括：施工、安装管理执法；建设工程勘察、设计管理执法；建设工程监理执法；建设工程招标投标管理执法；建设工程质量管理执法；建设工程标准、定额管理执法；建筑市场管理执法等。

② 建设工程行政执法专业性强。建设行政主管部门除了直接依据建设工程法律、法规和规章及规范性文件执法外，还要依据一些专业技术标准、技术规范、技术规程和专门的建设工程专业机构（如勘察院、设计院、规划院、质量监督站、质量检测站、技术鉴定机构等），运用科学手段得出科学结论及准确数据进行执法。

③ 建设工程行政执法包括建设工程行政检查、建设工程行政处理、建设工程行政处罚和建设工程行政强制执行等方式。

3.2 建筑工程许可制度

3.2.1 建筑工程施工许可制度

1. 施工许可制度的概念

施工许可制度是指由国家授权有关建设行政主管部门，在建筑工程施工前，依建设单位申请，对该项工程是否符合法定的开工条件进行审查，对符合条件的工程发给施工许可证，允许建设单位开工建设的制度。

我国实行建筑工程施工许可制度，一方面，有利于确保建筑工程在开工前符合法定条件，进而为其开工后顺利实施奠定基础；另一方面，也有利于有关行政主管部门全面掌握建筑工程的基本情况，依法及时、有效地实施监督和指导，保证建筑活动依法进行。

2. 建设单位申请领取施工许可证应具备的法定条件

《建筑法》第7条规定,"建筑工程开工前,建设单位应当按照国家有关规定向工程所在地县级以上人民政府建设行政主管部门申请领取施工许可证"。《建筑法》规定建设单位申请领取施工许可证时,应当具备如下一系列前提条件:

(1) 已经办理该建筑工程用地批准手续 根据《中华人民共和国土地管理法》(以下简称《土地管理法》)的有关规定,任何单位和个人进行建设,需要使用土地的,必须依法申请使用土地。其中需要使用国有建设用地的,应当向有批准权的土地行政主管部门申请,经其审查,报本级人民政府批准。

(2) 在城市规划区的建筑工程,已经取得规划许可证 根据《中华人民共和国城乡规划法》(以下简称《城乡规划法》)的有关规定,在城市规划区内进行建设需要申请用地的,建设单位在依法办理用地批准手续之前,必须先取得该工程的建设用地规划许可证;建设单位在申请办理开工手续前,还必须取得建设工程规划许可证件。

(3) 需要拆迁的,其拆迁进度符合施工要求 需要先期进行拆迁的建筑工程,其拆迁工作状况直接影响到整个建筑工程的顺利进行。在建筑工程开始施工时,拆迁的进度必须符合工程开工的要求,这是保证该建筑工程正常施工的基本条件。

拆迁工作必须依法进行。根据《城市房屋拆迁管理条例》的有关规定,拆迁房屋的单位取得房屋拆迁许可证后,方可实施拆迁。拆迁人应当在房屋拆迁许可证确定的拆迁范围和拆迁期限内,实施房屋拆迁。

(4) 已经确定建筑施工企业 确定建筑施工企业是能够开始施工的前提条件。否则,将由于不具有开工的可能性而无法获得施工许可证。

建设单位确定建筑施工企业,必须依据《建筑法》、《招标投标法》及其相关规定进行。《建筑工程施工许可管理办法》第4条进一步规定,发生以下几种情形,所确定的施工企业无效:

1) 按照规定应该招标的工程没有招标。
2) 应该公开招标的工程没有公开招标。
3) 肢解发包工程。
4) 将工程发包给不具备相应资质条件。

(5) 有满足施工需要的施工图及技术资料 按照设计深度不同,设计文件可以分为方案设计文件、初步设计文件和施工图设计文件。根据《建设工程勘察设计管理条例》第26条的规定,对以上几类设计文件的要求分别是:

1) 编制方案设计文件,应当满足编制初步设计文件和控制概算的需要。
2) 编制初步设计文件,应当满足编制招标文件、主要设备材料订货和编制施工图设计文件的需要。

3）编制施工图设计文件，应当满足设备材料采购、非标准设备制作和施工的需要，并注明建设工程的合理使用年限。

施工图设计文件是进行施工作业的技术依据，是在施工过程中保证建筑工程质量的关键因素。因此，在开工前必须有满足施工需要的施工图和技术资料。鉴于施工图设计文件对工程质量的重要性，《建设工程质量管理条例》第11条规定，"建设单位应当将施工图设计文件报县级以上人民政府建设行政主管部门或者其他有关部门审查，""施工图设计文件未经审查批准的，不得使用。"

据此，《建筑工程施工许可管理办法》第4条规定，建设单位在申请领取施工许可证时，除了应当"有满足施工需要的施工图及技术资料"，还应满足"施工图设计文件已按规定进行了审查"。

（6）有保证工程质量和安全的具体措施 《建设工程质量管理条例》第13条规定："建设单位在领取施工许可证或者在开工报告之前，应当按照国家有关规定办理工程质量监督手续。"《建设工程安全生产管理条例》第10条第1款也规定："建设单位在领取施工许可证时，应当提供建设工程有关安全施工措施的资料"；第42条第1款规定："建设行政主管部门在审核发放施工许可证时，应当对建设工程是否有安全措施进行审查，对没有安全施工措施的，不得颁发施工许可证。"

（7）建设资金已经落实 建筑活动需要较多的资金投入，建设单位在建筑工程施工过程中必须拥有足够的建设资金。根据本条规定，申请领取施工许可证时必须有已经落实的建设资金，这是预防拖欠工程款，保证施工顺利进行的基本经济保障。对此，《建筑工程施工许可管理办法》第4条具体规定如下：

1）建设工期不足1年的，到位资金原则上不得少于工程合同价的50%，建设工期超过1年的，到位资金原则上不得少于工程合同价的30%。

2）建设单位应当提供银行出具的到位资金证明，有条件的可以实行银行付款保函或者其他第三方担保。

（8）法律、行政法规规定的其他条件 建筑工程申请领取施工许可证，除了应当具备以上7项条件外，还应当具备其他法律、行政法规规定的有关建筑工程开工的条件。这样规定的目的是为了同其他法律、行政法规的规定相衔接，避免出现法律的空白点。例如，根据《中华人民共和国消防法》（以下简称《消防法》），对于按规定需要进行消防设计的建筑工程，建设单位应当将其消防设计图报送公安消防机构审核；未经审核或者经审核不合格的，建设行政主管部门不得发放施工许可证，建设单位不得施工。

建设行政主管部门应当自收到申请之日起15日内，对符合条件的申请者颁发施工许可证。

3. 不需要申请施工许可证的工程类型

并不是所有的工程在开工前都需要办理施工许可证，以下 5 类工程就不需要办理：

（1）国务院建设行政主管部门确定的限额以下的小型工程 根据 2001 年 7 月 4 日原建设部发布的《建筑工程施工许可管理办法》（以下简称《办法》）第 2 条说明，所谓的限额以下的小型工程指的是：工程投资额在 30 万元以下或者建筑面积在 300m² 以下的建筑工程。同时，该《办法》也进一步作出了说明，省、自治区、直辖市人民政府建设行政主管部门可以根据当地的实际情况，对限额进行调整，并报国务院建设行政主管部门备案。

（2）按照国务院规定的权限和程序批准开工报告的建筑工程 开工报告是建设单位依照国家有关规定向计划行政主管部门申请准予开工的文件。为了避免出现同一项建筑工程的开工由不同的政府行政主管部门多头重复审批的现象，本条规定对实行开工报告审批制度的建筑工程，不再领取施工许可证。至于哪些建筑工程实行开工报告审批制度，有关行政主管部门对开工报告的审批权限和审批程序，则应当按照国务院的有关规定执行。

（3）抢险救灾工程 由于此类工程的特殊性，《建筑法》明确规定此类工程开工前不需要申请施工许可证。

（4）临时性建筑 工程建设中经常会出现临时性建筑，例如，工人的宿舍、食堂等。这些临时性建筑由于其生命周期短，《建筑法》也明确规定此类工程不需要申请施工许可证。

（5）军用房屋建筑 由于此类工程涉及军事秘密，不宜过多公开信息，《建筑法》第 84 条明确规定："军用房屋建筑工程建筑活动的具体管理办法，由国务院、中央军事委员会依据本法制定。"

4. 施工许可证或开工报告的管理

颁发给建设单位施工许可证意味着认可了建设单位的开工条件。当这些条件面临变化的情况下，就存在不再符合开工条件的可能，因此就要废止施工许可证或者对其重新进行核验。

（1）施工许可证废止的条件 《建筑法》第 9 条规定："建设单位应当自领取施工许可证之日起 3 个月内开工。因故不能按期开工的，应当向发证机关申请延期；延期以两次为限，每次不超过 3 个月。既不开工又不申请延期或者超过延期时限的，施工许可证自行废止。"

（2）重新核验施工许可证的条件 《建筑法》第 10 条规定，"在建的建筑工程因故中止施工的，建设单位应当自中止施工之日起 1 个月内，向发证机关报告，并按照规定做好建筑工程的维护管理工作"，"建筑工程恢复施工时，应当向发证机关报告；中止施工满 1 年的工程恢复施工前，建设单位应当报发证机关核验施工许可证"。

（3）重新办理开工报告的条件　按照国务院规定办理开工报告的工程是施工许可制度的特殊情况。对于这类工程的管理，《建筑法》第11条规定："按照国务院有关规定批准开工报告的建筑工程，因故不能按期开工或者中止施工的，应当及时向批准机关报告情况。因故不能按期开工超过6个月的，应当重新办理开工报告的批准手续。"

5. 未取得施工许可证擅自开工的后果

《建筑法》第64条规定："违反本法规定，未取得施工许可证或者开工报告未经批准擅自施工的，责令改正，对不符合开工条件的责令停止施工，可以处以罚款。"

建筑工程未经许可擅自施工的，实际中有两种情况：一是该项工程已经具备了本法规定的开工条件，但未依照本法的规定履行开工审批手续；二是工程既不具备本法规定的开工条件，又不履行开工审批手续。依照本条规定，对违反建筑工程施工许可的规定擅自施工的行为，应根据不同情况分别作出相应的处理：

首先，凡是违反本法规定，未取得施工许可证或者开工报告未经批准擅自施工的，有关行政主管部门都应依照本条规定责令其改正，即要求建设单位立即补办取得施工许可证或开工报告的有关批准手续。

其次，责令改正，即要求其依法补办施工许可证或者开工报告审批手续的同时，根据该工程项目在违法开工时是否具备法定开工条件，作出不同的处理：对于经审查，确属符合法定开工条件的，在补办手续后准予其继续施工；对不符合开工条件的，则应责令建设单位停止施工，并可以处以罚款。所谓"可以处以罚款"是指是否处以罚款由本法规定的行政执法部门根据违法行为的情节、影响大小等具体情况决定。

3.2.2　企业资质等级许可制度

在我国，对从事建筑活动的建设工程企业——建筑施工企业、勘察单位、设计单位和工程监理单位，实行资质等级许可制度。

《建筑法》第13条规定："从事建筑活动的建筑施工企业、勘察单位、设计单位和工程监理单位，按照其所拥有的注册资本、专业技术人员、技术装备和已完成的建筑工程业绩等资质条件，划分为不同的资质等级，经资质审查合格，取得相应等级的资质证书后，方可在其资质等级许可的范围内从事建筑活动。"

国务院建设行政主管部门负责全国建筑业企业资质、建设工程勘察、设计资质、工程监理企业资质的归口管理工作，国务院铁道、交通、水利、信息产业、民航等有关部门配合国务院建设行政主管部门实施相关资质类别和相应行业企业资质的管理工作。

新设立的企业，应到工商行政管理部门登记注册手续并取得企业法人营业执照后，方可到建设行政主管部门办理资质申请手续。任何单位和个人不得涂改、伪造、出借、转让企业资质证书，不得非法扣押、没收资质证书。

3.2.3 专业人员执业资格许可制度

《建筑法》第14条规定："从事建筑活动的专业技术人员，应当依法取得相应的执业资格证书，并在执业资格证书许可的范围内从事建筑活动。"

1. 建筑业专业人员执业资格制度的含义

建筑业专业人员执业资格制度是指我国的建筑业专业人员在各自的专业范围内参加全国或行业组织的统一考试，获得相应的执业资格证书，经注册后在资格许可范围内执业的制度。建筑业专业人员执业资格制度是我国强化市场准入制度、提高项目管理水平的重要举措。

2. 目前我国主要的建筑业专业技术人员执业资格种类

在我国，对建筑业专业技术人员实行执业资格制度。我国目前在建筑业实行执业资格制度的专业技术人员包括：注册建筑师、注册结构工程师、注册监理工程师、注册造价工程师、注册咨询工程师和注册建造师等。

被纳入执业资格制度的专业技术人员，应当经全国统一考试合格，取得执业资格证书并经注册后，方可分别以建筑师、结构工程师、监理工程师、造价工程师、咨询工程师或建造师等名义执业。

3.3 工程发包与承包制度

3.3.1 工程发包制度

1. 建设工程发包方式

建设工程的发包方式主要有招标发包和直接发包两种。《建筑法》第19条规定："建筑工程依法实行招标发包，对不适用招标发包的可以直接发包。"

建设工程的招标发包主要适用《招标投标法》及其有关规定。《招标投标法》第3条规定了必须进行招标的工程建设项目范围。在该范围内并且达到国家规定的规模标准的工程建设项目的勘察、设计、施工、监理、重要设备和材料的采购都必须依法进行招标。有关建设工程招标投标的具体规定，详见《招标投标法》。

对于不适用招标发包可以直接发包的建设工程，承包人依然要符合资质的要求。《建筑法》第22条规定，"建筑工程实行直接发包的，发包单位应当将建筑工程发包给具有相应资质条件的承包单位。"

2. 提倡实行工程总承包

《建筑法》第 24 条第 1 款规定，"提倡对建筑工程实行总承包"。建设工程的总承包方式按承包的内容不同，分为施工（或勘察、设计）总承包和工程总承包。其中，施工（或勘察、设计）总承包是我国常见且较为传统的工程承包方式，其主要特征是承包商仅承揽了施工（或勘查、设计）任务；而工程总承包则是指"从事工程总承包的企业受业主委托，按照合同约定对工程项目的勘察、设计、采购、施工、试运行（竣工验收）等实行全过程或若干阶段的承包"。《建筑法》第 24 条第 2 款规定，"建筑工程的发包单位可以将建筑工程的勘察、设计、施工、设备采购一并发包给一个工程总承包单位，也可以将建筑工程勘察、设计、施工、设备采购的一项或者多项发包给一个工程总承包单位。"

工程总承包的具体方式、工作内容和责任等，由发包单位（业主）与工程总承包企业在合同中约定。我国目前提倡的工程总承包主要有如下方式：

（1）设计采购施工/交钥匙总承包　设计采购施工总承包（EPC）是指工程总承包企业按照合同约定，承担工程项目的设计、采购、施工、试运行服务等工作，并对承包工程的质量、安全、工期、造价全面负责。

交钥匙总承包是设计采购施工总承包业务和责任的延伸，最终是向业主提交一个满足使用功能、具有使用条件的工程项目。

（2）设计—施工总承包　设计—施工总承包（D-B）是指工程总承包企业按照合同约定，承担工程项目设计和施工，并对承包工程的质量、安全、工期、造价全面负责。

（3）根据工程项目的不同规模、类型和业主要求，工程总承包还可采用设计—采购总承包（E-P）、采购—施工总承包（P-C）等方式。

工程总承包是国际通行的工程建设项目组织实施方式。积极推行工程总承包是深化我国工程建设项目组织实施方式改革，提高工程建设管理水平，保证工程质量和投资效益，规范建筑市场秩序的重要措施；是勘察、设计、施工企业调整经营结构，增强综合实力，加快与国际工程承包和管理方式接轨，适应社会主义市场经济发展和加入世界贸易组织后新形势的必然要求；是贯彻党的十六大关于"走出去"的发展战略，积极开拓国际承包市场，带动我国技术、机电设备及工程材料的出口，促进劳务输出，提高我国企业国际竞争力的有效途径。

3. 禁止将建设工程肢解发包和指定采购

（1）禁止发包单位将建设工程肢解发包　根据《建设工程质量管理条例》第 78 条规定，"肢解发包"是指"建设单位将应当由一个承包单位完成的建设工程分解成若干部分发包给不同的承包单位的行为"。建设单位（发包单位）将应当由一个承包单位整体承包的工程，肢解成若干部分，分别发包给几个承包单位，容易导致如下弊端：

1）肢解发包可能导致发包人变相规避招标。发包人可能会将大的工程项目肢解成若干小的工程项目，使得每一个小的工程项目都不满足关于招标规模和标准的规定，从而达到了变相规避招标的效果。

2）肢解发包会不利于投资和进度目标的控制。肢解发包意味着本来应该由一家承包商完成的项目，现在由两家或者两家以上的承包商完成了。这就会使得一些岗位出现重复设置的人员，不利于各工序的协调，难以形成流水作业。这些弊端的结果就是不利于投资和进度目标的控制。

3）肢解发包也会增加发包的成本。肢解发包必然会使得发包的次数增加，这就必然会导致发包的费用增加。

4）肢解发包增加了发包人管理的成本。肢解发包会导致合同数增加，这就必然会导致发包人在管理上会增加难度，进一步导致发包人在合同管理上会增加成本。

由于肢解发包存在上述弊端，所以，《建筑法》第24条规定，"禁止将建筑工程肢解发包"，"不得将应当由一个承包单位完成的建筑工程肢解成若干部分发包给几个承包单位。"

但是，不允许肢解发包也并不意味着每个工程只能发包给一家承包商，只要不违背肢解发包的本质，是可以将一个项目发包给几个承包商的。这种发包的模式在项目管理上称为平行承发包模式。

（2）发包单位不得指定承包单位采购 《建筑法》第25条规定，"按照合同约定，建筑材料、建筑构配件和设备由工程承包单位采购的，发包单位不得指定承包单位购入用于工程的建筑材料、建筑构配件和设备或者指定生产厂、供应商"。

建筑材料、建筑构配件和设备的采购主要有三种形式：

1）由建设单位负责采购。

2）由承包商负责采购。

3）由双方约定的供应商供应。

采用上面的何种采购形式，由当事人自由约定。如果双方约定建筑材料、建筑构配件和设备是由承包商采购的，则建设单位就不得非法干预其采购过程，更不可以直接为承包商指定生产厂、供应商。

3.3.2 工程承包制度

1. 工程承包单位的资质等级许可制度

我国对工程承包单位（包括勘察、设计、施工单位）实行资质等级许可制度。《建筑法》第26条第1款规定："承包建筑工程的单位应当持有依法取得的资质证书，并在其资质等级许可的业务范围内承揽工程。"

《建筑法》第26条第2款对违反资质许可制度的行为作出如下规定：

1）禁止建筑施工企业超越本企业资质等级许可的业务范围承揽工程。

2）禁止以任何形式用其他建筑施工企业的名义承揽工程。

3）禁止建筑施工企业以任何形式允许其他单位或者个人使用本企业的资质证书、营业执照，以本企业的名义承揽工程。

《房屋建筑和市政基础设施工程施工分包管理办法》第15条规定："分包工程发包人没有将其承包的工程进行分包，在施工现场所设项目管理机构的项目负责人、技术负责人、项目核算负责人、质量管理人员、安全管理人员不是工程承包人本单位人员的，视同允许他人以本企业的名义承揽工程。"

2. 联合承包

《建筑法》第27条规定："大型建筑工程或者结构复杂的建筑工程，可以由两个以上的承包单位联合共同承包。共同承包的各方对承包合同的履行承担连带责任。"

同时规定，"两个以上不同资质等级的单位实行联合共同承包的，应当按照资质等级较低的单位的业务许可范围承揽工程。"

3. 禁止转包

转包是指承包单位承包建设工程后，不履行合同约定的责任和义务，将其承包的全部建设工程转给他人或者将其承包的全部建设工程肢解以后以分包的名义分别转给其他单位承包的行为。

转包与分包的主要区别在于分包是将一部分工程交由其他单位完成，而转包则是将所有工程全部交由其他单位完成。

《建筑法》第28条规定："禁止承包单位将其承包的全部建筑工程转包给他人，禁止承包单位将其承包的全部建筑工程肢解以后以分包的名义分别转包给他人。"

3.3.3 工程分包制度

1. 分包的含义

分包是指总承包单位将其所承包的工程中的专业工程或劳务作业发包给其他承包单位完成的活动。

分包分为专业工程分包和劳务作业分包。

2. 分包的规定

《建筑法》第29条规定，"建筑工程总承包单位可以将承包工程中的部分工程发包给具有相应资质条件的分包单位"。《建筑业企业资质管理规定》第5条规定了不同资质建筑业企业的承揽工程的范围：

（1）施工总承包企业　获得施工总承包资质的企业，可以对工程实行施工

总承包或者对主体工程实行施工承包。承担施工总承包的企业可以对所承接的工程全部自行施工，也可以将非主体工程或者劳务作业分包给具有相应专业承包资质或者劳务分包资质的其他建筑业企业。

（2）专业承包企业　获得专业承包资质的企业，可以承接施工总承包企业分包的专业工程或者建设单位按照规定发包的专业工程。专业承包企业可以对所承接的工程全部自行施工，也可以将劳务作业分包给具有相应劳务分包资质的劳务分包企业。

（3）劳务分包企业　获得劳务分包资质的企业，可以承接施工总承包企业或者专业承包企业分包的劳务作业。

此处仅重点介绍施工单位。但《建筑法》的承包单位不局限于施工单位，勘查、设计单位也要在资质许可的范围内承揽工程。

3. 对分包单位的认可

《建筑法》第 29 条进一步规定："除总承包合同中约定的分包外，必须经建设单位认可。"

这条规定实际上赋予了建设单位对分包商的否决权。即没有经过建设单位认可的分包商是违法的分包商。尽管《建筑法》将认可的范围局限于"总承包合同中约定的分包单位"以外的分包商，但是，由于总承包合同中的分包单位已经在合同中得到了建设单位的认可，所以，实质上需要建设单位认可的分包单位的范围包含了所有的分包单位。

但是，认可分包单位与指定分包单位是不同的。认可是在总承包单位已经作出选择的基础上进行确认，而指定则是首先由建设单位作出选择。在国外，可以存在指定分包商，例如，《FIDIC 施工合同条件》中就有指定分包商。但是，指定分包商在国内是违法的。《房屋建筑和市政基础设施工程施工分包管理办法》第 7 条明确规定："建设单位不得直接指定分包工程承包人。"《工程建设项目施工招标投标办法》第 66 条也规定："招标人不得直接指定分包人。"

4. 禁止违法分包

《建筑法》禁止违法实施分包。《建设工程质量管理条例》将违法分包的情形界定为：

1）总承包单位将建设工程分包给不具备相应资质条件的单位的。

2）建设工程总承包合同中未有约定，又未经建设单位认可，承包单位将其承包的部分建设工程交由其他单位完成的。

3）施工总承包单位将建设工程主体结构的施工分包给其他单位的。

4）分包单位将其承包的建设工程再分包的。

5. 总承包单位与分包单位的连带责任

《建筑法》第 29 条第 2 款规定："建筑工程总承包单位按照总承包合同的约

定对建设单位负责；分包单位按照分包合同的约定对总承包单位负责。总承包单位和分包单位就分包工程对建设单位承担连带责任。"

连带责任既可以依合同约定产生，也可以依法律规定产生。建设单位虽然和分包单位之间没有合同关系，但是当分包工程发生质量、安全、进度等方面问题给建设单位造成损失时，建设单位既可以根据总承包合同向总承包单位追究违约责任，也可以根据法律规定直接要求分包单位承担损害赔偿责任，分包单位不得拒绝。总承包单位和分包单位之间的责任划分，应当根据双方的合同约定或者各自过错大小确定；一方向建设单位承担的责任超过其应承担份额的，有权向另一方追偿。

3.4 建设工程监理制度

建设工程监理是指具有相应资质条件的工程监理单位依法接受建设单位的委托，依照法律、法规以及有关技术标准、设计文件和建设工程承包合同，对建设工程质量、建设工期和建设资金使用等实施的专业化监督管理。

《建筑法》第 30 条第 1 款规定，"国家推行建筑工程监理制度"。

根据《建筑法》的有关规定，建设单位与其委托的工程监理单位应当订立书面委托合同。工程监理单位应当根据建设单位的委托，客观、公正地执行监理业务。建设单位和工程监理单位之间是一种委托代理关系，适用《民法通则》有关代理的法律规定。

实行建设工程监理制度是我国工程建设领域管理体制改革的重大举措。我国自 1988 年开始推行建设工程监理制度，经过这些年的探索总结，《建筑法》以法律形式正式确立了工程监理制度。国务院《建设工程质量管理条例》、《建设工程安全生产管理条例》则进一步规定了工程监理单位的质量责任、安全责任。

3.4.1 实行强制监理的建设工程范围

《建筑法》第 30 条第 2 款规定："国务院可以规定实行强制监理的建筑工程的范围。"国务院《建设工程质量管理条例》第 12 条规定了必须实行监理的建设工程范围，《建设工程监理范围和规模标准规定》（2001 年 1 月 17 日建设部令第 86 号发布）则对必须实行监理的建设工程作出更具体的规定。

（1）国家重点建设项目　国家重点建设项目是指依据《国家重点建设项目管理办法》所确定的对国民经济和社会发展有重大影响的骨干项目。

（2）大中型公用事业工程　大中型公用事业工程是指项目总投资额在 3000 万元以上的下列工程项目：

  1）供水、供电、供气、供热等市政工程项目。
  2）科技、教育、文化等项目。

3）体育、旅游、商业等项目。
4）卫生、社会福利等项目。
5）其他公用事业项目。

（3）成片开发建设的住宅小区工程　建筑面积在 5 万 m^2 以上的住宅建设工程必须实行监理；5 万 m^2 以下的住宅建设工程，可以实行监理，具体范围和规模标准，由省、自治区、直辖市人民政府建设行政主管部门规定。

（4）利用外国政府或者国际组织贷款、援助资金的工程　主要包括：
1）使用世界银行、亚洲开发银行等国际组织贷款资金的项目。
2）使用国外政府及其机构贷款资金的项目。
3）使用国际组织或者国外政府援助资金的项目。

（5）国家规定必须实行监理的其他工程　主要包括以下类型：
1）项目总投资额在 3000 万元以上关系社会公共利益、公众安全的下列基础设施项目：
① 煤炭、石油、化工、天然气、电力、新能源等项目。
② 铁路、公路、管道、水运、民航以及其他交通运输业等项目。
③ 邮政、电信枢纽、通信、信息网络等项目。
④ 防洪、灌溉、排涝、发电、引（供）水、滩涂治理、水资源保护、水土保持等水利建设项目。
⑤ 道路、桥梁、地铁和轻轨交通、污水排放及处理、垃圾处理、地下管道、公共停车场等城市基础设施项目。
⑥ 生态环境保护项目。
⑦ 其他基础设施项目。
2）学校、影剧院、体育场馆项目。

3.4.2　工程监理单位资质等级许可制度

我国对工程监理单位实行资质等级许可制度。《建筑法》第 31 条规定，实行监理的建筑工程，由建设单位委托具有相应资质条件的工程监理单位监理。

《建设工程质量管理条例》第 34 条第 1 款进一步规定："工程监理单位应当依法取得相应资质等级的证书，并在其资质等级许可的范围内承担工程监理业务。"目前，对有关工程监理企业的资质等级、业务范围等作出统一规定的是《工程监理企业资质管理规定》（建设部令第 158 号）。

3.4.3　工程监理的依据、内容和权限

1. 工程监理的依据

根据《建筑法》、《建设工程质量管理条例》、《建设工程安全生产管理条例》

的有关规定，工程监理的依据包括：

1) 法律、法规。工程监理单位执行监理任务，必须符合法律、法规的规定。施工单位的建设行为是受很多法律、法规制约的。例如，不可偷工减料等。工程监理在监理过程中首先就要监督检查施工单位是否存在违法行为，因此法律、法规是工程监理单位的依据之一。

2) 有关的技术标准。技术标准分为强制性标准和推荐性标准。强制性标准是各参建单位都必须执行的标准，而推荐性标准则是可以自主决定是否采用的标准。通常情况下，建设单位如要求采用推荐性标准，应当与设计单位或施工单位在合同中予以明确约定。经合同约定采用的推荐性标准，对合同当事人同样具有法律约束力，设计或施工未达到该标准，将构成违约行为。

3) 设计文件。施工单位的任务是按图施工，也就是按照施工图设计文件进行施工。如果施工单位没有按照图的要求去修建工程就构成违约，如果是擅自修改图更构成了违法。因此，设计文件就是监理单位的依据之一。

4) 建设工程承包合同。建设单位和承包单位通过订立建设工程承包合同，明确双方的权利和义务。合同中约定的内容要远远大于设计文件的内容。例如，进度、工程款支付等都不是设计文件所能描述的。而这些内容也是当事人必须履行的义务。工程监理单位有权利也有义务监督检查承包单位是否按照合同约定履行义务。因此，建设工程承包合同也是工程监理的一个依据。

2. 工程监理的内容

根据《建筑法》的有关规定，工程监理的内容可以概括为工程监理单位对承包单位在质量、工期和资金使用等方面的监督，即实践中所谓的"三控制"。当然，由于工程监理单位和建设单位之间属委托代理关系，因此，工程监理单位的监理工作内容、监理权限还将取决于双方合同的具体约定，并且该约定要向被监理的承包单位披露。为此，《建筑法》第33条规定："实施建筑工程监理前，建设单位应当将委托的工程监理单位、监理的内容及监理权限，书面通知被监理的建筑施工企业。"

在《建设工程安全生产管理条例》实施后，安全管理也列入了工程监理的内容。

3. 工程监理人员的权限

《建筑法》第32条第2款、第3款分别规定了工程监理人员的监理权限和义务：

1) 工程监理人员认为工程施工不符合工程设计要求、施工技术标准和合同约定的，有权要求建筑施工企业改正。

2) 工程监理人员发现工程设计不符合建筑工程质量标准或者合同约定的质量要求的，应当报告建设单位要求设计单位改正。

《建设工程质量管理条例》第 37 条第 2 款还规定:"未经监理工程师签字,建筑材料、建筑构配件和设备不得在工程上使用或者安装,施工单位不得进行下一道工序的施工。未经总监理工程师签字,建设单位不拨付工程款,不进行竣工验收。"

4. 禁止工程监理单位实施的违法行为

根据《建筑法》第 34 条、第 35 条的规定,工程监理单位还应当遵守如下强制性法律规定:

1)工程监理单位与被监理工程的承包单位以及建筑材料、建筑构配件和设备供应单位不得有隶属关系或者其他利害关系。

工程监理单位与被监理工程的承包单位、供应单位之间是监理与被监理的关系。工程监理单位应当根据建设单位的委托,客观、公正地执行监理任务。如果工程监理单位与承包单位或供应单位之间有隶属关系或其他利害关系,将很可能影响工程监理单位的客观性和公正性,并最终损害委托方建设单位的利益。鉴于此,《建筑法》第 34 条第 3 款作出了相应的禁止性规定。

2)工程监理单位不得转让监理业务。建设单位之所以将监理工作委托给某个工程监理单位,往往是因为对该单位综合能力的信任,而并不仅仅取决于其监理费报价是否较低。因此,和其他委托代理合同一样,建设工程委托监理合同通常是建立在信赖关系的基础上,具有较强的人身性。工程监理单位接受委托后,应当自行完成工程监理工作,不得转让监理业务。

3)工程监理单位不按照委托监理合同的约定履行监理义务,对应当监督检查的项目不检查或者不按照规定检查,给建设单位造成损失的,应当承担相应的赔偿责任。

工程监理单位应当与建设单位签订建设工程委托监理合同,明确双方的权利和义务。工程监理单位不按照委托监理合同的约定履行监理义务,首先是对建设单位的违约,因此要承担相应的违约责任;如果给建设单位造成损失,这种违约责任将主要表现为赔偿损失。当然,工程监理单位不按约定或法律规定履行监理义务的行为,除应当对建设单位承担违约责任以外,还有可能依法承担罚款、降低资质等级等行政责任;构成犯罪的,还要承担刑事责任。

4)工程监理单位与承包单位串通,为承包单位谋取非法利益,给建设单位造成损失的,应当与承包单位承担连带赔偿责任。

如前所述,工程监理单位与建设单位之间是代理与被代理的关系;而相对于建设工程委托监理合同,承包单位是第三人。根据《民法通则》第 66 条的规定,代理人和第三人串通,损害被代理人的利益的,由代理人和第三人负连带责任。《建筑法》第 35 条第 2 款规定的内容,与《民法通则》第 66 条规定的内容是一致的。

3.5 建筑法典型案例分析

3.5.1 案例1

上诉人：××经济贸易公司（以下简称经贸公司）

被上诉人：××建设有限公司（以下简称建设公司）

1. 基本案情

1992年10月2日，并不具备承包工程资质等级的某建设公司与某经贸公司签订工程承包协议书，约定由建设公司垫资承建某工程项目。根据该协议书的约定，双方同时还签订了工程承包垫资协议书，约定建设公司垫资中的5000万元人民币，垫资期限为3年，垫资款的年回报率为15%，如3年内银行贷款基准利率上浮，回报率亦随之上浮。建设公司负责协办的第二批垫资款5000万元人民币，暂定年限为一年半。1992年10月10日至11月2日，建设公司将其所承包的全部工程分别包给某勘察工程公司、某建筑工程总公司和某工业设备安装公司。

1993年10月，建设公司与经贸公司又签订协议书，该协议书约定：根据经贸公司的要求，为了减少管理上的中间环节，即撤出建设公司在该项目上的管理人员，建设公司总包的权利、责任和义务托由经贸公司承担执行，经贸公司付给建设公司人民币1100万元作为补偿。建设公司垫资的5000万元人民币年回报率上调为18%。1994年7月1日，建设公司与经贸公司进行总结算，建设公司应收经贸公司款项为63384052.05元，其中包括撤出总承包补偿费1100万元、承包工程协调费50万元，赔偿某建筑工程总公司、某工业设备安装公司延迟开工费23.12万元，1993年度垫资款利息850万元。扣除经贸公司已付的53430913.15元，经贸公司尚欠建设公司9953138.90元。

双方约定：经贸公司一次性补给建设公司280万元，余款以2958.28t钢材冲抵。1995年6月16日，经贸公司以其在某市的物业冲抵尚欠建设公司的1292250元；余款773338元作为欠建设公司5000万元垫资款的部分利息。1996年7月29日，经贸公司向一审法院提起诉讼，要求判令建设公司返还总承包管理费1100万元并赔偿经济损失1135万元。

2. 案件审理

一审法院认为：建设公司与经贸公司之间订立的合同，因建设公司没有承包建设工程的资质等级，不具备履行合同的能力，依照国家有关法律规定，双方所订合同为无效合同。合同无效，双方均有过错，应各自承担其相应责任。建设公司收取的撤出总承包补偿费、承包工程协调费应返还给经贸公司。双方就已建部

分工程的结算，因双方无争议，法院予以确认。经贸公司主张赔偿其他经济损失的请求，因举证不力而不予支持。一审法院据此判决：

1）经贸公司应于判决生效30日内返还建设公司5000万元垫资款，并按建设银行同期同类贷款利率支付自1992年11月14日至还款之日的利息。

2）建设公司应于判决生效30日内返还经贸公司下列款项：撤出总承包补偿费1100万元；承包工程协调费50万元；经贸公司支付的垫资款利息9223338元，并按建设银行同期同类贷款利率支付利息（其中850万元的利息自1994年8月11日至还款之日，773338元的利息自1995年6月16日至还款之日）。

3）驳回经贸公司的其他诉讼请求。

诉讼费371760元由双方各负担185880元。

一审判决后，建设公司不服，向二审法院提出上诉。二审法院认为：建设公司没有承包建设工程的资质等级，即不具备建设工程总承包的主体资格，其与经贸公司签订的工程承包协议书应属无效。双方基于此合同签订的协议书也应无效，协议书约定由经贸公司支付建设公司总承包管理费1100万元，将垫资款年利率上调到18%，违背法律规定，依法不予保护。双方签订的工程承包垫资协议书是工程承包协议书第5条有关垫资内容的进一步细化，约定垫资款的年回报率为15%，名为垫资实为借贷，违反了我国有关金融管理法规的规定，应当确认为无效。判决驳回上诉，维持原判。二审案件受理费371760元由建设公司承担。

3. 案例评析

我国自1984年起，对建筑施工企业实行资质管理。1997年颁布的《建筑法》则以法律形式确立了这一制度。《建筑法》第26条规定："承包建筑工程的单位应当持有依法取得的资质证书，并在其资质等级许可的业务范围内承揽工程。禁止建筑施工企业超越本企业资质等级许可的业务范围或者以任何形式用其他建筑施工企业的名义承揽工程。禁止建筑施工企业以任何形式允许其他单位或者个人使用本企业的资质证书、营业执照，以本企业的名义承揽工程。"在建设工程施工合同中，如果建筑施工企业不具有相应的资质等级，就意味着不具有签订合同的主体资格，合同应当认定为无效。

此外，二审法院对原、被告之间名为垫资实为拆借的行为作出了正确认定，由于企业拆借行为被国家有关法规严格禁止，因此双方关于利息的有关约定也是无效的。

合同被判无效以后的基本处理原则是相互返还，不能返还或者没有必要返还的，应当折价补偿。有过错的一方应当赔偿对方因此所受到的损失，双方都有过错的，应当各自承担相应的责任。承包单位没有资质等级而承担相应工程自然有过错，发包单位没有审查承包单位的资质等级也有一定的过错，双方应当承担相应的责任。

3.5.2 案例2

上诉人（原审被告）：某实业公司

被上诉人（原审原告）：某建筑工程总公司

1. 基本案情

1994年6月15日，某实业公司与某建筑总公司第一工程处（以下简称第一工程处）签订了工程协议书，约定由第一工程处承建某大厦工程。合同签订后，某建筑工程总公司于1994年7月30日开始施工，1994年12月末因故停止施工。1995年4月21日实业公司、第一工程处、某建筑集团第四工程公司签订"某大厦工程交接协议书"（以下简称"交接协议书"），约定第一工程处将承建的某大厦工程移交给某建筑集团第四工程公司施工。工程移交时间为1995年4月22日，此后即由某建筑集团第四工程公司负责对该大厦的施工和工程管理工作。第一工程处除参与善后工作处理之外不再参与该项工程的任何工作。协议书确定了工程交接部位、移交时间及工程结算时间，同时还约定于1995年9月末由实业公司全部结清工程款。至1995年8月止，实业公司共给付工程款（包括材料折款）5160796元。1995年8月15日，某建筑工程总公司以要求实业公司依据交接协议书支付所欠工程款为由向法院起诉。

经一审法院委托某建设工程预算审查处决算审定，该工程由某建筑工程总公司施工部分造价为9943642元，实业公司尚欠某建筑工程总公司工程款4782846元。实业公司认可4782846元欠款。

另查明，某建筑工程总公司资质等级为一级。第一工程处隶属于某建筑工程总公司，以第一工程处名义所签的工程协议书和交接协议书均系某建筑工程总公司法定代表人授权所签。某建筑工程总公司认可上述两个协议。

2. 案件审理

一审法院经审理认为：某建筑工程总公司与实业公司签订的工程协议书及交接协议书，均是双方真实意思的表示，符合法律规定，应为有效合同。双方均应及时、全面履行合同所约定的义务。实业公司未按协议约定结算应支付某建筑工程总公司的工程款，应当给付并应承担逾期付款的利息损失。关于某建筑工程总公司是否转包问题，根据承包协议，这只是企业内部的一种经营方式，不能认定为转包，所以不能以此认定某建筑工程总公司违约。据此判决：

（1）实业公司给付拖欠某建筑工程总公司的工程款4782846元及利息（计息时间自1995年9月30日起至还款之日止，按银行同期同类贷款利率计算）。

（2）驳回双方的其他诉讼请求。案件受理费36315元由实业公司负担；鉴定费60000元由实业公司负担50000元，某建筑工程总公司负担10000元。

实业公司不服一审判决，向二审法院上诉称：某建筑工程总公司将此工程转包他人,只收取管理费,不承担任何风险。该行为违反了工程协议书约定的"本工程不准转包他人,如发现转包立即收回工程,所发生的一切损失由某建筑工程总公司负责"的条款。一审判决认定事实不清,请求予以改判。

最高法院认为:双方所签订的工程协议书及交接协议书是双方经过平等协商的真实意思表示,内容符合有关法律、法规的规定,应当认定为有效。依据《交接协议书》,双方已终止了《工程协议书》的履行。实业公司应依交接协议书的约定,支付某建筑工程总公司的工程款,并承担逾期给付的利息损失。某建筑工程总公司直接参与工程施工方案的制定,并对施工组织机构、工程质量、工程安全进行管理,并非只收取工程管理费,不承担任何风险。某建筑工程总公司的内部经营方式,不能认定为转包。对实业公司要求某建筑工程总公司赔偿"转包"违约的损失,其请求也不予支持。判决驳回上诉,维持原判。二审案件受理费36315元,由实业公司负担。

3. 案例评析

转包是指承包单位承包建设工程后,不履行合同约定的责任和义务,将其承包的全部工程转给他人或者将其承包的全部建设工程肢解以后以分包的名义分别转给其他单位承包的行为。分包工程发包人将工程分包后,未在施工现场设立项目管理机构和派驻相应人员,并未对该工程的施工活动进行组织管理的,视同转包行为。我国的建设法律法规明确转包为非法。

在本案中,建筑工程总公司是否存在转包行为是双方争议的一个焦点。实业公司认为"某建筑工程总公司将此工程转包他人,只收取管理费,不承担任何风险。该行为属于转包,根据双方约定,所发生的一切损失由某建筑工程总公司负责"。法院经审理认定某建筑工程总公司直接参与工程施工方案的制定,并对施工组织机构、工程质量、工程安全进行管理,并非只收取工程管理费,不承担任何风险。某建筑工程总公司和第一工程处是属于内部经营方式,而不是转包。

3.5.3 案例3

原告:某监理公司

被告:某房地产开发公司

1. 基本案情

某房地产开发公司投资开发某住宅小区,与某工程监理公司签订建设工程委托监理合同。在专用条件的监理职责条款中,双方约定:"乙方(某监理公司)负责甲方(某房地产开发公司)住宅小区工程设计阶段和施工阶段的监理业务。……房地产开发公司应于监理业务结束之日起5日内支付最后20%的监理费用。"写字楼工程竣工一周后,监理公司要求房地产开发公司支付剩余20%的监理费,房地产开发公司以双方有口头约定,监理公司监理职责应履行至工程保修期满为由,拒绝支付。监理公司索款未果,诉至法院。

2. 案件审理

法院判决双方口头商定的监理职责延至保修期满的内容不构成委托监理合同的内容,房地产开发公司到期未支付最后一笔监理费,构成违约,应承担违约责任,支付监理公司剩余20%监理费及延期付款利息。

3. 案例评析

依据《合同法》第276条和《建筑法》的有关规定,依法应当实行监理的建设工程,发包人应与监理人订立书面委托监理合同,由监理人按合同内容对建设工程进行监理。

根据《中华人民共和国建筑法》第四章的规定及《建设工程监理范围和规模标准规定》(建设部令第86号)等有关规定,依法应当实行监理的建设工程有5类:国家重点建设工程;大中型公益事业工程;成片建设的住宅小区工程;利用外国政府或者国际金融组织赠贷款、援助资金的工程;国家规定必须实行监理的其他工程。

本案中,房地产开发公司开发住宅小区,属于需要实行监理的建设工程,依法应当与监理人签订委托监理合同。本案争议焦点在于确定监理公司监理义务范围。依书面合同约定,监理范围包括工程设计和施工两阶段,而未包括工程的保修阶段;双方只是口头约定还应包括保修阶段。依据《合同法》第276条规定,委托监理合同应以书面形式订立,口头形式约定不成立委托监理合同。因此,该委托监理合同关于监理义务的约定,只包括工程设计和施工两阶段,不应包括保修阶段,也就是说,监理公司已完全履行了合同义务,房地产开发公司逾期支付监理费用,属违约行为,故判决其承担违约责任,支付监理费及利息是正确的。

3.5.4 案例4

原告:北京市某物资公司

被告:王某

1. 基本案情

1995年10月17日,王某与北京市某物资公司签订了拆迁安置居民回迁购房合同书,根据此合同,王某原租住公房属于拆迁范围,王某属于拆迁安置对象,某物资公司对广外南街回迁楼建设完毕以后,安置王某广外南街小区53号楼601号3居室楼房1套。合同签订后,1998年10月,某物资公司如约将回迁楼建设完毕并交付使用。王某在没有办理回迁入住手续的情况下,私自进入广外南街小区53号楼601号房,在向某物资公司的房屋物业公司缴纳了装修押金1000元后,于1999年3月对该房进行了装修。装修过程中,雇用没有装修资质的装修人员对房屋内部结构进行拆改，将多处钢筋混凝土结构承重墙砸毁，并将大量结构柱主钢筋截断。其间，某物资公司曾多次向王某发出停工通知，并委托原宣武区房屋安全鉴定站对此房屋进行了鉴定，结论为：房屋墙体被拆改、移位，已对房屋承重结构造成破坏，应恢复原状。王某对此均未理睬。1999年4月，某物资公司向某区人民法院提起诉讼，要求王某立即搬出强占的房屋，停止毁坏住宅楼主体结构的行为，排除妨碍，消除危险，承担对所破坏房屋由专业施工单位进行修复的费用47439.04元，鉴定费240元以及加固设计费10000元。

2. 案件审理

一审法院经审理认为，根据建设部《建筑装饰装修管理规定》，凡涉及拆改主体结构和明显加大荷载的，房屋所有人、使用人必须向房屋所在地的房地产行政主管部门提出申请，并由房屋安全鉴定单位对装饰、装修方案的使用进行审定。经批准后向建设行政主管部门办理报建手续，领取施工许可证。原有房屋装饰、装修需要拆改结构的，装饰、装修设计必须保证房屋的整体性、抗震性和结构安全性，并由有资质的装饰、装修单位进行施工。北京市《关于加强对城镇居民住宅装饰装修改造管理的通知》规定：凡居民对住宅进行装饰、装修的，不得破坏建筑物结构，不得私自拆改各种住宅配套设施。本案中王某在没有办理房屋入住手续的情况下，私自进入房屋，并违反上述规定，未经有关部门批准，在装修过程中对房屋的主体结构及其他设施进行拆改，经某物资公司多次制止后仍不停止，给整幢房屋造成严重安全隐患（诉讼过程中，中国建筑科学研究院工程抗震研究所做出了广外南街小区53号楼加固报告，并提供了加固方案及加固工程造价计算书），应承担民事责任。关于加固费用，中国建筑科学研究院工程抗震研究所是建筑业的权威机关，出具的加固报告及费用具有权威性，对所需33746元的加固费用本院予以确认；对于恢复费用，因被告对原告提供的预算费用表示异议，且该费用未经有关部门审核，因此，恢复原状的费用以恢复后实际支出费用为准。故判决：

1）自本判决生效后3日内，被告王某将本区广外南街小区53号楼601号住房腾空，交原告某物资公司。

2）自本判决生效后3日内，被告王某给付原告某物资公司对本区广外南街小区53号楼601号住房的鉴定费240元，加固设计费101300元，加固费33746元，并由原告某物资公司负责加固施工。

3）自加固工程完成后30日内，由被告王某负责对拆改的本区广外南街小区53号楼601号住房门厅隔断墙恢复原状。

3. 案例评析

本案发生在《建筑法》和《建设工程质量管理条例》颁布实施之前。审理法院参照部门规章《建筑装饰装修管理规定》（建设部令第46号文件）对其进行了判决。

《建筑法》第 49 条规定："涉及建筑主体和承重结构变动的装修工程，建设单位应当在施工前委托原设计单位或者具有相应资质条件的设计单位提出设计方案；没有设计方案的，不得施工。"《建筑法》第 70 条规定："违反本法规定，涉及建筑主体或者承重结构变动的装修工程擅自施工的，责令改正，处以罚款；造成损失的，承担赔偿责任；构成犯罪的，依法追究刑事责任。"

《建设工程质量管理条例》第 15 条规定："涉及建筑主体和承重结构变动的装修工程，建设单位应当在施工前委托原设计单位或者具有相应资质等级的设计单位提出设计方案；没有设计方案的，不得施工。房屋建筑使用者在装修过程中，不得擅自变动房屋建筑主体和承重结构。"《建设工程质量管理条例》第 69 条规定："违反本条例规定，涉及建筑主体或者承重结构变动的装修工程，没有设计方案擅自施工的，责令改正，处 50 万元以上 100 万元以下的罚款；房屋建筑使用者在装修过程中擅自变动房屋建筑主体和承重结构的，责令改正，处 5 万元以上 10 万元以下的罚款。有前款所列行为，造成损失的，依法承担赔偿责任。"

根据上述法律规定，在房屋建筑装饰装修过程中，不论是建设单位还是房屋建筑使用者都必须严格遵守法律强制性规定。本案中，王某作为房屋建筑使用人，擅自变动建筑主体和承重结构，是严重的违法行为，不仅要依法承担赔偿责任，还应当受到建设行政管理部门的行政处罚。

3.5.5 案例 5

1. 基本案情

2001 年 11 月 16 日上午 10 时 30 分，高原古城西宁繁华街道西门口，正在进行爆破拆除的西关街四号商住楼。一声巨响过后，楼房没有如人们预料地轰然倒下，只是作过预处理的底层支柱受到了较为严重的破坏。经过专家"会诊"，11 月 19 日上午，负责此次爆破的 A 爆破工程有限责任公司（以下简称 A 爆破公司）加大药量，进行二次爆破，但楼房坐落 1 层后非但没有倒下，反而成了向北倾斜近 20°的"斜楼"、斜而不倒，摇摇欲坠，使这座本来就已潜伏危险的商住楼成了一颗随时可能爆炸的"炸弹"。

根据西宁市政府规划，西宁市繁华市区西门要修建一个大型绿地广场，有关部门决定对位于此地区的西关街四号商住楼等进行爆破拆除。2001 年 10 月，成立仅仅一年半的 A 爆破公司与西宁市某开发总公司（以下简称开发总公司）签订了爆破这座 7 层商住楼的合同，具体由西宁正华建设投资控股有限公司（以下简称正华公司）负责。2001 年 11 月 13 日，A 爆破公司为第一次爆破召开了"工作汇报会"，邀请负责工程发包的正华公司副总经理胡某，以及青海某建筑

工程总公司总工程师田某参加。会上,发包方负责人胡某对不够施工资质的A爆破公司提出"原则上要求人工拆除6层、7层砖混结构后再实施爆破"的要求。田某则发表意见认为,为了取得较好的爆破解体效果,不宜将6、7层人工拆除,否则上部重量减轻,会使定向倾倒有难度……就这样,"专家"和发包方同意了事后被证明是完全错误的爆破方案。而据了解,在此前,A爆破公司只爆破过两座钢炉房烟囱和一处景亭,根本没有爆破拆除楼房的经验和实力。据调查了解,负责两次爆破的A爆破公司总工程师和爆破方案的设计者邱某根本不具备公安部门认定的爆破工程设计资格。

根据《爆破工程施工企业资质等级标准》规定,三级资质企业只能爆破拆除5层的楼房、50m以下的烟囱;二级企业,应承接此类工程的范围是5~10层的楼房、高度为50~80m的烟囱。A爆破公司的资质为三级,根本不能承揽7层高楼的爆破工程,A爆破公司属于违规经营,越级施工。

2. 案例评析

《建筑法》第50条明确规定,"房屋拆除应当由具备保证安全条件的建筑施工单位承担,由建筑施工单位负责人对安全负责"。实施房屋拆除的建筑施工单位应具备的安全条件是一个强制性规定。具备安全条件是指具有拆除房屋建筑的技术人员、技术设备等保证房屋拆除安全的必备条件,不具备拆除条件的不能从事拆除作业。拆除房屋应具备的安全条件,应以建设行政主管部门和有关部门的规定为准,通常表现为符合一定的资质等级条件。例如,对于以采取爆破为拆除业务的建筑施工单位,除符合建设行政主管部门规定的条件外,还应当符合公安主管部门的有关规定。但是,交叉管理、监管不力,致使城市民用爆破行业市场混乱、漏洞重重,如何健全制度规章,堵塞漏洞,是值得我们深思的问题。

第4章
工程建设招标投标法律制度

4.1 工程建设招标投标法概述

4.1.1 招标投标的概念、性质及主要法规

1. 招标投标的概念

招标投标是在市场经济条件下进行工程建设、货物买卖、财产出租、中介服务等经济活动的一种竞争形式和交易方式,是引入竞争机制订立合同(契约)的一种法律形式。

工程建设招标是指招标人率先提出工程的条件和要求,发布招标广告吸引或直接邀请众多投标人参加投标并按照规定程序从中选择中标人的行为,如勘察招标、设计招标、工程监理招标、施工招标等。

工程建设投标是指具有合法资格和能力的投标人根据招标条件,经过初步研究和估算,在指定期限内填写标书,提出报价,并等候开标,决定能否中标的经济活动。

2. 招标投标的性质

一般认为,工程建设招标是要约邀请,而投标是要约,中标通知书是承诺。我国《合同法》也明确规定,招标公告是要约邀请。招标实际上是邀请投标人对招标人提出要约(即报价),属于要约邀请。投标则是一种要约,它符合要约的所有条件,如具有缔结合同的主观目的;一旦中标,投标人就将受投标书的约束;投标书的内容具有足以使合同成立的主要条件等。招标人向中标的投标人发出中标通知书,则是招标人同意接受中标的投标人的投标条件,即同意接受该投标人的要约的意思表示,应属于承诺。

3. 我国招标投标的主要法律、法规

《中华人民共和国招标投标法》(以下简称《招标投标法》)于 2000 年 1 月 1

日起施行。这部法律基本上针对工程建设发包活动。2002年6月29日，全国人大常委会通过《中华人民共和国政府采购法》，确定招标投标为政府采购的主要方式。国家有关部委也先后颁布了调整招标投标活动的相关法规及部门规章。

2007年，国家发改委联合财政部、原建设部、铁道部、交通部等九部委发布《〈标准施工招标资格预审文件〉和〈标准施工招标文件〉试行规定》，在政府投资项目中试行，标志着我国的招标投标制度逐步趋于完善，与国际惯例进一步接轨。

4.1.2 工程建设招标范围和规模标准

1. 必须招标的工程建设项目范围

我国《招标投标法》规定，凡在中华人民共和国境内进行工程建设项目，包括项目的勘察、设计、施工、监理以及与工程建设有关的重要设备、材料等的采购，必须进行招标。

必须招标项目是指在法律规定的范围之内达到一定金额的项目，必须用招标方式进行采购。建立必须招标制度是《招标投标法》的核心内容之一。《招标投标法》从项目性质和资金来源规定了必须招标的工程建设项目范围，一般包括：

1) 大型基础设施、公用事业等关系社会公共利益、公共安全的项目。
2) 全部或者部分使用国有资金投资或国家融资的项目。
3) 使用国际组织或者外国政府贷款、援助资金的项目。

2. 必须招标项目的规模标准

《工程建设项目招标范围和规模标准规定》规定各类工程建设项目，包括项目的勘察、设计、施工、监理以及与工程建设有关的重要设备、材料等的采购，达到下列标准之一的，必须进行招标：

1) 施工单项合同估算价在200万元人民币以上的。
2) 重要设备、材料等货物的采购，单项合同估算价在100万元人民币以上的。
3) 勘察、设计、监理等服务的采购，单项合同估算价在50万元人民币以上的。
4) 单项合同估算价低于第1)、2)、3)项规定的标准，但项目总投资额在3000万元人民币以上的。

3. 可以不进行招标的工程建设项目范围

对于涉及国家安全、国家秘密、抢险救灾或者属于利用扶贫资金实行以工代赈、需要使用农民工等特殊情况，建设项目的勘察、设计，采用特定专利或者专有技术的，或者其建筑艺术造型有特殊要求的，经项目主管部门批准，可以不进行招标。不适宜进行招标的项目，按照国家有关规定可以不进行招标。

4.1.3 招标投标活动遵循的基本原则

招标投标行为是市场经济的产物,并随着市场的发展而发展,必须遵循市场经济活动的基本原则。招标投标活动应当遵循公开、公平、公正和诚实信用原则。

1)公开原则。要求招标投标活动具有较高的透明度,实行招标信息、招标程序公开,即发布招标通告,公开开标,公开中标结果,使每一个投标人获得同等的信息,知悉招标的一切条件和要求。

2)公平原则。公平是指民事主体的平等。在招标中不应设置地域和行业保护条件,给有资格的投标人以平等的竞争机会。应当杜绝一方把自己的意志强加于对方,招标压价或订合同前无理压价以及投标人恶意串通、提高标价,损害对方利益等损害公平竞争原则的行为。

3)公正原则。公正是指按招标文件中规定的统一标准,实事求是地进行评标和决标,不偏袒任何一方,给所有投标人平等的机会。

4)诚实信用原则。招标投标当事人应以诚实、善意的态度行使权利,履行义务,不得有欺诈、背信的行为。《招标投标法》规定了不得虚假招标、串通投标、泄露标底、骗取中标等诸多义务,要求当事人遵守,并规定了相应的罚则。

4.2 工程建设项目招标

工程建设项目招标是指建设工程的投资人以拟建的工程为对象,按照公布的招标条件,通过法定的程序,运用竞争机制招引潜在的工程承包人(单位),通过竞争来承揽工程任务并择优选定承包人的法律行为。招标项目必须具备一定条件,方可进行招标。招标人应依法根据项目特点和实际需要确定招标方式和组织形式。

4.2.1 工程建设招标的条件

1. 招标应当具备的条件

工程建设项目招标应当满足法律规定的前提条件方能进行。

1)履行项目审批手续。国家发改委制定发布一系列文件,对项目审批、核准和备案的内容、程序以及核准的审核机关等作出了详细的规定。招标人和招标代理机构必须检查招标的项目是否需要或是否已经履行了规定的审批手续,而且得到了批准,否则不得招标。

2)资金或资金来源已经落实,并在招标文件中如实载明。为投标人了解掌握真实情况,作为其是否参加投标的决策依据。

2. 工程建设施工招标的必备条件

1）招标人已经依法成立。
2）初步设计及概算应当履行审批手续的，已经批准。
3）招标范围、招标方式和招标组织形式等应当履行核准手续的，已经核准。
4）有相应资金或资金来源已经落实。
5）有招标所需的设计图及技术资料。

4.2.2 工程建设招标的方式

招标方式分为公开招标和邀请招标。

1. 公开招标

公开招标又叫竞争性招标，即由招标人在报刊、电子网络或其他指定媒体上刊登招标公告，吸引众多企业单位参加招标竞争，招标人从中择优选择中标单位的招标方式。按照竞争程度，公开招标可分为国际竞争性招标和国内竞争性招标。工程建设项目一般应采用公开招标方式。

2. 邀请招标

邀请招标又称有限竞争招标，是指招标人以投标邀请书的方式邀请特定的法人或者其他组织投标。这种招标方式不发布招标公告，业主根据自己的经验和所掌握的各种信息资料，向有承担该项工程施工能力的3个以上（含3个）承包商发出投标邀请书，收到邀请书的单位可以不参加投标。

有下列情形之一的，经批准可以进行邀请招标：

1）项目技术复杂或有特殊要求，只有少量几家潜在投标人可供选择的。
2）受自然地域环境限制的。
3）涉及国家安全、国家秘密或者抢险救灾，适宜招标但不宜公开招标的。
4）拟公开招标的费用与项目的价值相比，不值得的。
5）法律、法规规定不宜公开招标的。

凡按照规定应该招标的工程不进行招标，应该公开招标的工程不公开招标的，招标单位所确定的承包单位一律无效。建设行政主管部门按照《建筑法》的规定，不予颁发施工许可证；对于违反规定擅自施工的，依据《建筑法》的规定，追究其法律责任。

邀请招标和公开招标这两种方式的区别主要在于：

1）发布信息的方式不同。公开招标采用公告的形式发布，邀请招标采用投标邀请书的形式发布。
2）选择的范围不同。公开招标使用招标公告的形式，针对的是一切潜在的对招标项目感兴趣的法人或者其他组织，招标人事先不知道投标人的数量，邀请招标针对已经了解的法人或者其他组织，而且事先已经知道投标人的数量。

3）竞争的范围不同。公开招标使所有符合条件的法人或者其他组织都有机会参加投标，竞争的范围较广，竞争性体现得也比较充分，招标人拥有绝对的选择余地，容易获得最佳招标效果；邀请招标中投标人的数目有限，邀请招标参加人数是经过选择限定的，被邀请的承包商数目为 3～10 个，由于参加人数相对较少，易于控制，因此，其竞争范围没有公开招标大，竞争程度也明显不如公开招标强。

4）公开的程度不同。公开招标中，所有的活动都必须严格按照预先指定并为大家所知的程序和标准公开进行，大大减少了作弊的可能；相比而言，邀请招标的公开程度逊色一些，产生不法行为的机会也就多一些。

5）节省时间和费用。公开招标的程序比较复杂，从发布公告，投标人作出反应，评标，到签订合同，有许多时间上的要求，要准备许多文件，因而耗时较长，费用也比较高。邀请招标可以省去发布招标公告费用、资格审查费用和可能发生的更多的评标费用。

4.2.3 招标组织形式

根据招标人是否具有招标资质，可以将组织招标分为以下两种情况：

（1）招标人自己组织招标　由于工程建设招标是一项经济性、技术性较强的专业民事活动，因此，招标人自己组织招标，必须具备一定的条件，招标人只有持有招标组织资质证书的，才能自己组织招标、自行办理招标事宜。

（2）招标人委托招标代理人代理组织招标、代为办理招标事宜　招标人未取得招标组织资质证书的，必须委托具备相应资质的招标代理人代理组织招标、代为办理招标事宜。

招标代理机构是依法设立、从事招标代理业务并提供相关服务的社会中介组织。招标代理机构的权利与义务主要是按照招标人的委托合同约定和法律对招标投标活动的规定，组织完成招标投标和与之相关的咨询活动，并按照约定和法律规定收取服务费。

4.2.4 资格预审公告或招标公告的编制与发布

招标人采用公开招标方式的，应当发布招标公告。根据《标准施工招标文件》规定，若在公开招标过程中采用资格预审程序，可用资格预审公告代替招标公告，资格预审后不再单独发布招标公告。

1. 资格预审公告的内容

按照《标准施工招标资格预审文件》的规定，资格预审公告具体包括以下内容：

1）招标条件。明确拟招标项目已符合招标条件。

2）项目概况与招标范围。说明本次招标项目的建设地点、规模、计划工期、招标范围、标段划分等。

3）申请人的资格要求。申请人的资格要求包括对于申请资质、业绩、人员、设备、资金等各方面的要求，以及是否接受联合体资格预审申请的要求。

4）资格预审的方法。明确采用合格制或有限数量制。

5）资格预审文件的获取。获取资格预审文件的地点、时间和费用。

6）资格预审申请文件的递交。说明递交资格预审申请文件的截止时间。

7）发布公告的媒介。

8）联系方式。

招标人向经资格审查合格的投标人分发招标文件及有关资料。

2. 招标公告的内容

若未进行资格预审，可以单独发布招标公告，《招标投标法》规定公开招标应当通过国家指定的报刊、信息网络或者其他媒介发布招标公告。招标公告内容应当按照《招标投标法》和国务院有关部委规章中对招标公告内容的规定，要真实、准确和完整。招标公告一经发出即构成招标活动的要约邀请。

根据《工程建设项目施工招标投标办法》和《标准施工招标文件》的规定，招标公告具体包括以下内容：

1）招标条件。

2）项目概况与招标范围。

3）投标人的资格要求。

4）招标文件的获取。

5）投标文件的递交。

6）发布公告的媒介。

7）联系方式。

在国际上，对公开招标发布招标公告有以下两种做法：

1）实行资格预审（即在投标前进行资格审查）的，用资格预审公告代替招标公告，即只发布资格预审公告即可。通过发布资格预审公告，招请一切愿意参加工程投标的承包商申请投标资格审查。

2）实行资格后审（即在开标后进行资格审查）的，不发资格审查公告，而只发招标公告。通过发布招标公告，招请一切愿意参加工程投标的承包商申请投标。

4.2.5 招标文件的构成和编制

招标文件应当包括招标项目的技术要求，对投标人资格审查的标准，投标报价要求和评标标准等所有实质性要求和条件以及拟签订合同的主要条款。编制好招标文件，是招标人在组织整个招标投标过程中最重要和最关键的工作之一。

1. 招标文件的一般构成

按照有关招标投标法律法规与规章的规定，招标文件一般由以下七项基本内容构成：

1）招标公告或投标邀请书。

2）投标人须知（含投标报价和对投标人的各项投标规定与要求）。

3）评标标准和评标方法。

4）技术条款（含技术标准、规格、使用要求以及图样等）。

5）投标文件格式。

6）拟签订合同主要条款和合同格式。

7）附件和与其他要求投标人提供的材料。

2. 招标文件的编制

（1）招标文件的内容　招标文件的内容包括工程名称、地址、占地面积、建筑面积等；已批准的项目建议书或者可行性研究报告；工程经济技术要求；城市规划管理部门确定的规划控制条件和用地红线图；可供参考的工程地质、水文地质、工程测量等建设场地勘察成果报告；供水、供电、供气、供热、环保、市政道路等方面的基础资料；招标文件答疑、踏勘现场的时间和地点；投标文件编制要求及评标原则；投标文件送达的截止时间；拟签订合同的主要条款；未中标方案的补偿办法。

（2）工程建设项目施工招标文件的主要内容　具体如下：

1）投标须知。投标须知主要包括：总则、招标文件、投标报价说明、投标文件的编制、投标文件的递交、开标、评标、授予合同。

2）合同条件。采用国家工商行政管理总局和原建设部颁发的《建设工程施工合同（示范文本）》规定。

3）合同协议条款。合同协议条款包括合同文件、双方一般责任、施工组织设计和工期、质量与验收、合同价款与支付、材料和设备供应、设计变更、竣工与结算、争议、违约和索赔。

4）合同格式。合同格式包括合同协议书格式、银行履约保函格式、履约担保书格式、预付款银行保函格式。

5）技术规范。技术规范包括工程建设地点的现场条件、现场自然条件、现场施工条件、本工程采用的技术规范。

6）投标书及投标书附录。

7）工程量清单与报价表、辅助资料表。

8）设计施工图及勘察资料。

（3）施工招标文件编制的注意事项　具体如下：

第4章 工程建设招标投标法律制度

1）评标原则和评标办法细则，尤其是计分方法在招标文件中要明确。

2）投标价格中，一般结构不太复杂或工期在12个月以内的工程，可以采用固定价格，考虑一定的风险系数。结构较复杂或大型工程，工期在12个月以上的，应采用调整价格。价格的调整方法及调整范围应在招标文件中明确。

3）在招标文件中应明确投标价格的计算依据，其依据主要有以下方面：工程计价类别；执行的概预算定额及费用定额；执行的人工、材料、机械设备政策性调整文件；材料、设备计价方法及采购、运输、保管的责任；工程量清单。

4）质量标准必须达到国家施工验收规范的合格标准，对于要求质量达到优良标准时，应计取补偿费用，补偿费用的计算方法应按国家或地方有关文件规定执行，并在招标文件中明确。

5）招标文件中的建设工期应参照国家或地方颁发的工期定额来确定，如果要求的工期比工期定额缩短20%以上（含20%）的，应计算赶工措施费。赶工措施费如何计取应在招标文件中明确。由于施工单位原因造成不能按合同工期竣工时，计取赶工措施费的须扣除，同时还应赔偿由于误工给建设单位带来的损失。其损失费用的计算方法或规定应在招标文件中明确。

6）如果建设单位要求按合同工期提前竣工交付使用，应考虑计取提前工期奖，提前工期奖的计算办法应在招标文件中明确。

7）在招标文件中应明确投标保证金数额，一般投标保证金数额不超过投标总价的2%。投标保证金的有效期应超过投标有效期30日。

8）中标单位应按规定要向招标单位提交履约担保，履约担保可采用银行保函或履约担保书。履约担保比率应在招标文件中明确。一般情况下，银行出具的银行保函为合同价格的5%；履约担保书为合同价格的10%。

9）材料或设备采购、运输、保管的责任应在招标文件中明确，如建设单位提供材料或设备，应列明材料或设备名称、品种或型号、数量及提供日期和交货地点等；还应在招标文件中明确招标单位提供的材料或设备计价和结算退款的方法。

10）关于工程量清单，招标单位按国家颁布的统一工程项目划分、统一计量单位和统一工程量计算规则，根据施工图计算工程量，提供给投标单位作为投标报价的基础。结算拨付工程款时以实际工程量为依据。

4.2.6 工程标底和招标控制价的编制

1. 标底

标底是指由招标单位自行编制或委托具有编制标底资格和能力的代理机构代理编制，并按规定经审定的招标工程的预期价格。其主要反映招标单位对工程质量、工期、造价等的预期控制要求。工程施工招标的标底价格应在投标截止日期

后、开标之前按规定报招标管理机构审查,招标管理机构在规定时间内完成标底的审定工作,未经审查的标底一律无效。编制标底不是强制的,招标人可以不设标底,进行无标底招标。招标人设有标底的,在评标中应当作为参考,但不得作为评标的唯一依据。

(1) 标底组成的主要内容　具体如下:

1) 标底的综合编制说明。

2) 标底价格审定书、标底价格计算书、带有价格的工程量清单、现场因素、各种施工措施费的测算明细以及采用固定价格工程的风险系数测算明细等。

3) 主要材料用量。

4) 标底附件。如各项交底纪要、各种材料及设备的价格来源、现场的地质、水文、地上情况的有关资料、编制标底价格所依据的施工方案或施工组织设计等。

(2) 编制标底的主要程序　具体如下:

1) 确定标底的编制单位。标底由招标单位自行编制或委托经建设行政主管部门批准具有编制标底资格和能力的代理机构代理编制。

2) 提供以下资料,以便进行标底计算。
①全套施工图及现场地质、水文、地上情况的有关资料。②招标文件。③定额及相关规范。④领取标底价格计算书、报审的有关表格。

3) 参加交底会及现场勘察。标底编、审人员均应参加施工图交底、施工方案交底以及现场勘察、招标预备会,便于标底的编、审工作。

4) 编制标底。编制人员应严格按照国家的有关政策、规定,科学、公正地编制标底价格。

(3) 编制标底应遵循的原则　具体如下:

1) 根据国家公布的统一工程项目划分、统一计量单位、统一计算规则以及施工图、招标文件,并参照国家制定的基础定额和国家、行业、地方规定的技术标准规范,以及各要素的市场定价方式来确定工程量。

2) 按工程项目类别计价。

3) 标底应由成本、利润、税金等组成。

4) 标底作为建设单位的期望价格,应力求与市场价格相吻合,应考虑人工、材料、设备、机械台班等价格变化因素,还应包括不可预见费、预算包干费、赶工措施费、施工技术措施费、现场条件补贴、保险以及采用固定价格的工程风险金等。

5) 一个工程只能编制一个标底。

(4) 编制标底的主要依据　招标文件的商务条款;工程施工图及工程量清单(或工程量计算规则);施工现场地质、水文及地上情况的有关资料;施工方案或施工组织设计；现行工程预算定额、工期定额、工程项目计价与取费标准、国家或地方价格调整文件规定等。招标时建筑安装材料及设备的市场价格。

（5）标底的编制方法　当前，我国建设工程施工招标标底主要采用工料单价法和综合单价法来编制。

2. 招标控制价

《建设工程工程量清单计价规范》（GB50500—2008）确定了招标控制价的概念。招标控制价也称拦标价、预算控制价、最高报价值、最高限价等，是指招标人根据国家或省级、行业建设主管部门颁发的有关计价依据（如计价定额）和办法，按设计施工图计算的，对招标工程限定的最高工程造价。为了有利于客观、合理的评审投标报价和避免哄抬标价，国有资金投资的项目进行招标时不设标底，招标人应编制招标控制价，招标控制价应在招标时公布。招标控制价超过批准的概算时，招标人应将其报原概算审批部门审核，投标人的投标报价高于招标控制价的，其投标应予以拒绝，招标控制价应在招标文件中公布，不应上调或下浮，招标人应将招标控制价及有关资料报送工程所在地工程造价管理机构备查。

（1）招标控制价的计价依据　它包括《建设工程工程量清单计价规范》（GB50500—2008）；国家或省级、行业建设主管部门颁发的计价定额和计价办法；建设工程设计文件及相关资料；招标文件中的工程量清单及有关要求；与建设项目相关的标准、规范、技术资料；工程造价管理机构发布的工程造价信息，如工程造价信息没有发布的参照市场价；其他相关资料。

（2）招标控制价的编制内容　招标控制价的编制内容分部分项工程费、措施项目费、其他项目费、规费和税金。

4.2.7　招标文件与资格预审文件的出售

1）招标人应当按招标公告或者投标邀请书规定的时间、地点出售招标文件或资格预审文件。自招标文件或者资格预审文件出售之日起至停止出售之日止，最短不得少于5个工作日。

2）对招标文件或者资格预审文件的收费应当合理，不得以盈利为目的。对于所附的设计文件，招标人可以向投标人酌情收取押金；对于开标后投标人退还设计文件的，招标人应当向投标人退还押金。

3）招标文件或者资格预审文件售出后，不予退还，招标人在发布招标公告、发出投标邀请书后或者售出招标文件或资格预审文件后不得擅自终止招标。

4.2.8　资格预审

资格预审主要审查潜在投标人或者投标人是否符合下列条件：具有独立订立

合同的权利；具有履行合同的能力，包括专业、技术资格的能力，资金、设备和其他物质设施状况，管理能力，经验、信誉和相应的从业人员；没有处于被责令停业，投标资格被取消，财产被接管、冻结，破产状态；在最近3年内没有骗取中标和严重违约及重大工程质量问题；法律、行政法规规定的其他资格条件。

资格预审时，招标人不得以不合理的条件限制、排斥潜在投标人或者投标人，不得对潜在投标人或者投标人实行歧视待遇。任何单位和个人不得以行政手段或者其他不合理方式限制投标人的数量。

4.2.9 投标保证金

投标保证金是指投标人按照招标文件的要求向招标人出具的，以一定金额表示的投标责任担保。招标人可以在招标文件中要求投标人提交投标保证金，投标保证金可以是现金，也可以是银行出具的银行保函、保兑支票、银行汇票或现金支票。投标保证金有效期应当超出投标有效期30天。投标保证金的收取和缴纳办法，应在招标文件中说明，并按招标文件的要求进行。

下列情况发生时，投标保证金将被没收：
1）投标人在招标文件中规定的投标有效期内撤回其投标。
2）中标人在规定期限内未能提交履约保证金或签署合同协议。
3）投标人采用不正当手段骗取中标。

投标保证金的直接目的虽是保证投标人对投标活动负责，但其一旦缴纳和接受，对双方都有约束力。

4.2.10 招标文件的澄清与修改

招标人对已发出的招标文件进行必要的澄清或者修改的，应当在招标文件要求提交投标文件截止时间至少15日前，以书面形式通知所有招标文件收受人，该澄清或者修改的内容为招标文件的组成部分。

4.2.11 组织投标人踏勘现场，对招标文件进行答疑

招标文件分发后，招标人要在招标文件规定的时间内，组织投标人踏勘现场，并对招标文件进行答疑。

招标人组织投标人进行踏勘现场的主要目的是让投标人了解工程现场和周围环境情况，获取必要的信息。踏勘现场的内容如下：
1）现场是否达到招标文件规定的条件。
2）现场的地理位置和地形、地貌。
3）现场的地质、土质、地下水位、水文等情况。
4）现场气温、湿度、风力、年雨雪量等气候条件。

5）现场交通、饮水、污水排放、生活用电、通信等环境情况。
6）工程在现场中的位置与布置。
7）临时用地、临时设施搭建等。

投标人对招标文件或者在现场踏勘中如果有疑问或不清楚的问题，可以而且应当用书面的形式要求招标人予以解答。招标人收到投标人提出的疑问或不清楚的问题后，应当给予解释和答复。招标人的答疑可以根据情况采用以下方式进行。

1）以书面形式解答，并将解答内容同时送达所有获得招标文件的投标人。
2）通过投标预备会进行解答，同时借此对设计图进行交底和解释，并以会议记录形式同时将解答内容送达所有获得招标文件的投标人。回答函件作为招标文件的组成部分，如果书面解答的问题与招标文件中的规定不一致，以函件的解答为准。经过现场踏勘和标前会议后，投标人可以着手编制投标文件。

4.3 工程建设项目投标

工程建设项目投标是指投标人在同意招标人拟订好的招标文件的前提下，对招标项目提出自己的报价和相应条件，通过竞争以求获得招标项目的行为。投标人在投标文件中必须明确向招标人表示愿以招标文件的内容订立合同的意思；必须对招标文件提出的实质性要求和条件作出响应，不得以低于成本的报价竞标；必须由有资格的投标人编制；必须按照规定的时间、地点递交给招标人。否则，该投标文件将被招标人拒绝。

4.3.1 投标文件的组成

投标文件一般由下列内容组成：
1）投标函。
2）投标函附录。
3）投标保证金。
4）法定代表人资格证明书。
5）授权委托书。
6）具有标价的工程量清单与报价表。
7）辅助资料表。
8）资格审查表（资格预审的不采用）。
9）对招标文件中的合同协议条款内容的确认和响应。
10）施工组织设计。
11）招标文件规定提交的其他资料。

投标人必须使用招标文件提供的投标文件表格格式，投标文件格式主要有投标函及其附录、工程量清单与报价表、辅助资料表等。

施工企业投标时必须提供以下资料：

1）企业的营业执照和资质证书。
2）企业简历。
3）自有资金情况。
4）全员职工人数：包括技术人员、技术工人数量及平均技术等级等。
5）企业自有主要施工机械设备一览表。
6）近3年承建的主要工程及质量情况。
7）现有主要施工任务，包括在建和尚未开工工程一览表。

4.3.2 投标前的准备

参加工程投标必须充分做好投标前的准备。投标前的准备工作至少包括以下内容。

1. 信息查证

作为投标企业，在决定投标之前，必须保持头脑冷静，认真分析所获得的信息的真实性。只要坚持与工程发包单位直接见面，证实发包项目确有立项批准书和资金落实证明材料，就可弄清信息的真实性。政府工程、国有单位的发包项目，都必须先获得立项批准并落实了资金后方可获准招标。

2. 对业主作必要的调查

对业主的调查了解是确信实施工程的资金能否回收的前提。许多业主单位倚仗手中的权势，长期拖欠工程巨款，致使承包企业不仅不能获取利润，甚至连成本都无法回收。作为工程承包商不能只满足于获取项目，必须对实施项目的利弊进行认真评估，获取项目只能说是获得可能盈利的机会，但这种机会同样极有可能成为使承包商蒙受损失的陷阱，因为利润从来就是与风险并存的。

3. 研究招标文件

招标文件规定的承包人的职责和权利，必须高度重视，认真研读。招标文件主要包括商务条款、标的工程内容条款和技术要求条款。下面就各个方面应注意的问题予以阐述。

（1）合同条件 具体如下：

1）要核准下列日期。投标截止日期和时间，投标有效期，从合同签订到开工允许时间，总工期和分阶段验收的工期，工程保修期等。

2）关于误期赔偿费的金额和最高限额的规定，提前竣工奖励的有关规定。

3）关于保函或担保的有关规定。保函或担保的种类，保函额或担保额的要求、有效期等。

4) 关于付款条件。应清楚是否有动员预付款,以及其金额和扣还时间与办法,永久设备和材料预付款的支付规定,进行付款的方法,自签发支付证书至付款的时间,拖期付款是否支付利息,扣留保留金的比例、最高限额和退还条件。

5) 关于物价调整条款。应清楚有无对于材料、设备和工资的价格调整规定,其限制条件和调整公式如何。

6) 关于工程保险和现场人员事故保险等的规定。如保险种类,最低保险金额,保期和免赔额等。

7) 关于人力不可抗拒因素造成损害的补偿办法与规定,中途停工的处理办法与补救措施。

8) 关于争端解决的有关规定。

(2) 承包人责任范围和报价要求 具体如下:

1) 注意合同类型是属于单价合同、总价合同或成本加酬金合同,对于不同类型的合同,承包人的责任和风险不同。

2) 认真落实要求投标的报价范围,不应有含糊不清之处。例如,报价是否含有勘察设计补充工作,是否包括进场道路和临时水电设施,有无建筑物拆除及清理现场工作,是否包括监理工程师的办公室和办公、交通设施等。总之,应将工程量清单与投标人须知、合同条件、技术规范、图样等共同认真核对,以保证在投标报价中不"错报",不"漏报"。

3) 认真核算工程量。核算工程量,不仅便于计算投标价格,而且为今后在实施工程中核对每项工程量提供依据,同时也是安排施工进度计划、选定方案提供重要依据。投标人应结合招标图样,认真、仔细地核对工程量清单中的各个分项,特别是工程量大的细目,力争做到这些细目中的工程量与实际工程中的施工部位能"对号入座",数量平衡。当发现工程量清单中的工程量与实际工程量有较大差异时,应向招标人提出质疑。

(3) 技术规范和设计图

1) 工程技术规范。按工程类型描述工程技术和工艺的内容和特点,对设备、材料、施工和安装方法等规定的技术要求,对工程质量(包括材料和设备)进行检验、试验和验收所规定的方法和要求。在核对工程量清单的过程中,应注意对每项工作的技术要求及采用的规范。因为采用的规范不同,其施工方法和控制指标将不一致,有时可能对施工方法、采用的机具设备和工时定额有很大影响,忽略这一点不仅对投标人的报价带来计算偏差,而且会给未来的施工工作造成困难。

2) 注意技术规范中有无特殊施工技术要求,有无特殊材料和设备的技术要求,有无允许选择代用材料和设备的规定。若有,则要分析与常规方法的区别,以及合理估算可能引起的额外费用。

3）设计图分析。要注意平、立、剖面图之间尺寸、位置的一致性，结构图与设备安装图之间的一致性，当发现矛盾之处时应及时提请招标人予以澄清并修正。

4. 工程项目所在地调查

（1）自然条件调查　具体如下：

1）气象资料。它包括年平均气温、年最高气温和年最低气温，风向图、最大风速和风压值，日照，年平均降雨（雪）量和最大降雨（雪）量，年平均湿度、最高和最低湿度，其中尤其要分析全年不能和不宜施工的天数（如气温超过或低于某一温度持续的天数，雨量和风力大于某一数值的天数，台风频发季节及天数等）。

2）水文资料。它包括地下水位、潮汐、风浪等。

3）地震、洪水及其他灾害情况等。

4）地质情况。它包括地质构造及特征，承载能力，地基是否有大孔土、膨胀土，冬季冻土层厚度等。

（2）施工条件调查　具体如下：

1）工程现场的用地范围、地形、地貌、地物、标高，地上或地下障碍物，现场的"三通一平"情况（是否能按时达到开工要求）。

2）工程现场周围的道路、进出场条件（材料运输、大型施工机具），有无特殊交通限制（如单向行驶、夜间行驶、转变方向限制、货载重量、高度、长度限制等规定）。

3）工程现场施工临时设施、大型施工机具、材料堆放场地安排的可能性，是否需要二次搬运。

4）工程现场邻近建筑物与招标工程的间距、结构形式、基础埋深、新旧程度、高度。

5）市政给水及污水、雨水排放线路位置、标高、管径、压力、废水、污水处理方式，市政消防供水管道管径、压力、位置等。

6）当地供电方式、方位、距离、电压等。

7）当地煤气供应能力，管线位置、标高等。

8）工程现场通信线路的连接和敷设。

9）当地政府有关部门对施工现场管理的一般要求、特殊要求及规定，是否允许节假日和夜间施工等。

（3）其他条件调查　具体如下：

1）建筑构件和半成品的加工、制作和供应条件，商品混凝土的供应能力和价格。

2）是否可以在工程现场安排工人住宿，对现场住宿条件有无特殊规定和

要求。

3）是否可以在工程现场或附近搭建食堂，自己供应施工人员伙食，若不可能，通过什么方式解决施工人员的餐饮问题，其费用如何。

4）工程现场附近治安情况如何，是否需要采用特殊措施加强施工现场保卫。

5）工程现场附近的生产厂家、商店、各种公司和居民的一般情况，工程施工可能对他们所造成的影响程度。

6）工程现场附近各种社会服务设施和条件，如当地的卫生、医疗、保健、通信、公共交通、文化、娱乐设施情况及其技术水平、服务水平、费用，有无特殊的地方病、传染病等。

5. 市场状况调查

市场状况调查是指与本工程项目相关的承包市场和生产要素市场等方面的调查。

（1）对招标方情况的调查　具体如下：

1）本工程的资金来源、额度、落实情况。

2）本工程各项审批手续是否齐全。

3）招标人员是否有较丰富的工程建设经验，在已建工程和在建工程招标、评标过程中的习惯做法，对承包人的态度和信誉，是否及时支付工程款、合理对待承包人的索赔要求。

4）监理工程师的资历，承担过监理任务的主要工程、工作方式和习惯，对承包人的基本态度，当出现争端时能否站在公正的立场上，提出合理的解决方案等。

（2）对竞争对手的调查　首先了解有多少家公司获得本工程的资格，有多少家公司购买了标书，有多少家公司参加了标前会议和现场勘察，从而分析可能参与投标的公司。了解可能参与投标竞争的公司的有关情况，包括技术特长、管理水平、经营状况等。

（3）生产要素的市场调查　承包人为实施工程购买所需工程材料，增置施工机械、零配件、工具和油料等，而它们的市场价格和支付条件是变化的，会对工程成本产生一定的影响。投标时，要使报价合理并具有竞争力，应对所购工程物资的品质、价格等进行认真调查，即做好询价工作。不仅要了解当时的价格，还要了解过去的变化情况，预测未来施工期间可能发生的变化，以便在报价时加以考虑。此外，工程物资询价还涉及物资的种类、品质、支付方法、运输方式、供货计划等问题，也必须了解清楚。如果工程施工需要雇用当地劳务，则应了解可能雇到的工人的工种、数量、素质、基本工资和各种补助费及有关社会福利、社会保险等方面的规定。

4.3.3 编制工程投标文件的步骤

投标人在领取招标文件以后，就要进行投标文件的编制工作。

编制投标文件的一般步骤是：

1）熟悉招标文件、设计图、资料，对设计图、资料有不清楚、不理解的地方，可以用书面或口头方式向招标人询问、澄清。

2）参加招标人施工现场情况介绍和答疑会。

3）调查当地材料供应和价格情况。

4）了解交通运输条件和有关事项。

5）编制施工组织设计，复查、计算设计图工程量。

6）编制或套用投标单价。

7）计算取费标准或确定采用取费标准。

8）计算投标造价。

9）核对调整投标造价。

10）确定投标报价。

4.3.4 投标文件的送达

投标人应当在招标文件要求提交投标文件的截止时间前，将投标文件密封送达投标地点。投标人在招标文件要求提交投标文件的截止时间前，可以补充、修改或者撤回已提交的投标文件，并书面通知招标人。补充、修改的内容为投标文件的组成部分。

在提交投标文件截止时间后到招标文件规定的投标有效期终止之前，投标人不得补充、修改、替代或者撤回其投标文件。投标人补充、修改、替代投标文件的，招标人不予接受，投标人撤回投标文件的，其投标保证金将被没收。

投标有效期是指招标文件中规定一个适当的有效期限，在此期限内投标文件对投标人具有法律约束力。以保证招标人有足够时间完成评标和与中标人签订合同。招标项目的评标和定标活动应当在投标有效期结束日 30 个工作日前完成，如不能完成则招标人应当通知所有投标人延长投标有效期。投标有效期从招标文件规定的提交投标文件截止之日起计算。在原投标有效期结束之前，招标人可以通知所有投标人延长投标有效期。拒绝延长投标有效期的投标人有权收回投标保证金。同意延长投标有效期的投标人应当相应延长其投标担保的有效期，但不得修改投标文件的实质性内容。

4.3.5 联合体投标

联合体投标是招标投标活动中一种特殊的投标人形式，常见于一些大型复杂的项目,这些项目仅靠单一投标人的能力不可能独立完成或者能够独立完成的单一投标人数量极少,投标人通常组成联合体形式参与投标,以增强投标竞争力。

《招标投标法》规定,两个以上法人或者其他组织可以组成一个联合体,以一个投标人的身份共同投标。

(1)联合体的资质条件　具体如下:

1)各方均具备承担招标项目的相应能力。

2)各方均应具备相应资格条件。

3)由同一专业单位组成的联合体,按照资质等级较低的单位确定资质等级。

(2)联合体共同投标协议及其连带责任　具体如下:

1)联合体各方应当签订共同投标协议,明确约定各方拟承担的工作和责任,并将共同投标协议连同投标文件一并提交招标人。

2)联合体各方签订共同投标协议后,不得再以自己名义单独投标,也不得组成新的联合体或参加其他联合体在同一项目投标。

3)联合体参加资格预审并获通过的,其组成的任何变化都必须在提交投标文件截止之日前征得招标人的同意。

4)联合体各方必须指定牵头人,授权其代表所有联合体成员负责投标和合同实施阶段的主办、协调工作。

5)联合体中标的,联合体各方应当共同与招标人签订合同,就中标项目向招标人承担连带责任。

4.4　工程建设项目的开标、评标与中标

4.4.1　开标

1. 开标时间和地点

开标必须按照招标文件或招标公告中载明的开标时间如期进行。开标时间与投标截止时间为同一时间。开标地点必须与招标文件或招标公告中载明的地点一致,不能随意变更。

2. 开标的程序和内容

1)投标文件密封情况的检查。主持人应请投标人代表当众检查所有已经接收的投标文件密封情况,并签字确认。招标人也可委托公证机构检查所有已经接收的投标文件密封情况,并当众宣布检查结果。

2)投标文件的拆封。由招标人或招标代理机构的工作人员当众拆封所有符合密封要求的投标文件。

3)唱标的内容。唱标人应按照招标文件中规定的唱标内容和要求,唱出所

有投标文件中的相关内容。

4）开标过程记录和保存。招标人或者其委托的招标代理机构应当场制作开标记录，记载开标时间、地点、参与人、唱标内容等情况，并由参加开标的投标人代表签字确认，开标记录应作为评标报告的组成部分存档备查。

4.4.2 评标

评标是对各投标书优劣的比较，以便最终确定中标人，由评标委员会负责评标工作。

1. 评标委员会的组成

评标委员会由招标人的代表和有关经济、技术等方面的专家组成。评标委员会成员中技术、经济等方面的专家不得少于成员总数的2/3，招标人的代表不得超过评标委员会成员总数的1/3，评标委员会成员人数为5人以上单数。评标专家应满足从事相关领域工作满8年并具有高级职称或者具有同等专业水平的条件。评标专家应由招标人在相关专家库名单中确定，原则上应在国务院有关部门或者省、自治区、直辖市人民政府有关部门提供的专家名册或者招标代理机构的专家库内的相关专业的专家名单中确定。一般招标项目可以采取随机抽取方式，特殊招标项目可以由招标人直接确定。

2. 评标方法

（1）经评审的最低投标价法　根据经评审的最低投标价法，能够满足招标文件的实质性要求，并且经评审的最低投标价的投标，应当推荐为中标候选人。

（2）综合评估法　综合评估法是最大限度地满足招标文件中规定的各项综合评价标准的投标，应当推荐为中标候选人。衡量投标文件是否最大限度地满足招标文件中规定的各项评价标准，可以采取折算为货币的方法、打分的方法或者其他方法。

3. 评标原则

1）公平。招标文件中规定的评标标准和评标方法应当合理，不得含有倾向或排斥潜在投标人的内容，不得妨碍或限制投标人之间的竞争。

2）公正。平等对待所有投标人。

3）科学。以招标文件中载明的评标标准和评标方法为准绳，以投标文件为依据，认真进行评审。

4）择优。按照评标标准和评标方法的规定，选择能够最大限度地满足招标文件中规定的各项综合评价标准的投标人，或者选择能够满足招标文件的实质性要求，并且经评审的投标价格最低的投标人。但是投标价格低于成本的投标人除外。

5）严格保密。招标人应当采取必要的措施，保证评标在严格保密的情况下进行。评标委员会和有关工作人员必须对评标过程严格保密,在确定中标结果前,对评标结果严格保密。

6)独立评审。评标委员会不受任何单位和个人非法干预的情况下进行评标。

7)严格遵守评标方法。评标委员会应当根据招标文件规定的评标标准和方法,对投标文件进行系统的评审和比较。招标文件中没有规定的标准和方法不得作为评标的依据。

4. 评标程序

(1)评标的准备 评标委员会成员应当编制供评标使用的相应表格,认真研究招标文件,至少应了解和熟悉以下内容:

1)招标的目标。

2)招标项目的范围和性质。

3)招标文件中规定的主要技术要求、标准和商务条款。

4)招标文件规定的评标标准、评标方法及在评标过程中考虑的相关因素。

招标人或者其委托的招标代理机构应当向评标委员会提供评标所需的重要信息和数据。招标人设有标底的,标底应当保密,并在评标时作为参考,但不得作为评标的唯一依据。

(2)初步评审 初步评审标准包括以下四方面:

1)形式评审标准。它包括投标人的名称与营业执照、资质证书、安全生产许可证一致;投标函上有法定代表人或其委托代理人签字或加盖单位章;投标文件格式符合要求;联合体投标人已提交联合体协议书,并明确联合体牵头人(如有);报价唯一,即只能有一个有效报价等。

2)资格评审标准。如果是未进行资格预审的,应具备有效的营业执照,具备有效的安全生产许可证,并且资质等级、财务状况、类似项目业绩、信誉、项目经理、其他要求、联合体投标人等,均符合规定。

3)响应性评审标准。响应性评审标准主要是投标内容(包括:投标报价校核,审查全部报价数据计算的正确性,分析报价构成的合理性,并与招标控制价进行对比分析),还有工期、工程质量、投标有效期、投标保证金、权利和义务、已标价工程量清单、技术标准和要求等,均符合招标文件的有关要求。

4)施工组织设计和项目管理机构评审标准。该标准主要包括施工方案与技术措施、质量管理体系与措施、安全管理体系与措施、环境保护管理体系与措施、工程进度计划与措施、资源配备计划、技术负责人、其他主要人员、施工设备、试验、检测仪器设备等,符合有关标准。

评标委员会可以书面方式要求投标人对投标文件中含义不明确的内容作必要的澄清、说明或补正,但是澄清、说明或补正不得超出投标文件的范围或者改变投标文件的实质性内容。其目的是有利于评标委员会对投标文件的审查、评审和比较。澄清、说明或补正包括投标文件中含义不明确、对同类问题表述不一致或者有明显文字和计算错误的内容。

评标委员会不得向投标人提出带有暗示性或诱导性的问题，或向其明确投标文件中的遗漏和错误。同时，评标委员会不接受投标人主动提出的澄清、说明或补正。

投标文件不响应招标文件的实质性要求和条件的，招标人应当拒绝，并不允许投标人通过修正或撤销其不符合要求的差异或保留，使之成为具有响应性的投标。

投标文件中的大写金额与小写金额不一致的，以大写金额为准；总价金额与依据单价计算出的结果不一致的，以单价金额为准修正总价，但单价金额小数点有明显错误的除外。对不同文字文本投标文件的解释发生异议的，以中文文本为准。

评标委员会应当审查每一投标文件是否对招标文件提出的所有实质性要求和条件作出响应。未能在实质上响应的投标，应作废标处理。具体情形包括：

① 不符合招标文件规定"投标人资格要求"中任何一种情形的。

② 投标人以他人名义投标、串通投标、弄虚作假或有其他违法行为的；不按评标委员会要求澄清、说明或补正的。

③ 评标委员会发现投标人的报价明显低于其他投标报价或者在设有标底时明显低于标底，使得其投标报价可能低于其个别成本的，应当要求该投标人作出书面说明并提供相关证明材料。投标人不能合理说明或者不能提供相关证明材料的，由评标委员会认定该投标人以低于成本报价竞标，其投标应作废标处理。

④ 投标文件无单位盖章并无法定代表人或法定代表人授权的代理人签字或盖章的。

⑤ 投标文件未按规定的格式填写，内容不全或关键字迹模糊、无法辨认的。

⑥ 投标人递交两份或多份内容不同的投标文件，或在一份投标文件中对同一招标项目报有两个或多个报价，且未声明哪一个有效。按招标文件规定提交备选投标方案的除外。

⑦ 投标人名称或组织结构与资格预审时不一致的。

⑧ 未按招标文件要求提交投标保证金的。

⑨ 联合体投标未附联合体各方共同投标协议的。

(3) 详细评审 经初步评审合格的投标文件，评标委员会应当根据招标文件确定的评标标准和方法，对其技术部分和商务部分作进一步评审、比较。详细评审的方法包括经评审的最低投标价法和综合评估法两种。

4.4.3 中标

1. 中标候选人的确定

除招标文件中特别规定了授权评标委员会直接确定中标人外,招标人应依据评标委员会推荐的中标候选人确定中标人,评标委员会推荐中标候选人的人数应符合招标文件的要求,一般应当限定在 1~3 人,并标明排列顺序。

对使用国有资金投资或者国家融资的项目,招标人应当确定排名第一的中标候选人为中标人。排名第一的中标候选人放弃中标、因不可抗力提出不能履行合同,或者招标文件规定应当提交履约保证金而在规定的期限内未能提交的,招标人可以确定排名第二的中标候选人为中标人。排名第二的中标候选人因上述同样原因不能签订合同的,招标人可以确定排名第三的中标候选人为中标人。

招标人不得向中标人提出压低报价、增加工作量、缩短工期或其他违背中标人意愿的要求,以此作为发出中标通知书和签订合同的条件。

2. 发出中标通知书并订立书面合同

1)中标通知书。评标委员会提出书面评标报告后,招标人一般应当在 15 日内确定中标人,但最迟应当在投标有效期结束日前 30 个工作日内确定,中标人确定后,招标人应当向中标人发出中标通知书,并同时将中标结果通知所有未中标的投标人。中标通知书对招标人和中标人具有法律效力。

2)履约担保。在签订合同前,中标人以及联营体的中标人应按招标文件有关规定的金额、担保形式和招标文件规定的履约担保格式,向招标人提交履约担保。一般采用银行保函和履约担保书。履约担保金额一般为中标价的 10%。中标人不能按要求提交履约担保的,视为放弃中标,其投标保证金不予退还,给招标人造成的损失超过投标保证金数额的,中标人还应当对超过部分予以赔偿。

3)签订合同。招标人和中标人应当自中标通知书发出之日起 30 天内,根据招标文件和中标人的投标文件订立书面合同。中标人无正当理由拒签合同的,招标人取消其中标资格,其投标保证金不予退还;给招标人造成的损失超过投标保证金数额的,中标人还应当对超过部分予以赔偿。发出中标通知书后,招标人无正当理由拒签合同的,招标人向中标人退还投标保证金;给中标人造成损失的,还应当赔偿损失。招标人与中标人签订合同后 5 个工作日内,应当向中标人和未中标的投标人退还投标保证金。

4)履行合同。中标人应当按照合同约定履行义务,完成中标项目。中标人不得向他人转让中标项目,也不得将中标项目肢解后分别向他人转让。中标人按照合同约定或者经招标人同意,可以将中标项目的部分非主体、非关键性工程分包给他人完成。接受分包的人应当具备相应的资格条件,并不能再次分包。中标人应当就分包项目向招标人负责,接受分包的人就分包项目承担连带责任。招标人发现中标人转包或违法分包的，应当要求中标人改正；拒不改正的，可终止合同，并报请有关行政监督部门查处。

3. 评标报告

评标委员会完成评标后，应当向招标人提交书面评标报告。招标人应当自发出中标通知书之日起 15 日内，向有关行政监督部门提交招标投标情况的书面报告。

评标报告由评标委员会全体成员签字。对评标结论持有异议的评标委员会成员可以书面方式阐述其不同意见和理由。评标委员会成员拒绝在评标报告上签字且不陈述其不同意见和理由的，视为同意评标结论。评标委员会应当对此作出书面说明并记录在案。

4.5 工程建设招标投标法典型案例分析

4.5.1 案例 1

原告：某建筑公司

被告：某房地产开发有限公司

1. 基本案情

1999 年 9 月 22 日，被告就某住宅项目进行邀请招标，原告与其他三家建筑公司共同参加了投标。结果由原告中标。1999 年 10 月 14 日，被告就该项工程向原告发出中标通知书。其中载明：工程建筑面积 74781m^2，中标价格 8000 万元人民币，要求于 12 月 25 日签订工程承包合同，12 月 28 日开工。

中标通知书发出后，原告按被告的要求提出，为抓紧工期，应该先做好施工准备，后签订工程合同。被告同意了这个要求。之后，原告进入了施工现场，平整了场地，将打桩桩架运入现场，并配合房地产公司在 12 月 28 日打了两根桩，完成了项目的开工仪式。

但是，工程开工后，还没有等到正式签订承包合同，双方就因为对合同内容的意见不同而发生了争议。被告要求原告将工程中的一个专项工程分包给自己信赖的公司，而原告以招标文件没有要求必须分包而拒绝。2001 年 3 月 1 日，被告明确函告原告将"另行落实施工队伍"。

双方协商不成，原告只得诉至法院，在法庭上，原告指出，被告既已发出中标通知书，就表明招标过程中的要约已经承诺，按招标投标文件和《施工合同示范文本》的有关规定，签订工程承包合同是被告的法定义务。因此，原告要求被告继续履行合同。要求被告对其损失进行赔偿。但被告辩称：虽然已发了中标通知书，但这个文件并无合同效力，且双方的合同尚未签订，因此，双方还不存在

第4章 工程建设招标投标法律制度

合同上的权利和义务关系,被告有权另行确定合同相对人。

2. 案件审理

法院审理认为,按照《招标投标法》第45条规定:"中标通知书对招标人和中标人具有法律效力。中标通知书发出后,招标人改变中标结果的,或者中标人放弃中标项目的,应当依法承担法律责任。"第46条规定:"招标人和中标人应当自中标通知书发出之日起30日内,按照招标文件和中标人的投标文件订立书面合同。"虽然双方尚未签订书面合同,但是中标通知书已经对当事人具有法律约束力,被告拒绝签订合同,违反了诚实信用原则,应当承担缔约过失责任,给中标人造成了损失,应当给予补偿。因此,判决某房地产开发有限公司应该对某建筑公司进行赔偿。

3. 案例评析

本案例涉及招标投标活动中要约、承诺及合同生效等条款以及招标投标活动中合同争议处理原则。招标人发出中标通知书这一行为的法律性质是承诺。因为中标通知书的发出意味着招标人接受了投标人的投标文件,即中标通知书是受要约人(招标人)同意要约(投标文件)的意思表示。发出中标通知书后,招标人不与中标人签订合同,应负法律责任,此处责任的性质,属于缔约过失责任。缔约过失责任是指缔约一方当事人故意或者过失地违反依诚实信用原则所应承担的先合同义务,而造成对方信赖利益的损失时依法承担的民事赔偿责任。缔约过失责任一般以损害事实的存在为成立条件,只有缔约一方违反先合同义务造成相对方损失时,才能产生缔约过失责任。缔约过失责任中的损失主要是信赖利益的损失,即当事人因信赖合同的成立和有效,但合同却不成立或无效而遭受的损失。其赔偿范围主要是与订约有关的费用支出。因此,招标人和投标人在开标至定标期间所应承担责任的范围也应以此为限。例如,制作招标、投标文件等进行招标或投标行为所发生的费用。在招标投标实践中,招标人一般都要求投标人在投标时提交投标保证金或者投标保函,这时的保证金数额可以看成双方对预期损失的约定。

4.5.2 案例2

1. 基本案情

2004年1月14日,某外商独资公司(以下简称原告公司)向南通市的甲、乙、丙、丁4家公司发出了该公司"国际服饰港(一期)工程"施工招标条件,同年1月26~28日,上述4公司向原告公司发出了该工程的投标书。

同期南通市招投标办公室接受原告公司的委托,委派江苏省及南通市招投标办公室3位专家评委参与对投标的4家单位的标书及文件进行议标。专家会同原告公司的职员于1月29日议标得出结论:丙公司标底折扣率为89.125%,为评标第一名。议标后，原告公司并未当场定标。嗣后也未在4单位中确定中标者。同年2月9日，原告公司却向甲、乙、丙、丁4家公司之外的戊公司发出了中标通知书，载明"经过评议决定国际服饰港（一期）工程由你单位中标"。依此中标通知书，双方于2月15日签订了国际服饰港（一期）工程施工承包合同，约定：原告公司为发包方，戊公司为承包方；工程地点为南通开发区东方大道189号；承包方式为包工包料施工总承包；承包范围为A、B、C、D、E馆及附属设施；合同价款暂定为3000万元人民币，决算审定价为最后价；合同签订后5日内，发包方支付给承包方合同价款的10%，计300万元等。2月27日，原告公司向戊公司预付了300万元的工程款，戊公司向原告公司出具了收款条。双方确定该合同关系时，原告公司并未办理该项工程立项审批等手续。

3月18日，原告公司取得"建设用地规划许可证"，3月28日，该市经济技术开发区经济贸易局批复该项工程的初步设计方案，11月取得南通市发展计划委员会的项目核准通知，12月13日，取得南通市国土资源局颁发的工程土地使用权证，但涉诉时未取得建筑规划许可证。由于上述证照手续是在2004年年底前才办妥的，故双方约定的"D、E馆2004年5月底完工，地面6月10日前完成，完工后45天内竣工。A、B、C馆在D、E馆完工前陆续开工"的合同条款并未能够履行。

2004年11月19日，原告公司向戊公司发出解除合同的通知，称："现因原钢结构工程已全部改为钢筋混凝结构；江苏省2001年建设工程定额已停止执行，这样按原合同已无法执行。鉴此，通知贵公司从2004年7月30日起正式终止施工总承包合同，请贵公司退回工程预付款，撤出工地，对履行期间在工地上的实际损失我公司将给予合理的赔付。变更后的我公司的相关工程欢迎贵公司参加投标，在同等条件下贵公司将优先中标。"该通知发出后，戊公司未予理涉，为此，原告公司诉至法院。

原告公司认为，本案合同确立前，被告未参与工程的招标投标，其取得中标通知书直接违反了《招标投标法》的规定，故中标无效，由此订立的承包合同也无效。原告诉请法院确认原、被告间的承包合同无效，并请求被告退还预付款。

被告戊公司辩称：原告为外商独资公司，本工程项目不属于《招标投标法》及《工程建设项目招标范围和规模标准规定》（国务院批准发布）所规定强制进行招标投标的项目，故即使被告不是通过招标投标取得中标书，但原告选定被告并签约，合同仍然有效。

2. 案件审理

依照我国《合同法》第44条、第52条的规定，判决驳回原告关于"确认原、被告签订的总承包合同无效；判令被告返还原告预付的工程款300万元人民币"的诉讼请求。本案案件受理费 25010 元,其他诉讼费 400 元,诉讼保全费 15520 元,实际保全执行费 8800 元,合计 49730 元,由原告负担。

3. 案例评析

本案中所涉建筑工程,无论是从项目性质、还是从资金来源上看,当依法不属于国家必须进行强制招标的范围。因此,原告公司自行采取招标活动,但又并未依本单位组织的评标委员会形成的决标书,从 4 家投标单位中遴选中标者,而是另行确定了戊公司为"中标者"并与之签订了合同。该行为虽有违诚信及违反行业规定,但并未违反《招标投标法》的相应规定。

本案工程虽未取得有关部门颁发的证照,但不必然影响其合同的效力,即此合同为效力待定状态。原告以此作为合同无效的理由不成立,故法院判决驳回了原告的诉讼请求。

4.5.3 案例 3

1. 基本案情

2002 年 6 月,温州市经济技术开发区某市政工程第二标段向社会公开招标,并采用最低造价中标评标办法。经招标方的资格预审、实地考察及随机抽签等程序后,有 7 家单位从 100 多家投标单位中脱颖而出,成为参加最后投标单位。这 7 家建筑公司的代表张某、陈某、袁某等 10 余人得知被确定为投标单位后,在市区多次进行密谋串通投标,并商定由 7 家单位中的 B 公司与 E 公司合伙,并由袁某起草签订了投标报价协议书,由 F 公司的代表提供串标必需的标书。长沙市市政工程公司在中标后,需支付给其他参加投标公司各 100 万元人民币的"好处费";正式开标前,由 B 公司代表张某与他人出资 500 万元人民币,分两次将"好处费"支付给各投标单位。2002 年 8 月 20 日,B 公司以 146572284 元的标的额顺利中标,其他公司获得了约定的"好处费"。

2003 年 7 月,温州市另一市政工程二期第三标段向社会公开招标,也采用最低造价中标评标办法。张某、潘某、黄某以 B 公司代表身份,报名参加该工程的投标,在通过投标资格审查后,张某再次与上次一同参加投标的 6 家建筑公司的代表进行预谋串标,与参加投标的建筑公司代表签订了串标协议书,商定由 B 公司中标,该公司在中标后支付参加投标的其他 6 家单位各 90 万元的"好处费",张某在公司中标后立即兑现了串标协议规定的款项,其他 6 家公司的代表随即瓜分该款项。

2003 年 8 月,在上述二期工程第二标段向社会公开招标时,上述 7 家单位中的另一公司代表陈某、杨某在报名并通过投标资格审查后,再次与其他 6 家公司的代表私下逐个密谋商定,相互串通标书报价。该公司确定中标后,陈某、杨某等人立即支付其他 6 家参加投标单位共计 176 万元人民币作为"回报"。

2. 案件审理

2005年11月15日，温州市某法院对此案进行公开宣判，依法以串通投标罪分别判处张某、陈某等13人有期徒刑2年、缓刑2年至有期徒刑6个月、缓刑1年的不等刑罚，并处罚金15万~80万元；判处相关9名涉案人员不等罚金。

3. 案例评析

我国《刑法》第223条规定，投标人相互串通投标报价，损害招标人或者其他投标人利益，情节严重的；投标人与招标人串通投标，损害国家、集体、公民的合法利益的，处三年以下有期徒刑或者拘役，并处或者单处罚金。本案中，投标方在投标过程中相互串通，商定由某投标方中标，中标后给其他投标方好处，这样的行为必定会损害招标人的利益，扰乱正常的社会经济秩序，因此触犯了刑法，受到了相应的刑事处分。

第 5 章
建设工程合同法律制度

5.1 建设工程合同法律制度概述

《中华人民共和国合同法》(以下简称《合同法》)是规范我国市场经济财产流转关系的基本法,建设工程合同的订立和履行也要遵守其基本规定。为规范合同格式及内容,建设部与国家工商行政管理局联合颁布了施工、勘察、设计、监理合同示范文本,合同的示范文本不属于法律法规,是推荐使用的文本,可供在签订合同时选用。

5.1.1 建设工程合同的概念及特征

1. 建设工程合同的概念

建设工程合同是指承包人进行工程建设,发包人支付价款的合同。进行工程建设的行为包括勘察、设计、施工,建设工程合同包括工程勘察、设计、施工合同。

建设工程合同是一种诺成合同,合同订立生效后双方应当严格履行。同时,建设工程合同也是一种双务、有偿合同,当事人双方在合同中都有各自的权利和义务,在享有权利的同时必须履行义务。建设工程合同的双方当事人分别称为承包人和发包人。承包人是指在建设工程合同中负责工程的勘察、设计、施工任务的一方当事人,承包人最主要的义务是进行工程建设,即进行工程的勘察、设计、施工等工作。发包人是指在建设工程合同中委托承包人进行工程的勘察、设计、施工任务的建设单位(或业主、项目法人),发包人最主要的义务是向承包人支付相应的价款。

2. 建设工程合同的特征

(1) 合同主体的严格性 建设工程合同的主体一般只能是法人,发包人、承包人必须具备一定的资格,才能成为建设工程合同的合法当事人,否则,建设工程合同可能因主体不合格而导致无效。发包人对需要建设的工程,应经过有关部门审批,落实投资计划。承包人是有资格从事工程建设的企业,而且应当具备相应的勘察、设计、施工等资质,没有资格证书的,一律不得擅自从事工程勘察、设计业务,资质等级低的,不能越级承包工程。

（2）形式和程序的严格性　一般合同当事人就合同条款达成一致,合同即告成立,不必一律采用书面形式。建设工程合同履行期限长,工作环节多,涉及面广,应当采取书面形式,双方的权利和义务应通过书面合同形式予以确定。此外由于工程建设对于国家经济发展、公民工作生活有重大影响,国家对建设工程的投资和程序有严格的管理程序,建设工程合同的订立和履行也必须遵守国家关于基本建设程序的规定。

（3）合同标的的特殊性　建设工程合同的标的是各类建筑产品,建设产品是不动产,这就决定了每项工程的合同的标的物都是特殊的,相互间不同并且不可替代。另外,建筑产品的类别庞杂,其外观、结构、使用目的、使用人都各不相同,这就要求每一个建筑产品都需单独设计和施工,建筑产品单体性生产也决定了建设工程合同标的的特殊性。

（4）合同履行的长期性　建设工程由于结构复杂、体积大、建筑材料类型多、工作量大,使得合同履行期限都较长。而且,建设工程合同的订立和履行一般都需要较长的准备期,在合同的履行过程中,还可能因为不可抗力、工程变更、材料供应不及时等原因而导致合同期限顺延。所有这些情况,决定了建设工程合同的履行期限具有长期性。

5.1.2　建设工程合同的主要内容

1. 建设工程合同的主体

（1）发包人主体资格　发包人也称发包单位、建设单位、业主或项目法人。发包人的主体资格就是进行工程发包并签订建设工程合同的主体资格。

《招标投标法》第9条规定:"招标人应当有进行招标项目的相应资金或者资金来源已经落实,并应当在招标文件中如实载明。"这就要求发包人有支付工程价款的能力。《招标投标法》第12条规定:"招标人具有编制招标文件和组织评标能力的,可以自行进行办理招标事宜。"综上所述,发包人进行工程发包应当具备下列基本条件:

1）应当具有相应的民事权利能力和民事行为能力。

2）实行招标发包的,应当具有编制招标文件和组织评标的能力或者委托招标代理机构代理招标事宜。

3）进行招标项目的相应资金或者资金来源已经落实。

发包人的主体资格除应符合上述基本条件外,还应符合国家有关部委发布的

相关规定。

(2) 承包人的主体资格　建设工程合同的承包人分为勘察人、设计人、施工人。对于建设工程承包人，我国实行严格的市场准入制度。承包建设工程的单位应当持有依法取得的资质证书，并在其资质等级许可的业务范围内承揽工程。从事建设工程勘察、设计的单位应当依法取得相应等级的资质证书，并在其资质等级许可的范围内承揽工程，施工单位应当依法取得相应等级的资质证书，并在其资质等级许可的范围内承揽工程。

2. 建设工程合同的基本条款

建设工程合同应当具备合同的一般条款，如发包人、承包人的名称和住所、标的、数量、质量、价款、履行方式、地点、期限、违约责任、解决争议的方法等。由于建设工程合同标的的特殊性，法律还对建设工程合同中某些内容作出了特别规定，作为建设工程合同中不可缺少的条款。

(1) 勘察、设计合同的基本条款　《合同法》第 274 条规定，"勘察、设计合同的内容包括提交有关基础资料和文件（包括概预算）的期限、质量要求、费用以及其他协作条件等条款。"

1) 提交有关基础资料和文件（包括概预算）的期限。这是对勘察人、设计人提交勘察、设计成果时间上的要求。当事人之间应当根据勘察、设计的内容和工作难度确定提交工作成果的期限。勘察人、设计人必须在此期限内完成并向发包人提交工作成果。超过这一期限的，应当承担违约责任。

2) 勘察或者设计的质量要求。这是此类合同中最为重要的合同条款，也是勘察或者设计人所应承担的最重要的义务。勘察或者设计人应当对没有达到合同约定质量的勘察或者设计方案承担违约责任。

3) 勘察或者设计费用。这是勘察或者设计合同中的发包人所应承担的最重要的义务。勘察设计费用的具体标准和计算办法应当按《工程勘察收费标准》、《工程设计收费标准》中的规定执行。

4) 其他协作条件。除上述条款外，当事人之间还可以在合同中约定其他协作条件。至于这些协作条件的具体内容，应当根据具体情况来认定。如发包人提供资料的期限，现场必要的工作和生活条件，设计的阶段、进度和设计文件份数等。

(2) 建设施工合同的基本条款　《合同法》第 275 条规定，施工合同的内容包括工程范围、建设工期、中间交工工程的开工和竣工时间、工程质量、工程造价、技术资料交付时间、材料和设备供应责任、拨款和结算、竣工验收、质量保修范围和质量保证期、双方相互协作等条款。

1) 工程范围。当事人应在合同中附上工程项目一览表及其工程量，主要包括建筑栋数、结构、层数、资金来源、投资总额以及工程的批准义号等。

2）建设工期。建设工期即全部建设工程的开工和竣工日期。

3）中间交工工程的开工和竣工日期。中间交工工程是指需要在全部工程完成期限之前完工的工程。对中间交工工程的开工和竣工日期，也应当在合同中作出明确约定。

4）工程质量。这是最重要的条款。发包人、承包人必须遵守《建设工程质量管理条例》的有关规定，保证工程质量符合工程建设强制性标准。

5）工程造价。工程造价或工程价格，由成本（直接成本、间接成本）、利润和税金构成。工程价格包括合同价款、追加合同价款和其他款项。

6）技术资料交付时间。发包人应当在合同约定的时间内按时向承包人提供与本工程项目有关的全部技术资料，否则造成的工期延误或者费用增加应由发包人负责。

7）材料和设备供应责任。在工程建设过程中所需要的材料和设备由哪一方当事人负责提供，并应对材料和设备的验收程序加以约定。

8）拨款和结算。发包人向承包人拨付工程价款和结算的方式和时间。

9）竣工验收。竣工验收是工程建设的最后一道程序，是全面考核设计、施工质量的关键环节，合同双方还将在该阶段进行结算。竣工验收应当根据《建设工程质量管理条例》的有关规定执行。

10）质量保修范围和质量保证期。合同当事人应当根据实际情况确定合理的质量保修范围和质量保证期，但不得低于《建设工程质量管理条例》规定的最低质量保修期限。

除了上述十项基本合同条款以外，当事人还可以约定其他协作条款，如施工准备工作的分工、工程变更时的处理办法等。

3. 建设工程合同的形式

建设工程合同应当采用书面形式。采用示范文本或其他书面形式订立的建设工程合同，在组成上并不是单一的，凡能体现招标人与中标人协商一致协议内容的文字材料，包括各种文书、电报、图表等，均为建设工程合同文件。订立建设工程合同时，应当注意明确合同文件的组成及其解释顺序。

建设工程合同文件，一般包括以下几个组成部分：

1）合同协议书。
2）中标通知书。
3）投标书及其附件。
4）合同通用条款。
5）合同专用条款。
6）洽商、变更等明确双方权利和义务的纪要、协议。
7）工程量清单、工程报价单或工程预算书、设计施工图。

8）标准、规范和其他有关技术资料、技术要求。

建设工程合同的所有合同文件，应能互相解释，互为说明，保持一致。当事人对合同条款的理解有争议的，应按照合同所使用的词句、合同的有关条款、合同的目的、交易习惯以及诚实信用原则，确定该条款的真实意思。合同文本采用两种以上的文字订立并约定具有同等效力的，对各文本使用的词句推定具有相同含义。各文本使用的词句不一致的，应当根据合同的目的予以解释。

在工程实践中，当发现合同文件出现含糊不清或不相一致的情形时，通常按合同文件的优先顺序进行解释。合同文件的优先顺序，除双方另有约定的外，应按合同条件中的规定确定，即排在前面的合同文件比排在后面的更具有权威性。

5.2 建设工程合同的订立

合同的订立必须基于当事人的合意，即意思表示一致。合同订立的过程就是当事人双方使其意思表示趋于一致的过程。这一过程称为要约和承诺。通过招标投标方式签订的建设工程合同，需要经过要约邀请—要约—承诺三个步骤。

5.2.1 要约

1. 要约的概念及其必要条件

要约是指一方当事人向他人作出的以一定条件订立合同的意思表示。前者称为要约人，后者称为受要约人。要约要取得法律效力，应该具备如下条件：

1）要约是由特定人作出的意思表示。

2）要约必须具有订立合同的意图。要约人应表明，一经受要约人承诺，要约人即受该意思表示的约束，与之建立合同关系。

3）要约必须是向相对人发出的意思表示。否则，就没有承诺的对象，也不可能有承诺法律效果的产生。要约的相对人可以是特定的人，也可以是不特定的人。

4）要约的内容必须具体、确定。要约的目的在于取得相对人的承诺，建立合同关系。因此，要约除须表明要约人订立合同的愿望以外，还须表明拟订立合同的主要条款，如标的、数量和质量、价款或报酬、履行期限、地点和方式，违约责任，争议的处理方法以及要求对方答复的期限等，以供受要约人考虑是否承诺。

应该注意要约与要约邀请的区别。要约邀请，也称要约引诱，是指行为人邀请他人向其提出要约，是当事人订立合同的一种预备行为。要约引诱不是合同订立的必要程序，因而不具有法律意义，即对行为人不具法律约束力。虽然要约邀请的最终目的也是为了订立合同，但它本身不是要约而是邀请他人向自己提出要约，由此而发的要约，须经发出要约邀请的一方表示承诺，合同才能成立。在实际生活中，拍卖公告、招标、寄送商品目录及价目表、广告等，都是较为常见的要约邀请。

2. 要约的形式

要约作为一种意思表示，可以以书面形式作出，也可以以对话形式作出。书面形式，包括信函、电报、电传、传真等函件。以什么形式作出，应根据法律规定或具体合同而定。法律规定某种要约必须采用书面形式的，应依照法律规定，无法律规定的，当事人可视具体合同自由选择要约形式。

3. 要约的法律效力和要约的撤回、撤销

要约的生效时间因要约形式的不同而不同。对话形式的要约自受要约人了解时发生效力；书面形式的要约于到达受要约人时生效。

采用数据电文式订立合同，收件人指定特定系统接收电文的，该数据电文进入该特定系统的时间，视为到达时间；未指定特定系统的，该数据电文进入收件人的任何系统的首次时间，视为到达。从理论上说，要约的效力包括对要约人的拘束力和对受要约人的拘束力两个方面。但在事实上，要约通常对于要约人有拘束力而对受要约人没有拘束力。受要约人接到要约后，只是在法律上取得承诺的权利，并不因此承担必须承诺的义务。要约的拘束力，一般是指在要约的有效期间内，要约人不得随意改变要约的内容，更不得随意撤回要约。否则，由此给受要约人造成损害的，必须承担赔偿的责任。

在建设工程合同签订过程中，承包方向发包方递交投标文件的投标行为是一种要约行为，投标文件中应包含应具备的主要条款，如工程造价、工程质量、工期等内容。投标对承包方具有法律约束力，承包方在投标生效后无权修改或撤回投标，一旦中标就要与发包人签订合同，否则要承担相应的缔约过失责任。

但是，属于以下情况之一的，要约对要约人不再具有拘束力：

1）拒绝要约的通知到达要约人的。
2）要约人依法撤销要约的。
3）承诺期限届满，受要约人未作出承诺的。
4）受要约人对要约的内容作出实质性变更的。

要约生效前是可以撤回的。要约人撤回要约，应当向对方发出通知。撤回要约的通知先于或同时到达对方的，撤回生效。要约可以撤销。撤销要约的通知应当在受要约人发出承诺通知之前到达受要约人。

要约到达受要约人后，要约对要约人产生约束力，此时不发生撤回的问题，但要约人尚有可能撤销要约。

要约撤销和要约撤回的区别是：目的上，要约的撤销在于消灭要约的效力，要约的撤回在于阻止要约生效。在时间上，要约的撤销是在要约生效之后，承诺发出之前；要约的撤回是在要约生效之前，即要约到达受要约人之前。如果承诺生效，则合同成立，要约既不能撤回，也不能撤销，否则就等于允许当事人撕毁合同。

撤销要约是撤销一个已经生效的要约，为了保护受要约人的信赖利益，对要约的撤销应当有所限制。根据《合同法》规定，有以下情况要约不得撤销：

1）要约人确定了承诺期限。因为确定了承诺期限，也就规定了要约的有效期限，即意味着要约人在要约期限内等待受要约人的答复。同时要约规定了承诺期限，就等于要约人承诺在承诺期限内不撤销。

2）受要约人有理由认为要约是不可撤销的，并已经为履行合同作了准备工作。

5.2.2 承诺

1. 承诺的概念及其必备条件

承诺是指受要约人在合理期限内完全同意要约内容的意思表示。有效的承诺必须具备如下条件：

1）承诺必须由受要约人作出。受要约人，通常是指受要约人本人，但也包括其授权的代理人。代理人在授权范围内所作的承诺与受要约人的承诺具有同等效力。

2）承诺必须是在合理期限内向要约人发出的。合理期限内是指要约确定承诺期限的，在所确定的期限内即为合理期限；要约未确定承诺期限的，通常认为合理的时间内即为合理期限。

3）承诺必须与要约的内容相一致。若受要约人对要约的内容作出实质性变更，是一种新的要约。实质性变更是指有关合同标的、数量、质量、价款或者报酬、履行期限、履行地点和方式、违约责任和解决争议方法等的变更。

2. 承诺的生效时间

承诺应当以通知方式作出，承诺通知到达要约人时生效。承诺不需要通知的，根据交易习惯或者要约的要求作出承诺的行为时生效。承诺人作出承诺后，即受法律的约束，不得任意变更或解除。

2006年8月，某机械厂向某电炉厂发信，联系购买一台"无芯中频感应炉"，规格2t，执行国家定价，委托供方代办托运，10月发货。电炉厂接函后，因无此种规格的电炉，即复函：电炉有售，规格1t，若有异议，请于10月1日前提出，否则，将于10月发货。机械厂接函后一直未作答复，电炉厂即于10月初将货发出，货款15万元，运费3200元，但机械厂以合同未成立为由拒绝提货，不予付款，双方为此发生纠纷诉诸法院。本案例法院判决电炉厂与机械厂之间的购销合同不成立，因为机械厂发信行为是要约，电炉厂的回函对标的规格提出实质性变更，为新要约，机械厂只有承诺的权利，没有承诺的义务，没有承诺，合同不成立。

在招标投标过程中，发包人经过开标、评标过程，最后发出中标通知书，确定承包方的行为即为承诺。《招标投标法》规定："招标人和中标人应当自中标通知书发出之日起30日内，按照招标文件和中标人的投标文件订立书面合同。"

3. 承诺的撤回

承诺的撤回是阻止承诺发生效力的意思表示。承诺可以撤回。撤回承诺的通知应当在承诺通知到达要约人之前或者与承诺通知同时到达要约人。

4. 迟发的承诺和迟到的承诺

1）迟发的承诺。受要约人超过承诺期限发出承诺的，除要约人及时通知受要约人该承诺有效的以外，为新要约。承诺应当在承诺的期限内发出并到达，否则不能构成承诺，而只能构成新要约。

2）迟到的承诺。迟到的承诺又称为承诺迟延，是指承诺的表示在发出时虽然不构成迟延，但由于传递故障等原因，到达要约人时超过了承诺的期限。迟到的承诺与迟发的承诺不同。迟发的承诺，发出承诺的意思表示时就已经超过了期限；迟到的承诺在发出承诺时尚未超过规定的期限。《合同法》规定："受要约人在承诺期限内发出承诺，按照通常情形能够及时到达要约人，但因其他原因承诺到达要约人时超过承诺期限的，除要约人及时通知受要约人因承诺超过期限不接受该承诺的以外，该承诺有效。"

5.2.3 合同成立时间

1）通常情况下，承诺生效时合同成立。承诺生效是合同成立的实质要件，也是判断合同成立时间的标准。承诺是对要约的接受，承诺生效，两个意思表示取得一致，合同成立。

2）当事人采用合同书形式订立合同的，自双方当事人签字或者盖章时合同成立。

3）应当采用书面形式订立合同，当事人未采用书面形式但一方已经履行主要义务，对方接受的，该合同成立。

5.2.4 缔约过失责任

1. 缔约过失责任的概念

缔约过失责任是指当事人在订立合同过程中，因故意或者过失违反先合同义务致使另一方信赖利益的损失所承担的民事责任。这种民事责任主要表现为赔偿责任。在订立合同过程中当事人双方应遵循诚实信用原则。

第5章 建设工程合同法律制度

2. 缔约过失责任的构成要件

1）缔结合同的当事人违反先合同义务。先合同义务是基于诚实信用原则、合法原则产生的法定义务。如不欺、不诈，不违反法律的强行性规定，不侵犯对方的合法权益等。

2）当事人有过错。当事人于缔结合同之际有故意或者过失，缔约责任是过错责任。

3）有损失。承担缔约责任的方式主要是赔偿，因此，要求受害一方有损失。

3. 缔约过失责任的适用

当事人在订立合同过程中有下列情形之一，给对方造成损失的，应当承担损害赔偿责任。

1）假借订立合同，恶意进行磋商。

2）故意隐瞒与订立合同有关的重要事实或者提供虚假情况。

3）有其他违背诚实信用的行为。

5.2.5 订立建设工程合同时应注意的问题

在市场经济条件下，合同是企业联结市场、实现经济目的的纽带和桥梁。为了防止日后发生纠纷、最大限度避免漏洞，在签订建设工程合同时，应高度重视合同的订立。

1. 严格依法采用书面形式

由于建设工程施工合同一般具有合同标的大、合同内容复杂、履行期限较长等特点，为慎重起见，应当采用书面形式。《建筑法》和《合同法》也明确规定，建设工程施工合同应采用书面形式。在实践中，当事人可以选择《建设工程施工合同（示范文本）》订立合同。

2. 认真审查合同双方的主体资格

建设工程施工合同双方当事人的主体资格具有特殊性。作为合同的发包方，必须注意承包人是否具有承包该工程项目的相应资质。如果承包人不具有合法资格，必将导致所订合同无效。作为合同的承包人，必须注意两个问题：①要注意发包人是否具有开发项目的合法主体资格，即发包人作为合格的发包人，其对被开发地块应持有立项批文、土地使用证、建设用地规划许可证、建设工程规划许可证等。②要注意发包人开发建设项目所需资金是否已落实，看其是否具备足够的履约能力。

3. 严格审查合同条款

为确保合同的有效性，首先，必须对合同条款严格审查，建设工程施工条款必须齐备，表示必须准确。如工程范围、建设工期、中间交工工程开工和竣工时间、工程质量、工程造价、技术资料交付时间、材料和设备供应责任、拨款和结算、交工验收、质量保证期等,均需有明确规定。其次,对合同中的重要条款进行重点审查,如对合同中非常重要但也非常难控制的工程造价条款,由于在签约时难以确定造价,就会埋下隐患,为解决此问题,在签约时应明确确定造价的程序和方法。再次,对诸如工程竣工结算、工程款支付等重要条款,尽可能制订齐备、用语准确、严密,最终达到维护当事人的合法权益,避免和减少纠纷的目的。最后,对合同生效方式也应当注意,实践中应注意合同加盖的公章应与合同名称相一致,并有法定代表人或授权代表签名,法定代表人证书或授权代表委托书应作为合同附件。

5.3 建设工程合同的效力

5.3.1 合同生效的概念和内容

合同的效力又称合同的法律效力,是指依法成立的合同对当事人具有法律约束力。

1)依法成立的合同,自成立时生效。合同的生效,原则上与合同的成立一致,合同成立就产生效力。

2)法律、行政法规规定应当办理批准、登记等手续生效的,自批准、登记时生效。某些法律、行政法规规定合同的生效要经过特别程序后才产生法律效力,这是合同生效的特别要件。

3)当事人对合同的效力约定附生效条件或者附生效期限的,自条件成就或者期限届至时合同生效。

5.3.2 合同的生效要件

合同生效要件是判断合同是否具有法律效力的标准。一般合同的生效要件如下:

1)行为人具有相应的民事行为能力。行为人必须具备正确理解自己的行为性质和后果、独立地表达自己的意思的能力。

2)意思表示真实。指表意人的表示行为应当真实地反映其内心的效果意思。

3)不违反法律和社会公共利益。指合同不得违反法律的强行性规定。

4)合同必须具备法律所要求的形式。我国法律承认当事人可以依法选择合同的形式。但是,如果法律对合同的形式作出了特殊规定,当事人必须遵守法律规定。有一些合同依照法律规定,当事人在签订书面合同后还必须登记,方为有效。

5.3.3 无效合同

1. 无效合同的含义

无效合同是指合同虽然已经成立,但因其在内容和形式上违反了法律、行政法规的强制性规定和社会公共利益,因此,应确认为无效。无效合同不受国家法律保护。

2. 无效合同的范围

1)一方以欺诈、胁迫的手段订立合同,损害国家利益。
2)恶意串通、损害国家、集体或第三者利益的。
3)以合法形式掩盖非法目的。
4)损害社会公共利益。
5)违反法律、行政法规的强行性规定的。

3. 无效建设工程合同的认定

无效建设工程合同是指虽由发包方与承包方订立,因违反法律规定而没有法律约束力,国家不予承认和保护,甚至对违法当事人进行制裁的建设工程合同。建设工程合同属下列情况之一的合同无效:

1)没有经营资格而签订的合同。没有经营资格是指没有从事建筑经营活动的资格。根据企业登记管理的有关规定,企业法人或者其他经济组织应当在经依法核准的经营范围内从事经营活动。

2)超越资质等级所订立的合同。不同资质等级的勘察设计单位承揽业务的范围有严格的区别,建筑安装企业应当按照建筑业企业资质证书所核定的承包工程范围从事工程承包活动,无建筑业企业资质证书,避开或擅自超越建筑业企业资质证书所核定的承包工程范围从事承包活动的以及借用他人资质签订的建筑工程施工合同,由工程所在地县级以上人民政府建设行政主管部门给警告、停工的处罚,并可处以罚款。

3)违反国家、部门或地方基本建设计划的合同。工程项目的建设大多数必须经过国家、部门或者地方的批准。

4)未取得《建设工程规划许可证》或者违反《建设工程规划许可证》的规定进行建设,严重影响城市规划的合同。《建设工程规划许可证》是新建、扩建、改建建筑物、构筑物和其他工程设施等申请办理开工许可手续的法定条件,由城市规划行政主管部门根据规划设计要求核发。没有该证或者违反该证的规定进行建设,影响城市规划但经批准尚可采取改正措施的,可维持合同的效力,严重影响城市规划的,因合同的标的是违法建筑而导致合同无效。

5)未依法取得土地使用权而签订的合同。进行工程建设,必须合法取得土地使用权。任何单位和个人没有依法取得土地使用权(如未经批准或采取欺骗手段骗取批准）进行建设的，均属非法占用土地，合同的标的——建设工程为违法建筑物，导致合同无效。实践中，如果施工承包合同订立时，发包方尚未取得土地使用证的，应区别不同情况认定合同的效力：如果发包方已经取得《建设用地规划许可证》，并经土地管理部门审查批准用地，只是用地手续尚未办理完毕未能取得土地使用证的，不应因发包方用地手续在形式上存在欠缺而认定合同无效；如果未经审查批准用地的合同无效。

6) 未依法办理报建手续而签订的合同。为了有效掌握建设规模，规范工程建设实施阶段程序管理，统一工程项目报建的有关规定，达到加强建筑市场管理的目的，实行报建制度。根据该规定凡未报建的工程建设项目，不得办理招标投标手续和发放施工许可证，设计、施工单位不得承接该项工程的设计和施工任务。

7) 应当办理而未办理招标投标手续所订立的合同。根据《招标投标法》规定，对于应采用招标投标的方式确定施工单位而未通过招标投标确定施工单位即签订合同的，合同无效，如果工程尚未开工，不得开工；如果已经开工，则责令停止施工。

8) 根据无效定标结果所签订的合同。依法实行招标投标确定施工单位的工程，招标单位应当与中标单位签订合同。中标是承包单位与发包单位签订合同的依据，如果定标结果是无效的，则所订合同因无合法基础而无效。

9) 非法转包的合同。转包可分为全部工程整体转包与肢解工程转包两种基本形式。转包行为有损发包人的合法权益，扰乱建筑市场管理秩序，为《建筑法》等法律、法规和规章明文禁止。

10) 不符合分包条件而分包的合同。承包人欲将所承包的工程分包的，应当征得发包人的同意，并且分包工程的承包人必须具备相应的资质等级条件。分包单位所承包的工程不得再行分包工，凡违反规定分包的合同均属无效合同。

11) 未以书面形式订立的建设工程施工合同。建设工程合同为法定要式合同，如不采用书面形式，建设工程合同不能生效，若在履行过程中产生纠纷，则无法得到法律的有效保护。

12) 损害国家利益和社会公共利益的合同。

5.3.4 效力待定的合同

1. 效力待定的合同

效力待定的合同是指主体不合格而订立的合同。合同虽然已经成立，但因其不完全符合有关生效要件的规定，因此其效力能否发生，尚未确定，一般须经权利人表示承认才能生效。

2. 效力待定合同的类型

1) 限制民事行为能力人订立的合同。限制民事行为能力人订立的与其年龄、智力、精神状况不相适应的合同。限制民事行为能力人订立的合同，经法定代理人追认后，该合同有效，但纯获利的合同或者与其年龄、智力、精神健康状况相适应而订立的合同，不必经法定代理人追认。

对需要追认的合同，相对人（与限制民事行为能力人缔结合同的人）可以催告法定代理人在1个月内予以追认。法定代理人未作表示的，视为拒绝追认。合同被追认前，善意相对人有撤销的权利。撤销应当以通知的方式作出。

2）无权代理订立的合同。无权代理订立的合同是指无代理权的人代理他人与相对人订立的合同。行为人没有代理权、超越代理权或者代理权终止后以被代理人名义订立的合同未经被代理人追认，对被代理人不发生效力，由行为人承担责任。被代理人可以追认，也可以拒绝承认。相对人可以催告被代理人在1个月内予以追认。被代理人未作表示的，视为拒绝追认。合同被追认之前，善意相对人有撤销的权利。

3）无处分权人订立的合同。无处分权人以自己名义处分他人财产订立的合同，经权利人追认或者无处分权人订立合同后取得处分权的，该合同有效。

5.3.5 可变更、可撤销的合同

1. 可变更、可撤销合同概念

可变更、可撤销的合同是指当事人在订立合同时，因意思表示不真实，法律允许撤销权人通过行使撤销权而使已经生效的合同归于无效。

2. 撤销权的行使

撤销权通常由因意思表示不真实而受损害的一方当事人享有。撤销权的行使，不一定必须通过诉讼的方式。如果撤销权人主动向对方作出撤销的意思表示，而对方未表示异议，则可以直接发生撤销合同的后果；如果对撤销问题，双方发生争议，则必须提起诉讼或仲裁，要求人民法院或仲裁机关予以裁决。

撤销权人有权提出变更合同，请求变更的权利也是撤销权人享有的一项权利。撤销权人必须在规定的期限内行使撤销权。我国合同法规定，具有撤销权的当事人自知道或者应当知道撤销事由之日起一年内没有行使撤销权或具有撤销权的当事人知道撤销事由后明确表示或者以自己的行为放弃撤销权，则撤销权消灭。

3. 可变更、可撤销合同的类型

1）因重大误解而订立的合同。
2）在订立合同时显失公平的。
3）因欺诈、胁迫而订立的合同。一方以欺诈、胁迫的手段或者乘人之危，使对方在违背真实意思的情况下订立的合同。

5.3.6 合同被确认无效或被撤销的后果

无效的合同或者被撤销的合同自始没有法律约束力。一旦合同被确认无效或被撤销,合同关系不复存在,原合同对当事人不再具有任何拘束力,当事人也不得基于原合同而主张任何权利或享受任何利益。

合同被确认无效或被撤销的法律后果主要有:返还财产,不能返还或没有必要返还的,应当折价补偿;有过错的应当赔偿对方因此而受到的损失;当事人恶意串通,损害国家、集体或者第三人利益的,因此取得的财产收归国有(追缴财产)或者返还集体、第三人。

5.4 建设工程合同的履行

合同的履行是指合同债务人全面、正确地履行合同所约定或者法律规定的义务,使合同债权人的权利得到完全实现。当事人通过合同建立债权债务关系,而完成这种交易关系的正常途径就是履行。

5.4.1 合同的履行原则

1. 实际履行原则

实际履行是指当事人按照合同规定的标的履行。这一原则要求:

1)合同当事人须严格按照约定的标的履行,不能以其他标的代替。

2)合同当事人一方不履行合同时,他方可以要求继续实际履行。

建设工程合同签订后,合同当事人就必须按照合同规定的内容和范围实际履行,承包方应按期保质地交付勘察设计成果和建设工程,发包方应及时予以接受。

2. 协作履行原则

协作履行是指合同的当事人在合同的履行中应相互协作,诚实信用。

3. 适当履行原则

适当履行又称全面履行或正确履行原则,是指当事人应按照法律的规定或合同的约定全面、正确地履行债务,合同当事人必须按照合同规定的所有条款完成建设工程任务。

5.4.2 合同的履行规则

1. 合同内容约定不明确时的履行规则

合同的约定,应当有明确、具体的可行性标准,但是在实际订立建设工程合同的过程中,往往有不明确、不具体的合同条款,致使双方当事人在合同履行过程中产生歧义而发生合同争议纠纷和诉讼纠纷,在实践中,对这类约定不明确的合同条款,应按以下办法处理:

(1)协议补充 合同当事人对没能约定或者约定不明确的合同内容通过协

商的办法订立补充协议，该协议是对原合同内容的补充，因而成为原合同的组成部分。对于生效的建设工程合同，由于内容的缺失，给合同履行带来极大困难，为保证建设工程合同能够正确、及时地履行，首先应基于发包人和承包人的意愿，由发包人和承包人通过协商达成协议，通过协议对原来建设工程合同没有约定或约定不明确的内容予以补充或者明确约定。

（2）按照合同有关规定或者交易习惯确定 在合同当事人就没有约定或者约定不明确的合同内容不能达成补充协议的情况下，可以依据合同的其他方面的内容确定，或者按照人们在同样的交易中通常采用的交易习惯进行合同履行。

（3）合同内容不明确，又不能达成补充协议时的法律适用 具体如下：

1）质量要求不明确的，按照国家标准、行业标准履行；没有上述标准的，按照通常标准或者符合合同目的的特定标准履行。

2）价款或报酬不明确的，按照订立合同时履行地的市场价格履行，依法应当执行政府定价或指导价的，按照规定履行。

3）履行地点不明确的，给付货币的，在接受货币一方所在地履行；交付不动产的，在不动产所在地履行；其他标的，在履行义务一方所在地履行。

4）履行期限不明确的，债务人可以随时履行，债权人也可随时要求履行，但应当给对方必要的准备时间。

5）履行方式不明确的，按照有利于实现合同目的的方式履行。

6）履行费用的负担不明确的，由履行义务一方负担。

2. 合同中规定执行政府定价或政府指导价的履行规则

执行政府定价或者政府指导价的，在合同约定的交付期限内政府价格调整时，按照交付时的价格计价。逾期交付标的物的，遇价格上涨时，按照原价格执行；价格下降时，按照新价格执行。逾期提取标的物或者逾期付款的，遇价格上涨时，按照新价格执行；价格下降时，按照原价格执行。

5.4.3 合同履行中的债务履行变更

在通常情况下，合同必须由当事人亲自履行。但根据法律的规定及合同的约定，或在与合同性质不抵触的情况下，合同可以由第三人履行，也可以由第三人接受履行。

法律规定债权人和债务人可以变更债务履行，并不会影响当事人的合法权益。在一定意义上讲，债权人或债务人依法约定变更债务履行，有利于债权人实现其债权和债务人履行其债务。

依据法律规定，合同履行中，当事人约定由债务人向第三人履行债务或者由第三人向债权人履行债务，原债权人与债务人的债务法律关系并不因此而变更。

第三人替代债务人履行债务，只要不违反法律规定和合同约定，且未给债权人造成损失或增加费用,此种履行在法律上就是有效的。法律规定,第三人不履行债务或履行债务不符合约定,债务人应当向债权人承担违约责任。第三人不是合同当事人,因此第三人不履行债务或者履行债务不符合约定时,只能由债务人承担违约责任。第三人的违约是对债务人的违约,应由债务人向债权人承担违约责任。

5.4.4 合同履行中的抗辩权

抗辩权是指在双务合同中,当事人一方有依法对抗对方要求或否认对方权利主张的权利。合同法规定了同时履行抗辩权和异时履行抗辩权。双务合同的当事人互为债权人和债务人。

1. 同时履行抗辩权

当事人互负债务,没有先后履行顺序的,应当同时履行。一方在对方履行之前有权拒绝其履行要求。一方在对方履行债务不符合约定时,有权拒绝其相应的履行要求。

2. 不安抗辩权

不安抗辩权是指先履行义务一方在有证据证明后履行义务一方经营状况严重恶化,或者转移财产、抽逃资金以逃避债务,或者谎称有履行能力的欺诈行为,以及其他丧失或者可能丧失履行债务能力的情况时,可中止自己的履行。所谓中止履行就是暂停履行或者延期履行,履行义务仍然存在。在后履行义务一方提供适当担保时,应当恢复履行。后履行义务一方接收到中止履行的通知后,在合理的期限内未恢复履行能力或者未提供适当担保的,先履行义务一方可以解除合同。

后履行义务一方履行能力明显降低,有不能为对待给付的现实危险,包括以下三种情况:其经营状况严重恶化;转移财产、抽逃资金,以逃避债务;丧失或者可能丧失履行能力的其他情况。

3. 先履行抗辩权

先履行抗辩权是指当事人互负债务,有先后履行顺序的,先履行一方未履行之前,后履行一方有权拒绝其履行请求,先履行一方履行债务不符合合同约定的,后履行一方有权拒绝其相应的履行请求。

5.4.5 债权保全

法律为了防止债务人的财产不当减少故设立债的保全制度。

1. 代位权

代位权是指债务人怠于行使其对第三人(次债务人)享有的到期债权,使债权人的债权有不能实现的危险时,债权人为了保障自己的债权而以自己的名义

行使债务人对次债务人的权利。

关于债权,债权人只能向债务人请求履行,原则上是不涉及第三人的。但是,当债务人与第三人的行为危害到债权人的利益时,法律规定允许债权人对债务人与第三人的行为行使一定权利,以排除对其债权的危害。

代位权的行使范围以债权人的债权为限。债权人行使代位权的必要费用由债务人负担。债权人行使代位权是以自己为原告,以次债务人为被告,要求次债务人将其对债务人履行的债权向自己履行。

2. 撤销权

撤销权是指债权人对于债务人减少财产以至危害债权的行为,请求法院撤销的权利。

在合同履行过程中,当债权人发现债务人的行为将会危害自身的债权实现时,可以行使法定的撤销权,以保障合同中约定的合法权益。债权人行使撤销权应当具备以下要件:一是客观要件。在客观方面,必须是债务人实施了一定的危害债权人的行为,由此,债权人才能行使撤销权。二是主观要件。在主观方面,债权人行使撤销权一般要求债务人在实施危害债权的行为时其主观上具有恶意。

因债务人放弃其到期债权或者无偿转让财产,对债权人造成损害的,债权人可以请求人民法院撤销债务人的行为。债务人以明显不合理的低价转让财产,对债权人造成损害,并且受让人知道该情形的,债权人也可以请求人民法院撤销债务人的行为。撤销权的行使范围以债权人的债权为限。债权人行使撤销权的必要费用由债务人负担。

代位权是针对债务人的消极行为,撤销权是针对债务人的积极行为。两者都是为了排除对债权的危害,实现债务人的财产权利或者恢复债务人的财产,使之能够以财产保障对债权人的清偿。

5.4.6 合同履行的担保

合同的担保是指基于法律规定或当事人的约定,为督促债务人履行债务,确保债权得以实现所采取的特别保障措施。

合同的担保作为债的特别担保,其方式一般有5种,即保证、抵押、质押、留置和定金。担保通常由当事人双方订立担保合同。担保合同是被担保合同的从合同,被担保合同是主合同,主合同无效,从合同也无效。但担保合同另有约定的按照约定。担保活动应当遵循平等、自愿、公平、诚实信用的原则。

1. 保证

(1) 保证的概念和方式 保证是指保证人和债权人约定,当债务人不履行债务时,保证人按照约定履行债务或者承担责任的行为。保证法律关系至少有三方参加，即保证人、被保证人（债务人）和债权人。

保证的方式有两种，即一般保证和连带责任保证。在具体合同中，担保方式由当事人约定，如果当事人没有约定或者约定不明确的，则按照连带责任保证承担保证责任。这是对债权人权利的有效保护。

一般保证是指当事人在保证合同中约定，债务人不能履行债务时，由保证人承担责任的保证。一般保证的保证人在主合同纠纷未经审判或者仲裁，并就债务人财产依法强制执行仍不能履行债务前，对债权人可以拒绝承担担保责任。

连带责任保证是指当事人在保证合同中约定保证人与债务人对债务承担连带责任的保证。连带责任保证的债务人在主合同规定的债务履行期届满没有履行债务的，债权人可以要求债务人履行债务，也可以要求保证人在其保证范围内承担保证责任。

（2）保证人的资格　具有代为清偿债务能力的法人、其他组织或者公民，可以作为保证人。以下组织不能作为保证人：

1）企业法人的分支机构、职能部门。企业法人的分支机构有法人书面授权的，可以在授权范围内提供保证。

2）国家机关。经国务院批准为使用外国政府或者国际经济组织贷款进行转贷的除外。

3）学校、幼儿园、医院等以公益为目的的事业单位、社会团体。

（3）保证合同的内容　保证合同应包括以下内容：

1）被保证的主债权种类、数额。

2）债务人履行债务的期限。

3）保证的方式。

4）保证担保的范围。

5）保证的期间。

6）双方认为需要约定的其他事项。

（4）保证责任　保证担保的范围包括主债权及利息、违约金、损害赔偿金及实现债权的费用。保证合同另有约定的，按照约定。当事人对保证担保的范围没有约定或者约定不明确的，保证人应当对全部债务承担责任。一般保证的保证人未约定保证期间的，保证期间为主债务履行期届满之日起 6 个月。

（5）保证在建设工程中的应用　工程担保作为控制工程合同履行风险的一种重要手段，利用建设市场主体及保证人之间的责任关系，通过增加合同履行的责任主体和加大违约成本的约束和惩罚机制，能够有效地预防、控制建设合同履约风险，它有利于公正地维护各方根本利益，建设工程中的保证人往往是银行，也可能是信用较高的其他担保人。这种保证应当是采用书面形式的。在建设工程中习惯把银行出具的保证称为保函，而把其他保证人出具的书面保证称为保证书。

建设工程项目,一般有以下三种担保制度:

1)投标保证担保。投标保证金是为了防止投标人不审慎考虑和进行投标活动而设定的一种担保形式,是投标人向招标人缴纳的一定数额的金钱。为了约束投标人的投标行为,保护招标人的利益,维护招标投标活动的正常秩序,特设立投标保证金制度,这也是国际上的一种习惯做法,投标保证金的收取和缴纳办法,应在招标文件中说明,并按招标文件的要求进行。

采用投标保证担保金的,在确定中标人后,招标人应当及时向没有中标的投标人退回其投标保证担保金,除不可抗拒因素外,中标人拒绝与招标人签订工程合同的,招标人可以将其投标保证担保金予以没收;除不可抗拒因素外,招标人不与中标人签订工程合同的,招标人应当按照投标保证担保金的两倍返还中标人。

投标保证金的额度,根据工程投资大小由业主在招标文件中确定。在国际上,投标保证金的数额较高,一般占合同价的5%~20%,我国的投标保证金数额则普遍较低。

2)履约保证担保。履约保证担保就是保证合同的完成,即保证承包商承担合同义务并完成某项工程。对于履约担保,如果是非业主的原因,承包商没有履行合同义务,担保人应承担其担保责任,一是向该承包商提供资金、设备、技术援助,使其能继续履行合同义务;二是直接接管该工程或另觅经业主同意的其他承包商,负责完成合同的剩余部分,业主只按原合同支付工程款;三是按合同的约定,对业主蒙受的损失进行补偿。实施履约保证金的,应当按照《招标投标法》的规定执行,《招标投标法》规定:"招标文件要求中标人提供履约保证金的,中标人应当提交。"该法第60条还规定:"中标人不履行与招标人订立的合同的,履约保证金不予退还,给招标人造成的损失超过履约保证金数额的,还应对超过部分予以赔偿。"

3)承包商付款保证担保。承包商付款保证担保就是承包商与业主签订承包合同的同时,向业主保证与工程项目有关的工人工资、分包商及供应商的费用,将按照合同约定由承包商按时支付,不会给业主带来纠纷,如果因为承包商违约给分包商和材料供应商造成的损失,在没有承包商付款保证担保的情况下,经常由业主协调解决,甚至使业主卷入可能的法律纠纷,在管理上造成很大负担,而在保证担保的形势下,可以使业主避免可能引起的法律纠纷和管理上的负担,同时也保证了工人、分包商和供应商的利益。

2. 抵押

(1)抵押的概念 抵押是指债务人或者第三人向债权人以不转移占有的方式提供一定的财产作为抵押物,用以担保债务履行的担保方式。债务人不履行债务时，债权人有权依照法律规定以抵押物折价或者从变卖抵押物的价款中优先受偿。其中，债务人或者第三人称为抵押人，债权人称为抵押权人，提供担保的财产为抵押物。

（2）抵押物　债务人或者第三人提供担保的财产为抵押物。由于抵押物是不转移占有的，因此能够成为抵押物的财产必须具备一定的条件。这类财产轻易不会灭失，且其所有权的转移应当经过一定的程序。下列财产可以作为抵押物：

1）抵押人所有的房屋和其他地上定着物。

2）抵押人所有的机器、交通运输工具和其他财产。

3）抵押人依法有权处分的国有土地使用权、房屋和其他地上定着物。

4）抵押人依法有权处置的国有机器、交通运输工具和其他财产。

5）抵押人依法承包并经发包人同意抵押的荒山、荒沟、荒丘、荒滩等荒地的土地使用权。

6）依法可以抵押的其他财产。

（3）抵押的效力　抵押担保的范围包括主债权及利息、违约金、损害赔偿金和实现抵押权的费用。当事人也可以约定抵押担保的范围。

抵押期间，抵押人转让已办理登记的抵押物，应当通知抵押权人并告知受让人转让物已经抵押的情况，否则，该转让行为无效。抵押人转让抵押物的价款，应当向抵押权人提前清偿所担保的债权或者向与抵押权人约定的第三人提存。超过债权的部分归抵押人所有，不足部分由债务人清偿。

（4）抵押权的实现　债务履行期届满抵押权人未受清偿的，可以与抵押人协议以抵押物折价或者以拍卖、变卖该抵押物所得的价款受偿；协议不成的，抵押权人可以向人民法院提起诉讼。抵押物折价或者拍卖、变卖后，其价款超过债权数额的部分归抵押人所有，不足部分由债务人清偿。

3. 质押

（1）质押的概念　质押是指债务人或者第三人将其动产或权利移交债权人占有，用以担保债权履行的担保。质押后，当债务人不能履行债务时，债权人依法有权就该动产或权利优先得到清偿。债务人或者第三人为出质人，债权人为质权人，移交的动产或权利为质物。

（2）质押的分类　质押可分为动产质押和权利质押。

动产质押是指债务人或者第三人将其动产移交债权人占有，将该动产作为债权的担保。权利质押一般是将权利凭证交付质押人的担保。可以质押的权利包括：

1）汇票、支票、本票、债券、存款单、仓单、提单。

2）依法可以转让的股份、股票。

3）依法可以转让的商标专用权、专利权、著作权中的财产权。
4）依法可以质押的其他权利。

4. 留置

留置是指债权人按照合同约定占有对方（债务人）的财产，当债务人不能按照合同约定期限履行债务时，债权人有权依照法律规定留置该财产并享有处置该财产得到优先受偿的权利。留置权以债权人合法占有对方财产为前提，并且债务人的债务已经到了履行期。

《合同法》第286条规定："发包人未按照约定支付价款的，承包人可以催告发包人在合理期限内支付价款。发包人逾期不支付的，除依照建设工程的性质不宜折价、拍卖的以外，承包人可以与发包人协议将该工程折价，也可以申请人民法院将该工程依法拍卖。建设工程的价款就该工程折价或者拍卖的价款优先受偿。"因此，在建设工程合同中，承包人于规定的期限届满发包人不支付价款且经催告于规定的期限内仍不支付时，承包人得就拍卖建设工程所得的价款优先受偿的权利。这就意味着，如果建设单位不及时支付工程款，则施工单位可以将建成的建设工程项目折价、拍卖并将所得受偿。

5. 定金

定金是指合同当事人在合同订立时或合同履行前，为了保证合同的履行而给付另一方一定款项的一种担保方式。定金的数额由当事人约定，但不得超过主合同标的额的20%。工程项目建设过程中涉及的勘察合同、设计合同担保，采用主合同内条款约定的形式。当事人在合同中约定交付定金的期限，定金合同从实际交付定金之日生效。债务人履行债务后，定金应当抵作价款或者收回。给付定金的一方不履行约定的债务的，无权要求返还定金；收受定金的一方不履行约定的债务的，应当双倍返还定金。

定金与预付款都是在合同履行前一方当事人给付对方当事人的一定款项，都具有预先给付的性质，在合同履行后都可以抵作价款。但两者有明显的不同，预付款不是合同的担保形式，不具有定金的法律意义。

5.4.7 建设工程合同履行过程中应注意的问题

建设工程施工合同在履行过程中经常会发生一些新的情况，因而在合同履行中要对合同事先没有约定的事项需重新协商，对合同已约定事项要进行部分变更，因此，对履行过程中出现的这些问题必须引起高度重视。

1）对于合同中未曾约定的新情况的出现或对事先约定的事项进行部分变更的，均要及时形成书面文字。由双方以补充协议、签证或会议记录形式，使之成为合同附件。但无论何种形式，都须以书面形式，并由双方签字盖章。这些书面资料实质是在合同履行过程中合同双方意思表示一致的结果，是整个建设工程施工合同的组成部分。

2) 重视资料记录和保管。合同双方在履行过程中除了双方能达成书面协议或取得签证事项外，往往还有未获签证或未及时签证事项，对于这些事项，双方应特别重视资料收集和保管，包括双方会议纪要、信函往来及所有的原始设计资料、原始的交接签收记录等，必须分门别类，加以收集和保管。为日后结算提供根据，也为一旦双方确认涉诉准备证据，这些资料不是严格意义上的合同组成部分，但只要经过对方确认在某种意义上即转化为合同的一部分。因此，对此必须引起高度重视。

5.5 建设工程合同的变更、终止

5.5.1 建设工程合同的变更

1. 合同变更的含义

合同的变更有广义、狭义之分。广义的合同变更是指合同主体和内容的变更，合同主体的变更称为合同的转让，而合同内容并无变化；狭义的合同变更是指合同内容变更，即合同当事人权利和义务的变化，如标的数量的增减、价款的变化，履行时间、地点、方式的变化。

建设工程合同的承包人是经过选择，基于信任才确定的，所以，合同履行时应坚持亲自履行原则，《合同法》、《建筑法》、《招标投标法》中都明确规定，承包人不得将其承包的全部建设工程项目转包给第三方。所以，建设工程合同的变更只是狭义的合同变更，即在合同主体不变的前提下合同内容的修改与补充。

由于建设工程合同履行的期限长，涉及范围广，影响因素多。因此，一份建设工程合同签订得再好，签约时考虑再全面，履行时也免不了因工程实施条件及环境的变化而对合同约定的事项进行修正，对建设工程合同的内容进行变更。建设工程合同（主要是施工合同）进行变更是正常的，一份合同履行到底，不作任何变更是十分罕见的。例如，在某建筑工程承包合同中，建设单位与承包商在原合同中约定承建的工程项目是一个7层楼，后因规划要求，该楼调整为6层，这是合同标的改变，属于合同变更。

建设工程合同的变更是通过工程签证来加以确认的，工程签证，实际上就是工程承发包双方在施工过程中对支付各种费用、顺延工期、赔偿损失等事项所达成的补充协议。经双方书面确认的工程签证，将成为工程结算或工程索赔的依据。工程签证是双方协商一致的结果，是对原合同进行变更的法律行为，具有与原合同同等的法律效力，并构成整个工程合同的组成部分。

2. 合同变更的程序

当事人协商一致，可以变更合同。法律、行政法规规定变更合同应当办理批准、登记等手续的，依照其规定。

合同变更时，当事人应当通过协商，对原合同的部分内容条款作出修改、补充或增加新的条款。当事人对合同内容变更取得一致意见时方为有效。当事人在变更合同时，以书面形式为宜。在建设工程合同中，一些合同的变更，如涉及变更、工程师的变更指令，一般都是书面的。

3. 合同变更的效力

合同变更生效后，变更后的合同内容即取代原合同中的相关内容，当事人应按照合同变更后的内容履行合同，而不能再按原来的合同内容履行。

合同的变更不影响当事人请求损害赔偿的权利。合同变更以前，一方因归责于自己的原因给对方造成损害的，另一方有权要求责任方承担赔偿责任，并不因合同发生了变更而受影响。

5.5.2 合同终止

1. 合同终止的含义

合同的终止即合同权利和义务的终止，是指由于一定法律事实的发生，使合同设定的权利和义务归于消灭。

合同终止的原因很多，包括以下情形：债务已经按照约定履行；合同解除；债务相互抵消；债务人依法将标的物提存；债权人免除债务；债权、债务同属于同一个人；法律规定或者当事人约定终止的其他情形。

2. 合同的解除

（1）合同解除的概念　合同解除是指在合同依法成立后而尚未全部履行前，当事人基于协商或法律规定或者当事人约定而使合同关系归于消灭的一种法律行为。合同的解除必须具有法定或约定解除事由。合同一经生效成立，即具有法律约束力，双方当事人必须遵守，不得擅自变更或解除，这是合同法的重要原则。只是在主客观情况发生变化，使合同履行成为不必要或不可能的情况下，才允许解除合同。这不仅是合同解除制度的存在依据，也表明合同解除必须具备一定的条件，否则便构成违约。

（2）合同解除必须通过解除行为实现　具备合同解除的条件，合同并不必然解除。要解除合同，一般还需要解除行为。解除行为有约定解除合同和法定解除合同两种类型。

约定解除合同是双方当事人协商一致解除原合同关系。约定解除有两种方式：一是合同成立后，当事人协商一致解除合同；二是当事人约定了一方解除合同的条件，当条件成就时，享有解除权的一方可以解除合同。

《合同法》规定，一方行使解除权解除合同的，应当通知对方。合同自通知到达对方时解除。对方有异议的，可以请求人民法院或仲裁机构确认解除合同的效力；法律、行政法规规定解除合同应当办理批准、登记等手续的，应遵循其规定。

　　(3) 法定解除合同的情况　《合同法》规定，有下列情形之一的，当事人可以解除合同：

　　1）因不可抗力致使不能实现合同目的。不可抗力是指人力所无法抗拒的现象，它包括自然灾害和某些社会现象，不可抗力是不受人的意志所支配的现象。

　　但当事人能够预见而没有预见到，或者未尽最大努力克服或避免的事件，则不能构成不可抗力。例如，在某建设工程施工合同中，承包商承包的土建工程拖期，承包商拖期的理由是因6月遇到了连续十几天的大雨，无法施工，并认为该情况属于不可抗力。承包商以此为由，拒绝承担工程拖期的违约责任。其实，在南方梅雨季节，连续十几天的大雨并不奇怪，这是承包商应当预见到的客观情况。承包商在计算工期和编制施工组织设计时，应当考虑到这种情况并在工程进度计划和施工组织方案中作出合理安排，以避免这种情况对土建工程施工造成不利影响。因此，该情况不构成不可抗力。

　　2）履行期限届满之前，当事人一方明确表示或者以自己的行为表明不履行主要债务。这种情形属于先期违约又称为预期违约。先期违约是指在合同履行期限到来之前，一方当事人在无正当理由的情况下明确地向另一方当事人表示或者以其行为表明不履行合同的主要义务。先期违约与实际违约有所不同。先期违约表现为未来将不履行合同义务，而实际违约则是现实地违反合同义务。一般情况下，只有在合同规定的履行期限届满之后，才会存在违约问题。但是，如果在合同规定的履行期限届满之前，债务人明确表示拒绝履行主要债务或者债权人有确凿证据表明债务人将不履行主要债务，债权人的合同期待利益（期待债权）就此丧失，该合同也相应失去了存在的意义。为此，《合同法》确立了先期违约制度，以督促当事人履行合同义务，使当事人可以从无益的合同拘束中早日解脱出来，以减少不必要的损失。

　　例如，某建材供应商与某承包商订立买卖合同，优惠供应一批螺纹钢。但在交付之前，供应商找到了新的买主，且出价更高，该供应商便将承包商订购的这批螺纹钢卖给了新的买主，而其仓库并无同样规格的螺纹钢库存。在这种情形下，该建材供应商实际上已经以其行为（将螺纹钢卖给新的买主）向承包商表明其在该买卖合同规定的履行期限届满时将不履行其在该买卖合同的主要债务，承包商基于该买卖合同的期待债权已经无法实现。因此，承包商已无再继续维持该买卖合同关系的必要，因而其可以解除合同。

　　3）当事人一方迟延履行主要债务，经催告后在合理期限内仍未履行。《建筑工程施工合同（示范文本）》规定发包人不按合同约定支付工程款，双方又未达成延期付款协议，导致施工无法进行，承包人可停止施工，由发包人承担违约

责任。停止施工超过56天，发包人仍不支付工程款，承包人有权解除合同。

4）当事人一方迟延履行债务或者有其他违法行为致使不能实现合同目的。通常情况下，合同当事人一方迟延履行债务并不必然导致合同目的不能实现，应根据时间对实现合同目的的重要性来判断合同当事人一方迟延履行债务是否会导致合同目的不能实现，有些合同的履行期限（时间）对于实现合同目的至关重要，一旦当事人一方迟延履行债务，其结果将导致无法实现合同目的，严重损害合同当事人另一方的合同利益，此种情况下，合同当事人另一方便享有合同解除权，这种解除权无须催告。

例如，某单位为工程开工举行剪彩典礼，与某娱乐公司订立租赁合同租用其巨幅彩虹及气球，约定在工程开工剪彩典礼日送到，但该娱乐公司因日程安排有冲突，无法将彩虹及气球在工程开工剪彩典礼日送到，据此，该单位无须催告，就有权解除合同。

5）法律规定的其他情形。

3. 合同解除后的法律后果

《合同法》规定：合同解除后，尚未履行的，终止履行；已经履行的，根据履行情况和合同性质，当事人可以要求恢复原状，采取其他补救措施，并有权要求赔偿损失。合同的权利和义务终止，不影响合同中结算和清理条款的效力。

5.6 违约责任

5.6.1 违约责任和违约行为

1. 违约责任

违约责任是合同当事人不履行合同义务或者履行合同义务不符合约定的，依法产生的法律责任。

2. 违约行为

违约行为是合同当事人承担违约责任的必备条件。没有违约行为不承担违约责任。违约行为是以当事人之间已存在的有效的合同关系为基础的，合同关系不存在，不发生违约行为，违约行为有以下几种。

（1）拒绝履行　拒绝履行是指合同一方当事人向对方表示不履行合同的行为。拒绝履行可以是明示的，也可以是默示的，即以其行为表明不履行合同义务。

（2）迟延履行　迟延履行是指当事人未按合同约定的履行期限履行，即在履行期限届满时却未履行的现象。迟延履行应无正当理由。迟延履行是最为常见的一种违反合同的表现方式。

(3) 不能履行　不能履行是指当事人在客观上没有履行能力。如果不能履行是当事人主观所为，则为拒绝履行。

(4) 不适当履行　不适当履行又称不完全履行，是指当事人的履行行为不符合合同约定。其主要表现为：

1) 标的物的质量不符合合同约定。如标的物的规格、品种、型号等不符合合同的约定。

2) 在数量上不适当，包括数量的短缺和增加。

3) 在履行方式和地点上不正确。

4) 违反有关附随义务的约定。如《技术合同》中技术图的保密义务等。

5.6.2　违约责任的归责原则

1. 严格责任原则

严格责任又称无过错责任，是指违约发生以后，确定违约当事人的责任，应主要考虑违约的后果是否因违约的行为造成，并不考虑违约方的故意和过失。违约方不履行合同义务，不管其主观上是否有过错均应承担违约责任。目前，我国关于《合同法》中违约责任的归责原则采用的一般是严格责任原则。

2. 过错责任原则

过错责任原则是指一方当事人不履行或不适当履行合同义务时，应以该当事人主观过错作为确定违约责任构成的依据，没有过错不应当承担违约责任。

5.6.3　违约责任的承担方式

1. 继续履行

继续履行也称强制实际履行，是指对方当事人要求违约方继续履行合同规定的义务。继续履行旨在保护债权人实现其预期目标，它要求违约方按合同标的履行，而不得以违约金、赔偿损失代替履行。继续履行的适用条件：

1) 债权人在合理期限内请求继续履行。

2) 继续履行须有可能。

3) 继续履行须有必要。

4) 债务的标的须适于强制履行。

2. 赔偿损失

赔偿损失，也称违约损害赔偿，是指违约方因不履行合同或者不完全履行合同而给对方造成的损失，应当依法承担赔偿责任。违约损害赔偿是违约救济中最广泛、最主要的救济方式。其基本目的是用金钱赔偿的方式弥补一方因违约给对方所造成的损害。

(1) 赔偿损失的适用条件　具体如下：

1）受害人一方受到损害。
2）受害人的损害与违约行为之间有因果关系。
（2）赔偿损失的原则　具体如下：
1）完全赔偿原则。完全赔偿原则是指因违约方的违约使受害人遭受的全部损失都应当由违约方负赔偿责任。当事人一方不履行合同义务或履行义务不符合约定，给对方造成损失的，损失赔偿额应相当于因违约所造成的损失，包括合同履行后可获得的利益。
2）合理预见原则。根据我国《合同法》规定，损害赔偿不得超过违反合同一方订立合同时预见到或应当预见到的，因违反合同可能造成的损失。
3）减轻损失原则。即在一方违约并造成损失后，另一方应及时采取合理措施以防止损失的扩大，否则，应对扩大部分的损失负责。

3. 支付违约金

违约金是指当事人一方违反合同时应当向对方支付的一定数量的金钱或财物。

违约金是对损害赔偿的预先约定，既可能高于实际损失，也可能低于实际损失。畸高和畸低均会导致不公平结果。为此，各国法律规定，法律对违约金具有变更权，我国《合同法》规定："约定的违约金低于造成的损失的，当事人可以请求人民法院或者仲裁机构予以增加；约定的违约金过分高于造成的损失的，当事人可以请求人民法院或者仲裁机构予以适当减少。"

当事人既约定违约金，又约定定金的，一方违约时，对方可以选择适用违约金或者定金条款。这两种违约责任不能合并使用。

4. 采取补救措施

采取补救措施是指矫正合同不适当履行（质量不合格），使履行缺陷得以消除的具体措施。采取补救措施的具体方式为：修理、更换、重作、退货、减少价款或者报酬等。

5.6.4　违约责任免责事由

1）不可抗力。因不可抗力不能履行合同的，根据不可抗力的影响，部分或者全部免除责任，但法律另有规定的除外。当事人迟延履行后发生不可抗力的，不能免除责任。
2）货物本身的自然性质、货物的合理损耗。
3）受害人的过错。指受害人对于违约行为或者违约损害后果的发生或扩大存在过错。受害人的过错可以成为违约方全部或者部分免除责任的依据。
4）免责条款。当事人以协议排除或限制其未来可能发生违约责任的合同条款。当事人可以在订立合同时约定免责条款，只要有免责条款的情形，即使当事人有违约行为，也不承担违约责任。但是，合同中的免除造成对方人身伤害、因故意或者重大过失造成对方财产损失的违约责任的免除条款无效，当事人对此类损害仍应当承担违约责任。

5.7 建设工程合同纠纷案件司法解释相关规定及应用

最高人民法院于2004年10月25日公布了《关于审理建设工程施工合同纠纷案件适用法律问题的解释》，（以下简称《解释》），该《解释》于2005年1月1日开始实行，该《解释》对施工合同纠纷作了具体规定。

5.7.1 建设工程施工合同的效力问题

1. 无效合同的主要类型

建设工程施工合同的效力问题一直是建设工程施工合同纠纷处理中的焦点之一，因为合同的效力直接关系合同当事人的切身利益，我国又有许多不同领域的法律、法规和规章对建设工程施工合同的效力规定，彼此之间缺乏统一性、协调性，从而造成了法院在处理相关案件极大的困扰。《解释》对建设工程施工合同的效力作了明确的规定，规定以下几种合同无效：

1) 承包人未取得建筑施工企业资质或超越资质等级的。
2) 没有资质的实际施工人借用有资质的建筑施工企业名义的。
3) 建设工程必须进行招标而未招标或中标无效的。

2. 不按无效合同处理的几种情形

（1）垫资条款不再作无效处理　对建设工程施工合同中的垫资、带资条款不认定为无效，即不影响合同效力。在处理垫资及利息返还上，分三种情况处理：

1) 当事人对垫资和垫资利息有约定的按约定处理，但约定的利息计算标准，不得超过中国人民银行发布的同期同类贷款利率，超过部分无效，法律不予支持。
2) 当事人对垫资没有约定的，按照工程欠款处理。
3) 当事人对垫资利息没有约定的，视为不支付利息，当事人就此起诉到人民法院的，人民法院不予支持。

（2）劳务分包问题　劳务分包是指施工总承包企业或者专业承包企业即劳务作业发包人将其承包工程的劳务作业发包给劳务承包企业完成的活动。根据《合同法》及《建筑法》的有关规定，转包或者违法分包建设工程的应当认定为合同无效；将建设工程肢解后进行分包的也应认定为合同无效；分包单位将其承包的工程再行分包的也应当认定为合同无效。在实践中常常会出现总承包人或者

分包人将承包工程的劳务作业部分分包给具有相应资质的企业或者其他单位。《解释》第7条规定,"具有劳务作业法定资质的承包人与总承包人、分包人签订的劳务分包合同,当事人以转包建设工程违反法律规定为由请求确认无效的,不予支持"。也就是说总承包人、分包人与具有劳务作业法定资质的实际施工人签订的劳务分包合同不属于非法转包。进行劳务分包,其分包人必须具有劳务作业法定资质,否则将导致劳务分包合同无效。

(3) 竣工前取得相应资质的无效合同 由于企业的资质不是一成不变的,可能会出现承包商在超越资质承揽工程后取得了相应的资质。对于这种情况,需要区分其资质取得的时间来分别予以处理。如果该资质是在工程竣工后取得,则该承包合同按照上面的无效合同处理。如果该资质是在竣工前取得,《解释》第5条规定:"承包人超越资质等级许可的业务范围签订建设工程施工合同,在建设工程竣工前取得相应资质等级,当事人请求按照无效合同处理的,不予支持。"

3. 对无效合同的工程价款的处理

《解释》第2条规定:建设工程施工合同无效,但建设工程经竣工验收合格,承包人请求参照合同约定支付工程价款的,应予支持。

《解释》第3条规定:建设工程施工合同无效,且建设工程经竣工验收不合格的,按照以下情形分别处理:

1) 修复后的建设工程经竣工验收合格,发包人请求承包人承担修复费用的,应予支持。

2) 修复后的建设工程经竣工验收不合格,承包人请求支付工程价款的,不予支持。

因建设工程不合格造成的损失,发包人有过错的,也应承担相应的民事责任。

建设工程施工合同被认定为无效后,工程款是否给付,如何给付,主要取决于建设工程质量是否合格:

1) 合格工程。建设工程施工合同被确认无效后,如果建设工程质量合格的,可以参照合同约定结算工程款。建设工程质量合格包括两种情况:一是建设工程经竣工验收合格;二是建设工程经竣工验收不合格,但经过承包人修复后,再验收合格。只要建设工程经竣工验收合格,即使确认合同无效,也可以按照合同约定结算工程款。

2) 不合格工程。对质量不合格又不能修复的工程可以不支付工程价款。这主要是因为:第一,如果承包人交付的建设工程质量不合格,发包人订立合同的目的就无法实现,发包人不仅可以拒绝受领该工程,而且也可以不支付工程款;第二,如果经修复,该建筑工程仍然不合格,就意味着该工程没有利用价值,在这种情况下,让发包人支付工程款,显然是不公平的;对因质量不合格所造成的损失，应由责任人承担。当然，如果发包人对质量不合格也存在过错，应由双方按过错程度来承担责任。这符合《合同法》规定的合同无效后，有过错的一方应当赔偿对方因此受到的损失；双方都有过错的，应当各自承担相应责任的法律原则。

5.7.2 建设工程合同解除

1. 解除条件

由于建设工程合同的特殊性，其在履行的过程中会存在不同于其他合同的情形，这些情形所导致的纠纷的解决也有其自身的特殊性。

（1）发包人的解除权　承包人具有下列情形之一，发包人请求解除建设工程施工合同的，人民法院应予支持：

1）承包人明确表示或者以行为表明不履行合同主要义务的。

2）承包人在合同约定的期限内没有完工，且在发包人催告的合理期限内仍未完工的。

3）承包人已经完成的建设工程质量不合格，并拒绝修复的。

4）承包人将承包的建设工程非法转包、违法分包的。

（2）承包人的解除权　发包人具有下列情形之一，致使承包人无法施工，且在催告的合理期限内仍未履行相应义务，承包人请求解除建设工程施工合同的，人民法院应予支持：

1）未按约定支付工程价款的。

2）提供的主要建筑材料、建筑构配件和设备不符合强制性标准的。

3）不履行合同约定的协助义务的。

2. 合同解除后的法律后果

建设工程施工合同解除后，已经完成的建设工程质量合格的，发包人应当按照约定支付相应的工程价款；已经完成的建设工程质量不合格的，按照《解释》第3条规定处理。

合同解除后施工单位工程款能否得到结算的关键在于已完成工程的质量状况，如工程质量验收合格或虽不合格但经修复验收合格的，其工程款的结算要求仍可得到支持，但如果经修复后仍无法验收合格，其工程款的结算要求将不被支持。施工合同解除后的结算仍应按照被解除的合同中关于工程款结算的约定进行，即除结算施工直接费外，对各种间接费、利润及税金也均应按合同约定的标准进行结算。

5.7.3 建设工程质量不符合约定情况下责任承担

导致工程质量不合格的原因很多，其中有发包人的原因，也有承包商的原因。其责任的承担应该根据具体的情况分别作出处理。

1. 因承包商过错导致质量不符合约定的处理

《解释》第11条规定:"因承包人的过错造成建设工程质量不符合约定,承包人拒绝修理、返工或者改建,发包人请求减少支付工程价款的,应予支持。"

2. 发包人对质量缺陷的责任

《解释》第12条规定,发包人具有下列情形之一,造成建设工程质量缺陷,应当承担过错责任:

1) 提供的设计有缺陷。

2) 提供或者指定购买的建筑材料、建筑构配件、设备不符合强制性标准。

3) 直接指定分包人分包专业工程承包人有过错的,也应当承担相应的过错责任。

建设工程质量关系到公共安全。在建设工程施工中,承包人的主要合同义务就是按照合同约定和国家标准施工,将合格的建设工程交付发包人。如果工程质量有缺陷,原则上应该由承包人承担责任。但是,如果建设工程质量缺陷与发包人的过错有关,那么发包人也应当承担相应的过错法律责任。其中第3)项规定的发包人直接指定分包人承担的分包专业工程质量缺陷,应当由发包人承担过错法律责任的规定,是符合当前建筑业市场现状的。

3. 发包人擅自使用后出现质量问题的处理

有时建设单位为了能够提前投入生产,在没有经过竣工验收的前提下就擅自使用工程。由于工程质量问题都需要经过一段时间才能显现出来,所以,这种未经竣工验收就使用工程的行为往往就导致了其后的工程质量的纠纷。

《解释》第13条规定:"建设工程未经竣工验收,发包人擅自使用后,又以使用部分质量不符合约定为由主张权利的,不予支持;但是承包人应当在建设工程的合理使用寿命内对地基基础工程和主体结构质量承担民事责任。"

5.7.4 实际竣工时间的确定

由于确定实际竣工日期涉及发包人和承包人的利益,对于工程竣工日期的争议时有发生。我国《建设工程施工合同(示范文本)》第32.4条规定:工程竣工验收通过,承包人送交竣工验收报告的日期为实际竣工日期。工程按发包人要求修改后通过竣工验收的,实际竣工日期为承包人修改后提请发包人验收的日期。但是在实际操作过程中却容易出现一些特殊的情形并最终导致关于竣工日期的争议的产生。

1) 由于建设单位和施工单位对于工程质量是否符合合同约定产生争议而导致对竣工日期的争议。

《解释》第15条规定:"建设工程竣工前,当事人对工程质量发生争议,工程质量经鉴定合格的，鉴定期间为顺延工期期间。"根据此规定应该以提交竣工验收报告之日为实际竣工日期。

2）由于发包人拖延验收而产生的对实际竣工日期的争议。

《建设工程施工合同（示范文本）》规定：工程具备竣工验收条件，承包人按国家工程竣工验收有关规定，向发包人提供完整竣工资料及竣工验收报告。发包人收到竣工验收报告后 28 天内组织有关单位验收，并在验收后 14 天内给予认可或提出修改意见。承包人按要求修改，并承担由自身原因造成修改的费用。

由于主观或者客观原因，发包人没能按照约定的时间组织竣工验收，施工单位和建设单位就实际竣工之日产生争议。

《解释》第 14 条规定："建设工程经竣工验收合格的，以竣工验收合格之日为竣工日期。承包人已经提交竣工验收报告，发包人拖延验收的，以承包人提交验收报告之日为竣工日期。"

3）由于发包人擅自使用工程而产生的对于实际竣工验收日期的争议。建设单位有时为了能够提前使用工程而取消了竣工验收这道法律规定的程序。这样的后果之一就是容易对实际竣工日期产生争议，因为没有提交的竣工验收报告和竣工验收试验可供参考。对于这种情形，《解释》第 14 条规定："建设工程未经竣工验收，发包人擅自使用的，以转移占有建设工程之日为竣工日期。"

5.7.5 对计价方法的争议问题

在建设工程合同中，当事人双方会约定计价方法，这是建设单位向承包商支付工程款的基础。如果合同双方对于计价方法产生了纠纷且不能得到及时、妥善的解决，必然会影响到当事人的切身利益。

对计价方法的纠纷主要表现在以下几个方面：

1. 因变更引起的纠纷

在工程建设过程中，变更是普遍存在的。尽管变更的表现形式纷繁复杂，对于工程款的支付的影响表现在两个方面：

（1）工程量的变化导致价格的纠纷　调整单价时会涉及两个因素，一是工程量增减幅度达到多少就要调整单价，二是将单价调整到多少。如果在承包合同中没有对此进行约定，就会导致纠纷。

（2）工程质量标准的变化导致价格的纠纷　由于工程质量标准的多样性，就会导致工程标准发生变化而导致纠纷的产生。

对于由于变更而引起的计价方法的纠纷，《解释》第 16 条规定："当事人对建设工程的计价标准或者计价方法有约定的，按照约定结算工程价款。因设计变更导致建设工程的工程量或者质量标准发生变化，当事人对该部分工程价款不能协商一致的，可以参照签订建设工程施工合同时当地建设行政主管部门发布的计

价方法或者计价标准结算工程价款。"

2. 因工程质量验收不合格导致的纠纷

建设工程合同中的价款是针对合格工程而言的,在工程实践中,不合格产品也是普遍存在的,对于不合格产品如何计价成为合同当事人关注的问题。在这个问题中也涉及两方面的问题:一是工程质量与合同约定的不符合程度,二是针对该工程质量应予支付的工程款。

《解释》第16条作出了规定:"建设工程施工合同有效,但建设工程经竣工验收不合格的,工程价款结算参照本解释第3条规定处理。"

3. 工程款利息纠纷

建设工程作为一种特殊的商品。建设工程的交付也是一种交易行为。按照交易惯例,一方交付商品,另一方就应当付款;如果没有付款,该款就应该产生利息。为了统一拖欠工程价款的利息计付时间,维护合同双方的合法权益,《解释》对工程款利息的计算及起算标准作了统一的规定。第17条规定:"当事人对欠付工程价款利息计付标准有约定的,按照约定处理;没有约定的,按照中国人民银行发布的同期同类贷款利率计息。"第18条规定:"利息从应付工程价款之日计付。当事人对付款时间没有约定或者约定不明的,下列时间视为应付款时间规定:建设工程已实际交付的,为交付之日;建设工程没有交付的,为提交竣工结算文件之日;建设工程未交付,工程价款也未结算的,为当事人起诉之日。"由此可见,施工企业应该注意建设工程实际交付日期;如果建设工程没有交付的,应该特别注意提交竣工结算文件日期;如果建设工程既没有交付,工程价款也未结算的,施工企业应该尽快向人民法院提起民事诉讼,以维护自己的合法权益。

5.7.6 对工程量的争议问题

在工程款支付的过程中,确认完成的工程量是一个重要的环节。只有确认了完成的工程量,才能进行下一步结算。在建设工程施工合同纠纷案例中,有一部分是由于当事人双方对工程量存在异议引起的。

1. 工程量的计算

工程量的确认应以工程师的确认为依据,只要工程师对于已完工程进行了签证,建设单位就要支付这部分工程量的工程款。有时候工程师口头同意进行某项工程的修建,但是由于主观或者客观原因没能及时提供签证,对于这部分工程量的确认就很容易引起纠纷。

《解释》第19条规定:"当事人对工程量有争议的,按照施工过程中形成的签证等书面文件确认。承包人能够证明发包人同意其施工,但未能提供签证文件证明工程量发生的,可以按照当事人提供的其他证据确认实际发生的工程量。"

2. 确认工程量的时间

建设单位收到承包人提交的工程结算文件后迟迟不予答复或者根本不予答复,以达到拖欠或者不支付工程价款的目的。这种行为严重侵害了承包人的合法权益。为了保护合同当事人的合法权益,《解释》第20条规定:"当事人约定,发包人收到竣工结算文件后,在约定期限内不予答复,视为认可竣工结算文件的,按照约定处理。承包人请求按照竣工结算文件结算工程价款的,应予支持。"

5.7.7 阴阳合同问题

阴阳合同是指在建设工程招标投标中,当事人在签订中标合同前后,就同一工程项目又签订一份或多份与中标合同的工程价款等主要内容不一致的合同。根据《招标投标法》第46条规定:"招标人和中标人应当自中标通知书发出之日起30日内,按照招标文件和中标人的投标文件订立书面合同。招标人和中标人不得再行订立背离合同实质性内容的其他协议。"该《解释》第21条规定:"当事人就同一建设工程另行订立的建设工程施工合同与经过备案的中标合同实质性内容不一致的,应当以备案的中标合同作为结算工程价款的根据。"如果当事人在签订承包合同后,合同在实际履行中发生了变更合同的法定事由,双方协商一致后,可以变更合同内容,但合同变更的内容,应及时到有关部门备案,否则,就不能作为结算工程款的依据。这里的变更合同内容是指"实质性内容不一致"主要包括工程价款、工程质量和工程期限,至于其他内容的修改、变更,不会涉及双方利益的重大调整,一般认为不属于"阴阳合同"的问题。

5.7.8 建设工程价款优先受偿权问题

2002年6月11日,最高人民法院审判委员会第1225次会议通过了《最高人民法院关于建设工程价款优先受偿权问题的批复》,作出了如下解释:

1)人民法院在审理房地产纠纷案件和办理执行案件中,应当依照《合同法》第286条的规定,认定建筑工程的承包人的优先受偿权优于抵押权和其他债权。

2)消费者交付购买商品房的全部或者大部分款项后,承包人就该商品房享有的工程价款优先受偿权不得对抗买受人。

3)建筑工程价款包括承包人为建设工程应当支付的工作人员报酬、材料款等实际支出的费用,不包括承包人因发包人违约所造成的损失。

4)建设工程承包人行使优先权的期限为6个月,自建设工程竣工之日或者建设工程合同约定的竣工之日起计算。

5.8 建设工程合同法典型案例分析

5.8.1 案例1

1. 基本案情

S省某建筑工程公司因施工期紧迫,而事先未能与有关厂家订好供货合同,造成施工过程中水泥短缺,急需100t水泥。该建筑工程公司同时向A市海天水泥厂和B市的丰华水泥厂发函,函件中称:"如贵厂有300号矿渣水泥现货(袋装),吨价不超过1500元,请求接到信10天内发货100t。货到付款,运费由供货方自行承担。"

A市海天水泥厂接信当天回信,表示愿以吨价1600元发货100t,并于第3天发货100t至S省建筑工程公司,建筑工程公司于当天验收并接收了货物。

B市丰华水泥厂接到要货的信件后,积极准备货源,于接信后第7天,将100t袋装300号矿渣水泥装车,直接送至某建筑工程公司,结果遭到某建筑工程公司的拒收。理由是:本建筑工程仅需要100t水泥,至于给丰华水泥厂发函,只是进行询问协商,不具有法律约束力。丰华水泥厂不服,于是向人民法院提起了诉讼,要求依法处理。并要求某建筑工程公司支付违约金。

2. 案件审理

丰华水泥厂与建筑工程公司之间存在生效的合同关系,建筑工程公司拒收丰华水泥厂水泥的行为构成违约,丰华水泥厂不可以请求建筑工程公司支付违约金,但可以请求其赔偿因其拒收行为致丰华水泥厂的损失。

3. 案例评析

本案例涉及合同订立中的要约、承诺规则,本案中,某建筑工程公司发给丰华水泥厂的函电中,对标的、数量、规格、价款、履行期、履行地点等有明确规定,应认为内容确定。而且从其内容中可以看出,一经丰华水泥厂承诺,某建筑工程公司即受该意思表示约束,所以构成有效的要约。在其要约有效期内,某建筑工程公司应受其要约的约束。由于某建筑工程公司在其函电中要求受要约人在10天内直接发货,所以丰华水泥厂在接到信件7天后发货的行为是以实际履行行为而对要约的承诺,因此可以认定在双方当事人之间存在生效的合同关系。由于某建筑工程公司与丰华水泥厂的要约、承诺成立,二者之间存在有效的合同,由于某建筑工程公司拒收货物的行为构成违约,应承担违约责任。

由于双方当事人没有约定违约金或损失赔偿额的计算方法,所以人民法院应根据实际情况确定损失赔偿额,其数额应相当于因某建筑工程公司违约给丰华公司所造成的损失,包括合同履行后可以获得的利益,但不得超过某建筑工程公司在订立合同时应当预见到的因违反合同可能造成的损失。这里应注意的是，只有当事人双方明确约定有违约金条款的，才有违约金责任的适用。否则，一方不能请求另一方承担违约金责任。

5.8.2 案例2

1. 基本案情

2004年4月初，昊翔建筑工程公司（实为未取得建筑施工企业资质的农民施工队，以下简称昊翔公司）获悉新宇股份有限公司（以下简称新宇公司）欲建多功能楼的信息，便当即与其洽谈。新宇公司明知昊翔公司未取得建筑施工企业资质，但为压低工程价款，便于4月15日与其签订建设工程施工合同。合同约定昊翔公司承建多功能楼，6层砖混结构，总高20m，建筑面积约3000m^2，工期从2004年4月20日至7月30日，合同价款420万元，新宇公司不支付预付款，由昊翔公司垫资，工程竣工并经验收合格后，新宇公司按合同约定支付工程款。

合同签订后，昊翔公司如期开工。但开工仅半个月，新宇公司即突然向昊翔公司提出，合同价款过高，本公司资金紧张，无力支付全额工程款，要求减少工程款，否则就解除合同。对新宇公司的无理要求，昊翔公司十分无奈。认为双方签订合同时，本公司已经作出极大让步，合同价款压得很低，本公司只能取得非常微薄的利润，如果再减少价款，肯定赔钱。昊翔公司遂与新宇公司协商，能否适当让步。新宇公司称，如昊翔公司不同意减少工程款，本公司将修改工程设计，并提供或者指定昊翔公司购买价格低的建筑材料、建筑构配件，设备，以减少成本。昊翔公司认为，合同规定的工程设计及建筑材料、建筑构配件及设备均符合国家要求及强制性标准，不能变更，否则将不能保证工程质量，而且极有可能发生重大工程事故。新宇公司则十分强硬地表示，要么减少工程款，要么变更工程设计及建筑材料、建筑构配件、设备，否则当即解除合同。昊翔公司迫于失去工程的压力，只得违心屈从。新宇公司修改了工程设计，并提供或者指定昊翔公司购买了价格低的建筑材料、建筑构配件及设备。

两个多月后，工程如期竣工，经验收，质量不合格。新宇公司要求昊翔公司修复。昊翔公司修复后经工程鉴定机构鉴定仍不合格，且已无法修复。昊翔公司请求新宇公司支付工程款。新宇公司以昊翔公司无建筑施工企业资质及工程质量不合格为由而拒绝。昊翔公司多次追索未果，于是诉至法院。

2. 案件审理

法院经审理查明后认为，原告昊翔公司未取得建筑施工企业资质，与被告新宇公司签订建设工程施工合同的行为违反了《建筑法》及《建筑企业资质管理规定》的规定，原告与被告双方所签订的合同无效；根据《合同法》关于合同

无效后的处理原则及最高人民法院《关于审理建设工程施工合同纠纷案件适用法律问题的解释》（以下简称《解释》）的规定，合同所涉工程经工程鉴定机构鉴定，质量严重不合格，且无法修复，故对原告支付工程价款的请求，不予支持。被告对工程质量不合格有严重过错，应承担主要民事责任，赔偿原告的损失 300 万元。被告新宇公司不服上诉，被二审法院依法驳回。

3. 案例评析

《建筑法》第 26 条规定，承包建筑工程的单位应当持有依法取得的资质证书，并在其资质等级许可的业务范围内承揽工程。原告昊翔公司未取得建筑施工企业资质，而与被告新宇公司签订建设工程施工合同的行为违反了该规定，所以该合同无效。

《建筑法》第 58 条规定，建筑施工企业对工程的施工质量负责。建筑施工企业必须按照工程设计图和施工技术标准施工。第 59 条规定，建筑施工企业必须按照工程设计要求、施工技术标准和合同的约定，对建筑材料、建筑构配件和设备进行检验，不合格的不得使用。第 54 条规定，建设单位不得以任何理由，要求建筑设计单位或者建筑施工企业在工程设计或者施工作业中，违反法律、行政法规和建筑工程质量、安全标准，降低工程质量。建筑设计单位和建筑施工企业对建设单位违反前款规定提出的降低工程质量的要求，应当予以拒绝。

《解释》第 3 条规定："建设工程施工合同无效，且建设工程经竣工验收不合格的，按照以下情形分别处理：……第 2 项规定，修复后的建设工程经竣工验收不合格，承包人请求支付工程款的，不予支持。因建设工程不合格造成的损失，发包人有过错的，也应承担相应的民事责任。"

本案中，新宇公司为降低工程成本而擅自修改工程设计，并提供或者指定昊翔公司购买价格低的建筑材料、建筑构配件、设备，昊翔公司明知该作法违反我国相关法律规定且必然导致工程质量降低，但迫于新宇公司的重压而未予以拒绝，致使合同所涉工程质量严重不合格，且无法修复。合同双方均违反了我国相关法律规定。因此，昊翔公司就质量不合格的工程请求支付工程款，不予支持。新宇公司的上述行为有严重过错，是造成工程质量严重不合格的主要原因，应当依法承担主要民事责任。

5.8.3 案例 3

原告：A 设备制造公司
被告：B 环保工程公司

1. 基本案情

2006 年 3 月，A 公司与 B 公司签订购销合同一份，约定由 A 公司在 2006 年 4 月 15 日前供应 50 件设备，交货地点亦明确约定。合同订立后，A 公司未按时供货，其在 2006 年 5 月 18 日通知 B 公司带款提货，但 B 公司称已经书面通知 A 公司解除合同。经协商，双方同意 A 公司以相应设备抵偿预付款，但赔偿事宜无法达成一致。B 公司认为由于 A 公司不履行合同义务，造成其与菏泽、宁波两家公司的建设工程合同无法履行，而赔偿了 5 万元，并且合同履行后可获得的 10 万元左右利润也无法实现，由于双方无法达成共识，B 公司于是诉至法院主张 A 公司赔偿损失 13 万元（其中预期利益为 8 万元）。

2. 案件审理

一审法院经审理认为：A 公司与 B 公司的购销合同法律关系合法有效，B 公司与菏泽、宁波两家公司的建设工程合同也不违反法律、法规的强制性规定，合法有效。B 公司由于 A 公司的违约，导致合同目的不能实现，可以要求解除合同。B 公司的诉讼请求主张 A 公司赔偿 13 万元，其中直接损失 5 万元，可得利益损失 8 万元，可得利益损失应按照 B 公司与 A 公司以及菏泽、宁波两家公司的价格差价乘以数量得出。最终，一审法院支持了 B 公司的全部诉讼请求，判决 A 公司赔偿 B 公司损失 13 万元。

3. 案例评析

买卖合同一方违约导致合同解除，守约方请求赔偿的范围应当包括直接损失和可得利益损失，但受可预见性规则的限制。B 公司与 A 公司订立合同的目的是为了能够履行其与第三人订立的建设工程合同，A 公司应当能够预见到 B 公司不会将成品设备用于生产，必然会用于工程建设而从中获取利润，如果 A 公司守约，B 公司必然会因此而得到利益，因此 B 公司主张的可得利益 A 公司是应当预见的，作为违约损害赔偿中的可得利益赔偿，A 公司应当支付。

5.8.4 案例 4

1. 基本案情

顺达房地产开发有限责任公司（以下简称顺达公司）与华运建筑工程公司（以下简称华运公司）签订了建设工程施工合同。合同约定，华运公司承建顺达公司开发的锦芳苑住宅小区中的 2 栋楼。这 2 栋楼均为 15 层，板式结构，总建筑面积 36000m²，工期从 2002 年 3 月 1 日至 2005 年 7 月 30 日，合同价款 68480000 元，因顺达公司资金紧张，在工程施工期间，华运公司垫付全部工程款，工程竣工并经验收合格后，顺达公司按合同约定支付工程款。双方未对垫资的利息作约定。

合同签订后，华运公司如期开工和竣工并经验收合格后，向顺达公司提交了竣工资料，并要求顺达公司按合同约定结算并支付工程款。顺达公司因资金紧张无力支付工程款，便以华运公司垫付全部工程款违反了相关法律规定，双方所签合同无效为由而拒付工程款。

华运公司则认为，本公司在签订合同时同意垫付全部工程款实出于无奈，因为顺达公司称如果不同意垫资，就立刻将该工程发包给其他建筑公司。现本公司已经按合同约定完成全部工程并经验收合格，所以顺达公司应当按合同约定支付工程款。华运公司与顺达公司多次交涉未果，遂于半年后诉至法院，请求法院判令顺达公司按合同约定支付工程款 6848 0000 元及利息 258 8544 元。

2. 案件审理

法院经审理查明后认为，原告华运公司与被告顺达公司在签订建设工程施工合同时约定华运公司垫付全部工程款，虽违反了原国家计委、原建设部和财政部联合发布的《关于严格禁止在工程建设中带资承包的通知》的规定，但依照最高人民法院《关于适用〈中华人民共和国合同法〉若干问题的解释》（一）第 4 条和最高人民法院《关于审理建设工程施工合同纠纷案件适用法律问题的解释》第 5 条的规定，可以认定有效。被告顺达公司以原告垫资施工的行为违反了相关法律规定，双方所签合同无效的理由不能成立，本院不予采纳。原告已全部履行了合同义务，其关于顺达公司按合同约定支付工程款 6848 0000 元的请求符合法律规定与合同约定，本院予以支持。对其要求被告支付利息 258 8544 元的请求，因双方在合同中对垫资的利息未作约定，故本院不予支持。

据此，法院判决被告支付工程款 6848 0000 元和本案诉讼费用 352410 元；驳回原告的其他诉讼请求。

3. 案例评析

在建设工程施工合同中，时常会遇到当事人双方有关于垫资的约定。在当前建筑市场中建设方处于优势地位的情况下，这种做法尤为普遍。《解释》第 6 条规定当事人对垫资和垫资利息有约定，承包人请求按照约定返还垫资及其利息的，应予支持，但是约定的利息计算标准高于中国人民银行发布的同期同类贷款利率的部分除外。当事人对垫资利息没有约定，承包人请求支付利息的，不予支持。本案中，原告华运公司与被告顺达公司在签订建设工程施工合同时，约定由华运公司垫付全部工程款，但未约定垫资的利息。所以法院依本司法解释所作出的只支持其关于工程款的请求，而驳回其支付利息的请求是完全正确的。

5.8.5 案例 5

1. 基本案情

新达股份有限公司（以下简称新达公司）欲建一栋集办公、餐饮、娱乐、商业于一体的多功能楼，于是慕名与当地最具实力的信义达建筑工程有限责任公司（以下简称信义达公司）签订了建设工程施工合同。合同约定，信义达公司承建新达公司的多功能楼，36 层框架结构，总高 115m，建筑面积 21600m^2，工期从 2003 年 2 月 25 日至 2005 年 8 月 30 日，合同价款 2968 0000 元，在工程施工期间，新达公司根据施工进度分期预付部分工程款，工程竣工并经验收合格后，新达公司按合同约定支付工程余款，如一方违约，应按合同价款的5%支付对方违约金。

合同签订后，信义达公司如期开工。在工程施工期间，新达公司根据施工进度先后预付工程款20000000元。信义达公司如期竣工并经验收合格后，向新达公司提交了竣工资料，并要求新达公司按合同约定结算并支付工程款。新达公司因资金严重匮乏无力支付工程款，便以在工程施工期间，本公司经调查知悉信义达公司为二级建筑施工企业，只能承包30层以下、30m跨度以下的房屋建筑，高度100m以下的建筑物的建设施工，而信义达公司超越资质等级承建本合同工程违反了相关法律规定，双方所签合同无效为由而拒付工程余款。

信义达公司则认为，本公司虽然在签订合同时为二级资质，但在工程竣工前已取得了一级资质，所以新达公司应当按合同约定支付工程款。信义达公司与新达公司多次交涉未果，遂诉至法院，请求法院判令新达公司按合同约定支付工程款29680000元及违约金1484000元。

2. 案件审理

在庭审中，原告信义达公司诉称，本公司与新达公司签订的建设工程施工合同是双方真实意思的表示，合法有效。本公司已全部履行了合同义务。被告新达公司不按合同约定支付工程款的行为已构成违约，故请求法院判令新达公司按合同约定支付工程款29680000元及违约金1484000元。

被告新达公司辩称，信义达公司超越资质等级承建涉诉合同工程的行为违反了相关法律规定，双方所签合同无效。无效合同不存在违约问题，故本公司只应履行支付合同价款的义务，而无须支付原告违约金。

法院经审理查明后认为，原告信义达公司在签订建设工程施工合同时超越资质等级许可的范围，违反了《建筑法》的强制性规定，依照《合同法》的规定，应当认定合同无效。依照最高人民法院《关于审理建设工程施工合同纠纷案件适用法律问题的解释》第5条的规定，可以认定有效。被告新达公司以原告超越资质等级承建涉诉合同工程的行为违反了相关法律规定，双方所签合同无效的理由不能成立，本院不予采纳。原告已全部履行了合同义务，其关于新达公司按合同约定支付工程款29680000元及违约金1484000元的请求符合法律规定与合同约定，本院予以支持。据此，法院判决被告支付工程款29680000元及违约金1484000元和本案诉讼费用165830元。被告未上诉。

3. 案例评析

《建筑法》第26条规定："承包建筑工程的单位应当持有依法取得的资质证书，并在其资质等级许可的业务范围内承揽工程。禁止建筑施工企业超越本企业资质等级许可的业务范围或者以任何形式用其他建筑施工企业的名义承揽工程。禁止建筑施工企业以任何形式允许其他单位或者个人使用本企业的资质证书、营业执照,以本企业的名义承揽工程。"

本案中,原告信义达公司在签订建设工程施工合同时超越资质等级许可的范围,违反了《建筑法》的强制性规定,依照《合同法》的规定,应当认定合同无效。但因为实践中这种现象普遍存在,如果对于这类合同,无论承包人是否在工程建设当中取得相应的资质等级,一律认定合同无效,会导致大量无效合同的产生,这一方面与《合同法》尽量保护合同有效的立法原意不符,另一方面脱离建筑市场的现状,不利于公平合理地解决由此而引发的大量纠纷。如果承包人在建设工程竣工前取得相应资质等级的,合同违反《建筑法》禁止性规定的情形已经消失,满足了合同生效的条件,可以认定有效。

5.8.6 案例6

原告(反诉被告):北京某灯饰照明工程有限公司(以下简称原告)
被告(反诉原告):某建筑工程劳务分包有限公司(以下简称被告)

1. 基本案情

原告与被告于2007年9月13日签订建设工程施工合同,合同约定:原告将北京××中心区规划某市政工程的路灯工程整体施工及材料发包给被告完成,分包工程总价款885000元,并约定在被告进场后一周内,原告支付被告合同价款的20%。合同履行过程中,原告依约支付给被告合同价款的20%即177000元,后因其他原因致使该合同无法继续履行。经双方协商一致解除合同,并对被告已完成工程量进行了结算,结算价款为46008.12元。因此原告实际支付的款项已多出已完成工程价款,被告应无条件予以返还。故原告委托代理律师诉至法院,请求法院判令解除原、被告于2007年9月13日签订的建设工程施工合同;被告返还原告工程款130991.88元并承担本案诉讼费用。

被告辩称:原、被告双方从未协商一致解除合同,签订的合同未能得到全部履行的原因是原告单方违约,将工程另行承包给他人。双方签订合同后,被告积极购买了大量施工材料,并依据合同约定进场施工。2008年1月被告撤场,之后就无法继续施工。施工结束后,被告多次找原告结算未果。双方没有共同对被告完成的工程量进行结算,工程造价46008.12元是原告单方的意思,原告所举结算单是其单方意愿,其计算有遗漏,经被告计算,工程款应为109739.45元。同时,被告已经就施工材料的损失向法院提出反诉,反诉请求为95418元,两项相抵,原告还应赔偿被告28157.45元。因此,被告不应再退还原告工程款,请求法院驳回原告的诉讼请求。

同时,被告提出反诉请求,反诉事实与理由为:2007年9月13日,原告与被告签订建筑工程施工合同,约定原告将上述工程发包给被告完成,劳务分包工程总价款为885000元,该工程是原告从城建公司分包而来。合同签订后,原告预付了20%工程款177000元，被告依据合同约定进场施工，同时积极购买了施工材料，价值约17万元。2007年9月20日材料进场，被告按照要求提供了检验报告及厂家合格证书，该工程的监理单位对材料进行了检验及验收。在履行过程中，原告无故违约，将工程另包给他人施工，致使合同无法继续履行。上述材料只有部分用于工程，其余部分至今下落不明。给被告造成了很大的经济损失，而该损失完全是原告违约造成，应由其承担损失，故被告提起反诉，请求法院判令原告赔偿损失95418元并承担本案诉讼费。

法院审理查明：原、被告于2007年9月13日签订建设工程施工合同，主要约定：原告将上述工程整理施工及材料发包给被告，开工日期为2007年9月13日，竣工日期按业主和总包方总体工期执行。合同价款885000元，并约定在被告进场后一周内，原告支付被告合同价款的20%。合同还对其他事项进行了约定。合同签订后，原告于同年9月27日给付被告合同价款的20%即177000元作为预付款，后因城建公司未向原告交付设计交底，原告也无法向被告履行该义务，导致被告自2007年10月19日停工。后城建公司与原告解除合同，导致原告无法再将原工程交与被告完成，原告于2008年1月22日通知被告撤场。此后，双方多次就被告已完成的工程量进行协商，但均未达成一致结果。诉讼中，经原、被告核对，双方均认可被告已完成的工程量价款为64000元。

另查，被告称为履行与原告的合同购买了建筑材料，但其未向法院提交其在进场时带入该工地的材料价款的充足证据。被告还称其在2008年1月22日撤场时，是原告不批准其将工地剩余材料拉走，导致其工地材料的损失，但原告对此予以否认，被告也未提交充足证据证明原告具有阻止其拉走工地剩余材料的事实。被告称其在急工期间具有人员工资损失，但未向法院提交充足证据证明该事实。

2. 案件审理

法院判决：原、被告签订的《建设工程施工合同》自本判决生效之日起解除；被告返还原告价款113000元，于本判决生效后10日内付清；驳回被告的反诉请求。

3. 案例评析

原告与被告签订的承揽合同，未违反国家强制性法律、法规的规定，应属有效。双方当事人均应严格履行各自的合同义务。原告在交付了预付款后，因城建公司的原因，无法向被告交付设计交底，导致被告停工事实的发生，本身具有过错，应承担相应的违约责任。但鉴于被告提出的丢失建筑材料及人员工资损失的证据均不充足，本院对被告的该两项反诉请求不予支持。在城建公司解除与原告的合同后，被告与原告的合同已无法继续履行，故双方的承揽合同应予解除，但原告应给付被告已完成的工程价款64000元，被告应在扣除应收取的工程价款后，将剩余的原告预付款项113000元返还给原告。对于原告要求返还剩余的工程价款数额，应以法院认定数额为准。

第 6 章
城乡规划法律制度

6.1 城乡规划管理概述

6.1.1 城乡规划

1. 城乡规划的概念

城乡规划是指为实现一定时期内城市、村庄和集镇的经济和社会发展目标，确定城市、村庄、集镇的性质、规模和发展方向，合理利用城乡土地，协调城乡空间布局和各项建设的综合部署和具体安排。

《城乡规划法》中所称的城乡规划，包括城镇体系规划、城市规划、镇规划、乡规划和村庄规划。城市规划、镇规划分为总体规划和详细规划。详细规划分为控制性详细规划和修建性详细规划。

2. 城乡规划的作用

城乡规划是各级政府统筹安排城乡发展建设空间布局，保护生态和自然环境，合理利用自然资源，维护社会公正与公平的重要依据，具有重要公共政策的属性。

3. 城乡规划的目的

城乡规划是以促进城乡经济社会全面协调可持续发展为根本任务，促进土地科学使用为基础，促进人居环境根本改善为目的，涵盖城乡居民点的空间布局规划。

6.1.2 城乡规划法

1. 城乡规划法的概念

城乡规划法有广义和狭义之分。

广义的城乡规划法，是指国家制定和认可的，旨在调整城乡规划活动中发生的各种社会关系的法律规范的总称。它包括全国人大常委会通过的《中华人民共和国城乡规划法》，国务院颁布的《村庄和集镇规划建设管理条例》、《风景名胜区条例》等行政法规；原建设部制定的《城市规划编制办法》、《城市国有土地使用权出让转让规划管理办法》等规章；地方人民代表大会及地方政府颁布的与城乡规划有关法规、规章等。

狭义的城乡规划法，是指2007年10月28日全国人大常委会第三十次会议通过的于2008年1月1日正式实施的《中华人民共和国城乡规划法》（简称《城乡规划法》）这部法典。整部法律共分7章70条，分别对城乡规划的制定、实施、修改、监督检查、法律责任等作出了详细规定。

2. 城乡规划法律体系

城乡规划法律体系由全国性的法律、行政法规、部门规章、地方性法规和地方政府规章组成。具体包括：

（1）法律　指《中华人民共和国城乡规划法》（2007年10月）。

（2）行政法规　包括：《村庄和集镇规划建设管理条例》（1993年6月）、《风景名胜区条例》（2006年9月）、《历史文化名城名镇名村保护条例》（2008年4月）。

（3）住房和城乡建设部规章　具体如下：

1）城乡规划综合管理类规章。包括：《建设部关于纳入国务院决定的十五项行政许可的条件的规定》（2004年）、《建制镇规划建设管理办法》（1995年）、《开发区规划管理办法》（1995年）等。

2）城乡规划编制审批管理类规章。包括：《城镇体系规划编制审批办法》（1994年）、《省域城镇体系规划编制审批办法》（2010年4月）、《城市规划编制办法》（2006年4月）等。

3）城乡规划实施和监督检查管理类规章。包括：《城市国有土地使用权出让转让规划管理办法》（1992年）、《城市黄线管理办法》（2005年）、《城市蓝线管理办法》（2005年）、《城市紫线管理办法》（2003年）、《城市绿线管理办法》（2002年）、《城市供水水质管理规定》（2007年）、《城市排水许可管理办法》（2006年）、《城市抗震防灾规划管理规定》（2003年）、《房屋建筑工程抗震设防管理规定》（2006年）、《建设工程抗御地震灾害管理规定》（1994年）、《城市轨道交通运营管理办法》（2005年）、《城市地下空间开发利用管理规定》（2001年）等。

4）城乡规划行业管理类规章。包括：《城市规划编制单位资质管理规定》（2001年）、《外商投资城市规划服务企业管理规定》（2003年）、《建设工程勘察设计资质管理规定》（2007年）等。

（4）地方性法规、地方政府规章　指全国各省、自治区、直辖市制定实施的城市规划法办法或城市规划条例;各地又根据各自的实际情况,制定颁布了有关的政府规章,如《广东省城市控制性详细规划管理条例》、《北京市城市规划条例》、《北京市人民政府关于郊区城镇和农村建设规划管理的若干规定》、《重庆市城市规划管理技术规定》等。

1989年12月全国人大常委会第十一次会议通过了《中华人民共和国城市规划法》,1993年6月国务院颁布了《村庄和集镇规划建设管理条例》。这"一法一条例"构成了城乡规划法律依据的核心,根据"一法一条例"的规定,原建设部发布了一系列的部门规章,对"一法一条例"的规定予以细化;各地结合本地实际情况,颁布了城乡规划方面的地方性法规和规章,初步构成了城乡规划完整的法律体系。

2007年10月28日,中华人民共和国主席胡锦涛签署第七十四号主席令,宣布自2008年1月1日开始施行的《中华人民共和国城乡规划法》,摒弃了过去城乡规划二元结构立法模式,结束了"一法一条例"时期,标志着中国打破了建立在城乡二元结构上的规划管理制度,进入城乡一体规划时代。随着《风景名胜区条例》(2006年12月1日实施)和《历史文化名城名镇名村保护条例》的出台,"一法一条例"演变成了"一法三条例",城乡规划法律制度更加完善,城乡规划法制建设呈现出一个全新的局面。

6.1.3 制定和实施城乡规划的基本原则

城乡规划工作必须遵循城乡建设和发展的客观规律,立足国情,面对现实,面向未来,因地制宜,统筹兼顾,综合部署;必须以经济建设为中心,科学确定城市和村镇的性质、发展方向、规模和布局,统筹安排各项基础设施建设;必须坚持科学发展观和可持续发展战略,合理和节约利用土地资源;必须坚持先规划后建设,正确处理近期建设与长远发展、局部利益与整体利益、经济发展与环境保护、现代化建设与历史文化保护等关系;必须坚持依法管理,逐步实现城乡规划的法制化。

《城乡规划法》规定,制定和实施城乡规划,应当遵循城乡统筹、合理布局、节约土地、集约发展和先规划后建设的原则,改善生态环境,促进资源、能源节约和综合利用,保护耕地等自然资源和历史文化遗产,保持地方特色、民族特色和传统风貌,防止污染和其他公害,并符合区域人口发展、国防建设、防灾减灾和公共卫生、公共安全的需要。

在规划区内进行建设活动,应当遵守土地管理、自然资源和环境保护等法律、法规的规定。

县级以上地方人民政府应当根据当地经济社会发展的实际,在城市总体规划、镇总体规划中合理确定城市、镇的发展规模、步骤和建设标准。

6.1.4 城乡规划管理

1. 城乡规划管理的概念

城乡规划管理是指城乡规划的编制、审批和实施管理。即通过行政的、法律的、经济的和社会的管理手段，对城乡土地的使用和各项建设活动进行控制、引导和监督，使之纳入城乡规划的轨道，促进经济、社会和环境在城市、乡镇空间上协调、有序、可持续发展。

城乡规划管理的内容主要包括城乡规划编制审批管理、城乡规划实施管理、城乡规划实施监督检查管理和城乡规划行业管理等几个方面。

2. 城乡规划管理体制

城乡规划管理体制是国家和地方人民政府城乡规划主管部门机构的设置、职权的划分与运行等各种制度的总称。

《城乡规划法》规定：国务院城乡规划主管部门负责全国的城乡规划管理工作；县级以上地方人民政府城乡规划主管部门负责本行政区域内的城乡规划管理工作。

目前我国已经形成了从国家到省、自治区、直辖市和市、县、镇、乡村的城乡规划行政管理体系。根据国家行政机关职能分工，国务院城乡规划主管部门工作由住房和城乡建设部承担；省、自治区城乡规划工作由省、自治区建设厅承担；直辖市城乡规划工作由各直辖市规划局承担（北京市城乡规划工作由北京市规划委员会承担）；市的城乡规划工作由市规划局承担；县的城乡规划工作由县规划局或承担城乡规划职能的建设局承担；同时，针对我国村、镇建设长期处于自发、分散状态的情况，《城乡规划法》明确了乡镇人民政府负责本行政区域的乡、镇、村规划的编制工作并接受上一级人民政府的监督检查。此外，地市级以上地方人民政府为增加城市规划决策的科学性和民主性，强化规划的决策咨询系统，成立了城市规划委员会，由公务员、人大代表、专家、学者等组成的城市规划委员会对城市规划进行审议。逐渐形成了城乡规划行政主管部门负责制订规划，同级人民代表大会常务委员会向本级人民政府提交审议意见，城市规划委员会审议规划、研究处理方案，上级人民政府审批规划的格局。

6.2 城乡规划制定

6.2.1 城乡规划的编制

1. 城乡规划的组织编制主体

国务院城乡规划主管部门会同国务院有关部门组织编制全国城镇体系规划，

用于指导省域城镇体系规划、城市总体规划的编制。

省、自治区人民政府组织编制省域城镇体系规划。

城市人民政府组织编制城市总体规划。

县人民政府组织编制县人民政府所在地镇的总体规划，其他镇的总体规划由镇人民政府组织编制。

镇人民政府根据镇总体规划的要求，组织编制镇的控制性详细规划。县人民政府所在地镇的控制性详细规划，由县人民政府城乡规划主管部门根据镇总体规划的要求组织编制。

城市、县人民政府城乡规划主管部门和镇人民政府可以组织编制重要地块的修建性详细规划。修建性详细规划应当符合控制性详细规划。

乡、镇人民政府组织编制乡规划、村庄规划。

首都的总体规划、详细规划应当统筹考虑中央国家机关用地布局和空间安排的需要。

2. 城乡规划编制内容

（1）城镇体系规划　城镇体系规划是指一定地域范围内，以区域生产力合理布局和城镇职能分工为依据，确定不同人口规模等级和职能分工的城镇的分布和发展规划。

城镇体系规划一般分为全国城镇体系规划、省域城镇体系规划、市域城镇体系规划、县域城镇体系规划四个基本层次及按流域或其他跨行政区域进行的城镇体系规划。

省域城镇体系规划的内容应当包括：城镇空间布局和规模控制，重大基础设施的布局，为保护生态环境、资源等需要严格控制的区域。

（2）总体规划　总体规划是对一定时期内规划区域的性质、发展目标、发展规模、土地利用、空间布局以及各项建设的综合部署和实施措施。

城市总体规划、镇总体规划的内容应当包括：城市、镇的发展布局，功能分区，用地布局，综合交通体系，禁止、限制和适宜建设的地域范围，各类专项规划等。

（3）详细规划　详细规划是以总体规划或者分区规划为依据，详细规定建设用地各项控制指标和其他管理要求，或者直接对建设作出具体的安排和规划设计。

详细规划分为控制性详细规划和修建性详细规划。

控制性详细规划是以城市总体规划或分区规划为依据，进一步深化总体规划意图，为有效地控制用地和实施规划而编制的详细规划。对近期建设或者开发地区进行地块细化，确定建设地区的土地使用性质和使用强度的控制指标、道路和工程管线控制性位置以及空间环境控制的规划要求。根据《城市规划编制办法》

第22~24条的规定，根据城市规划的深化和管理的需要，一般应当编制控制性详细规划，以控制建设用地性质、使用强度和空间环境，作为城市规划管理的依据，并指导修建性详细规划的编制。

修建性详细规划是以城市总体规划、分区规划或控制性详细规划为依据，主要确定各类建筑、各项基础设施、公共服务设施的具体配置，并根据建筑和绿化空间布局进行环境景观设计，为各项建筑和工程设施的设计和施工图设计提供依据。它是控制性详细规划的深化和具体化，其任务是对城市建设地区内的房屋建筑、市政工程、公用事业设施、园林绿地和其他公共设施作出具体布置，选定技术经济指标，提出建筑空间和艺术处理要求，确定各项建设用地的控制点坐标和标高，为各项工程设计提供依据。

(4) 乡规划、村庄规划　乡规划、村庄规划的内容应当包括：规划区范围，住宅、道路、供水、排水、供电、垃圾收集、畜禽养殖场所等农村生产、生活服务设施、公益事业等各项建设的用地布局、建设要求，以及对耕地等自然资源和历史文化遗产保护、防灾减灾等的具体安排。乡规划还应当包括本行政区域内的村庄发展布局。

乡规划、村庄规划应当从农村实际出发，尊重村民意愿，体现地方和农村特色。

6.2.2　城乡规划的确定主体

城乡规划的确定主体是指按照法定权限和程序对已编制完成的城乡规划草案进行审查，决定其是否具有法定效力的法定主体。

城乡规划的确定主体包括审议主体、审查主体和审批主体。审议主体是指对已完成的城乡规划草案在报批前审议的有关国家权力机关；审查主体是指对已完成的城乡规划草案在报批前审查的有关政府机关；审批主体是指对已编制完成的城乡规划草案进行审查的机关。

根据城乡规划法，我国城乡规划的确定主体体系见表6-1。

表6-1　我国城乡规划的确定主体体系

城乡规划体系	审议主体	审查主体	审批主体
全国城镇体系规划	无	无	国务院城乡规划主管部门报国务院审批
城乡规划体系	审议主体	审查主体	审批主体
省域城镇体系规划	先经本级人民代表大会常务委员会审议	无	国务院审批

(续)

城乡规划体系			审议主体	审查主体	审批主体
城市规划	总体规划		城市、县人民政府组织编制的总体规划，在报上一级人民政府审批前，应当先经本级人民代表大会常务委员会审议	省、自治区人民政府所在地的城市以及国务院确定的城市总体规划，由省、自治区人民政府审查同意	直辖市的城市总体规划由直辖市人民政府报国务院审批。省、自治区人民政府所在地的城市以及国务院确定的城市的总体规划，报国务院审批、其他城市的总体规划由城市人民政府报省、自治区人民政府审批
	详细规划	控制性详细规划	无	无	经本级人民政府批准
		修建性详细规划	无	无	需要建设单位编制修建性详细规划的建设项目，还应当提交修建性详细规划。对符合控制性详细规划和规划条件的，由城市、县人民政府城乡规划主管部门或者省、自治区、直辖市人民政府确定的镇人民政府核发建设工程规划许可证
镇规划	总体规划		先经镇人民代表大会审议	无	镇人民政府组织编制的镇总体规划，报上一级人民政府审批
	详细规划	控制性详细规划	无	无	报上一级人民政府审批
		修建性详细规划	无	无	需要建设单位编制修建性详细规划的建设项目，还应当提交修建性详细规划。对符合控制性详细规划和规划条件的，由城市、县人民政府城乡规划主管部门或者省、自治区、直辖市人民政府确定的镇人民政府核发建设工程规划许可证
乡规划			无	无	报乡镇上一级人民政府审批
村庄规划			无	无	报乡镇上一级人民政府审批

6.2.3 城乡规划的公众参与制度

城乡规划报送审批前，组织编制机关应当依法将城乡规划草案予以公告，并采取论证会、听证会或者其他方式征求专家和公众的意见。公告时间不得少于30日。

组织编制机关应当充分考虑专家和公众的意见,并在报送审批的材料中附具意见采纳情况及理由。

6.2.4 城乡规划的期限

根据《城乡规划法》,城市总体规划、镇总体规划的规划期限一般为20年,城市总体规划还应当对城市更长远的发展作出预测性安排;近期建设规划的规划期限为5年。

根据《城镇体系规划编制审批办法》,城镇体系规划的规划期限一般为20年。

根据《村镇规划编制办法(试行)》,村镇总体规划的规划期限一般为10~20年;村镇建设规划的期限一般为10~20年,宜与总体规划一致,村镇近期建设规划的期限一般为3~5年。

对于详细规划和专项规划,全国性的法律规范没有相关规定,一般来说应该在总体规划期限内或与总体规划期限一致。

6.2.5 城乡规划行业管理制度

1. 城乡规划编制单位资质管理

城乡规划组织编制机关应当委托具有相应资质等级的单位承担城乡规划的具体编制工作。

从事城乡规划编制工作应当具备下列条件,并经国务院城乡规划主管部门或者省、自治区、直辖市人民政府城乡规划主管部门依法审查合格,取得相应等级的资质证书后,方可在资质等级许可的范围内从事城乡规划编制工作:

1)有法人资格。
2)有规定数量的经国务院城乡规划主管部门注册的规划师。
3)有规定数量的相关专业技术人员。
4)有相应的技术装备。
5)有健全的技术、质量、财务管理制度。

目前,城市规划设计单位资质管理由原建设部2000年12月14日颁发的《城市规划编制单位资质管理规定》所规定,新的规定正在修订中。

2. 注册城市规划师执业资格制度

根据原人事部、原建设部1999年人发〔1999〕39号文件规定,注册城市规划师是指通过全国统一考试,取得注册城市规划师执业资格证书,并经注册登记后从事城市规划业务工作的专业技术人员。注册城市规划师的考试和执业相关管理规定遵从《注册城市规划执业资格制度暂行规定》和《注册城市规划师执业资格认定办法》的要求。

6.3 城乡规划的实施

6.3.1 城乡规划实施的概念

城乡规划实施是指城乡规划行政主管部门根据城乡规划法律规范和已批准的城乡规划，对城乡规划区内各项建设用地和建设活动进行规划审查，并核发规划许可的行政行为。城乡规划的实施是把城乡规划的内容付诸现实的活动。

城乡规划实施的基本制度是规划许可制度。

6.3.2 城乡规划实施的基本原则

1. 政府实施城乡规划应遵循的原则

地方各级人民政府应当根据当地经济社会发展水平，量力而行，尊重群众意愿，有计划、分步骤地组织实施城乡规划。

2. 城市建设和发展的原则

城市的建设和发展应当优先安排基础设施以及公共服务设施的建设，妥善处理新区开发与旧区改建的关系，统筹兼顾进城务工人员生活和周边农村经济社会发展、村民生产与生活的需要。

3. 镇的建设和发展原则

镇的建设和发展应当结合农村经济社会发展和产业结构调整，优先安排供水、排水、供电、供气、道路、通信、广播电视等基础设施和学校、卫生院、文化站、幼儿园、福利院等公共服务设施的建设，为周边农村提供服务。

4. 乡、村庄的建设和发展原则

乡、村庄的建设和发展应当因地制宜、节约用地，发挥村民自治组织的作用，引导村民合理进行建设，改善农村生产、生活条件。

5. 城市新区开发和建设的原则

城市新区的开发和建设应当合理确定建设规模和时序，充分利用现有市政基础设施和公共服务设施，严格保护自然资源和生态环境，体现地方特色。

在城市总体规划、镇总体规划确定的建设用地范围以外，不得设立各类开发区和城市新区。

6. 旧城区改建的原则

旧城区的改建应当保护历史文化遗产和传统风貌，合理确定拆迁和建设规模，有计划地对危房集中、基础设施落后等地段进行改建。

历史文化名城、名镇、名村的保护以及受保护建筑物的维护和使用，应当遵守有关法律、行政法规和国务院的规定。

7. 风景名胜区的保护原则

风景名胜区是指具有观赏、文化或者科学价值，自然景观、人文景观比较集中，环境优美，可供人们游览或者进行科学、文化活动的区域。

国家对风景名胜区实行科学规划、统一管理、严格保护、永续利用的原则。城乡建设和发展，应当依法保护和合理利用风景名胜资源，统筹安排风景名胜区及周边乡、镇、村庄的建设。

风景名胜区的规划、建设和管理，应当遵守有关法律、行政法规和国务院的规定。

8. 城市地下空间开发利用的原则

城市地下空间的开发和利用应当与经济和技术发展水平相适应，遵循统筹安排、综合开发、合理利用的原则，充分考虑防灾减灾、人民防空和通信等需要，并符合城市规划，履行规划审批手续。

6.3.3 城乡规划实施的管理

1. 建设项目选址规划管理

建设项目选址规划管理是城乡规划行政主管部门根据城乡规划及其有关法律、法规对建设项目选址进行确认或选择，保证各项建设按照城乡规划安排，并核发建设项目选址意见书的行政管理工作，是城乡规划实施的首要环节。

（1）申请建设项目选址意见书的范围　按照国家规定需要，有关部门批准或者核准的建设项目（列入《国务院投资体制改革的决定》之中的项目），以划拨方式提供国有土地使用权的，建设单位在报送有关部门批准或者核准前，应当向城乡规划主管部门申请核发选址意见书。其他建设项目无须申请选址意见书。

（2）选址意见书的内容　根据原建设部、原国家计委 1991 年 8 月 23 日颁布的《建设项目选址规划管理办法》规定，建设项目选址意见书应当包括下列内容：

1）建设项目的基本情况。主要写明建设项目名称、性质、用地与建设规模，供水与能源的需求量，采取的运输方式与运输量，以及废水、废气、废渣的排放方式和排放量。

2）建设项目规划选址的主要依据。包括：经批准的项目建议书；建设项目与城市规划布局的协调；建设项目与城市交通、通信、能源、市政、防灾规划的衔接与协调；建设项目配套的生活设施与城市生活居住及公共设施规划的衔接与协调；建设项目对于城市环境可能造成的污染影响，以及与城市环境保护规划和风景名胜、文物古迹保护规划的协调。

3）建设项目选址、用地范围和具体规划要求。

（3）建设项目选址意见书　按建设项目计划审批权限实行分级规划管理，

具体规定如下:

1) 县人民政府计划行政主管部门审批的建设项目,由县人民政府城市规划行政主管部门核发选址意见书。

2) 地级、县级市人民政府计划行政主管部门审批的建设项目,由该市人民政府城市规划行政主管部门核发选址意见书。

3) 直辖市、计划单列市人民政府计划行政主管部门审批的建设项目,由直辖市、计划单列市人民政府城市规划行政主管部门核发选址意见书。

4) 省、自治区人民政府计划行政主管部门审批的建设项目,由项目所在地县、市人民政府城市规划行政主管部门提出审查意见,报省、自治区人民政府城市规划行政主管部门核发选址意见书。

5) 中央各部门、公司审批的小型和限额以下的建设项目,由项目所在地县、市人民政府城市规划行政主管部门核发选址意见书。

6) 国家审批的大中型和限额以上的建设项目,由项目所在地县、市人民政府城市规划行政主管部门提出审查意见,报省、自治区、直辖市、计划单列市人民政府城市规划行政主管部门核发选址意见书,并报国务院城市规划行政主管部门备案。

选址意见书作为法定审批项目和划拨土地的前置条件,省、市、县人民政府城乡规划主管部门收到申请后,应根据有关法律法规规章和依法制定的城乡规划,在法定的时间内对其申请作出答复。对于符合城乡规划的选址,应当颁发建设项目选址意见书;对于不符合城乡规划的选址,应当说明理由,给予书面答复。对于跨行政区域的建设项目可以向上级城乡规划主管部门申请办理选址意见书,国家级的重大建设项目可向省级城乡规划主管部门申请办理选址意见书。

2. 建设用地规划管理

(1) 建设用地规划管理的概念　建设用地规划管理是根据城乡规划法和批准的城乡规划,对规划区内建设项目用地的选址、定点和范围的规定,总平面审查,核发建设用地许可证等各项管理工作的总称。

建设用地规划许可证是经城乡规划行政主管部门依法确认其建设项目位置和用地范围符合城乡规划的法律凭证。发放建设用地规划许可证的目的,在于通过对建设用地的事先控制,对建设项目的选址、性质、开发强度是否符合城乡规划,从方向上作一个评估。例如,在居民生活区不应许可新建工厂;在园林绿化区,不应该许可建设商住楼等。

(2) 建设用地规划管理的程序及操作要求　具体如下:

1) 以划拨方式取得建设用地的项目。在城市、镇规划区内以划拨方式提供国有土地使用权的建设项目,经有关部门批准、核准、备案后,建设单位应当向城市、县人民政府城乡规划主管部门提出建设用地规划许可申请,由城市、县人民政府城乡规划主管部门依据控制性详细规划核定建设用地的位置、面积、允许建设的范围，核发建设用地规划许可证。

建设单位在取得建设用地规划许可证后，方可向县级以上地方人民政府土地主管部门申请用地，经县级以上人民政府审批后，由土地主管部门划拨土地。

2）以土地有偿出让方式取得建设用地的项目。在城市、镇规划区内以出让方式提供国有土地使用权的，在国有土地使用权出让前，城市、县人民政府城乡规划主管部门应当依据控制性详细规划，提出出让地块的位置、使用性质、开发强度等规划条件，作为国有土地使用权出让合同的组成部分。未确定规划条件的地块，不得出让国有土地使用权。

以出让方式取得国有土地使用权的建设项目，在签订国有土地使用权出让合同后，建设单位应当持建设项目的批准、核准、备案文件和国有土地使用权出让合同，向城市、县人民政府城乡规划主管部门领取建设用地规划许可证。

（3）申请材料　　申请建设用地规划许可证一般须提交如下材料：

1）建设用地规划许可证申请表。

2）建设项目选址意见书和规划设计条件。

3）划拨土地批文或《国有土地使用权出让合同》（以出让方式取得国有土地使用权的建设项目）。

4）建设用地项目涉及投资许可、消防、环保、市政、绿化、文物、产权、安全监督等部门的，应附有关部门审核意见。

5）经城市规划技术服务部门论证通过的修建性详细规划设计方案（或总图）及其电子文件各一份。

6）控制性详细规划，修建性详细规划方案（或总图）专家论证意见书。

7）其他有关材料。

（4）建设用地规划许可的限制　　城市、县人民政府城乡规划主管部门不得在建设用地规划许可证中，擅自改变作为国有土地使用权出让合同组成部分的规划条件。

规划条件未纳入国有土地使用权出让合同的，该国有土地使用权出让合同无效；对未取得建设用地规划许可证的建设单位批准用地的，由县级以上人民政府撤销有关批准文件；占用土地的，应当及时退回；给当事人造成损失的，应当依法给予赔偿。

3. 建设工程规划管理

（1）建设工程规划管理的概念　　建设工程规划管理是城乡规划管理实施的关键环节，其内容主要包括：建筑工程规划管理、市政交通工程规划管理和市政管线工程规划管理。

由于建筑工程具有不可移动的特点，需要通过城乡规划对其进行综合协调，并严格实施规划,才能减少矛盾的出现。市政交通工程的位置与功能在城乡规划中都有明确的定位,只有严格依据规划实施建设,才可能充分发挥其在整体交通系统中应有的功能;市政管线工程的施工会对道路交通、相邻管线、行道树等产生较大影响,需要通过规划对各类管线进行综合协调,才能最大限度减少矛盾。

建设工程规划许可证是指在城市、镇规划区内进行建筑物、构筑物、道路、管线和其他工程建设的建设单位或者个人依照规定,向城市、县人民政府城乡规划主管部门或者省、自治区、直辖市人民政府确定的镇人民政府申请领取建设工程的法律凭证。

建设工程规划许可证是有关建设工程符合城乡规划的法律凭证,是建设单位建设工程的法律凭证,是建设活动中接受监督检查时的法定依据。

(2) 建设工程规划管理的主要内容 具体如下:
1) 建筑物使用性能的控制。
2) 建筑容积率和建筑密度的控制。
3) 建筑高度的控制。
4) 建筑间距的控制。
5) 建筑退让的控制。
6) 建筑基地绿地率的控制。
7) 基地出入口、停车和交通组织的控制。
8) 建设基地标高控制。
9) 建筑环境的管理。

(3) 建设工程规划许可证的办理程序 具体如下:
1) 建设单位或个人申请。申请办理建设工程规划许可证,应当提交使用土地的有关证明文件、建设工程设计方案等材料。需要建设单位编制修建性详细规划的建设项目,还应当提交修建性详细规划。申请建设工程规划许可证须提交的资料主要包括:使用土地的有关证明文件、建设功能过程设计方案等材料,一般包括:
①建设工程规划许可证申请表。
②建设项目选址意见书、规划设计条件、建设用地规划许可证。
③土地权属证件一份。
④建设设计方案及设计方案专家论证意见书。
⑤修建性详细规划以及建设工程规划许可要求提供的其他材料。

2) 审批机关的审查决定。城市、县人民政府城乡规划主管部门收到建设单位或个人申请后,应在期限内对申请人的申请及提交的资料进行审核。

根据《建设部关于同意实施建设用地规划许可证和建设工程规划许可证的通知》(1990年2月23日)的规定,建设工程规划许可证所包括的附图和附件,按照建筑物、构筑物、道路、管线以及个人建房的不同要求,由发证机关根据法律、法规规定和实际情况制定。附图和附件是建设工程规划许可证的配套证件,具有同等的法律效力。

对符合控制性详细规划和规划条件的,有城市、县人民政府城乡规划主管部门或者省、自治区、直辖市人民政府确定的镇人民政府核发建设工程规划许可证。

3)修建性详细规划、建设工程设计方案的总平面图予以公布。城市、县人民政府城乡规划主管部门或者省、自治区、直辖市人民政府确定的镇人民政府应当依法将经审定的修建性详细规划、建设工程设计方案的总平面图予以公布。该条是为了对建设工程规划许可制度设置的一项监督制度。

建设工程规划许可证核发后,建设行政主管部门应当依法将审定的建设工程修建性详细规划、设计方案总平面图、在固定的媒体和建设项目所在区域予以公布和明示。取得建设工程规划许可证1年内未开工建设、又未办理延期手续的,建设工程规划许可证自行失效。

(4)建设工程规划许可证与建设用地规划许可证的关系 从功能上看,用地规划许可主要是为了保证建设项目整体上符合城市规划。建设工程规划许可则对建设项目的具体方案进行审查,如控制标高、建筑密度、建筑层数、建筑立面以及与环境的协调等。

从效力上看,用地规划许可是工程规划许可的前提。没有得到用地规划许可的建设项目,不可能取得建设工程规划许可。另一方面,工程规划许可也不能突破用地规划许可的内容。

在城市、镇规划区内进行工程建设,进行建筑物、构筑物、道路、管线和其他工程建设,必须申领建设工程规划许可证。建设单位或者个人在取得建设工程规划许可证和其他有关文件后,方可申请办理开工手续,进行建设活动。不过,建设规划许可证仅仅说明建设项目符合城市规划的要求,建设单位据此可以进入下一个程序,在正式开工建设前,还必须申领建筑施工许可证。建设用地许可证和建设工程规划许可证的审核颁发都有特定的内容,不能互相替代。

4. 乡村建设规划管理

(1)乡村建设规划许可证的概念 乡村建设规划许可证是指在乡、村庄规划区内进行乡镇企业、乡村公共设施和公益事业建设的单位或者个人,依照法定程序向乡镇人民政府提出申请,由乡镇人民政府报城市、县人民政府城乡规划主管部门核发的由建设单位或者个人使用土地的法律凭证。

(2)城乡规划法关于乡、村建设规划许可的规定 具体如下:

1)在乡、村庄规划区内进行乡镇企业、乡村公共设施和公益事业建设的,建设单位或者个人应当向乡、镇人民政府提出申请,由乡、镇人民政府报城市、

县人民政府城乡规划主管部门核发乡村建设规划许可证。

2）在乡、村庄规划区内进行乡镇企业、乡村公共设施和公益事业建设以及农村村民住宅建设，不得占用农用地；确需占用农用地的，应当依照《中华人民共和国土地管理法》有关规定办理农用地转用审批手续后，由城市、县人民政府城乡规划主管部门核发乡村建设规划许可证。

3）建设单位或者个人在取得乡村建设规划许可证后，方可办理用地审批手续。

5. 临时用地和临时建设的规划管理

（1）临时建设和临时用地的概念　具体如下：

1）临时建设。指城市规划主管部门批准的在城市、镇规划区内建设的临时性使用并在限期内拆除的建筑物、构筑物及其他设施。

2）临时用地。指在城市、镇规划区内进行临时建设时施工堆料、堆物或其他情况需要临时使用并按期收回的土地。

3）临时用地的特点为：

① 临时用地不改变原土地用途的性质。

② 必须依法经县级以上人民政府土地行政主管部门批准。

③ 须给土地所有者或者国有土地的原使用者予以经济补偿。

④ 在临时用地上不得建设永久性建筑。

⑤ 使用结束后，建设单位或勘察单位应当负责恢复土地的原用途，并及时交还土地所有者或土地使用者使用。禁止在临时用地上修建永久性或半永久性建筑物、构筑物和其他设施。

（2）临时建设的审批　具体如下：

1）在城市、镇规划区内进行临时建设的，应当经城市、县人民政府城乡规划主管部门批准。

2）临时建设影响近期建设规划或者控制性详细规划的实施以及交通、市容、安全等的，不得批准。

3）临时建设和临时用地规划管理的具体办法，由省、自治区、直辖市人民政府制定。

6.4　城乡规划的修改

随着我国建设社会主义和谐社会进程的加快，城乡发展建设呈现出了空前的活力，同时，由于资源的紧张和环境承载力的限制，城乡建设发展又面临着巨大的资源和环境保护的压力。在这种情形下，坚持科学发展观和构建社会主义和谐社会的指导思想，坚持依法行政，严格依据法定的城乡规划，促进城乡建设健康、有序的发展，成为我国城乡规划工作必须遵循的基本原则。但是，近年来不少地方出于局部、眼前的利益需要，违反法定程序随意修改法定规划的现象比较普遍，这种行为导致资源的不合理利用、环境的破坏，并对公众合法权益构成极大的侵害。针对这种情况，国务院提出了一系列明确要求和措施，以切实加强城乡规划的科学性和严肃性，全过程把关，以促进城乡建设的可持续发展。

在城乡规划法中设立城乡规划的修改这一部分，规定了修改规划的前提条件和审批、备案等法定程序；确定了因规划修改给有关当事人合法利益造成损失的补偿原则；明确了未按法定程序随意修改规划的有关人民政府和相关责任人的法律责任。其目的是从法律上明确严格的规划修改制度，防止随意修改法定规划的问题。对于保障规划的严肃性、权威性和科学性，确保法定规划严格依法执行，具有十分重要的意义。

6.4.1　城乡规划实施的定期评估制度

城乡规划一经批准，即具有法律效力，必须严格遵守和执行，一方面，在城乡规划实施期间，需要结合当地经济社会发展的情况，定期对规划目标实现的情况进行跟踪评估，及时监督规划的执行情况，及时调整规划实施的保障措施，提高规划实施的严肃性。另一方面，对城乡规划进行全面、科学的评估，有利于及时研究规划实施中出现的新问题，及时总结和发现城乡规划的优点和不足。

1. 评估的主体

《城乡规划法》第46条规定，省域城镇体系规划、城市总体规划、镇总体规划的组织编制机关，应当组织有关部门和专家定期对规划实施情况进行评估。其中，省域城镇体系规划的编制机关为省、自治区人民政府，所有省域城镇体系规划实施情况的评估，由省、自治区人民政府组织实施；城市总体规划的编制和评估由城市人民政府组织；镇总体规划分为两种，一种是县人民政府所在地城镇的总体规划，由县人民政府组织编制和评估，另一种是其他镇的总体规划，由镇人民政府组织编制和评估。

2. 评估的时间

城乡规划法规定评估的时间为"定期"，因此，对于具体的评估时间，国务院可以在制定本法配套法规时予以进一步明确规定。

3. 评估的参与

根据城乡规划法的规定，评估的参与者是规划的组织编制机关组织的"有关部门和专家"，参与的方式为论证会、听证会或者其他方式征求公众意见。其中，有关部门和专家应当具有相当的广泛性、专业性和代表性，具体范围和人数可以由国务院授权有关部门作出具体规定或在制定配套法规时作出具体规定。评估时必须要征求公众意见，参与的方式除了论证会、听证会之外，还可以采取问卷调查、抽样统计、个别访谈等其他方式。

4. 评估报告的提交

城乡规划的编制机关对规划实施情况进行评估后，应当向本级人民代表大会常务委员会、镇人民代表大会和原审批机关提出评估报告并附具征求意见的情况。评估中要全面总结现行城市、镇总体规划各项内容的执行情况，包括城市及镇的发展方向和空间布局、人口与建设用地规模、综合交通、绿地、生态环境保护、自然与历史文化遗产保护、重要基础设施和公共服务设施等规划目标的落实情况以及强制性内容的执行情况，结合城市、镇经济社会发展的实际，通过对照、检查和分析，总结成功经验，查找规划实施过程中存在的主要问题，深入分析问题的成因，研究提出改进规划制定和实施管理的具体对策措施建议，以指导和改进城市、镇总体规划的实施工作。

6.4.2 城乡规划的修改制度

1. 城乡规划修改的条件

依照城乡规划法的规定，对于依法批准的省域城镇体系规划、城市总体规划、镇总体规划，不得随意进行调整与修改。同时，在维护规划实施严肃性的前提下，城乡规划法考虑到规划实施的动态过程以及实施的复杂性，对规划修改的条件作出了规定，当出现下列五种情况之一时，可以依法进行规划修改。

1）上级人民政府制定的城乡规划发生变更，提出修改规划要求。这是因为城乡规划的制定必须以上级人民政府依法制定的城乡规划为依据，必须在规划中落实上级人民政府在上位规划中提出的控制要求。而当上级人民政府制定的规划发生变更时，就应当根据情况及时调整或修改相应的下位规划。

2）行政区划调整需修改规划的。行政区划是国家的结构体制安排，是国家根据政权建设、经济建设和行政管理的需要，遵循有关的法律规定，充分考虑政治、经济、历史、地理、人口、民族、文化、风俗等客观因素，按照一定的原则，将全国领土划分成若干层次和大小不同的行政区域，并在各级行政区域设置相关的地方机关，实施行政管理。城乡规划的编制和实施，与行政区划及城乡建制有着密切的关系。依据城乡规划法的规定，地方城乡规划主管部门只能在政府行政管辖区域内依法行使城乡规划的实施管理职能。因此，行政区划的调整将会影响城乡规划的实施。从保障城乡规划依法实施的角度出发，应该在行政区划调整后，根据情况及时对规划进行修改。

3）因国务院批准重大建设工程需修改规划的。国务院批准的重大建设工程项目对国家的发展具有举足轻重作用，同时也会对项目所在地的区域发展带来重要影响。从城乡规划的角度而言，要认真研究重大建设工程对城镇发展、用地布局以及基础设施的影响问题，做好协调工作。例如，大型工业企业选址就涉及城镇的交通运输、能源供应、污染物排放与处理、生活居住等设施的衔接，其布点与城镇的发展方向、用地布局和环境质量有着密切的关系，有时甚至会造成城镇性质与布局结构的重大变更，对城镇发展产生深远的影响。因此，对国务院批准的重大建设工程，应根据情况作出相应的规划修改。

4）经评估确需修改规划的。地方人民政府在实施省域城镇体系规划、城市总体规划、镇总体规划的过程中，如果发现规划规定的某些基本目标和要求已经不能适应城市经济建设和社会发展的需要，如由于产业结构的重大调整或者经济社会发展方面重大变化，造成城市发展目标和空间布局等的重大变更，要通过认真的规划评估，来确认是否有必要对规划进行修改，如果规划评估认为，确有必要对原规划作出相应修改的，要依法进行修改。

5）城乡规划的审批机关认为应当修改规划的其他情形。城乡规划审批机关从统筹全局和区域发展的需要出发，认为确有必要对有关城乡规划进行调整的，应责成有关地方人民政府进行规划的修改工作。

2. 城镇体系规划的修改

修改省域城镇体系规划前，组织编制机关应当对原规划的实施情况进行总结，并向原审批机关报告，经同意后，方可编制修改方案。建规〔2007〕88号文件要求，经省级人民政府同意后，由省（自治区）建设厅向建设部提出修编申请，说明现行规划执行情况、规划修编的必要性和修编重点，并附关于现行省域城镇体系规划实施绩效的评估报告。

修编后的省域城镇体系规划，要根据《城乡规划法》第13条和第16条规定的审批程序报批。

3. 城市总体规划、镇总体规划的修改

在修改城市总体规划、镇总体规划前，组织编制机关应当对原规划的实施情况进行总结和评估，然后向原规划审批机关提交总结报告，对拟修改的内容及调整预案作出说明，经原审批机关同意后，方可进行规划的修改工作。修改后的城市、镇总体规划在履行法律规定的审查、公告、人大审议等程序后，报原审批机关审批。修改涉及城市总体规划、镇总体规划强制性内容的，应当先向原审批机关提出修改规划强制性内容的专题报告，对修改规划强制性内容的必要性作出专门说明，经原批准机关审查同意后，方可编制修改方案。

4. 乡规划、村庄规划的修改

修改乡规划、村庄规划必须依照相应的编制规划的审批程序进行报批。乡、镇人民政府组织修改乡规划、村庄规划，报上一级人民政府审批。修改后的村庄规划在报送审批前，应当经村民会议或村民代表会议讨论同意。

5. 近期建设规划的修改

近期建设规划是对已经依法批准的城市、镇总体规划的分阶段实施安排和行

动计划。

修改近期建设规划,首先必须符合城市、镇总体规划。近期建设规划内容的修改,只能在总体规划的内容限定范围内,对实施时序、分阶段目标和重点等进行调整。在实际工作中,绝不能通过对近期建设规划的修改,变相修改城市总体规划的内容。

近期建设规划的修改由城市、县、镇人民政府组织进行。修改后的近期建设规划要依法报城市、镇总体规划批准机关备案。

6. 详细规划的修改

(1) 控制性详细规划的修改 控制性详细规划是城市、镇实施规划管理最直接的法律依据,是国有土地使用权出让、开发和建设的法定前置条件,直接决定着土地的市场价值,决定着利益相关人的切实利益。修改控制性详细规划的,必须严格按照法定程序进行。

根据《城乡规划法》的规定,修改控制性详细规划的,组织编制机关应当对修改的必要性进行论证,征求规划地段内利害关系人的意见,并向原审批机关提出专题报告,经原审批机关同意后,方可编制修改方案。修改后的控制性详细规划,经本级人民政府批准后,报本级人民代表大会常务委员会和上一级人民政府备案。控制性详细规划的修改必须符合城市、镇的总体规划。控制性详细规划修改涉及城市总体规划、镇总体规划强制性内容的,应当按法律规定的程序先修改总体规划。

(2) 修建性详细规划的修改 修建性详细规划是控制性详细规划的进一步落实,其修改必须符合控制性详细规划的要求,不得涉及对控制性详细规划内容的修改,否则修改的内容不具有法定效力。

经依法审定的修建性详细规划、建设工程设计方案的总平面图不得随意修改;确需修改的,城乡规划主管部门应当采取听证会等形式,听取利害关系人的意见。

7. 城乡规划修改补偿制度

城乡规划经修改后,有可能导致城乡规划主管部门变更或撤销原发放的规划许可,这时要依照行政许可法、城乡规划法等法律的规定,对被许可人合法权益的损失进行补偿。这种补偿是指行政机关的合法行政行为给公民、法人或其他组织的合法权益造成损失所给予的行政补偿。

《城乡规划法》第50条规定:"在选址意见书、建设用地规划许可证、建设工程规划许可证或者乡村建设规划许可证发放后,因依法修改城乡规划给被许可人合法权益造成损失的,应当依法给予补偿。"这体现了对公众合法权益的尊重和保护,也对修改规划的行为提出了更高的要求。

经依法审定的修建性详细规划、建设工程设计方案的总平面图不得随意修改；确需修改的，在符合规划和间距、采光、通风、日照等法规、规范要求的前提下，城乡规划主管部门应当采取听证会等形式，听取利害关系人的意见；因修改给利害关系人合法权益造成损失的，应当依法给予补偿。补偿的条件有两个：一是对公民、法人等的财产造成了损失；二是财产损失与变更或者撤销原发放的规划许可有直接的、必然的联系。

6.5 城乡规划的监督检查

6.5.1 城乡规划的行政监督

1. 政府层级的监督检查

政府层级的监督检查是指县级以上人民政府及其城乡规划主管部门对下级政府及其城乡规划主管部门执行城乡规划编制、审批、实施、修改情况的监督检查。如建设部和四川、贵州等省（市）建立推广的城乡规划督察员制度；建设部、监察部共同开展的城乡规划效能监察工作。

2. 对管理相对人的监督检查

对管理相对人的监督检查是指县级以上地方人民政府城乡规划主管部门对城乡规划实施情况进行的监督检查。具体包括：严格验证有关土地使用和建设申请的申报条件是否符合法定要求，有无弄虚作假；复验有关用地的坐标、面积等与建设用地规划许可证规定是否相符；对已领取建设工程规划许可证并放线的建设工程，履行验线手续，检查其坐标、标高、平面布局等是否与建设工程规划许可证相符；建设工程竣工验收前，检查核实有关建设工程是否符合规划设计条件等；各地普遍开展的查处违法建设的行动等。

6.5.2 城乡规划的立法监督

立法监督是指国家的立法机关对行政实行的监督。在我国，立法监督是指各级人民代表大会及其常务委员会对国家行政机关及其工作人员的行政管理活动实施的监督。

《城乡规划法》第28条规定，有计划、分步骤地组织实施城乡规划是地方各级人民政府的职责，是地方各级人民政府工作的重要内容之一，对政府实施城乡规划的情况进行监督也是人民代表大会监督职能的一项重要内容。《城乡规划法》第52条规定，地方各级人民政府应当向本级人民代表大会常务委员会或者乡、镇人民代表大会报告城乡规划的实施情况，地方各级人民政府据此必须向本级人民代表大会及其常委会报告城乡规划的实施情况，可以根据实际需要进行主动报告，也可以根据人大及其常委会的要求进行报告，以充分运用听取和审议政府专项工作报告这一基本形式，接受人民代表大会及其常委会的检查和监督。

6.5.3 城乡规划的公众监督

城乡规划的严肃性体现在已经批准的城乡规划必须遵守和执行，公众监督是保障城乡规划严肃性的重要途径之一。城乡规划法规定，县级以上人民政府及其城乡规划主管部门的监督检查，县级以上地方各级人民代表大会常务委员会或者乡、镇人民代表大会对城乡规划工作的监督检查，其基本情况和处理结果都应当依法公开，供公众查阅和监督。

一般情况下，有关城乡规划编制、审批、实施、修改的监督检查情况和处理结果，都应当依法公开。但同时城乡规划法也规定，遇有按照相关法律规定不得公开的情形，则不能公开。这种情况包括以下两个方面。

1. 涉及国家秘密的

由于国家秘密涉及国家的安全和国家利益，因此城乡规划法规定的监督检查情况和处理结果涉及国家秘密的，根据《中华人民共和国保守国家秘密法》的规定不能公开。

2. 涉及商业秘密的

商业秘密是指不为公众所知悉，能为权利人带来经济利益、具有实用性并经权利人采取保密措施的技术信息和经营信息。我国《行政许可法》明确规定："行政许可的实施和结果，涉及商业秘密的，不能公开。"因此，《城乡规划法》规定的监督检查情况和处理结果如涉及商业秘密的，依法不能公开。

6.5.4 城乡规划主管部门执行行政监督检查的具体措施

城乡规划主管部门执行行政监督检查包括对本行政区域内城乡规划编制、审批、实施、修改的情况进行监督检查，对建设单位和个人的建设活动是否符合城乡规划进行监督检查，对违反城乡规划的行为进行查处。同时，接受本级政府及有关监督检查部门、上级政府城乡规划主管部门和权力机关、社会公众对城乡规划工作的监督。

县级以上人民政府城乡规划主管部门对城乡规划的实施情况进行监督检查，有权采取以下措施：

1）要求有关单位和人员提供与监督事项有关的文件、资料，并进行复制。

2）要求有关单位和人员就监督事项涉及的问题作出解释和说明，并根据需要进入现场进行勘测。

3）责令有关单位和人员停止违反有关城乡规划的法律、法规的行为。

城乡规划主管部门的工作人员履行前款规定的监督检查职责，应当出示执法证件。被监督检查的单位和人员应当予以配合，不得妨碍和阻挠依法进行的监督检查活动。

6.6 城乡规划法典型案例分析

6.6.1 案例1

原告：刘某

被告：某市规划管理局（下称规划局）

1. 基本案情

2007年6月，某市居民刘某前邻居韩某在未经市政规划部门批准的情况下采取分层施工的方法沿刘某家两层小楼前20m处建房，损害了刘家的采光、通风权益，为此刘某多次要求规划局依法处理。2008年1月，韩某在原建筑基础上加盖二层时，刘某出面阻止，并砸坏了一根新建水泥柱，韩某诉至法院要求恢复原貌，赔偿损失，受诉法院经审理判定刘某赔偿损失16.24元，并驳回韩某恢复原状的诉讼请求。2008年2月1日，刘某再次前往规划局管理办公室，反映韩某非法加盖二层楼房问题并要求处理。规划局于2月6日作出处理并向韩某送达了《关于韩某违法建筑的处罚决定》，要求韩某拆除第二层，但未向原告刘某送达。韩某收到该处罚决定后未自动履行，规划局也因未在法定期限3个月内申请人民法院强制执行，而使该行政决定对韩某违法建筑的处罚落空。

原告刘某与2008年5月9日以规划局不履行规划管理职责为由向该市人民法院提起行政诉讼，请求人民法院判决被告该市规划局履行法定职责，作出具体行政行为，对韩某违法建筑予以拆除，以保护原告的合法权利。被告辩称：原告曾来规划局反映前邻居韩某非法加盖二层楼的问题，但被告已经于2008年2月6日下发了2008（114）号《关于韩某违法建筑的处罚决定》，并于同日将该决定送达韩某。后原告没有主动查问，被告认为韩某已经自动履行处罚决定，两家矛盾已经解决。2008年5月11日，被告接到原告的起诉状后，申请法院强制执行2008（114）号文，但法院以超出申请执行的期限为由而不予强制执行。

2. 案件审理

该市人民法院经审理认为，被告规划局是地方人民政府城市规划行政主管部门，主管本行政区域内的城市规划管理工作，对本行政区域内的建筑行为依法负有管理职责，本案原告认为其前邻居韩某未经批准擅自建筑楼房而严重影响其采光、通风的合法权益，请求被告依法处理是正确的，被告对原告的请求不仅应当作出明确的答复和处理，而且在违法建筑责任人不自觉履行处罚决定的情况下也应依职权在法定期限内申请人民法院强制执行，以确保原告的合法权益不受侵害。依照《中华人民共和国城乡规划法》第40条、第64条以及《中华人民共和国行政诉讼法》第2条、第11条第1款第5项的规定，法院于2008年5月18日作出判决：责成被告市规划局在本判决生效后30日内对原告的请求作出具体行政行为。

一审判决送达后，本案原告、被告在法定期限内均未提起上诉。

3. 案例评析

本案中，市规划管理部门虽然对韩某违法建筑的行为作出了行政处罚决定并责令其拆除违法加盖的二楼，但规划部门既未认真督促韩某自觉履行，也未在规定期限内申请人民法院强制执行，从而实际上使该处罚决定归于无效，《中华人民共和国城乡规划法》第68条规定，"城乡规划主管部门作出责令停止建筑或者限期拆除的决定后，当事人不停止建筑或逾期不拆除的，建设工程所在地县级以上地方人民政府可以责成有关部门采取查封施工现场、强制拆除等措施"。据此，对韩某违法建筑的行为作出具体行政行为以及依法申请人民法院强制执行均是规划管理部门的法定职责。《行政诉讼法》第54条规定被告不履行或者拖延履行法定职责的，人民法院应判决其在一定期限内履行。本案中，人民法院责成被告市规划局在本判决生效后30日内对原告刘某的请求作出具体行政行为的判决是正确的。

6.6.2 案例2

甲方：某研究所

乙方：某建筑公司

1. 基本案情

经政府有关部门批准，甲方建设4800m²的住宅工程。乙方中标后，与甲方签订了工程施工合同。乙方按甲方提供的施工平面位置（规划部门批准为准）放线后，发现拟建工程北端应拆除的临时建筑花房因未拆除影响正常施工。甲方代表察看现场后，作出将总平面位置进行修改的决定，通知乙方将平面位置向南平移2m后开工，正当乙方按平移后得工程位置挖完基槽时，规划监督工作人员进场检查发现了问题，要求立即停工，向甲方开具了5万元人民币罚款单，并要求工程按原批准的位置施工不得变动。乙方接到甲方仍按原平面位置施工的书面通知后提出15万元和工期顺延20天的索赔。甲方经审核后书面同意乙方顺延20天的索赔要求，但对于15万元的索赔款不予认同，甲方认为损失的发生是因为规划局的行政处罚所为，属不可抗力，甲方不应承担赔偿责任。乙方遂将甲方告上法庭。

2. 案件审理

法院经审理后查明，甲方在未经规划管理部门批准的情况下擅自作出修改原规划的行为，造成乙方损失，乙方损失的责任完全在甲方，故依照判令甲方赔偿乙方15万元工程款，并顺延工期20天。同时按照规划管理部门的要求，接受了5万元的行政处罚。

3. 案例评析

本案的焦点问题是，由于甲方的违法行为使其不但受到政府职能部门的行政处罚，而且还被乙方索赔。

本案中，甲方的违法行为主要是违反了我国《城乡规划法》。《城乡规划法》第43条规定："建设单位应当按照规划条件进行建设；确需变更的，必须向城市、县人民政府城乡规划主管部门提出申请。变更内容不符合控制性详细规划的，城乡规划主管部门不得批准。"同时，《城乡规划法》第64条规定："未取得建设工程规划许可证或者未按照建设工程规划许可证的规定进行建设的，由县级以上地方人民政府城乡规划主管部门责令停止建设；尚可采取改正措施消除对规划实施的影响的，限期改正，处建设工程造价百分之五以上百分之十以下的罚款。"甲方将总平面位置进行修改，擅自向南平移2m后开工的行为，严重违反了《城乡规划法》的规定。此案是法制观念淡薄在工程建设方面的体现。本案中，甲方如按报批的平面位置提前拆迁花房，创造施工条件，或按保留花房方案报批，都能避免20万元的损失。现实中，违反建设工程许可制度的情况时有发生。常见的违法现象有：施工图批准后又擅自修改设计的；擅自增加层数的；擅自改变使用性质的；擅自改变平面布局等。

6.6.3 案例3

原告：李某

被告：××市规划和国土资源局××分局

第三人：××房地产开发有限公司

1. 基本案情

被告于2004年4月，签发建设工程规划许可证，准予××房地产开发有限公司建设规划面积22777m^2的综合市场及住宅。

原告认为：被告的发证行为程序违法，故向法院起诉，要求法院依法撤销被告颁发给××房地产开发有限公司的该建设工程规划许可证。原告的理由是：该项目建成后，将造成原告居住的房屋挡光，侵犯原告及周围居民的合法权益。

1）该项目始建于2003年秋季，是在没有任何审批手续的情况下开始建造的，直到2004年4月，被告才批准该项目。

2）被告审批的建筑间距违法，因其未将屋顶和女儿墙的高度计算在内。该项目11层楼高度不应该是32.4m，加上女儿墙的高度应为33m；12层高度也不应该是35.3m，应该是35.9m。被告审批的11层楼距北侧住宅楼55m间距，严重违反《××市生活居住建筑间距规定》中1.7倍间距的规定。

被告辩称是根据市政府 26 号令《××市生活居住建筑间距规定》，遮挡建筑计算高度在 21m 时，建筑间距系数不得小于 1.7 测算的，该项目建筑高度 11 层总高为 32.4m，间距应为 55.08m（32.4×1.7）m。另根据原建设部和国家技术监督局联合发布的《城市居住区规划设计规范》（2002 年版）及建筑设计规范的要求，作为本案的建筑物和遮挡物与被遮挡物之间符合相应的法律规定及技术规范，能够达到住宅在大寒日 2 小时采光的要求，所以原告的诉讼请求于法无据，请法院驳回原告的诉讼请求。

××房地产开发有限公司述称：同意被告的意见。

2. 案件审理

法院经审查查明后认为，被告具有作出被诉具体行政行为的职权。被告主张，其是依据××市发展计划委员会发布的有关文件和建设工程规划项目选址意见书以及相关的施工图和资料，核发的建设用地规划许可证和批准的建设工程规划许可证，但被告提供的测光软件区域分析图及建筑平面图等证据不能证明被告的上述主张。同时，被告作出的建设规划许可证附图所确定的遮挡物与被遮挡物的间距不符合《××市生活居住建筑间距规定》的 1.7 倍间距的规定。故法院依据最高人民法院《关于执行〈中华人民共和国行政诉讼法〉若干问题的解释》第 58 条的规定，判决如下：

1) 确认被告作出该建设工程规划许可证违法。
2) 责令被告采取相应的补救措施。

3. 案例评析

本案的焦点问题是，本案的被告在审批该项目时，未严格遵守国家有关的法律规定，因此被告上法庭。在北方，城市居民住宅采光问题是居民生活中的大事。城市建设发展和城市有限的空间，使城市的建筑物越建越高，建筑物之间的密度增加，于是，城市居民住宅采光问题也显得越来越突出。为此，国家有关部门及地方人民政府作出相应的规定，以保证城市居民住宅采光的基本需要。作为政府的职能部门，在审批项目时，应该严格遵守国家在这方面的法律规定，否则，不但侵犯了城市居民住宅采光的合法权益，也会因此造成不可估量的损失。

第7章 建设工程勘察设计法律制度

7.1 建设工程勘察设计法律制度概述

7.1.1 建设工程勘察设计的概念

1. 建设工程勘察的概念

建设工程勘察是指根据建设工程的要求,查明、分析、评价建设场地的地质地理环境特征和岩土工程条件,编制建设工程勘察文件的活动。建设工程勘察包括工程测量,岩土工程勘察、设计、治理、监测,水文地质勘察,环境地质勘察等工作。

2. 建设工程设计的概念

建设工程设计是指根据建设工程和法律法规的要求,对建设工程所需的技术、经济、资源、环境等条件进行综合分析、论证,编制建设工程设计文件,提供相关服务的活动,包括总图、工艺、设备、建筑、结构、动力、储运、自动控制、技术经济等工作。

在工程建设的各个环节中,勘察是基础,而设计是整个工程建设的灵魂,是对工程的质量和效益都起着至关重要作用的关键环节。

7.1.2 建设工程勘察设计所依据的法律法规

目前,我国工程勘察设计方面的立法层次还较低,主要由住建部及相关部委的规章和规范性文件组成。现行的主要法规有:1978年原国家建委颁布的《设计文件的编制和审批办法》;1983年原国家计委颁布的《基本建设设计工作管理暂行办法》和《基本建设勘察工作管理暂行办法》;在工程设计标准管理和标准设计方面的主要法规有:1980年原国家建委颁布的《工程建设国家标准管理办法》,1981年原国家建委颁布的《全国工程建设标准设计管理办法》,1992年原

第7章 建设工程勘察设计法律制度

建设部颁布的《工程建设国家标准管理办法》和《工程建设行业标准管理办法》等。这些法规对规范工程建设勘察设计活动、加强勘察设计管理起到了重要作用。为了适应市场经济的需要，进一步加强对建设工程勘察设计的管理，2000年9月，国务院颁布了《建设工程勘察设计管理条例》；建设部也相继颁布了《建筑工程施工图设计文件审查暂行办法》、《房屋建筑和市政基础设施工程施工图设计文件审查管理办法》、《工程勘察设计咨询业知识产权保护与管理导则》、《建筑工程施工图设计文件审查要点（试行）》等法律文件。这些对工程建设勘察设计的法规建设，起到了极大的推动作用。

7.1.3 建设工程勘察设计资质资格管理

根据《建设工程勘察设计管理条例》（2000年9月20日）和《建设工程勘察设计资质管理规定》（2006年12月30日经建设部第114次常务会议讨论通过，自2007年9月1日起施行）的规定：

国家对从事建设工程勘察、设计活动的单位，实行资质管理制度。建设工程勘察、工程设计资质标准和各资质类别、级别企业承担工程的具体范围由国务院建设主管部门会同国务院有关部门制定。

工程勘察资质分为工程勘察综合资质、工程勘察专业资质、工程勘察劳务资质。

工程勘察综合资质只设甲级；工程勘察专业资质设甲级、乙级，根据工程性质和技术特点，部分专业可以设丙级；工程勘察劳务资质不分等级。取得工程勘察综合资质的企业，可以承接各专业（海洋工程勘察除外）、各等级工程勘察业务；取得工程勘察专业资质的企业，可以承接相应等级相应专业的工程勘察业务；取得工程勘察劳务资质的企业，可以承接岩土工程治理、工程钻探、凿井等工程勘察劳务业务。

工程设计资质分为工程设计综合资质、工程设计行业资质、工程设计专业资质和工程设计专项资质。工程设计综合资质只设甲级；工程设计行业资质、工程设计专业资质、工程设计专项资质设甲级、乙级。根据工程性质和技术特点，个别行业、专业、专项资质可以设丙级，建筑工程专业资质可以设丁级。取得工程设计综合资质的企业，可以承接各行业、各等级的建设工程设计业务；取得工程设计行业资质的企业，可以承接相应行业相应等级的工程设计业务及本行业范围内同级别的相应专业、专项（设计施工一体化资质除外）工程设计业务；取得工程设计专业资质的企业，可以承接本专业相应等级的专业工程设计业务及同级别的相应专项工程设计业务（设计施工一体化资质除外）；取得工程设计专项资质的企业，可以承接本专项相应等级的专项工程设计业务。

国家对从事建设工程勘察、设计活动的专业技术人员，实行执业资格注册管理制度。未经注册的建设工程勘察、设计人员，不得以注册执业人员的名义从事建设工程的勘察、设计活动。

建设工程勘察、设计注册执业人员和其他专业技术人员只能受聘于一个建设工程勘察、设计单位；未受聘于建设工程勘察、设计单位的，不得从事建设工程的勘察、设计活动。

7.1.4 建设工程勘察设计的发包与承包

除有特定要求的一些项目在经有关主管部门批准后可以直接发包外，工程建设勘察设计任务都必须依照《中华人民共和国招标投标法》的规定，采用招标发包方式进行。国务院颁发的《建设工程勘察设计管理条例》规定，可以直接发包的工程建设勘察设计项目有：

1）采用特定的专利或者专有技术的。
2）建筑艺术造型有特殊要求的。
3）国务院规定的其他建设工程的勘察、设计。

发包方不得将建设工程勘察、设计业务发包给不具有相应勘察、设计资质等级的建设工程勘察、设计单位。发包方可以将整个建设工程的勘察、设计发包给一个勘察、设计单位，也可以将建设工程的勘察、设计分别发包给几个勘察、设计单位。

建设工程勘察、设计单位不得将所承揽的建设工程勘察、设计转包。除建设工程主体部分的勘察、设计外，经发包方书面同意，承包方可以将建设工程其他部分的勘察、设计再分包给其他具有相应资质等级的建设工程勘察、设计单位。建设工程勘察、设计的发包方与承包方，应当执行国家规定的建设工程勘察、设计程序，签订建设工程勘察设计合同并执行国家有关建设工程勘察费、设计费的管理规定。

7.2 建设工程勘察设计文件的编制

7.2.1 编制依据

《建设工程勘察设计管理条例》规定，编制建设工程勘察、设计文件，应当以下列规定为依据：

1）项目批准文件。
2）城市规划。
3）工程建设强制性标准。
4）国家规定的建设工程勘察、设计深度要求。

铁路、交通、水利等专业建设工程，还应当以专业规划的要求为依据。

7.2.2 编制要求

《建设工程勘察设计管理条例》规定，勘察设计文件必须满足下述要求：

1）建设工程勘察文件，应当真实、准确，满足建设工程规划、选址、设计、岩土治理和施工的需要。

2）方案设计文件，应当满足编制初步设计文件和控制概算的需要。初步设计文件，应当满足编制施工招标文件、主要设备材料订货和编制施工图设计文件的需要。施工图设计文件，应当满足设备材料采购、非标准设备制作和施工的需要，并注明建设工程的合理使用年限。

3）设计文件中选用的材料、构配件、设备，应当注明其规格、型号、性能等技术指标，其质量要求必须符合国家规定的标准。除有特殊要求的建筑材料、专用设备和工艺生产线等外，设计单位不得指定生产厂、供应商。

4）勘察设计文件中规定采用的新技术、新材料，可能影响工程建设质量和安全，又没有国家技术标准的，应当由国家认可的检测机构进行试验、论证，出具检测报告，并经国务院有关部门或省、自治区、直辖市人民政府有关部门组织的工程建设技术专家委员会审定后，方可使用。

7.2.3 各设计阶段的内容和深度

建设项目一般按初步设计、施工图设计两个阶段进行，如有需要，可先进行方案设计，再进行初步设计和施工图设计；技术上复杂的建设项目，根据主管部门的要求，可按初步设计、技术设计和施工图设计三个阶段进行。小型建设项目中技术简单的，经主管部门同意，在简化的初步设计确定后，就可做施工图设计。对有些牵涉面广的大型矿区、油田、林区、垦区和联合企业等建设项目，应做总体设计。

1. 总体设计

总体设计一般由文字说明和设计图两部分组成。其内容包括：建设规模、产品方案、原料来源、工艺流程概况、主要设备配备、主要建筑物及构筑物、公用和辅助工程、"三废"治理及环境保护方案、占地面积估计、总图布置及运输方案、生活区规划、生产组织和劳动定员估计、工程进度和配合要求、投资估算等。

总体设计的深度应满足开展初步设计，主要大型设备的选定、材料的预安排、土地征用谈判等工作的要求。

2. 初步设计

初步设计一般应包括以下文字说明和设计图：设计依据、设计指导思想、产品方案、各类资源的用量和来源、工艺流程、主要设备选型及配置、总图运输、主要建筑物和构筑物、公用及辅助设施、新技术采用情况、主要材料用量、外部协作条件、占地面积和土地利用情况、综合利用和"三废"治理、生活区建设、抗震和人防措施、生产组织和劳动定员、各项技术经济指标、建设顺序和期限、总概算等。

初步设计的深度应满足以下要求：

1）设计方案的比选。
2）主要设备和材料的订货。
3）土地征用。
4）基建投资的控制。
5）施工图设计的编制。
6）施工组织设计的编制。
7）施工准备和生产准备等。

设计单位要认真编好设计概算。设计概算应准确地反映设计内容，深度要满足控制投资、计划安排和基本建设拨款的要求。

3. 技术设计

技术设计的内容由有关部门根据工程的特点和需要自行制定。其深度应能满足确定设计方案中重大技术问题和有关实验、设备制造等方面的要求。

4. 施工图设计

施工图设计应根据已批准的初步设计进行编制，内容以图为主，应包括：封面、图纸目录、设计说明（或首页）、图样、工程预算书等。施工图设计应进一步完善、落实初步设计要求，尽可能采用标准设计，满足施工要求，施工图绘制正确、完整，避免错误、疏漏。

施工图设计文件的深度应满足以下要求：能安排材料、设备的订货；能进行施工图预算编制；能进行土建施工和设备安装；能据此进行工程验收。

7.2.4　设计文件的审批与修改

1. 设计文件的审批

设计文件的审批，实行分级管理、分级审批的原则。根据《设计文件的编制和审批办法》，设计文件具体审批权限规定如下：

1）大型建设项目的初步设计和总概算，按隶属关系，由国务院主管部门或省、市、自治区组织审查，提出审查意见，报住建部批准；特大、特殊项目，由国务院批准。技术设计按隶属关系由国务院主管部门或省、市、自治区审批。

2）中型建设项目的初步设计和总概算，按隶属关系，由国务院主管部门或省、市、自治区审查、批准。批准文件抄送住建部备案。国家指定的中型项目的

初步设计和总概算要报住建部审批。

3) 小型建设项目初步设计的审批权限,由主管部门或省、市、自治区自行规定。

4) 总体规划设计(或总体设计)的审批权限,与初步设计的审批权限相同。

5) 各部直接代管的下放项目的初步设计,以国务院主管部门为主,会同有关省、市、自治区审查或批准。

6) 施工图设计除主管部门指定要审查者外,一般不再审批,设计单位要对施工图的质量负责,并向生产、施工单位进行技术交底,听取意见。

2. 设计文件的修改

设计文件是工程建设的主要依据,经批准后不得任意修改。根据《设计文件的编制和审批办法》,修改设计文件应遵守以下规定:

1) 凡涉及计划任务书的主要内容,如建设规模、产品方案、建设地点、主要协作关系等方面的修改,须经原计划任务书审批机关批准。

2) 凡涉及初步设计的主要内容,如总平面布置、主要工艺流程、主要设备、建筑面积、建筑标准、总定员、总概算等方面的修改,须经原设计审批机关批准。修改工作须由原设计单位负责进行。

3) 施工图的修改,须经原设计单位的同意。《建设工程勘察设计管理条例》第28条指出,建设单位、施工单位、监理单位不得修改建设工程勘察、设计文件;确需修改的,应当由原建设工程勘察、设计单位修改。经原建设工程勘察、设计单位书面同意,建设单位也可以委托其他具有相应资质的建设工程勘察、设计单位修改。修改单位对修改的勘察、设计文件承担相应责任。施工单位、监理单位发现建设工程勘察、设计文件不符合工程建设强制性标准、合同约定的质量要求的,应当报告建设单位,建设单位有权要求建设工程勘察、设计单位对建设工程勘察、设计文件进行补充、修改。建设工程勘察、设计文件内容需要作重大修改的,建设单位应当报经原审批机关批准后,方可修改。

7.3 施工图设计文件的审查

7.3.1 施工图设计文件审查概述

国家实施施工图设计文件(含勘察文件,以下简称施工图)审查制度。施工图审查是指国务院建设行政主管部门和省、自治区、直辖市人民政府建设行政主管部门依法认定的设计审查机构,根据国家的法律、法规、技术标准与规范,对施工图涉及公共利益、公共安全和工程建设强制性标准的内容进行的独立审查。它是政府主管部门对建筑工程勘察设计质量监督管理的重要环节,是基本建设必不可少的程序，工程建设有关各方必须认真贯彻执行。按规定应当进行审查的施工图，未经审查合格的，建设主管部门不得颁发施工许可证。

2004年6月29日，原建设部第37次常务会议讨论通过了《房屋建筑和市政基础设施工程施工图设计文件审查管理办法》（以下简称《管理办法》），于同年开始施行。《管理办法》对施工图审查的要求作出了明确规定。另外，《建筑工程施工图设计文件审查要点（试行）》、《岩土工程勘察文件审查要点（试行）》中也分专业规定了施工图审查的范围和要点。

7.3.2 施工图审查的范围及内容

1. 施工图审查的内容

《管理办法》规定，建设单位应当将施工图送审查机构审查。建设单位可以自主选择审查机构，但是审查机构不得与所审查项目的建设单位、勘察设计企业有隶属关系或者其他利害关系。施工图审查的主要内容包括：

1) 是否符合工程建设强制性标准。
2) 地基基础和主体结构的安全性。
3) 勘察设计企业和注册执业人员以及相关人员是否按规定在施工图上加盖相应的图章并签字。
4) 其他法律、法规、规章规定必须审查的内容。

施工图审查应当有经各专业审查人员签字的审查记录，审查记录、审查合格书等有关资料应当归档保存。

2. 施工图审查应提供的资料

建设单位应当向审查机构提供下列资料：

1) 作为勘察、设计依据的政府有关部门的批准文件及附件。
2) 全套施工图。

3. 施工图审查与设计咨询的关系

施工图审查的目的是保护国家财产和人民生命安全，维护社会公众利益，因此，施工图审查主要涉及社会公共利益、公众安全方面的问题。至于设计方案在经济上是否合理、技术上是否保守、设计方案是否可以改进等主要涉及业主利益的问题，是属于设计咨询范畴的内容，不属于施工图审查的范围。当然，在施工图审查中如发现这方面的问题，也可以提出建议，由业主自行决定是否进行修改。如业主另行委托，也可进行这方面的审查。

7.3.3 施工图审查机构

1. 施工图审查机构的分级管理

国务院建设主管部门负责规定审查机构的条件、施工图审查工作的管理办

法,并对全国的施工图审查工作实施指导、监督。省、自治区、直辖市人民政府建设主管部门负责认定本行政区域内的审查机构,对施工图审查工作实施监督管理,并接受国务院建设主管部门的指导和监督。市、县人民政府建设主管部门负责对本行政区域内的施工图审查工作实施日常监督管理,并接受省、自治区、直辖市人民政府建设主管部门的指导和监督。

省、自治区、直辖市人民政府建设主管部门应当按照国家确定的审查机构条件,并结合本行政区域内的建设规模,认定相应数量的审查机构。审查机构是不以盈利为目的的独立法人。

2. 施工图审查机构承接业务范围分类

《管理办法》第6条规定,审查机构按承接业务范围分为两类,一类机构承接房屋建筑、市政基础设施工程施工图审查业务范围不受限制;二类机构可以承接二级及以下房屋建筑、市政基础设施工程的施工图审查。

(1) 一类审查机构及审查人员应当具备的条件具体如下:

1) 注册资金不少于100万元。

2) 有健全的技术管理和质量保证体系。

3) 审查人员应当有良好的职业道德,具有15年以上所需专业勘察、设计工作经历;主持过不少于5项一级以上建筑工程或者大型市政公用工程或者甲级工程勘察项目相应专业的勘察设计;已实行执业注册制度的专业,审查人员应当具有一级注册建筑师、一级注册结构工程师或者勘察设计注册工程师资格,未实行执业注册制度的,审查人员应当有高级工程师以上职称。

4) 从事房屋建筑工程施工图审查的,结构专业审查人员不少于6人,建筑、电气、暖通、给排水、勘察等专业审查人员各不少于2人;从事市政基础设施工程施工图审查的,所需专业的审查人员不少于6人,其他必须配套的专业审查人员各不少于2人;专门从事勘察文件审查的,勘察专业审查人员不少于6人。

5) 审查人员原则上不得超过65岁,60岁以上审查人员不超过该专业审查人员规定数的1/2。

承担超限高层建筑工程施工图审查的,除具备上述条件外,还应当具有主持过超限高层建筑工程或者100米以上建筑工程结构专业设计的审查人员不少于3人。

(2) 二类审查机构及审查人员应当具备的条件具体如下:

1) 注册资金不少于50万元。

2) 有健全的技术管理和质量保证体系。

3) 审查人员应当有良好的职业道德,具有10年以上所需专业勘察、设计工作经历;主持过不少于5项二级以上建筑工程或者中型以上市政公用工程或者乙级以上工程勘察项目相应专业的勘察设计;已实行执业注册制度的专业,审查人员应当具有一级注册建筑师、一级注册结构工程师或者勘察设计注册工程师资格，未实行执业注册制度的，审查人员应当有工程师以上职称。

4）从事房屋建筑工程施工图审查的，各专业审查人员不少于2人；从事市政基础设施工程施工图审查的，所需专业的审查人员不少于4人，其他必须配套的专业审查人员各不少于2人；专门从事勘察文件审查的，勘察专业审查人员不少于4人。

5）审查人员原则上不得超过65岁，60岁以上审查人员不超过该专业审查人员规定数的1/2。

3. 对施工图审查机构的监督检查

《管理办法》第20条，对县级以上人民政府建设主管部门对审查机构的监督检查作出了具体规定，指出应主要检查下列内容：是否符合规定的条件；是否超出认定的范围从事施工图审查；是否使用不符合条件的审查人；是否按规定上报审查过程中发现的违法违规行为；是否按规定在审查合格书和施工图上签字盖章以及施工图审查质量如何。

7.3.4 施工图审查的相关规定

1. 施工图审查机构审查施工图的时限规定

1）一级以上建筑工程、大型市政工程为15个工作日，二级及以下建筑工程、中型及以下市政工程为10个工作日。

2）工程勘察文件，甲级项目为7个工作日，乙级及以下项目为5个工作日。

2. 施工图审查机构审查后的处理规定

施工图审查机构对施工图进行审查后，应当根据下列情况分别作出处理：

1）审查合格的，审查机构应当向建设单位出具审查合格书，并将经审查机构盖章的全套施工图交还建设单位。审查合格书应当有各专业的审查人员签字，经法定代表人签发，并加盖审查机构公章。审查机构应当在5个工作日内将审查情况报工程所在地县级以上地方人民政府建设主管部门备案。

2）审查不合格的，审查机构应当将施工图退建设单位并书面说明不合格原因。同时，应当将审查中发现的建设单位、勘察设计企业和注册执业人员违反法律、法规和工程建设强制性标准的问题，报工程所在地县级以上地方人民政府建设主管部门。施工图退建设单位后，建设单位应当要求原勘察设计单位进行修改，并将修改后的施工图报原审查机构审查。

3. 施工图审查机构审查后的施工图修改

《管理办法》第14条规定，任何单位或者个人不得擅自修改审查合格的施工图。确需修改的，凡涉及审查机构审查内容的，建设单位应当将修改后的施工图送原审查机构审查。

7.3.5 施工图审查机构及审查人员的责任

审查机构对施工图审查工作负责，承担审查责任。

施工图经审查合格后，仍有违反法律、法规和工程建设强制性标准的问题，给建设单位造成损失的，审查机构依法承担相应的赔偿责任；建设主管部门对审查机构、审查机构的法定代表人和审查人员依法作出处理或者处罚。《管理办法》第23条规定，审查机构出具虚假审查合格书的，县级以上地方人民政府建设主管部门应处其3万元罚款，省、自治区、直辖市人民政府建设主管部门应撤销对审查机构的认定；有违法所得的，予以没收。同时，还应对机构的法定代表人和其他直接责任人员处机构罚款数额5%以上10%以下的罚款。第26条同时还规定了国家机关工作人员在施工图审查监督管理工作中玩忽职守、滥用职权、徇私舞弊，由此构成犯罪的相关责任。

7.4 工程勘察设计咨询业知识产权保护与管理

7.4.1 概述

工程勘察、设计、咨询是富有创造性的智力劳动。这种原创或创新性智力劳动成果的保护，是对工程技术人员创新与发展的鼓励，有助于工程勘察设计咨询业的技术进步，同时也符合建设单位（业主）和公众的利益。为了保护与管理勘察设计咨询企业的知识产权，鼓励技术创新和发明创造，丰富与发展原创性智力成果，增加企业自主知识产权的数量并提高其质量，增强企业自主创新能力和市场竞争力，同时尊重并合法利用他人的知识产权，2003年10月，根据国家有关知识产权的法律、法规，原建设部和国家知识产权局制定了《工程勘察设计咨询业知识产权保护与管理导则》（以下简称《导则》）。

《导则》所称的知识产权包括：著作权及与著作权有关的权利（后者以下简称邻接权），专利权，专有技术（又称技术秘密）权，商业秘密权，商标专用权（以下简称"商标权"）及相关识别性标志权利，依照国家法律、法规规定，或者由合同约定由企业享有的其他知识产权。

《导则》所称的勘察设计咨询，包括工程勘察、工程设计和工程咨询。其中，工程咨询是指运用工程技术、科学技术、经济管理和法律法规等方面的知识，为工程建设项目决策和管理提供的咨询活动，包括前期立项阶段咨询、勘察设计阶段咨询、施工阶段咨询、投产或交付使用后的评价等工作。

《导则》所称有关知识产权的法律、法规包括但不限于以下内容：《中华人民共和国著作权法》和《中华人民共和国著作权法实施条例》、《中华人民共和国专利法》和《中华人民共和国专利法实施细则》、《中华人民共和国商标法》和《中华人民共和国商标法实施条例》、《中华人民共和国反不正当竞争法》、《中华人民共和国合同法》、《中华人民共和国促进科技成果转化法》、《计算机软件保护条例》以及《建设工程勘察设计管理条例》等。

7.4.2 著作权

1. 概念

著作权,又称版权,是指文学、艺术和科学作品的作者及其他著作权主体依据著作权法对其作品享有的权利。著作权有广义和狭义之分,狭义的著作权是指作者依法享有的权利,包括著作人身权和财产权,即发表权、署名权、修改权、保护作品完整权、复制权、发行权、信息网络传播权等。广义的著作权不仅包括上述狭义著作权的内容,还包括著作邻接权,即作品传播者依法享有的权利,主要指:表演者的权利、录音录像制品制作者的权利、广播电视组织的权利、图书出版者的权利。

2. 勘察设计咨询业的著作权

著作权法保护的对象是作品,即文学、艺术和科学领域内具有独创性并能以某种有形形式复制的智力成果。勘察设计咨询业的著作权主要包括勘察、设计、咨询活动和科研活动中形成的,以各种载体所表现的文字作品、图形作品、模型作品、建筑作品等勘察设计咨询作品的著作权。勘察设计咨询作品包括以下内容:

1)工程勘察投标方案,专业工程设计投标方案,建筑工程设计投标方案(包括创意或概念性投标方案),工程咨询投标方案等。

2)工程勘察和工程设计阶段的原始资料、计算书、工程设计图及说明书、技术文件和工程总结报告等。

3)工程咨询的项目建议书、可行性研究报告、专业性评价报告、工程评估书、监理大纲等。

4)科研活动的原始数据、设计图及说明书、技术总结和科研报告等。

5)企业自行编制的计算机软件、企业标准、导则、手册、标准设计等。

3. 著作权的归属

根据《著作权法》第 16 条的规定,与工程建设领域关系最为密切的当属职务作品。职务作品是指公民为完成法人或者其他组织的工作任务所创作的作品。职务作品包括如下几种:

1)第一类职务作品。根据《著作权法》第 16 条第 1 款的规定,第一类职务作品是指公民为完成法人或者其他组织工作任务,而又未主要利用法人或者其他组织的物质技术条件所创作的职务作品。该类职务作品的著作权由作者享有,但法人或者其他组织有权在业务范围内优先使用。作品完成2年内，未经单位同意，作者不得许可第三人以与单位使用的相同方式使用该作品。

2）第二类职务作品。根据《著作权法》第16条第2款的规定，第二类职务作品是指主要利用法人或者其他组织的物质技术条件制作，并由法人或者其他组织承担责任的工程设计图、产品设计图、地图、计算机软件等职务作品，或法律、行政法规规定或合同约定著作权由法人或者其他组织享有的职务作品。对于此类职务作品，作者享有署名权，著作权的其他权利由法人或者其他组织享有，法人或者其他组织可以给予作者奖励。

除职务作品外，委托作品也是工程建设领域较为常见的著作权。委托作品是指作者接受他人委托而创作的作品。例如，设计单位接受建设单位委托而编制的工程设计图。根据《著作权法》第17条的规定，委托作品著作权的归属由委托人和受托人通过合同约定。合同未作明确约定或者没有订立合同的，著作权属于受托人。

4. 勘察设计咨询业著作权及邻接权的归属原则

根据《导则》，勘察设计咨询业著作权及邻接权的归属，一般按以下原则认定：

1）执行勘察设计咨询企业的任务或主要利用企业的物质技术条件完成的，并由企业承担责任的工程勘察、设计、咨询的投标方案和各类文件等职务作品，其著作权及邻接权归企业所有。直接参加投标方案和文件编制的自然人（包括企业职工和临时聘用人员，下同）享有署名权。

建设单位（业主）按照国家规定支付勘察、设计、咨询费后所获取的工程勘察、设计、咨询的投标方案或各类文件，仅获得在特定建设项目上的一次性使用权，其著作权仍属于勘察设计咨询企业所有。

2）勘察设计咨询企业自行组织编制的计算机软件、企业标准、导则、手册、标准设计等是职务作品，其著作权及邻接权归企业所有。直接参加编制的自然人享有署名权。

3）执行勘察设计咨询企业的任务或主要利用企业的物质技术条件完成的，并由企业承担责任的科技论文、技术报告等职务作品，其著作权及邻接权归企业所有。直接参加编制的自然人享有署名权。

4）勘察设计咨询企业职工的非职务作品的著作权及邻接权归个人所有。

7.4.3 专利权及专有技术

1. 概念

专利权是指一项发明创造（包括发明、实用新型或外观设计）向国务院专利行政部门提出专利申请，经依法审查合格后，国务院专利行政部门向专利申请人授予的在规定时间内对该项发明创造享有的专有权。

专有技术即通常所称的技术秘密（Know-How），是指不为公众所知悉，具有实用性，能为权利人带来经济利益，并经权利人采取保密措施的非专利技术。

2. 专利权的主体

专利权主体即专利权人，是指依法享有专利权并承担相应义务的人。根据《中华人民共和国专利法》（以下简称《专利法》）及其实施细则，专利权主体主要包括以下几种：

1）发明人或设计人。发明人或设计人是指对发明创造的实质性特点作出创造性贡献的人。在完成发明创造过程中，只负责组织工作的人、为物质技术条件的利用提供方便的人或者从事其他辅助工作的人，不是发明人或者设计人。根据《专利法》第6条第2款的规定，非职务发明创造，申请专利的权利属于发明人或者设计人；申请批准后，该发明人或者设计人为专利权人。

2）发明人或者设计人的单位。根据《专利法》第6条第1款的规定，执行本单位的任务或者主要是利用本单位的物质技术条件所完成的发明创造为职务发明创造。职务发明创造申请专利的权利属于该单位；申请被批准后，该单位为专利权人。但是，根据《专利法》第6条第3款的规定，利用本单位的物质技术条件所完成的发明创造，单位与发明人或者设计人订有合同，对申请专利的权利和专利权的归属作出约定的，从其约定。

3）受让人。受让人是指依法通过合同或其他合法方式而取得专利权的单位或个人。

3. 专利权的客体

专利权的客体，即专利权的保护对象，是指依法应授予专利的发明创造。根据《著作权法》及其实施细则的规定，发明创造包括发明、实用新型和外观设计。

1）发明。发明是指对产品、方法或者其改进所提出的新的技术方案。

2）实用新型。实用新型是指对产品的形状、构造或者其结合所提出的适于使用的新的技术方案。

3）外观设计。外观设计是指对产品的形状、图案或者其结合以及色彩与形状、图案的结合所作出的富有美感并适于工业应用的新设计。

发明专利权的期限是20年，实用新型和外观设计专利权的期限是10年，均自申请日起计算。专利权期限届满后，专利权终止。

4. 勘察设计咨询业专利权和专有技术权的归属

根据《导则》，勘察设计咨询业专利权和专有技术权的归属一般按以下原则认定：

1）执行勘察设计咨询企业的任务，或主要利用本企业的物质技术条件所完

成的发明创造或技术成果，属于职务发明创造或职务技术成果，其专利申请权和专利的所有权、专有技术的所有权，以及专利和专有技术的使用权、转让权归企业所有。直接参加专利或专有技术开发、研制等工作的自然人依法享有署名权。

2）勘察设计咨询企业职工的非职务专利或专有技术权归个人所有。

7.4.4 勘察设计咨询业涉及的其他知识产权

1. 商标权

商标权是指商品生产经营者或服务提供者，依法对其经国务院工商行政部门商标局核准的注册商标享有的专用权。

根据《中华人民共和国商标法》（以下简称《商标法》）第3条第1款的规定，经商标局核准注册的商标为注册商标；商标注册人享有商标专用权，受法律保护。

根据《商标法》的规定，注册商标的有效期为10年，自核准注册之日起计算。注册有效期满，需要继续使用的，应当依法办理续展注册。注册商标可以转让，转让人和受让人应当签订转让协议并共同向商标局提出申请。商标注册人可以通过签订商标使用许可合同，许可他人使用其注册商标，但许可人和被许可人应当履行法律规定的相应义务。

2. 商业秘密

根据我国《反不正当竞争法》第10条，商业秘密是指不为公众所知悉，能为权利人带来经济利益、具有实用性并经权利人采用保密措施的技术信息和经营信息。商业秘密包括技术秘密（即专有技术）和经营秘密两类。

3. 竞业限制

竞业限制是指单位在劳动合同、知识产权权利归属协议或技术保密协议中，与对本单位技术权益和经济利益有重要影响的有关行政管理人员、科技人员和其他相关人员协商，约定竞业限制条款，即有关人员在离开单位后一定期限内不得在生产同类产品或经营同类业务且有竞争关系的或者其他利害关系的其他单位内任职，或者自己生产、经营与原单位有竞争关系的同类产品或业务。凡有这种约定的，单位都应向离职的受竞业限制的有关人员支付一定数额的补偿费。竞业限制的期限最长不得超过3年。

7.4.5 勘察设计咨询业知识产权归属的其他相关规定

1）勘察设计咨询企业是在科研、生产、经营、管理等工作中所形成的，能为企业带来经济利益的，采取了保密措施不为公众所知悉的技术、经营、管理信息等商业秘密属于企业所有。

2）勘察设计咨询企业的名称、商品商标、服务标志，以及依法定程序取得的各种资质证明等的权利为企业所有。

3）勘察设计咨询企业与其他企事业单位合作所形成的著作权及邻接权、专利权、专有技术权等知识产权，为合作各方所共有，合同另有规定的按照约定确定其权属。

4）勘察设计咨询企业接受国家、企业、事业单位的委托，或者委托其他企事业单位所形成的著作权及邻接权、专利权、专有技术权等知识产权，按照合同确定其权属。没有合同约定的，其权属归完成方所有。

5）勘察设计咨询企业的人员，在离开企业期间形成的知识产权的归属，一般按以下原则认定：

① 企业派遣出国开展合作设计、访问、进修、留学等，或者派遣到其他企事业单位短期工作的人员，在企业尚未完成的勘察、设计、咨询、科研等项目，在国外或其他单位完成而可能获得知识产权的，企业应当与派遣人员和接受派遣人员的单位共同签订协议，明确其知识产权的归属。

② 企业的离休、退休、停薪留职、调离、辞退等人员，在离开企业1年内形成的，且与其在原企业承担的工作或任务有关的各类知识产权归原企业所有。

6）勘察设计咨询企业接收的培训、进修、借用或临时聘用等人员，在接收企业工作或学习期间形成的职务成果的知识产权，按照接收企业与派出方的协议确定归属，没有协议的其权利属于接收企业。

7.4.6 知识产权的保护与管理

勘察设计咨询企业应当重视知识产权保护与管理工作，明确归口管理部门，配备专职或兼职的工作人员，负责知识产权的保护与管理工作。

1. 勘察设计咨询企业的职工在知识产权保护与管理中的权利与义务

这些权利与义务具体包括：

1）职工对本企业的知识产权保护与管理工作有监督权和建议权。

2）职工对自己直接参加工作形成的职务发明创造、职务技术成果、职务作品等企业知识产权，依法享有署名权。

3）职工在开发和保护知识产权工作中作出贡献的，有获得报酬和奖励的权利。

4）职工有遵守国家知识产权法律、法规，遵守企业知识产权保护与管理的规章制度，保护本企业知识产权的义务。

5）根据企业有关规定，职工有与企业签订知识产权保护协议书、保密协议、竞业限制协议的义务。

2. 勘察设计咨询企业知识产权保护与管理措施

1）勘察设计咨询企业应当建立健全知识产权保护与管理的规章制度。制定本企业著作权、专利和专有技术、商标及商业秘密管理办法。企业的生产经营、科技开发、档案管理、保密管理等规章制度中应有知识产权保护和管理方面的内容。

2）勘察设计咨询企业可根据实际情况，与本企业职工签署知识产权保护协议书，或者在与职工签署的劳动合同（聘用合同）中增加知识产权保护的内容。

3）勘察设计咨询企业应与关键岗位的专业技术人员和经营管理人员，以及对本企业的技术、经济权益有重要影响的人员签订竞业限制协议，明确竞业限制的具体范围、期限及违约责任等。勘察设计咨询企业应与离休、退休、停薪留职、调离、辞退等人员中仍对本企业的技术、经济权益有重要影响的人员达成保密协议，明确保密事项、期限及违约责任等。

4）勘察设计咨询企业应当规范和加强有关知识产权合同的签订、审核和管理工作。在签订勘察设计咨询合同、技术开发合同、技术引进合同、技术转让合同时，应当明确知识产权的归属以及相应的权利与义务等内容。

5）勘察设计咨询企业的档案管理部门应当对涉及知识产权的档案作为特殊档案妥善管理。未经许可，任何人不得私自保留或向外扩散。

6）勘察设计咨询企业要加强生产经营和科技开发中的保密工作，对涉及专有技术和其他商业秘密的勘察设计咨询文件、技术方案、科研成果、经营信息等，均应在显著位置明示"专有技术"或"商业秘密"等标识，采取严格的保密措施，认真保护，严格管理。勘察设计咨询企业的职工在开展国内外技术交流与合作中，对不属于交流与合作范围的本企业的其他专有技术和商业秘密要严格保密。

7）勘察设计咨询企业在勘察设计咨询工作中要做好以下知识产权保护与管理工作：

① 勘察设计咨询企业应当在投标文件中书面提出保护企业知识产权的要求，除招标文件中有特别约定外，企业应当及时索回未中标的投标方案，整理归档，防止企业知识产权流失。

② 勘察设计咨询项目执行过程中，项目负责人对该项目知识产权的保护与管理负责，落实企业知识产权管理制度，杜绝企业知识产权的流失，同时防止侵犯他人的知识产权。

③ 勘察设计咨询项目完成后，项目负责人负责将该工程项目的勘察设计文件、设计图及其说明书、计算书、原始记录、修改通知单、工程总结报告等收集、整理交档案管理部门归档。

8）勘察设计咨询企业在科研工作中要做好以下知识产权保护与管理工作：

① 在科研工作立项、技术与产品开发前，要进行相关技术专利文献的检索和分析，确立研发对策；研发过程中要进行专利文献跟踪，避免重复研发或涉及

他人专利保护范围。

② 在科研、技术开发、产品开发过程中，应当认真填写科研日记，详细记录进展情况、存在问题，及启发和构想等。

③ 科研工作完成后，项目负责人应当将合同书、背景资料、科研记录、试验数据、科研总结等与科研项目有关的资料收集、整理交档案管理部门归档。

④ 科研工作完成后，企业知识产权管理部门应当及时组织科研成果的审查、鉴定。对其中符合专利申请条件的，应当在科研成果鉴定前办理专利申请手续；对不适宜申请专利但具有商业价值的技术诀窍，应作为专有技术加以保护。

⑤ 直接或间接参加科研工作的人员，未经企业许可，不得在国内外刊物、学术或技术交流会上发表企业科研成果，不得擅自组织和参加技术鉴定会。

9）建设项目需引进技术或设备时，凡涉及专利或专有技术的，勘察设计咨询企业应当建议并协助建设单位（业主）进行专利法律状况或专有技术情况的调查，提供相关的技术服务。

10）勘察设计咨询企业将具有自主知识产权的新设备用于建设项目时，新设备制造文件只能提供给签有保密协议的制造厂，对没有签订保密协议的建设单位（业主）只提供总装图、易损件图和使用说明书。建设单位（业主）要求自行制造的，应当在签订专利、专有技术许可或转让合同，以及专有技术保密协议后再提供新设备制造文件。

11）勘察设计咨询企业自行开发的计算机软件，应在软件内设置版权保护声明，并采取相应的保护措施，必要时办理软件登记注册。勘察设计咨询企业应当定期检查监督企业外购及使用中的软件，防止使用盗版软件等侵权事件的发生。

12）勘察设计咨询企业选派职工出国或到外单位学习、进修、工作、科研6个月以上者，以及企业临时聘用人员，在离开企业前须将工作中涉及知识产权的技术资料交回企业有关部门，不得私自留存或擅自复制、发表、泄露、使用、转让。

13）勘察设计咨询企业职工在申请非职务专利、登记非职务计算机软件、转让或许可非职务技术成果或非职务作品前，凡与企业经营有关的，应向本企业知识产权管理部门申报，接受审核。对符合非职务条件的，企业应当出具相应的证明。企业职工对外发表与本职工作有联系的科技论文、作品，参加学术交流会等，应当经企业知识产权管理部门审查，企业知识产权管理部门对不宜公开的技术资料要严格把关。

14）勘察设计咨询企业要加强对本企业知识产权的管理，随时掌握企业自主知识产权的变化情况。勘察设计咨询企业以知识产权作价投资入股、合资创办企业，或进行知识产权转让、许可使用的，应当对其进行资产评估。

15）勘察设计咨询企业应当把知识产权保护法规制度纳入企业教育培训计划，加强对知识产权专业人员的培养，定期开展对企业各级领导和全体职工的培训教育。

16）勘察设计咨询企业应保证知识产权工作经费，用于知识产权管理、培训教育，专利申请、审查与维持，商标注册与续展，知识产权诉讼及竞业限制等项开支。

7.4.7 知识产权的侵权与处理

1. 侵犯著作权的行为

著作权及邻接权的权利人依法享有著作人身权和财产权，他人未经著作权人同意，不得发表、修改和使用其作品。发生以下行为或情况的为侵犯或者侵占他人的著作权：

1）勘察设计咨询企业或工程技术人员不遵守行业道德和从业公约，抄袭、剽窃他人的勘察、设计、咨询文件（设计图）及其作品的。

2）勘察设计咨询企业的职工未经许可，擅自将本企业的勘察设计文件（设计图）、工程技术资料、科研资料等复制、摘录、转让给其他单位或个人的。

3）勘察设计咨询企业的职工将职务作品或计算机软件作为非职务成果进行登记注册或转让的。

4）勘察设计咨询企业的职工未经审查许可，擅自发表、出版本企业业务范围内的科技论文、作品，或许可他人发表的。

5）任何单位或个人未经著作权人同意或超出勘察设计咨询合同的规定，擅自复制、超范围使用、重复使用、转让他人的工程勘察、设计、咨询文件（设计图）及其他作品等。

2. 侵犯专利权与专有技术权的行为

发生以下情况为侵犯或者侵占他人的专利权或专有技术权：

1）勘察设计咨询企业的职工违反规定，在工程项目或科研工作完成后，不按时将有关勘察设计文件、设计图、技术资料等归档，私自保留、据为己有的。

2）勘察设计咨询企业的职工违反规定，将应属于单位的职务发明创造和科技成果申请为非职务专利，或者将其据为己有的。

3）勘察设计咨询企业的职工，擅自转让本企业或他人的专利或专有技术的。

4）勘察设计咨询企业或工程技术人员，未经权利人允许，擅自在工程勘察设计中使用他人具有专利权或专有技术权的新工艺、新设备、新技术的。

5）任何单位或个人，采用盗窃、利诱、胁迫或者其他不正当手段获取、使用或者披露他人含有专有技术标识的文件、设计图及说明的。

6）任何单位或个人，违反双方保密约定，将含有专有技术标识的文件、设计图及说明转让给第三方，以及第三方明知是他人的保密文件、设计图及说明仍擅自使用等。

3. 侵犯商标权与相关识别性标志的行为

商标权的所有人对其注册商标依法享有专用权。他人未经商标权人的同意，不得在经营活动中擅自使用。发生以下行为或情况的为侵犯他人的商标及相关识别性标志权：

1）勘察设计咨询企业擅自在其勘察设计咨询文件上使用其他勘察设计咨询企业的名称、注册商标、资质证明、图签、出图专用章等企业标识的。

2）任何单位或个人，未经勘察设计咨询企业授权，以勘察设计咨询企业的名义进行生产经营活动或其他活动的。

4. 侵犯他人商业秘密的行为

国家依法保护公民和法人的商业秘密。发生以下行为或情况的为侵犯他人的商业秘密：

1）勘察设计咨询企业的职工，私自将与本企业签有正式业务合同的客户介绍给其他企业，给企业造成损失的。

2）勘察设计咨询企业的职工，违反企业保守商业秘密的要求，泄露或私自许可他人使用其所掌握商业秘密的。

3）第三人明知或应知有本条第1）~2）款所述的违法行为，仍获取、使用或者披露他人的商业秘密等。

5. 其他侵犯知识产权的行为

1）勘察设计咨询企业的离休、退休、离职、停薪留职人员将离开企业1年内形成的，且与其在原企业承担的工作或任务有关的知识产权视为己有或转让给他人的，均为侵犯了企业的知识产权。

2）勘察设计咨询企业的离休、退休、离职、停薪留职人员泄露在职期间知悉的企业商业秘密的，均为侵犯了企业的商业秘密权。

发生侵犯或侵占知识产权行为的，权利人在获得确切的证据后，可以直接向侵权者发出信函，要求其停止侵权，并说明侵权的后果。双方当事人可就赔偿等问题进行协商，达成协议的按照协议解决；无法达成协议的，可以采取调解、仲裁或诉讼等方式解决。

7.5 建设工程勘察设计法律典型案例分析

7.5.1 案例1

1. 基本案情

某建筑设计院承担了××花园公寓的工程设计工作。在设计中，基本保持了原审批的初步设计标准，控制了总体规模（600套），其总平面布置、道路、建

筑物的层数、层高及总高度以及地下车库、人防设施，均按照原初步设计及市规划局批准的方案设计的。但是，由于原初步设计存在一些不足之处，经业主同意，设计院在设计中作了一些必要的修改和调整。其中包括：

1) 修改了公寓内平面不合理部分。
2) 对电梯间过小的问题进行了调整。
3) 加宽了基础尺寸。

由于进行了上述修改和调整，使得××花园公寓较批准的规划建筑面积增加了 8100m²。

2. 案例评析

本案的焦点问题是，业主修改设计，不按规定履行报批手续的行为和设计院在××花园公寓的工程设计工作中，对原设计所作的修改和调整内容的行为是否合法。

工程建设管理中的一项重要原则就是程序的合法化。为适应市场的需求，业主为此增加建筑结构的安全和功能，修改与调整设计方案是正常的。关键的问题是，修改方案是否符合该地区的详细规划，是否符合规划管理审批程序。在初步方案确定以后，对原设计所确定的面积、规模、道路等设计要求进行修改与调整，都需要经过原审批机关批准后，方可修改。《建设工程勘察设计管理条例》第 28 条规定："建设工程勘察、设计文件内容需要作重大修改的，建设单位应当报经原审批机关批准后，方可修改。"按规定，建设单位应当报经原审批机关批准后，方可修改。本案中，建设单位未报经原审批机关批准，由设计院直接修改是违法的。设计院直接修改设计的行为，也属于违法行为。

7.5.2 案例2

1. 基本案情

2006 年 4 月 28 日，长越装饰公司（乙方）与北方化工公司（甲方）签订设计合同书，约定由甲方委托乙方进行北方地产大厦十一层办公室装饰设计工作，合同主要内容如下：

1) 乙方负责：自合同签订之日起，即按照甲方提供的设计文件基础资料进行方案设计和施工图的设计工作。从甲方确定方案设计的次日起 10 日内将全部施工图交甲方。具体工作包括出图、工程预算、施工交底、解答施工中的有关设计图的问题等。若因设计不详细导致工程造价增加，乙方承担所增造价的 2%，竣工后参加竣工验收。

2) 甲方负责：接到乙方的方案设计后，7 天内将方案的意见书面通知乙方，作为施工图设计的依据，并不再变更；开工前，组织有关单位及人员听取乙方设计交底；竣工后组织乙方参加竣工验收。合同还约定：由于乙方原因延误提供设计方案,初步设计或施工图设计时间,每延误一周,乙方按设计费的0.1%赔偿甲方经济损失;设计费的计算,按实用面积 1050m²、55 元/m² 收取,共 57750 元,自合同签字生效之日起,甲方应立即支付全额的 60% 即 34650 元;待图样交付相关部门审批后,甲方应支付全额的 30% 即 17325 元;待工程验收结果后,甲方应支付剩余的 10% 即 5775 元。

合同签订后,甲方向乙方支付了首期款项 34650 元,余款一直未付。庭审过程中,双方当事人对付款事宜均无异议。之后,乙方将施工图交付给甲方。双方对施工图交付数量存有争议,乙方称交付了施工图和报批图共计 29 张,甲方称仅收到部分施工图,共计 21 张。但乙方未能提供已交付施工图的相应证据。装饰工程招标期间,应甲方要求,乙方就增加的设计面积 101.57m² 提供了施工图,甲方认可增加的事实,但辩称合同约定的面积是估算的,增加的面积包含在合同约定的 1050m² 内,但未提交相应证据。

甲方委托北方世纪公司(以下称施工方)进行了施工,委托五环监理公司(以下称监理公司)进行监理。2006 年 8 月 10 日,施工方向甲方出具一份设计解决问题,针对北化地产大厦装修施工方案图提出了 12 个问题,要求设计单位配合解决。2006 年 8 月 18 日,甲方、乙方、监理公司及施工方的代表分别代表建设单位、设计单位、监理单位、施工单位达成了一份会议记录表(会议纪要),其中包括"五、监理王工总结:1. 设计方尽快出图,以便尽快报消防备案"字样。2006 年 9 月 11 日,除乙方外,以上三公司的代表又形成了一份监理例会纪要,其中包括"(三)施工单位向建设单位提出需解决的问题:……5. 由于业主到现在为止没有提供一套完整的施工图,有很多施工图是我公司绘制的,特别是设备及配电系统,原设计无法提供相应的数据、详细的施工设计图,严重影响了本工程的顺利进行,为此我公司做了大量的相应工作及费用支出,因此我们提出业主应给予我单位适当补偿"字样。

庭审过程中,甲方申请施工方部门经理皮某、监理公司监理师王某出庭作证。皮某表示:甲方向本院提交的施工图与该公司交付给施工方的施工图内容一致,该图并不完善,作为施工图深度不够,后施工方收到盖有乙方公章的施工图,解决了两份会议纪要提出的部分问题,针对未解决的问题,甲方又委托施工方做了深化图,并向其支付了费用。王某表示:第一次例会的时候没有施工图,所以提出了相应的问题;第二次例会是监理例会,按惯例基本上没有设计单位参加过,施工方提供的图深度不够,造成竣工日期延后 10 日,实际结算超出投资控制。

庭审过程中,乙方自认并未取得建设工程设计的相应资质,且被工商部门吊销营业执照,但不能确认吊销营业执照的具体时间。另查,因未按规定参加年检,乙方于 2006 年 11 月 17 日被北京市工商行政管理局朝阳分局吊销营业执照。

上述事实，有乙方提交的设计合同书、施工图；甲方提交的设计合同书、设计解决问题、监理例会纪要、会议记录表（会议纪要）、施工图等证据材料及本院庭审笔录等在案佐证。

2. 案件审理

依据《中华人民共和国合同法》第52条第5款、第58条的规定，判决如下：一、自本判决生效之日起10日内，被告甲方返还原告乙方23100元。二、驳回原告乙方的其他诉讼请求。如被告甲方未按本判决所指定的期间履行给付金钱义务，则应依据《中华人民共和国民事诉讼法》第232条的规定，加倍支付延迟履行期间的债务利息。

3. 案例评析

根据《建设工程质量管理条例》第18条的规定：从事建设工程设计的单位应当依法取得相应等级的资质证书，并在其资质等级许可的范围内承揽工程，禁止设计单位超越其资质等级许可的范围或者以其他设计单位的名义承揽工程。法人是具有民事权利能力和民事行为能力的组织，法人的权利能力和行为能力始于其依法取得营业执照，法人被吊销营业执照后其民事行为能力应受到一定的限制，除具有清算义务外，其原则上不得再从事经营活动，故法人一旦被吊销营业执照应作出对相对人有利的合同确认和解释。但本案中，乙方在合同签订时具有完全的权利能力和行为能力，在合同签订后设计合同的主要履行阶段也是一个持有合法营业执照的经营单位，该吊销事实的结果不会影响合同的效力和履行，故不应作为甲方主张合同无效的理由。但乙方未取得从事建设工程设计的相应等级的资质证书，属于违反行政法规的行为，根据《最高人民法院关于适用〈中华人民共和国合同法〉若干问题的解释（一）》，应确认为合同无效，并应对该无效合同承担相应责任。甲方将本案设计工程交给不具备相应资质等级的设计单位（乙方），也违反《建设工程质量管理条例》的规定，具有主观过错，也应承担合同无效的后果责任。

本案虽然确认双方签订的合同无效，但由于涉案工程现已完成，设计图予以使用后并通过验收，根据无效合同的处理原则，甲方应通过折价补偿的方式替代图的返还。

乙方诉讼请求中还要求甲方支付逾期付款违约损失，因本案确认合同无效，根据无效合同的处理原则，违约损失不再予以支持。

7.5.3 案例3

原告：赵某

被告：钱某

被告：××室内装饰装修设计工程有限公司（以下简称"设计公司"）

1. 基本案情

1999年10月,原告赵某与被告设计公司订立一份聘用合同,进入设计公司从事装饰设计工作。2000年3月,设计公司与深圳市××投资发展有限公司(以下简称"投资公司")订立一份合同,约定由设计公司为投资公司装修某住宅小区的一套样板间提供设计和施工。合同成立后,投资公司向设计公司提供了样板间的建筑结构图,设计公司为履行合同义务,分配赵某设计样板间。2000年4月,赵某为完成设计公司交给的任务,利用工作时间和设计公司提供的物质技术条件,完成了样板间的室内设计施工图,其中编号为 M 的有5张图,编号为 N 的有18张图,每一张图的设计一栏均有原告的署名,审核一栏有设计公司:钱某的署名。施工图中具体标明了每个部分应当使用的原材料及其尺寸或者规格,以及部分家具和内饰的位置和材质。施工图完成后,设计公司遂依据施工图进行施工,在施工过程中,为配合施工需要,曾对施工图的设计进行修改,一些修改是在赵某指导下进行,一些修改是在钱某指导下进行;施工图未做设计的家具、灯饰、装饰品和装饰物,由钱某设计、选购和配置。样板间完成后,设计公司针对样板间的不同角度,摄制了许多照片。2000年,该省举行室内装修设计大赛,钱某和设计公司持样板间拍摄的效果图片参赛,获得优胜奖。奖杯上无获奖者或者设计者的署名,未发给获奖证书或者奖金。2000年设计公司持上述效果图片参加市家居装饰设计作品展,获得一等奖,获奖证书上载明获奖单位为设计公司,设计师为钱某。2001年2月后,被告在一系列媒体上通过报道和广告等形式,运用图片和文字方式,宣传样板间的设计者是钱某,而对于原告却只字未提。原告以被告的上述行为构成著作权侵权为由向市中级人民法院提起诉讼。

2. 案件审理

市中级人民法院经审理认为,样板间有三种表现形式:一是设计施工图(平面),二是依据设计施工图施工而形成的实物(立体),三是对样板间实物拍照而形成的照片。样板间设计施工图属于《著作权法》第三条第(6)项所规定的工程设计图作品形式,是原告为完成设计公司的工作任务,利用设计公司的物质技术条件创作,并由法人承担责任的作品,著作权由法人所有。从样板间的设计施工图看,在设计一栏中有原告的署名,并且施工图完成时原告正受聘于设计公司,任设计师职务,应认定本案样板间设计施工图是原告的职务作品,原告对施工设计图享有署名权。

设计公司依据本案样板间的设计施工图(平面)进行施工,形成立体实物样板间,平面与实物之间确有本源与结果的关系,但是《著作权法》第52条规定,著作权法所称的复制是指以印刷、复印、临摹、拓印、录音、录像、翻录、翻拍等方式将作品制作一份或者多份的行为;按照工程设计、产品设计图及其说明进行施工、生产工业品,不属于复制。因此,被告依据样板间的设计施工图施工形成实物样板间不属于著作权法意义上的复制。双方当事人虽然都主张实物样板间也属于作品，不过著作权法未规定类似本案实物样板间属于著作权法意义上的作品。被告将本案实物样板间拍成照片，就所拍的照片而言，应当认定以实物样板间为反映内容的照片又形成新的摄影作品，原告赵某在本案中未主张其对摄影作品享有著作权，案件中也无证据证明原告是摄影作品的著作权人，法院不认定原告是上述摄影作品的著作权人。原告主张其应当对本案实物样板间享有署名权，进而要求被告更换获奖的设计者名字，返还奖杯等，没有直接的法律支持和证据佐证，不予采纳。依据《中华人民共和国民事诉讼法》第64条、《中华人民共和国著作权法》第52条规定，判决驳回原告赵某的诉讼请求。

3. 案例评析

本案涉及著作权的一个重要问题即职务作品著作权归属。2001年10月27日，修正前的原《著作权法》第16条规定，"公民为完成法人或者非法人单位工作任务所创作的作品是职务作品，除本条第二款的规定除外，著作权由作者享有，但法人或者非法人单位有权在其业务范围内优先使用。作品完成两年内，未经单位同意，作者不得许可第三人以与单位使用的相同的方式使用该作品。有下列情形之一的职务作品，作者享有署名权，著作权的其他权利由法人或者非法人单位享有，法人或者非法人单位可以给予作者奖励：（一）主要是利用法人或者非法人单位的物质技术条件创作，并由法人或者非法人单位承担责任的工程设计、产品设计图及其说明、计算机软件、地图等职务作品……"。

据此，职务作品的著作权一般由作者享有，其所在单位在业务范围内有优先使用权；但职务作品如果是作者主要利用其所在单位的物质技术条件创作，并由该单位承担责任的工程设计图、产品设计图、地图、计算机软件等，则作者只享有署名权，著作权的其他权利由其所在单位享有。本案中的原告赵某为完成被告设计公司的工作任务，利用该公司的物质技术条件创作并由该公司承担责任的样板间设计施工图，应当属于前面所述情形，原告赵某享有署名权，著作权的其他权利由被告设计公司享有。

本案争议的另一焦点在于著作权中的复制权。复制权是著作权的一项基本权利，即将作品制成有形的复制品的权利。修改前的《著作权法》规定按照工程设计、产品设计图样及其说明进行施工、生产工业品，不属于复制。因此本案应驳回原告赵某的诉讼请求。

第8章
建设工程质量管理法律制度

8.1 建设工程质量管理法律制度概述

8.1.1 建设工程质量的概念

1. 建设工程质量的含义

建设工程质量有广义和狭义之分。从狭义上说，建设工程质量是指建设工程符合业主需要而具备的使用功能。这一概念强调的是工程的实体质量，如基础是否坚固，主体结构是否安全以及通风，采光是否合理等。

广义的工程质量不仅包括工程的实体质量，还包括形成实体质量的工作质量。工作质量是指参与工程的建设者，为了保证工程实体质量所从事工作的水平和完善程度，包括社会工作质量，如社会调查、市场预测、质量回访和保修服务等；生产过程工作质量，如管理工作质量、技术工作质量和后勤工作质量等。工作质量直接决定了实体质量，工程实体质量的好坏是建设工程决策、勘察、设计、施工等单位各方面、各环节工作质量的综合反映。

因此，必须从广义上理解工程质量的概念，而不能仅仅把认识停留在工程的实体质量上。过去对工程质量的管理通常是一种事后的行为，楼倒人伤才想起应该追究有关方面的工程质量责任，这时即使对责任主体依法惩处，也无法挽回已经造成的损失。但如果在工程质量形成过程中就对参建单位的建设活动进行规范化管理，就可以将工程质量隐患消灭在萌芽状态，这样虽然看上去加大了工作量，但却可以有效地解决工程质量问题，这是广大建设行政管理人员值得注意的地方。

把广义上的工程质量按其形成的各个阶段作进一步分解，具体内容见表 8-1。

表 8-1　工程建设各阶段的质量内涵

工程项目质量形成的各个阶段	工程项目质量在各阶段的内涵	合同环境下满足需要的主要规定
决策阶段	可行性研究	国家的发展规划或业主的需求
设计阶段	1. 功能、使用价值的满足程度 2. 工程设计的安全、可靠性 3. 自然及社会环境的适应性 4. 工程概预算的经济性 5. 设计进度的时间性	工程建设勘察、设计合同及有关法律、法规、强制性标准
施工阶段	1. 功能、使用价值的实现程度 2. 工程的安全、可靠性 3. 自然及社会环境的适应性 4. 工程造价的控制状况 5. 施工进度的时间性	工程建设施工合同及有关法律、法规、强制性标准
保修阶段	保持或恢复原使用功能的能力	工程建设施工合同及有关法律、法规、强制性标准

2. 建设工程质量的特点

与一般的产品质量相比较，建设工程质量具有如下一些特点：

（1）影响因素多，质量变动大　如决策、设计、材料、机械、环境、施工工艺、操作方法、技术措施、人员素质及管理制度等均影响建设工程质量。但归纳起来，可分为五大方面，即通常所说的 4M1E：人（Man）、机械（Machine）、材料（Material）、方法（Method）和环境（Environment）。在工程建设全过程中严格控制好这五大因素，是保证建设工程质量的关键。

（2）隐蔽性强，终检局限性大　工程项目在施工过程中，由于工序交接多，若不及时检查发现其存在的质量问题，事后表面上质量尽管很好，但这时可能混凝土已经失去了强度，钢筋已经被锈蚀得完全失去了作用，诸如此类的工程质量问题在终检时是很难通过肉眼判断的，有时即使用上检测工具，也不一定能发现问题。

（3）对社会环境影响大　与工程规划、设计、施工质量的好坏有密切联系的不仅仅是使用者，而是整个社会。工程质量不仅直接影响人民群众的生产生活，而且影响着社会可持续发展的环境，特别是有关绿化、环保和噪声等方面的问题。

3. 工程建设各阶段对质量的影响

工程项目具有周期长的特点，因此工程质量不是在瞬间形成的。人们常常对设计和施工阶段比较重视，殊不知，工程建设各阶段紧密衔接，互相制约影响，所以工程建设的每一阶段均对工程质量的形成产生十分重要的影响。

（1）可行性研究对工程质量的影响　可行性研究是决定工程建设成败与否的首要条件。当前，各类公共工程和国有单位投资的工程是由政府批准立项的，不少项目筹划过程的规范性和科学性较差。有的工程立项滞后，工程开工后再立项；有的工程可行性研究不从客观实际出发，马虎、粗糙，甚至是工程是否可行完全取决于领导意志；有的项目资金、原材料、设备不落实，垫资施工，迫使设计单位降低设计标准，施工单位偷工减料……凡此种种，都严重影响了工程质量。

（2）勘察、设计阶段对工程质量的影响　工程勘察、设计阶段是影响工程质量的关键环节。地质勘察工作的内容、深度和可靠程度，将决定工程设计方案能否正确考虑场地的地层构造、岩土的性质、不良地质现象及地下水位等工程地质条件。地质勘察失控会直接产生工程质量隐患，如果依据不合格的地质勘察报告进行设计，就可能产生严重的后果。

从我国目前的实际情况来看，工程设计不规范的现象还很严重，如不执行强制性设计标准和安全标准，设计不符合抗震强度要求等。至于有些工程无证设计，盲目套用设计图，或违反设计规范等而引发的工程质量问题，后果就更为严重。国务院于 2000 年 1 月 30 日发布实施的《建设工程质量管理条例》（以下简称《质量管理条例》）确立了施工图设计文件审查批准制度，目的就是强化设计质量的监督管理。

（3）施工阶段对工程质量的影响　工程的施工阶段是影响工程质量的决定环节。工程项目只有通过施工阶段才能成为实实在在的东西，施工阶段直接影响工程的最终质量。我国工程实践中，违反施工顺序、不按设计图施工、施工技术不当以及偷工减料等影响工程质量的事例不胜枚举。《质量管理条例》正式确立了建设工程质量监督制度，监督施工阶段的质量是工程质量监督机构的工作重点。

（4）竣工验收和交付使用阶段对工程质量的影响　竣工验收和交付使用阶段是影响工程质量的重要环节。在工程竣工验收阶段，建设单位组织设计、施工、监理等有关单位对施工阶段的质量进行最终检验，以考核质量目标是否符合设计阶段的质量要求。这一阶段是工程建设向交付使用转移的必要环节，体现了工程质量水平的最终结果。《质量管理条例》确立了竣工验收备案制度，这是政府加强工程质量管理，防止不合格工程流向社会的一个重要手段。

在交付使用阶段，首先要做好工程的保护工作。如果保护不当，使工程受到破损、污染等损害，那么设计和施工阶段的工作再出色，也只能是前功尽弃。如很多用户不懂工程质量方面的知识，为达到装修效果盲目破坏工程主体结构，往往导致十分严重的质量隐患，直接影响了工程的使用寿命。

8.1.2 工程质量监督管理制度

1. 政府监督工程质量是一种国际惯例

工程质量责任重大,关系到社会公众的利益和公共安全。因此,无论是在发达国家,还是在发展中国家,均强调政府对工程质量进行监督管理。

大多数发达国家和地区政府的建设行政主管部门都把制定并执行住宅、城市、交通、环境建设等建设工程质量管理的法规视为主要任务,同时把大型项目和政府投资项目作为监督管理的重点。与其完善的市场经济体制相适应,这些国家和地区的政府都非常重视各种学会和行业协会的作用,对专业人士实行注册制度,依据法律、法规实行项目许可制度、市场准入制度、设计文件审核制度、质量体系认证制度、竣工验收许可证制度等。对建设工程质量进行全方位、全过程的管理是这些国家和地区的政府的通常做法。

政府有关部门对工程质量进行必要的监督检查也是国际惯例。美国各个城市市政当局都设有工程质量监督管理部门,对辖区内各类公共投资工程和私人投资工程进行强制性监督检查;新加坡政府主管部门——建屋发展局在每个工地派驻工程监督员,负责对建设工程质量进行监督管理;德国各州政府建设主管部门委托或授权国家认可的质量监督审查公司(由质量监督工程师组成),代表政府对所有新建工程和涉及结构安全的改建工程的质量进行强制性监督检查。这些发达国家和地区的政府质量监督检查,包括施工图涉及审查和施工过程的检查,一般委托给有关机构进行。

2. 我国的建设工程质量监督管理制度

为了确保工程质量,确保公共安全,保护人民群众的生命和财产安全,我国政府大力加强工程质量的监督管理。《质量管理条例》用专门一章来规定政府对建设工程质量的监督管理,主要内容包括建设工程质量管理职责、范围的划分,质量监督管理的实施机构和有权采取的强制性措施,建设工程竣工验收备案制度,建设工程质量事故报告制度等规定。

政府质量监督作为一项制度,以法规的形式在《质量管理条例》中加以明确,强调了工程质量必须实行政府监督管理。《质量管理条例》对加强工程质量监督管理的一系列重大问题作出了明确的规定:①对业主的行为进行了严格规范。②对建设单位、勘察设计单位、施工单位和建立单位的质量责任及其在实际工作中容易出问题的重要环节作出了明确的规定,依法追究责任。政府对工程质量的监督管理主要以保证工程使用安全和环境质量为主要目的,以法律、法规和强制性标准为依据,以地基基础、主体结构、环境质量和与此有关的工程建设各方主体的质量行为为主要内容,以施工许可制度和竣工验收备案制度为主要手段。

建设工程质量监督管理制度具有以下几个特点：第一，具有权威性，建设工程质量监督体现的是国家意志，任何单位和个人从事工程建设活动都应当服从这种监督管理；第二，具有强制性，这种监督是通过国家强制力来保证的，任何单位和个人不服从这种监督管理都将受到法律的制裁；第三，具有综合性，这种监督管理并不局限于某一个阶段或某一个方面，而是贯穿于建设活动的全过程，并适用于建设单位、勘察单位、设计单位、施工单位和工程建设监理单位等。

8.1.3　工程质量管理法律规范的调整对象和适用范围

1. 工程质量管理法律规范的调整对象

任何法律都是调整一定社会关系的，我国《建筑法》、《质量管理条例》等法律规范调整以下两种社会关系：

1）调整国家主管机关与建设单位、勘察单位、设计单位、施工单位、监理单位之间的工程质量监督管理关系。这是纵向的工程质量管理。

2）调整建设工程活动中有关主体之间的民事关系，包括建设单位与勘察、设计单位之间的勘察、设计合同关系，建设单位与施工单位的施工合同关系，建设单位与监理单位之间的建设监理委托合同等。这是横向的工程质量管理。

2. 建设工程的范围

（1）建筑活动　《建筑法》规定建筑活动是指各类房屋建筑及其附属设施的建造和与其配套的线路、管道、设备的安装活动。根据以上规定，建筑活动的范围包括三部分：各类房屋的建筑；房屋附属设施的建造，如围墙、烟囱等；与房屋配套的线路（如电气线路、通信线路）的安装、管道（给水排水管道、采暖通风管道）的安装和设备（电梯、空调等）的安装。

《建筑法》规定的建筑活动范围虽然较窄，但第81条规定："本法关于施工许可、建筑施工企业资质审查和建筑工程发包、承包、禁止转包，以及建筑工程监理、建筑工程安全和质量管理的规定，适用于其他专业建筑工程的建筑活动，具体办法由国务院规定。"

（2）建设工程　在《质量管理条例》中，建设工程是指土木工程，建筑工程，线路、管道，设备安装工程及装修工程。

1）土木工程。它包括矿山、铁路、公路、隧道、桥梁、堤坝、电站、码头、飞机场、营造林、海洋平台等工程。

2）建筑工程。它是指房屋建筑工程，即有顶盖、梁柱墙壁、基础以及能够形成内部空间，满足人们生产、生活、公共活动的工程实体，包括厂房、剧院、旅馆、商店、学校、医院和住宅等工程。

3）线路、管道和设备安装工程。它包括电力、通信线路、石油、燃气、给水、排水、供热等管道系统和各类机械设备、装置的安装活动。

4）装修工程。它包括对建筑物内外进行美化和增加使用功能的工程建设活动。

3. 工程质量责任主体的范围

1）建设行政主管部门及铁路、交通、水利等有关部门。行政管理人员渎职、腐败是造成重大恶性工程质量事故的首要原因。为此，国务院办公厅在《关于加强基础设施工程质量管理的通知》中强调，建立和落实工程质量领导责任制，并进一步明确了各级、各类领导以及行政管理人员的质量责任。

2）建设单位。建设单位是建设工程的投资人，也称"业主"。建设单位是工程建设过程的总负责方，拥有确定建设项目的规模、功能、外观、选用材料设备、按照国家法律法规选择承包单位的权力。建设单位可以是法人或自然人，包括房地产开发商。

3）勘察、设计单位。勘察单位是指对地形、地质及水文等要素进行测绘、勘探、测试及综合评定，并提供可行性评价与建设工程所需勘察成果资料的单位。设计单位是指按照现行技术标准对建设工程项目进行综合性设计及技术经济分析，并提供建设工程施工依据的设计文件和设计图的单位。

4）施工单位。施工单位是指经过建设行政主管部门的资质审查，从事建设工程施工承包的单位。按照承包方式不同，可分为总承包单位和专业承包单位。

5）工程监理单位。工程监理单位是指经过建设行政主管部门的资质审查，受建设单位委托，依据法律法规以及有关技术标准、设计文件和承包合同，在建设单位的委托范围内对建设工程进行监督管理的单位。工程监理单位可以是具有法人资格的监理公司、监理事务所，也可以是兼营监理业务的工程技术、科学研究及建设工程咨询的单位。

6）设备材料供应商。设备材料供应商是指提供构成建筑工程实体的设备和材料的企业。设备材料供应商不仅仅指设备材料生产商，还包括设备材料经销商。

建设工程项目，具有投资大、规模大、建设周期长、生产环节多、参与方多、影响质量因素多等特点，不论是哪个主体出了问题，都会导致质量缺陷，甚至重大质量事故的产生。例如，如果建设单位将工程发包给不具备相应资质等级的单位，或指使施工单位使用不合格的建筑材料、构配件和设备；勘察单位提供的水文地质资料不准确，设计单位计算错误或设备选型不准；施工单位不按图施工；工程监理单位不严格进行隐蔽工程检查等，都会造成工程质量缺陷，甚至重大质量事故。因此，工程质量管理最基本的原则和方法就是建立健全质量责任制度。

4. 地域适用范围和时间效力

（1）地域适用范围　地域适用范围是指法律在什么地域内适用。根据我国

《建筑法》和《质量管理条例》的有关规定，我国工程质量管理法律规范适用于在中华人民共和国境内从事的工程建设活动。对于工程建设活动来讲，无论投资主体是谁，建设工程项目的种类怎样，只要在中华人民共和国境内实施，都要遵守我国的工程质量管理法律规范。另一方面，工程质量管理法律规范不适用境外从事的工程建设活动，如我国的建筑施工企业在国外承包的建设工程项目，不适用《建筑法》和《质量管理条例》，只能适用当地的有效法律。

(2) 时间效力　时间效力是指法律在什么时间发生效力。在我国工程质量管理法律规范体系范围内，法律生效时间主要有两种：

1) 自公布之日起生效。例如，《质量管理条例》规定，"本条例自公布之日起施行"，也就是从 2000 年 1 月 30 日国务院总理以第 279 号令签发起生效。

2) 公布后经过一段时间开始生效。例如，《建筑法》于 1997 年 11 月 1 日公布，但在第 85 条规定"本法自 1998 年 3 月 1 日起施行"。《建筑法》没有规定自公布之日起施行，主要是考虑留有一段准备时间，用来学习和宣布法律，以保证该法的顺利实施。

8.2　建设工程质量管理责任和义务

8.2.1　建设单位质量责任和义务

建设单位作为建设工程的投资人，在整个建设活动中居于主导地位。因此，要确保建设工程质量，首先就要对建设单位的行为进行规范，对其质量责任予以明确。

长期以来，对建设单位的管理一直是监督管理的薄弱环节，因建设单位行为不规范，直接或间接导致工程出现问题的情况屡屡发生。我国工程质量法律规范在规定建设单位质量责任和义务上，主要有以下几个方面：

1) 建设单位应当将工程发包给具有相应资质等级的单位，不得将工程肢解发包。

① 承担单位应具备的条件　建设活动不同于一般的经济活动，从业单位素质的高低直接影响着工程质量。因此，从事建设活动的单位必须符合严格的资质条件。资质等级反映了企业从事某项工作的资格和能力，是国家对建设市场准入管理的重要手段。

② 禁止肢解发包　肢解发包是指建设单位将应该由一个承包单位完成的建设工程分解成若干部分发包给不同的承包单位的行为。在我国建设市场中有一些建设单位以肢解发包工程为手段进行不正当交易行为，不仅导致了某些个人的贪污犯罪，同时也危害了公共安全，因此，我国《建筑法》和《质量管理条例》

第8章 建设工程质量管理法律制度

禁止建设单位将建设工程肢解发包。

2）建设单位应当依法对工程建设项目的勘察、设计、施工、监理以及与工程建设有关的重要设备、材料等的采购进行招标。

根据我国《招标投标法》有关强制招标的规定，在我国境内进行下列工程建设项目的勘察、设计、施工、监理以及与工程建设有关的重要设备、材料等的采购，必须进行招标。

3）建设单位不得对承包单位的建设活动进行不合理干预。

① 建设单位不得迫使承包方以低于成本的价格竞标，不得任意压缩合理工期。这一规定对保证工程质量至关重要。实际工作中，不少建设单位一味强调降低成本，压级压价，如要求甲级设计单位按乙级资质取费，一级施工企业按二级资质取费，或迫使投标方互相压价，最终承包单位以低于其成本的价格中标。而中标的单位在承包工程后，为了减少开支，降低成本，不得不偷工减料，以次充好，粗制滥造，致使工程出现质量问题。

合理工期是指在正常建设条件下，采取科学、合理的施工工艺和管理方法，以现行的建设行政主管部门颁布的工期定额为基础，结合项目建设的具体情况，而确定的工期。建设单位不能为了早日发挥项目的效益，迫使承包单位赶工期。实际工作中，盲目赶工期，简化程序，不按规程操作，导致建设项目出问题的情况很多，这是应该制止的。

② 建设单位不得明示或暗示设计单位或施工单位违反工程建设强制性标准。强制性标准是保证工程结构安全、可靠的基础性要求，违反了这类标准，必然会给工程带来质量隐患。在实践中，一些建设单位为了自身的经济利益，明示或暗示承包单位违反了强制性标准的要求，降低了工程质量的标准，这种行为必须坚决制止。

③ 建设单位不得明示或暗示施工单位使用不合格的建筑材料、建筑构配件和设备。不合格的建筑材料、建筑构配件和设备是导致工程质量事故的直接因素，建设单位明示或暗示施工单位使用不合格的建筑材料、建筑构配件和设备，是一种严重的违法行为，必须予以制止。

4）依法报批施工图设计文件并接受政府监督。《质量管理条例》规定了施工图设计文件审查制度，这是政府对工程设计质量进行质量监督的新举措。

在市场经济条件下，由于市场竞争的原因，设计单位常常受制于建设单位，违心地服从建设单位提出的种种不合理要求，违法国家和地方的有关规定和强制性标准，产生各种各样的设计质量问题。而一旦发现设计质量问题，往往已经开始施工甚至开始使用，这将带来巨大的损失。因此，对施工图设计文件开展审查，既是对建设单位的成果进行质量控制，也能纠正参与建设活动各方的不规范行为。而且审查是在施工图设计文件完成之后，开始施工之前进行的，这样就可有效避免损失，保证建设工程质量。

按照《建筑工程施工图设计文件审查暂行办法》规定，建筑工程的建设单位应当将施工图报送建设主管部门，由建设行政主管部门委托有关审查机构审查。审查的主要内容为：

① 建筑的稳定性、安全性审查，包括地基基础和主体结构体系是否安全、可靠。

② 是否符合消防、节能、环保、抗震、卫生、人防等有关强制性标准规范。

③ 施工图是否能达到规定的深度要求。

④ 是否损害公众利益。凡应当审查而未经审查或者审查不合格的施工图项目，建设行政主管部门不得发放施工许可证，施工图不得交付施工。

5) 对必须实行监理的工程，建设单位应当委托具有相应资质等级的工程监理单位进行监理。

从我国目前的实际情况来看，我国尚不具备全面实行监理制度的条件。原建设部根据《质量管理条例》，于2001年1月17日颁布了86号令《建设工程监理范围和规模标准规定》明确了必须实行监理的具体范围和规模标准。这项必须实行监理的工程项目主要集中在国家重点建设工程、大中型公用事业工程、成片开发建设的住宅小区工程、利用外国政府或者国际组织贷款、援助资金的工程项目。此外，国家还规定必须实行监理的其他工程，主要指总投资额在3000万元以上关系社会公共利益、公众安全的基础设施项目。

6) 建设单位在领取施工许可证或者开工报告之前，应当按照国家有关规定办理工程质量监督手续。

施工许可制度是我国《建筑法》确定的一项制度，必须申请领取施工许可证的建筑工程未取得施工许可证的，一律不得开工。《建筑工程施工许可管理办法》(1999年10月15日建设部令第71号发布，2001年7月4日修正) 对该项制度的实施进行了详细规定。

建设单位在领取施工许可证开工报告之前，应按照国家有关规定，到工程质量监督机构办理工程质量监督手续，并应提供以下文件和资料：工程规划许可证；设计单位资质等级证书；监理单位资质等级证书，监理合同及工程项目监理登记表；施工单位资质等级证书及营业执照副本；工程勘察设计文件；中标通知书及施工承包合同等。

工程质量监督管理机构收到上述文件和资料后，进行审查，符合规定的，办理工程质量监督注册手续，签发监督通知书。建设单位办理工程质量监督手续是法定程序，不办理监督手续的，县级以上建设行政主管部门和其他专业部门不发施工许可证，工程不得开工。

7) 涉及建筑主体和承重结构变动的装修工程，建设单位要有设计方案。

现实生活中,有一些装修工程,为了满足特定的使用目的,要对结构主体和承重结构进行改动。建设单位在没有设计方案的前提下擅自施工,必然给工程带来质量隐患,后果是十分严重的。为此,我国《建筑法》和《质量管理条例》均规定,建设单位应当在施工前委托设计单位或者具有相应资质等级的其他设计单位提出设计方案;没有设计方案的,不得施工。

8)移交建设项目档案的责任。建设单位应当严格按照国家有关档案管理的规定,及时收集、整理建设项目各环节的文件资料,建立、健全建设项目档案,并在建设工程竣工验收后,及时向建设行政主管部门或者其他有关部门移交建设项目档案。

8.2.2 勘察、设计单位的质量责任和义务

1)遵守执业资质等级制度的责任。

勘察、设计单位应当依法取得相应资质等级的证书,并在其资质等级许可的范围内承揽工程,不得转包或违法分包所承揽的工程。勘察、设计单位的资质等级反映其从事某项勘察、设计工作的资格和能力,是国家对勘察、设计市场准入管理的重要手段。勘察、设计单位只有具备了相应的资质条件,才有能力保证勘察、设计的质量。超越资质等级许可的范围承揽工程,也就超越了其勘察、设计的能力,因而无法保证其勘察、设计的质量。为此,《质量管理条例》规定,"禁止勘察、设计单位允许其他单位或者个人以本单位的名义承揽工程。"

转包是指承包人将其承包的全部建设工程又发包给第三人。转包容易造成承包人压价转包,建设资金流失,使最终用于勘察、设计的费用大为降低以至于影响勘察、设计的质量;同时,承包人转包违背了发包人的意志,损害了发包人的利益,所以法律对转包行为予以禁止。

分包是指承包人将其承包工程的一部分或某几个部分再发包给其他承包人,与其签订承包合同下的分包合同。勘察、设计单位的违法分包主要是指将勘察、设计业务分包给不具备相应资质条件的单位,或勘察、设计单位作为分包单位又将其承包的工程再分包。上升违法分包的行为易造成责任不清以及因中间环节过多而使实际用于勘察、设计的费用减少,最终影响勘察、设计的质量。因此,法律对违法分包的行为也予以禁止。

2)建立质量保证体系的责任。

工程建设强制性标准是保证工程质量,满足对工程安全、卫生、环保等方面要求的最低标准。因此,在勘察、设计中必须严格执行。

我国目前对勘察、设计行业已实现了建筑师和结构工程师的个人执业注册制度,并规定注册建筑师、注册结构工程师必须在规定的执业范围内对本人负责的工程设计文件,实施签字盖章制度。注册建筑师、注册结构工程师作为设计单位

完成设计的主要技术人员，其工作质量直接影响设计的质量，因此应对设计文件负责。

此外，建设行政主管部门正会同有关部门准备对岩土工程师实行执业注册制度，勘察、设计行业其他有关专业的个人执业注册制度也将逐步建立。

3）设计单位应根据勘察成果文件进行建设工程设计。

勘察成果文件是设计的基础资料，是设计的依据。因此，先勘察后设计是工程建设程序的要求。但是，由于工期紧迫和建设单位的利益驱动，目前违背基建程序的做法时有发生。在勘察、设计质量检查中发现，不少工程存在先设计、后勘察的现象，甚至仅参考附近场地的勘察资料而不进行勘察，这些都会造成严重的质量隐患和质量事故。因此，设计单位应当根据相应的勘察成果文件进行建设工程设计。

4）除有特殊要求的建筑材料、专用设备、工艺生产线等外，设计单位不得指定生产厂、供应商。

设计单位有在设计文件中注明所选用的建筑材料、建筑构配件和设备的规格、型号、性能等技术指标的权利和义务。但设计单位如果滥用这项权利，就会限制建设单位和施工单位在材料采购上的自主权，同时也限制了其他建筑材料、建筑构配件和设备厂商的平等竞争权，妨碍了公平竞争。此外，指定产品往往会和腐败行为相联系，收受回扣后设计单位常常难以对产品的质量和性能有正确的评价，这无疑会对工程质量产生负面影响。

鉴于以上原因，我国《建筑法》和《质量管理条例》均规定，除有特殊要求的建筑材料、专用设备、工艺生产线等外，设计单位不得指定生产厂、供应商。这里的"特殊要求"通常是指根据设计要求，所选产品的性能和规格只有某个厂家能够生产或加工，必须在设计文件中注明方可进行下一步设计和采购工作。在通用产品能满足工程质量要求的前提下，设计单位不得故意选用特殊要求的产品。

8.2.3 施工单位的质量责任和义务

施工阶段是建设工程实体质量的形成阶段，勘察、设计工作质量均要在这一阶段得以实现。施工单位是建设市场的重要责任主体之一，它的能力和行为对建设工程的施工质量起关键性作用。由于施工阶段涉及的责任主体多，生产环节多，时间长，影响质量稳定的因素多，协调管理的难度较大，因此，施工阶段的质量责任制度显得尤为重要。

1）遵守执业资质登记制度的责任。

施工单位的资质等级，是施工单位建设业绩、人员素质、管理水平、资金数量、技术装备等综合能力的体现，反映了该施工单位从事某项施工工作的资格和能力，是国家对建筑市场准入管理的重要手段。《建筑业企业资质管理规定》对此作出了明确的规定。

施工单位必须在其资质等级许可的范围内承揽工程，禁止以其他施工单位名义承揽工程和允许其他单位或个人以本单位名义承揽工程。在实践中，一些施工单位因自身资质条件不符合招标项目所要求的资质条件，会采取种种欺骗手段取得发包方的信任，其中包括借用其他施工单位的资质证书，以其他施工单位的名义承揽工程等手段进行违法承包活动。这些施工单位一旦中标，一般要向出借方缴纳一笔高额管理费，进而会发生依靠偷工减料、以次充好等非法手段赚取利润。这样一来，必然会给工程带来严重隐患。因此，必须明令禁止这种行为，无论是"出借方"还是"借用方"都将受到法律的处罚。

2）施工单位不得转包或违法分包工程。

① 转包。转包的最主要特点是转包人只从受转包方收取管理费，而不对工程进行施工和管理。建设单位对受转包人的管理缺乏法律依据，受转包人的行为不受承包合同的约束。后者为了非法盈利，不择手段。我国《建筑法》和《合同法》都明令禁止承包单位将其承包的全部工程转包给他人，同时也禁止承包单位将其承包的工程肢解以后，以分包的名义分别转包给他人。

② 违法分包。正常的总分包施工经营方式是建设活动自身的客观需要，但工程实践中，有许多违法分包的行为，表现在以下几方面：

总承包单位将建设工程分包给不具备相应资质条件的单位。

建设工程总承包合同中没有约定，又未经建设单位认可，承包单位将其承包的部分工程交由其他单位完成。

施工总承包单位将建设工程主体结构的施工分包给其他单位。

分包单位将其承包的建设工程再分包。

上述行为均是《建筑法》、《质量管理条例》明令禁止的。

3）总承包单位与分包单位对分包工程的质量承担连带责任。

一方面，对于实行工程施工总承包的，无论质量问题是由总承包单位造成的，还是由分包单位造成的，均由总承包单位负全面的质量责任。另一方面，总承包单位与分包单位对分包工程的质量承担连带责任。依据这一责任，对于分包工程发生的质量责任，建设单位或其他受害人既可以向分包单位请求赔偿全部损失，也可以向总承包单位请求赔偿损失。在总承包单位承担责任后，可以依法按分包合同的约定，向分包单位追偿。

4）施工单位必须按照工程设计图样和施工技术标准施工，不得擅自修改工程设计，不得偷工减料。

按工程设计图样施工，是保证工程实现设计意图的前提，也是明确划分设计、施工单位质量责任的前提。施工过程中，如果施工单位不按图施工或不经原设计单位同意,就擅自修改工程设计,其直接后果往往违反了原设计的意图,影响工程的质量。间接后果是在原设计有缺陷或出现工程质量事故的情况下,混淆了设计、施工单位各自应负的质量责任。所以按图施工,不擅自修改工程设计,是施工单位保证工程质量的最基本要求。

5)施工单位必须按照工程设计要求、施工技术标准和合同约定,对建筑材料、建筑构配件、设备和商品混凝土进行检验,未经检验或检验不合格的,不得使用。

材料、构配件、设备及商品混凝土检验制度,是施工单位质量保证体系的重要组成部分,是保障建设工程质量的重要内容。施工中要按工程设计要求、施工技术标准和合同约定,对建筑材料、建筑构配件、设备和商品混凝土进行检验。检验工作要按规定的范围和要求进行,按现行的标准、规定的数量、频率、取样方法进行检验。检验的结果要按规定的格式形成书面记录,并由有关专业人员签字。未经检验或检验不合格的,不得使用;使用在工程上的,要追究批准使用人的责任。

6)施工人员对涉及结构安全的试块、试件以及有关材料,应在建设单位或工程监理单位监督下现场取样,并送具有相应资质等级的质量检测单位进行检测。

在工程施工过程中,为了控制工程总体或相应部位的施工质量,一般要依据有关技术标准,用特定的方法对用于工程的材料或构件抽取一定数量的样品,进行检测或试验,并根据其结果来判断其所代表部位的质量。这是控制和判断工程质量所采取的重要技术措施。试块和试件的真实性和代表性,是保证这一措施有效的前提条件。为此,建设工程施工检测,应实行有见证取样和送检制度,即施工单位在建设单位或监理单位见证下取样,送至具有相应资质的质量检测单位进行检测。有见证取样可以保证取样的方法、数量、频率、规格等符合标准的要求,防止假试块、假试件和假试验报告的出现。

检测单位的资质,是保证试块、试件检测、试验质量的前提条件。具有相应资质等级的质量检测单位是指必须经省级以上建设行政主管部门进行资质审查和有关部门质量认证的工程质量检测单位。从事建筑材料和制品等试验工作的施工企业、混凝土预制构件和商品混凝土的生产企业、科研单位、大专院校对外服务的工程实验室以及工程质量检测机构,均应按有关规定,取得资质证书。

8.2.4 工程监理单位的质量责任和义务

1)遵守执业资质登记制度的责任。

《质量管理条例》第34条规定,"工程监理单位应当依法取得相应等级的资质证书,并在其资质等级许可范围内承担工程监理业务。禁止工程监理单位超越本单位资质等级许可的范围或者以其他工程监理单位的名义承担工程监理业务。禁止工程监理单位允许其他单位或者个人以本单位的名义承担工程监理业务"。

2）独立监理的责任。

《质量管理条例》第35条规定："工程监理单位与被监理工程的施工承包单位以及建筑材料、建筑构配件和设备供应单位有隶属关系或者其他利害关系的，不得承担该项建设工程的监理业务。"

独立是公正的前提条件，监理单位如果不独立是不可能保持公正的。由于工程监理单位与被监理工程的施工承包单位以及建筑材料、建筑构配件和设备供应单位之间是一种监督和被监督的关系，为了保证工程监理单位能客观、公正地执行监理任务，工程监理单位不得与被监理工程的施工承包单位以及建筑材料、建筑构配件和设备供应单位有隶属关系或者其他利害关系。这里的隶属关系是指工程监理单位与被监理工程的施工承包单位以及建筑材料、建筑构配件和设备供应单位有行政上下级关系等。其他利害关系是指工程监理单位与被监理工程的施工承包单位以及建筑材料、建筑构配件和设备供应单位之间存在的可能直接影响监理单位工作公正性的经济或其他利益关系，如参股、联营等关系。工程监理单位与被监理工程的施工承包单位以及建筑材料、建筑构配件和设备供应单位有隶属关系或者其他利害关系的，不得承担该项建设工程的监理业务。

3）工程监理单位应当依照法律、法规以及有关技术标准、设计文件和建筑工程承包合同，代表建设单位对施工质量实施监理，并对施工质量承担监理责任。

监理单位对施工质量承担监理责任，主要有依法监理责任和确认质量的责任。《质量管理条例》第36条规定："工程监理单位应当依照法律、法规以及有关技术标准、设计文件和建设工程承包合同，代表建设单位对施工质量实施监理，并对施工质量承担监理责任。"《质量管理条例》第38条规定："监理工程师应当按照工程监理规范的要求，采取旁站、巡视和平行检验等形式，对建设工程实施监理。"未经监理工程师签字，建筑材料、建筑构配件和设备不得在工程上使用或者安装，施工单位不得进行下一道工序的施工。未经总监理工程师签字，建设单位不拨付工程款，不进行竣工验收。

8.2.5 建筑材料、构配件生产及设备供应单位的质量责任和义务

《质量管理条例》并没有专门设置"建筑材料、构配件生产及设备供应单位的质量责任和义务"一章，但根据《中华人民共和国产品质量法》（1993年2月22日通过，2000年7月修正）的有关规定，建筑材料、构配件生产及设备供应单位主要有以下几个方面的质量责任和义务：

1）建筑材料、构配件生产及设备供应单位的基本要求。

建筑材料、构配件生产及设备供应单位必须具备相应的生产条件、技术装备

和质量保证体系,具备必要的检测人员和设备,把好产品看样、订货、储存、运输和核验的质量关。

2) 建筑材料、构配件及设备质量应当符合的要求。

① 符合国家或行业现行有关技术标准规定的合格标准和设计要求。

② 符合在建筑材料、构配件及设备或其包装上注明采用的标准,符合以建筑材料、构配件及设备说明、实物样品等方式表明的质量状况。

3) 建筑材料、构配件及设备或者其包装上的标识应当符合的要求。

① 有产品质量检验合格证明。

② 有中文标明的产品名称、生产厂名和厂址。

③ 产品包装和商标样式符合国家有关规定和标准要求。

④ 设备应有产品详细的使用说明书,电气设备还应附有线路图。

⑤ 实施生产许可证或使用产品质量认证标志的产品,应有许可证或质量认证的编号、批准日期和有效期限。

4) 建筑材料、构配件生产及设备供应单位其他的质量责任和义务。

建筑材料、构配件生产及设备供应单位对其生产或供应的产品质量负责。建筑材料、构配件生产及设备的供需双方均应签订购销合同,并按合同条款进行质量验收。建筑材料、构配件生产及设备供应单位必须具备相应的生产条件、技术装备和质量保证体系,具备必要的检测人员和设备,把好产品看样、订货、储存、运输和核验的质量关。

建筑材料、构配件生产及设备供应单位不得生产国家明令淘汰的产品,不得伪造产地,不得伪造或冒用他人的厂名、厂址,不得伪造或冒用认证标志等质量标志,不得掺杂、掺假,不得以假乱真、以次充好,不得以不合格产品冒充合格产品等。

8.3 建设工程质量的监督管理

建设工程质量监督管理是指主管部门依据有关法律法规和工程建设强制性标准,对工程实体质量和工程建设、勘察、设计、施工、监理单位和质量检测等单位的工程质量行为实施监督。工程实体质量监督是指主管部门对涉及工程主体结构安全、主要使用功能的工程实体质量情况实施监督。工程质量行为监督是指主管部门对工程质量责任主体和质量检测等单位履行法定质量责任和义务的情况实施监督。

8.3.1 工程质量监督管理部门

1. 建设行政主管部门及有关专业部门

我国实行国务院建设行政主管部门统一监督管理,各专业部门按照国务院确

定的职责分别对其管理范围内的专业工程进行监督管理。根据国务院批准的"三定"方案的规定,住建部是负责全国建设行政管理的职能部门,铁路、交通、水利等有关部门分别对专业建设工程进行监督管理。县级以上人民政府建设行政主管部门在本行政区域内实行建设工程质量监督管理,专业部门按其职责对本专业建设工程质量实行监督管理。

这种管理体制明确了政府各部门的职责,职权划分清晰,权力与职责一致,谁管理谁负责,有利于对建设工程质量实施监督管理。

2. 工程质量监督机构

对建设工程质量进行监督管理的主要是各级政府建设行政主管部门和其他有关部门。但是,建设工程周期长、环节多,工程质量监督工作是一项专业性强且十分复杂的工作,政府部门不可能有庞大的编制亲自进行日常检查工作,这就需要委托由政府认可的第三方,即具有独立法人资格的单位来代行工程质量监督职能。工程质量监督机构虽然是受政府委托实施质量监督,但履行的是行政管理职能,本质上仍然属于行政执法机构。《质量管理条例》规定从事房屋建筑工程和市政基础设施工程质量监督的机构,必须按照国家有关规定经国务院建设行政主管部门或者省、自治区、直辖市人民政府建设行政主管部门考核;从事专业建设工程质量监督的机构,必须按照国家有关规定经国务院有关部门或者省、自治区、直辖市人民政府有关部门考核。经考核合格后,方可实施质量监督。

工程质量监督机构应当具备下列条件:具有符合规定的一定数量的监督人员;有固定的工作场所和满足工程质量监督检查工作需要的仪器、设备和工具等;有健全的质量监督工作制度,具备与质量监督工作相适应的信息化管理条件。

工程质量监督人员应当具备下列条件:具有工程类专业大学专科以上学历或者工程类执业注册资格;具有3年以上工程质量管理或者设计、施工、监理等工作经历;熟悉并掌握相关法律法规和工程建设强制性标准;具有一定的组织协调能力和良好职业道德。监督人员符合上述条件经考核合格后,方可从事工程质量监督工作。

8.3.2 工程质量监督管理职责

1. 国务院建设行政主管部门的基本职责

《质量管理条例》规定,国务院建设行政主管部门和国务院铁路、交通、水利等有关部门应当加强对有关建设工程质量的法律、法规和强制性标准执行情况的监督检查。国务院建设行政主管部门在建设工程质量监督方面履行下列职责:

1)贯彻国家有关建设工程质量的法律、法规、政策,制定建设工程质量监督的有关规定和实施细则。

2)指导全国建设工程质量监督工作。

3) 制定工程质量监督机构和质量监督工程师的资格标准、考核审批和管理办法。

4) 组织全国建设工程质量检查等。

2. 县级以上地方人民政府建设行政主管部门的基本职责

《质量管理条例》规定，县级以上地方人民政府建设行政主管部门和其他有关部门应当加强对有关建设工程质量的法律、法规和强制性标准执行情况的监督检查。

1) 根据有关规定，省、自治区、直辖市建设行政主管部门履行下列建设工程质量方面的职责：

① 贯彻国家有关建设工程质量的法律、法规、政策，制定本地区建设工程质量监督工作的有关规定和实施细则。

② 对本地区市、区、县质量监督机构考核、认定。

③ 组织对工程质量监督工程师和监督员的考核。

④ 组织对本地区建设工程质量的检查工作等。

2) 各级城市、地、区、县建设行政主管部门履行下列建设工程质量监督工作的职责：

① 贯彻国家和地方有关建设工程质量法律、法规、政策。

② 委托质量监督机构具体实施工程质量监督。

③ 在工程竣工验收后，接受质量监督机构报送的工程质量监督报告和建设单位竣工验收的有关资料，办理备案手续。

④ 对上报的需实施行政处罚的报告进行审核，并依法对工程建设有关主体实施行政处罚。

3) 建设行政主管部门履行监督检查职责时有权采取措施。《质量管理条例》规定，县级以上人民政府建设行政主管部门和其他有关部门履行监督检查职责时，有权采取下列措施：

① 要求被检查的单位提供有关工程质量的文件和资料。

② 进入被检查单位的施工现场进行检查。

③ 发现有影响工程质量的问题时，责令改正。

8.3.3 工程质量监督管理内容、程序

1. 工程质量监督管理的内容

1) 执行法律法规和工程建设强制性标准的情况。

2) 抽查涉及工程主体结构安全和主要使用功能的工程实体质量。

3) 抽查工程质量责任主体和质量检测等单位的工程质量行为。

4) 抽查主要建筑材料、建筑构配件的质量。

5) 对工程竣工验收进行监督。

6）组织或者参与工程质量事故的调查处理。
7）定期对本地区的工程质量状况进行统计分析。
8）依法对违法违规行为实施处罚。

2. 工程质量监督管理的程序

1）受理建设单位办理质量监督手续。
2）制订工作计划并组织实施。
3）对工程实体质量、工程质量责任主体和质量检测等单位的工程质量行为进行抽查、抽测。
4）监督工程竣工验收，重点对验收的组织形式、程序等是否符合有关规定进行监督。
5）形成工程质量监督报告。
6）建立工程质量监督档案。

8.3.4 工程质量事故报告制度

工程质量事故是指由于建设、勘察、设计、施工、监理等单位违反工程质量有关法律法规和工程建设标准，使工程产生结构安全、重要使用功能等方面的质量缺陷，造成人身伤亡或者重大经济损失的事故。

1. 工程质量事故等级划分

根据工程质量事故造成的人员伤亡或者直接经济损失，工程质量事故分为4个等级：

1）特别重大事故。特别重大事故是指造成30人以上死亡，或者100人以上重伤，或者1亿元以上直接经济损失的事故。
2）重大事故。重大事故是指造成10人以上30人以下死亡，或者50人以上100人以下重伤，或者5000万元以上1亿元以下直接经济损失的事故。
3）较大事故。较大事故是指造成3人以上10人以下死亡，或者10人以上50人以下重伤，或者1000万元以上5000万元以下直接经济损失的事故。
4）一般事故。一般事故是指造成3人以下死亡，或者10人以下重伤，或者100万元以上1000万元以下直接经济损失的事故。

上述等级划分标准中，所称的"以上"包括本数，"以下"不包括本数。

2. 工程质量事故报告

1）工程质量事故发生后，事故现场有关人员应当立即向工程建设单位负责人报告；工程建设单位负责人接到报告后，应于1小时内向事故发生地县级以上人民政府住房和城乡建设主管部门及有关部门报告。情况紧急时，事故现场有关人员可直接向事故发生地县级以上人民政府住房和城乡建设主管部门报告。
2）住房和城乡建设主管部门接到事故报告后，应当依照下列规定上报事故情况，并同时通知公安、监察机关等有关部门：

① 较大、重大及特别重大事故逐级上报至国务院住房和城乡建设主管部门，一般事故逐级上报至省级人民政府住房和城乡建设主管部门，必要时可以越级上报事故情况。

② 住房和城乡建设主管部门上报事故情况，应当同时报告本级人民政府；国务院住房和城乡建设主管部门接到重大和特别重大事故的报告后，应当立即报告国务院。

③ 住房和城乡建设主管部门逐级上报事故情况时，每级上报时间不得超过2小时。

④ 事故报告应包括下列内容：事故发生的时间、地点、工程项目名称、工程各参建单位名称；事故发生的简要经过、伤亡人数（包括下落不明的人数）和初步估计的直接经济损失；事故的初步原因；事故发生后采取的措施及事故控制情况；事故报告单位、联系人及联系方式；其他应当报告的情况。

⑤ 事故报告后出现新情况，以及事故发生之日起30日内伤亡人数发生变化的，应当及时补报。

8.3.5 工程质量检举、控告、投诉制度

我国《建筑法》与《质量管理条例》均明确，任何单位和个人对建设工程的质量事故、质量缺陷都有权检举、控告、投诉。工程质量检举、控告、投诉制度是为了更好地发挥群众监督和社会舆论监督的作用，是保证建设工程质量的一项有效措施。

1. 工程质量投诉的范围

建设工程质量投诉是指公民、法人或其他组织通过信函、电话、来访等形式反映质量问题的活动。对建设工程质量投诉的处理是建设行政主管部门的一项重要日常工作。《建设工程质量投诉处理暂行规定》第3条规定，凡在新建、改建、扩建的各类建筑安装、市政、公用、装饰装修等建设工程，在保修期内和建设过程中发生的工程质量问题属投诉范围。根据这一规定，建设行政主管部门应予受理的建设工程质量投诉包括两部分：一是在建工程；二是在保修期内的使用工程。对超过保修期的，在使用过程发生的工程质量问题，不属建设行政主管部门受理的投诉范畴，是民事法规调整的范畴，应通过消协、司法途径解决。建设行政主管部门在此类纠纷中，仅在调解、诉讼阶段为当事人提供必要的检验、认证结论，因而该类纠纷不属投诉范围。在确定建设行政主管部门对建设工程质量投诉受理范围时一个重要的概念就是保修期。依据"法律不溯及既往"的原则，对2000年1月30日之后交付使用的工程，保修期的界定应适应国务院第279号令《建设工程质量管理条例》第40条的规定及建设方与施工方的约定确定保修

期限。对 2000 年 1 月 30 日之前交付使用的工程，应依据建设部第 29 号令《建设工程质量管理办法》第 41 条的规定及建设方与施工方的约定来确定保修期限。

2. 负责工程质量投诉管理工作的部门及其职责

1）住建部负责全国建设工程质量投诉管理工作。国务院各有关主管部门的工程质量投诉受理工作，由各部门根据具体情况指定专门机构负责。省、自治区、直辖市建设行政主管部门指定专门机构，负责受理工程质量的投诉。

住建部对工程质量投诉管理工作的主要职责是：

① 制定工程质量投诉处理的有关规定和办法。

② 对各省、自治区、直辖市和国务院有关部门的投诉处理工作进行指导、督促。

③ 受理全国范围内有重大影响的工程质量投诉。

2）各省、自治区、直辖市建设行政主管部门和国务院各有关部门对工程质量投诉管理工作的主要职责是：

① 贯彻国家有关建设工程质量方面的方针、政策和法律、法规、规章，制定本地区、本部门的工程质量投诉处理的有关规定和办法。

② 组织、协调和督促本地区、本部门的工程质量投诉处理工作。

③ 受理本地区、本部门范围内的工程质量投诉。

市（地）、县建委（建设局）的工程质量投诉管理机构和职责，由省、自治区、直辖市建设行政主管部门或地方人民政府确定。

3. 投诉处理机构的职责和义务

1）投诉处理机构要督促工程质量责任方，按照有关规定，认真处理好用户的工程质量投诉。要做好投诉登记工作。

2）对需要几个部门共同处理的投诉，投诉处理机构要主动与有关部门协商，在政府的统一领导和协调下，有关部门各司其职，协同处理。

3）住建部批转各地区、各部门处理的工程质量投诉材料，各地区、各部门的投诉处理机构应在 3 个月内将调查和处理的情况报住建部。省级投诉处理机构受理的工程质量投诉，按照属地解决的原则，交由工程所在地的投诉处理机构处理，并要求报告处理结果。对于严重的工程质量问题可派人协助有关方面调查处理。市、县级投诉处理机构受理的工程质量投诉，原则上应直接派人或与有关部门共同调查处理，不得层层转批。

4）对于投诉的工程质量问题，投诉处理机构要本着实事求是的原则，对合理的要求，要及时妥善处理；暂时解决不了的，要向投诉人作出解释，并责成工程质量责任方限期解决；对不合理的要求，要作出说明，经说明后仍坚持无理要求的，应给予批评教育。对注明联系地址和联系人姓名的投诉，要将处理的情况通知投诉人。

5）在处理工程质量投诉过程中，不得将工程质量投诉中涉及的检举、揭发、控告材料及有关情况，透露或者转送给被检举、揭发、控告的人员和单位。任何组织和个人不得压制、打击报复、迫害投诉人。

6）各级建设行政主管部门要把处理工程质量投诉作为工程质量监督管理工作的重要内容抓好。对在工程质量投诉处理工作中做出成绩的单位和个人，要给予表彰。对在处理投诉工作中不履行职责、敷衍、推诿、拖延的单位及人员，要给予批评教育。

8.4 建设工程竣工验收与工程质量保修制度

8.4.1 建设工程竣工验收制度

工程项目的竣工验收是施工全过程的最后一道程序，是建设投资成果转入生产或使用的标志，也是全面考核投资效益、检验设计和施工质量的重要环节。建设工程完工后，承包单位应当按照国家竣工验收有关规定，向建设单位提供完整的竣工资料和竣工验收报告，请建设单位组织竣工验收。建设单位收到竣工验收报告后，应及时组织有设计、施工、工程监理等单位进行竣工验收。

1. 建设工程竣工验收条件

交付竣工验收的建设工程，应当符合以下条件：完成建设工程设计和合同约定的各项内容；有完整的技术档案和施工管理资料；有工程使用的主要建筑材料、建筑构配件和设备的进场试验报告；有勘察、设计、施工、工程监理等单位分别签署的质量合格文件；有施工单位签署的工程保修书。

《房屋建筑工程和市政基础设施工程竣工验收暂行规定》（2000年6月30日原建设部发布）又对建设工程竣工验收条件作出详细的规定。

2. 建设工程竣工验收程序

1）工程完工后，施工单位向建设单位提交工程竣工报告，申请工程竣工验收。实行监理的工程，工程竣工报告须经总监理工程师签署意见。

2）建设单位收到工程竣工报告后，对符合竣工验收要求的工程，组织勘察、设计、施工、监理等单位和其他有关方面的专家组成验收组，制定验收方案。

3）建设单位应当在工程竣工验收7个工作日前将验收的时间、地点及验收组名单书面通知负责监督该工程的工程质量监督机构。

4）建设单位组织工程竣工验收：建设、勘察、设计、施工、监理单位分别汇报工程合同履约情况和在工程建设各个环节执行法律、法规和工程建设强制性标准的情况；审阅建设、勘察、设计、施工、监理单位的工程档案资料；实地查验工程质量；对工程勘察、设计、施工、设备安装质量和各管理环节等方面作出全面评价，形成经验收组人员签署的工程竣工验收意见。

参与工程竣工验收的建设、勘察、设计、施工、监理等各方不能形成一致意见时，应当协商提出解决的方法，待意见一致后，重新组织工程竣工验收。

3. 建设工程竣工验收备案制度

《质量管理条例》确立了建设工程竣工验收备案制度，该项制度是加强政府监督管理，防止不合格工程流向社会的一个重要手段。结合《质量管理条例》和《房屋建筑和市政基础设施工程竣工验收备案管理办法》（2000年4月4日建设部令第78号发布，2009年10月19日修正）的有关规定，建设单位应当在工程竣工验收合格后的15日到县级以上人民政府建设行政主管部门或其他有关部门备案。

建设单位办理工程竣工验收备案应提交以下材料：

1）工程竣工验收备案表。

2）工程竣工验收报告。竣工验收报告应当包括工程报建日期，施工许可证号，施工图设计文件审查意见，勘察、设计、施工、工程监理等单位分别签署的质量合格文件及验收人员签署的竣工验收原始文件，市政基础设施的有关质量检测和功能性试验资料以及备案机关认为需要提供的有关资料。

3）法律、行政法规规定应当由规划、环保等部门出具的认可文件或者准许使用文件。

4）法律规定应当由公安消防部门出具的对大型的人员密集场所和其他特殊建设工程验收合格的证明文件。

5）施工单位签署的工程质量保修书。

6）法规、规章规定必须提供的其他文件。

住宅工程还应当提交住宅质量保证书和住宅使用说明书。

工程质量监督机构应当在工程竣工验收之日起5日内，向备案机关提交工程质量监督报告。备案机关发现建设单位在竣工验收过程中有违反国家有关建设工程质量管理规定行为的，应当在收讫竣工验收备案文件15日内，责令停止使用，重新组织竣工验收。

建设单位有下列违法行为的，备案机关应按照有关规定给予行政处罚：

1）在工程竣工验收合格之日起15日未办理工程竣工验收备案。

2）在重新组织竣工验收前擅自使用工程。

3）采用虚假证明文件办理竣工验收备案。

8.4.2 建设工程质量保修制度

建设工程质量保修制度是指建设工程在办理竣工验收手续后，在规定的保修期限内，因勘察、设计、施工、材料等原因造成的质量缺陷，应当由施工承包单位负责维修、返工或更换，由责任单位负责赔偿损失。质量缺陷是指工程不符合国家或行业现行的有关技术标准、设计文件以及合同中对质量的要求等。建设工程实行质量保修制度是落实建设工程质量责任的重要措施。我国《建筑法》、《质量管理条例》、《房屋建筑工程质量保修办法》（2000年6月30日建设部令第80号发布）关于该项制度的规定主要有以下几方面内容。

1. 工程质量保修书

建设工程承包单位在向建设单位提交竣工验收报告时，应该向建设单位出具质量保证书。质量保证书中应该明确建设工程的保修范围、保修期限和保修责任等。

工程质量保修书是发承包双方就保修范围、保修期限和保修责任等设立权利和义务的协议，集中体现了承包单位对发包单位的工程质量保修承诺。

2. 保修范围和保修期限

《质量管理条例》第40条规定了强制性的保修范围和最低保修期限：

1）基础设施工程、房屋建筑的地基基础工程和主体结构工程，为设计文件规定的该工程的合理使用年限。

2）屋面防水工程、有防水要求的卫生间、房间和外墙面的防渗漏，为5年。

3）供热与供冷系统，为2个采暖期、供冷期。

4）电气管线、给排水管道、设备安装和装修工程，为2年。

其他项目的保修期限由发包方与承包方约定。建设工程的保修期，自竣工验收合格之日起计算。

3. 保修责任

建设工程在保修范围和保修期限内发生质量问题的，施工单位应当履行保修义务，并对造成的损失承担赔偿责任。因使用不当或者第三方造成的质量缺陷，以及不可抗力造成的质量缺陷，不属于法律规定的保修范围。

保修义务的承担及维修的经济责任的承担应按下述原则处理：施工单位未按国家有关规范、标准和设计要求施工，造成的质量缺陷，由施工单位负责返修并承担经济责任；由于设计方面的原因造成的质量缺陷，先由施工单位负责维修，其经济责任按有关规定通过建设单位向设计单位索赔；因建筑材料、构配件和设备质量不合格引起的质量缺陷，先由施工单位负责维修，其经济责任属于施工单位采购的或经其验收同意的，由施工单位承担经济责任；属于建设单位采购的，由建设单位承担经济责任；因建设单位（含监理单位）错误管理造成的质量缺陷，先由施工单位负责维修，其经济责任由建设单位承担，如属监理单位责任，则由建设单位向监理单位索赔；因使用单位使用不当造成的损坏问题，先由施工单位负责维修，其经济责任由使用单位自行负责；因地震、洪水、台风等不可抗拒原因造成的损坏问题，先由施工单位负责维修，建设参与各方根据国家具体政策分担经济责任。

对在保修期限和保修范围内发生质量问题的,一般应先由建设单位组织勘察、设计、施工等单位分析质量问题的原因,确定保修方案,由施工单位负责保修。但当问题严重时和情况紧急时,不管是什么原因造成的,均先由施工单位履行保修义务,不得推诿和扯皮。对引起质量问题的原因则实事求是,科学分析,分清责任,按责任大小由责任人承担不同比例的经济赔偿。

在保修期后的建筑物合理使用寿命内,因建设工程使用功能的质量缺陷造成的工程使用损害,由建设单位负责维修,并承担责任方的赔偿责任。

8.5 建设工程质量管理法律典型案例分析

8.5.1 案例1

1. 基本案情

2005年7月,某物业中心与一家节能设备科技公司签订了供热管网节能技术改造工程承包合同,约定由科技公司为物业中心的供热系统进行节能技术改造施工,并承诺达到20%以上的节能效果。工程总价款为50万元,双方约定,合同签订后物业中心支付15万元,在改造工程施工完毕并调试完成后,物业中心再支付10万元;2006年3月,本供暖季末物业中心需向科技公司支付剩余的25万元。

合同同时还约定:本项调控(节能)工程技术改造后,在供暖季使用30日内,如物业中心认为科技公司设备节能效果未达到20%以上时通知科技公司,双方共同商订日期进行节能效果鉴定。该项鉴定工作双方任何一方皆可提请第三方到场见证或公证,以确保鉴定结果的真实性、公正性、合法性。鉴定节能效果未达到20%以上时,第三方到场的鉴定、见证、公证及全部费用由科技公司负责承担;反之,则由物业中心承担。如物业中心未在上述条款约定日期前提出节能效果鉴定,则视为物业中心确认科技公司供暖网调控(节能)技术已达到约定的20%的节能效果;若物业中心使用科技公司技术未达到约定的20%节能效果时,双方共同确认鉴定结果后,科技公司应退还全部工程款,损失由科技公司自行承担,物业中心未付清的工程款,物业中心有权拒付未支付的工程款。

合同签订后,物业中心支付了15万元,科技公司进行了智能管网供热系统装置安装,然而物业中心在使用之后,发现节能效果不佳,便在2007年年初委托鉴定机关对节能效果进行鉴定,得出节能效果只有2.9%的结论,物业中心因此不予支付工程款。科技公司便将物业中心告上了法院,要求物业中心支付剩余工程款35万元。

2. 案件审理

法庭上,物业中心并不否认未付款的事实,但表示不付款的原因是因为工程的质量问题。而科技公司则认为质量不存在问题,理由是合同中双方已约定:对于节能效果如有异议,应当在工程交付使用后的一个月内提出,物业中心并未在此期间内提出异议,故应当视为认可工程的节能效果。法院经审理最后判决物业中心向科技公司支付尚欠的工程款35万元。

3. 案例分析

当事人双方是在协商一致的基础上,签订了关于供暖系统节能技术改造合同的。双方所签订的合同是双方真实的意思表示,符合法律规定,具有法律效力。根据双方合同的约定,物业中心如果认为科技公司的设备节能效果未达到20%以上,应在工程技术改造后的首个供暖季使用30日内向科技公司提出节能效果鉴定,而物业中心在该期限内并未就节能效果问题向科技公司提出鉴定要求,直至2006年10月18日,物业中心才向科技公司发函提出节能系统存在的技术问题,已超过合同约定的期限,故应视为物业中心确认科技公司的节能设备已达到约定的20%的节能效果。为此,物业中心应当向科技公司支付尚欠的工程款35万元。

8.5.2 案例2

原告:某大学

被告:A公司

1. 基本案情

2007年9月18日,某大学与A公司签订涂装工程施工承揽合同约定:A公司承包施工本市大连路某号某大学阜新路维修项目,施工范围为主楼外墙修补及涂装工程,承包方式为包工包料;开工日期为2007年9月20日,施工工期为30天;工程款的支付,剩余5%的工程款在保修期满无质量问题后7个工作日内支付,不计利息;工程质量保修期为2年,质保期为10年,自竣工验收合格之日起算,在保修期内因施工质量、材料质量问题引起的起皮、脱落、开裂、褪色等,由A公司负责免费维修等。合同签订后,A公司进行了施工。2007年10月19日工程竣工。一段时间后,某大学发现外墙涂料存在颜色较暗、局部存在色差、积灰严重、裂缝较多等问题,于是致函A公司要求进行免费维修。随后,某大学、A公司就工程是否存在施工质量、材料质量问题产生争议,双方经交涉无果,某大学于是诉至法院,请求法院判决A公司对大连路某号主楼外墙进行修补及涂装工程存在的颜色较暗、色差、积灰、裂缝问题进行免费维修。

2. 案件审理

因某大学申请,法院委托同标质量检测技术有限公司(以下简称同标公司)对该工程是否存在质量问题进行鉴定。同标公司出具司法鉴定意见书,结论为:

①大连路某号某大学主楼外墙涂装工程裂缝产生不是由涂装工程质量引起的。②外墙涂装工程表面变色是由于涂料质量问题引起灰尘吸附所致。司法鉴定意见书另分析说明：①某大学、A公司双方均未能提供原始比色卡，不能对现有涂层颜色进行比较，仅参照《建筑工程施工招标文件》第五部分工程规范中明确外观效果维持原有色彩不变。②外墙涂装层裂缝是由于基层裂缝所致，不是涂装质量问题。③通过现场观察、洗刷试验、采样检测认为外墙涂层表面黏附大量灰尘，致使涂层色泽灰暗，并非投标书中所述该外墙涂料有优异的保色性能、耐粘污性及自洁性能，经专家组讨论认为是涂料质量原因所致。某大学对司法鉴定意见书质证认为：第1）项裂缝问题是A公司基底检查、基底处理及修补不到位所致，第2）项结论没有异议。A公司对鉴定意见书质证认为：第1）项结论没有异议，第2）项结论有异议，同标公司对该项问题的鉴定方法错误、依据不足。同标公司鉴定人员到庭说明：关于裂缝，可认为修补工程没有达到合同要求，鉴定人员无法判定裂缝产生的时间是在修补前还是在修补后，但如果在双方合同约定的保质期内出现新裂缝也与A公司的施工质量有关，即使是施工后产生的裂缝，在双方合同约定的保质期内也应当由A公司负责维修，包括由于地面沉降等原因导致的开裂，因为在施工时A公司就应当将这些因素加以考虑；关于表面变色问题，某大学诉称的颜色灰暗、色差、积灰问题，意见书中统称为表面变色问题，A公司提供的国家标准是施工前对原材料的质量控制，因双方没有提供当时的样品或相关的检测报告，且已经经过了两年的施工，鉴定人员无法对已施工的涂料按照上述国家标准进行检测，涂料的内在因素导致灰尘吸附量过大，正常情况下不可能导致如此大的灰尘吸附现象。

法院判决：A公司于判决生效之日起45日内修复某号主楼外墙裂缝和表面变色问题，修复费用由A公司负担。

3. 案例评析

某大学、A公司签订的涂装工程施工承揽合同依法成立，具有法律约束力。本案双方争议在于外墙裂缝及表面变色问题是否是亚士涂装施工质量、材料质量引起。关于裂缝问题，虽然鉴定意见书说明外墙涂装层裂缝是由于基层裂缝所致，作出的结论为裂缝产生不是涂装工程质量引起，但是根据合同约定，外墙修补也属于A公司的施工范围，A公司施工工艺中包含了基底检查处理、局部修补，再结合鉴定人员出庭时所作的进一步说明，故A公司仍应承担修复义务，修复费用由A公司承担。关于表面变色问题，鉴定结论已明确是由于涂料质量问题引起灰尘吸附所致，针对A公司的质证意见，鉴定人员也作出相关说明，法院采纳了同标公司的鉴定意见，A公司应承担修复义务，修复费用由A公司承担。

8.5.3 案例3

原告：某大学

被告：某建筑公司

1. 基本案情

2007年4月，某大学为建设学生公寓，与某建筑公司签订了一份建设工程合同。合同约定：工程采用固定总价和合同形式，主体工程和内外承重砖一律使用国家标准砌块，每层加水泥圈梁；某大学可预付工程款（合同价款的10%）；工程的全部费用于验收合格后一次付清；交付使用后，如果在6个月内发生严重的质量问题，由承包人负责修复等。1年后，学生公寓如期完工，在某大学和某建筑公司共同进行竣工验收时，某大学发现工程3~5层的内承重墙体裂缝较多，要求某建筑公司修复后再验收，某建筑公司认为不影响使用而拒绝修复。因为很多新生急待入住，某大学接收了宿舍楼。在使用了8个月后，公寓楼5层的内承重墙倒塌，致使1人死亡，3人受伤，其中1人致残。受害者与某大学要求要求某建筑公司赔偿损失，并修复倒塌工程。某建筑公司可以使用不当且已过保修期为由拒绝赔偿。无奈之下，受害者与某大学诉至法院，请法院主持公道。

2. 案件审理

法院在审理期间对工程事故原因进行了鉴定，鉴定结论为某建筑公司偷工减料致宿舍楼内承重墙倒塌。因此，法院对某建筑公司以保修期已过为由拒绝赔偿的主张不予支持，判决某建筑公司应当向受害者承担损害赔偿责任，并负责修复倒塌的部分工程。

3. 案例评析

《建设工程质量管理条例》第40条，规定了建设工程强制性的保修范围和最低保修期限，具体内容见本书第8.4.2节。

根据上述法律规定，建设工程的保修期限不能低于国家规定的最低保修期限，其中，对地基基础工程、主体结构工程实际规定为终身保修。

在本案中，某大学与某建筑公司虽然在合同中双方约定保修期限为6个月，但这一期限远远低于国家规定的最低期限，尤其是承重墙属主体结构，其最低保修期限依法应终身保修。双方的质量期限条款违反了国家强制性法律规定，因此是无效的。某建筑公司应当向受害者承担损害赔偿责任。承包人损害赔偿责任的内容应当包括医疗费、因误工减少的收入、残废者生活补助费等。造成受害人死亡的，还应支付丧葬费、抚恤费、死者生前抚养的人必要的生活费用等。

此外，某建筑公司在施工中偷工减料，造成质量事故，有关主管部门应当依照我国《建筑法》第74条的有关规定对其进行法律制裁。

第 9 章
建设工程安全生产管理法律制度

9.1 建设工程安全生产管理法律制度概述

9.1.1 建设工程安全生产管理的概念及方针

1. 建设工程安全生产管理的概念

建设工程安全管理是指对建设活动过程中所涉及的安全进行的管理，包括建设行政主管部门对建设活动中的安全问题所进行的行业管理和从事建设活动的主体对自己建设活动的安全生产所进行的企业管理。从事建设活动的主体所进行的安全生产管理包括建设单位对安全生产的管理，设计单位对安全生产的管理，施工单位对建设工程安全生产的管理等。

2. 建设工程安全生产管理的方针

《建筑法》第 36 条规定："建筑工程安全生产管理必须坚持安全第一、预防为主的方针，建立健全安全生产的责任制度和群防群治制度。"

坚持安全第一、预防为主的方针是指将建设工程安全管理放到第一位，采取有效措施控制不安全因素的发展与扩大，把可能发生的事故消灭在萌芽状态。预防为主是指在建筑生产活动中，针对建筑生产的特点，对生产要素采取管理措施，有效地控制不安全因素的发展与扩大，把可能发生的事故消灭在萌芽状态，以保证生产活动中人的安全与健康。

9.1.2 建设工程安全生产管理体制

完善安全生产管理体制，建立健全安全生产管理制度、安全生产管理机构和安全生产责任制是安全生产管理的重要内容，也是实现安全生产目标管理的组织保证。我国的安全生产管理体制是"企业负责、行业管理、国家监察、群众监督、劳动者遵章守纪"，这是 1993 年，国务院在《关于加强安全生产工作的通知》中提出的。

1. "企业负责"的要求

"企业负责"是在实现市场经济体制下安全生产工作体制的基础和根本,是指企业在其经营活动中必须对本企业的安全生产负全面责任。企业的主要安全职责是:

1) 企业法定代表人是安全生产的第一责任人;项目经理则是施工项目安全生产的主要责任人。

2) 应自觉贯彻"安全第一、预防为主"的方针和坚持"管生产必须管安全"的原则,严格遵守安全生产的法律、法规和标准。

3) 正确处理好"五种关系",即安全与生产、安全与效益、安全与进度、安全与管理、安全与技术的关系。

4) 必须建立健全本企业的安全生产责任制和各项安全生产规章制度。

5) 必须设置安全机构,配备合格的安全管理人员,对企业的安全工作进行有效管理。

6) 负责提供符合国家安全生产要求的工作场所、生产设施。

7) 加强对有毒、易燃易爆等危险品和特种设备的管理。

8) 对从事危险物品管理和操作的人员都应进行专业训练,并持证上岗。

9) 编制安全生产计划和专项安全施工组织设计。

10) 定期进行安全检查,杜绝违章指挥、违章作业和违反劳动纪律现象,及时消除不安全因素。

11) 加强对员工的安全教育和培训,提高全体员工的业务素质和安全素质。

12) 自觉接受当地政府行政管理、国家监察和群众监督。

2. "行业管理"的要求

"行业管理"就是各级行业主管部门对用人单位的职业健康安全工作应加强指导,充分发挥行业主管部门对本行业职业健康安全工作进行管理的作用。行业主管部门的主要职责是:

1) 组织贯彻执行职业健康安全法律、法规、规章以及国家行业、地方职业健康安全规程和标准。

2) 编制行业职业健康安全的长期规划和发展计划。

3) 指导用人单位制定和落实职业健康安全保护措施计划,落实或督促用人单位落实对重点职业健康安全技术改造项目和重大事故隐患治理项目的资金投入。

4) 组织行业职业健康安全的宣传教育和安全技术培训、考核工作。

5) 组织行业职业健康安全管理体系工作的检查和考核,总结、推广职业健康安全工作先进经验和管理方法。

3. "国家监察"的要求

"国家监察"就是各级政府部门对用人单位遵守职业健康安全法律、法规的情况实施监督检查,并对用人单位违反职业健康安全管理体系法律、法规的行为实施行政处罚。政府部门的国家监察职责主要有:

1)监督、检查用人单位执行职业健康安全法律、法规、规章以及国家、行业、地方职业健康安全规程和标准的情况。

2)督促用人单位编制、落实职业健康安全技术措施计划;审查用人单位新建、改建、扩建和技术改造项目中有关职业健康安全管理体系的工程技术措施。

3)监督用人单位的劳动者安全教育和安全技术培训工作;负责用人单位生产经营主要负责人、职业健康安全专职管理人员和特种作业人员的考核、发证工作。

4)负责对特种设备的产品安全认可。

5)对用人单位的职业健康安全工程技术措施及其组织管理实施监察。

6)组织重大事故隐患评估分级和伤亡事故的调查处理,参加职业病的调查,按照规定通报伤亡事故和职业病情况。

7)对违反职业健康安全管理体系法律、法规和规章的用人单位,发出职业健康安全监察指令书;对违反职业健康安全法律、法规和规章的用人单位、法定代表人或者生产经营主要负责人按照规定建议给予行政处理和实施行政处罚。

国家监察是一种执法监察,主要是监察国家法规、政策的执行情况,预防和纠正违反法规、政策的偏差,它不干预企事业单位内部执行法规、政策的方法、措施和步骤等具体事务。它不能替代行业管理部门日常管理和安全检查。

4. "群众监督"的要求

"群众监督"就是要规定工会依法对用人单位的职业健康安全工作实行监督,劳动者对违反职业健康安全法律、法规和危害生命及身体健康的行为,有权提出批评、检举和控告。工会组织的群众监督职责主要有:

1)对用人单位违反职业健康安全法律、法规的行为和重大事故隐患,有权提出纠正意见和改进建议。

2)有权参加因工伤亡事故和其他严重危害劳动者健康问题的调查。

3)有权向有关部门提出追究有关主管人员和直接责任人员法律责任的建议。

5. "劳动者遵章守纪"的要求

按照《劳动法》的规定,就是"劳动者在劳动过程中,必须严格遵守安全操作规程"。安全生产目标的实现根本取决于全体员工素质的提高,取决于劳动者能否自觉履行好自己的安全法律责任。劳动者要"珍惜生命,爱护自己,勿忘安全",自觉做到遵章守纪、遵纪守法,确保安全。

9.1.3 建设工程安全生产管理基本制度

1. 安全生产责任制度

安全生产责任制度是建筑生产中最基本的安全管理制度，是所有安全规章制度的核心。安全生产责任制度是指将各种不同的安全责任落实到负责有安全管理责任的人员和具体岗位人员身上的一种制度。这一制度是安全第一、预防为主方针的具体体现，是建筑安全生产的基本制度。在建筑活动中，只有明确安全责任，分工负责，才能形成完整、有效的安全管理体系，激发每个人的安全责任感，严格执行建筑工程安全的法律、法规和安全规程、技术规范，防患于未然，减少和杜绝建筑工程事故，为建筑工程的生产创造一个良好的环境。

安全责任制度的主要内容包括：

1）从事建筑活动主体的负责人的责任制。建筑施工企业的法定代表人要对本企业的安全负主要的责任。

2）从事建筑活动主体的职能机构或职能处室负责人及其工作人员的安全生产责任制。建筑企业根据需要设置的安全处室或者专职安全人员要对安全负责。

3）岗位人员的安全生产责任制。岗位人员必须对安全负责。从事特种作业的安全人员必须进行培训，经过考试合格后方能上岗作业。

2. 群防群治制度

群防群治制度是职工群众进行预防和治理安全的一种制度。这一制度也是"安全第一，预防为主"的具体体现，同时也是群众路线在安全工作中的具体体现，是企业进行民主管理的重要内容。这一制度要求建筑企业职工在施工中应当遵守有关生产的法律、法规和建筑行业安全规章、规程，不得违章作业；对于危及生命安全和身体健康的行为有权提出批评、检举和控告。

3. 安全生产教育培训制度

安全生产教育培训制度是对广大建筑干部职工进行安全教育培训，提高安全意识，增加安全知识和技能的制度。安全生产，人人有责。只有通过对广大职工进行安全教育、培训，才能使广大职工真正认识到安全生产的重要性、必要性，才能使广大职工掌握更多、更有效的安全生产的科学技术知识，牢固树立安全第一的思想，自觉遵守各项安全生产和规章制度。分析许多建筑安全事故，一个重要的原因就是有关人员安全意识不强，安全技能不够，这些都是没有搞好安全教育培训工作的后果。

4. 安全生产检查制度

安全生产检查制度是上级管理部门或企业自身对安全生产状况进行定期或不定期检查的制度。通过检查可以发现问题，查出隐患，从而采取有效措施，堵塞漏洞，把事故消灭在发生之前，做到防患于未然，是"预防为主"的具体体现。

通过检查，还可总结出好的经验加以推广，为进一步搞好安全工作打下基础。安全检查制度是安全生产的保障。

5. 伤亡事故处理报告制度

施工中发生事故时，建筑企业应当采取紧急措施减少人员伤亡和事故损失，并按照国家有关规定及时向有关部门报告的制度。事故处理必须遵循一定的程序，做到三不放过（事故原因不明不放过，事故责任者和群众没有受到教育不放过，没有防范措施不放过）。通过对事故的严格处理，可以总结出教训，为制定规程、规章提供第一手素材，做到亡羊补牢。

6. 安全责任追究制度

建设单位、设计单位、施工单位、监理单位，由于没有履行职责造成人员伤亡和事故损失的，视情节给予相应处理；情节严重的，责令停业整顿，降低资质等级或吊销资质证书；构成犯罪的，依法追究刑事责任。

9.2 建设工程安全责任

9.2.1 建设单位的安全责任

1. 向施工单位提供资料的责任

《建设工程安全生产管理条例》第 6 条规定："建设单位应当向施工单位提供施工现场及毗邻区域内供水、排水、供电、供气、供热、通信、广播电视等地下管线资料，气象和水文观测资料，相邻建筑物和构筑物、地下工程的有关资料，并保证资料的真实、准确、完整。建设单位因建设工程需要，向有关部门或者单位查询前款规定的资料时，有关部门或者单位应当及时提供。"建设单位提供的资料将成为施工单位后续工作的主要参考依据。这些资料如果不真实、准确、完整，并因此导致了施工单位的损失，施工单位可以就此向建设单位要求赔偿。

2. 依法履行合同的责任

《建设工程安全生产管理条例》第 7 条规定："建设单位不得对勘察、设计、施工、工程监理等单位提出不符合建设工程安全生产法律、法规和强制性标准规定的要求，不得压缩合同约定的工期。"工期并非不可压缩，但是此处的"不得压缩合同约定的工期"指的是不得单方面压缩工期。如果由于外界的原因不得不压缩工期，也要在不违背施工工艺的前提下，与合同另一方当事人协商并达成一致意见后方可进行。

3. 提供安全生产费用的责任

《建设工程安全生产管理条例》第 8 条规定："建设单位在编制工程概算时，

应当确定建设工程安全作业环境及安全施工措施所需费用。"安全生产需要资金的保证,而这笔资金的源头就是建设单位。只有建设单位提供了用于安全生产的费用,施工单位才可能保证安全生产的费用。

4. 不得推销劣质材料设备的责任

《建设工程安全生产管理条例》第9条规定:"建设单位不得明示或者暗示施工单位购买、租赁、使用不符合安全施工要求的安全防护用具、机械设备、施工机具及配件、消防设施和器材。"

由于建设单位与施工单位的特殊关系,建设单位的明示或者暗示经常被施工单位理解为是强制性的命令。因此,法律明确规定了建设单位不得向施工单位推销劣质材料,以解除施工单位进退两难的处境。

5. 提供安全施工措施资料的责任

《建设工程安全生产管理条例》第10条规定:"建设单位在申请领取施工许可证时,应当提供建设工程有关安全施工措施的资料。依法批准开工报告的建设工程,建设单位应当自开工报告批准之日起15日内,将保证安全施工的措施报送建设工程所在地的县级以上地方人民政府建设行政主管部门或者其他有关部门备案。"

6. 对拆除工程进行备案的责任

《建设工程安全生产管理条例》第11条规定:"建设单位应当将拆除工程发包给具有相应资质等级的施工单位。建设单位应当在拆除工程施工15日前,将施工单位资质等级证明;拟拆除建筑物、构筑物及可能危及毗邻建筑的说明;拆除施工组织方案;堆放、清除废弃物的措施等资料报送建设工程所在地的县级以上地方人民政府建设行政主管部门或者其他有关部门备案。"

9.2.2 监理单位的安全责任

根据《建设工程安全生产管理条例》,工程监理单位的安全责任主要体现在以下几方面:

1. 审查施工组织设计的责任

工程监理单位应当审查施工组织设计中的安全技术措施或者专项施工方案是否符合工程建设强制性标准。

施工组织设计是整个施工过程的指导文件,具有十分重要的作用。《建设工程施工现场管理规定》第10条规定:"施工单位必须编制建设工程施工组织设计。建设工程实行总包和分包的,由总包单位负责编制施工组织设计或者分阶段施工组织设计。分包单位在总包单位的总体部署下,负责编制分包工程的施工组织设计。"

《建设工程施工现场管理规定》第11条规定,施工组织设计应当包括下列主

要内容:

1) 工程任务情况。

2) 施工总方案、主要施工方法、工程施工进度计划、主要单位工程综合进度计划和施工力量、机具及部署。

3) 施工组织技术措施,包括工程质量、安全防护以及环境污染防护等各种措施。

4) 施工总平面布置图。

5) 总包和分包的分工范围及交叉施工部署等。

根据《建设工程安全生产管理条例》的相关规定,施工组织设计中必须包含安全技术措施和施工现场临时用电方案。对基坑支护、降水工程、土方开挖工程、模板工程、起重吊装工程、脚手架工程、拆除、爆破工程等达到一定规模的危险性较大的分部分项工程,施工单位还应当编制专项施工方案。工程监理单位依法应当对这些安全技术措施和专项施工方案进行审查,审查的重点是其是否符合工程建设强制性标准。

2. 安全隐患报告的责任

工程监理单位在实施监理过程中,发现存在安全事故隐患的,应当要求施工单位整改;情况严重的,应当要求施工单位暂时停止施工,并及时报告建设单位。施工单位拒不整改或者不停止施工的,工程监理单位应当及时向有关主管部门报告。

3. 依法监理的责任

工程监理单位和监理工程师应当按照法律、法规和工程建设强制性标准实施监理,并对建设工程安全生产承担监理责任。

根据《建设工程安全生产管理条例》第57条的有关规定,工程监理单位违反上述三项法定义务,视情形将可能分别受到责令停业整顿并处罚款、降低资质等级、吊销资质证书等行政处罚;构成犯罪的,其直接责任人员要承担刑事责任;造成损失的,工程监理单位还要依法承担民事赔偿责任。

9.2.3 施工单位的安全责任

1. 主要负责人、项目负责人、安全生产管理机构和专职安全生产管理人员的安全责任

(1) 主要负责人 加强对施工单位安全生产的管理,首先要明确责任人。《建设工程安全生产管理条例》第21条第1款的规定,"施工单位主要负责人依法对本单位的安全生产工作全面负责"。在这里,"主要负责人"并不仅限于施工单位的法定代表人,而是指对施工单位全面负责,有生产经营决策权的人。

明确施工单位主要负责人对安全生产工作全面负责,是贯彻"安全第一、预防为主"方针的基本要求,也是被实践证明的行之有效的"管生产必须同时管安全"原则在法律制度上的具体体现。根据《建设工程安全生产管理条例》的有关规定,施工单位主要负责人的安全生产方面的主要职责包括:

1)建立健全安全生产责任制度和安全生产教育培训制度。
2)制定安全生产规章制度和操作规程。
3)保证本单位安全生产条件所需资金的投入。
4)对所承建的建设工程进行定期和专项安全检查,并做好安全检查记录。

(2)项目负责人 《建设工程安全生产管理条例》第21条第2款规定,施工单位的项目负责人应当由取得相应执业资格的人员担任,对建设工程项目的安全施工负责。

项目负责人(主要指项目经理)在工程项目中处于中心地位,对建设工程项目的安全全面负责。鉴于项目负责人对安全生产的重要作用,国家规定施工单位的项目负责人应当由取得相应执业资格的人员担任。这里,"相应执业资格"目前指建造师执业资格。

根据《建设工程安全生产管理条例》第21条的规定,项目负责人的安全责任主要包括:

1)落实安全生产责任制度,安全生产规章制度和操作规程。
2)确保安全生产费用的有效使用。
3)根据工程的特点组织制定安全施工措施,消除安全事故隐患。
4)及时、如实报告生产安全事故。

(3)安全生产管理机构和专职安全生产管理人员 根据《建设工程安全生产管理条例》第23条规定,"施工单位应当设立安全生产管理机构,配备专职安全生产管理人员"。

安全生产管理机构是指施工单位及其在建设工程项目中设置的负责安全生产管理工作的独立职能部门。安全生产管理机构的职责主要包括:落实国家有关安全生产法律法规和标准、编制并适时更新安全生产管理制度、组织开展全员安全教育培训及安全检查等活动。

专职安全生产管理人员是指经建设主管部门或者其他有关部门安全生产考核合格,并取得安全生产考核合格证书在企业从事安全生产管理工作的专职人员,包括施工单位安全生产管理机构的负责人及其工作人员和施工现场专职安全生产管理人员。专职安全生产管理人员的安全责任主要包括:对安全生产进行现场监督检查,发现安全事故隐患,应当及时向项目负责人和安全生产管理机构报告;对于违章指挥、违章操作的,应当立即制止。

2. 总承包单位和分包单位的安全责任

(1)总承包单位的安全责任 《建设工程安全生产管理条例》第24条规定,

"建设工程实行施工总承包的,由总承包单位对施工现场的安全生产负总责"。建设工程实行施工总承包的,由建设单位将包括土建和安装等方面的施工任务一并发包给一家具有相应施工总承包资质的施工单位,施工总承包单位在法律规定和合同约定的范围内,全面负责施工现场的组织管理。

《建设工程施工现场管理规定》第9条规定:"建设工程实行总包和分包的,由总包单位负责施工现场的统一管理,监督检查分包单位的施工现场活动。分包单位应当在总包单位的统一管理下,在其分包范围内建立施工现场管理责任制,并组织实施。"这条规定赋予了总承包商施工现场的统一管理权,其中也包括对分包单位的安全生产管理。

同时,为了防止违法分包和转包等违法行为的发生,真正落实施工总承包单位的安全责任,《建设工程安全生产管理条例》进一步强调:"总承包单位应当自行完成建设工程主体结构的施工。"

(2)总承包单位与分包单位的安全责任划分 《建设工程安全生产管理条例》第24条规定,"总承包单位依法将建设工程分包给其他单位的,分包合同中应当明确各自的安全生产方面的权利和义务。总承包单位和分包单位对分包工程的安全生产承担连带责任"。

施工现场往往同时有多个分包单位同时在施工现场作业,需要由总承包单位统一协调。但是,由于利益等原因,分包单位并不愿意服从总承包单位的管理,基于此,《建设工程安全生产管理条例》第24条规定:"分包单位应当服从总承包单位的安全生产管理,分包单位不服从管理导致生产安全事故的,由分包单位承担主要责任。"

3. 安全生产教育培训

(1)管理人员的考核 《建设工程安全生产管理条例》第36条规定,"施工单位的主要负责人、项目负责人、专职安全生产管理人员应当经建设行政主管部门或者其他有关部门考核合格后方可任职"。

(2)作业人员的安全生产教育培训 具体如下:

1)日常的安全生产教育培训。《建设工程安全生产管理条例》第36条还规定,"施工单位应当对管理人员和作业人员每年至少进行一次安全生产教育培训,其教育培训情况记入个人工作档案。安全生产教育培训考核不合格的人员,不得上岗"。

2)新岗位培训。《建设工程安全生产管理条例》第37条规定,"作业人员进入新的岗位或者新的施工现场前,应当接受安全生产教育培训。未经教育培训或者教育培训考核不合格的人员,不得上岗作业。施工单位在采用新技术、新工艺、新设备、新材料时,应当对作业人员进行相应的安全生产教育培训"。

3)特种作业人员的培训。特种作业人员是指从事特殊岗位作业的人员。

《建设工程安全生产管理条例》第 25 条规定："垂直运输机械作业人员、安装拆卸工、爆破作业人员、起重信号工、登高架设作业人员等特种作业人员，必须按照国家有关规定经过专门的安全作业培训，并取得特种作业操作资格证书后，方可上岗作业。"

4. 施工单位应采取的安全措施

（1）编制安全技术措施、施工现场临时用电方案和专项施工方案 具体如下：

1）编制安全技术措施。

2）编制施工现场临时用电方案。《建设工程施工现场管理规定》第 22 条规定："施工现场的用电线路、用电设施的安装和使用必须符合安装规范和安全操作规程，并按照施工组织设计进行架设，严禁任意拉线接电。施工现场必须设有保证施工安全要求的夜间照明；危险潮湿场所的照明以及手持照明灯具，必须采用符合安全要求的电压。"

3）编制专项施工方案。《建设工程安全生产管理条例》第 26 条规定，对达到一定规模的危险性较大的分部分项工程如：基坑支护与降水工程、土方开挖工程、模板工程、起重吊装工程、脚手架工程、拆除工程、爆破工程、国务院建设行政主管部门或者其他有关部门规定的其他危险性较大的工程等需要编制专项施工方案，并附具安全验算结果，经施工单位技术负责人、总监理工程师签字后实施，由专职安全生产管理人员进行现场监督。

《建设工程安全生产管理条例》第 26 条还规定："对前款所列工程中涉及深基坑、地下暗挖工程、高大模板工程的专项施工方案，施工单位还应当组织专家进行论证、审查。"

（2）安全施工技术交底 《建设工程安全生产管理条例》第 27 条规定，"建设工程施工前，施工单位负责项目管理的技术人员应当对有关安全施工的技术要求向施工作业班组、作业人员作出详细说明，并由双方签字确认。"施工前的安全施工技术交底的目的就是让所有的安全生产从业人员都对安全生产有所了解，最大限度避免安全事故的发生。交底应符合下列规定：

1）工程开工前，项目经理部的技术负责人应向有关人员进行安全技术交底。

2）结构复杂的分部分项工程实施时前，项目经理部的技术负责人应进行安全技术交底。

3）项目经理部应保存安全技术交底记录。

（3）施工现场安全警示标志的设置 《建设工程安全生产管理条例》第 28 条第 1 款规定，"施工单位应当在施工现场入口处、施工起重机械、临时用电设施、脚手架、出入通道口、楼梯口、电梯井口、孔洞口、桥梁口、隧道口、基坑边沿、爆破物及有害危险气体和液体存放处等危险部位，设置明显的安全警示标志。安全警示标志必须符合国家标准"。

对施工现场危险部位的一项重要管理工作是设置明显的安全警示标志。安全警示标志是提醒人们注意的各种标牌、文字、符号和灯光等。安全警示标志应当设置在明显地点、易于被看到。安全警示标志如果是文字的，应当易于读懂；如果是符号，则应当易于理解；如果是灯光，应当明亮显眼。安全警示标志不能随意设置，必须符合国家标准，即《安全标志》（GB2894—1996）和《安全标志使用导则》（GB16719—1996）。

（4）施工现场的安全防护　《建设工程安全生产管理条例》第28条第2款规定，"施工单位应当根据不同施工阶段和周围环境及季节、气候的变化，在施工现场采取相应的安全施工措施。施工现场暂时停止施工的，施工单位应当做好现场防护，所需费用由责任方承担，或者按照合同约定执行"。

由于处于不同的施工阶段、不同的季节和气候，施工单位所采取的措施是不同的，这些都需要因时因地采取不同的措施，法律不便作出统一规定。但是，《建设工程施工现场管理规定》第27条作出了一般性规定："建设单位或者施工单位应当做好施工现场安全保卫工作，采取必要的防盗措施，在现场周边设立围护设施。施工现场在市区的，周围应当设置遮栏围栏，临街的脚手架也应当设置相应的围扩设施。非施工人员不得擅自进入施工现场。"

引起施工现场停工的原因很多，可能是施工单位的原因，可能是建设单位的原因，可能是设计或监理单位的原因，还可能是自然环境的原因。不管是什么原因引起的，所发生的费用都要由责任方承担。这里的责任方，主要是就施工承包合同当事人而言的，而不是指真正的责任方。例如，如果由于监理工程师指令有误而导致施工现场停止施工，产生的费用就要由建设单位承担。也就是说，施工单位可以就此向建设单位索赔，而不是直接向监理单位索赔。

如果合同对此另有约定，在合同内容有效的情况下，即不存在无效、被撤销、效力待定的情况下，就要按照合同的约定来承担这笔费用了。

（5）施工现场的布置应当符合安全和文明施工要求　《建设工程安全生产管理条例》第29条规定，"施工单位应当将施工现场的办公、生活区与作业区分开设置，并保持安全距离；办公、生活区的选址应当符合安全性要求。职工的膳食、饮水、休息场所等应当符合卫生标准。施工单位不得在尚未竣工的建筑物内设置员工集体宿舍"。

《建设工程施工现场管理规定》第26条也规定："施工现场应当设置各类必要的职工生活设施，并符合卫生、通风、照明等要求。职工的膳食、饮水供应等应当符合卫生要求。"

同时，《建设工程安全生产管理条例》第29条还规定，"施工现场临时搭建的建筑物应当符合安全使用要求。施工现场使用的装配式活动房屋应当具有产品合格证"。临时建筑物一般包括施工现场的办公用房、宿舍、食堂、仓库、卫生间等。这些设施虽然是临时搭建的，但由于直接用于现场工作人员的生产生活，因此必须符合安全使用要求。

（6）对周边环境采取防护措施 工程建设不能以牺牲环境为代价，施工单位在进行施工时必须要采取措施减少对周边环境的不良影响。

《建筑法》第41条规定："建筑施工企业应当遵守有关环境保护和安全生产的法律、法规的规定，采取控制和处理施工现场的各种粉尘、废气、废水、固体废物以及噪声、振动对环境的污染和危害的措施。"

《建设工程安全生产管理条例》第30条规定，施工单位对因建设工程施工可能造成损害的毗邻建筑物、构筑物和地下管线等，应当采取专项防护措施。施工单位应当遵守有关环境保护法律、法规的规定，在施工现场采取措施，防止或者减少粉尘、废气、废水、固体废物、噪声、振动和施工照明对人和环境的危害和污染。在城市市区内的建设工程，施工单位应当对施工现场实行封闭围挡。

《建设工程施工现场管理规定》第31条规定："施工单位应当遵守国家有关环境保护的法律规定，采取措施控制施工现场的各种粉尘、废气、废水、固定废弃物以及噪声、振动对环境的污染和危害。"

《建设工程施工现场管理规定》第32条规定，施工单位应当采取下列防止环境污染的措施：

1）妥善处理泥浆水，未经处理不得直接排入城市排水设施和河流。

2）除设有符合规定的装置外，不得在施工现场熔融沥青或者焚烧油毡、油漆以及其他会产生有毒有害烟尘和恶臭气体的物质。

3）使用密封式的圈筒或者采取其他措施处理高空废弃物。

4）采取有效措施控制施工过程中的扬尘。

5）禁止将有毒有害废弃物用作土方回填。

6）对产品噪声、振动的施工机械、应采取有效控制措施，减轻噪声扰民。

（7）施工现场的消防安全措施 《建设工程安全生产管理条例》第31条规定："施工单位应当在施工现场建立消防安全责任制度，确定消防安全责任人，制定用火、用电、使用易燃易爆材料等各项消防安全管理制度和操作规程，设置消防通道、消防水源，配备消防设施和灭火器材，并在施工现场入口处设置明显标志。"

（8）安全防护设备管理 《建设工程安全生产管理条例》第34条规定，施工单位采购、租赁的安全防护用具、机械设备、施工机具及配件，应当具有生产（制造）许可证、产品合格证，并在进入施工现场前进行查验。

施工现场的安全防护用具、机械设备、施工机具及配件必须由专人管理，定期进行检查、维修和保养，建立相应的资料档案，并按照国家有关规定及时报废。

作业人员应当遵守安全施工的强制性标准、规章制度和操作规程,正确使用安全防护用具、机械设备等。

(9) 起重机械设备管理 《建设工程安全生产管理条例》第35条规定,施工单位在使用施工起重机械和整体提升脚手架、模板等自升式架设设施前,应当组织有关单位进行验收,也可以委托具有相应资质的检验检测机构进行验收;使用承租的机械设备和施工机具及配件的,由施工总承包单位、分包单位、出租单位和安装单位共同进行验收。验收合格的方可使用。

《特种设备安全监察条例》规定的施工起重机械,在验收前应当经有相应资质的检验检测机构监督检验合格。

施工单位应当自施工起重机械和整体提升脚手架、模板等自升式架设设施验收合格之日起30日内,向建设行政主管部门或者其他有关部门登记。登记标志应当置于或者附着于该设备的显著位置。

依据《特种设备安全监察条例》第2条,作为特种设备的施工起重机械指的是"涉及生命安全、危险性较大的"起重机械。

(10) 办理意外伤害保险 《建设工程安全生产管理条例》第38条规定,施工单位应当为施工现场从事危险作业的人员办理意外伤害保险。

意外伤害保险费由施工单位支付。实行施工总承包的,由总承包单位支付意外伤害保险费。意外伤害保险期限自建设工程开工之日起至竣工验收合格止。

9.2.4 勘察、设计单位的安全责任

1. 勘察单位的安全责任

建设工程勘察是工程建设的基础性工作。建设工程勘察文件是建设工程项目规划、选址和设计的重要依据,其勘查成果是否科学、准确,对建设工程安全生产具有重要影响。

(1) 确保勘查文件的质量,以保证后续工作的安全的责任 《建设工程安全生产管理条例》第12条规定,"勘察单位应当按照法律、法规和工程建设强制性标准进行勘察,提供的勘察文件应当真实、准确,满足建设工程安全生产的需要"。

(2) 科学勘察,以保证周边建筑物安全的责任 同时,《建设工程安全生产管理条例》还规定,"勘察单位在勘察作业时,应当严格执行操作规程,采取措施保证各类管线、设施和周边建筑物、构筑物的安全"。

2. 设计单位的安全责任

(1) 科学设计的责任 《建设工程安全生产管理条例》第13条规定:"设计单位应当按照法律、法规和工程建设强制性标准进行设计,防止因设计不合理导

致生产安全事故的发生。"

（2）提出建议的责任 《建设工程安全生产管理条例》第13条同时规定，"设计单位应当考虑施工安全操作和防护的需要，对涉及施工安全的重点部位和环节在设计文件中注明，并对防范生产安全事故提出指导意见。

采用新结构、新材料、新工艺的建设工程和特殊结构的建设工程，设计单位应当在设计中提出保障施工作业人员安全和预防生产安全事故的措施建议。"

（3）承担后果的责任 《建设工程安全生产管理条例》第13条同时规定，"设计单位和注册建筑师等注册执业人员应当对其设计负责"。

9.2.5 其他相关单位的安全责任

1. 机械设备和配件供应单位的安全责任

《建设工程安全生产管理条例》第15条规定："为建设工程提供机械设备和配件的单位，应当按照安全施工的要求配备齐全有效的保险、限位等安全设施和装置。"

2. 出租机械设备和施工机具及配件单位的安全责任

《建设工程安全生产管理条例》第16条规定："出租的机械设备和施工机具及配件，应当具有生产（制造）许可证、产品合格证，并应当对出租的机械设备和施工机具及配件的安全性能进行检测，在签订租赁协议时，应当出具检测合格证明。禁止出租检测不合格的机械设备和施工机具及配件。"

在这里，不仅要求出租单位具备生产（制造）许可证、产品合格证，还特别强调在出租时应对租赁物进行安全性能检测，并出具检测合格证明。如果出租单位出租未经安全性能检测或者经检测不合格的机械设备和施工机具及配件，将受到责令停业整顿、罚款等行政处罚，造成损失的，还要依法承担赔偿责任。由此可见，出租单位是否依法履行安全性能检测义务，是其应否承担安全责任的关键。

3. 施工起重机械和自升式架设设施的安全管理

（1）安装与拆卸 施工起重机械和自升式架设设施等的安装、拆卸属于特殊专业安装，具有高度危险性，容易造成重大伤亡事故，和施工安全具有密切关系。因此，有必要将其纳入资质管理。

《建设工程安全生产管理条例》第17条第1款规定："在施工现场安装、拆卸施工起重机械和整体提升脚手架、模板等自升式架设设施，必须由具有相应资质的单位承担。"《建筑业企业资质等级标准》则分别规定了起重设备安装工程专业承包资质（分为三个等级）和整体提升脚手架专业承包资质。

《建设工程安全生产管理条例》第17条还规定，安装、拆卸施工起重机械和整体提升脚手架、模板等自升式架设设施，应当编制拆装方案、制定安全施工措施,并由专业技术人员现场监督。施工起重机械和整体提升脚手架、模板等自升式架设设施安装完毕后,安装单位应当自检,出具自检合格证明,并向施工单位进行安全使用说明,办理验收手续并签字。

(2) 检验检测 具体如下:

1) 强制检测。《建设工程安全生产管理条例》第18条规定:"施工起重机械和整体提升脚手架、模板等自升式架设设施的使用达到国家规定的检验检测期限的,必须经具有专业资质的检验检测机构检测。经检测不合格的,不得继续使用。"

施工其中机械和自升式架设设施在使用过程中,应当按照规定进行定期检测,并及时进行全面检修保养。对于达到国家规定的检验检测期限的,必须经具有专业资质的检验检测机构检测。根据国务院《特种设备安全监察条例》的规定,从事施工起重机械定期检验、监督检验的检验检测机构,应当经国务院特种设备安全监督部门核准,取得核准后方可从事检验检测活动。检验检测机构必须具备与所从事的检验检测工作相适应的检验检测人员、检验检测仪器和设备,有健全的检验检测管理制度和检验检测责任制度。同时,检验检测机构进行检测工作应当符合安全技术规范的要求,经检测不合格的,不得继续使用。

2) 检验检测机构的安全责任。《建设工程安全生产管理条例》第19条规定:"检验检测机构对检测合格的施工起重机械和整体提升脚手架、模板等自升式架设设施,应当出具安全合格证明文件,并对检测结果负责。"设备检验检测机构进行设备检验检测时发现严重事故隐患,应当及时告知施工单位,并立即向特种设备安全监督管理部门报告。

9.3 建设工程安全生产的行政监督管理

9.3.1 建设工程安全生产监督管理部门

(1) 国务院建设行政主管部门 国务院建设行政主管部门主管全国建筑安全生产的行业监督管理工作,其主要职责是:

1) 贯彻执行国家有关安全生产的法规和方针、政策,起草或者制定建筑安全生产管理的法规、标准。

2) 统一监督管理全国工程建设方面的安全生产工作,完善建筑安全生产的组织保证体系。

3) 制定建筑安全生产管理的中、长期规划和近期目标,组织建筑安全生产技术的开发与推广应用。

4) 指导和监督检查省、自治区、直辖市人民政府建筑行政主管部门开展建筑安全生产的行业监督管理工作。

5) 统计全国建筑职工因工伤亡人数,掌握并发布全国建筑安全生产动态。

6) 负责对申报资质等级一级企业和国家一、二级企业以及国家和部级先进建筑企业进行安全资格审查或者审批,行使安全生产否决权。

7) 组织全国建筑安全生产检查,总结交流建筑安全生产管理经验,并表彰先进。

8) 检查和督促工程建设重大事故的调查处理,组织或者参与工程建设特别重大事故的调查。

(2) 县级以上地方人民政府建设行政主管部门　县级以上地方人民政府建设行政主管部门负责本行政区域建筑安全生产的行业监督管理工作,其主要职责是:

1) 贯彻执行国家和地方有关安全生产的法规、标准和方针、政策,起草或者制定本行政区域建筑安全生产管理的实施细则或者实施办法。

2) 制定本行政区域建筑安全生产管理的中、长期规划和近期目标,组织建筑安全生产技术的开发与推广应用。

3) 建立建筑安全生产的监督管理体系,制定本行政区域建筑安全生产监督管理工作制度,组织落实各级领导分工负责的建筑安全生产责任制。

4) 负责本行政区域建筑职工因工伤亡的统计和上报工作,掌握和发布本行政区域建筑安全生产动态。

5) 负责对申报晋升企业资质等级、企业升级和报评先进企业的安全资格进行审查或者审批,行使安全生产否决权。

6) 组织或者参与本行政区域工程建设中人身伤亡事故的调查处理工作,并依照有关规定上报重大伤亡事故。

7) 组织开展本行政区域建筑安全生产检查,总结交流建筑安全生产管理经验,并表彰先进。

8) 监督检查施工现场、构配件生产车间等安全管理和防护措施,纠正违章指挥和违章作业。

9) 组织开展本行政区域建筑企业的生产管理人员、作业人员的安全生产教育、培训、考核及发证工作,监督检查建筑企业对安全技术措施费的提取和使用。

10) 领导和管理建筑安全生产监督机构的工作。

9.3.2 安全生产监督管理措施

《安全生产法》第 54 条规定:"对安全生产负有监督管理职责的部门依照有关法律、法规的规定,对涉及安全生产的事项需要审查批准(包括批准、核准、许可、注册、认证、颁发证照等）或者验收的，必须严格依照有关法律、法规和国家标准或者行业标准规定的安全生产条件和程序进行审查；不符合有关法律、法规和国家标准或者行业标准规定的安全生产条件的，不得批准或者验收通过。对未依法取得批准或者验收合格的单位擅自从事有关活动的，负责行政审批的部门发现或者接到举报后应当立即予以取缔，并依法予以处理。对已经依法取得批准的单位，负责行政审批的部门发现其不再具备安全生产条件的，应当撤销原批准。"

依据该规定，《建设工程安全生产管理条例》第42条进一步规定，建设行政主管部门在审核发放施工许可证时，应当对建设工程是否有安全施工措施进行审查，对没有安全施工措施的，不得颁发施工许可证。

1. 安全生产许可证的取得条件

根据《安全生产许可证条例》第6条规定，企业领取安全生产许可证应当具备一系列安全生产条件。在此规定基础上，结合建筑施工企业的自身特点，《建筑施工企业安全生产许可证管理规定》第4条，将建筑施工企业取得安全生产许可证应当具备的安全生产条件具体规定为：

1）建立、健全安全生产责任制，制定完备的安全生产规章制度和操作规程。

2）保证本单位安全生产条件所需资金的投入。

3）设置安全生产管理机构，按照国家有关规定配备专职安全生产管理人员。

4）主要负责人、项目负责人、专职安全生产管理人员经建设主管部门或者其他有关部门考核合格。

5）特种作业人员经有关业务主管部门考核合格，取得特种作业操作资格证书。

6）管理人员和作业人员每年至少进行一次安全生产教育培训并考核合格。

7）依法参加工伤保险，依法为施工现场从事危险作业的人员办理意外伤害保险，为从业人员缴纳保险费。

8）施工现场的办公、生活区及作业场所和安全防护用具、机械设备、施工机具及配件符合有关安全生产法律、法规、标准和规程的要求。

9）有职业危害防治措施，并为作业人员配备符合国家标准或者行业标准的安全防护用具和安全防护服装。

10）有对危险性较大的分部分项工程及施工现场易发生重大事故的部位、环节的预防、监控措施和应急预案。

11）有生产安全事故应急救援预案、应急救援组织或者应急救援人员，配备必要的应急救援器材、设备。

12）法律、法规规定的其他条件。

2. 安全生产许可证的管理规定

(1) 安全生产许可证的申请　建筑施工企业从事建筑施工活动前，应当依照本规定向省级以上建设主管部门申请领取安全生产许可证。

中央管理的建筑施工企业（集团公司、总公司）应当向国务院建设主管部门申请领取安全生产许可证。

除前款规定以外的其他建筑施工企业，包括中央管理的建筑施工企业（集团公司、总公司）下属的建筑施工企业，应当向企业注册所在地省、自治区、直辖市人民政府建设主管部门申请领取安全生产许可证。

依据《建筑施工企业安全生产许可证管理规定》第 6 条，建筑施工企业申请安全生产许可证时，应当向建设主管部门提供下列材料：

1) 建筑施工企业安全生产许可证申请表。
2) 企业法人营业执照。
3) 与申请安全生产许可证应当具备的安全生产条件相关的文件、材料。

建筑施工企业申请安全生产许可证，应当对申请材料实质内容的真实性负责，不得隐瞒有关情况或者提供虚假材料。

(2) 安全生产许可证的有效期　《安全生产许可证条例》第 9 条规定，"安全生产许可证的有效期为 3 年。安全生产许可证有效期满需要延期的，企业应当于期满前 3 个月向原安全生产许可证颁发管理机关办理延期手续。企业在安全生产许可证有效期内，严格遵守有关安全生产的法律、法规，未发生死亡事故的，安全生产许可证有效期届满时，经原安全生产许可证颁发管理机关同意，不再审查，安全生产许可证有效期延期 3 年。"

(3) 安全生产许可证的变更与注销　建筑施工企业变更名称、地址、法定代表人等，应当在变更后 10 日内，到原安全生产许可证颁发管理机关办理安全生产许可证变更手续。建筑施工企业破产、倒闭、撤销的，应当将安全生产许可证交回原安全生产许可证颁发管理机关予以注销。建筑施工企业遗失安全生产许可证，应当立即向原安全生产许可证颁发管理机关报告，并在公众媒体上声明作废后，方可申请补办。

(4) 安全生产许可证的管理　根据《安全生产许可证条例》和《建筑施工企业安全生产许可证管理规定》，建筑施工企业应当遵守如下强制性规定：

1) 未取得安全生产许可证的，不得从事建筑施工活动。建设主管部门在审核发放施工许可证时，应当对已经确定的建筑施工企业是否有安全生产许可证进行审查，对没有取得安全生产许可证的，不得颁发施工许可证。
2) 企业不得转让、冒用安全生产许可证或者使用伪造的安全生产许可证。
3) 企业取得安全生产许可证后，不得降低安全生产条件，并应当加强日常安全生产管理，接受安全生产许可证颁发管理机关的监督检查。

9.3.3 安全生产监督管理部门的职权

根据《安全生产法》第 56 条的规定，负有安全生产监督管理职责的部门依法对生产经营单位执行有关安全生产的法律、法规和国家标准或者行业标准的情况进行监督检查，行使以下职权：

1）进入生产经营单位进行检查，调阅有关资料，向有关单位和人员了解情况。

2）对检查中发现的安全生产违法行为，当场予以纠正或者要求限期改正；对依法应当给予行政处罚的行为，依照本法和其他有关法律、行政法规的规定作出行政处罚决定。

3）对检查中发现的事故隐患，应当责令立即排除；重大事故隐患排除前或者排除过程中无法保证安全的，应当责令从危险区域内撤出作业人员，责令暂时停产、停业或者停止使用；重大事故隐患排除后，经审查同意，方可恢复生产经营和使用。

4）对有根据认为不符合保障安全生产的国家标准或者行业标准的设施、设备、器材予以查封或者扣押，并应当在 15 日内依法作出处理决定。监督检查不得影响被检查单位的正常生产经营活动。

9.3.4 安全生产监督检查人员的义务

根据《安全生产法》第 58 条的规定，安全生产监督检查人员在行使职权时，应当履行如下法定义务：

1）应当忠于职守，坚持原则，秉公执法。
2）执行监督检查任务时，必须出示有效的监督执法证件。
3）对涉及被检查单位的技术秘密和业务秘密，应当对其保密。

9.4 建设工程重大安全事故的处理

9.4.1 建设工程安全事故分类

根据生产安全事故（以下简称事故）造成的人员伤亡或者直接经济损失，事故一般分为以下等级：

1）特别重大事故，指造成 30 人以上死亡，或者 100 人以上重伤（包括急性工业中毒，下同），或者 1 亿元以上直接经济损失的事故。

2）重大事故，指造成 10 人以上 30 人以下死亡，或者 50 人以上 100 人以下重伤，或者 5000 万元以上 1 亿元以下直接经济损失的事故。

3）较大事故，指造成 3 人以上 10 人以下死亡，或者 10 人以上 50 人以下重伤，或者 1000 万元以上 5000 万元以下直接经济损失的事故。

4）一般事故，指造成 3 人以下死亡，或者 10 人以下重伤，或者 1000 万元以下直接经济损失的事故。

9.4.2 建设工程安全事故处理程序

1. 事故报告

（1）事故报告程序　事故发生后，事故现场有关人员应当立即向本单位负责人报告；单位负责人接到报告后，应当于 1 小时内向事故发生地县级以上人民政府安全生产监督管理部门和负有安全生产监督管理职责的有关部门报告。情况紧急时，事故现场有关人员可以直接向事故发生地县级以上人民政府安全生产监督管理部门和负有安全生产监督管理职责的有关部门报告。

安全生产监督管理部门和负有安全生产监督管理职责的有关部门接到事故报告后，应当依照下列规定上报事故情况，并通知公安机关、劳动保障行政部门、工会和人民检察院：

1）特别重大事故、重大事故逐级上报至国务院安全生产监督管理部门和负有安全生产监督管理职责的有关部门。

2）较大事故逐级上报至省、自治区、直辖市人民政府安全生产监督管理部门和负有安全生产监督管理职责的有关部门。

3）一般事故上报至设区的市级人民政府安全生产监督管理部门和负有安全生产监督管理职责的有关部门。

安全生产监督管理部门和负有安全生产监督管理职责的有关部门依照前款规定上报事故情况，应当同时报告本级人民政府。国务院安全生产监督管理部门和负有安全生产监督管理职责的有关部门以及省级人民政府接到发生特别重大事故、重大事故的报告后，应当立即报告国务院。

必要时，安全生产监督管理部门和负有安全生产监督管理职责的有关部门可以越级上报事故情况。安全生产监督管理部门和负有安全生产监督管理职责的有关部门逐级上报事故情况，每级上报的时间不得超过 2 小时。

事故报告后出现新情况的，应当及时补报。自事故发生之日起 30 日内，事故造成的伤亡人数发生变化的，应当及时补报。道路交通事故、火灾事故自发生之日起 7 日内，事故造成的伤亡人数发生变化的，应当及时补报。

（2）事故报告内容　事故报告内容包括：事故发生单位概况，事故发生的时间、地点以及事故现场情况，事故的简要经过，事故已经造成或者可能造成的伤亡人数（包括下落不明的人数）和初步估计的直接经济损失，已经采取的措施及其他应当报告的情况。

(3) 事故报告处理　事故发生单位负责人接到事故报告后，应当立即启动事故应急预案，或者采取有效措施，组织抢救，防止事故扩大，减少人员伤亡和财产损失。

事故发生地有关地方人民政府、安全生产监督管理部门和负有安全生产监督管理职责的有关部门接到事故报告后，其负责人应当立即赶赴事故现场，组织事故救援。

事故发生后，有关单位和人员应当妥善保护事故现场以及相关证据，任何单位和个人不得破坏事故现场，毁灭相关证据。因抢救人员、防止事故扩大以及疏通交通等原因，需要移动事故现场物件的，应当作出标志，绘制现场简图并作出书面记录，妥善保存现场重要痕迹、物证。

事故发生地公安机关根据事故的情况，对涉嫌犯罪的，应当依法立案侦查，采取强制措施和侦查措施。犯罪嫌疑人逃匿的，公安机关应当迅速追捕归案。

安全生产监督管理部门和负有安全生产监督管理职责的有关部门应当建立值班制度，并向社会公布值班电话，受理事故报告和举报。

2. 事故调查

(1) 事故调查部门　特别重大事故由国务院或者国务院授权有关部门组织事故调查组进行调查。重大事故、较大事故、一般事故分别由事故发生地省级人民政府、设区的市级人民政府、县级人民政府负责调查。省级人民政府、设区的市级人民政府、县级人民政府可以直接组织事故调查组进行调查，也可以授权或者委托有关部门组织事故调查组进行调查。未造成人员伤亡的一般事故，县级人民政府也可以委托事故发生单位组织事故调查组进行调查。

上级人民政府认为必要时，可以调查由下级人民政府负责调查的事故。

自事故发生之日起 30 日内（道路交通事故、火灾事故自发生之日起 7 日内），因事故伤亡人数变化导致事故等级发生变化，依照本条例规定应当由上级人民政府负责调查的，上级人民政府可以另行组织事故调查组进行调查。

特别重大事故以下等级事故，事故发生地与事故发生单位不在同一个县级以上行政区域的，由事故发生地人民政府负责调查，事故发生单位所在地人民政府应当派人参加。

(2) 事故调查组　事故调查组的组成应当遵循精简、效能的原则。根据事故的具体情况，事故调查组由有关人民政府、安全生产监督管理部门、负有安全生产监督管理职责的有关部门、监察机关、公安机关以及工会派人组成，并应当邀请人民检察院派人参加。

事故调查组可以聘请有关专家参与调查。事故调查组成员应当具有事故调查所需要的知识和专长，并与所调查的事故没有直接利害关系。事故调查组组长由负责事故调查的人民政府指定。事故调查组组长主持事故调查组的工作。

事故调查组履行下列职责：
1）查明事故发生的经过、原因、人员伤亡情况及直接经济损失。
2）认定事故的性质和事故责任。
3）提出对事故责任者的处理建议。
4）总结事故教训，提出防范和整改措施。
5）提交事故调查报告。

事故调查组有权向有关单位和个人了解与事故有关的情况，并要求其提供相关文件、资料，有关单位和个人不得拒绝。事故调查组成员在事故调查工作中应当诚信公正、恪尽职守，遵守事故调查组的纪律，保守事故调查的秘密。未经事故调查组组长允许，事故调查组成员不得擅自发布有关事故的信息。

事故调查组应当自事故发生之日起60日内提交事故调查报告；特殊情况下，经负责事故调查的人民政府批准，提交事故调查报告的期限可以适当延长，但延长的期限最长不超过60日。事故调查报告应当包括事故发生单位概况；事故发生经过和事故救援情况；事故造成的人员伤亡和直接经济损失；事故发生的原因和事故性质；事故责任的认定以及对事故责任者的处理建议；事故防范和整改措施。事故调查报告应当附具有关证据材料。事故调查组成员应当在事故调查报告上签名。事故调查报告报送负责事故调查的人民政府后，事故调查工作即告结束。事故调查的有关资料应当归档保存。

3. 事故处理

重大事故、较大事故、一般事故，负责事故调查的人民政府应当自收到事故调查报告之日起15日内作出批复；特别重大事故，30日内作出批复，特殊情况下，批复时间可以适当延长，但延长的时间最长不超过30日。

有关机关应当按照人民政府的批复，依照法律、行政法规规定的权限和程序，对事故发生单位和有关人员进行行政处罚，对负有事故责任的国家工作人员进行处分。

事故发生单位应当按照负责事故调查的人民政府的批复，对本单位负有事故责任的人员进行处理。

9.5 建设工程安全生产管理法律典型案例分析

9.5.1 案例1

1. 基本案情

2000年10月25日上午10时10分，南京市A建筑公司（以下简称A建筑公司）承建的南京电视台演播中心裙楼工地发生一起重大职工因工伤亡事故。演播中心大演播厅舞台在浇筑顶部混凝土施工中,因模板支撑系统失稳,造成大演播厅舞台屋盖坍塌,造成正在现场施工的民工和电视台工作人员6人死亡,35人受伤(其中重伤11人),直接经济损失70.7815万元。

2. 事故经过

南京电视台演播中心工程,由南京电视台投资兴建,东南大学建筑设计院设计,南京某建设监理公司(以下简称监理公司)对工程进行监理(总监理工程师韩××、副总监理工程师卞××)。该工程在南京市招标办公室进行公开招标投标,A建筑公司于2000年1月13日中标,于2000年3月31日与南京电视台签订了施工合同,并由A建筑公司上海分公司组建了项目经理部,由上海分公司经理史××任项目经理,成××任项目副经理。

该工程地下2层、地面18层,建筑面积34000m²,采用现浇框架剪力墙结构体系。工程开工日期为2000年4月1日,计划竣工日期为2001年7月31日。施工现场总人数约250人,主要是来自南通、安徽、南京等地的农民工。

演播中心工程大演播厅总高38m(其中地下8.70m,地上29.30m),面积为624m²。2000年7月份开始搭设模板支撑系统支架,钢管和扣件分别由甲方、市建工局材料供应处、某物资公司提供或租用。原计划9月底前完成屋面混凝土浇筑,预计10月25日下午4时完成混凝土浇筑。

在大演播厅舞台支撑系统支架搭设前,项目部按搭设顶部模板支撑系统的施工方法,完成了三个演播厅、门厅和观众厅的施工(都没有施工方案)。

2000年1月,A建筑公司上海分公司由项目工程师茅××编制了"上部结构施工组织设计",并于1月30日经项目副经理成××和分公司副主任工程师赵××批准实施。

7月22日开始搭设大演播厅舞台顶部模板支撑系统,由于工程需要和材料供应等方面的问题,支架搭设的施工时断时续。搭设时没有施工方案和施工图,也没有进行技术交底。由项目部副经理成××决定按常规三维尺寸进行支架搭设,由项目部施工员丁××在现场指挥。搭设开始约15天后,上海分公司副主任工程师赵××将"模板工程施工方案"交给丁××。丁××看到施工方案后,向成××作了汇报,成××答复还按以前的规格搭设支架,到最后再加固。

模板支撑系统支架由A建筑公司劳务公司组织进场的朱××工程队进行搭设(朱××是该市某标牌厂职工,以个人名义挂靠在A建筑公司江浦劳务基地,6月进入该工程施工工地从事脚手架的搭设,事故发生时朱××工程队共17名工人,其中5人无特种作业人员操作证),地上25~29m最上边一段由木工工长孙××负责指挥木工搭设,至10月15日搭设完成。搭设支架的全过程中,没有办理自检、互检、交接检、专职检的手续,搭设完毕后未按规定进行整体验收。

10月17日开始进行支撑系统模板安装,10月24日完成。23日木工工长孙

××向项目部副经理成××反映水平杆加固没有到位,项目副经理成××即安排架子工加固支架,25日浇筑混凝土时仍有6名架子工在工作。

10月25日6时55分开始浇筑混凝土,项目部资料质量员姜××8时多才补填混凝土浇捣令,并送监理公司总监韩××签字,韩××将日期签为24日。A建筑公司混凝土分公司负责为本工程供应混凝土,浇筑现场由项目部混凝土工长邢××负责指挥。为B区屋面浇筑混凝土,浇筑时,现场有混凝土工工长1人,木工8人,架子工8人,钢筋工2人,混凝土工20人,以及南京电视台3名工作人员(为拍摄现场资料)等。自10月25日6时55分至10时10分,输送机械设备一直运行正常。到事故发生止,输送至屋面混凝土约139m^3,重约342t,占原计划输送屋面混凝土总量的51%。

10时10分,浇筑混凝土由北向南单向推进,浇至主次梁交叉点区域。该区域1m^2的理论钢管支撑杆数为6根,由于缺少水平连系杆,此时实际为3根立杆受力,又由于梁底模下木枋呈纵向布置在支架水平钢管上,使梁下中间立杆的受荷过大,个别立杆受荷最大达4t多,综合立杆底部无扫地杆,步高大的达2.6m,立杆存在初弯曲等因素,以及输送混凝土管有冲击和振动等影响,使节点区域的中间单立杆首先失稳并随之带动相邻立杆失稳,随即出现大厅内模板支架系统整体倒塌。屋顶模板上正在浇筑混凝土的工人纷纷随塌落的支架和模板坠落,部分工人被塌落的支架、楼板和混凝土浆掩埋。

事故发生后,A建筑公司项目经理部向有关部门紧急报告事故情况。闻讯赶到的领导,指挥公安民警、武警战士和现场工人实施了紧急抢险工作,采用了各种先进的手段,将伤者送往医院进行救治。

3. 事故的原因分析

(1)事故的直接原因 具体如下:

1)支架搭设不合理,特别是水平连系杆严重不够,三维尺寸过大以及底部未设扫地杆,从而主次梁交叉区域单杆受荷过大,引起立杆局部失稳。

2)梁底模的木枋放置方向不妥,导致大梁的主要荷载传至梁底中央排立杆,且该排立杆的水平连系杆不够,承载力不足,因而加剧了局部失稳。

3)屋盖下模板支架与周围结构固定与连系不足,加大了顶部晃动。

(2)事故的间接原因 具体如下:

1)施工组织管理混乱,安全管理失去有效控制,模板支架搭设无施工图,无专项施工技术交底,施工中无自检、互检等手续,搭设完成后没有组织验收;搭设开始时无施工方案,有施工方案后未按要求进行搭设,支架搭设严重脱离原设计方案要求、致使支架承载力和稳定性不足,空间强度和刚度不足等是造成这起事故的主要原因。

2)施工现场技术管理混乱,对大型或复杂重要的混凝土结构工程的模板施工未按程序进行，支架搭设开始后送交工地的施工方案中有关模板支架设计方案过于简单，缺乏必要的细部构造大样图和相关的详细说明，且无计算书；支架施工方案传递无记录，导致现场支架搭设时无规范可循，是造成这起事故的技术上的重要原因。

3）监理公司驻工地总监理工程师无监理资质，工程监理组没有对支架搭设过程严格把关，在没有对模板支撑系统的施工方案审查认可的情况下即同意施工，没有监督对模板支撑系统的验收，就签发了浇捣令，工作严重失职，导致工人在存在重大事故隐患的模板支撑系统上进行混凝土浇筑施工，是造成这起事故的重要原因。

4）在上部浇筑屋盖混凝土情况下，工人在模板支撑下部进行支架加固是造成事故伤亡人员扩大的原因之一。

5）A建筑公司及其上海分公司领导安全生产意识淡薄，个别领导不深入基层，对各项规章制度执行情况监督管理不力，对重点部位的施工技术管理不严，有法有规不依。施工现场用工管理混乱，部分特种作业人员无证上岗作业，对农民工未认真进行三级安全教育。

6）施工现场支架钢管和扣件在采购、租赁过程中质量管理把关不严，部分钢管和扣件不符合质量标准。

7）建筑管理部门对该建筑工程执法监督和检查指导不力；建设管理部门对监理公司的监督管理不到位。

(3) 对事故的责任分析和对责任者的处理意见　重大事故调查组经调查，在对事故责任进行分析的基础上，对责任者提出如下处理意见：

1）A建筑公司上海分公司项目部副经理成××具体负责大演播厅舞台工程，在未见到施工方案的情况下，决定按常规搭设顶部模板支架，在知道支架三维尺寸与施工方案不符时，不与工程技术人员商量，擅自决定继续按原尺寸施工，盲目自信，对事故的发生应负主要责任，建议司法机关追究其刑事责任。

2）监理公司驻工地总监韩××，违反该市"项目监理实施程序"第3条第2款中的规定没有对施工方案进行审查认可，没有监督模板支撑系统的验收，对施工方的违规行为没有下达停工令，无监理工程师资格证书上岗，对事故的发生应负主要责任，建议司法机关追究其刑事责任。

3）A建筑公司上海分公司项目部项目施工员丁××，在未见到施工方案的情况下，违章指挥工人搭设支架，对事故的发生应负重要责任，建议司法机关追究其刑事责任。

4）朱××违反国家关于特种作业人员必须持证上岗的规定，私招乱雇部分无上岗证的农民工搭设支架，对事故的发生应负直接责任，建议司法机关追究其刑事责任。

5）A建筑公司上海分公司经理兼项目部经理史××负责上海分公司和该市电视台演播中心工程的全面工作，对分公司和该工程项目的安全生产负总责，对工程的模板支撑系统重视不够，未组织有关工程技术人员对施工方案进行认真审查，对施工现场用工混乱等管理不力，对这起事故的发生应负直接领导责任，建议给予史××行政撤职处分。

6）监理公司总经理张××违反原建设部《监理工程师资格考试和注册试行办法》（部令第18号）的规定，严重不负责任，委派没有监理工程师资格证书的韩××担任该工程项目总监理工程师；对驻工地监理组监管不力，工作严重失职，应负有监理方的领导责任。建议有关部门按行业管理的规定对监理公司给予在该工程所在地区停止承接任务一年的处罚和相应的经济处罚。

7）A建筑公司总工程师郎××负责公司的技术质量全面工作，并在公司领导内部分工负责该电视台演播中心工程，对施工现场解决具体的施工和技术问题不够深入，对大型或复杂、重要的混凝土工程施工缺乏技术管理，监督管理不力，对事故的发生应负主要领导责任，建议给予郎××行政记大过处分。

8）A建筑公司安技处处长李××负责公司的安全生产具体工作，对施工现场安全监督检查不力，安全管理不到位，对事故的发生应负安全管理上的直接责任，建议给予李××行政记大过处分。

9）A建筑公司上海分公司副总工程师赵××负责上海分公司技术和质量工作，对模板支撑系统的施工方案的审查不严，缺少计算说明书；构造示意图和具体操作步骤，未按正常手续对施工方案进行交接，对事故的发生应负技术上的直接领导责任，建议给予赵××行政记过处分。

10）项目经理部项目工程师茅××负责工程项目的具体技术工作，未按规定认真编制模板工程施工方案，施工方案中未对"施工组织设计"进行细化，未按规定组织模板支架的验收工作，对事故的发生应负技术上重要责任，建议给予茅××行政记过处分。

11）A建筑公司副总经理万××负责公司的施工生产和安全工作，深入基层不够，对现场施工混乱、违反施工程序缺乏管理，对事故的发生应负领导责任，建议给予万××行政记过处分。

12）A建筑公司总经理刘××负责公司的全面工作，对公司的安全生产负总责，对施工管理和技术管理力度不够，对事故的发生应负领导责任，建议给予刘××行政警告处分。

4. 案例评析

本案中，施工单位严重违反了安全生产责任制度的有关规定，酿成了重大安全生产事故，这个教训是十分深刻的。

安全生产责任制度是工程建设中最基本的安全管理制度，是所有安全规章制度的核心。我国《安全生产法》和《建筑法》均把安全生产责任制度作为重点内容予以明文规定。安全责任制的主要内容包括：

1）从事建筑活动主体的负责人的责任制。比如，建筑施工企业的法定代表人要对本企业的安全负主要的安全责任。

2）从事建筑活动主体的职能机构或职能处室负责人及其工作人员的安全生产责任制。比如，建筑企业根据需要设置的安全处室或者专职安全人员要对安全负责。

3）岗位人员的安全生产责任制。岗位人员必须对安全负责。从事特种作业的安全人员必须进行培训，经过考试合格后方能上岗作业。

本案中，调查组建议司法机关追究总监理工程师韩××的刑事责任，这一处理意见曾引起巨大的社会反应。我国《刑法》第137条规定："建设单位、设计单位、施工单位、工程监理单位违反国家规定，降低工程质量标准，造成重大安全事故的，对直接责任人员，处五年以下有期徒刑或者拘役，并处罚金；后果特别严重的，处五年以上十年以下有期徒刑，并处罚金。"尽管韩××的行为能否构成重大安全事故罪还存在争议，但在整个事件中，韩××在主观方面存在一定的过失，应当承担相应的法律责任。这起重大安全事故也为整个监理行业敲响了警钟，监理企业及监理人员作为工程质量责任主体之一，必须严格依法履行监理职责，否则，很可能承担严重的法律后果。

9.5.2 案例2

1. 基本案情

上海轨道交通4号线是上海轨道交通环线的东南半环，全长22km。某日凌晨，在越江隧道区间用于连接上下行线的安全联络通道的施工作业面内，因大量的水和流沙涌入，引起隧道部分结构损坏及周边地区地面沉降，造成3栋建筑物严重倾斜，黄浦江防汛墙局部坍塌并引起管涌。由于报警及时，隧道和地面建筑物内所有人员全部安全撤离，没有造成人员伤亡。

2. 事故原因分析及责任认定

（1）直接原因　据调查，引发事故的原因是：施工分包单位在用于冷冻法施工的制冷设备发生故障、险情征兆出现、工程已经停工的情况下，没有及时采取有效措施，排除险情，现场管理人员违章指挥施工，直接导致了这起事故的发生。同时，分包单位未按规定程序调整施工方案，且调整后的施工方案存在欠缺。总包单位现场管理失控，监理单位现场监理失职。

（2）责任认定　结合上海市人民政府送建设部的对事故的调查和处理意见及监察部、国家安全生产监督管理局的意见，经国务院批复，建设部对该起事故的责任及有关处理情况通报主要为：

1）分包单位——北京某矿山工程公司上海分公司是事故的直接责任单位，负主要责任。该公司现场技术管理薄弱，与该工程有关的冻结法施工方案的编制存在欠缺，审批不严；发现事故险情征兆未向总包、监理单位报告；对施工风险较大的工程，无针对性强的应急预案；违章施工，导致事故发生，对事故负主要责任。

对北京某矿山工程公司给予将地基与基础工程专业承包企业资质等级由一级降为二级的处罚；上海分公司项目副经理李某，已因涉嫌"重大责任事故罪"被批准逮捕，并由北京市建委给予将项目经理资质等级的由二级降为三级的处罚；另一项目经理周某，移送司法机关处理（取保候审），并由建设部给予降低项目经理资质等级，由一级降为二级的处罚；北京某矿山工程公司副经理、总工程师李某，给予行政撤职处分；由国资委对其上海分公司的主要领导和分管领导、北京某矿山工程有限公司的主要领导和中国某科学研究总院的分管领导进行责任追究。

2）总承包单位——上海某工程有限公司是事故的连带责任单位，负重要责任。上海某工程有限公司未履行总包单位管理职责，对分包单位监管不力；未根据分包单位调整的方案，重新编制相应调整的施工组织设计；未对分包方施工方案调整组织审批；各项技术、质量责任制和管理制度未落实；现场管理人员资格不符合要求，现场管理失控，对事故负重要责任。

对上海某工程股份有限公司给予将市政公用工程施工总承包企业资质等级由特级降为一级的处罚；项目经理袁某（无项目经理资质证书），已因涉嫌"重大责任事故罪"被批准逮捕；项目技术负责人张某，移送司法机关处理（取保候审）；项目质量员袁某，给予行政记大过处分；公司副总经理沈某，给予行政撤职处分；公司总经理、党委副书记牟某，给予行政撤职、撤销党内职务处罚；上海某（集团）公司是该公司的上级单位，对该（集团）公司总经理、党委副书记朱某，给予行政记过处分。

3）工程监理单位——上海某咨询监理公司是事故的相关责任单位，也负有重要责任。上海某咨询监理公司未有效履行监理单位职责，未对调整的施工方案组织监理审定；监理人员资格不符合国家规定要求，现场监理失职；未对监理的工程实施有效的巡视检查，未能及时发现险情和制止事故，对事故也负重要责任。

对上海某咨询监理公司给予将市政公用工程（含地铁、轻轨）监理资质等级由甲级降为乙级的处罚；总监代表李某（无国家注册监理工程师资格），已因涉嫌"重大责任事故罪"被批准逮捕；公司经理、项目总监谢某，移送司法机关处理（取保候审），并由建设部给予吊销监理工程师注册证书，5年内不予注册的处罚；上海某运营有限公司是该监理公司的上级单位，对该公司总经理周

某,给予其行政记大过处分。

9.5.3 案例3

1. 基本案情

内蒙古某热电公司的2×300MW项目由某集团公司内蒙古电建公司及送变电公司、内蒙古电力勘测设计院共同出资建设。

该项目的1号汽轮机房网架工程,1~9轴网架长度为78.75m,网架面积为2480.625m^2。网架结构由内蒙古电力勘测设计院提出设计参数和要求;由江苏某网架(集团)公司负责设计、制造和安装;某建设监理公司负责该工程监理工作。该网架工程于2004年10月23日开工,同年12月27日安装结束。为了加快施工进度,业主要求于11月14日陆续开始安装1~4轴之间屋面板、屋顶风机,并进行屋面防水工程施工。2005年7月8日,防水工程处于收尾阶段。

2005年7月8日10时43分,该网架6~9轴间发生垮塌,垮塌面积为968.625m^2,造成严重的人员伤亡及其他损失。现场施工有6人死亡8人受伤。

2. 事故原因及责任认定

事故发生后,国家发展改革委、监察部会同建设部、国土资源部、安全监管总局、环保总局、审计署、电监会、银监会7个部门组成国务院联合调查组,对内蒙古某热电公司(以下简称热电公司)违规建设问题和重大施工事故进行了调查。

经监察部研究并报国务院同意,对有关责任人员作出如下处理:负责该工程监理工作的某建设监理公司(以下简称监理公司)监理工程师张某,工作严重失职,对事故的发生负有重要责任,给予行政记大过处分。热电公司副总经理、党委委员张某,对事故的发生负有管理责任,给予行政记过处分。热电公司副总经理、党委委员马某,对违法开工建设负有主要领导责任,给予行政记大过、党内警告处分。热电公司总经理、党委书记王某,对该热电项目不具备合法手续违法开工和擅自复工负有主要领导责任,对事故发生负有管理责任,给予行政降级、党内严重警告处分。项目所在市电业局局长兼热电公司董事长郝某,对该热电项目不具备合法手续违法开工和擅自复工负有重要领导责任,给予行政记过处分。内蒙古电力集团有限责任公司总经理、党委副书记赵某,没有认真履行监督和管理职责,对企业违法开工和擅自复工没有制止,负有主要领导责任,给予行政记大过处分、党内警告处分。责成内蒙古自治区发展改革委主任、党组书记呼某及国土资源厅原厅长黄某向自治区政府作出书面检查。

监理公司监理工程师张某,没有有效履行职责,对事故负有重要责任。建议建设行政主管部门撤销其监理工程师注册资格。徐州某网架(集团)公司施工现场负责人陈某及该公司鄂中分公司(项目总承包方)经理郭某,因触犯刑律,已由司法机关依法追究刑事责任。

根据国务院联合调查组对该热电项目施工事故有关单位和人员的责任认定,建设部依据有关法律法规,对徐州某网架(集团)公司给予将钢结构工程专业承包企业资质等级由一级降为二级的处罚。对该项目监理公司给予将电力工程监理企业资质等级由甲级降为乙级的处罚。对监理公司项目总监张某给予吊销监理工程师执业资格证书,终身不予注册的处罚。项目监理张某未经注册,却以监理工程师名义从事监理业务,对此给予通报批评,并责成内蒙古自治区建设厅对其处以5000元的罚款。对某招标有限公司给予暂停招标代理资格半年的处罚,并责成内蒙古自治区建设厅对其处以20万元的罚款。对中国电力建设企业协会违规审批电力行业监理工程师资格的行为,予以通报批评,并责令中国电力建设企业协会停止电力行业监理工程师资格和总监理工程师资格的注册审批。

建设部要求有关地区建设行政主管部门,督促徐州某网架(集团)公司法定代表人钟某、该项目监理公司法定代表人,要深刻汲取此次事故的教训,建立健全企业内部以企业法定代表人为核心的安全生产管理体系,全面加强工程质量和安全生产管理工作,严格履行法定质量安全监理责任。

3. 事故防范措施

为防止此类事故再次发生,建设部提出如下意见:

建设单位要严格遵守基本建设程序,并按照国家有关规定,及时向施工总承包单位支付安全防护和文明施工措施费,并督促施工企业落实安全防护、文明施工措施。

设计单位应当按照国家法律法规要求,考虑施工安全操作和防护的需要,对涉及施工安全的重点部位和环节应在设计文件中注明,并对防范安全生产事故提出指导意见,采用特殊结构的建设工程,设计单位应当在设计中提出保障施工作业人员安全和预防安全生产事故的措施建议。对有两个以上单位承担同一工程项目设计的,建设单位要明确项目设计质量安全的总负责单位,并在合同中明确总负责单位对各专业工程设计单位施工图设计质量安全审核管理的责任和程序。

施工总承包单位要加强对各专业分包单位的质量安全管理和合同管理,并对现场的安全生产负责。网架工程等专业分包单位要严格按施工组织设计方案进行施工,避免交叉作业。在施工安装过程中,要加强对网架工程整体挠度的检测,发现异常情况时要立即停工。

监理单位必须配备足够的、具有相应资格的监理人员组成项目监理部,并按规定严格审核施工总承包和网架工程等专业分包单位及其项目负责人的资质资格和安全生产许可证及安全生产考核合格证书,对网架工程等钢结构工程的制作、安装进行全过程旁站监理,按作业程序即时跟班到位进行监督检查。同时,要加强对螺栓、螺栓球和杆件等部位的见证取样检测。

各级建设主管部门要加强对从事网架工程等钢结构工程的设计、制作、安装、监理和检测单位的资质相关的动态管理，对由原来主要从事制造、安装而后增项设计资质的专业企业设计的施工图，要督促有关施工图审查机构加大审查力度，并会同有关部门依法严肃查处违反法定建设程序，超越资质承包、转包、挂靠和违法分包等行为，确保工程质量安全。

第 10 章
工程建设环境保护法律制度

10.1 工程建设环境保护法律制度概述

环境保护法，也叫环境法，是调整人们在开发、利用、保护和改善环境的活动中所产生的各种社会关系的法律规范的总称。其目的是为了协调人类与环境的关系，保护人民健康，保障社会经济的持续发展。由于近几十年来世界很多国家和地区环境严重恶化，以致需要政府对环境进行干预，因此，环境保护法已迅速发展成为一门新兴的独立法律分支。目前，已初步形成了由环境保护的宪法、环境保护基本法、环境保护单行法和环境保护行政法规、部门规章组成的，具有自身特点的一套比较完整的体系。

10.1.1 环境保护法的任务与作用

1. 环境保护法的任务

根据我国《宪法》和《环境保护法》的规定，我国环境保护法有两项任务：

1）保证合理地利用自然资源。自然资源也是自然环境的重要组成部分。

2）保证防治环境污染与生态破坏。防治环境污染是指防治废水、废气、废渣、粉尘、垃圾、滥伐森林、破坏草原、破坏植物、乱采乱挖矿产资源、滥捕滥猎鱼类和动物等。

2. 环境保护法的作用

环境保护法是保护我国人民健康、促进我国经济发展的法律保障，是推动我国环境法制建设的动力，是提高广大干部、群众环境保护意识和环境保护法制观念的好教材，同时也是维护我国环境权益，促进环境保护的国际交流与合作，开展国际环境保护活动的有效工具和手段。

10.1.2 环境保护法律、法规及标准

1. 宪法

《中华人民共和国宪法》(以下简称《宪法》)是我国的根本大法,它为制定环境保护基本法和专项法奠定了基础。《宪法》第9条第2款规定:"国家保障自然资源的合理利用,保护珍贵的动物和植物。禁止任何组织或者个人用任何手段侵占或者破坏自然资源。"第22条规定:"国家保护名胜古迹、珍贵文物和其他重要历史文化遗产。"第26条规定:"国家保护和改善生活环境和生态环境,防治污染和其他公害。国家鼓励植树造林,保护林木。"以及第5条规定:"一切法律、行政法规和地方性法规都不得同宪法相抵触。一切国家机关和武装力量、各政党和各社会团体、各企业事业组织都必须遵守宪法和法律。一切违反宪法和法律的行为,必须予以追究。"宪法中的所有这些规定,是我国环境保护法的法律依据和指导原则。

2. 刑法

新修订后的《中华人民共和国刑法》在第6章第6节处,增加了"破坏环境资源保护罪"的条款,共计9条。《宪法》明确规定,违反国家环境保护规定的个人和集体应负有相应的刑事责任。

例如,《宪法》中第338条规定,违反国家规定,向土地、水体、大气排放、倾倒或者处置有放射性的废物、含传染病病原体的废物、有毒物质或者其他危险废物,造成重大环境污染事故,致使公私财产遭受重大损失或者人身伤亡的严重后果的,处3年以下有期徒刑或者拘役,并处或者单处罚金;后果特别严重的,处3年以上7年以下有期徒刑,并处罚金。第342条规定,违反土地管理法规,非法占用耕地改作他用,数量较大,造成耕地、林地大量毁坏的,处5年以下有期徒刑或者拘役,并处或者单处罚金。

3. 环境保护基本法

环境保护基本法是指由全国人大常务委员会颁布实施的《中华人民共和国环境保护法》(以下简称《环境保护法》),它是环境保护领域的基本法律,是环境保护专项法的基本依据。

4. 环境保护专项法

环境保护专项法是针对特定的污染防治领域和特定的资源保护对象而制定的单项法律。目前已颁布了《大气污染防治法》、《水污染防治法》、《固体废弃物污染环境防治法》、《环境噪声污染防治法》、《放射性污染防治法》、《海洋环境保护法》以及《环境影响评价法》7项,是由全国人大常务委员会批准并颁布的。

5. 环境保护资源法和相关法

环境保护资源法主要是指为了合理开发、利用和保护自然资源,专门制定的

保护自然资源的相关法律。如《森林法》、《草原法》、《煤炭法》、《矿产资源法》、《渔业法》、《土地管理法》、《水法》、《水土保持法》和《野生动物保护法》等。相关法是指《城乡规划法》、《文物保护法》以及《卫生防疫法》等与环境保护工作密切相关的法律。

6. 环境保护行政法规

环境保护行政法规是指由国务院组织制定并批准公布的，为实施环境保护法律或规范环境监督管理制度及程序而颁布的"条例"、"实施细则"，如《水土保持法实施条例》、《水污染防治法实施细则》和《建设项目环境保护管理条例》等，目前已有19项。

7. 环境保护部门规章

环境保护部门规章是指国务院有关部门为加强环境保护工作而颁布的环境保护规范性文件，如国家环境保护部颁布的《建设项目环境影响评价文件审批程序规定》、《建设项目环境保护分类管理名录》、《建设项目竣工环境保护验收管理办法》等。

8. 环境保护地方性法规和地方政府规章

环境保护地方性法规和地方政府规章是指有立法权的地方权力机关——人民代表大会及其常务委员会和地方政府制定的环境保护规范性文件。这些地方性法规和政府规章是对国家环境保护法律、法规的补充和完善，以解决本地区某一特定的环境问题为目标，具有较强的针对性和可操作性。例如，深圳市人民代表大会常务委员会第37、38次会议审议修改并通过，并于2000年3月3日起实施的《深圳经济特区环境保护条例》。

9. 环境标准

环境标准是我国环境法规体系中的一个重要组成部分，也是环境法制管理的基础和重要依据。环境标准主要包括环境质量标准、污染物排放标准、基础标准以及方法标准等，其中环境质量标准和污染物排放标准为强制性标准。

10. 国际环境保护公约

国际环境保护公约属于国际公约的一种，是为了保护、改善和合理利用环境资源而制定的国际约定。现有的国际环境保护公约涉及污染防治、臭氧层保护、温室气体排放控制、海洋环境保护和野生动植物资源保护等诸多方面。根据我国《环境保护法》第46条规定："中华人民共和国缔结或者参加的与环境保护有关的国际条约，同中华人民共和国的法律有不同规定的，适用国际条约的规定，但中华人民共和国声明保留的条款除外。"

11. 其他要求

其他要求是指产业实施规范、与政府机构的协定、非法规性指南、污染物控制、国家关于重点自理三河（淮河、海河、辽河）、三湖（太湖、巢湖、滇池

第 10 章 工程建设环境保护法律制度

和酸雨控制区、二氧化硫控制区、城市综合整治定量考核要求,以及旅游度假区、风景区、名胜古迹、文物保护区要求等。

10.2 我国的环境保护基本法及专项法

10.2.1 《中华人民共和国环境保护法》

1979 年,我国正式颁布了《中华人民共和国环境保护法》(试行)(以下简称《试行法》),《试行法》使用了 10 年,对我国的环境保护工作起到了很大的推动作用。1989 年,随着我国经济体制的改革,以及适应新形势的需要,我国对《试行法》进行了修订,并于 1989 年 12 月颁布了《中华人民共和国环境保护法》(以下简称《环境保护法》)。该法共分为 6 章 47 条,内容涉及我国环境保护的各个方面。

1. 规定了我国环境保护的管理体制

《环境保护法》第 7 条规定:"国务院环境保护行政主管部门,对全国环境保护工作实施统一监督管理。县级以上地方人民政府环境保护行政主管部门,对本辖区的环境保护工作实施统一监督管理。国家海洋行政主管部门、港务监督、渔政、渔港监督、军队环境保护部门和各级公安、交通、铁道、民航管理部门,依照有关法律的规定对环境污染防治实施监督管理。县级以上人民政府的土地、矿产、林业、农业、水利行政主管部门,依照有关法律的规定对资源的保护实施监督管理。"

2. 环境的监督管理工作

在《环境保护法》中,把我国多年来行之有效的几项环境保护工作制度,以及近几年正在逐步推广实施的部分制度放到了环境保护监督管理工作的重要位置,这些制度主要有以下几方面。

1) 建设项目和资源开发项目实行的环境影响报告审批制度。《环境保护法》第 13 条规定:"建设污染环境的项目,必须遵守国家有关建设项目环境保护管理的规定。建设项目的环境影响报告书,必须对建设项目产生的污染和对环境的影响作出评价,规定防治措施,经项目主管部门预审并依照规定的程序报环境保护行政主管部门批准。环境影响报告书经批准后,计划部门方可批准建设项目设计任务书。"

2) "三同时"制度。《环境保护法》第 26 条规定:"建设项目中防治污染的设施,必须与主体工程同时设计、同时施工、同时投产使用。防治污染的设施必须经原审批环境影响报告书的环境保护行政主管部门验收合格后,该建设项目方可投入生产或者使用。防治污染的设施不得擅自拆除或者闲置,确有必要拆除或者闲置的，必须征得所在地的环境保护行政主管部门同意。"

3）污染物排放申报登记制度。《环境保护法》第 27 条规定："排放污染物的企业事业单位，必须依照国务院环境保护行政主管部门的规定申报登记。"

4）对排放污染超标的单位，征收排污费制度。《环境保护法》第 28 条规定："排放污染物超过国家或者地方规定的污染物排放标准的企业、事业单位，依照国家规定缴纳超标准排污费，并负责治理。水污染防治法另有规定的，依照水污染防治法的规定执行。征收的超标准排污费必须用于污染的防治，不得挪作他用，具体使用办法由国务院规定。"

5）对在重点保护区排放污染物超标的单位和对环境造成严重污染的单位限期治理的制度。

6）应对环境污染突发事件的应急防范制度。

3. 规定了制定环境保护的标准

《环境保护法》第 10 条规定："国务院环境保护行政主管部门根据国家环境质量标准和国家经济、技术条件，制定国家污染排放标准。省、自治区、直辖市人民政府对国家污染物排放标准中未作规定的项目，可以制定地方污染物排放标准；对国家污染物排放标准中已作规定的项目，可以制定严于国家污染物排放标准的地方污染物排放标准。地方污染物排放标准须报国务院环境保护行政主管部门备案。"

4. 保护自然环境与资源的法律规定

《环境保护法》第 17 条规定："各级人民政府对具有代表性各种类型的自然生态系统区域，珍稀、濒危的野生动植物自然分布区域，重要的水源涵养区域，具有重大科学文化价值的地质构造、著名溶洞和化石分布区、冰川、火山、温泉等自然遗迹，以及人文遗迹、古树名木，应当采取措施加以保护，严禁破坏。"第 18 条规定："在国务院、国务院有关主管部门和省、自治区、直辖市人民政府划定的风景名胜区、自然保护区和其他需要特别保护的区域内，不得建设污染环境的工业生产设施；建设其他设施，其污染物排放不得超过规定的排放标准。已经建成的设施，其污染物排放超过规定的排放标准的，应限期治理。"第 19 条规定："开发利用自然资源，必须采取措施保护生态环境。"

5. 保护农业环境的法律规定

《环境保护法》第 20 条规定："各级人民政府应当加强对农业生态环境的保护，防止土壤污染、土地沙化、盐渍化、贫瘠化、沼泽化、地面沉降和防治植被破坏、水土流失、水源枯竭、种源灭绝以及其他生态失调现象的发生和发展，推广植物病虫害的综合防治，合理使用化肥、农药及植物生产激素。"

6. 对违反《环境保护法》应负的法律责任作出规定

《环境保护法》第 36 条规定："建设项目的防治污染设施没有建成或者没有

达到国家规定的要求，投入生产或者使用的，由批准该建设项目的环境影响报告书的环境保护行政主管部门责令停止生产或者使用，可以并处罚款。"第38条规定："对违反本法规定，造成环境污染事故的企业事业单位，由环境保护行政主管部门或者其他依照法律规定行使环境监督管理权的部门。根据所造成的危害后果处以罚款；情节较重的，对有关责任人员由其所在单位或者政府主管机关给予行政处分。"第43条规定："违反本法规定，造成重大环境污染事故，导致公私财产重大损失或者人身伤亡的严重后果的，对直接责任人员追究刑事责任。"

10.2.2 《中华人民共和国大气污染防治法》

大气污染是指大气因某种物质的介入，而导致其化学、物理、生物或者放射性等方面特征的改变，从而影响大气的有效利用，危害人体健康或财产安全，以及破坏自然生态系统，造成大气质量恶化的现象。

为防治大气污染，保护和改善生活环境和生态环境，保障人体健康，促进经济和社会的可持续发展，我国的大气污染防治立法不断完善，已经形成一个较为完整的大气污染防治法律体系。1987年，第六届全国人大常委会通过了我国第一部《大气污染防治法》，并于1988年6月1日起施行。该法经过1995年以及2000年两次修订，内容不断增加，对控制我国大气污染起到了很大作用。现行的《中华人民共和国大气污染防治法》自2000年9月1日起施行，共7章66条。此外，我国还颁布了《大气污染防治法实施细则》、《大气环境质量标准》等法律法规。

1. 我国大气污染防治的监督管理

（1）建设项目环境影响评价制度 《大气污染防治法》规定，新建、扩建、改建向大气排放污染物的项目，必须遵守国家有关建设项目环境保护管理的规定。建设项目的环境影响报告书，必须对建设项目可能产生的大气污染和对生态环境的影响作出评价，规定防治措施，并按照规定的程序报环境保护行政主管部门审查批准。建设项目在投入生产或者使用之前，其大气污染防治设施必须经过环境保护行政主管部门验收，达不到国家有关建设项目环境保护管理规定的要求的建设项目，不得投入生产或者使用。

（2）大气污染物排放申报制度 《大气污染防治法》规定，向大气排放污染物的单位，必须按照国务院环境保护行政主管部门的规定向所在地的环境保护行政主管部门申报现有的污染物排放设施、处理设施和在正常作业条件下排放污染物的种类、数量、浓度，并提供防治大气污染方面的有关技术资料。排污单位排放大气污染物的种类、数量、浓度有重大改变的，应当及时申报；其大气污染物处理设施必须保持正常使用，拆除或者闲置大气污染物处理设施的，必须事先报经所在地的县级以上地方人民政府环境保护行政主管部门批准。

(3) 执行排放标准制度 《大气污染防治法》规定，向大气排放污染物的，其污染物排放浓度不得超过国家和地方规定的排放标准。

(4) 征收排污费用制度 《大气污染防治法》规定，国家实行按照向大气排放污染物的种类和数量征收排污费的制度，根据加强大气污染防治的要求和国家的经济、技术条件合理制定排污费的征收标准。征收排污费必须遵守国家规定的标准，具体办法和实施步骤由国务院规定。征收的排污费一律上缴财政，按照国务院的规定用于大气污染防治，不得挪作他用，并由审计机关依法实施审计监督。

(5) 污染物排放总量控制制度 大气污染物排放总量控制的实施形式，我国目前主要采用目标总量控制方法，即通过硬性消减排放量实现总量控制指标。根据《大气污染防治法》规定，国务院和省、自治区、直辖市人民政府对尚未达到规定的大气环境质量标准的区域和国务院批准划定的酸雨控制区、二氧化硫污染控制区，可以划定为主要大气污染物排放总量控制区。主要大气污染物排放总量控制的具体办法由国务院规定。大气污染物总量控制区内有关地方人民政府依照国务院规定的条件和程序，按照公开、公平、公正的原则，核定企业事业单位的主要大气污染物排放总量，核发主要大气污染物排放许可证。有大气污染物总量控制任务的企业事业单位，必须按照核定的主要大气污染物排放总量和许可证规定的排放条件排放污染物。

除了以上制度，《大气污染防治法》还规定了重点治理制度、清洁生产和淘汰落后工艺设备制度、大气污染事故报告及处理制度、现场检查制度和大气污染检测制度。

2. 与工程建设相关的法律规定

具体来说，我国大气污染防治与工程建设相关的法律规定主要有以下几方面内容：

1)《大气污染防治法》第36条规定："向大气排放粉尘的排污单位，必须采取除尘措施。严格限制向大气排放含有毒物质的废气和粉尘；确需排放的，必须经过净化处理，不超过规定的排放标准。"

2)《大气污染防治法》第41条第1款规定："在人口集中地区和其他依法需要特殊保护的区域内，禁止焚烧沥青、油毡、橡胶、塑料、皮革、垃圾以及其他产生有毒有害烟尘和恶臭气体的物质。"

3)《大气污染防治法》第42条规定："运输、装卸、储存能够散发有毒有害气体或者粉尘物质的，必须采取密闭措施或者其他防护措施。"

4)《大气污染防治法》第43条第2款规定："在城市市区进行建设施工或者从事其他产生扬尘污染活动的单位，必须按照当地环境保护的规定，采取防治扬尘污染的措施。"

10.2.3 《中华人民共和国水污染防治法》

水污染是指由于人们的生产和其他活动,使污染物或能量进入水环境,导致其化学、物理、生物或放射性特性的改变,造成水质恶化、影响水体的有效利用,危害人体健康、破坏生态环境的现象。

为了防治水污染,保护和改善环境,保障饮用水安全,促进经济社会全面协调可持续发展,我国的水污染防治立法不断完善,已经形成一个较为完整的水污染防治法律体系。1984年,第六届全国人大常委会通过了我国第一部《水污染防治法》,并于同年11月1日起施行。该法经过1996年以及2008年两次修订,内容不断增加,对控制我国水污染起到了很大作用。现行的《中华人民共和国水污染防治法》自2008年6月1日起施行,共8章92条。此外,为了贯彻《水污染防治法》,我国还颁布了《水污染防治法实施细则》和《地面水质标准》、《污水综合排放标准》等法律文件。

1. 我国水污染防治的监督管理

(1) 水环境质量标准和污染物排放标准制度 依据《水污染防治法》,国务院环境保护主管部门制定国家水环境质量标准。省、自治区、直辖市人民政府可以对国家水环境质量标准中未作规定的项目,制定地方标准,并报国务院环境保护主管部门备案。国务院环境保护主管部门会同国务院水行政主管部门和有关省、自治区、直辖市人民政府,可以根据国家确定的重要江河、湖泊流域水体的使用功能以及有关地区的经济、技术条件,确定该重要江河、湖泊流域的省界水体适用的水环境质量标准,报国务院批准后施行。

国务院环境保护主管部门根据国家水环境质量标准和国家经济、技术条件,制定国家水污染物排放标准。省、自治区、直辖市人民政府对国家水污染物排放标准中未作规定的项目,可以制定地方水污染物排放标准;对国家水污染物排放标准中已作规定的项目,可以制定严于国家水污染物排放标准的地方水污染物排放标准。地方水污染物排放标准须报国务院环境保护主管部门备案。向已有地方水污染物排放标准的水体排放污染物的,应当执行地方水污染物排放标准。国务院环境保护主管部门和省、自治区、直辖市人民政府,应当根据水污染防治要求和国家或者地方的经济、技术条件,适时修订水环境质量标准和水污染物排放标准。

(2) 排放总量控制制度 国家对重点水污染物排放实施总量控制制度。省、自治区、直辖市人民政府应当按照国务院的规定削减和控制本行政区域的重点水污染物排放总量,并将重点水污染物排放总量控制指标分解落实到市、县人民政府。市、县人民政府根据本行政区域重点水污染物排放总量控制指标的要求,将重点水污染物排放总量控制指标分解落实到排污单位。具体办法和实施步骤由国务院规定。省、自治区、直辖市人民政府可以根据本行政区域水环境质量状况和水污染防治工作的需要,确定本行政区域实施总量削减和控制的重点水污染物。对超过重点水污染物排放总量控制指标的地区,有关人民政府环境保护主管部门应当暂停审批新增重点水污染物排放总量的建设项目的环境影响评价文件。国家各级环境保护主管部门对未按照要求完成重点水污染物排放总量控制指标的省、市、县以及违反本法规定、严重污染水环境的企业予以公布。

(3) 水污染防治的统一规划和布局制度 防治水污染应当按流域或者按区域进行统一规划。国家确定的重要江河、湖泊的流域水污染防治规划,由国务院环境保护主管部门会同国务院经济综合宏观调控、水行政等部门和有关省、自治区、直辖市人民政府编制,报国务院批准。其他跨省、跨县江河、湖泊的流域水污染防治规划,根据国家确定的重要江河、湖泊的流域水污染防治规划和本地实际情况,由省级以上人民政府有关环境保护主管部门会同同级水行政等部门和有关地方人民政府编制,经有关省级人民政府审核,报国务院批准。其他跨县不跨省的江河、湖泊的流域水污染防治规划,由省级人民政府批准,并报国务院备案。

(4) 划定水体保护区制度 具体如下:

1) 划定饮用水源保护区。国家建立饮用水水源保护区制度。饮用水水源保护区分为一级保护区和二级保护区;必要时,可以在饮用水水源保护区外围划定一定的区域作为准保护区。国务院和省、自治区、直辖市人民政府可以根据保护饮用水水源的实际需要,调整饮用水水源保护区的范围,确保饮用水安全。有关地方人民政府应当在饮用水水源保护区的边界设立明确的地理界标和明显的警示标志。

在饮用水水源保护区内,禁止设置排污口。禁止在饮用水水源一级保护区内新建、改建、扩建与供水设施和保护水源无关的建设项目;已建成的与供水设施和保护水源无关的建设项目,由县级以上人民政府责令拆除或者关闭。禁止在饮用水水源一级保护区内从事网箱养殖、旅游、游泳、垂钓或者其他可能污染饮用水水体的活动。

禁止在饮用水水源二级保护区内新建、改建、扩建排放污染物的建设项目;已建成的排放污染物的建设项目,由县级以上人民政府责令拆除或者关闭。在饮用水水源二级保护区内从事网箱养殖、旅游等活动的,应当按照规定采取措施,防止污染饮用水水体。

禁止在饮用水水源准保护区内新建、扩建对水体污染严重的建设项目;改建建设项目,不得增加排污量。

2) 划定风景名胜区水体、重要渔业水体和其他具有特殊经济文化价值的水体划定保护区。县级以上人民政府可以对风景名胜区水体、重要渔业水体和其他具有特殊经济文化价值的水体划定保护区，并采取措施，保证保护区的水质符合规定用途的水环境质量标准。在风景名胜区水体、重要渔业水体和其他具有特殊经济文化价值的水体的保护区内，不得新建排污口。在保护区附近新建排污口，应当保证保护区水体不受污染。

（5）建设项目环境保护管理制度　《水污染防治法》规定，新建、改建、扩建直接或者间接向水体排放污染物的建设项目和其他水上设施，应当依法进行环境影响评价。建设项目的环境影响报告书，必须对建设项目可能产生的水污染和对生态环境的影响作出评价，规定防治措施，按照规定的程序报经有关环境保护部门审查批准。建设单位在江河、湖泊新建、改建、扩建排污口的，应当取得水行政主管部门或者流域管理机构同意；涉及通航、渔业水域的，环境保护主管部门在审批环境影响评价文件时，应当征求交通、渔业主管部门的意见。

建设项目的水污染防治设施，应当与主体工程同时设计、同时施工、同时投入使用。水污染防治设施应当经过环境保护主管部门验收，验收不合格的，该建设项目不得投入生产或者使用。其水污染物处理设施应当保持正常使用；拆除或者闲置水污染物处理设施的，应当事先报县级以上地方人民政府环境保护主管部门批准。建设项目的水污染防治设施未建成、未经验收或者验收不合格，主体工程即投入生产或者使用的，由县级以上人民政府环境保护主管部门责令停止生产或者使用，直至验收合格，可以并处罚款。排污单位不正常使用水污染物处理设施，或者未经环境保护主管部门批准拆除、闲置水污染物处理设施的，由县级以上人民政府环境保护主管部门责令限期改正，并处罚款。

（6）企事业单位的排污申报登记制度　直接或者间接向水体排放污染物的企业事业单位和个体工商户，应当按照国务院环境保护主管部门的规定，向县级以上地方人民政府环境保护主管部门申报登记拥有的水污染物排放设施、处理设施和在正常作业条件下排放水污染物的种类、数量和浓度，并提供防治水污染方面的有关技术资料。企业事业单位和个体工商户排放水污染物的种类、数量和浓度有重大改变的，应当及时申报登记；拒报或者谎报国务院环境保护主管部门规定的有关水污染物排放申报登记事项的，由县级以上人民政府环境保护主管部门责令限期改正；逾期不改正的，可处以罚款。

（7）征收排污费制度　《水污染防治法》规定，直接向水体排放污染物的企业事业单位和个体工商户，应当按照排放水污染物的种类、数量和排污费征收标准缴纳排污费。排污费应当用于污染的防治，不得挪作他用。

（8）城市污水进行集中处理制度　《水污染防治法》规定，城镇污水应当集中处理。国务院有关部门和地方各级人民政府必须把保护城镇水源和防治城镇水污染纳入城镇建设规划，统筹安排建设城镇污水集中处理设施及配套管网，提高本行政区域城镇污水的收集率和处理率。城镇污水集中处理设施的运营单位按照国家规定向排污者提供污水处理的有偿服务，收取污水处理费用，保证污水集中处理设施的正常运行。向城镇污水集中处理设施排放污水、缴纳污水处理费用的，不再缴纳排污费。收取的污水处理费用应当用于城镇污水集中处理设施的建设和运行，不得挪作他用。

（9）水污染事故处理制度 《水污染防治法》规定，各级人民政府及其有关部门，可能发生水污染事故的企业事业单位，应当依照《中华人民共和国突发事件应对法》的规定，做好突发水污染事故的应急准备、应急处置和事后恢复等工作。可能发生水污染事故的企业事业单位，应当制定有关水污染事故的应急方案，做好应急准备，并定期进行演练。一旦发生事故或者其他突发性事件，造成或者可能造成水污染事故时，应当立即启动应急方案，采取应急措施，并向事故发生地的县级以上地方人民政府或者环境保护主管部门报告。环境保护主管部门接到报告后，应当及时向本级人民政府报告。

除了以上制度，《水污染防治法》还规定了清洁生产制度、限期治理制度、污染事故报告及处理制度、现场检查制度。

2. 水污染防治措施的一般规定

《水污染防治法》第4章第29~39条对水污染防治措施作了规定，概述如下：

1）禁止向水体排放油类、酸液、碱液或者剧毒废液。禁止在水体清洗装储过油类或者有毒污染物的车辆和容器。

2）禁止向水体排放、倾倒放射性固体废物或者含有高放射性和中放射性物质的废水。

3）向水体排放含热废水，应当采取措施，保证水体的水温符合水环境的质量标准。

4）含病原体的污水应当经过消毒处理；符合国家有关标准后，方可排放。

5）禁止向水体排放、倾倒工业废渣、城镇垃圾和其他废弃物。禁止将含有汞、镉、砷、铬、铅、氰化物、黄磷等的可溶性剧毒废渣向水体排放、倾倒或者直接埋入地下。存放可溶性剧毒废渣的场所，应当采取防水、防渗漏、防流失的措施。

6）禁止在江河、湖泊、运河、渠道、水库最高水位线以下的滩地和岸坡堆放、存储固体废弃物和其他污染物。

7）禁止利用渗井、渗坑、裂隙和溶洞排放、倾倒含有毒污染物的废水、含病原体的污水和其他废弃物。

8）禁止利用无防渗漏措施的沟渠、坑塘等输送或者存储含有毒污染物的废水、含病原体的污水和其他废弃物。

9）多层地下水的含水层水质差异大的，应当分层开采；对已受污染的潜水

和承压水，不得混合开采。

10）兴建地下工程设施或者进行地下勘探、采矿等活动，应当采取防护性措施，防止地下水污染。

11）人工回灌补给地下水，不得恶化地下水质。

10.2.4 《中华人民共和国固体废物污染环境防治法》

固体废物是指在生产、生活和其他活动中产生的丧失原有利用价值或者虽未丧失利用价值但被抛弃或者放弃的固态、半固态和置于容器中的气态的物品、物质，以及法律、行政法规规定纳入固体废物管理的物品、物质。固体废物包括工业固体废物、城市生活垃圾和危险废物。固体废物并不一定必须是以固态形式存在的物质，它也可以是液体和半液态物质，甚至可以是某种特定情况下的气态物质。所以，液体废物和置于容器中的气态废物也列入我国法定的固态废物中。但是，排入水体的废水和排入大气的废气则不属于《固体废物污染环境防治法》的治理范围。

为了防治固体废物污染环境，保障人体健康，促进社会主义现代化建设的发展，1995 年 10 月 30 日第八届全国人大会常委会通过《中华人民共和国固体废物污染环境防治法》。该法于 2004 年第十届全国人大会常委会修订，内容不断增加，适应了我国经济和社会发展的需要，对控制我国固体废物污染起到了很大作用。现行的《中华人民共和国固体废物污染环境防治法》自 2005 年 4 月 1 日起施行，共 6 章 91 条。

1. 我国固体废物污染环境防治的监督管理

（1）固体废物污染环境防治技术标准制度　国务院环境保护行政主管部门会同国务院有关行政主管部门根据国家环境质量标准和国家经济、技术条件，制定国家固体废物污染环境防治技术标准。

（2）固体废物污染环境监测制度　国务院环境保护行政主管部门建立固体废物污染环境监测制度，制定统一的监测规范，并会同有关部门组织监测网络。大、中城市人民政府环境保护行政主管部门应当定期发布固体废物的种类、产生量、处置状况等信息。

（3）有关建设项目的环境影响评价制度和"三同时"制度　建设产生固体废物的项目以及建设储存、利用、处置固体废物的项目，必须依法进行环境影响评价，并遵守国家有关建设项目环境保护管理的规定。建设项目的环境影响评价文件确定需要配套建设的固体废物污染环境防治设施，必须与主体工程同时设计、同时施工、同时投入使用。固体废物污染环境防治设施必须经原审批环境影响评价文件的环境保护行政主管部门验收合格后，该建设项目方可投入生产或者使用。对固体废物污染环境防治设施的验收应当与对主体工程的验收同时进行。

（4）现场检查制度　县级以上人民政府环境保护行政主管部门和其他固体废物污染环境防治工作的监督管理部门，有权依据各自的职责对管辖范围内与固体废物污染环境防治有关的单位进行现场检查。被检查的单位应当如实反映情况，提供必要的资料。检查机关应当为被检查的单位保守技术秘密和业务秘密。检查机关进行现场检查时，可以采取现场监测、采集样品、查阅或者复制与固体废物污染环境防治相关的资料等措施。检查人员进行现场检查，应当出示证件。

2. 固体废物污染环境防治的相关法律规定

1）产生固体废物的单位和个人，应当采取措施，防止或者减少固体废物对环境的污染。

2）收集、储存、运输、利用、处置固体废物的单位和个人，必须采取防扬散、防流失、防渗漏或者其他防止污染环境的措施；不得擅自倾倒、堆放、丢弃、遗撒固体废物。禁止任何单位或者个人向江河、湖泊、运河、渠道、水库及其最高水位线以下的滩地和岸坡等法律、法规规定禁止倾倒、堆放废弃物的地点倾倒、堆放固体废物。

3）对收集、储存、运输、处置固体废物的设施、设备和场所，应当加强管理和维护，保证其正常运行和使用。

4）在国务院和国务院有关主管部门及省、自治区、直辖市人民政府划定的自然保护区、风景名胜区、饮用水水源保护区、基本农田保护区和其他需要特别保护的区域内，禁止建设工业固体废物集中储存、处置的设施、场所和生活垃圾填埋场。

5）转移固体废物出省、自治区、直辖市行政区域储存、处置的，应当向固体废物移出地的省、自治区、直辖市人民政府环境保护行政主管部门提出申请。移出地的省、自治区、直辖市人民政府环境保护行政主管部门应当经接受地的省、自治区、直辖市人民政府环境保护行政主管部门同意后，方可批准转移该固体废物出省、自治区、直辖市行政区域。未经批准的，不得转移。

6）禁止中华人民共和国境外的固体废物进境倾倒、堆放、处置。

7）禁止进口不能用做原料或者不能以无害化方式利用的固体废物；对可以用做原料的固体废物实行限制进口和自动许可进口分类管理。

8）产生工业固体废物的单位应当建立、健全污染环境防治责任制度，采取防治工业固体废物污染环境的措施。

9）企业事业单位应当合理选择和利用原材料、能源和其他资源，采用先进的生产工艺和设备，减少工业固体废物产生量，降低工业固体废物的危害性。

10）国家实行工业固体废物申报登记制度。产生工业固体废物的单位必须按照国务院环境保护行政主管部门的规定，向所在地县级以上地方人民政府环境保护行政主管部门提供工业固体废物的种类、产生量、流向、储存、处置等有关资料。申报事项有重大改变的，应当及时申报。

11）工程施工单位应当及时清运工程施工过程中产生的固体废物，并按照环境卫生行政主管部门的规定进行利用或者处置。

3. 危险废物污染环境防治的特别法律规定

危险废物是指列入国家危险废物名录或者根据国家规定的危险废物鉴别标准和鉴别方法认定的具有危险特性的固体废物。

1）对危险废物的容器和包装物以及收集、储存、运输、处置危险废物的设施、场所，必须设置危险废物识别标志。

2）产生危险废物的单位，必须按照国家有关规定处置危险废物，不得擅自倾倒、堆放；不处置的，由所在地县级以上地方人民政府环境保护行政主管部门责令限期改正；逾期不处置或者处置不符合国家有关规定的，由所在地县级以上地方人民政府环境保护行政主管部门指定单位按照国家有关规定代为处置，处置费用由产生危险废物的单位承担。

3）以填埋方式处置危险废物不符合国务院环境保护行政主管部门规定的，应当缴纳危险废物排污费。危险废物排污费用于污染环境的防治，不得挪作他用。

4）从事收集、储存、处置危险废物经营活动的单位，必须向县级以上人民政府环境保护行政主管部门申请领取经营许可证；从事利用危险废物经营活动的单位，必须向国务院环境保护行政主管部门或者省、自治区、直辖市人民政府环境保护行政主管部门申请领取经营许可证。禁止无经营许可证或者不按照经营许可证规定从事危险废物收集、储存、利用、处置的经营活动。禁止将危险废物提供或者委托给无经营许可证的单位从事收集、储存、利用、处置的经营活动。

5）收集、储存危险废物，必须按照危险废物特性分类进行。禁止混合收集、储存、运输、处置性质不相容而未经安全性处置的危险废物。储存危险废物必须采取符合国家环境保护标准的防护措施，并不得超过1年；确需延长期限的，必须报经原批准经营许可证的环境保护行政主管部门批准；法律、行政法规另有规定的除外。禁止将危险废物混入非危险废物中储存。

6）转移危险废物的，必须按照国家有关规定填写危险废物转移联单，并向危险废物移出地设区的市级以上地方人民政府环境保护行政主管部门提出申请。移出地设区的市级以上地方人民政府环境保护行政主管部门应当经接受地设区的市级以上地方人民政府环境保护行政主管部门同意后，方可批准转移该危险废物。未经批准的，不得转移。转移危险废物途经移出地、接受地以外行政区域的，危险废物移出地设区的市级以上地方人民政府环境保护行政主管部门应当及时通知沿途经过的设区的市级以上地方人民政府环境保护行政主管部门。

7）运输危险废物，必须采取防止污染环境的措施，并遵守国家有关危险货物运输管理的规定。禁止将危险废物与旅客在同一运输工具上载运。

8）收集、储存、运输、处置危险废物的场所、设施、设备和容器、包装物及其他物品转作他用时，必须经过消除污染的处理，方可使用。

9）产生、收集、储存、运输、利用、处置危险废物的单位，应当制定意外事故的防范措施和应急预案，并向所在地县级以上地方人民政府环境保护行政主管部门备案；环境保护行政主管部门应当进行检查。

10）禁止经中华人民共和国过境转移危险废物。

10.2.5 《中华人民共和国环境噪声污染防治法》

环境噪声是指在工业生产、建筑施工、交通运输和社会生活中所产生的干扰周围生活环境的声音。环境噪声污染是指所产生的环境噪声超过国家规定的环境噪声排放标准，并干扰他人正常生活、工作和学习的现象。环境噪声污染是一种危害和影响相当广泛的公害，自20世纪70年代以来发展日益严重，与大气污染、水污染和固体废物污染一起被称为城市四大公害。

目前，我国环境噪声污染防治的专门法律是1996年10月29日由第八届全国人大常委会通过，1997年3月1日起施行的《中华人民共和国环境噪声污染防治法》，该法共8章64条，规定"为防治环境噪声污染，保护和改善生活环境，保障人体健康，促进经济和社会发展，制定本法"。为贯彻落实该法，各地方还制定了专门的环境噪声污染防治法规规章，我国的环境噪声污染防治法律体系已经形成。

1. 我国环境噪声污染防治的监督管理

（1）城乡建设规划制度　　由于环境噪声与城市规划和建设布局有着密切的关系，规划和布局是否合理直接影响到噪声污染的程度，特别是交通运输噪声和社会生活噪声，对因城市规划和建设布局不合理而导致的环境噪声污染，只有通过重新调整城市布局或者进行搬迁加以解决。根据《环境噪声污染防治法》的规定，国务院和地方各级人民政府应当将环境噪声污染防治工作纳入环境保护规划，并采取有利于声环境保护的经济、技术政策和措施。地方各级人民政府在制定城乡建设规划时，应当充分考虑建设项目和区域开发、改造所产生的噪声对周围生活环境的影响，统筹规划，合理安排功能区和建设布局，防止或者减轻环境噪声污染。

（2）城市声环境功能分区控制制度　　国务院环境保护行政主管部门分不同的功能区制定国家声环境质量标准。县级以上地方人民政府根据国家声环境质量标准，划定本行政区域内各类声环境质量标准的适用区域，并进行管理。国务院环境保护行政主管部门根据国家声环境质量标准和国家经济、技术条件，制定国家环境噪声排放标准。

第 10 章　工程建设环境保护法律制度

声环境质量标准是衡量区域环境是否受到环境噪声污染的客观判断标准，也是制定环境噪声排放标准的主要依据。我国目前的声环境质量标准主要是《城市区域环境噪声标准》，本标准适用于城市区域，乡村生产区域可参照本标准执行。该标准规定了城市五类区域的环境噪声最高限值，具体标准值见表 10-1。

表 10-1　环境噪声最高限值　　　　　　　　（单位：dB）

类别	0	1	2	3	4
昼间	50	55	60	65	70
夜间	40	45	50	55	55

其中，0 类标准适用于疗养区、高级别墅区、高级宾馆区等特别需要安静的区域。位于城郊和乡村的这一类区域分别按严于 0 类标准 5dB 执行。

1 类标准适用于以居住、文教机关为主的区域。乡村居住环境可参照执行该类标准。

2 类标准适用于居住、商业、工业混杂区。

3 类标准适用于工业区。

4 类标准适用于城市中的道路交通干线道路两侧区域，穿越城区的内河航道两侧区域。穿越城区的铁路主、次干线两侧区域的背景噪声（指不通过列车时的噪声水平）限值也适用该类标准。

夜间突发的噪声，其最大值不准超过标准值 15dB。

环境噪声排放标准是指由国务院环境保护部门根据国家声环境质量标准和国家经济、技术条件，对噪声源向周围环境排放噪声所做的最高限值。环境噪声排放标准是判断企事业单位的噪声排放是否超标的直接依据。我国目前关于环境噪声排放的标准主要是《工业企业厂界噪声排放标准》、《建筑施工厂界噪声限值》、《机动车辆允许噪声限值》等。

（3）建设项目环境噪声污染的管理制度　《环境噪声污染防治法》第 13 条规定，新建、改建、扩建的建设项目，必须遵守国家有关建设项目环境保护管理的规定。建设项目可能产生环境噪声污染的，建设单位必须提出环境影响报告书，规定环境噪声污染的防治措施，并按照国家规定的程序报环境保护行政主管部门批准。环境影响报告书中，应当有该建设项目所在地单位和居民的意见。第 14 条规定，建设项目的环境噪声污染防治设施必须与主体工程同时设计、同时施工、同时投产使用。建设项目在投入生产或者使用之前，其环境噪声污染防治设施必须经原审批环境影响报告书的环境保护行政主管部门验收；达不到国家规定要求的，该建设项目不得投入生产或者使用。第 15 条规定，产生环境噪声污染的企业事业单位，必须保持防治环境噪声污染设施的正常使用；拆除或者闲置环境噪声污染防治设施的，必须事先报经所在地的县级以上地方人民政府环境保护行政主管部门批准。

（4）噪声超标准收费制度　根据《环境噪声污染防治法》和《排污费征收适用管理条例》的规定，我国对环境噪声排放收费实行超标准排放收费。即如果只产生环境噪声而没有超过国家规定的噪声排放标准，就不征收排污费。产生环境噪声污染的单位，应当采取措施进行治理，并按照国家规定缴纳超标准排污费。征收的超标准排污费必须用于污染的防治，不得挪作他用。

（5）限期治理制度　《环境噪声污染防治法》第17条规定，对于在噪声敏感建筑物集中区域内造成严重环境噪声污染的企业事业单位，限期治理。被限期治理的单位必须按期完成治理任务。限期治理由县级以上人民政府按照国务院规定的权限决定。对小型企业事业单位的限期治理，可以由县级以上人民政府在国务院规定的权限内授权其环境保护行政主管部门决定。

（6）落后设备淘汰制度　环境噪声污染主要来自各类设备和产品在运行过程中发出的噪声。为从源头上防治环境噪声，《环境噪声污染防治法》第18条规定，国家对环境噪声污染严重的落后设备实行淘汰制度。国务院经济综合主管部门应当会同国务院有关部门公布限期禁止生产、销售、进口环境噪声污染严重的设备名录。生产者、销售者或者进口者必须在国务院经济综合主管部门会同国务院有关部门规定的期限内分别停止生产、销售或者进口列入前款规定的名录中的设备。

除了以上制度，《环境噪声污染防治法》还规定了环境噪声监测制度、环境噪声现场检查制度和偶发性强烈噪声的报告制度。

2. 与工程建设有关的噪声污染的防治措施

《环境噪声污染防治法》中与工程建设有关的噪声是建筑施工噪声和交通运输噪声。建筑施工噪声是指在建筑施工过程中产生的干扰周围生活环境的声音。交通运输噪声是指机动车辆、铁路机车、机动船舶、航空器等交通运输工具在运行时所产生的干扰周围生活环境的声音。

（1）建筑施工噪声污染防治措施　《环境噪声污染防治法》第27～30条，分别规定了建筑施工厂界环境噪声排放要求和建筑施工单位的噪声污染申报制度、禁排和公告制度。概述如下：

1）在城市市区范围内向周围生活环境排放建筑施工噪声的，应当符合国家规定的建筑施工场界环境噪声排放标准。

2）在城市市区范围内，建筑施工过程中使用机械设备，可能产生环境噪声污染的，施工单位必须在工程开工15日以前向工程所在地县级以上地方人民政府环境保护行政主管部门申报该工程的项目名称、施工场所和期限、可能产生的环境噪声值以及所采取的环境噪声污染防治措施的情况。

3）在城市市区噪声敏感建筑物集中区域内，禁止夜间进行产生环境噪声污染的建筑施工作业,但抢修、抢险作业和因生产工艺上要求或者特殊需要必须连续作业的除外。因特殊需要必须连续作业的,必须有县级以上人民政府或者其有关主管部门的证明,并且要公告附近居民。

(2) 交通运输噪声污染防治措施 《环境噪声污染防治法》第31~40条,对防治交通噪声污染作了规定。概述如下:

1) 禁止制造、销售或者进口超过规定的噪声限值的汽车。

2) 在城市市区范围内行使的机动车辆的消声器和喇叭必须符合国家规定的要求。机动车辆必须加强维修和保养,保持技术性能良好,防治环境噪声污染。

3) 机动车辆在城市市区范围内行驶,机动船舶在城市市区的内河航道航行,铁路机车驶经或者进入城市市区、疗养区时,必须按照规定使用声响装置。

4) 城市人民政府公安机关可以根据本地城市市区区域声环境保护的需要,划定禁止机动车辆行驶和禁止其使用声响装置的路段和时间,并向社会公告。

5) 建设经过已有的噪声敏感建筑物集中区域的高速公路和城市高架、轻轨道路,有可能造成环境噪声污染的,应当设置声屏障或者采取其他有效的控制环境噪声污染的措施。

6) 在已有的城市交通干线的两侧建设噪声敏感建筑物的,建设单位应当按照国家规定间隔一定距离,并采取减轻、避免交通噪声影响的措施。

7) 除起飞、降落或者依法规定的情形以外,民用航空器不得飞越城市市区上空。城市人民政府应当在航空器起飞、降落的净空周围划定限制建设噪声敏感建筑物的区域;在该区域内建设噪声敏感建筑物的,建设单位应当采取减轻、避免航空器运行时产生的噪声影响的措施。民航部门应当采取有效措施,减轻环境噪声污染。

10.3 建设项目环境保护制度

10.3.1 建设项目环境影响评价制度

1. 项目环境影响评价的概念

环境影响评价是指对规划和建设项目实施后可能造成的环境影响进行分析、预测和评估,提出预防或者减轻不良环境影响的对策和措施,进行跟踪监测的方法与制度。2002年10月28日第九届全国人大常委会通过了《中华人民共和国环境影响评价法》,以法律的形式确立了规划和建设项目的环境影响评价制度。

2. 我国建设项目环境影响评价管理的内容

(1) 建设项目的环境影响评价分类管理 《环境影响评价法》规定,国家根据建设项目对环境的影响程度,对建设项目的环境影响评价实行分类管理。建设项目的环境影响评价分类管理名录，由国务院环境保护行政主管部门制定并公布。建设单位应当按照不同的情况分别组织编制环境影响评价文件。

1）建设项目对环境可能造成重大环境影响的，应当编制环境影响报告书，对建设项目产生的环境影响进行全面评价；建设项目环境影响报告书内容应当包括：建设项目概况；建设项目周围环境现状；建设项目对环境可能造成影响的分析、预测和评估；建设项目环境保护措施及其技术、经济论证；建设项目对环境影响的经济损益分析；对建设项目实施环境监测的建议；环境影响评价的结论。涉及水土保持的建设项目，还必须有经水行政主管部门审查同意的水土保持方案。

2）建设项目对环境可能造成轻度环境影响的，应当编制环境影响报告表，对建设项目产生的环境影响进行分析或者专项评价。

3）建设项目对环境影响很小、不需要进行环境影响评价的，应当填报环境影响登记表。

环境影响报告表和环境影响登记表的内容和格式，由国务院环境保护行政主管部门制定。

（2）环境影响评价专业技术人员资格管理　国家对从事建设项目环境影响评价工作的单位实行资格审查制度。建设项目的环境影响评价工作，由取得相应资格证书的单位承担。接受委托为建设项目环境影响评价提供技术服务的机构，经国务院环境保护行政主管部门考核审查合格后，颁发资质证书，按照资质证书规定的等级和评价范围，从事环境影响评价服务，并对评价结论负责。国务院环境保护行政主管部门对已取得资质证书的为建设项目环境影响评价提供技术服务的机构的名单，应当予以公布。

为建设项目环境影响评价提供技术服务的机构，不得与负责审批建设项目环境影响评价文件的环境保护行政主管部门或者其他有关审批部门存在任何利益关系。环境影响评价文件中的环境影响报告书或者环境影响报告表，应当由具有相应环境影响评价资质的机构编制。任何单位和个人不得为建设单位指定对其建设项目进行环境影响评价的机构。

（3）建设项目环境影响评价文件的审批管理　建设项目环境影响评价文件实行分级审批。《环境影响评价法》规定，建设项目的环境影响评价文件，由建设单位按照国务院的规定报有审批权的环境保护行政主管部门审批；建设项目有行业主管部门的，其环境影响报告书或者环境影响报告表应当经行业主管部门预审后，报有审批权的环境保护行政主管部门审批。

随后，国家有关部门出台了一系列审批管理制度。2009 年，为进一步加强和规范建设项目环境影响评价文件分级审批工作，提高审批效率，明确审批权责，环境保护部对 2002 年 11 月 1 日原国家环境保护总局发布的《建设项目环境影响评价文件分级审批规定》（以下简称《分级审批规定》）进行了修订，规定自2009年3月1日起正式施行。

《分级审批规定》指出，建设对环境有影响的项目，不论投资主体、资金来源、项目性质和投资规模，其环境影响评价文件均应按照本规定确定分级审批权限。各级环境保护部门负责建设项目环境影响评价文件的审批工作。建设项目环境影响评价文件的分级审批权限，原则上按照建设项目的审批、核准和备案权限及建设项目对环境的影响性质和程度确定。

环境保护部负责审批下列类型的建设项目环境影响评价文件：

1）核设施、绝密工程等特殊性质的建设项目。

2）跨省、自治区、直辖市行政区域的建设项目。

3）由国务院审批或核准的建设项目，由国务院授权有关部门审批或核准的建设项目，由国务院有关部门备案的对环境可能造成重大影响的特殊性质的建设项目。

环境保护部可以将法定由其负责审批的部分建设项目环境影响评价文件的审批权限，委托给该项目所在地的省级环境保护部门，并应当向社会公告。受委托的省级环境保护部门，应当在委托范围内，以环境保护部的名义审批环境影响评价文件。环境保护部应当对省级环境保护部门根据委托审批环境影响评价文件的行为负责监督，并对该审批行为的后果承担法律责任。

环境保护部直接审批环境影响评价文件的建设项目的目录、环境保护部委托省级环境保护部门审批环境影响评价文件的建设项目的目录，由环境保护部制定、调整并发布。

以上规定以外的建设项目环境影响评价文件的审批权限，由省级环境保护部门参照下述原则提出分级审批建议，报省级人民政府批准后实施，并抄报环境保护部。

1）有色金属冶炼及矿山开发、钢铁加工、电石、铁合金、焦炭、垃圾焚烧及发电、制浆等对环境可能造成重大影响的建设项目环境影响评价文件由省级环境保护部门负责审批。

2）化工、造纸、电镀、印染、酿造、味精、柠檬酸、酶制剂、酵母等污染较重的建设项目环境影响评价文件由省级或地级市环境保护部门负责审批。

3）法律和法规关于建设项目环境影响评价文件分级审批管理另有规定的，按照有关规定执行。

建设项目可能造成跨行政区域的不良环境影响，有关环境保护部门对该项目的环境影响评价结论有争议的，其环境影响评价文件由共同的上一级环境保护部门审批。

此外，《环境影响评价法》还规定，建设项目的环境影响评价文件经批准后，建设项目的性质、规模、地点、采用的生产工艺或者防治污染、防止生态破坏的措施发生重大变动的，建设单位应当重新报批建设项目的环境影响评价文件。

建设项目的环境影响评价文件自批准之日起超过 5 年，方决定该项目开工建设的，其环境影响评价文件应当报原审批部门重新审核；原审批部门应当自收到建设项目环境影响评价文件之日起 10 日内，将审核意见书面通知建设单位。

建设项目的环境影响评价文件未经法律规定的审批部门审查或者审查后未予批准的，该项目审批部门不得批准其建设，建设单位不得开工建设。

建设项目建设过程中，建设单位应当同时实施环境影响报告书、环境影响报告表以及环境影响评价文件审批部门审批意见中提出的环境保护对策措施。

(4) 建设项目环境影响后评价和跟踪管理 《环境影响评价法》规定，在项目建设、运行过程中产生不符合经审批的环境影响评价文件的情形的，建设单位应当组织环境影响的后评价，采取改进措施，并报原环境影响评价文件审批部门和建设项目审批部门备案；原环境影响评价文件审批部门也可以责成建设单位进行环境影响的后评价，采取改进措施。

环境保护行政主管部门应当对建设项目投入生产或者使用后所产生的环境影响进行跟踪检查，对造成严重环境污染或者生态破坏的，应当查清原因、查明责任。对属于为建设项目环境影响评价提供技术服务的机构编制不实的环境影响评价文件的，依法追究其法律责任；属于审批部门工作人员失职、渎职，对依法不应批准的建设项目环境影响评价文件予以批准的，依法追究其法律责任。

10.3.2 "三同时"制度

环境保护"三同时"制度是建设项目环境保护法律制度的重要组成部分。环境保护"三同时"制度是指建设项目需要配套建设的环境保护设施，必须与主体工程同时设计、同时施工、同时投产使用。《环境影响评价法》第 26 条规定："建设项目中防治污染的设施，必须与主体工程同时设计、同时施工、同时投产使用。防治污染的设施必须经原审批环境影响报告书的环境保护行政主管部门验收合格后，该建设项目方可投入生产或者使用。"

1998 年颁布的《建设项目环境保护管理条例》对环境保护"三同时"制度进行了具体规定：

1) 建设项目的初步设计，应当按照环境保护设计规范的要求，编制环境保护篇章，并依据经批准的建设项目环境影响报告书或者环境影响报告表，在环境保护篇章中落实防治环境污染和生态破坏的措施以及环境保护设施投资概算。

2) 建设项目的主体工程完工后，需要进行试生产的，其配套建设的环境保护设施必须与主体工程同时投入试运行。

3) 建设项目试生产期间，建设单位应当对环境保护设施运行情况和建设项目对环境的影响进行监测。

4) 建设项目竣工后，建设单位应当向审批该建设项目环境影响报告书、环境影响报告表或者环境影响登记表的环境保护行政主管部门，申请该建设项目需要配套建设的环境保护设施竣工验收。

5) 环境保护设施竣工验收，应当与主体工程竣工验收同时进行。需要进行试生产的建设项目，建设单位应当自建设项目投入试生产之日起3个月内，向审批该建设项目环境影响报告书、环境影响报告表或者环境影响登记表的环境保护行政主管部门，申请该建设项目需要配套建设的环境保护设施竣工验收。

6) 分期建设、分期投入生产或者使用的建设项目，其相应的环境保护设施应当分期验收。

7) 环境保护行政主管部门应当自收到环境保护设施竣工验收申请之日起30日内，完成验收。

8) 建设项目需要配套建设的环境保护设施经验收合格，该建设项目方可正式投入生产或者使用。

10.4 工程建设环境保护法律典型案例分析

10.4.1 案例1

原告：甲等众人（甲为诉讼代表人）

被告：某市规划委员会（以下简称乙）

第三人：某疾病预防控制中心营养与食品安全所，某疾病预防控制环境与健康相关产品安全所（以下简称丙和丁）

1. 基本案情

乙根据《中华人民共和国城市规划法》第32条的规定，于2001年12月向丙、丁颁发了2001规建字×号建设工程规划许可证，许可丙、丁在该市A地建设二级动物实验室，甲不服该建设工程规划许可证，向该市人民法院提起行政诉讼。

甲诉称：我们均是A地的居民，与丙、丁的住所地仅隔一条马路。被告乙就动物实验室建设项目向丙、丁核发的建设工程规划许可证，违反了法定程序，不符合法律规定的精神。理由是，建设污染环境的项目，必须遵守国家有关建设项目环境保护管理的规定。建设项目的环境污染影响报告书，必须对建设项目产生污染和环境作出评价，规定防治措施，经项目主管部门预审并依照规定的程序报环境保护行政主管部门批准。环境影响报告书经批准后，计划部门方可批准建设项目设计任务书。但乙于2000年9月11日就核定了审定设计方案通知书，确定了本项目的可行性研究结论。而本案的丙、丁却在2000年12月7日才就动物实验室建设项目向该市环境保护局（以下简称环保局）申请办理环保审批，2002年2月21日环保局才给予确定批复。由于本项目在可行性研究阶段并未进行环境影响评估，乙的审批行为显然不符合法律规定。本案乙核准的动物实验室工程设计方案中，实验室与原告的住宅楼之间的距离为19.09m，不符合GB14925—2001《实验动物环境及设施》关于实验动物繁育、生产、试验设施应与生活区保持大于50m距离的规定。另外，卫生部颁布施行的《卫生系统实验动物管理暂行条例》规定，具有一定规模的实验动物室建筑，周围至少应有20m的卫生隔离区，而原告住宅楼与该动物实验室之间是马路，显然不符合卫生隔离区的概念。本案中承担建设项目环境评价任务的单位虽具有一定资质，但因与丙、丁同属某单位的下属单位，所作的环境影响评价难免有失公正。请求法院撤销乙为丙、丁颁发的建设工程规划许可证。

乙辩称：我委核发的建设工程规划许可证是依法履行法定职责。本案的建设单位曾组织专家就此进行过论证并报行业主管部门审批。卫生部于2000年1月作出批复，同意丙、丁在A地建设清洁级动物实验室。市城乡建设委员会于2001年11月下达了建设项目施工计划通知书。据此，我委于2001年12月给丙、丁核发了建设工程规划许可证。关于本案审批项目的环保问题，除我委核发规划许可证前卫生部已有相关批复外，核发该许可证后，环保局也于2002年2月对该建设项目核发了关于该动物房项目环境影响报告表的批复，上述情况说明该项目通过了相关专业管理部门的批准。目前的规划审批程序并未将环保部门的意见作为前置条件，原告提出该项目应当先经环保部门同意后方可核发建设工程规划许可证的说法无法律依据。另外，我委在审批该建设项目时，有关国家标准尚未正式实施，故不适用本案。

2. 案件审理

一审法院经审理查明：2001年12月10日，被告乙向第三人丙、丁颁发了编号为2001规建字××号建设工程规划许可证，该许可证标明的建设项目为二级动物实验室，建设位置为该市A地。许可证的附件中标明该二级动物实验室层数为地上3层，地下1层，结构类型为框架。原告住宅楼均位于该二级动物实验室的北侧，其中6号楼与该规划建筑的间距为19.09m。

一审法院认为：根据《中华人民共和国城市规划法》的规定，在城市规划区内新建、扩建和改建建筑物、构筑物、道路、管线和其他工程设施，必须持有有关批准文件向城市规划行政主管部门提出申请，由城市规划行政主管部门根据城市规划提出的规划设计要求，核发建设工程规划许可证。被告作为城市规划行政主管部门，有权根据建设单位的申请，对符合城市规划设计要求的建设项目核

发建设工程规划许可证。

我国《环境保护法》第 13 条规定，建设污染环境的项目，必须遵守国家有关建设项目环境保护管理的规定。建设项目的环境报告书，必须对建设项目产生的污染和对环境作出评价，规定防治措施，经项目主管部门预审并依照规定的程序报环境保护行政主管部门批准。环境影响报告书经批准后，计划部门方可批准建设项目设计任务书。被告乙在审批该项目的建设工程规划许可证时，应当审查丙、丁是否已取得了环境影响报告书，并根据卫生部颁布施行的《卫生系统实验动物管理暂行条例》规定，审查申报建设的实验动物室建筑是否保留至少有 20m 的卫生隔离区。但是本案中乙核准的动物实验室工程设计方案，实验室与原告的住宅楼之间的距离为 19.09m，未达到规定的距离要求。乙在诉讼中向法院提交的有关证据，不足以证明其审批行为认定事实清楚、程序正当、合法。

据此，一审法院依据《中华人民共和国行政诉讼法》第 54 条规定，于 2003 年 6 月 19 日判决：撤销被告乙于 2001 年 12 月 10 日向丙、丁颁发的 2001 规建字××号建设工程规划许可证。

宣判后，乙不服，提出上诉。案件在二审期间，乙从重新考虑后表示服从一审判决，自愿申请撤回上诉。二审法院认为：乙在上诉期间自愿申请撤回上诉，属于依法处分其诉讼权利的行为，该行为未侵犯国家、集体和他人的合法权利，应予批准。

据此，二审法院根据《中华人民共和国行政诉讼法》第 51 条规定，于 2003 年 10 月 24 日裁定：准予上诉人乙撤回上诉，当事人按一审判决执行。

3. 案例评析

本案属行政诉讼，本案的焦点是案中所涉及的建设项目是否违反了我国有关环境保护方面的法律规定，并应如何处理。我国对工程项目的建设有严格的法律规定，不但要严格遵守基本建设程序，同时也要严格遵守环境保护等有关的法律规定。本案中，根据我国《环境保护法》第 13 条的规定，乙审批建设污染环境项目时，在申请方没有提供有关环境保护影响报告书，且建设项目不符合有关国家标准的情况下，即颁发建设许可证的行为，显然构成违法，法院依法撤销是正确的。

10.4.2 案例 2

1. 基本案情

2001 年 1 月 2 日，江西省环保局收到举报信，反映奉新县某水泥有限公司违法生产，污染严重，对周围居民造成极大影响。1 月 2 日省环境监理总队接到省环保局转来的举报信后，1 月 3 日派人和奉新县环保局共赴现场检查。在检查过程中约见了某水泥公司的总经理许某和投诉人，查明：某水泥有限公司是当地招商企业，由许某等人投资 200 余万元兴建，2000 年 5 月 3 日动工，2000 年 10 月 23 日投产，截止到 2001 年 1 月 3 日未办理环保审批手续，也未办理工商营业执照。奉新县环保局曾于 2000 年 5 月 18 日对该公司下达了停止建设通知书。该公司从事水泥半成品加工，从其他厂家购买水泥熟料进行加工，生产 425 号硅酸盐水泥。该公司的主要生产设备是一台直径 2.2m 的球磨，污染防治措施只有一套简易的布袋除尘装置。省环境监理总队建议责令该水泥有限公司停止生产，按规定限期补办环保手续。

2. 案件处理

江西省环保局认为江西某水泥公司的行为，违反了《中华人民共和国大气污染防治法》第 11 条的规定。根据《中华人民共和国大气污染防治法》第 47 条的规定，对某水泥厂作出如下行政处罚：

1）责令江西某水泥厂立即停止生产。

2）处 2 万元罚款。

3. 案例评析

《建设项目环境保护管理条例》确立了"三同时"制度，即建设项目需要配套建设的环保措施，必须与主体工程同时设计、同时施工、同时投产使用。在本案中，某水泥厂违法该项制度，其结果违反了我国《大气污染防治法》的有关规定，依法应当承担法律责任。

10.4.3 案例 3

原告：庞某

被告：××露天煤矿建设国道指挥部

1. 基本案情

1983 年，××露天煤矿的建设确定为"七五"期间的重点工程项目。1985 年 6 月，××煤矿设计院编制出《××露天矿可行性研究报告》，肯定该露天煤矿爆破引起的噪声和振动会对周围自然环境产生影响，但对如何采取预防措施未加以论述。1988 年，××矿务局成立露天建设管理委员会，1990 年更名为××露天煤矿建设国道指挥部（即本案被告），1991 年该矿开始建设。在被告计划建设露天煤矿期间，××煤矿劳动服务公司在该露天煤矿东南界限的边缘建立养鸡场。1991 年 4 月，劳动服务公司将该养鸡场发包给本案原告庞某，承包期 4 年。1992 年 2 至 6 月，庞某分 4 次购进雏鸡 6970 只，饲养在养鸡场。同年 8~10 月，这些鸡先后进入产蛋时。与此同时，国道指挥部在露天煤矿进行土层剥离爆破施工，其振动和噪声惊扰养鸡场的鸡群，鸡的产蛋率突然大幅度下降，并有部分鸡死亡。同年 12 月底和 1993 年初，庞某将成鸡全部淘汰。经计算，庞某因蛋鸡产蛋率下降而提前淘汰成鸡所造成的利润收益损失为 120411.78 元。

××畜牧科学院兽医研究所对庞某承包的养鸡场的活鸡、死鸡进行抽样诊断、检验，结论为：因长期放炮施工的振动和噪声造成鸡群"应激产蛋下降综合症"。

另外，被告在露天煤矿爆破施工的振动、噪声，致使附近居民的房屋裂缝出现破损和正常的生活秩序受到影响，引起一些居民不满，政府有关部门曾拨专款给予补偿。

1993年2月，被告委托地震局、环保局，对露天煤矿爆破施工的振动和噪声进行监测，结论是振动速度和噪声均没超出国家规定的标准。

原告庞某向人民法院起诉称：被告开矿爆破造成蛋鸡产蛋率由原来的90%以上下降到10%左右，并出现部分鸡死亡的现象，要求被告赔偿损失402418.42元。

被告辩称：我部开矿爆破经国家有关部门批准，没有违法，不构成侵权，不应承担赔偿责任。

2. 案件审理

一审法院经审理认为：露天煤矿开始施工建设时，养鸡场已经建成并投入生产，养鸡场的建立没有违反有关规定。被告长期开矿爆破施工，其振动和噪声惊扰庞某养鸡场的鸡群，造成该鸡群"应激产蛋下降综合症"，应该承担赔偿责任。该院根据《民法通则》第124条规定，于1993年4月28日判决如下：被告赔偿原告庞某的经济损失120411.78元。

被告对判决不服，以原诉答辩理由提起上诉。二审法院在审理中，对地震、环保部门的检测结论进行了核实，认为：这种事后委托有关部门作出的监测结论，因用作监测的对象与当时的客观情况不相一致，放炮地点也发生了变化，加之养鸡场的鸡不复存在，故该监测结论不能作为推翻兽医研究所诊断结论的证据。二审法院还就鸡群"应激产蛋下降综合症"的问题听取了有关专家的咨询意见。专家认为：根据兽医学的理论研究，包括鸡在内的各种动物都对外界环境的变化有一定本能的反应，当这种反应超过其本身的适应能力时，就会给其生理和心理造成不良的影响，这种"反应"就是"应激"。庞某养鸡场的鸡群，属于对周围环境要求较高、适应环境能力较低的鸡种，这种鸡好静，长期爆破产生的振动和噪声完全改变了它生长的环境，给鸡群的生理和心理造成了不良的影响，以致产蛋率下降。据此，得出了庞某养鸡场的鸡群产蛋率下降是由于患病所致的因素。

二审法院经重新核算，庞某所受到的经济损失为131000元。

二审法院在进一步查明事实和分清是非、责任的基础上进行调节。经调解，双方于1994年2月2日自愿达成如下协议：

1）被告赔偿原告的经济损失131000元。

2）被告于 1994 年 2 月 20 日付给原告 65500 元，剩余部分于 2 月底全部付清，否则加倍支付延迟履行期间的利息。

3. 案例评析

本案被告在其露天煤矿爆破施工，造成原告养鸡场鸡群的产蛋率大幅度下降，属于环境污染致人损害，法院适用《民法通则》第 124 条的规定处理本案的实体问题，是正确的。

环境污染一般是指由于生产、科研、生活及其他活动而向人类生产环境排放废水、废渣、粉尘、垃圾、放射性物质、有毒物质等有害物及产生噪声、振动、恶臭等有害于人类生存环境的行为。这些污染源进入人类环境，使人的生命、健康、财产遭受损害及正常的生产、工作、学习、生活受到妨害，即为环境污染致人损害。环境污染致人损害的民事责任属于一种特殊侵权民事责任。我国《民法通则》第 124 条规定："违反国家环境防止污染的规定，污染环境造成他人损害的，应当依法承担民事责任。"《环境保护法》第 41 条规定："造成环境污染危害的，有责任排除危害，并对直接受到损害的单位或个人赔偿损失"。本案被告在其露天煤矿爆破施工生产的振动和噪声，使原告养鸡场的鸡群的安静生活环境受到破坏，引起该养鸡场鸡群的产蛋率大幅度下降，这显然属于环境污染导致的他人财产损害。

第 11 章
房地产管理法律制度

11.1 房地产管理法律制度概述

11.1.1 房地产相关概念

房地产是房产和地产的总称。地产是指土地及其上下一定的空间,包括地下的各种基础设施、地面道路等;房产是指建筑在土地上的各种房屋,包括住宅、厂房、仓库和商业、服务、文化、教育、卫生、体育以及办公用房等。不动产是指土地及其附着物,包括物质实体及其相关权益。不能移动或者如果移动就会改变其性质、损害其价值的有形财产,包括土地及其定着物,如建筑物及土地上生长的植物等。房地产属于不动产的主要部分,因此,房地产被看做不动产的同义词。

房地产业是从事房地产开发、经营、管理和服务的产业,是具有生产、经营和服务职能的独立行业。根据 GB/T 4754—2002《国民经济行业分类》,房地产业在国民经济行业中排序第 11 位,包括四个组成部分:房地产开发经营、物业管理、房地产中介服务和其他房地产活动,具体包括 23 项产业活动。

11.1.2 房地产的法律特征

1. 不可移动性

房地产最重要的一个特性是其位置的固定性或不可移动性。每一宗土地都有其固定的位置,不可移动,这一特性使土地利用形态受位置的严格限制。建筑物由于固着于土地上,所以也是不可移动的。因此,位置对房地产投资具有重要意义。

房地产的位置有自然地理位置与社会经济地理位置之别。虽然房地产的自然地理位置固定不变,但其社会经济地理位置却经常在变动。这种变动可以由以下原因引起：城市规划的制订或修改；交通建设的发展或改变；其他建设的发展等。当房地产的位置由劣变优时，其价格会上升；反之，价格会下跌。

2. 深受周围社区环境影响性

一宗房地产与其周围房地产相互影响。房地产的价格不仅与其本身的用途等有直接关系，而且往往还取决于其周围其他房地产的状况。例如，在住宅楼旁边兴建工厂，可导致该住宅楼的价值下降；反之，如在其旁边兴建公园，可使其价格上升。房地产深受周围社区环境影响，不能脱离周围的社区环境而单独存在。政府在交通、绿化、文教等公共设施方面的投资，能显著地提高附近房地产的价值。

3. 投资规模大，开发周期长

一般情况下建设一幢大楼需要投资几百万甚至几千万元，经过半年、一年甚至更长的时间才能建成。因而房地产开发建设投资周转慢，周转率低。这是从事房地产开发投资时必须优先考虑到的。

4. 易受法律政策的影响

任何国家基于社会经济发展和公共利益需要，都要对房地产作出不同程度的规范。房地产受政府法律和政策的限制及影响较重要的有两项：一是政府基于公共利益，限制某些房地产的使用，如城市规划对土地用途、建筑容积率、建筑覆盖率、建筑高度和绿地率等的规定；二是政府为满足社会公共利益的需要，可对房地产实行征收或者征用。

11.1.3　房地产管理法规

1. 房地产管理法规概念

房地产管理法规是调整房地产开发、交易及产权管理过程中发生的社会关系的法律规范的总称。房地产管理法规调整的社会关系主要包括：房地产开发用地管理关系、房地产开发管理关系、房地产交易管理关系、房地产产权产籍管理关系。

2. 现行主要的房地产管理法规

（1）法律　《民法通则》、《物权法》、《城市房地产管理法》、《土地管理法》、《城乡规划法》和《招标投标法》等。

（2）行政法规　《城镇国有土地使用权出让和转让暂行条例》、《城市房地产开发经营管理条例》和《土地管理法实施条例》等。

（3）行政规章　《城市商品房预售管理办法》、《土地登记办法》和《房屋登记办法》等。

3. 房地产管理法规的基本原则

（1）国有土地有偿、有限期使用原则　这一原则包含了以下三方面含义：

1）国有土地有偿使用，房地产开发用地的土地使用权，一般通过土地使用权出让途径获得，即国家将国有土地使用权在一定年限内出让给土地使用者，由土地使用者向国家支付土地使用权出让金。

2）国有土地有限期使用，国家出让给土地使用者的土地使用权是有一定年限的。

3）在法律规定的范围内，可以采取无偿、无限期的土地使用权划拨方式供应土地使用权。

(2) 经济、社会和环境效益相统一的原则　房地产开发经营应当按照经济效益、社会效益、环境效益相统一的原则，实行全面规划、合理布局、综合开发、配套建设。经济效益是指在房地产投资领域讲求经济核算，强调投入产出的比例，为投资者带来可观的经济效益。社会效益是指房地产开发为整个社会带来的正面影响以及产生的积极效果。环境效益是指在房地产开发过程中，必须注重环境的优化，力求达到房地产项目与周围环境协调的最佳状态。环境效益不仅包括自然环境，还包括社会环境。在实践中，三大效益之间可能存在矛盾，不大平衡，管理者的最大任务就是谋求三者结合的最佳点。

(3) 维护房地产权利人合法权益的原则　具体如下：

1）规定房地产权利人的合法权益受法律保护，任何单位和个人不得侵犯。

2）国家对土地使用者依法取得的土地使用权，在出让合同约定的使用年限届满前不收回；如遇特殊情况需要提前收回，应予相应的补偿；土地使用权出让合同约定的使用期限届满，可以申请续期。

3）依法取得的土地使用权，可以作价入股，合资、合作开发经营房地产；依法取得的房屋所有权连同该房屋占用范围内的土地使用权均可设定抵押。

4）为了更好地保障商品房预购人的合法权益，规定了商品房预售应当具备的条件。

5）规定国家实行土地使用权和房屋所有权登记发证制度等。

11.2　房地产开发用地

我国正在经历工业化进程，大量农业人口会转入城镇从事非农产业。从事非农产业需要占用大量土地，城镇面积就会越来越大。城镇面积的扩大，势必占用周边的农村集体土地。《宪法》第 10 条规定城市的土地属于国家所有。《土地管理法》第 63 条规定，农民集体所有的土地的使用权不得出让、转让或者出租用于非农业建设。《城市房地产管理法》第 9 条规定，城市规划区内的集体所有的土地，经依法征收转为国有土地后，该幅国有土地的使用权方可有偿出让。农村集体土地首先要转为国家所有，然后进行开发使之具备相当基础设施，才交给单位和个人使用。

房地产项目的开发，首先要获得土地使用权。获得土地使用权有多种方式，依据《城市房地产管理法》、《土地管理法》及相关法律法规的规定主要有：出让、划拨、转让或与当前的土地使用者合作等方式。

11.2.1 房地产开发用地使用权的出让取得方式

1. 概述

（1）概念　土地使用权出让是指国家以土地所有者的身份将国有建设用地使用权在一定年限内让与土地使用者，并由土地使用者向国家支付出让金的行为。

（2）土地使用权出让方式　有以下方式：

1）协议——非经营性用地。

2）招标、拍卖、挂牌——经营性用地（工业、商业、旅游、娱乐和商品住宅等）。

（3）土地使用权出让最高年限　土地使用权出让最高年限按下列用途确定：《城镇国有土地使用权出让和转让暂行条例》第 12 条规定，居住用地 70 年；工业用地 50 年；教育、科技、文化、卫生、体育用地 50 年；商业、旅游、娱乐用地 40 年；综合或者其他用地 50 年。

《物权法》第 149 条规定，住宅建设用地使用权期间届满的，自动续期。非住宅建设用地使用权期间届满后的续期，依照法律规定办理。该土地上的房屋及其他不动产的归属，有约定的，按照约定；没有约定或者约定不明确的，依照法律、行政法规的规定办理。

2. 协议出让

协议出让国有建设用地使用权，是指市、县国土资源管理部门以协议方式将国有建设用地使用权在一定年限内出让给土地使用者，由土地使用者支付土地使用权出让金的行为。

出让国有土地使用权，除依照法律、法规和规章的规定应当采用招标、拍卖或者挂牌方式外，方可采取协议方式，主要包括以下情况：供应商业、旅游、娱乐和商品住宅等各类经营性用地以外用途的土地，其供地计划公布后同一宗地只有一个意向用地者的；原划拨、承租土地使用权人申请办理协议出让，经依法批准，可以采取协议方式，但《国有土地划拨决定书》、《国有土地租赁合同》、法律、法规、行政规定等明确应当收回土地使用权重新公开出让的除外；划拨土地使用权转让申请办理协议出让，经依法批准，可以采取协议方式，但《国有土地划拨决定书》、法律、法规、行政规定等明确应当收回土地使用权重新公开出让的除外；出让土地使用权人申请续期，经审查准予续期的，可以采取协议方式；

法律、法规、行政规定明确可以协议出让的其他情形。

3. 招标拍卖挂牌出让

（1）相关概念　具体如下：

1）招标出让国有建设用地使用权，是指市、县人民政府国土资源行政主管部门发布招标公告，邀请特定或者不特定的自然人、法人和其他组织参加国有建设用地使用权投标，根据投标结果确定国有建设用地使用权人的行为。

2）拍卖出让国有建设用地使用权，是指市、县人民政府国土资源行政主管部门发布拍卖公告，由竞买人在指定时间、地点进行公开竞价，根据出价结果确定国有建设用地使用权人的行为。

3）挂牌出让国有建设用地使用权，是指市、县人民政府国土资源行政主管部门发布挂牌公告，按公告规定的期限将拟出让宗地的交易条件在指定的土地交易场所挂牌公布，接受竞买人的报价申请并更新挂牌价格，根据挂牌期限截止时的出价结果或者现场竞价结果确定国有建设用地使用权人的行为。

（2）适用范围　具体如下：

1）供应商业、旅游、娱乐和商品住宅等各类经营性用地以及有竞争要求的工业用地。

2）其他土地供地计划公布后同一宗地有两个或者两个以上意向用地者的。

3）划拨土地使用权改变用途，《国有土地划拨决定书》或法律、法规、行政规定等明确应当收回土地使用权，实行招标拍卖挂牌出让的。

4）划拨土地使用权转让，《国有土地划拨决定书》或法律、法规、行政规定等明确应当收回土地使用权，实行招标拍卖挂牌出让的。

5）出让土地使用权改变用途，《国有土地使用权出让合同》约定或法律、法规、行政规定等明确应当收回土地使用权，实行招标拍卖挂牌出让的。

6）法律、法规、行政规定明确应当招标拍卖挂牌出让的其他情形。

（3）招标、拍卖、挂牌出让程序　具体如下：

1）公布出让计划，确定供地方式。市、县国土资源管理部门应当将经批准的国有土地使用权出让计划向社会公布。有条件的地方可以根据供地进度安排，分阶段将国有土地使用权出让计划细化落实到地段、地块，并将相关信息及时向社会公布。国有土地使用权出让计划以及细化的地段、地块信息应当同时在中国土地市场网（http://www.landchina.com）上公布。对具有综合目标或特定社会、公益建设条件、开发建设要求较高、仅有少数单位和个人可能有受让意向的土地使用权出让，可以采取招标方式，按照综合条件最佳者得的原则确定受让人；其他土地使用权出让，应当采取招标、拍卖或挂牌方式，按照价高者得的原则确定受让人。采用招标方式出让国有土地使用权的，应当采取公开招标方式。对土地使用者有严格的限制和特别要求的，可以采用邀请招标方式。

2）编制、确定出让方案。市、县国土资源管理部门应当会同城市规划管理等有关部门，依据国有土地使用权出让计划、城市规划等，编制国有土地使用权招标拍卖挂牌出让方案。国有土地使用权招标拍卖挂牌出让方案应当包括：拟出让地块的具体位置、四至、用途、面积、年限、土地使用条件、供地时间、供地方式、建设时间等。属于综合用地的，应明确各类具体用途、所占面积及其各自的出让年期。对于各用途不动产之间可以分割，最终使用者为不同单位、个人的，应当按照综合用地所包含的具体土地用途分别确定出让年期；对于多种用途很难分割、最终使用者唯一的，也可以统一按照综合用地最高出让年限50年确定出让年期。国有土地使用权招标拍卖挂牌出让方案应按规定报市、县人民政府批准。

3）地价评估，确定出让底价。市、县国土资源管理部门应当根据拟出让地块的条件和土地市场情况，依据《城镇土地估价规程》，组织对拟出让地块的正常土地市场价格进行评估。有底价出让的，市、县国土资源管理部门或国有土地使用权出让协调决策机构应当根据土地估价结果、产业政策和土地市场情况等，集体决策，综合确定出让底价和投标、竞买保证金。招标出让的，应当同时确定标底；拍卖和挂牌出让的，应当同时确定起叫价、起始价等。

4）编制出让文件。市、县国土资源管理部门应当根据经批准的招标拍卖挂牌出让方案，组织编制国有土地使用权招标拍卖挂牌出让文件。

5）发布出让公告。国有土地使用权招标拍卖挂牌出让公告应当由市、县国土资源管理部门发布。出让公告应当通过中国土地市场网和当地土地有形市场发布，也可同时通过报刊、电视台等媒体公开发布。出让公告应当至少在招标拍卖挂牌活动开始前20日发布，以首次发布的时间为起始日。经批准的出让方案已明确招标、拍卖、挂牌具体方式的，应当发布具体的"国有土地使用权招标出让公告"、"国有土地使用权拍卖出让公告"或"国有土地使用权挂牌出让公告"；经批准的出让方案未明确招标、拍卖、挂牌具体方式的，可以发布"国有土地使用权公开出让公告"，发布公开出让公告的，应当明确根据申请截止时的申请情况确定具体的招标、拍卖或挂牌方式。

6）申请和资格审查。申请人应在公告规定期限内缴纳出让公告规定的投标、竞买保证金，并根据申请人的类型，持相应文件向出让人提出竞买、竞投申请。申请人竞得土地后，拟成立新公司进行开发建设的，应在申请书中明确新公司的出资构成、成立时间等内容。出让人可以根据招标拍卖挂牌出让结果，先与竞得人签订《国有土地使用权出让合同》，在竞得人按约定办理完新公司注册登记手续后，再与新公司签订《国有土地使用权出让合同变更协议》；也可按约定直接与新公司签订《国有土地使用权出让合同》。出让人应当对出让公告规定的时间内收到的申请进行审查。

经审查,有下列情形之一的,为无效申请:申请人不具备竞买资格的;未按规定缴纳保证金的;申请文件不齐全或不符合规定的;委托他人代理但委托文件不齐全或不符合规定的;法律法规规定的其他情形。

7)招标拍卖挂牌活动实施。挂牌依照以下程序进行:在挂牌公告规定的挂牌起始日,出让人将挂牌宗地的面积、界址、空间范围、现状、用途、使用年期、规划指标要求、开工时间和竣工时间、起始价、增价规则及增价幅度等,在挂牌公告规定的土地交易场所挂牌公布;符合条件的竞买人填写报价单报价;挂牌主持人确认该报价后,更新显示挂牌价格;挂牌主持人在挂牌公告规定的挂牌截止时间确定竞得人。挂牌时间不得少于10日。挂牌期间可根据竞买人竞价情况调整增价幅度。

挂牌截止应当由挂牌主持人主持确定。挂牌期限届满,挂牌主持人现场宣布最高报价及其报价者,并询问竞买人是否愿意继续竞价。有竞买人表示愿意继续竞价的,挂牌出让转入现场竞价,通过现场竞价确定竞得人。挂牌主持人连续三次报出最高挂牌价格,没有竞买人表示愿意继续竞价的,按照下列规定确定是否成交:在挂牌期限内只有一个竞买人报价,且报价不低于底价,并符合其他条件的,挂牌成交;在挂牌期限内有两个或者两个以上的竞买人报价的,出价最高者为竞得人;报价相同的,先提交报价单者为竞得人,但报价低于底价者除外;在挂牌期限内无应价者或者竞买人的报价均低于底价或者均不符合其他条件的,挂牌不成交。

8)签订出让合同,公布出让结果。土地使用权出让合同,是指市、县人民政府土地管理部门作为出让方将国有土地使用权在一定年限内让与受让方,受让方支付土地使用权出让金的协议。

9)核发建设用地批准书,交付土地。

10)办理土地登记。

11)资料归档。

11.2.2 房地产开发用地使用权的划拨取得方式

土地使用权划拨是指县级以上人民政府依法批准,在土地使用者缴纳补偿、安置等费用后将该幅土地交付其使用,或者将土地使用权无偿交付给土地使用者使用的行为。

下列建设用地的土地使用权,确属必需的,可以由县级以上人民政府依法批准划拨:国家机关用地和军事用地;城市基础设施用地和公益事业用地;国家重点扶持的能源、交通、水利等项目用地;法律、行政法规规定的其他用地。

根据《廉租住房保障办法》、《经济适用住房管理办法》,廉租住房建设用地、经济适用住房建设用地以划拨方式供应。

11.2.3 房地产开发用地使用权的转让取得方式

土地使用权转让是指土地使用者将土地使用权再转让的行为，包括出售、交换和赠与。未按土地使用权出让合同规定的期限和条件投资开发、利用土地的，土地使用权不得转让。房地产开发企业可以考虑通过转让方式获得土地使用权，然后进行房地产开发。土地使用权的转让要符合一定条件，目的是防止炒卖地皮。

11.2.4 房地产开发用地使用权的其他取得方式

《城市房地产管理法》第 28 条规定，依法取得的土地使用权，可以依照法律、行政法规的规定，作价入股，合资、合作开发经营房地产。房地产开发企业也可以考虑和拥有土地使用权的一方依照法律、行政法规的规定，以作价入股、合资、合作等方式获得土地使用权进行房地产的开发经营。

11.3 房地产开发

11.3.1 房地产开发的概念和原则

1. 房地产开发的概念

房地产开发是指在依法取得国有土地使用权的土地上进行基础设施、房屋建设的行为。

2. 房地产开发的原则

（1）房地产开发必须严格执行城市规划　房地产开发是城市开发建设的重要组成部分，必须严格执行城市规划，这也是城市规划得以落实的重要保证。

在城市、镇规划区内以出让方式提供国有土地使用权的，在国有土地使用权出让前，城市、县人民政府城乡规划主管部门应当依据控制性详细规划，提出出让地块的位置、使用性质、开发强度等规划条件，作为国有土地使用权出让合同的组成部分。未确定规划条件的地块，不得出让国有土地使用权。

在城市、镇规划区内以划拨方式提供国有土地使用权的建设项目，经有关部门批准、核准、备案后，建设单位应当向城市、县人民政府城乡规划主管部门提出建设用地规划许可申请，由城市、县人民政府城乡规划主管部门依据控制性详细规划核定建设用地的位置、面积、允许建设的范围，核发建设用地规划许可证。

县级以上地方人民政府城乡规划主管部门按照国务院规定对建设工程是否符合规划条件予以核实。未经核实或者经核实不符合规划条件的，建设单位不得组织竣工验收。建设单位应当在竣工验收后6个月内向城乡规划主管部门报送有关竣工验收资料。

（2）房地产开发必须坚持经济效益、社会效益和环境效益相统一　房地产开发是一项综合性强，涉及面广的产业，不仅关系到一个地区、一个城市长远发展的大计，也关系到广大居民安居乐业的切身利益。在房地产开发过程中不仅应当考虑经济效益，还必须综合考虑社会效益和环境效益，实行三个效益的统一。经济效益是房地产开发的直接目的和主要目的，也是推动房地产开发的直接动因。但如果只片面追求经济效益，不顾社会效益和环境效益，其经济效益也不会持久，更难以长远发展。同时，政府及其有关部门在房地产开发经营监督管理中也应当通过政策和法律、经济、行政手段来加以引导和控制，确保房地产开发经营中的经济效益、社会效益、环境效益的统一。

（3）房地产开发必须实行全面规划、合理布局、综合开发、配套建设　实行全面规划、合理布局、综合开发、配套建设是房地产开发的重要方针，也是我国房地产开发的有效经验。"全面规划、合理布局"就是强调在房地产开发经营中应当先行规划、合理安排开发项目，使开发建设统一纳入规划管理，严格按照规划要求进行。"综合开发、配套建设"就是在一定规模的建设区域内，按其使用性质对建筑物、构筑物和基础设施有计划、按步骤地、分期分批地进行建设。建设中要将供水、排水、供气、供暖、道路交通、商业网点和幼儿园、学校、消防等方面一并考虑安排。除一个开发项目本身的设施配套、公益设施的统筹安排外，还要考虑与城市大系统诸多设施的配套。实现全面规划、合理布局、综合开发、配套建设，不仅表明我国房地产开发不断完善，也是我国房地产业持续、健康发展的切实保证。

11.3.2　房地产开发的分类

1. 按开发的目的不同划分

按开发的目的不同可以将房地产开发划分为以经营为目的的房地产开发和以自用为目的的房地产开发。以经营为目的的房地产开发是指房地产开发企业投资开发房地产，并通过转让追求经营利润的开发活动。以自用为目的的房地产开发是指房地产开发企业为了满足自己生产、经营或者消费需要的房地产开发活动。

2. 按开发区域的性质划分

根据被开发区域的性质可以将房地产开发分为新城区开发和旧城区改造。新城区开发主要是通过对城市郊区的农地和荒地的改造，使之变成建设用地，并进行一系列的房屋、道路、公用设施等方面的建造和铺设，使之变成新的城区。旧城区改造主要是对建成区某些区段的建筑和各项配套设施进行拆迁改造或重新建设，具有改变或扩大原有建筑地段的使用性质和功能的特点。旧城区改造在城市建设中具有重要的意义，一方面，可以通过改造改变以往旧城区人口过密，交通紧张，房屋陈旧，设施落后，环境质量恶劣的弊病；另一方面，也可以调整城市的用地，提高土地效益。

3. 按开发的规模划分

根据房地产开发的规模可以划分为单项开发和成片开发。单项开发是指开发规模小，占地少，功能比较单一的项目。往往表现为分散建造的一些单项工程或单位工程。成片开发范围较大，占地多，功能全，投资额高，建设周期长。

4. 按开发的对象划分

按照房地产开发的对象可以划分为土地开发、房屋开发。土地开发是指土地开发企业在获得土地使用权以后，通过征地、拆迁、安置等，将土地开发成具有"七通一平"条件的建房基地，然后通过招标、拍卖、挂牌出让的方式，将其使用权转让给其他房地产开发企业进行房屋建设的一种开发经营方式。房屋开发指房地产开发企业以一定的方式获得地块的使用权后，按照规划要求，建造各类房地产商品，并以出售或出租手段将这些房地产商品推入市场的一种开发经营方式。

11.3.3 房地产开发的条件

1. 开发主体合法

进行房地产开发的单位和个人，首先应取得房地产开发的资格。如果是房地产开发企业，则应依照《城市房地产管理法》规定的条件设立，向工商行政管理部门申请登记，并取得营业执照。

2. 依法取得房地产开发用地的使用权

房地产开发主体必须通过《城市房地产管理法》规定的合法途径，取得房地产开发用地使用权。用于房地产开发的土地，必须权属清晰，房地产开发主体拥有《国有土地使用证》。《城市房地产管理法》第28条规定："依法取得的土地使用权，可以依照本法和有关法律、行政法规的规定，作价入股，合资、合作开发经营房地产。"

3. 在规定的期限内动工开发房地产

以出让方式取得土地使用权进行房地产开发的，必须按照土地使用权出让合同约定的土地用途、动工开发期限开发土地。超过出让合同约定的动工开发日期满1年未动工开发的，可以征收相当于土地使用权出让金20%以下的土地闲置费；满2年未动工开发的，可以无偿收回土地使用权；但是，因不可抗力或者政府、政府有关部门的行为或者动工开发必需的前期工作造成动工开发迟延的除外。

11.3.4 房地产开发企业

1. 概念

房地产开发企业是指依法设立、具有企业法人资格的经济实体。

2. 房地产开发企业设立的条件

根据《城市房地产管理法》和《城市房地产开发经营管理条例》的规定，我国房地产开发企业的设立必须符合以下条件：

1）有自己的名称和组织机构。

2）有固定的经营场所。

3）有符合国务院规定的注册资本。《城市房地产开发经营管理条例》规定，房地产开发企业须有 100 万元以上的注册资本。

4）有足够的专业技术人员。根据《城市房地产开发经营管理条例》的规定，房地产开发企业须有 4 名以上持有资格证书的房地产专业、建筑工程专业的专职技术人员，2 名以上持有资格证书的专职会计人员。

5）法律、行政法规规定的其他条件。这一规定主要是指设立房地产开发有限责任公司或股份有限公司以及设立外商投资的房地产开发企业的，必须具备公司法和外商投资企业法有关的规定。

设立房地产开发企业，应当向工商行政管理部门申请设立登记。工商行政管理部门对符合规定条件的，应当予以登记，发给营业执照；对于不符合规定条件的，不予登记。房地产开发企业在领取营业执照后的 1 个月内，应当到登记机关所在地的县级以上地方人民政府规定的部门备案。

3. 房地产开发企业的资质核定

房地产开发企业在领取营业执照后的 1 个月内，应当到登记机关所在地的县级以上地方人民政府规定的房地产开发主管部门备案。持有文件包括：营业执照复印件，企业章程，验资证明，企业法定代表人的身份证明，专业技术人员的资格证书和聘用合同。

房地产开发主管部门根据房地产开发企业的资产、专业技术人员和开发经营业绩等，对备案的房地产开发企业核定资质等级。房地产开发企业按照核定的资质等级，承担相应的房地产开发项目。

房地产开发企业资质按照企业条件分为一级、二级、三级、四级四个等级，实行分级审批制度。一级资质由省级建设主管部门初审，报国务院建设主管部门审批。其他资质的审批办法由省级建设主管部门制定。经资质审查合格的企业，发给相应等级的资质证书。

一级资质的房地产开发企业承担房地产项目的建设规模不受限制，可以在全国范围内承揽房地产开发项目；二级资质及二级资质以下的房地产开发企业可以承担 25 万 m² 以下的地产开发项目。拿证方可开发，不得越级开发。

4. 房地产开发企业资质的管理

房地产开发企业资质的管理实行年检制度。对于不符合原定资质条件或者有不良经营行为的企业，由原资质审批部门予以降级或者注销资质证书。房地产开发主管部门应当将房地产开发企业资质年检结果向社会公布。

11.3.5 房地产开发建设

1. 房地产开发项目的确定

确定房地产开发项目，应当符合土地利用总体规划、年度建设用地计划和城市规划、房地产开发年度计划的要求；按照国家有关规定需要经计划主管部门批准的，还应当报计划主管部门批准，并纳入年度固定资产投资计划。

确定房地产开发项目，应当坚持旧区改建和新区建设相结合的原则，注重开发基础设施薄弱、交通拥挤、环境污染严重以及危旧房屋集中的区域，保护和改善城市生态环境，保护历史文化遗产。

2. 项目监管

（1）项目资本金制度　在房地产开发项目的总投资中，除项目法人从银行或资金市场筹措的债务性资金外，还必须拥有一定比例的资本金。投资项目资本金是指在投资项目总投资中，由投资者认缴的出资额，对投资项目来说是非债务性资金，项目法人不承担这部分资金的任何利息和债务；投资者可按其出资的比例依法享有所有者权益，也可转让其出资，但不得以任何方式抽回。

项目投资资本金可以用货币出资，也可以用实物、工业产权、非专利技术、土地使用权作价出资，但必须经过有资格的资产评估机构依照法律、法规评估其价值，且不得高估或低估。以工业产权、非专利技术作价出资的比例不得超过投资项目资本金总额的 20%，国家对采用高新技术成果有特别规定的除外。

房地产开发项目资本金占项目总投资的比例不得低于 20%。2004 年 4 月，为加强宏观调控，调整和优化经济结构，国务院下发了《关于调整部分行业固定资产投资项目资本金比例的通知》（国发〔2004〕13 号），将房地产开发项目（不含经济适用房项目）资本金最低比例由 20% 提高到 35%。

（2）房地产开发项目手册　房地产开发企业应当将房地产开发项目建设过程中的主要事项记录在房地产开发项目手册中，并定期送房地产开发主管部门备案。房地产开发项目手册的建立，增强了政府部门加强房地产开发项目管理的手段和能力。房地产开发企业应将项目建设过程的主要事项，如项目名称、规模、转让记录、预售情况等记录在手册中，并定期送房地产开发主管部门备案。房地产开发主管部门要对项目手册的备案情况进行检查，并将手册记录事项作为企业资质评定、审查的依据。

3. 房地产开发项目必须符合相应的法律、法规、标准的规定

房地产开发企业开发建设的房地产项目，应当符合有关法律、法规的规定和建筑工程质量、安全标准，建筑工程勘察、设计、施工的技术规范以及合同的约定。

4. 房地产开发项目有关责任的分配

房地产开发企业应当对其开发建设的房地产开发项目的质量承担责任。勘察、设计、施工、监理等单位应当依照有关法律、法规的规定或者合同的约定，承担相应的责任。

5. 房地产开发项目的竣工验收

房地产开发项目竣工，经验收合格后，方可交付使用；未经验收或者验收不合格的，不得交付使用。房地产开发项目竣工后，房地产开发企业应当向项目所在地的县级以上地方人民政府房地产开发主管部门提出竣工验收申请。房地产开发主管部门应当自收到竣工验收申请之日起 30 日内，对涉及公共安全的内容，组织工程质量监督、规划、消防、人防等有关部门或者单位进行验收。住宅小区等群体房地产开发项目竣工，还应当依法进行综合验收，主要内容有：城市规划设计条件的落实情况；城市规划要求配套的基础设施和公共设施的建设情况；单项工程的工程质量验收情况；拆迁安置方案的落实情况；物业管理的落实情况。住宅小区等群体房地产开发项目实行分期开发的，可以分期验收。

11.4 房地产交易

11.4.1 房地产交易的概述

1. 房地产交易的概念

房地产交易一词，有广义狭义之分，从广义上来说，房地产交易是指一切房地产权属的流通。从狭义上来说，房地产交易仅指房地产转让。根据《城市房地产管理法》第 2 条的规定，我国的房地产交易包括房地产转让、房地产抵押和房屋租赁。

2. 房地产交易的一般规定

（1）"房随地走、地随房走"原则　房地产转让、抵押时，房屋的所有权和该房屋占用范围内的土地使用权同时转让、抵押。房地产转让、抵押，当事人应当依照有关规定办理权属登记。

（2）房地产价格管理制度　房地产价格是房地产交易的核心问题之一，《城市房地产管理法》为此规定了房地产交易中的价格管理制度，规定基准定价、标定定价和各类房屋的重置价格应当定期确定公布，并实行房地产价格评估制度和

房地产成交价格申报制度。

1) 房地产价格的种类。根据《城市房地产管理法》的规定，需要实行价格管理的房地产价格主要有三种，即基准定价、标定定价和各类房屋的重置价格。基准定价是指按照不同的土地级别、区域分别评估和测算的商业、工业、住宅等各类用地使用权的平均价格。标定定价是指对需要进行土地使用权出让、转让、抵押的地块评定的具体价格，它是以基准地价为依据，根据市场行情、地块大小、形状、容积率、微观区位和土地使用年限等条件评定的具体某一地块在某一时间的价格。房屋的重置价格是指按照当前的建筑技术、工艺水平、建筑材料价格、人工和运输费用等条件，重新建造同类结构、式样、质量标准的房屋价格。

2) 房地产价格评估制度。国家实行房地产价格评估制度。房地产价格评估是指地产专业估价人员，根据估价目的，遵循估价原则，采用科学的估计方法，结合估价经验和对影响房地产价格因素的分析，对房地产最可能实现的合理价格所作出的推测和判断。房地产价格评估，应当遵循公正、公平、公开的原则，按照国家规定的技术标准和评估程序，以基准定价、标定地价和各类房屋的重置价格为基础，参照当地的市场价格进行评估。

3) 房地产成交价格申报制度。房地产成交价格申报是指房地产权利人转让房地产时，必须将买卖价格向国家申报。这一方面有利于国家加强税收征收管理，保障国家税收收入，另一方面有利于国家了解和掌握房地产市场的行情，实施必要的宏观调控。《城市房地产管理法》第35条规定："国家实行房地产成交价格申报制度。房地产权利人转让房地产，应当向县级以上地方人民政府规定的部门如实申报成交价，不得瞒报或者作不实的申报。"

11.4.2 房地产转让

1. 房地产转让的概念

房地产转让是房地产交易最重要的内容。房地产转让是指房地产权利人通过买卖、赠与或者其他合法方式将其房地产转移给他人的行为。

2. 房地产转让的禁止条件

房地产转让的条件，可以分为禁止条件和必需条件。房地产转让的禁止条件是指法律规定不允许进行房地产转让的情形。《城市房地产管理法》第38条规定了不得转让房地产的7种情形：以出让方式取得土地使用权形成的房地产，不符合法律规定的转让条件的；司法机关和行政机关依法裁定、决定查封或者以其他形式限制房地产权利的；依法收回土地使用权的；共有房地产，未经其他共有人书面同意的；权属有争议的；未依法登记领取权属证书的；法律、行政法规规定禁止转让的其他情形。

3. 房地产转让的必需条件

房地产转让的必需条件是指法律规定的、在房地产转让中必须具备的条件。

（1）以出让方式取得土地使用权的房地产转让必需条件 《城市房地产管理法》第39条规定，以出让方式取得土地使用权的，转让房地产时，应当符合下列条件：按照出让合同约定已经支付全部土地使用权出让金，并取得土地使用权证书；按照出让合同约定进行投资开发，属于房屋建设工程的，完成开发投资总额的25%以上，属于成片开发土地的，形成工业用地或者其他建设用地条件。转让房地产时房屋已经建成的，还应当持有房屋所有权证书。

（2）以划拨方式取得土地使用权的房地产转让必需条件 《城市房地产管理法》第40条规定，以划拨方式取得土地使用权的房地产转让应当按照国务院规定，报有批准权的人民政府审批。经审批准予转让的，分为两种情况：办理土地使用权出让手续，并缴纳土地使用权出让金；不办理土地使用权出让手续的，应当将转让房地产所获的收益中的土地收益上缴国家或者作其他处理。

根据《城镇国有土地使用权出让和转让暂行条例》和《划拨土地使用权管理暂行办法》的规定，符合下列条件的，经市、县人民政府土地管理部门和房地产管理部门批准，其划拨土地使用权和地上建筑物、其他附着物可以转让、出租、抵押：土地使用者为企业、公司、其他经济组织和个人；领有国有土地使用证；具有地上建筑物、其他附着物合法产权证明；依照规定签订土地使用权出让合同，向当地市、县人民政府补交土地使用权出让金或者以转让、出租、抵押所获收益抵交土地使用权出让金。

4. 房地产转让合同

房地产转让合同是指房地产转让人与受让人之间签订的转让房地产的协议。《城市房地产管理法》第41条规定："房地产转让，应当签订书面转让合同，合同中应当载明土地使用权取得的方式。"因此，采取书面合同的形式是房地产转让合同的形式要件。

由于房地产转让以土地使用权出让为前提，因而房地产转让合同必将涉及国家与转让人之间的关系，以及转让人与受让人之间的关系，转让房地产时，土地使用权出让合同载明的权利与义务将随之转移，土地使用者通过签订转让合同取得该幅土地的使用权而对国家承担原土地使用权出让合同约定的义务。

房地产转让合同约定的土地使用权的使用年限通常要受到原土地使用权出让合同约定的制约。以出让方式取得土地使用权的，转让房地产后，其土地使用权的使用年限为原土地使用权出让合同约定的使用年限减去原土地使用者已经使用年限后的剩余年限。

以出让方式取得土地使用权的，转让房地产后，受让人改变原土地使用权出让合同约定的土地用途的，必须取得原出让方和市、县人民政府城市规划行政主管部门的同意,签订土地使用权出让合同变更协议或者重新签订土地使用权出让合同,相应调整土地使用权出让金。

5. 商品房预售

商品房预售是指房地产开发企业将正在建设中的房屋预先出售给承购人,由承购人支付定金或房价款的行为。

(1) 商品房预售许可制度　商品房预售应当符合下列条件:已交付全部土地使用权出让金,取得土地使用权证书;持有建设工程规划许可证;按提供预售的商品房计算,投入开发建设的资金达到工程建设总投资的 25% 以上,并已经确定施工进度和竣工交付日期;向县级以上人民政府房产管理部门办理预售登记,取得商品房预售许可证明。

开发企业申请预售许可,应当提交下列证件(复印件)及资料:商品房预售许可申请表;开发企业的营业执照和资质证书;土地使用权证、建设工程规划许可证、施工许可证;投入开发建设的资金占工程建设总投资的比例符合规定条件的证明;工程施工合同及关于施工进度的说明;商品房预售方案。预售方案应当说明预售商品房的位置、面积、竣工交付日期等内容,并应附预售商品房分层平面图。

经审查,开发企业的申请符合法定条件的,房地产管理部门应当在受理之日起 10 日内,依法作出准予预售的行政许可书面决定,发送开发企业,并自作出决定之日起 10 日内向开发企业颁发、送达商品房预售许可证。

经审查,开发企业的申请不符合法定条件的,房地产管理部门应当在受理之日起 10 日内,依法作出不予许可的书面决定。书面决定应当说明理由,告知开发企业享有依法申请行政复议或者提起行政诉讼的权利,并送达开发企业。

房地产管理部门作出的准予商品房预售许可的决定,应当予以公开,公众有权查阅。

(2) 商品房预售合同　商品房预售,开发企业应当与承购人签订商品房预售合同。开发企业应当自签约之日起 30 日内,向房地产管理部门和市、县人民政府土地管理部门办理商品房预售合同登记备案手续。商品房预售人应当按照国家有关规定将预售合同报县级以上人民政府房产管理部门和土地管理部门登记备案。房地产管理部门应当积极应用网络信息技术,逐步推行商品房预售合同网上登记备案。

(3) 商品房预售款的监管　商品房预售所得款项,必须用于有关的工程建设。商品房预售款监管的具体办法,由房地产管理部门制定。

(4) 未竣工的预售商品房的再行转让　商品房预售的,商品房预购人将购买的未竣工的预售商品房再行转让的问题,由国务院规定。

11.4.3 房地产抵押

1. 房地产抵押的概念

房地产抵押是指债务人或者第三人以其合法的房地产以不转移占有的方式向债权人提供债务履行担保的行为。债务人不履行债务时，债权人有权依法以抵押的房地产拍卖所得的价款优先受偿。债务人或者第三人为抵押人，债权人为抵押权人，提供担保的房地产为抵押财产。房地产抵押，抵押人和抵押权人应当签订书面抵押合同，凭土地使用权证书、房屋所有权证书办理抵押登记。抵押权自抵押登记时设立。

2. 房地产抵押的范围

房地产抵押的范围是指房地产抵押权标的的范围，根据《物权法》、《担保法》和《城市房地产管理法》的有关规定，房地产抵押范围包括：

（1）房屋所有权连同该房屋占用范围内的土地使用权 《城市房地产管理法》第 48 条第 1 款规定："依法取得的房屋所有权连同该房屋占有范围内的土地使用权，可以设定抵押权。"房地产抵押合同签订后，土地上新增的房屋不属于抵押财产。需要拍卖该抵押的房地产时，可以依法将土地上新增的房屋与抵押财产一同拍卖，但对拍卖新增房屋所得，抵押权人无权优先受偿。设定房地产抵押权的土地使用权是以划拨方式取得的，依法拍卖该房地产后，应当从拍卖所得的价款中缴纳相当于应缴纳的土地使用权出让金的款额后，抵押权人方可优先受偿。

（2）以出让方式取得的建设用地使用权 《城市房地产管理法》第 48 条第 2 款规定："以出让方式取得的土地使用权，可以设定抵押权。"以出让方式取得的土地使用权，也可以成为抵押财产，设定抵押权。

（3）其他地上定着物 抵押人所有的和有权处分的其他地上定着物也可以成为抵押财产。此外，《城市房地产抵押管理办法》规定了不得设定抵押的房地产范围：权属有争议的房地产；用于教育、医疗、市政等公共福利事业的房地产；列入文物保护的建筑物和有重要纪念意义的其他建筑物；已依法公告列入拆迁范围的房地产；被依法查封、扣押、监管或者以其他形式限制的房地产；依法不得抵押的其他房地产。

3. 在建工程抵押

在建工程抵押是指抵押人为取得在建工程继续建造资金的贷款，以其合法方式取得的土地使用权连同在建工程的投入资产，以不转移占有的方式抵押给贷款银行作为偿还贷款履行担保的行为。

房地产开发企业销售抵押房屋的，在与购房人签订商品房买卖合同时，必须在买卖合同中写明房屋抵押情况并附抵押权人同意抵押房屋销售的证明。

4. 个人住房贷款抵押

个人住房贷款抵押是贷款人向借款人发放用于购买自用普通住房的贷款，前提是借款人必须提供相应抵押。借款人到期不能偿还贷款本息的，贷款人有权依法处理其抵押物。

(1) 借款人须同时具备的条件　具体如下：
1) 具有城镇常住户口或有效居留身份。
2) 有稳定的职业收入，信用良好，有偿还贷款本息的能力。
3) 具有购买住房的合同或协议。
4) 所购住房全部价款的一定比例作为购房的首期付款。
5) 有贷款人认可的资产作为抵押。
6) 贷款人规定的其他条件。

(2) 借款人应向贷款人提供的资料　具体如下：
1) 身份证件（指居民身份证、户口簿和其他有效居留证件）。
2) 有关借款人家庭稳定的经济收入的证明。
3) 符合规定的购买住房合同意向书、协议或其他批准文件。
4) 抵押物权属证明以及有处分权人同意抵押的证明；抵押物估价证明。
5) 申请住房公积金贷款的，需持有住房公积金管理部门出具的证明。
6) 贷款人要求提供的其他文件或资料。

(3) 贷款程序　借款人应直接向贷款人提出借款申请。贷款人自收到贷款申请及符合要求的资料之日起，应在3周内向借款人正式答复。贷款人审查同意后，按照《贷款通则》的有关规定，向借款人发放住房贷款。贷款人发放贷款的数额，不得大于房地产评估机构评估的拟购买住房的价值。

(4) 贷款期限与利率　贷款人应根据实际情况，合理确定贷款期限，但最长不得超过20年。借款人应与贷款银行制定还本付息计划，贷款期限在1年以内（含1年）的，实行到期一次还本付息，利随本清；贷款期限在1年以上的，按月归还贷款本息。

个人住房贷款利率由贷款银行按照相关规定执行。

(5) 贷款抵押　贷款抵押物应当符合法律的规定。借款人以所购自用住房作为贷款抵押物的，必须将住房价值全额用于贷款抵押。以房地产作抵押的，抵押人和抵押权人应当签订书面抵押合同，并于放款前向县级以上地方人民政府的部门办理抵押登记手续。

借款人对设定抵押的财产在抵押期内必须妥善保管，负有维修、保养、保证完好无损的责任，并随时接受贷款人监督检查。对设定的抵押物，在抵押期届满之前，贷款人不得擅自处分。

抵押期间，未经贷款人同意，抵押人不得将抵押物再次抵押或出租、转让、变卖、馈赠。

抵押合同终止后，当事人应按合同的约定，解除设定的抵押权。以房地产作为抵押物的，解除抵押权时，应到原登记部门办理抵押注销登记手续。

11.4.4 房屋租赁

1. 房屋租赁的概念

房屋租赁是指房屋所有人作为出租人将其房屋出租给承租人，由承租人向出租人支付租金的行为。

2. 房屋租赁合同

房屋租赁，出租人和承租人应当签订书面租赁合同，约定租赁期限、租赁用途、租赁价格、修缮责任等条款，以及双方的其他权利和义务，并向房产管理部门登记备案。

当事人以房屋租赁合同未按照法律、行政法规规定办理登记备案手续为由，请求确认合同无效的，人民法院不予支持。当事人约定以办理登记备案手续为房屋租赁合同生效条件的，从其约定。但当事人一方已经履行主要义务，对方接受的除外。

出租人就同一房屋订立数份租赁合同，在合同均有效的情况下，承租人均主张履行合同的，人民法院按照下列顺序确定履行合同的承租人：已经合法占有租赁房屋的；已经办理登记备案手续的；合同成立在先的。不能取得租赁房屋的承租人请求解除合同、赔偿损失的，依照合同法的有关规定处理。

3. 住宅用房租赁

住宅用房租赁应当执行国家和房屋所在城市人民政府规定的租赁政策。租用房屋从事生产、经营活动的，由租赁双方协商议定租金和其他租赁条款。

4. 房屋租金中所含的土地收益

以盈利为目的，房屋所有权人将以划拨方式取得使用权的国有土地上建成的房屋出租的，应当将租金中所含土地收益上缴国家。具体办法由国务院规定。

5. 房屋租赁与房屋买卖的关系

租赁房屋在租赁期间发生所有权变动，承租人请求房屋受让人继续履行原租赁合同的，人民法院应予支持。但租赁房屋具有下列情形或者当事人另有约定的除外：房屋在出租前已设立抵押权，因抵押权人实现抵押权发生所有权变动的；房屋在出租前已被人民法院依法查封的。

6. 承租人的优先购买权

承租人的优先购买权，是指承租人依法享有的同等条件下，优先于其他人购买其承租的出租人出租房屋的权利。是承租人的法定优先缔约权，是债权，不是物权，因为《物权法》没有规定该权利，按照物权法定原则，故该项权利为债权。

《合同法》第230条规定，出租人出卖租赁房屋的，应当在出卖之前的合理期限内通知承租人，承租人享有以同等条件优先购买的权利。

出租人出卖租赁房屋未在合理期限内通知承租人或者存在其他侵害承租人优先购买权情形，承租人可以请求出租人承担赔偿责任。但不能请求确认出租人与第三人签订的房屋买卖合同无效。

出租人与抵押权人协议折价、变卖租赁房屋偿还债务，应当在合理期限内通知承租人。承租人可以请求以同等条件优先购买房屋。

出租人委托拍卖人拍卖租赁房屋，应当在拍卖5日前通知承租人。承租人未参加拍卖的，人民法院应当认定承租人放弃优先购买权。

具有下列情形之一的，承租人不可以主张优先购买承租房屋：房屋共有人行使优先购买权的；出租人将房屋出卖给近亲属，包括配偶、父母、子女、兄弟姐妹、祖父母、外祖父母、孙子女、外孙子女的；出租人履行通知义务后，承租人在15日内未明确表示购买的；第三人善意购买租赁房屋并已经办理登记手续的。

11.4.5 中介服务机构

1. 概念

房地产中介服务是指为房地产开发和交易提供各种媒介活动的总称。我国的房地产中介服务机构主要包括房地产咨询机构、房地产价格评估机构和房地产经纪机构三类。

2. 设立条件及程序

根据《城市房地产管理法》第58条的规定，房地产中介服务机构应当具备下列条件：有自己的名称和组织机构；有固定的服务场所；有必要的财产和经费；有足够数量的专业人员；法律、行政法规规定的其他条件。设立房地产中介服务机构，应当向工商行政管理部门申请设立登记，领取营业执照后，方可开业。

3. 中介服务人员资格管理

房地产中介服务人员主要包括房地产咨询业务人员、房地产价格评估人员和房地产经纪人。国家对房地产中介服务人员采取统一考试、执业咨询认证和注册登记的管理办法。

11.5 房地产权属登记

11.5.1 房地产权属登记概述

1. 房地产权属登记的概念

房地产权属登记是指房地产管理部门依其职权，对房地产权利人合法的土地使用权和房屋所有权以及由上述权利产生的地役权、抵押权等房地产其他权利进行登记,依法确认房地产权属关系的行为。

房地产权属登记是房地产产权管理的主要行政手段,是政府为健全法制,加强房地产管理,依法确认房地产权利的法定手续。房地产权登记有三个方面的作用:第一,产权确认,即确认房地产的权属状态;第二,保障权利人的合法权益;第三,加强房地产管理,即通过房地产权登记对房地产交易状况进行管理和监督。依法登记的房地产权利受法律保护。产权人可以依法对其房地产行使占有、使用、收益和处分权利,任何其他人无权干涉或妨碍,否则产权人可依法请求法律上的保护。

2. 房地产权证书

我国实行土地使用权和房屋所有权登记发证制度。在大多数城市,房地产权属登记实行土地与房屋分别登记的制度,即一宗房地产要办理两个产权证书,一个是国有土地使用权证书,一个是房屋所有权证书。为了适应房地产权属登记制度的改革需要,《城市房地产管理法》第63条规定,经省、自治区、直辖市人民政府确定,县级以上地方人民政府由一个部门统一负责房产管理和土地管理工作的,可以制作、颁发统一的房地产权证书。按照本法第61条的规定,将房屋的所有权和该房屋占用范围内的土地使用权的确认和变更,分别载入房地产权证书。

11.5.2 土地登记

《城市房地产管理法》第61条第1款规定:"以出让或者划拨方式取得土地使用权,应当向县级以上地方人民政府土地管理部门申请登记,经县级以上地方人民政府土地管理部门核实,由同级人民政府颁发土地使用权证书。"

土地登记是指将国有土地使用权、集体土地所有权、集体土地使用权和土地抵押权、地役权以及依照法律法规规定需要登记的其他土地权利记载于土地登记簿公示的行为。国有土地使用权包括国有建设用地使用权和国有农用地使用权;集体土地使用权包括集体建设用地使用权、宅基地使用权和集体农用地使用权(不含土地承包经营权)。依法登记的国有土地使用权、集体土地所有权、集体土地使用权和土地抵押权、地役权受法律保护,任何单位和个人不得侵犯。

国家实行土地登记资料公开查询制度。土地权利人、利害关系人可以申请查询土地登记资料,国土资源行政主管部门应当提供。

1. 一般规定

(1) 土地登记的原则　土地登记实行属地登记原则。申请人应当依照本办法向土地所在地的县级以上人民政府国土资源行政主管部门提出土地登记申请,依法报县级以上人民政府登记造册,核发土地权利证书。但土地抵押权、地役权由县级以上人民政府国土资源行政主管部门登记，核发土地他项权利证明书。跨县级行政区域使用的土地，应当报土地所跨区域各县级以上人民政府分别办理土地登记。在京中央国家机关使用的土地，按照《在京中央国家机关用地土地登记办法》的规定执行。

（2）土地登记的单位　土地以宗地为单位进行登记。宗地是指土地权属界线封闭的地块或者空间。

（3）土地登记的申请　土地登记应当依照申请进行，但法律、法规和本办法另有规定的除外。

1）土地登记的申请人。土地登记应当由当事人共同申请，但有下列情形之一的，可以单方申请：土地总登记；国有土地使用权、集体土地所有权、集体土地使用权的初始登记；因继承或者遗赠取得土地权利的登记；因人民政府已经发生法律效力的土地权属争议处理决定而取得土地权利的登记；因人民法院、仲裁机构已经发生法律效力的法律文书而取得土地权利的登记；更正登记或者异议登记；名称、地址或者用途变更登记；土地权利证书的补发或者换发；其他依照规定可以由当事人单方申请的情形。

两个以上土地使用权人共同使用一宗土地的，可以分别申请土地登记。未成年人的土地权利，应当由其监护人代为申请登记。委托代理人申请土地登记的，应当提交授权委托书和代理人身份证明。代理境外申请人申请土地登记的，授权委托书和被代理人身份证明应当经依法公证或者认证。

2）土地登记的申请资料。申请人申请土地登记，应当根据不同的登记事项提交下列材料：土地登记申请书；申请人身份证明材料；土地权属来源证明；地籍调查表、宗地图及宗地界址坐标；地上附着物权属证明；法律法规规定的完税或者减免税凭证；其他证明材料。申请人申请土地登记，应当如实向国土资源行政主管部门提交有关材料和反映真实情况，并对申请材料实质内容的真实性负责。

（4）国土资源行政主管部门的职权职责　对当事人提出的土地登记申请，国土资源行政主管部门应当根据下列情况分别作出处理：申请登记的土地不在本登记辖区的，应当当场作出不予受理的决定，并告知申请人向有管辖权的国土资源行政主管部门申请；申请材料存在可以当场更正的错误的，应当允许申请人当场更正；申请材料不齐全或者不符合法定形式的，应当当场或者在5日内一次性告知申请人需要补正的全部内容；申请材料齐全、符合法定形式，或者申请人按照要求提交全部补正申请材料的，应当受理土地登记申请。

国土资源行政主管部门受理土地登记申请后，认为必要的，可以就有关登记事项向申请人询问，也可以对申请登记的土地进行实地查看。

国土资源行政主管部门应当对受理的土地登记申请进行审查，并按照下列规定办理登记手续：根据对土地登记申请的审核结果，以宗地为单位填写土地登记簿；根据土地登记簿的相关内容，以权利人为单位填写土地归户卡；根据土地登记簿的相关内容，以宗地为单位填写土地权利证书。对共有一宗土地的，应当为两个以上土地权利人分别填写土地权利证书。国土资源行政主管部门在办理土地所有权和土地使用权登记手续前，应当报经同级人民政府批准。

(5) 土地登记簿和土地权利证书　具体如下：

1) 土地登记簿。土地登记簿是土地权利归属和内容的根据。土地登记簿应当载明下列内容：土地权利人的姓名或者名称、地址；土地的权属性质、使用权类型、取得时间和使用期限、权利以及内容变化情况；土地的坐落、界址、面积、宗地号、用途和取得价格；地上附着物情况。土地登记簿应当加盖人民政府印章。土地登记簿采用电子介质的，应当每天进行异地备份。

2) 土地权利证书。土地权利证书是土地权利人享有土地权利的证明。土地权利证书记载的事项，应当与土地登记簿一致；记载不一致的，除有证据证明土地登记簿确有错误外，以土地登记簿为准。土地权利证书包括：国有土地使用证；集体土地所有证；集体土地使用证；土地他项权利证明书。国有建设用地使用权和国有农用地使用权在国有土地使用证上载明；集体建设用地使用权、宅基地使用权和集体农用地使用权在集体土地使用证上载明；土地抵押权和地役权可以在土地他项权利证明书上载明。土地权利证书灭失、遗失的，土地权利人应当在指定媒体上刊登灭失、遗失声明后，方可申请补发。补发的土地权利证书应当注明"补发"字样。

(6) 不予登记的情形　有下列情形之一的，不予登记：土地权属有争议的；土地违法违规行为尚未处理或者正在处理的；未依法足额缴纳土地有偿使用费和其他税费的；申请登记的土地权利超过规定期限的；其他依法不予登记的。不予登记的，应当书面告知申请人不予登记的理由。

(7) 土地登记办理期限　国土资源行政主管部门应当自受理土地登记申请之日起 20 日内，办结土地登记审查手续。特殊情况需要延期的，经国土资源行政主管部门负责人批准后，可以延长 10 日。

2. 土地总登记

土地总登记是指在一定时间内对辖区内全部土地或者特定区域内土地进行的全面登记。土地总登记的程序主要有以下内容：

(1) 通告　土地总登记应当发布通告。通告的主要内容包括：土地登记区的划分；土地登记的期限；土地登记收件地点；土地登记申请人应当提交的相关文件材料；其他事项。

(2) 公告　对符合总登记要求的宗地，由国土资源行政主管部门予以公告。公告的主要内容包括：土地权利人的姓名或者名称、地址；准予登记的土地坐落、面积、用途、权属性质、使用权类型和使用期限；土地权利人及其他利害关系人提出异议的期限、方式和受理机构；其他事项。公告期满，当事人对土地总登记审核结果无异议或者异议不成立的，由国土资源行政主管部门报经人民政府批准后办理登记。

3. 初始登记

初始登记是指土地总登记之外对设立的土地权利进行的登记。

（1）国有建设用地使用权的初始登记　　依法以划拨方式取得国有建设用地使用权的，当事人应当持县级以上人民政府的批准用地文件和国有土地划拨决定书等相关证明材料，申请划拨国有建设用地使用权初始登记。新开工的大中型建设项目使用划拨国有土地的，还应当提供建设项目竣工验收报告。

依法以出让方式取得国有建设用地使用权的，当事人应当在付清全部国有土地出让价款后，持国有建设用地使用权出让合同和土地出让价款缴纳凭证等相关证明材料，申请出让国有建设用地使用权初始登记。

划拨国有建设用地使用权已依法转为出让国有建设用地使用权的，当事人应当持原国有土地使用证、出让合同及土地出让价款缴纳凭证等相关证明材料，申请出让国有建设用地使用权初始登记。

依法以国有土地租赁方式取得国有建设用地使用权的，当事人应当持租赁合同和土地租金缴纳凭证等相关证明材料，申请租赁国有建设用地使用权初始登记。

依法以国有土地使用权作价出资或者入股方式取得国有建设用地使用权的，当事人应当持原国有土地使用证、土地使用权出资或者入股批准文件和其他相关证明材料，申请作价出资或者入股国有建设用地使用权初始登记。

以国家授权经营方式取得国有建设用地使用权的，当事人应当持原国有土地使用证、土地资产处置批准文件和其他相关证明材料，申请授权经营国有建设用地使用权初始登记。

（2）集体土地所有权和使用权的初始登记　　农民集体土地所有权人应当持集体土地所有权证明材料，申请集体土地所有权初始登记。

集体土地所有权人依法以集体建设用地使用权入股、联营等形式兴办企业的，当事人应当持有批准权的人民政府的批准文件和相关合同，申请集体建设用地使用权初始登记。

依法使用本集体土地进行建设的，当事人应当持有批准权的人民政府的批准用地文件，申请集体建设用地使用权初始登记。依法使用本集体土地进行农业生产的，当事人应当持农用地使用合同，申请集体农用地使用权初始登记。

（3）抵押土地使用权的初始登记　　依法抵押土地使用权的，抵押权人和抵押人应当持土地权利证书、主债权债务合同、抵押合同以及相关证明材料，申请

土地使用权抵押登记。同一宗地多次抵押的，以抵押登记申请先后为序办理抵押登记。符合抵押登记条件的，国土资源行政主管部门应当将抵押合同约定的有关事项在土地登记簿和土地权利证书上加以记载，并向抵押权人颁发土地他项权利证明书。申请登记的抵押为最高额抵押的，应当记载所担保的最高债权额、最高额抵押的期间等内容。

（4）地役权的初始登记 在土地上设定地役权后，当事人申请地役权登记的，供役地权利人和需役地权利人应当向国土资源行政主管部门提交土地权利证书和地役权合同等相关证明材料。符合地役权登记条件的，国土资源行政主管部门应当将地役权合同约定的有关事项分别记载于供役地和需役地的土地登记簿和土地权利证书，并将地役权合同保存于供役地和需役地的宗地档案中。供役地、需役地分属不同国土资源行政主管部门管辖的，当事人可以向负责供役地登记的国土资源行政主管部门申请地役权登记。负责供役地登记的国土资源行政主管部门完成登记后，应当通知负责需役地登记的国土资源行政主管部门，由其记载于需役地的土地登记簿。

4. 变更登记

变更登记是指因土地权利人发生改变，或者因土地权利人姓名或者名称、地址和土地用途等内容发生变更而进行的登记。土地变更登记的主要类型有以下几种。

（1）国有建设用地使用权转让的土地变更登记 依法以出让、国有土地租赁、作价出资或者入股方式取得的国有建设用地使用权转让的，当事人应当持原国有土地使用证和土地权利发生转移的相关证明材料，申请国有建设用地使用权变更登记。

（2）因依法买卖、交换、赠与地上建筑物、构筑物及其附属设施涉及建设用地使用权转移的土地变更登记 因依法买卖、交换、赠与地上建筑物、构筑物及其附属设施涉及建设用地使用权转移的，当事人应当持原土地权利证书、变更后的房屋所有权证书及土地使用权发生转移的相关证明材料，申请建设用地使用权变更登记。涉及划拨土地使用权转移的，当事人还应当提供有批准权人民政府的批准文件。

（3）因法人或者其他组织合并、分立、兼并、破产等原因致使土地使用权发生转移的土地变更登记 因法人或者其他组织合并、分立、兼并、破产等原因致使土地使用权发生转移的，当事人应当持相关协议及有关部门的批准文件、原土地权利证书等相关证明材料，申请土地使用权变更登记。

（4）与抵押有关的土地使用权变更登记 因处分抵押财产而取得土地使用权的，当事人应当在抵押财产被处分后，持相关证明文件，申请土地使用权变更登记。

土地使用权抵押期间，土地使用权依法发生转让的，当事人应当持抵押权人同意转让的书面证明、转让合同及其他相关证明材料，申请土地使用权变更登记。已经抵押的土地使用权转让后，当事人应当持土地权利证书和他项权利证明书，办理土地抵押权变更登记。

经依法登记的土地抵押权因主债权被转让而转让的，主债权的转让人和受让人可以持原土地他项权利证明书、转让协议、已经通知债务人的证明等相关证明材料，申请土地抵押权变更登记。

（5）因人民法院、仲裁机构生效的法律文书或者因继承、受遗赠取得土地使用权的土地变更登记　因人民法院、仲裁机构生效的法律文书或者因继承、受遗赠取得土地使用权，当事人申请登记的，应当持生效的法律文书或者死亡证明、遗嘱等相关证明材料，申请土地使用权变更登记。

权利人在办理登记之前先行转让该土地使用权或者设定土地抵押权的，应当先将土地权利申请登记到其名下后，再申请办理土地权利变更登记。

（6）地役权的变更登记　已经设定地役权的土地使用权转移后，当事人申请登记的，供役地权利人和需役地权利人应当持变更后的地役权合同及土地权利证书等相关证明材料，申请办理地役权变更登记。

（7）土地权利人姓名或名称、地址、土地用途发生变化的土地变更登记　土地权利人姓名或名称、地址发生变化的，当事人应当持原土地权利证书等相关证明材料，申请姓名或者名称、地址变更登记。

土地的用途发生变更的，当事人应当持有关批准文件和原土地权利证书，申请土地用途变更登记。土地用途变更依法需要补交土地出让价款的，当事人还应当提交已补交土地出让价款的缴纳凭证。

5. 注销登记

注销登记是指因土地权利的消灭等而进行的登记。土地登记注销后，土地权利证书应当收回；确实无法收回的，应当在土地登记簿上注明，并经公告后废止。土地注销登记的主要类型有以下几种。

（1）当事人申请注销登记　因自然灾害等原因造成土地权利消灭的，原土地权利人应当持原土地权利证书及相关证明材料，申请注销登记。

非住宅国有建设用地使用权期限届满，国有建设用地使用权人未申请续期或者申请续期未获批准的，当事人应当在期限届满前15日内，持原土地权利证书，申请注销登记。

已经登记的土地抵押权、地役权终止的，当事人应当在该土地抵押权、地役权终止之日起15日内，持相关证明文件，申请土地抵押权、地役权注销登记。

（2）直接办理注销登记　有下列情形之一的，可直接办理注销登记：依法收回的国有土地；依法征收的农民集体土地；因人民法院、仲裁机构的生效法律文书致使原土地权利消灭，当事人未办理注销登记的。

当事人未按照规定申请注销登记的，国土资源行政主管部门应当责令当事人限期办理；逾期不办理的，进行注销公告，公告期满后可直接办理注销登记。

土地抵押期限届满，当事人未申请土地使用权抵押注销登记的，设定抵押权的土地使用权期限届满，国土资源行政主管部门可以直接注销土地使用权抵押登记。

6. 其他登记

其他登记包括更正登记、异议登记、预告登记等。更正登记是指因土地登记簿记载的事项发生错误而产生的以更正错误记载为内容的登记。异议登记是指利害关系人在土地登记簿记载的权利人不同意更正的前提下，申请对土地登记簿记载的相关权利提出异议进行的登记。预告登记是指为保全关于不动产物权的请求权而将此权利进行的登记。

（1）更正登记　国土资源行政主管部门发现土地登记簿记载的事项确有错误的，应当报经人民政府批准后进行更正登记，并书面通知当事人在规定期限内办理更换或者注销原土地权利证书的手续。当事人逾期不办理的，国土资源行政主管部门报经人民政府批准并公告后，原土地权利证书废止。更正登记涉及土地权利归属的，应当对更正登记结果进行公告。

土地权利人认为土地登记簿记载的事项错误的，可以持原土地权利证书和证明登记错误的相关材料，申请更正登记。利害关系人认为土地登记簿记载的事项错误的，可以持土地权利人书面同意更正的证明文件，申请更正登记。

（2）异议登记　土地登记簿记载的权利人不同意更正的，利害关系人可以申请异议登记。对符合异议登记条件的，国土资源行政主管部门应当将相关事项记载于土地登记簿，并向申请人颁发异议登记证明，同时书面通知土地登记簿记载的土地权利人。异议登记期间，未经异议登记权利人同意，不得办理土地权利的变更登记或者设定土地抵押权。

有下列情形之一的，异议登记申请人或者土地登记簿记载的土地权利人可以持相关材料申请注销异议登记：异议登记申请人在异议登记之日起15日内没有起诉的；人民法院对异议登记申请人的起诉不予受理的；人民法院对异议登记申请人的诉讼请求不予支持的。异议登记失效后，原申请人就同一事项再次申请异议登记的，国土资源行政主管部门不予受理。

（3）预告登记　当事人签订土地权利转让的协议后，可以按照约定持转让协议申请预告登记。对符合预告登记条件的，国土资源行政主管部门应当将相关事项记载于土地登记簿，并向申请人颁发预告登记证明。预告登记后，债权消灭或者自能够进行土地登记之日起3个月内当事人未申请土地登记的，预告登记失效。预告登记期间，未经预告登记权利人同意，不得办理土地权利的变更登记或者土地抵押权、地役权登记。

11.5.3 房屋权属登记

《城市房地产管理法》第61条第2、3款规定:"在依法取得的房地产开发用地上建筑房屋的,应当凭土地使用权证书向县级以上地方人民政府房产管理部门申请登记,由县级以上人民政府房产管理部门核实并颁发房屋所有权证书。房地产转让或者变更时,应当向县级以上地方人民政府房产管理部门申请房产变更登记,并凭变更后的房屋所有权证书向同级人民政府土地管理部门申请土地使用权变更登记,经同级人民政府土地管理部门核实,由同级人民政府更换或者更改土地使用权证书。"

房屋权属登记是指房屋登记机构依法将房屋权利和其他应当记载的事项在房屋登记簿上予以记载的行为。

1. 一般规定

(1) 办理房屋登记的一般程序 办理房屋登记,一般依照下列程序进行:申请,受理,审核,记载于登记簿,发证。房屋登记机构认为必要时,可以就登记事项进行公告。

(2) 房屋登记的单位 房屋应当按照基本单元进行登记。房屋基本单元是指有固定界限、可以独立使用并且有明确、唯一的编号(幢号、室号等)的房屋或者特定空间。国有土地范围内成套住房,以套为基本单元进行登记;非成套住房,以房屋的幢、层、间等有固定界限的部分为基本单元进行登记。集体土地范围内村民住房,以宅基地上独立建筑为基本单元进行登记;在共有宅基地上建造的村民住房,以套、间等有固定界限的部分为基本单元进行登记。非住房以房屋的幢、层、套、间等有固定界限的部分为基本单元进行登记。

(3) 申请房屋登记 具体如下:

1) 房屋登记机构。申请房屋登记,申请人应当向房屋所在地的房屋登记机构提出申请,并提交申请登记材料。

2) 房屋登记申请材料。房屋登记机构应当依照有关规定,确定申请房屋登记需要提交的材料,并将申请登记材料目录公示。申请登记材料应当提供原件。不能提供原件的,应当提交经有关机关确认与原件一致的复印件。申请人应当对申请登记材料的真实性、合法性、有效性负责,不得隐瞒真实情况或者提供虚假材料申请房屋登记。

3) 房屋登记的申请人。申请房屋登记,一般由有关当事人双方共同申请。有下列情形之一的,可以由当事人单方申请:因合法建造房屋取得房屋权利;因人民法院、仲裁委员会的生效法律文书取得房屋权利;因继承、受遗赠取得房屋权利;房屋变更登记;房屋灭失;权利人放弃房屋权利;法律、法规规定的其他情形。

共有房屋，应当由共有人共同申请登记。共有房屋所有权变更登记，可以由相关的共有人申请，但因共有性质或者共有人份额变更申请房屋登记的，应当由共有人共同申请。

未成年人的房屋，应当由其监护人代为申请登记。监护人代为申请未成年人房屋登记的，应当提交证明监护人身份的材料；因处分未成年人房屋申请登记的，还应当提供为未成年人利益的书面保证。

委托代理人申请房屋登记的，代理人应当提交授权委托书和身份证明。境外申请人委托代理人申请房屋登记的，其授权委托书应当按照国家有关规定办理公证或者认证。

申请房屋登记的，申请人应当使用中文名称或者姓名。申请人提交的证明文件原件是外文的，应当提供中文译本。

（4）受理　申请人提交的申请登记材料齐全且符合法定形式的，应当予以受理，并出具书面凭证。申请人提交的申请登记材料不齐全或者不符合法定形式的，应当不予受理，并告知申请人需要补正的内容。

（5）审核　房屋登记机构应当查验申请登记材料，并根据不同登记申请就申请登记事项是否是申请人的真实意思表示、申请登记房屋是否为共有房屋、房屋登记簿记载的权利人是否同意更正，以及申请登记材料中需进一步明确的其他有关事项询问申请人。询问结果应当经申请人签字确认，并归档保留。房屋登记机构认为申请登记房屋的有关情况需要进一步证明的，可以要求申请人补充材料。

办理下列房屋登记，房屋登记机构应当实地查看：房屋所有权初始登记；在建工程抵押权登记；因房屋灭失导致的房屋所有权注销登记；法律、法规规定的应当实地查看的其他房屋登记。房屋登记机构实地查看时，申请人应当予以配合。

（6）登记　登记申请符合下列条件的，房屋登记机构应当予以登记，将申请登记事项记载于房屋登记簿：申请人与依法提交的材料记载的主体一致；申请初始登记的房屋与申请人提交的规划证明材料记载一致，申请其他登记的房屋与房屋登记簿记载一致；申请登记的内容与有关材料证明的事实一致；申请登记的事项与房屋登记簿记载的房屋权利不冲突；不存在不予登记的情形。

有下列情形之一的，房屋登记机构应当不予登记：未依法取得规划许可、施工许可或者未按照规划许可的面积等内容建造的建筑申请登记的；申请人不能提供合法、有效的权利来源证明文件或者申请登记的房屋权利与权利来源证明文件不一致的；申请登记事项与房屋登记簿记载冲突的；申请登记房屋不能特定或者不具有独立利用价值的；房屋已被依法征收、没收，原权利人申请登记的；房屋被依法查封期间,权利人申请登记的;其他不予登记的情形。

登记申请符合不予登记的情形的,房屋登记机构应当不予登记,并书面告知申请人不予登记的原因。

(7) 房屋登记的时限　自受理登记申请之日起,房屋登记机构应当于下列时限内,将申请登记事项记载于房屋登记簿或者做出不予登记的决定:国有土地范围内房屋所有权登记,30个工作日,集体土地范围内房屋所有权登记,60个工作日;抵押权、地役权登记,10个工作日;预告登记、更正登记,10个工作日;异议登记,1个工作日。公告时间不计入上述规定时限。因特殊原因需要延长登记时限的,经房屋登记机构负责人批准可以延长,但最长不得超过原时限的一倍。法律、法规对登记时限另有规定的,从其规定。

(8) 房屋登记簿、房屋权属证书和登记证明　房屋登记簿应当记载房屋自然状况、权利状况以及其他依法应当登记的事项。房屋登记簿可以采用纸介质,也可以采用电子介质。采用电子介质的,应当有唯一、确定的纸介质转化形式,并应当定期异地备份。

房屋登记机构应当根据房屋登记簿的记载,缮写并向权利人发放房屋权属证书。房屋权属证书是权利人享有房屋权利的证明,包括房屋所有权证、房屋他项权证等。申请登记房屋为共有房屋的,房屋登记机构应当在房屋所有权证上注明"共有"字样。

预告登记、在建工程抵押权登记以及法律、法规规定的其他事项在房屋登记簿上予以记载后,由房屋登记机构发放登记证明。

房屋权属证书、登记证明与房屋登记簿记载不一致的,除有证据证明房屋登记簿确有错误外,以房屋登记簿为准。

房屋权属证书、登记证明破损的,权利人可以向房屋登记机构申请换发。房屋登记机构换发前,应当收回原房屋权属证书、登记证明,并将有关事项记载于房屋登记簿。房屋权属证书、登记证明遗失、灭失的,权利人在当地公开发行的报刊上刊登遗失声明后,可以申请补发。房屋登记机构予以补发的,应当将有关事项在房屋登记簿上予以记载。补发的房屋权属证书、登记证明上应当注明"补发"字样。在补发集体土地范围内村民住房的房屋权属证书、登记证明前,房屋登记机构应当就补发事项在房屋所在地农村集体经济组织内公告。

2. 国有土地范围内房屋登记

(1) 所有权登记　具体如下:

1) 房屋所有权初始登记。因合法建造房屋申请房屋所有权初始登记的,应当提交下列材料:登记申请书;申请人身份证明;建设用地使用权证明;建设工程符合规划的证明;房屋已竣工的证明;房屋测绘报告;其他必要材料。房地产开发企业申请房屋所有权初始登记时,应当对建筑区划内依法属于全体业主共有的公共场所、公用设施和物业服务用房等房屋一并申请登记，由房屋登记机构在房屋登记簿上予以记载，不颁发房屋权属证书。

2）房屋所有权转移登记。发生下列情形之一的，当事人应当在有关法律文件生效或者事实发生后申请房屋所有权转移登记：买卖、互换、赠与、继承、受遗赠，房屋分割、合并，导致所有权发生转移的；以房屋出资入股；法人或者其他组织分立、合并，导致房屋所有权发生转移的；法律、法规规定的其他情形。申请房屋所有权转移登记，应当提交下列材料：登记申请书；申请人身份证明；房屋所有权证书或者房地产权证书；证明房屋所有权发生转移的材料；其他必要材料。

抵押期间，抵押人转让抵押房屋的所有权，申请房屋所有权转移登记的，除提供上述规定材料外，还应当提交抵押权人的身份证明、抵押权人同意抵押房屋转让的书面文件、他项权利证书。

因人民法院或者仲裁委员会生效的法律文书、合法建造房屋、继承或者受遗赠取得房屋所有权，权利人转让该房屋所有权或者以该房屋设定抵押权时，应当将房屋登记到权利人名下后，再办理房屋所有权转移登记或者房屋抵押权设立登记。

因人民法院或者仲裁委员会生效的法律文书取得房屋所有权，人民法院协助执行通知书要求房屋登记机构予以登记的，房屋登记机构应当予以办理。房屋登记机构予以登记的，应当在房屋登记簿上记载基于人民法院或者仲裁委员会生效的法律文书予以登记的事实。

3）房屋所有权变更登记。发生下列情形之一的，权利人应当在有关法律文件生效或者事实发生后申请房屋所有权变更登记：房屋所有权人的姓名或者名称变更的；房屋坐落的街道、门牌号或者房屋名称变更的；房屋面积增加或者减少的；同一所有权人分割、合并房屋的；法律、法规规定的其他情形。申请房屋所有权变更登记，应当提交下列材料：登记申请书；申请人身份证明；房屋所有权证书或者房地产权证书；证明发生变更事实的材料；其他必要材料。

4）房屋所有权注销登记。经依法登记的房屋发生下列情形之一的，房屋登记簿记载的所有权人应当自事实发生后申请房屋所有权注销登记：房屋灭失的；放弃所有权的；法律、法规规定的其他情形。申请房屋所有权注销登记的，应当提交下列材料：登记申请书；申请人身份证明；房屋所有权证书或者房地产权证书；证明房屋所有权消灭的材料；其他必要材料。经依法登记的房屋存在他项权利时，所有权人放弃房屋所有权申请注销登记的，应当提供他项权利人的书面同意文件。

经登记的房屋所有权消灭后，原权利人未申请注销登记的，房屋登记机构可以依据人民法院、仲裁委员会的生效法律文书或者人民政府的生效征收决定办理注销登记，将注销事项记载于房屋登记簿，原房屋所有权证收回或者公告作废。

（2）抵押权登记　以房屋设定抵押的，当事人应当申请抵押权登记。申请抵押权登记，应当提交下列文件：登记申请书；申请人的身份证明；房屋所有权证书或者房地产权证书；抵押合同；主债权合同；其他必要材料。

1）抵押权变更登记。申请抵押权变更登记，应当提交下列材料：登记申请书；申请人的身份证明；房屋他项权证书；抵押人与抵押权人变更抵押权的书面协议；其他必要材料。因被担保债权的数额发生变更申请抵押权变更登记的，还应当提交其他抵押权人的书面同意文件。

2）抵押权转移登记。经依法登记的房屋抵押权因主债权转让而转让，申请抵押权转移登记的，主债权的转让人和受让人应当提交下列材料：登记申请书；申请人的身份证明；房屋他项权证书；房屋抵押权发生转移的证明材料；其他必要材料。

3）抵押权注销登记。经依法登记的房屋抵押权发生下列情形之一的，权利人应当申请抵押权注销登记：主债权消灭；抵押权已经实现；抵押权人放弃抵押权；法律、法规规定抵押权消灭的其他情形。申请抵押权注销登记的，应当提交下列材料：登记申请书；申请人的身份证明；房屋他项权证书；证明房屋抵押权消灭的材料；其他必要材料。

4）在建工程抵押权设立登记。以在建工程设定抵押的，当事人应当申请在建工程抵押权设立登记。申请在建工程抵押权设立登记的，应当提交下列材料：登记申请书；申请人的身份证明；抵押合同；主债权合同；建设用地使用权证书或者记载土地使用权状况的房地产权证书；建设工程规划许可证；其他必要材料。在建工程竣工并经房屋所有权初始登记后，当事人应当申请将在建工程抵押权登记转为房屋抵押权登记。

3. 预告登记

（1）申请房屋预告登记的情形　有下列情形之一的，当事人可以申请预告登记：预购商品房；以预购商品房设定抵押；房屋所有权转让、抵押；法律、法规规定的其他情形。

（2）预告登记的效果　预告登记后，未经预告登记的权利人书面同意，处分该房屋申请登记的，房屋登记机构应当不予办理。预告登记后，债权消灭或者自能够进行相应的房屋登记之日起3个月内，当事人申请房屋登记的，房屋登记机构应当按照预告登记事项办理相应的登记。

（3）预购商品房预告登记　预售人和预购人订立商品房买卖合同后，预售人未按照约定与预购人申请预告登记，预购人可以单方申请预告登记。

申请预购商品房预告登记，应当提交下列材料：登记申请书；申请人的身份证明；已登记备案的商品房预售合同；当事人关于预告登记的约定；其他必要材料。预购人单方申请预购商品房预告登记，预售人与预购人在商品房预售合同中对预告登记附有条件和期限的，预购人应当提交相应的证明材料。

11.6 房地产管理法律典型案例分析

11.6.1 案例1

原告：谢某

被告：章某、蒋某

第三人：中原物业

1. 基本案情

2007年9月18日，原告谢某及被告章某、蒋某和第三人中原物业以传真方式共同签订房地产买卖居间协议一份，约定原告愿意委托第三人居间购买两名被告所有的上海市浦东新区××路××弄×号×室房屋。协议第一条约定：原告为表示对第三人提供的房地产的购买诚意，向第三人支付意向金10万元。协议第三条约定：房价款为271万元。协议第五条约定：如被告接受本协议第三条所述买卖条件并签订本协议，则原告同意将意向金作为定金，由第三人转付被告，被告同意将收到的定金交第三人保管。协议第六条约定：被告接受本协议第三条所述买卖条件并签署本协议的，原告同意在签署本协议后15天内与被告签订房地产买卖合同或类似合同，如果原告未能履行本条所述事项，则已支付被告的定金不予返还。协议第八条约定：被告接受本协议第三条所述买卖条件并签署本协议的，被告同意在签署本协议后15天内与原告签订房地产买卖合同或类似合同，如果被告未能履行本条所述事项，则应向原告双倍返还定金。在该房地产买卖居间协议末页原告、被告签字署期位置之下，另载明以下内容："根据本协议第五条约定，甲方（被告）在此确认已收到丙方（第三人）转付的定金计人民币10万元整。甲方同时委托丙方代为保管该项定金。"在该内容下方由两被告再次签名，并由第三人作为居间方盖章。协议签订当日，原告向第三人支付意向金10万元。2007年11月间，被告在该案尚未审结的情况下将涉案房屋转让给了案外人杨某、谢某，并已办妥过户登记手续。

原告认为，原告、被告及第三人以传真方式签订的房地产买卖居间协议合法有效。协议生效后，原告按约支付的10万元意向金转为定金，经原、被告同意，该款由第三人保管。后因房价上涨，被告毁约，不愿将该房屋卖给原告。故原告起诉要求解除三方签订的房地产买卖居间协议，两被告向原告双倍返还定金20万元（其中10万元由第三人中原物业直接返还给原告）。

被告辩称，2007年9月18日，被告确实与原告及第三人协商过涉案房屋买卖事宜，被告当时不在上海，确实收到过原告方关于房地产买卖协议的传真件，但由于双方对有关条款未达成一致，且被告收到的传真件模糊不清，故两被告没有在协议上签字就回传给原告和第三人，该协议并未成立，被告也没有实际收取定金。故要求驳回原告诉请。

第三人对原告所述事实没有异议，同意解除房地产买卖居间协议，并返还由其保管的10万元定金本金。

案件审理中，经原告申请，法院委托司法鉴定技术研究所司法鉴定中心进行笔迹鉴定。鉴定结论倾向认为协议传真件上"章某"、"蒋某"的签名是两名被告的笔迹。由于被告对该鉴定结论有异议，法院通知相关鉴定人员出庭质证。鉴定人员表示通过对检材和样本的比较分析，两者笔迹特征符合的价值较高，只是由于检材为复制件（传真件）而非原件，故没有出具直接认定同一的结论，而是出具了倾向认定同一的鉴定结论。

案件审理中，经原告申请，法院还传唤了当时签署房地产买卖居间协议时的第三人中原物业的工作人员陆某出庭作证。证人表示该协议是在自己主持下通过传真方式签订的，后其曾安排原告、被告于2007年9月23日签订房屋买卖合同，但由于被告单方面提出加价10万元遭原告拒绝而未能签订。

2. 案件审理

一审法院判决：解除原告、被告及第三人之间2007年9月18日签订的房地产买卖居间协议；第三人于判决生效之日起10日内向原告返还被告委托其保管的定金本金10万元；被告于判决生效之日起10日内向原告支付定金罚金10万元。一审宣判后，被告章某、蒋某对判决不服提起上诉。二审驳回上诉，维持原判。

3. 案例评析

本案主要涉及以下两个问题：

第一，房地产买卖居间协议是否有效成立。关于被告是否在协议上签字的问题：虽然两名被告坚称其未曾在协议上签过字，认为该协议未成立，但经过鉴定机构鉴定及鉴定人员出庭质证，鉴定中心所出具的"倾向认定同一"的笔迹鉴定结论并无不妥，应予以采信。关于被告提出的即便签字真实，传真件本身属复制件，不能排除存在剪贴、复制的情况：被告确认曾经将相关协议回传，但被告未能出示其收到的没有其签字的传真件，且又不能证明原告或第三人如何取得被告签字以用于剪贴、复制，同时结合证人陆某的证言，足以认定两被告是在协议上签字确认后回传的。故本案中的房地产买卖居间协议已经成立，虽然有被告签字的房地产买卖居间协议传真件上的条款由于传真机打印输出原因造成字迹模糊不清，但通过对有原告及第三人签字盖章的原件的版式等方面的比对，可以确认两者的条款内容是一致的。因此，原告、被告和第三人签订的房地产买卖居间协议是原、被告此后签订房地产买卖合同的预约,对有关房屋价款、违约责任等均作了明确的约定,系双方真实意思表示,原告、被告均应遵守。

第二,原告能否要求解除房地产买卖居间协议,并主张被告承担违约责任。该房地产买卖居间协议第六条及第八条中关于双方签订相关房屋买卖合同的期限为空白,即协议中双方对签订买卖合同的最后期限约定不明。虽然证人陆某表示曾经约定在2007年9月23日签订买卖合同,由于被告方要求加价致使合同未能订立,然由于原告及第三人均未提供其他证据予以印证,对此不予采信。在此情形下,本着诚实信用的原则,原告、被告及第三人应当进一步协商签订买卖合同的期限,或者催告相对方与自己签订买卖合同。而本案被告在未经协商或催告的情况下,于2007年11月将涉案房屋转让给了他人,致使本案原告根据房地产买卖居间协议与被告签订买卖合同成为不可能。根据法律规定,在履行期限届满之前,当事人一方明确表示或者以自己的行为表明不履行主要债务的,当事人可以解除合同;当事人一方明确表示或者以自己的行为表明不履行合同义务的,对方可以在履行期限届满之前要求其承担违约责任。本案被告将涉案房屋转让给他人的行为表明其将不可能再与原告签订相关买卖合同,原告要求解除房地产买卖居间协议,并要求被告承担相应的违约责任,法院予以支持。关于违约责任的承担方式,协议第八条已作约定,被告应当双倍返还定金。被告认为其并未实际收到定金。根据协议第一条、第五条的约定,被告应当知道原告向第三人支付的10万元意向金已转为定金;同时,从协议最后有被告及第三人签字确认的"根据本协议第五条的约定,甲方(被告)在此确认已收到丙方(第三人)转付的定金计人民币10万元整。甲方同时委托丙方代为保管该项定金。"可见被告已认可其已收到该10万元定金,并委托第三人保管。故对被告以其并未实际收到定金为由而拒绝承担违约责任的主张不予采纳。鉴于10万元定金本金尚由第三人为被告保管中,原告现要求第三人直接向其返还,并无不妥,法院予以准许。

11.6.2 案例2

1. 基本案情

1998年4月18日,罗某与深圳市某房地产开发经营公司(以下简称经营公司)签订了租赁合同,约定由罗某承租经营公司所有的综合市场78号铺位,租赁期5年,租金为每月人民币4512元,每年递增10%。在租赁合同的履行期间,经营公司因为经济纠纷被人民法院裁定查封了包括上述铺位在内的综合楼一楼的房产产权,并委托拍卖行进行拍卖。2000年8月11日,张某等6人通过公开竞投竞得该楼。为此,经营公司与龙岗区人民法院曾先后发出通知,告知包括罗某在内的各租户将租金缴纳给新的所有权人,即张某等6人。但是,由于张某等人要求签订新的租赁合同并增加租金,于是遭到罗某的拒绝,罗某也因此拒绝支付租金。2000年10月11日，龙岗区人民法院查封了罗某承租的铺位，直至起诉时，该查封仍未解除。2002年8月6日。张某等6人向罗湖区人民法院提起诉讼，要求解除罗某与经营公司的租赁合同，并要求罗某按原租赁合同的租金标准向其支付自2001年8月6日至2002年8月6日的租金人民币40104元。

2. 案件审理

经罗湖区人民法院审理认为，被告早在原告竞买上述房产之前就已经与经营公司签订了租赁合同，承租了综合市场78号铺位，租赁期未满，任何人无权要求其搬离。原告通过拍卖购得了上述房产，取代了经营公司的业主地位，有权向被告收取租金，但无权单方面增加租金。龙岗区人民法院查封被告经营的铺位，被告认为是原告申请所致，但未能举证证明，不予认定。原告要求被告支付自2001年8月6日至2002年8月6日的租金人民币40104元，没有超出原合同约定的金额，予以支持。被告的铺位因被查封而遭受的损失应另案解决。鉴于被告自原告成为新业主后未支付租金，部分原因是原告要求增加租金，以及龙岗区法院查封后租金计算问题所致，并非被告故意拒付，因此原告要求解除原业主与被告的租赁合同，不予支持。所以，罗湖区人民法院依据我国《合同法》第226条及《民法通则》第85条、第88条的规定，判决：①被告向原告支付自2001年8月6日至2002年8月6日的租金人民币40104元；②驳回原告要求解除原业主与被告的租赁合同的诉讼请求。

一审判决后，被告不服，向深圳市中级人民法院提起上诉。在二审中，深圳市中级人民法院另查明，2000年10月11日，经6名被上诉人申请，龙岗区人民法院将上诉人承租的铺位予以查封。深圳市中级人民法院认为，原审判决维持双方当事人之间的房屋租赁关系是正确的，应予确认。被上诉人通过拍卖竞价的方式取得涉讼房产的所有权后，又向法院申请对上诉人采取强制执行措施，致上诉人所租赁的房屋自2000年9月起被龙岗区人民法院查封，上诉人在此期间内并未实际使用该房屋，被上诉人要求上诉人支付自2001年8月6日～2002年8月6日的租金缺乏事实与法律依据。所以，深圳市中级人民法院依据《中华人民共和国民事诉讼法》第153条第1款第（三）项的规定，判决维持原审判决的第2项，撤销原审判决的第1项并判决驳回被上诉人要求上诉人支付租金的诉讼请求。

3. 案例评析

本案主要涉及以下两个问题：

第一，罗某与经营公司的租赁合同是否因为租赁标的物所有权发生转移而解除？依据我国《合同法》第229条的规定，"租赁物在租赁期间发生所有权变动的，不影响租赁合同的效力"。这在民法理论上被称之为"买卖不破租赁原则"。根据这一原则的要求，在租赁关系存续期间，即使出租人将租赁物让与第三人，对租赁关系也不产生任何影响，买受人不能以其已成为租赁物的所有人为由否认原租赁关系的存在并要求承租人返还租赁物。

第二，罗某是否应当向张某等6人支付租金？依据"买卖不破租赁原则"，张某等6人通过竞投购买了房屋后，其作为新所有权人，取得了出租人的地位，可以向原承租人罗某主张权利，原承租人罗某应当向新的所有权人履行义务。而且，双方之间权利和义务的内容，例如，租金的数额、租赁期限、租赁物修葺义务的承担等依照原有的租赁合同不变。所以，张某等6人可以依照原租赁合同约定的租金标准向罗某主张租金，但不得向罗某主张超出原租赁合同约定的租金。本案中，张某等6人向罗某主张超出原租赁合同约定的租金缺乏法律依据，罗某拒绝履行并不构成违约。

11.6.3 案例3

1. 基本案情

2004年10月的一天，石某与赵某签订了一份房屋买卖合同，内容是石某出资60万元购买赵某的一套两居室住房。三天后，石某如约向赵某交付了全部房款，赵某也将房屋所有权证原件交予了石某，但石某却忽视了一点，他认为既然双方已经签订了合同，而且自己也已履约，不用着急办理房屋权属转移登记，因此既没有入住也没有及时办理相关手续。几个月后，赵某突染重病医治无效故去。赵某之妻即向所在地区的建委提出赵某名下的房产证丢失，并申请挂失。此后她又按有关规定于2005年2月在报纸上登载了"遗失声明"。同年3月1日，赵某之妻向建委提交申请书、身份证明、继承公证书、登报遗失声明等材料申请办理房屋权属转移登记。建委经审查后向赵某之妻发放了产权人登记为她本人的房屋所有权证。2005年3月9日，赵某的妻子将该房屋以80万元的价格卖给了宋某，并于同日申请办理房屋权属转移登记。2005年3月25日，建委向宋某颁发了房屋所有权证。

得知此事后，石某对赵某之妻提起民事诉讼，要求法院确认其与赵某签订的房屋买卖合同有效，确认赵某之妻与宋某签订的房屋买卖协议无效，判令将诉争房屋退还给自己。同时要求法院撤销建委为赵某之妻办理的产权证。

2. 案件审理

法院终审判决，宋某是该房屋的合法所有权人。

3. 案例评析

本案件主要涉及的问题有：该房屋所有权最后应属于谁？建委依申请补办房产证是否合法？如何防止"一房二卖"？

第一个问题：因为有关法律规定：除法律另有规定外，不动产物权的设立、变更、转让和消灭，应当登记；不经登记，不发生物权效力。石某与赵某签订的房屋买卖合同虽属有效，但合同签订后，双方未到房屋管理部门办理产权变更登记手续，该房屋所有权尚未发生转移，也就是说，石某并未取得该房屋所有权。此后，赵某之妻将房售予宋某，且二人在签订房屋买卖合同后，到有关部门办理了房屋产权过户登记手续，并已实际入住，故宋某已经成为该房屋所有权人。

第二个问题：赵某之妻以涉案房产唯一继承人身份向建委申请办理房屋权属转移登记，建委对其提交的材料的审查，符合《城市房屋权属登记管理办法》的规定。石某虽在此之前与该房产的原产权人赵某签订了房屋买卖合同，但因未办理房屋权属转移登记，而建委仅凭房屋权属登记档案，无法查明该事实。因此，建委为赵某之妻办理涉案房屋的房屋权属转移登记，并向其颁发房屋所有权证的行政行为并无不当。

第三个问题：《物权法》第20条规定，当事人签订买卖房屋或者其他不动产物权的协议，为保障将来实现物权，按照约定可以向登记机构申请预告登记。预告登记后，未经预告登记的权利人同意，处分该不动产的，不发生物权效力。预告登记后，债权消灭或者自能够进行不动产登记之日起三个月内未申请登记的，预告登记失效。《房屋登记办法》第67~73条详细规定了房屋预告登记的内容。预告登记制度，可以防止卖方"一房多卖"。一般来说，防止"一房多卖"最有效的办法还是房屋买卖合同签订后，及时办理房屋所有权的变更登记。如果不能及时办理房屋所有权的变更登记，也要尽快办理房屋预告登记。

第 12 章
物业管理法律制度

12.1 物业管理概述

12.1.1 物业

"物业"一词译自英语 property 或 estate，其含义是指以土地及土地上的建筑物形式存在的不动产。"物业"一词在国外，特别在东南亚地区是作为房地产的别称或同义词而使用的。物业是单元性的房地产。物业既可指单元性的地产，也可指单元性的建筑物。物业有大小之别，它可以根据区域空间作相对分割，整个住宅小区中的某住宅单位可作为一个物业，办公楼宇、商业大厦、酒店、厂房仓库也可被称为物业。

关于物业的内涵，国内各类著述的提法至少有几十种，主要包括以下要素：已建成并具有使用功能的各类供居住和非居住的屋宇；与这些屋宇相配套的设备和市政、公用设施；屋宇的建筑（包括内部的多项设施）和相邻的场地、庭院、停车场、小区内非主干交通道路。由此观之：单体建筑物、一座孤零零的不具备任何设施的楼宇，不能称之为完整意义上的物业。物业应是房产和地产的统一。

12.1.2 物业管理

1. 物业管理含义

根据《物权法》第81条规定，业主可以自行管理建筑物及其附属设施，也可以委托物业服务企业或者其他管理人管理。因此，物业管理是指业主自行或者签订物业服务合同委托物业服务企业、其他管理人，对业主的建筑物及其附属设施进行维修、养护、管理，维护物业管理区域内的环境卫生和相关秩序的活动。

2. 物业管理的主要类型

（1）业主自管和委托代管　根据物业管理模式的不同，可分为业主自管和委托代管两种模式。业主自管是指由业主自己对其所有或者取得合法使用权的物业自主实施物业管理；委托代管是指由业主通过业主自治机构委托物业服务企业对其物业进行专门化的物业管理。

（2）前期物业管理和普通物业管理　以是否成立了业主委员会的标准来划分，物业管理可分为："前期物业管理"和"普通物业管理"。业主委员会成立之前的物业管理被称为"前期物业管理"，业主委员会成立之后的物业管理被称为"普通物业管理"。

（3）日常物业管理和特约物业管理　根据物业服务内容的不同，可分为日常物业管理和特约物业管理。日常物业管理是面向全体业主和物业使用人提供的确保物业正常使用的不可或缺的物业管理服务。特约服务是指根据业主和物业使用人的需要，提供各类特别的物业管理服务。如送奶送报，看护老人、病人、儿童，订票送票，代为购物，送货上门等。

12.1.3　建筑物区分所有权

现代社会随着人口的增加和工商业的发展，建筑物不断向高空多层扩展，尤其是城市更是如此，一栋建筑的不同部分或不同房间分别由不同的所有人所有是城市住宅的普遍情况，而同一栋建筑的不同部分在结构上又是彼此相连或具有共同的设备和附属建筑的，这种房屋的特殊性，形成了一种在城市中具有普遍适用意义的所有权——建筑物区分所有权。

建筑物区分所有权是指多个区分所有权人共同拥有一栋区分所有建筑物时，各区分所有权人对建筑物专有部分所享有的专有所有权，与对建筑物共用部分所享有的共有权，以及因区分所有权人之间的共同关系所生成的成员权之总和。

建筑物区分所有权由以下权利组合而成：建筑物专有部分所有权，共有部分的共有权，基于对建筑物的管理、维护等共同事务产生的成员权。

1. 建筑物专有部分所有权

（1）概念　建筑物专有部分所有权是指区分所有权人对专属于自己的，由建筑材料组成的，在构造上和使用上具有独立性的封闭建筑空间所享有的所有权。没有专有部分所有权就没有共有权和共同管理权。

（2）建筑物专有部分所有权的客体　建筑物专有部分所有权的客体是指在构造上及利用上可以独立，且可单独作为所有权标的物的建筑部分。

建筑区划内符合下列条件的房屋，以及车位、摊位等特定空间，应当认定为专有部分：

1）具有构造上的独立性，能够明确区分，比如，建筑物本身的结构——分割墙；观念性上的独立、能明确区分——车位、摊位。

2）具有利用上的独立性，可以排他使用。

3) 能够登记成为特定业主所有权的客体。

构造上的独立性和利用上的独立性，是专有部分的物理要件；而能够登记是专有部分的法律要件。违法建筑尽管前两个要件符合，但是不能登记，不受法律的保护。

(3) 建筑物专有部分所有权的内容　建筑物专有部分所有权的内容包括专有权人的权利和义务两部分。《物权法》第 71 条规定，业主对其建筑物专有部分享有占有、使用、收益和处分的权利。业主行使权利不得危及建筑物的安全，不得损害其他业主的合法权益。

具体说来，业主对建筑物内的住宅、经营性用房等专有部分可以直接占有、使用，实现居住或者营业的目的；也可以依法出租，获取收益；或者在自己的专有部分上依法设定负担，例如，为保证债务的履行将属于自己所有的住宅或者经营性用房抵押给债权人，或者抵押给金融机构以取得贷款等；还可以将住宅、经营性用房等专有部分出售给他人，对专有部分予以处分。另外，业主行使权利是有限制的，即不得危及建筑物的安全，不得损害其他业主的合法权益。这样规定的目的就是要限制业主对专有权部分的事实处分，不得毁坏、灭失专有部分，以免危害建筑物的安全。

2. 共有部分的共有权

(1) 概念　共有部分的共有权是指建筑物区分所有人依照法律、法规或者管理规约的规定，对建筑物的共有部分所享有的占有、使用和收益的权利。

《物权法》第 72 条规定，业主对建筑物专有部分以外的共有部分，享有权利，承担义务；不得以放弃权利不履行义务。可见，建筑物区分所有人对建筑物之共有部分享有共有权，且共有权利与共有义务是不可分割的。业主转让建筑物内的住宅、经营性用房，其对共有部分享有的共有和共同管理的权利一并转让。

(2) 共有部分共有权的客体　共有部分共有权的客体是区分所有建筑物的共有部分。共有部分是指区分所有建筑物内由两个以上的区分所有人共同使用的部分以及不属于专有部分的建筑物及其附属物。

1) 法定共有部分。建筑区划内的道路，属于业主共有，但属于城镇公共道路（属于国有）的除外。建筑区划内的绿地，属于业主共有，但属于城镇公共绿地或者明示属于个人的除外。如果房屋买卖合同中约定某绿地归个人所有，就归个人。建筑区划内的其他公共场所、公用设施和物业服务用房，属于业主共有。不属于某一单位或个人所有，也不属于开发商所有。占用业主共有的道路或者其他场地用于停放汽车的车位，属于业主共有。

2) 天然共有部分。法律没有规定，合同也没有约定，而且不具有登记条件，从其属性上天然属于共有的部分，包括建筑物的基本结构部分、公共通行部分、公共设施设备部分和公共空间等。建筑物的基础、承重结构、外墙、屋顶等基本结构部分,通道、楼梯、大堂等公共通行部分,消防、公共照明等附属设施、设备,避难层、设备层或者设备间等结构部分。

3）约定共有部分。其他不属于业主专有部分,也不属于市政公用部分或者其他权利人所有的场所及设施等。非特定权利人所有即为业主共有。

(3) 共有部分共有权的内容 共有部分共有权包括共有权人的权利和义务两部分。

共有权人的权利,实际上就是建筑物区分所有人的共有权利。主要有:

1) 共用部分的使用权。各区分所有权人对整个建筑物的共用设施部分,都有按照该设施的作用和性能进行使用的权利,例如乘坐电梯、经过走廊、上下楼梯等。

2) 共有部分的收益权。

3) 共有部分的改良的权利。在不违反建筑法、城市规划法等法律法规强制性规定的前提下,各区分所有权人可以通过一定的方式行使共同意志,对建筑物的共用部分进行改良。

4) 共有部分的排除妨害的权利。第三人或某个区分所有权人在对建筑物的共用部分使用时违反通常的使用方法或损坏共用部分时,任何区分所有主体均有权制止、排除妨害。

共有权人的义务,实际上就是建筑物区分所有人的共有义务。主要有:

1) 依共用部分本来的用途和通常的使用方法进行使用。

2) 未经其他所有人的同意或所有人会议决议通过,不得改变共有部分的外形或结构。

3) 各所有人以及全体区分所有人使用共用部分不得违反法律强制性规定。

4) 分担建筑物共用,共用部分的管理、维护费用。

业主基于对住宅、经营性用房等专有部分特定使用功能的合理需要,无偿利用屋顶以及与其专有部分相对应的外墙面等共有部分的,不应认定为侵权。但违反法律、法规、管理规约,损害他人合法权益的除外。

尽管建筑物的屋顶及外墙面等属于业主共有,但居民住宅小区的业主对与其专有部分紧密相连的外墙面拥有合理使用的权利。这一权利是业主专有权行使的合理延伸。合理使用的标准有两个:一是不以盈利为目的;二是为了更好地利用专有部分,增加专有部分的舒适度,增加专有部分的安全,同时又不损害其他业主的共同利益。业主对与其紧密相连的外墙面进行合理利用也要符合市政管理的规定,同时要正确处理相邻关系,不得侵害相邻业主的权益。比如,室外空调挂机、安装防盗网、安装遮阳篷、放置太阳能热水器。

3. 成员权

(1) 概念 成员权是指业主对建筑物专有部分以外的共有部分的共用设施、

设备等所享有的共同管理权。

（2）成员权的客体　成员权的客体是指建筑物区分所有人在行使业主管理权、履行业主管理义务的过程中所指向的对象。根据《物权法》的规定，业主对下列事项有管理权利：

1）业主大会的设立与业主委员会的选举、更换事项。

2）业主大会议事规则和建筑区划管理规约的制定和修改事项。

3）物业服务企业和其他管理人的选聘、解聘和监督事项。

4）建筑物及其附属设施的改建、重建事项及其维修资金的筹集和使用事项等。

（3）成员权的内容　成员权的内容包括管理权人的权利和义务两部分。

管理权人的权利主要包括：

1）区分所有权人参加自治管理团体的集会，对大会讨论的事项享有的投票表决权。

2）区分所有权人参与订立建筑物的管理规约的权利。

3）选举解任管理人的权利。

4）请求召集自治管理团体集会的权利，请求正当管理共同关系事务的权利，请求收集共有部分应得利益的权利等。

管理权人的义务主要包括：

1）遵守法律、法规和管理规约的义务。

2）执行业主大会或者业主委员会决定的义务。

3）其他义务。

12.1.4　物业服务合同

1. 概念

物业服务合同是指由业主与选聘的物业服务企业或者其他管理人签订的对房屋及配套的设施设备和相关场地进行维修、养护、管理并维护相关区域内的环境卫生和秩序的合同。

物业服务合同主要分为两类：前期物业服务合同和普通物业服务合同。前者是指在物业服务区域内的业主及其自治组织选聘物业服务企业之前，由房地产建设单位与其委托的物业服务企业签订的合同；后者是业主及其自治组织根据相关决议与物业服务企业签订的物业服务合同。

物业服务企业公开作出的服务承诺及制定的服务细则，应当认定为物业服务合同的组成部分。建设单位依法与物业服务企业签订的前期物业服务合同，以及业主委员会与业主大会依法选聘的物业服务企业签订的物业服务合同，对业主具有约束力。

符合下列情形之一，业主委员会或者业主可以请求人民法院确认合同或者合同相关条款无效：物业服务企业将物业服务区域内的全部物业服务业务一并委托他人而签订的委托合同；物业服务合同中免除物业服务企业责任、加重业主委员会或者业主责任、排除业主委员会或者业主主要权利的条款。

2. 物业服务合同的主要条款

物业服务合同应当对物业管理事项、服务质量、服务费用、双方的权利和义务、专项维修资金的管理与使用、物业管理用房、合同期限、违约责任等内容进行约定。

物业服务企业按照委托合同授权范围，管理建筑区划内的建筑物及其附属设施可以分为物的管理与人的管理，物的管理是指对建筑物与基地的保存、改良、利用乃至处分等行为的物业的管理。其对象原则上限于建筑物的共用部分及建筑物所坐落的基地部分，专有部分不包括在内。因专有部分属于各区分所有人的私有财产，其管理应由各区分所有人自行承担。物业的管理内容从物业的角度，主要表现为对建筑物及其附属设施、设备和相关场地进行的维护、保养、修缮等行为，防止发生坏损，以保持物业的正常使用功能。从对物业区域环境的角度，主要表现为火警防范、清洁维护、维修公共设施，整理花木等内容，以维持小区环境的整洁美观和保障住户的人身财产安全。人的管理，即对区分所有人群居生活关系进行的管理，其对象不仅包括居住在区分建筑物内的区分所有人，而且也包括出入区分所有建筑物的人的行为。具体内容可以分为对建筑物不当毁损行为的管理、对建筑物不当使用行为的管理以及对生活妨害行为的管理等。在委托管理场合，物业服务企业通过业主让渡管理权，实施的管理事项包括对物的管理和对人的管理两大方面。

物业服务合同除了可以约定上述管理服务事项外，还可以根据本物业管理区域的具体情况，就业主或者物业使用人的自有部分有关设备的维修保养管理事宜以及业主或者物业使用人特别委托的物业服务事项作出约定。

关于物业服务事项的服务质量，物业服务合同也应当作出规定，这样可以明确物业管理企业应达到的目标，也方便业主对于物业管理企业的服务进行考核。

物业服务合同涉及较多方面的专业内容，签订时可以参考有关部门推出的示范文本。比如，原建设部制定的《前期物业服务合同（示范文本）》，《北京市物业服务合同（示范文本）》等。

3. 物业的承接验收

建设单位或者业主委员会在与物业服务企业办理物业移交时，需办理物业的承接验收手续。承接验收的资料有：竣工总平面图，单体建筑、结构、设备竣工图，配套设施、地下管网工程竣工图等竣工验收资料；设施设备的安装、使用和维护保养等技术资料；物业质量保修文件和物业使用说明文件；物业管理所必需的其他资料。

物业服务企业承接物业时，应当对物业共用部位、共用设施设备进行查验。

4. 业主解除物业服务合同

经专有部分占建筑物总面积过半数的业主且占总人数过半数的业主同意，可以解聘物业服务企业或者其他管理人。业主大会按照以上程序作出解聘物业服务企业的决定后，业主委员会可以请求解除物业服务合同。

5. 物业服务合同终止后的附随义务

物业服务合同的权利和义务终止后，业主可以请求物业服务企业退还已经预收，但尚未提供物业服务期间的物业费。

物业服务合同的权利和义务终止后，业主委员会可以请求物业服务企业退出物业服务区域、移交物业服务用房和相关设施，以及物业服务所必需的相关资料和由其代管的专项维修资金。

6. 责任承担

物业服务企业不履行或者不完全履行物业服务合同约定的或者法律、法规规定以及相关行业规范确定的维修、养护、管理和维护义务，业主可以请求物业服务企业承担继续履行、采取补救措施或者赔偿损失等违约责任。

业主违反物业服务合同或者法律、法规、管理规约，实施妨害物业服务与管理的行为，物业服务企业可以请求业主承担恢复原状、停止侵害、排除妨害等相应民事责任。

12.1.5　物业服务收费

1. 概念和分类

物业服务收费是指物业管理企业按照物业服务合同的约定，对房屋及配套的设施设备和相关场地进行维修、养护、管理，维护相关区域内的环境卫生和秩序，向业主所收取的费用。

物业服务收费应当区分不同物业的性质和特点分别实行政府指导价和市场调节价。具体定价形式由省、自治区、直辖市人民政府价格主管部门会同房地产行政主管部门确定。

物业服务收费实行政府指导价的，有定价权限的人民政府价格主管部门应当会同房地产行政主管部门根据物业管理服务等级标准等因素，制定相应的基准价及其浮动幅度，并定期公布。具体收费标准由业主与物业管理企业根据规定的基准价和浮动幅度在物业服务合同中约定。实行市场调节价的物业服务收费，由业主与物业管理企业在物业服务合同中约定。

物业管理企业应当按照政府价格主管部门的规定实行明码标价，在物业管理区域内的显著位置，将服务内容、服务标准以及收费项目、收费标准等有关情况进行公示。

2. 具体收费形式

业主与物业管理企业可以采取包干制或者酬金制等形式约定物业服务费用。

包干制是指由业主向物业管理企业支付固定物业服务费用，盈余或者亏损均由物业管理企业享有或者承担的物业服务计费方式。酬金制是指在预收的物业服务资金中按约定比例或者约定数额提取酬金支付给物业管理企业，其余全部用于物业服务合同约定的支出，结余或者不足均由业主享有或者承担的物业服务计费方式。

3. 物业服务费用的构成

实行物业服务费用包干制的，物业服务费用的构成包括物业服务成本、法定税费和物业管理企业的利润。实行物业服务费用酬金制的，预收的物业服务资金包括物业服务支出和物业管理企业的酬金。

物业服务成本或者物业服务支出构成一般包括以下部分：管理服务人员的工资、社会保险和按规定提取的福利费等；物业共用部位、共用设施设备的日常运行、维护费用；物业管理区域清洁卫生费用；物业管理区域绿化养护费用；物业管理区域秩序维护费用；办公费用；物业管理企业固定资产折旧；物业共用部位、共用设施设备及公众责任保险费用；经业主同意的其他费用。物业共用部位、共用设施设备的大修、中修和更新、改造费用，应当通过专项维修资金予以列支，不得计入物业服务支出或者物业服务成本。

4. 代收费用

物业管理区域内，供水、供电、供气、供热、通信、有线电视等单位应当向最终用户收取有关费用。物业管理企业接受委托代收上述费用的，可向委托单位收取手续费，不得向业主收取手续费等额外费用。

供电等单位是收取电费的权利人，用户则是缴纳的义务人，物业管理企业不是合同的当事人，因此既不享有权利也不负有义务，其若代理收取该等费用是作为供用电等单位的代理人，是接受供电等单位的委托，为供电等单位处理事物，因此若要收取手续费应当向其委托人（即供电单位等）收取而不是向用户收取。

5. 物业共用部位、共用设施设备的经营收益

利用物业共用部位、共用设施设备进行经营的，应当在征得相关业主、业主大会、物业管理企业的同意后，按照规定办理有关手续。业主所得收益应当主要用于补充专项维修资金，也可以按照业主大会的决定使用。

6. 物业服务企业违规收费

物业管理企业在物业服务中应当遵守国家的价格法律法规，严格履行物业服务合同，为业主提供质价相符的服务。

物业服务企业违反物业服务合同约定或者法律、法规、部门规章规定，擅自

扩大收费范围、提高收费标准或者重复收费，业主可以违规收费为由提出抗辩。业主可以请求物业服务企业退还其已收取的违规费用。

7. 业主欠费

业主应当按照物业服务合同的约定按时、足额缴纳物业服务费用或者物业服务资金。业主违反物业服务合同约定逾期不缴纳服务费用或者物业服务资金的，业主委员会应当督促其限期缴纳；逾期仍不缴纳的，物业管理企业可以依法追缴。业主与物业使用人约定由物业使用人缴纳物业服务费用或者物业服务资金的，从其约定，业主负连带缴纳责任。

12.1.6 前期物业管理

前期物业管理是指业主、业主大会选聘物业管理企业之前所实施的物业管理。一般情况下，物业管理区域内的物业是分期分批售出的，已经入住的业主人数相对于将来物业全部或者大部分售出时的业主人数来说只是少数，同时入住的业主彼此之间并不熟悉，也很难联合起来与物业管理企业订立物业服务合同。在这些问题没有得到解决，条件没有具备之前，往往无法召开业主大会。与此同时，物业的管理是出于物业本身维护与保养的迫切需要，不可能等到业主大会选聘出物业管理企业之后才开始实施。否则会严重影响物业的使用与管理，也大大降低了业主的居住与生活的质量。为了解决这一问题，填补业主大会选聘出物业管理企业之前的一段时间内物业管理的空缺，就需要由相关当事人出面选聘物业管理企业，委托其做好前期的物业服务工作。建设单位则是较为适当的人选。

1. 业主临时公约

（1）业主临时公约的制定　建设单位应当在销售物业之前，制定业主临时公约，对有关物业的使用、维护、管理，业主的共同利益，业主应当履行的义务，违反公约应当承担的责任等事项依法作出约定。建设单位制定的业主临时公约，不得侵害物业买受人的合法权益。

业主共同遵守的关于物业的使用、维护与管理的规则是物业本身维护与保养的迫切需要，否则会严重影响物业的使用与管理。为此，就需要在业主大会制定正式的业主公约之前先行制定临时的业主公约，以备急需。业主临时公约由于不是物业买受人所制定，为了避免物业建设单位可能的越权与擅断，建设单位制定的业主临时公约，不得侵害物业买受人的合法权益。

（2）业主临时公约的遵守　建设单位应当在物业销售前将业主临时公约向物业买受人明示，并予以说明。物业买受人在与建设单位签订物业买卖合同时，应当对遵守业主临时公约予以书面承诺。

2. 前期物业服务企业的选聘方式

国家提倡建设单位按照房地产开发与物业管理相分离的原则，通过招投标的方式选聘具有相应资质的物业管理企业。住宅物业的建设单位,应当通过招投标的方式选聘具有相应资质的物业管理企业;投标人少于3个或者住宅规模较小的,经物业所在地的区、县人民政府房地产行政主管部门批准,可以采用协议方式选聘具有相应资质的物业管理企业。

3. 前期物业服务合同

在业主、业主大会选聘物业管理企业之前,建设单位选聘物业管理企业的,应当签订书面的前期物业服务合同。建设单位与物业买受人签订的买卖合同应当包含前期物业服务合同约定的内容。前期物业服务合同可以约定期限,但是,期限未满、业主委员会与物业管理企业签订的物业服务合同生效的,前期物业服务合同终止。

12.2 业主及其自治管理组织

12.2.1 业主

1. 业主的认定

1)依法取得专有部分所有权的人。依法登记取得或者依据生效法律文书、继承或者受遗赠,以及通过合法建造房屋等事实行为取得专有部分所有权的人,都属于依法取得专有部分所有权的人。

《物权法》第9条第1款规定,不动产物权的设立、变更、转让和消灭,经依法登记,发生效力;未经登记,不发生效力,但法律另有规定的除外。法律另有规定的主要表现在《物权法》第28~30条:因人民法院、仲裁委员会的法律文书或者人民政府的征收决定等,导致物权设立、变更、转让或者消灭的,自法律文书或者人民政府的征收决定等生效时发生效力。因继承或者受遗赠取得物权的,自继承或者受遗赠开始时发生效力。因合法建造、拆除房屋等事实行为设立或者消灭物权的,自事实行为成就时发生效力。

2)基于与建设单位之间的商品房买卖民事法律行为,已经合法占有建筑物专有部分,但尚未依法办理所有权登记的人,可以认定为业主。

3)业主不包括专有部分的承租人、借用人等物业使用人。

2. 业主的权利和义务

(1)业主在物业管理活动中享有的权利 具体如下:

1)按照物业服务合同的约定,接受物业服务企业提供的服务。物业服务合同是确定业主和物业管理企业之间权利和义务的基本法律依据。而业主之所以要与物业管理企业签订合同,最主要的目的是接受物业管理企业提供的服务。因此,按照物业服务合同的约定,接受物业管理企业提供的服务的权利,就是业主

享有的最为基本的权利。

2）提议召开业主大会，并就物业管理的有关事项提出建议。业主大会是由物业管理区域内全体业主组成的，维护物业区域内全体业主的公共利益，行使业主对物业管理的自治权的业主自治机构。提议召开业主大会会议的权利应当由业主享有，以便能够及时解决有关业主公共利益的问题。同时，业主都是物业管理的享用者，物业管理的好坏与否直接决定了业主的利益能否得到充分保护，因此，业主有权就物业管理的事项提出建议。

3）提出制定和修改管理规约、业主大会议事规则的建议。管理规约是指建筑物区划范围内的所有业主以书面的形式订立的关于区分所有建筑物及其附属设施的管理、利用、收益以及处分等事项的规则，是物业小区业主自治的"总章程"。应当对有关物业的使用、维护、管理，业主的共同利益，业主应当履行的义务，违反管理规约应当承担的责任等事项依法作出约定。管理规约应当尊重社会公德，不得违反法律、法规或者损害社会公共利益。管理规约对全体业主具有约束力。管理规约包括以下主要内容：一是对共有物和共同事务的管理；二是对业主行为的规范与管理。业主大会议事规则是业主大会组织、运作的基本依据和准则，是全体业主意志的集中体现。业主大会议事规则应当就业主大会的议事方式、表决程序、业主委员会的组成和成员任期等事项作出约定。

4）参加业主大会会议，行使投票权。参加会议权包括获得会议通知权，这就要求会议通知必须充分、明确、按时。参加业主大会是保证业主民主表决权的前提。而投票权则是业主民主权利的实现。

5）选举业主委员会成员，并享有被选举权。业主委员会是经业主大会选举产生并经房地产行政主管部门登记，在物业管理活动中代表和维护全体业主合法权益的组织。业主委员会是一个物业管理区域中长期存在的、代表业主行使业主自治管理权的机构。业主能够享有选举业主委员会委员的权利，也决定着业主自己的意志能否在业主委员会的工作中得以传达，从而决定业主的利益能否被充分保护。同时，业主享有成为业主委员会的被选举权。被选举权是指业主作为物业自治管理组织的成员，有被选举为业主委员会委员的权利。

6）监督业主委员会的工作。每一个业主都有权监督业主委员会的工作。业主委员会是业主的自治机构，代表的应该是业主的共同利益，其决议和行事都应贯彻这一宗旨。但是，业主委员会的委员也具有个人利益，在监督不力的情况下有可能会怠于行使业主委托的各项职责。而且，个别委员还可能出于个人利益的考虑，或者是受到了物业管理公司一方的贿赂而作出损害业主公共利益的行为。同时，业主委员会也可能需要管理一些业主缴纳的经费，涉及一些公共财物问题。对此，业主们都应享有一定的监督权，保护自身的合法权益。

7）监督物业服务企业履行物业服务合同。物业服务企业是受业主的集体委托对业主所有的物业进行服务的法律主体,其与业主处于合约中相对立的另一方,对于物业服务企业的各种服务行为,业主有监督的权利。但应该注意的是,业主只是有权监督物业服务企业和服务人员的工作,不得直接惩戒物业服务企业属下的职员。业主虽然有权监督物业服务企业的收费情况,但没有检查物业服务企业财务的权利。业主作为费用的支付人,有财产监督的权利,但行使这些权利的方式并不是通过业主私人检查企业的账目。检查公司账目的目的是为了监督物业服务企业财务支出的公开性与透明度,检查其是否符合预算项目,有没有在支出方面弄虚作假欺骗业主。但是,物业服务企业的财务账目除了应该对业主负责外,仍有自己各种经济上的合法运作。根据我国会计制度的规定,任何人都不能以个人的身份检查企业账目并作出有法律效力的审计证明。所以,业主并没有权利直接检查物业服务企业的财务账目。而且,如果每个业主都根据自己的意愿随意要求检查企业账目,也会影响物业服务企业日常的正常运作。业主要行使此项监督权,检查物业服务企业的财务支出情况,应该向业主委员会提出请求,由业主委员会委托专业事务所来检查。只有国家法律认同的会计师事务所才能提供有效的审计报告以达到查账的目的,维护双方的合法权益,同时也真正地帮助业主行使自己合法的监督权。

8) 对物业共用部位、共用设施设备和相关场地使用情况享有知情权和监督权。物业共用部位、共用设施设备和相关场地因为并非业主所独有,关于其使用情况对于业主来说不如自己的物业清楚,所以业主享有关于其使用情况的知情权,并对该物业共用部位、共用设施设备和相关场地使用进行监督。

9) 监督物业共用部位、共用设施设备专项维修资金的管理和使用。

10) 法律、法规规定的其他权利。

(2) 业主的义务　业主在物业管理活动中,应履行下列义务:

1) 遵守管理规约、业主大会议事规则。业主是作为物业区域内成员的一名共同缔结或签署了管理规约、业主大会议事规则、物业管理区域内物业共用部位和共用设施设备的使用、公共秩序和环境卫生的维护等方面的规章制度、业主大会的决定和业主大会授权业主委员会作出的决定。物业管理的各项规约中,采取的是多数通过原则,即只要集体中多数成员达成了一致意见,规约就合法生效了,并且对于所有的成员都产生一致的约束力,少数表示反对的成员也必须放弃自己的异议,共同遵守这一协议。因此,在物业管理规约中,其对所有的业主都有相同的约束力,即使是当初表示了反对的业主,只要规约是合法的,就有遵守的义务。如果业主违反业主公约等自治性规范,则应按照自治性规范中的条款承担责任;造成其他业主损失的,应承担民事赔偿责任。

2) 遵守物业管理区域内物业共用部位和共用设施设备的使用、公共秩序和环境卫生的维护等方面的规章制度。

3）执行业主大会的决定和业主大会授权业主委员会作出的决定。
4）按照国家有关规定缴纳专项维修资金。
5）按时缴纳物业服务费用。业主缴纳物业管理服务费用和维修资金是保证物业区域获得正常管理和维护条件，各业主都负有此项义务。基于公共利益，业主享有公共权利，也应承担相应义务，对于经业主大会或业主委员会作出决议的物业管理费、维修资金等各项合理费用，各业主即使有异议，也有缴纳的义务。基于此项义务，各业主应负责其名下应分担的管理费及维修、保险等款项，并应准时交付。如因迟交或欠交而引起其他业主损失的，要负赔偿责任。
6）法律、法规规定的其他义务。

12.2.2 业主大会

涉及全体业主的共同利益，只能由全体业主形成共同意志，共同作出决定，才能符合和保证全体业主的共同利益。业主大会就是业主基于这样共同关系，为实现自我管理，对共同事项作出决定，维护共同利益而组成的。

1. 业主大会的成立

物业管理区域内全体业主组成业主大会。业主大会应当代表和维护物业管理区域内全体业主在物业管理活动中的合法权益。一个物业管理区域成立一个业主大会。物业管理区域的划分应当考虑物业的共用设施设备、建筑物规模、社区建设等因素。具体办法由省、自治区、直辖市制定。

同一个物业管理区域内的业主，应当在物业所在地的区、县人民政府房地产行政主管部门或者街道办事处、乡镇人民政府的指导下成立业主大会，并选举产生业主委员会。但是，只有一个业主的，或者业主人数较少且经全体业主一致同意，决定不成立业主大会的，由业主共同履行业主大会、业主委员会职责。

2. 下列事项由业主共同决定

1）制定和修改业主大会议事规则。
2）制定和修改管理规约。
3）选举业主委员会或者更换业主委员会成员。
4）选聘和解聘物业服务企业。
5）筹集和使用专项维修资金。专项维修资金属于业主所有，专项用于物业保修期满后物业共用部位、共用设施设备的维修和更新、改造，不得挪作他用。
6）改建、重建建筑物及其附属设施。
7）有关共有和共同管理权利的其他重大事项。

比如，改变共有部分的用途、利用共有部分从事经营性活动、处分共有部分，以及业主大会依法决定或者管理规约依法确定应由业主共同决定的事项，均属于其他重大事项。

上述第五项和第六项规定的事项，应当经专有部分占建筑物总面积2/3以上的业主且占总人数2/3以上的业主同意。决定前款其他事项，应当经专有部分占建筑物总面积过半数的业主且占总人数过半数的业主同意。专有部分面积，按照不动产登记簿记载的面积计算；尚未进行物权登记的，暂按测绘机构的实测面积计算；尚未进行实测的，暂按房屋买卖合同记载的面积计算；建筑物总面积，按照前项的统计总和计算。

业主人数，按照专有部分的数量计算，一个专有部分按一人计算。但建设单位尚未出售和虽已出售但尚未交付的部分，以及同一买受人拥有一个以上专有部分的，按一人计算；总人数，按照前项的统计总和计算。

3. 业主大会的会议形式

业主大会会议可以采用集体讨论的形式，也可以采用书面征求意见的形式；但应当有物业管理区域内持有1/2以上投票权的业主参加。

业主大会或者业主委员会的决定，对业主具有约束力。业主大会或者业主委员会作出的决定侵害业主合法权益的，受侵害的业主可以请求人民法院予以撤销。

业主大会会议分为定期会议和临时会议。业主大会定期会议应当按照业主大会议事规则的规定召开。经20%以上的业主提议，业主委员会应当组织召开业主大会临时会议。召开业主大会会议，应当于会议召开15日以前通知全体业主。住宅小区的业主大会会议，应当同时告知相关的居民委员会。业主委员会应当做好业主大会会议记录。

12.2.3　业主委员会

1. 业主委员会的概念和特点

（1）概念　业主委员会是经业主大会选举产生并经房地产行政主管部门登记，在物业管理活动中代表和维护全体业主合法权益的组织。业主委员会是一个物业管理区域中长期存在的、代表业主行使业主自治管理权的机构，是业主自我管理、自我教育、自我服务，实行业主集体事务的民主制度，办理本辖区涉及物业管理的公共事务和公益事业的社会性自治组织。业主委员会由业主会议选举组成，统一领导自治权限范围的物业管理各项工作，但必须对业主大会会议负责并报告工作，不享有自治管理规范订立权，因此，业主委员会必须服从业主大会会议，受业主大会会议的隶属，处于从属于业主大会会议的法律地位。

（2）业主委员会的特点　具体如下：

1）业主委员会应由业主大会选举产生。业主委员会是业主大会的常设机构和执行机构，其行为应向业主大会负责。因此，业主委员会也应由业主大会来选举产生，反映绝大多数业主的意愿。

2）业主委员会活动范围应该是进行物业的业主自治管理，也就是说，业主委员会成立的目的是使业主对物业的自治管理权能有一个常设的机构来行使，使得各业主意见能够得到统一，并贯彻于具体物业管理事项中。业主委员会不能进行除签订物业管理合同以外的经营活动，它不是一个以经营为目的的实体。同时，业主委员会也不应从事与物业管理无关的非经营性活动。

3）业主委员会应代表和维护全体业主的合法权益。业主委员会作为业主大会的常设机构、执行机构，应该向业主大会负责，即应向全体业主负责。业主委员会应代表和维护的是全体业主的权益，不能只顾及大业主的利益，被大业主所把持和控制。同样，业主委员会也不应被为数众多的小业主所操纵，联合抵制、排挤大业主。而且，业主委员会维护的应是业主的合法权益，其所有的行为、决策都应在法律、法规规定的范围内。对于业主委员会而言，其代表的虽是业主的权益，但法律、法规的强制性、禁止性规定完全有高于业主意志的法律效力和意义。

4）业主委员会应经房地产行政主管部门登记。对业主委员会进行登记和专门的行政管理是物业区域中业主自治管理制度化的典型表现。业主委员会并不是业主自行组建的闲散组织，它有自己的法律地位和法律意义，是一个固定的、有具体法定职责的组织。

2. 业主委员会执行业主大会时履行的职责

1）召集业主大会会议，报告物业管理的实施情况。
2）代表业主与业主大会选聘的物业服务企业签订物业服务合同。
3）及时了解业主、物业使用人的意见和建议，监督和协助物业服务企业履行物业服务合同。
4）监督管理规约的实施。
5）业主大会赋予的其他职责。

3. 业主委员会组成

业主委员会应当自选举产生之日起30日内，向物业所在地的区、县人民政府房地产行政主管部门和街道办事处、乡镇人民政府备案。业主委员会委员应当由热心公益事业、责任心强、具有一定组织能力的业主担任。业主委员会主任、副主任在业主委员会成员中推选产生。

12.3 物业服务企业

根据《物权法》第81条的规定，业主可以自行管理建筑物及其附属设施，也可以委托物业服务企业或者其他管理人管理。那么，从事物业服务活动的主体就包括业主、物业服务企业和其他管理人。实践中，业主或者建设单位大都会选择将自己的建筑委托给物业服务企业管理和提供服务。我国《物业管理条例》仅对物业服务企业作了详细规定，对于其他物业服务活动的主体没有涉及。物业服务企业是指依法设立、具有独立法人资格，从事物业管理服务活动的企业。根据《物业管理条例》第32条规定，从事物业管理活动的企业应当具有独立的法人资格，国家对从事物业管理活动的企业实行资质管理制度。因此，不同资质等级的物业服务企业只能从事与自己的资质水平相当的物业服务。

12.3.1 物业服务企业的资质标准

根据《物业管理企业资质管理办法》（2007年修改）有关规定，物业服务企业资质等级分为一、二、三级。三个资质等级物业服务企业的条件、可以承接的物业服务项目有所不同。

1. 一级资质条件

1) 注册资本人民币500万元以上。

2) 物业管理专业人员以及工程、管理、经济等相关专业类的专职管理和技术人员不少于30人。其中，具有中级以上职称的人员不少于20人，工程、财务等业务负责人具有相应专业中级以上职称。

3) 物业管理专业人员按照国家有关规定取得职业资格证书。

4) 管理两种类型以上物业，并且管理各类物业的房屋建筑面积分别占下列相应计算基数的百分比之和不低于100%：第一，多层住宅200万 m^2；第二，高层住宅100万 m^2；第三，独立式住宅（别墅）15万 m^2；第四，办公楼、工业厂房及其他物业50万 m^2。

5) 建立并严格执行服务质量、服务收费等企业管理制度和标准，建立企业信用档案系统，有优良的经营管理业绩。

2. 二级资质条件

1) 注册资本人民币300万元以上。

2) 物业管理专业人员以及工程、管理、经济等相关专业类的专职管理和技术人员不少于20人。其中，具有中级以上职称的人员不少于10人，工程、财务等业务负责人具有相应专业中级以上职称。

3) 物业管理专业人员按照国家有关规定取得职业资格证书。

4) 管理两种类型以上物业，并且管理各类物业的房屋建筑面积分别占下列相应计算基数的百分比之和不低于100%：第一，多层住宅100万 m^2；第二，高层住宅50万 m^2；第三，独立式住宅（别墅）8万 m^2；第四，办公楼、工业厂房及其他物业20万 m^2。

5) 建立并严格执行服务质量、服务收费等企业管理制度和标准，建立企业信用档案系统，有良好的经营管理业绩。

3. 三级资质条件

1）注册资本人民币 50 万元以上。

2）物业管理专业人员以及工程、管理、经济等相关专业类的专职管理和技术人员不少于 10 人。其中，具有中级以上职称的人员不少于 5 人，工程、财务等业务负责人具有相应专业中级以上职称。

3）物业管理专业人员按照国家有关规定取得职业资格证书。

4）有委托的物业管理项目。

5）建立并严格执行服务质量、服务收费等企业管理制度和标准，建立企业信用档案系统。

4. 可以承接的物业服务项目

一级资质物业服务企业可以承接各种物业服务项目。二级资质物业服务企业可以承接 30 万 m^2 以下的住宅项目和 8 万 m^2 以下的非住宅项目的物业服务。三级资质物业服务企业可以承接 20 万 m^2 以下住宅项目和 5 万 m^2 以下的非住宅项目的物业服务。

12.3.2 物业服务企业的资质管理

物业服务企业应依法申请企业资质等级的评定，否则不得从事相应的物业管理服务。

物业服务企业的资质管理实行分级审批制度。国务院建设主管部门负责一级物业服务企业资质证书的颁发和管理。省、自治区人民政府建设主管部门负责二级物业服务企业资质证书的颁发和管理，直辖市人民政府房地产主管部门负责二级和三级物业服务企业资质证书的颁发和管理，并接受国务院建设主管部门的指导和监督。设区的市的人民政府房地产主管部门负责三级物业服务企业资质证书的颁发和管理，并接受省、自治区人民政府建设主管部门的指导和监督。

新设立的物业服务企业应当自领取营业执照之日起 30 日内，向工商注册所在地直辖市、设区的市的人民政府房地产主管部门申请资质。新设立的物业服务企业，其资质等级按照最低等级核定，并设 1 年的暂定期。

申请核定资质等级的物业服务企业，应当提交下列材料：企业资质等级申报表；营业执照；企业资质证书正、副本；物业管理专业人员的职业资格证书和劳动合同，管理和技术人员的职称证书和劳动合同，工程、财务负责人的职称证书和劳动合同；物业服务合同复印件；物业管理业绩材料。

资质审批部门应当自受理企业申请之日起 20 个工作日内，对符合相应资质等级条件的企业核发资质证书；一级资质审批前，应当由省、自治区人民政府建设主管部门或者直辖市人民政府房地产主管部门审查，审查期限为 20 个工作日。资质证书分为正本和副本，由国务院建设主管部门统一印制，正、副本具有同等法律效力。

企业发生分立、合并的，应当在向工商行政管理部门办理变更手续后30日内，到原资质审批部门申请办理资质证书注销手续，并重新核定资质等级。企业的名称、法定代表人等事项发生变更的，应当在办理变更手续后30日内，到原资质审批部门办理资质证书变更手续。企业破产、歇业或者因其他原因终止业务活动的，应当在办理营业执照注销手续后15日内，到原资质审批部门办理资质证书注销手续。

物业服务企业取得资质证书后，不得降低企业的资质条件，并应当接受资质审批部门的监督检查。

12.3.3 物业服务企业从业人员的职业资格制度

根据劳动和社会保障部2000年3月16日发布的，自2000年7月1日起实施《招用技术工种从业人员规定》，为提高劳动者素质，促进劳动者就业，加强就业管理，用人单位招用技术工种的劳动者，必须从取得相应职业资格证书的人员中录用，物业管理员属于持证就业的目录。

1. 物业管理员职业概念

物业管理员职业是按照物业服务合同约定，通过对房屋建筑及与之相配套的设备、设施和相关场地进行专业化维修、养护、管理以及维护相关区域内环境卫生和公共秩序，为业主、使用人提供服务的人员。

2. 物业管理员职业等级

物业管理人员职业按照国家职业标准（2003年版）分为物业管理员（国家职业资格四级）、助理物业管理师（国家职业资格三级）和物业管理师（国家职业资格二级）三个等级。

3. 申报条件

（1）物业管理员　具备以下条件之一者可申报物业管理员：

1）在本职业连续工作1年以上，经本职业物业管理员正规培训达规定标准时数，并取得结业证书。

2）在本职业连续工作2年以上。

3）取得本专业或相关专业大专及以上毕业证书者。

（2）助理物业管理师　具备以下条件之一者可申报助理物业管理师：

1）取得本职业物业管理员职业资格证书后，连续从事本职业工作2年以上，经本职业助理物业管理师正规培训达规定标准学时数，并取得结业证书。

2）取得本职业物业管理员职业资格证书后，连续从事本职业工作3年以上。

3）取得本专业或相关专业大学本科及以上毕业证书者。

（3）物业管理师　具体以下条件之一者可申报物业管理师：

1) 取得本职业助理物业管理师职业资格证书后，连续从事本职业工作4年以上，经本职业物业管理师正规培训达规定标准学时数，并取得结业证书。

2) 取得本职业助理物业管理师职业资格证书后，连续从事本职业工作5年以上。

4. 鉴定方式

分为理论知识考试与技能操作考核。理论知识考试采用问卷笔试方式，技能操作考核采用模拟实际操作等方式。理论知识考试和技能操作考核均实行百分制，成绩皆达60分及以上者为合格。物业管理师鉴定还须进行综合评审。

5. 鉴定时间

具体时间由人力资源和社会保障部职业技能鉴定中心确定。

6. 证书颁发

鉴定合格者按照有关规定统一核发职业资格证书，实行统一编号登记管理和网上查询。

12.4 物业管理法律典型案例分析

12.4.1 案例1

原告：上海A物业管理有限公司

被告：孙某

1. 基本案情

2006年9月1日，原告上海某物业管理有限公司与开发商上海某房地产开发有限公司签订前期物业服务合同一份，约定由原告为上海市×区×路×弄A园小区提供前期物业管理服务；物业服务费由业主按其拥有物业的建筑面积缴纳，多层住宅1元/月/m²、高层住宅1.50元/月/m²；物业服务费按月缴纳，为便于管理按季预收，业主或物业使用人应在每季的第一个月10日前履行缴纳义务；未能按时、足额缴纳物业服务费用的，应按逾期之日起每日逾期金额的5‰的标准支付违约金；本合同期限自房屋交付使用起至3年止；但在本合同期限内，业主委员会代表全体业主与物业管理企业签订的物业服务合同生效时，本合同自动终止；本合同期满前一个月，业主大会尚未成立的，双方应就延长本合同期限达成协议；双方未能达成协议的，甲方（上海某房地产开发有限公司）应在本合同期满前选聘新的物业管理企业。2006年9月12日，物价部门就A园物业服务收费标准确认：多层1.12元/月/m²、高层1.54元/月/m²。被告孙某是A园某室的房屋业主，房屋建筑面积为89.29m²。2008年5月，被告入住时，签订了A园管理公约，约定：物业管理费一般为每三个月交付一次，于每季度首月的5日前交付当季度的物业管理费,物业管理费采用先付后用,单月缴纳以每月的5日为截止日,逾期缴纳物业管理费的,从逾期之日起按日加收应缴纳物业管理费的3‰滞纳金;物业管理费的收费标准,申报确认价为:高层住宅为1.54元/月/m^2、多层住宅为1.12元/月/m^2,因A园分期开发,一期服务费标准优惠至小高层住宅为1.30元/月/m^2、多层住宅为0.90元/月/m^2,待A园二期开发完毕,交房验收之日起恢复至原来核定价格。因被告为动迁户,原告按多层住宅为0.70元/月/m^2的标准收取向被告物业管理费。现因被告未支付2008年7月1日至2009年12月31日的物业服务费,故诉至法院。

以上事实由原告提供的A园前期物业服务合同、住宅物业服务收费标准确认表、房地产登记簿、入户手续单、管理公约、管理公约签阅承诺书及当事人的陈述所证实。

2. 案件审理

法院判决被告孙某给付原告自2008年7月1日至2009年12月31日止的物业服务费共计人民币1125元。

3. 案例评析

《物业管理条例》第7条规定的"按时缴纳物业服务费用"属于业主必须履行的法定义务之一。原告与房产开发商签订的物业管理合同对小区所有业主具有约束力。但被告在享受原告服务的同时却未能履行支付物业服务费的义务,其行为显属不当,现原告要求被告支付拖欠的物业管理费,符合法律规定得到了法院的支持。

12.4.2 案例2

1. 基本案情

2002年11月25日,上海某物业管理有限公司(以下简称物业公司)与无锡春江花园住宅小区的开发商签订了前期物业管理合同,约定管理期限从合同签订日到春江花园小区业委会成立时结束。

合同成立后,物业公司指派其下属无锡分公司具体实施春江花园小区的前期物业管理。同时,根据物价局审批标准,双方约定由物业公司按建筑面积向业主和物业使用人收取物业管理服务费,对物业范围内的商铺、地下停车库、会所的物业成本不计入向业主所收取的物业费中。

2007年12月下旬,春江花园小区召开业主大会,选举产生了由法律工作者、财务人员、企事业单位人员等15人组成的业主委员会。2008年1月,业委会办理了登记备案手续后,于6月根据业主大会作出的实施业主自治的决议,致函物业公司明确与其终止物业管理服务合同,同时要求物业公司在接函后15天内,向业委会移交相关资料和财产并交接完毕。2008年6月,业委会根据业主大会作

出的实施业主自治的决议,致函物业公司要求终止物业管理服务合同。

2008年7月17日,物业公司接函后与业委会协商,并达成了移交协议,确认2009年4月30日前,物业公司应向业委会返还预收的物业管理费、各类押金以及小区共有部分收益等232万余元。但物业公司仅履行了55万余元。后经业委会申请,法院裁定先予执行物业公司银行存款130万元。但是,业委会在查看移交清单时发现,物业公司在2004~2007年收取的小区共有部分收入596万元,没有被列入移交清单之中。此后,双方交涉不成,业委会将物业公司告上了法庭。

春江花园小区(一、二期)是无锡市一个大型社区,物业管理区域达33.5万 m^2,有3252户业主、1.5万人居住。小区停车按路面每月100元、地下停车每月200元收费。春江花园小区业主共有部分的收费到2007年已达240多万元,这些共有部分收益包括停车费、会所使用、电梯广告等,其中停车费收入是大头,占80%。

双方争议的焦点是:业委会有没有权利追讨这笔收益? 共有部分收益如何界定和分配的? 物业公司是否应将小区共有部分收益一并移交?

2. 案件审理

法院判决:物业公司将共有部分收益的70%返还给业委会,加上其他确认款项共517万余元。物业公司减去已履行的180多万元,还需返还330多万元。一审宣判后,双方未上诉,判决生效。

B小区根据法院的司法建议已经对共有部分收益单独建账,增设了财务监督部,定期公布收支情况,保障业主知情权。业主共有账户上的结余或冲减物业费,或为投入到小区利民设施上,或划到每户业主专项维修资金的个人账户上。

3. 案例评析

目前我国大部分小区都有停车费、会所租金、灯箱广告等类似的共有部分物业管理收益,每年少则几万元,多则几百万元。由于目前相关法律不完善,对这部分收益的管理很不规范。大部分物业公司的所有收费一本账,各种收益和物业费记在一起,有的甚至用共有部分收益弥补物业费亏空,这既不利于资金合理使用与监管,也易引发业主与物业公司之间的矛盾。

根据我国《民法通则》、《物权法》关于所有权的法律原则及最高人民法院有关司法解释的精神,业主对建筑物专有部分以外的共有部分,自始至终享有权利,并承担义务,而不论是否在开发商与物业服务企业签订的前期物业管理委托合同期间,还是在业委会成立后实行小区物业管理自治期间。

业委会是全体业主选举产生的业主大会执行机构,不论侵害发生在成立前还是成立后,业委会都有权继承其成立前全体业主的权利,也有权为全体业主主张权利。

物业服务企业对共有部分进行经营管理的活动，对这部分收益的产生具有重要作用，基于管理也产生效益的原则，物业服务企业理应对其付出的劳动享有一定比例的回报，这样也有利于物业服务企业改善服务及自身的发展。

判决最后确定了"七三开"的分配方案是基于所有权和管理权的关系以及公平原则。法院认为小区共有部分收益应主要归属于全体业主所有，因而分得七成。而物业公司在实施管理的过程中也付出了成本，享有三成的合理回报。

共有部分收益的所有权归业主所有，业委会不具有自行处置的权利。依据相关法律法规，该收益应用做小区的维修基金，业委会作为执行机构，如果使用该收益，应按照全体业主的意志和法律的规定行使。

12.4.3 案例3

1. 基本案情

2006年5月23日，付小姐向杨先生租赁了位于上海绿城小区内一套建筑面积132.8m²的房屋。双方在合同中约定，租赁期限为两年，房租为每月2400元，可以转租，但不得违反国家和上海市的相关规定。付小姐将租赁的三室两厅房子进行了装修：将原有的房间分割成十个小隔间，其中，客厅被分为三间，主卧、书房和餐厅各分为两间。6月28日，付小姐拉来了10张床，准备放进701室，但在绿城大门口，她被物业管理人员拦了下来。由于争执无果，付小姐的10张床一直被放置在小区门口。

一周后，付小姐将小区的物业管理企业——上海绿宇公司告上法庭。在递交的诉状中，付小姐认为，上海绿宇公司限制自己及房客进出，侵犯了他们的人身权。因此，付小姐要求上海绿宇公司立即停止侵权，不得无理阻挡自己及房客正常进入小区，并赔偿2400元的房屋租金。

绿城小区居委会在业主临时公约中写明，出租房屋不得分割，不得转租。

庭审中，上海绿宇公司的代理人称：一旦不制止"群租"，物业公司将成为被告，而起诉的将是受"群租"困扰侵害的业主们。

2. 案件审理

浦东新区法院经庭审认为，付小姐因存在擅自改变住宅实际功能和布局的情况以及未按照设计功能使用物业的分割转租行为，故上海绿宇公司作为物业管理企业有权采取措施予以制止法院判决：付小姐败诉。付小姐随即提起上诉。二审法院审理后认为，民事活动必须遵守法律、法规和国家有关政策，尊重社会公共利益，付小姐将承租的房屋分割转租，违反了相应的法律法规，也违反上海绿城住宅临时公约的约定，损害了绿城小区其他业主的权益，上海绿宇公司作为物业管理企业，有责任采取措施予以制止，不构成侵权，于是作出维持原判的裁决。

3. 案例评析

群租的出租方一般会对房屋的自然间进行分隔，这种分割明显会改变房屋的结构，进而对房屋安全造成消极影响。

我国《物权法》规定，业主对其建筑物专有部分享有占有、使用、收益和处分的权利，但是业主行使权利不得损害其他业主的合法权益。业主管理规约（包括业主临时公约），属于业主共同决定的事项之一。业主共同决定事项的方式一般是召开业主大会。业主大会或者业主委员会的决定，对业主具有约束力。

本案中，付小姐将承租的房屋分割转租的行为，将会导致小区其他业主生活品质的降低，损害绿城小区其他业主的权益。小区的业主临时公约作为管理规约明确禁止"出租房屋不得分割不得转租"，是为了维护全体业主的共同利益而制定的，对小区全体业主具有约束力。上海绿宇公司作为物业管理企业，有责任采取措施予以制止。

第 13 章
工程建设其他法律制度

13.1 建筑节能及相关法律规定

13.1.1 建筑节能概述

节能是指加强用能管理，采取技术上可行、经济上合理以及环境和社会可以承受的措施，减少从能源生产到消费各个环节中的损失和浪费，更加有效、合理地利用能源。

节能是我国经济和社会发展的一项长远战略方针，也是当前一项极为紧迫的任务。为推动全社会开展节能降耗，缓解能源瓶颈制约，建设节能型社会，促进经济社会可持续发展，实现全面建设小康社会的宏伟目标，经国务院同意，国家发展和改革委员会于 2004 年 11 月制定发布了《十一五节能中长期专项规划》。节能专项规划是我国能源中长期发展规划的重要组成部分，也是我国中长期节能工作的指导性文件和节能项目建设的依据。《十一五节能中长期专项规划》将建筑节能列为我国十大节能重点工程。

为了加强建筑节能的管理，提高能源利用效率，我国政府出台了一系列相关法规、规范和标准。目前，我国现行的与建筑节能有关的主要法律文件有：1997 年 11 月 1 日第八届全国人大常委会通过并于 1998 年 1 月 1 日起开始施行的《中华人民共和国节约能源法》（以下简称《节约能源法》），2005 年 10 月 28 日原建设部第 76 次部常务会议讨论通过的并于 2006 年 1 月 1 日起施行的《民用建筑节能管理规定》和 2008 年 7 月 23 日国务院第 18 次常务会议通过的并于 2008 年 10 月 1 日起施行的《民用建筑节能条例》，此外还有 1995 年发布的 JGJ 26—95《民用建筑节能设计标准（采暖居住建筑部分）》、2001 年发布的 JGJ 134—2001《夏热冬冷地区居住建筑节能设计标准》、2003 年发布的 JGJ 75—2003《夏热冬暖地区居住建筑节能设计标准》、2005 年发布的 GB 50189—2005《公共建筑节能设计标准》、2007年发布的 GB 50411—2007《建筑节能工程施工质量验收规范》等一系列规范和标准。

13.1.2 建设工程项目的节能管理及相关法律规定

1.《节约能源法》

《节约能源法》分为6章，共50条，分别对节能管理、合理使用能源、节能技术进步作出了规定。其中与建设工程相关的条款概述如下：

《节约能源法》第12条规定："固定资产投资工程项目的可行性研究报告，应当包括合理用能的专题论证。固定资产投资工程项目的设计和建设，应当遵守合理用能标准和节能设计规范。达不到合理用能标准和节能设计规范要求的项目，依法审批的机关不得批准建设；项目建成后，达不到合理用能标准和节能设计规范要求的，不予验收。"

第37条规定："建筑物的设计和建造应当依照有关法律、行政法规的规定，采用节能型的建筑结构、材料、器具和产品，提高保温隔热性能，减少采暖、制冷、照明的能耗。"

2.《民用建筑节能管理规定》

依据《节约能源法》，原建设部发布了《民用建筑节能管理规定》。民用建筑节能是指民用建筑（包括居住建筑和公共建筑）在规划、设计、建造和使用过程中，通过采用新型墙体材料，执行建筑节能标准，加强建筑物用能设备的运行管理，合理设计建筑围护结构的热工性能，提高采暖、制冷、照明、通风、给排水和通道系统的运行效率，以及利用可再生能源，在保证建筑物使用功能和室内热环境质量的前提下，降低建筑能源消耗，合理、有效地利用能源的活动。

《民用建筑节能管理规定》指出，国务院建设行政主管部门负责全国民用建筑节能的监督管理工作。县级以上地方人民政府建设行政主管部门负责本行政区域内民用建筑节能的监督管理工作。

国家鼓励民用建筑节能的科学研究和技术开发，推广应用节能型的建筑、结构、材料、用能设备和附属设施及相应的施工工艺、应用技术和管理技术，促进可再生能源的开发利用。鼓励发展下列建筑节能技术和产品：

1）新型节能墙体和屋面的保温、隔热技术与材料。
2）节能门窗的保温隔热和密闭技术。
3）集中供热和热、电、冷联产联供技术。
4）供热采暖系统温度调控和分户热量计量技术与装置。
5）太阳能、地热等可再生能源应用技术及设备。
6）建筑照明节能技术与产品。
7）空调制冷节能技术与产品。

8）其他技术成熟、效果显著的节能技术和节能管理技术。

《民用建筑节能管理规定》分别对建设单位、设计单位、施工图设计文件审查机构、施工单位和工程监理单位的建筑节能进行了具体规定。概述如下：

1）建设单位应当按照建筑节能政策要求和建筑节能标准委托工程项目的设计。建设单位不得以任何理由要求设计单位、施工单位擅自修改经审查合格的节能设计文件，降低建筑节能标准。建设单位在竣工验收过程中，有违反建筑节能强制性标准行为的，按照《建设工程质量管理条例》的有关规定，重新组织竣工验收。

2）房地产开发企业应当将所售商品住房的节能措施、围护结构保温隔热性能指标等基本信息在销售现场显著位置予以公示，并在住宅使用说明书中予以载明。

3）设计单位应当依据建筑节能标准的要求进行设计，保证建筑节能设计质量。

4）施工图设计文件审查机构在进行审查时，应当审查节能设计的内容，在审查报告中单列节能审查章节；不符合建筑节能强制性标准的，施工图设计文件审查结论应当定为不合格。

5）施工单位应当按照审查合格的设计文件和建筑节能施工标准的要求进行施工，保证工程施工质量。

6）监理单位应当依照法律、法规以及建筑节能标准、节能设计文件、建设工程承包合同及监理合同对节能工程建设实施监理。

此外，《民用建筑节能管理规定》第16条还规定："从事建筑节能及相关管理活动的单位，应当对其从业人员进行建筑节能标准与技术等专业知识的培训。建筑节能标准和节能技术应当作为注册城市规划师、注册建筑师、勘察设计注册工程师、注册监理工程师、注册建造师等继续教育的必修内容。"

3.《民用建筑节能条例》

《民用建筑节能条例》包括6章，45条，该条例分别对新建建筑节能、既有建筑节能、建筑用能系统运行节能作出了规定。

《民用建筑节能条例》主要从城乡规划主管部门、施工图设计文件审查机构、建设单位、设计单位、施工单位和工程监理单位等各个项目参与方的新建建筑节能进行了具体规定。概述如下：

1）城乡规划主管部门依法对民用建筑进行规划审查，应当就设计方案是否符合民用建筑节能强制性标准征求同级建设主管部门的意见；对不符合民用建筑节能强制性标准的，不得颁发建设工程规划许可证。

2）施工图设计文件审查机构应当按照民用建筑节能强制性标准对施工图设计文件进行审查；经审查不符合民用建筑节能强制性标准的，县级以上地方人民政府建设主管部门不得颁发施工许可证。

3）建设单位不得明示或者暗示设计单位、施工单位违反民用建筑节能强制性标准进行设计、施工，不得明示或者暗示施工单位使用不符合施工图设计文件要求的墙体材料、保温材料、门窗、采暖制冷系统和照明设备。

4）设计单位、施工单位、工程监理单位及其注册执业人员，应当按照民用建筑节能强制性标准进行设计、施工、监理。

5）工程监理单位发现施工单位不按照民用建筑节能强制性标准施工的，应当要求施工单位改正；施工单位拒不改正的，工程监理单位应当及时报告建设单位，并向有关主管部门报告。墙体、屋面的保温工程施工时，监理工程师应当按照工程监理规范的要求，采取旁站、巡视和平行检验等形式实施监理。

6）建设单位组织竣工验收，应当对民用建筑是否符合民用建筑节能强制性标准进行查验；对不符合民用建筑节能强制性标准的，不得出具竣工验收合格报告。

7）房地产开发企业销售商品房，应当向购买人明示所售商品房的能源消耗指标、节能措施和保护要求、保温工程保修期等信息，并在商品房买卖合同和住宅质量保证书、住宅使用说明书中载明。

另外，条例中还规定了相应的法律责任。如《民用建筑节能条例》第35条规定，对设计方案不符合民用建筑节能强制性标准的民用建筑项目颁发建设工程规划许可证的、不符合民用建筑节能强制性标准的设计方案出具合格意见的、施工图设计文件不符合民用建筑节能强制性标准的民用建筑项目颁发施工许可证的和不依法履行监督管理职责的负有责任的主管人员和其他直接责任人员应依法给予处分；构成犯罪的，依法追究刑事责任。《民用建筑节能条例》第38条规定，建设单位对不符合民用建筑节能强制性标准的民用建筑项目出具竣工验收合格报告的，由县级以上地方人民政府建设主管部门责令改正，处民用建筑项目合同价款2%以上4%以下的罚款；造成损失的，依法承担赔偿责任。

13.2　消防法

13.2.1　概述

《中华人民共和国消防法》（以下简称《消防法》）于1998年4月29日第九届全国人大常委会第二次会议通过，2008年10月28日第十一届全国人大常委会第五次会议修订，自2009年5月1日起施行。《消防法》的立法目的主要是为了预防火灾和减少火灾危害，加强应急救援工作，保护人身、财产安全，维护公共安全。该法内容包括总则、火灾预防、消防组织、灭火救援、监督检查、法律责任、附则,共7章74条。

本节仅节选其中与工程建设相关的规定进行介绍。

《消防法》第9条的规定,建设工程的消防设计、施工必须符合国家工程建设消防技术标准。建设、设计、施工、工程监理等单位依法对建设工程的消防设计、施工质量负责。

13.2.2 建设工程消防设计的审核、验收和公众聚集场所使用的消防安全检查

(1) 消防设计的审核和备案 《消防法》规定,国务院公安部门规定的大型的人员密集场所和其他特殊建设工程,建设单位应当将消防设计文件报送公安机关消防机构审核。公安机关消防机构依法对审核的结果负责。

依法应当经公安机关消防机构进行消防设计审核的建设工程,未经依法审核或者审核不合格的,负责审批该工程施工许可的部门不得给予施工许可,建设单位、施工单位不得施工;其他建设工程取得施工许可后经依法抽查不合格的,应当停止施工。

按照国家工程建设消防技术标准需要进行消防设计的建设工程,但不属于国务院公安部门规定的大型的人员密集场所和其他特殊的建设工程,建设单位应当自依法取得施工许可之日起7个工作日内,将消防设计文件报公安机关消防机构备案,公安机关消防机构应当进行抽查。

(2) 消防设施的验收和备案 按照国家工程建设消防技术标准需要进行消防设计的建设工程竣工,依照下列规定进行消防验收、备案:

1) 属于国务院公安部门规定的大型的人员密集场所和其他特殊建设工程的,建设单位应当向公安机关消防机构申请消防验收。

2) 其他建设工程,建设单位在验收后应当报公安机关消防机构备案,公安机关消防机构应当进行抽查。

依法应当进行消防验收的建设工程,未经消防验收或者消防验收不合格的,禁止投入使用;其他建设工程经依法抽查不合格的,应当停止使用。

(3) 公众聚集场所使用的消防安全检查 《消防法》规定,公众聚集场所在投入使用、营业前,建设单位或者使用单位应当向场所所在地的县级以上地方人民政府公安机关消防机构申请消防安全检查。公安机关消防机构应当自受理申请之日起10个工作日内,根据消防技术标准和管理规定,对该场所进行消防安全检查。未经消防安全检查或者经检查不符合消防安全要求的,不得投入使用、营业。

13.2.3 机关、团体、企事业单位应当履行的消防安全职责

根据《消防法》第16条的规定,机关、团体、企业、事业单位应当履行下

列消防安全职责:

1) 落实消防安全责任制,制定本单位的消防安全制度、消防安全操作规程,制定灭火和应急疏散预案。

2) 按照国家标准、行业标准配置消防设施、器材,设置消防安全标志,并定期组织检验、维修,确保完好有效。

3) 对建筑消防设施每年至少进行一次全面检测,确保完好有效,检测记录应当完整准确,存档备查。

4) 保障疏散通道、安全出口、消防车通道畅通,保证防火防烟分区、防火间距符合消防技术标准。

5) 组织防火检查,及时消除火灾隐患。

6) 组织进行有针对性的消防演练。

7) 法律、法规规定的其他消防安全职责。

单位的主要负责人是本单位的消防安全责任人。

13.2.4 工程建设活动中应当采取的消防安全措施

1) 生产、储存、经营易燃易爆危险品的场所不得与居住场所设置在同一建筑物内,并应当与居住场所保持安全距离。生产、储存、经营其他物品的场所与居住场所设置在同一建筑物内的,应当符合国家工程建设消防技术标准。

2) 禁止在具有火灾、爆炸危险的场所吸烟、使用明火。因施工等特殊情况需要使用明火作业的,应当按照规定事先办理审批手续,采取相应的消防安全措施;作业人员应当遵守消防安全规定。进行电焊、气焊等具有火灾危险作业的人员和自动消防系统的操作人员,必须持证上岗,并遵守消防安全操作规程。

3) 生产、储存、运输、销售、使用、销毁易燃易爆危险品,必须执行消防技术标准和管理规定。进入生产、储存易燃易爆危险品的场所,必须执行消防安全规定。储存可燃物资仓库的管理,必须执行消防技术标准和管理规定。

4) 消防产品必须符合国家标准;没有国家标准的,必须符合行业标准。禁止生产、销售或者使用不合格的消防产品以及国家明令淘汰的消防产品。

依法实行强制性产品认证的消防产品,由具有法定资质的认证机构按照国家标准、行业标准的强制性要求认证合格后,方可生产、销售、使用。实行强制性产品认证的消防产品目录,由国务院产品质量监督部门会同国务院公安部门制定并公布。新研制的尚未制定国家标准、行业标准的消防产品,应当按照国务院产品质量监督部门会同国务院公安部门规定的办法,经技术鉴定符合消防安全要求的,方可生产、销售、使用。经强制性产品认证合格或者技术鉴定合格的消防产品,国务院公安部门消防机构应当予以公布。

5) 建筑构件、建筑材料和室内装修、装饰材料的防火性能必须符合国家标准；没有国家标准的，必须符合行业标准。人员密集场所室内装修、装饰，应当按照消防技术标准的要求，使用不燃、难燃材料。

6）电器产品、燃气用具的产品标准，应当符合消防安全的要求。电器产品、燃气用具的安装、使用及其线路、管路的设计、敷设、维护保养、检测，必须符合消防技术标准和管理规定。

7）任何单位、个人不得损坏、挪用或者擅自拆除、停用消防设施、器材，不得埋压、圈占、遮挡消火栓或者占用防火间距，不得占用、堵塞、封闭疏散通道、安全出口、消防车通道。人员密集场所的门窗不得设置影响逃生和灭火救援的障碍物。

此外，《消防法》第18条的还规定了建筑物的使用和管理的消防责任，指出同一建筑物由两个以上单位管理或者使用的，应当明确各方的消防安全责任，并确定责任人对共用的疏散通道、安全出口、建筑消防设施和消防车通道进行统一管理。住宅区的物业服务企业应当对管理区域内的共用消防设施进行维护管理，提供消防安全防范服务。

13.3 档案法

13.3.1 概述

为了加强对档案的管理和收集、整理工作，有效地保护和利用档案，为社会主义现代化建设服务，我国于1987年9月5日第六届全国人大常委会第二十二次会议通过了《中华人民共和国档案法》（以下简称《档案法》），1996年7月5日第八届全国人大常委会第二十次会议对其进行了修正。该法内容包括档案机构及其职责、档案的管理、档案的利用和公布和法律责任等6章，共27条。

本节仅节选其中与工程建设密切相关的规定进行介绍。

依据《档案法》，2001年3月5日，原建设部、国家质量监督总局联合发布了《建设工程文件归档整理规范》（以下简称《规范》），自2001年7月1日起实施。该《规范》对建设工程文件的归档整理以及建设工程档案的验收作出了具体的规定。专业工程按有关规定执行。2002年1月10日，《规范》又经有关部门会审，批准为国家标准，编号为GB/T 50328—2001，自2002年5月1日起施行。

为了加强重大建设项目档案管理，规范建设项目档案专项验收工作，使档案工作更好地为建设项目的建设、运行和管理服务，2006年6月14日，国家档案局和国家发改委根据《档案法》及有关规定，联合制定了《重大建设项目档案验收办法》。该办法对重大建设项目档案验收的组织、验收申请和验收要求都作出了更具体的规定。

13.3.2 建设工程档案相关术语

1) 建设工程文件。指在工程建设过程中形成的各种形式的信息记录，包括工程准备阶段文件、监理文件、施工文件、竣工图和竣工验收文件，也可简称为工程文件。

2) 工程准备阶段文件。指工程开工以前，在立项、审批、征地、勘察、设计、招标投标等工程准备阶段形成的文件。

3) 监理文件。指监理单位在工程设计、施工等监理过程中形成的文件。

4) 施工文件。指施工单位在施工过程中形成的文件。

5) 竣工图。指工程竣工验收后，真实反映建设工程项目施工结果的图样。

6) 竣工验收文件。指建设工程项目竣工验收活动中形成的文件。

7) 建设工程档案。指在工程建设活动中直接形成的具有归档保存价值的文字、图表、声像等各种形式的历史记录，也可简称工程档案。

8) 案卷。指由互有联系的若干文件组成的档案保管单位。

9) 立卷。指按照一定的原则和方法，将有保存价值的文件分门别类地整理成案卷，也称组卷。

10) 归档。指文件形成单位完成其工作任务后，将形成的文件整理立卷后，按规定移交档案管理机构。

13.3.3 应归档的建设工程文件

根据 GB/T 50328—2001《建设工程文件归档整理规范》，应当归档的建设工程文件主要包括以下内容。

1. 工程准备阶段文件

（1）立项文件 具体如下：
1) 项目建议书。
2) 项目建议书审批意见及前期工作通知书。
3) 可行性研究报告及附件。
4) 可行性研究报告审批意见。
5) 关于立项有关的会议纪要、领导讲话。
6) 专家建议文件。
7) 调查资料及项目评估研究材料等。

（2）建设用地、征地、拆迁文件 具体如下：
1) 选址申请及选址规划意见通知书。
2) 用地申请报告及县级以上人民政府城乡建设用地批准书。

3）拆迁安置意见、协议、方案等。

4）建设用地规划许可证及其附件。

5）划拨建设用地文件。

6）国有土地使用证。

(3) 勘察、测绘、设计文件　具体如下：

1）工程地质勘察报告。

2）水文地质勘察报告、自然条件、地震调查。

3）建设用地钉桩通知单（书）。

4）地形测量和拔地测量成果报告。

5）申报的规划设计条件和规划设计条件通知书。

6）初步设计、技术设计图和说明。

7）审定设计方案通知书及审查意见。

8）有关行政主管部门（人防、环保、消防、交通、园林、市政、文物、通信、保密、河湖、教育、白蚁防治、卫生等）批准文件或取得的有关协议。

9）施工图及其说明以及设计计算书和政府有关部门对施工图设计文件的审批意见等。

(4) 招标投标文件　具体如下：

1）勘察设计招标投标文件。

2）勘察设计承包合同。

3）施工招标投标文件。

4）施工承包合同。

5）工程监理招标投标文件。

6）监理委托合同等。

(5) 开工审批文件　具体如下：

1）建设项目列入年度计划的申报文件。

2）建设项目列入年度的批复文件或年度计划项目表。

3）规划审批申报表及报送的文件和施工图。

4）建设工程规划许可证及其附件。

5）建设工程开工审查表。

6）建设工程施工许可证。

7）投资许可证、审计证明，缴纳绿化建设费等证明。

8）工程质量监督手续等。

(6) 财务文件　财务文件主要指工程投资估算材料、工程设计概算材料、施工图预算材料以及施工预算等财务文件。

(7) 建设、施工、监理机构及负责人名单　其包括工程项目管理机构（项目经理部)、工程项目监理机构(项目监理部)以及工程项目施工管理机构(施工项目经理部)及各自负责人的名单。

2. 监理文件

1) 监理规划。它包括:监理规划;监理实施细则;监理部总控制计划等。
2) 监理月报中的有关质量问题。
3) 监理会议纪要中的有关质量问题。
4) 进度控制文件。它包括:工程开工/复工审批表;工程开工/复工暂停令等。
5) 质量控制文件。它包括:不合格项目通知;质量事故报告及处理意见等。
6) 造价控制文件。它包括:预付款报审与支付;月付款报审与支付;设计变更、洽商费用报审与签认;工程竣工结算审核意见书等。
7) 分包资质文件。它包括:分包单位资质材料;供货单位资质材料;试验等单位资质材料。
8) 监理通知。它包括:有关进度控制的监理通知;有关质量控制的监理通知;有关造价控制的监理通知。
9) 合同与其他事项管理文件。它包括:工程延期报告及审批;费用索赔报告及审批;合同争议、违约报告及处理意见;合同变更材料等。
10) 监理工作总结。它包括:专题总结;月报总结;工程竣工总结;质量评价意见报告。

3. 施工文件

土建(建筑与结构)工程施工文件一般包括:

1) 施工技术准备文件。它包括:施工组织设计,技术交底,图纸会审记录,施工预算的编制和审查,施工日志等。
2) 施工现场准备文件。它包括:控制网设置资料,工程定位测量资料,基槽开挖线测量资料,施工安全措施,施工环保措施等。
3) 地基处理记录。
4) 工程施工图变更记录。它包括:设计会议会审记录,设计变更记录,工程洽商记录等。
5) 施工材料、预制构件质量证明文件及复试试验报告。
6) 设备、产品质量检查、安装记录。它包括:设备、产品质量合格证,质量保证书,设备装箱单、商检证明和说明书,开箱报告,设备安装记录,设备试运行记录,设备明细表等。
7) 施工试验记录、隐蔽工程检查记录。
8) 施工记录。它包括:工程定位测量检查记录,预检工程检查记录,沉降观测记录,结构吊装记录,工程竣工测量,新型建筑材料,施工新技术等。

9）工程质量事故处理记录。

10）工程质量检验记录。它包括：检验批质量验收记录，分面工程质量验收记录，基础、主体工程验收记录，分部（子分部）工程质量验收记录等。

4. 竣工图和竣工验收文件

竣工图和竣工验收文件一般包括以下内容：

1）工程竣工总结。它包括：工程概况表，工程竣工总结。

2）竣工验收记录。它包括：单位（子单位）工程质量验收记录，竣工验收证明书，竣工验收报告，竣工验收备案表（包括各专项验收认可文件），工程质量保修书等。

3）财务文件。它包括：决算文件，交付使用财产总表和财产明细表。

4）声像（包括工程照片、录音、录像材料）、缩微、电子档案（各种光盘、磁盘）。

13.3.4 建设工程文件归档整理基本规定

1）建设、勘察、设计、施工、监理等单位应将工程文件中的形成和积累纳入工程建设管理的各个环节和有关人员的职责范围。

2）在工程文件与档案的整理立卷、验收移交工作中，建设单位应履行下列职责：

① 在工程招标及勘察、设计、施工、监理等单位签订协议、合同时，应对工程文件的套数、费用、质量、移交时间等提出明确要求。

② 收集和整理工程准备阶段、竣工验收阶段形成的文件，并应进行立卷归档。

③ 负责组织、监督和检查勘察、设计、施工、监理等单位的工程文件的形成、积累和立卷归档工作；也可委托监理单位监督、检查工程文件的形成、积累和立卷归档工作。

④ 收集和汇总勘察、设计、施工、监理等单位立卷归档的工程档案。

⑤ 在组织工程竣工验收前，应提请当地的城建档案管理机构对工程档案进行预验收；未取得工程档案验收认可文件，不得组织工程竣工验收。

⑥ 对列入城建档案馆（室）接收范围的工程，工程竣工验收后3个月内，向当地城建档案馆（室）移交一套符合规定的工程档案。

3）勘察、设计、施工、监理等单位应将本单位形成的工程文件立卷后向建设单位移交。

4）建设工程项目实行总承包的，总包单位负责收集、汇总各分包单位形成的工程档案，并应及时向建设单位移交；各分包单位应将本单位形成的工程文件整理、立卷后及时移交总包单位。建设工程项目由几个单位承包的，各承包单位

负责收集、整理立卷其承包项目的工程文件,并应及时向建设单位移交。

5)城建档案管理机构应对工程文件的立卷归档工作进行监督、检查、指导。在工程竣工验收前,应对工程档案进行预验收,验收合格后,须出具工程档案认可文件。

13.3.5 工程文件的归档范围及质量要求

1)对与工程建设有关的重要活动、记载工程建设主要过程的现状、具有保存价值的各种载体的文件,均应收集齐全,整理立卷后归档。

2)归档的工程文件应为原件。工程文件的内容及其深度必须符合国家有关工程勘察、设计、施工、监理等方面的技术规范、标准和规程。工程文件的内容必须真实、准确,与工程实际相符合。工程文件应采用耐久性强的书写材料,如碳素墨水、蓝黑墨水,不得使用易褪色的书写材料,如红色墨水、纯蓝墨水、圆珠笔、复写纸、铅笔等。工程文件应字迹清楚,图样清晰,签字盖章手续完备。工程文件中文字材料幅面尺寸规格宜为 A4 幅面（297mm×210mm）。图纸宜采用国家标准图幅。工程文件的纸张应采用能够长期保存的韧力大、耐久性强的纸张。图纸一般采用蓝晒图,竣工图应是新蓝图。计算机出图必须清晰,不得使用计算机出图的复印件。

3)所有竣工图均应加盖竣工图章。竣工图章的基本内容应包括:"竣工图"字样、施工单位、编制人、审核人、技术负责人、编制日期、监理单位、现场监理、总监。

利用施工图改绘竣工图,必须标明变更修改依据;凡施工图结构、工艺、平面布置等有重大改变,或变更部分超过图面 1/3 的,应当重新绘制竣工图。

不同幅面的工程图纸应按 GB/10609.3—1989《技术制图复制图的折叠方法》统一折叠成 A4 幅面（297mm×210mm）,图标栏露在外面。

13.3.6 工程文件的归档要求

1)归档文件必须完整、准确、系统,能够反映工程建设活动的全过程。

2)归档的文件必须经过分类整理,并应组成符合要求的案卷。

3)归档的时间应符合下列规定:

① 根据建设程序和工程特点,归档可以分阶段分期进行,也可以在单位或分部工程通过竣工验收后进行。

② 勘察、设计单位应当在任务完成时,施工、监理单位应当在工程竣工验收前,将各自形成的有关工程档案向建设单位归档。

③ 勘察、设计、施工单位在收齐工程文件并整理立卷后,建设单位、监理单位应根据城建档案管理机构的要求对档案文件完整、准确、系统情况和案卷质

量进行审查。审查合格后向建设单位移交。

④ 工程档案一般不少于两套，一套由建设单位保管，一套（原件）移交当地城建档案馆（室）。

⑤ 勘察、设计、施工、监理等单位向建设单位移交档案时，应编制移交清单，双方签字、盖章后方可交接。

⑥ 凡设计、施工及监理单位需要向本单位归档的文件，应按国家有关规定单独立卷归档。

13.3.7 工程档案的验收与移交

《建设工程质量管理条例》第17条规定："建设单位应当严格按照国家有关档案管理的规定，及时收集、整理建设项目各环节的文件资料，建立、健全建设项目档案，并在建设工程竣工验收后，及时向建设行政主管部门或者其他有关部门移交建设项目档案。"

《建设工程文件归档整理规范》第7章规定：

1）列入城建档案馆（室）档案接收范围的工程，建设单位在组织工程竣工验收前，应提请城建档案管理机构对工程档案进行预验收。建设单位未取得城建档案管理机构出具的认可文件，不得组织工程竣工验收。

2）城建档案管理机构在进行工程档案预验收时，应重点验收以下内容：

① 工程档案齐全、系统、完整。

② 工程档案的内容真实、准确地反映工程建设活动和工程实际状况。

③ 工程档案已整理立卷，立卷符合本规范的规定。

④ 竣工图绘制方法、图式及规格等符合专业技术要求，图面整洁，盖有竣工图章。

⑤ 文件的形成、来源符合实际，要求单位或个人签章的文件，其签章手续完备。

⑥ 文件材质、幅面、书写、绘图、用墨、托裱等符合要求。

3）列入城建档案馆（室）接收范围的工程，建设单位在工程竣工验收后3个月内，必须向城建档案馆（室）移交一套符合规定的工程档案。

4）停建、缓建建设工程的档案，暂由建设单位保管。

5）对改建、扩建和维修工程，建设单位应当组织设计、施工单位据实修改、补充和完善原工程档案。对改变的部位，应当重新编制工程档案，并在工程竣工验收后3个月内向城建档案馆（室）移交。

6）建设单位向城建档案馆（室）移交工程档案时，应办理移交手续，填写移交目录，双方签字、盖章后交接。

13.3.8 重大建设项目档案验收

为加强重大建设项目档案管理工作，确保重大建设项目档案的完整、准确、系统和安全，国家档案局制定了《重大建设项目档案验收办法》。该办法对重大建设项目档案验收的组织、验收申请、验收要求作出了更具体的规定。该办法适用于各级政府投资主管部门组织或委托组织进行竣工验收的固定资产投资项目（以下简称项目）。

1. 验收组织

（1）项目档案验收的组织 具体如下：

1）国家发展和改革委员会组织验收的项目，由国家档案局组织项目档案的验收。

2）国家发改委委托中央主管部门（含中央管理企业，下同）、省级政府投资主管部门组织验收的项目，由中央主管部门档案机构、省级档案行政管理部门组织项目档案的验收，验收结果报国家档案局备案。

3）省以下各级政府投资主管部门组织验收的项目，由同级档案行政管理部门组织项目档案的验收；

4）国家档案局对中央主管部门档案机构、省级档案行政管理部门组织的项目档案验收进行监督、指导。项目主管部门、各级档案行政管理部门应加强项目档案验收前的指导和咨询，必要时可组织预检。

（2）项目档案验收组的组成 具体如下：

1）国家档案局组织的项目档案验收，验收组由国家档案局、中央主管部门、项目所在地省级档案行政管理部门等单位组成。

2）中央主管部门档案机构组织的项目档案验收，验收组由中央主管部门档案机构及项目所在地省级档案行政管理部门等单位组成。

3）省级及省以下各级档案行政管理部门组织的项目档案验收，由档案行政管理部门、项目主管部门等单位组成。

4）凡在城市规划区范围内建设的项目，项目档案验收组成员应包括项目所在地的城建档案接收单位。

5）项目档案验收组人数为不少于5人的单数，组长由验收组织单位人员担任。必要时可邀请有关专业人员参加验收组。

2. 验收申请

项目建设单位（法人）应向项目档案验收组织单位报送档案验收申请报告，并填报《重大建设项目档案验收申请表》。项目档案验收组织单位应在收到档案验收申请报告的10个工作日内作出答复。

申请项目档案验收应具备下列条件：

1) 项目主体工程和辅助设施已按照设计建成,能满足生产或使用的需要。
2) 项目试运行指标考核合格或者达到设计能力。
3) 完成了项目建设全过程文件材料的收集、整理与归档工作。
4) 基本完成了项目档案的分类、组卷、编目等整理工作。

项目档案验收前,项目建设单位(法人)应组织项目设计、施工、监理等方面负责人以及有关人员,根据档案工作的相关要求,依照《重大建设项目档案验收内容及要求》进行全面自检。

项目档案验收申请报告的主要内容包括:
1) 项目建设及项目档案管理概况。
2) 保证项目档案的完整、准确、系统所采取的控制措施。
3) 项目文件材料的形成、收集、整理与归档情况,竣工图的编制情况及质量状况。
4) 档案在项目建设、管理、试运行中的作用。
5) 存在的问题及解决措施。

3. 验收要求

(1) 项目档案验收会议　项目档案验收应在项目竣工验收 3 个月之前完成。项目档案验收以验收组织单位召集验收会议的形式进行。项目档案验收组全体成员参加项目档案验收会议,项目的建设单位(法人)、设计、施工、监理和生产运行管理或使用单位的有关人员列席会议。项目档案验收会议的主要议程包括:
1) 项目建设单位(法人)汇报项目建设概况、项目档案工作情况。
2) 监理单位汇报项目档案质量的审核情况。
3) 项目档案验收组检查项目档案及档案管理情况。
4) 项目档案验收组对项目档案质量进行综合评价。
5) 项目档案验收组形成并宣布项目档案验收意见。

(2) 档案质量的评价　对项目档案的检查,可以采用质询、现场查验、抽查案卷等方式。通常,抽查档案的数量应不少于 100 卷,抽查重点为项目前期管理性文件、隐蔽工程文件、竣工文件、质检文件、重要合同、协议等。项目档案验收应根据 DA/T 28—2002《国家重大建设项目文件归档要求与档案整理规范》,对项目档案的完整性、准确性、系统性进行评价。

(3) 项目档案的验收意见　项目档案验收意见的主要内容包括:
1) 项目建设概况。
2) 项目档案管理情况。它包括:项目档案工作的基础管理工作,项目文件材料的形成、收集、整理与归档情况,竣工图的编制情况及质量,档案的种类、数量,档案的完整性、准确性、系统性及安全性评价,档案验收的结论性意见。
3) 存在的问题、整改要求与建议。

(4) 档案验收结果 项目档案验收结果分为合格与不合格。项目档案验收组半数以上成员同意通过验收的为合格。

项目档案验收合格的项目,由项目档案验收组出具项目档案验收意见。

项目档案验收不合格的项目,由项目档案验收组提出整改意见,要求项目建设单位(法人)于项目竣工验收前对存在的问题限期整改,并进行复查。复查后仍不合格的,不得进行竣工验收,并由项目档案验收组提请有关部门对项目建设单位(法人)通报批评。造成档案损失的,应依法追究有关单位及人员的责任。

13.4 劳动法

13.4.1 概述

为了保护劳动者的合法权益,调整劳动关系,建立和维护适应社会主义市场经济的劳动制度,促进经济发展和社会进步,我国于 1994 年 7 月 5 日第八届全国人大常委会第八次会议通过了《中华人民共和国劳动法》(以下简称《劳动法》),本法自 1995 年 1 月 1 日起施行。其内容包括促进就业、劳动合同和集体合同、工作时间和休息休假、工资、劳动安全卫生、女职工和未成年工特殊保护、职业培训、社会保险和福利以及劳动争议和监督检查等,共计 13 章,共 107 条。

此外,为了进一步完善劳动合同制度,明确劳动合同双方当事人的权利和义务,保护劳动者的合法权益,我国又于 2007 年 6 月 29 日第十届全国人大常委会第二十八次会议通过了《中华人民共和国劳动合同法》(以下简称《劳动合同法》),自 2008 年 1 月 1 日起正式施行。

《劳动法》第 2 条规定:"在中华人民共和国境内的企业、个体经济组织(以下统称用人单位)和与之形成劳动关系的劳动者,适用本法。国家机关、事业组织、社会团体和与之建立劳动合同关系的劳动者,依照本法执行。"

13.4.2 劳动合同

劳动合同是指劳动者与用人单位确立劳动关系、明确双方权利和义务的协议。建立劳动关系应当订立劳动合同。订立和变更劳动合同,应当遵循平等自愿、协商一致的原则,不得违反法律、行政法规的规定。

1. 劳动合同的订立

(1) 劳动合同的种类 劳动合同分为固定期限劳动合同、无固定期限劳动合同和以完成一定工作任务为期限的劳动合同三种。

1）固定期限劳动合同。指用人单位与劳动者约定合同终止时间的劳动合同。

2）无固定期限劳动合同。指用人单位与劳动者约定无确定终止时间的劳动合同。用人单位与劳动者协商一致，可以订立无固定期限劳动合同。

有下列情形之一，劳动者提出或者同意续订、订立劳动合同的，除劳动者提出订立固定期限劳动合同外，应当订立无固定期限劳动合同：

① 劳动者在该用人单位连续工作满10年的。

② 用人单位初次实行劳动合同制度或者国有企业改制重新订立劳动合同时，劳动者在该用人单位连续工作满10年且距法定退休年龄不足10年的。

③ 连续订立两次固定期限劳动合同，且劳动者没有《劳动合同法》关于用人单位依法解除合同情形，续订劳动合同的，用人单位自用工之日起满1年不与劳动者订立书面劳动合同的，视为用人单位与劳动者已订立无固定期限劳动合同。

3）以完成一定工作任务为期限的劳动合同。指用人单位与劳动者约定以某项工作的完成为合同期限的劳动合同。

（2）劳动合同的内容　劳动合同应当具备以下条款：

1）用人单位的名称、住所和法定代表人或者主要负责人。

2）劳动者的姓名、住址和居民身份证或者其他有效身份证件号码。

3）劳动合同期限。

4）工作内容和工作地点。

5）工作时间和休息休假。

6）劳动报酬。

7）社会保险。

8）劳动保护、劳动条件和职业危害防护。

9）法律、法规规定应当纳入劳动合同的其他事项。

劳动合同除前款规定的必备条款外，用人单位与劳动者可以约定试用期、培训、保守秘密、补充保险和福利待遇等其他事项。

《劳动合同法》的第19~21条，对劳动合同的试用期限作出了具体的规定。规定指出：

1）劳动合同期限3个月以上不满1年的，试用期不得超过1个月。

2）劳动合同期限1年以上不满3年的，试用期不得超过2个月。

3）3年以上固定期限和无固定期限的劳动合同，试用期不得超过6个月。

同一用人单位与同一劳动者只能约定一次试用期。以完成一定工作任务为期限的劳动合同或者劳动合同期限不满3个月的，不得约定试用期。试用期包含在劳动合同期限内。

劳动者在试用期的工资不得低于本单位相同岗位最低档工资或者劳动合同约

定工资的80%，并不得低于用人单位所在地的最低工资标准。

（3）无效的劳动合同　无效的劳动合同是指当事人违反法律、行政法规的规定，订立的不具备法律效力的劳动合同。《劳动合同法》规定，下列劳动合同无效或者部分无效：

1) 以欺诈、胁迫的手段或者乘人之危，使对方在违背真实意思的情况下订立或者变更劳动合同的。

2) 用人单位免除自己的法定责任、排除劳动者权利的。

3) 违反法律、行政法规强制性规定的。

对劳动合同的无效或者部分无效有争议的，由劳动争议仲裁机构或者人民法院确认。劳动合同部分无效，不影响其他部分效力的，其他部分仍然有效。劳动合同被确认无效，劳动者已付出劳动的，用人单位应当向劳动者支付劳动报酬。劳动报酬的数额，参照本单位相同或者相近岗位劳动者的劳动报酬确定。

2. 劳动合同的履行和变更

（1）劳动合同的履行　劳动合同的履行是指双方当事人按照劳动合同规定的条件，履行自己所应承担义务的行为。《劳动法》第17条规定："劳动合同依法订立即具有法律约束力，当事人必须履行劳动合同规定的义务。"《劳动合同法》第29条同样规定："用人单位与劳动者应当按照劳动合同的约定，全面履行各自的义务。"可见，只有双方当事人各自履行自己所应承担的义务，才能保证劳动合同的履行。

根据《劳动合同法》规定，用人单位应当按照劳动合同约定和国家规定，向劳动者及时足额支付劳动报酬。用人单位拖欠或者未足额支付劳动报酬的，劳动者可以依法向当地人民法院申请支付令，人民法院应当依法发出支付令。用人单位应当严格执行劳动定额标准，不得强迫或者变相强迫劳动者加班。用人单位安排加班的，应当按照国家有关规定向劳动者支付加班费。

此外，《劳动合同法》还对劳动者履行合同的权利作出了规定，指出劳动者拒绝用人单位管理人员违章指挥、强令冒险作业的，不视为违反劳动合同。劳动者对危害生命安全和身体健康的劳动条件，有权对用人单位提出批评、检举和控告。

（2）劳动合同的变更　劳动合同的变更是指劳动关系双方当事人就已订立的劳动合同的部分内容条款达成修改、补充或者废止协定的法律行为。根据《劳动合同法》的规定："用人单位与劳动者协商一致，可以变更劳动合同约定的内容。变更劳动合同，应当采用书面形式。"

用人单位变更名称、法定代表人、主要负责人或者投资人等事项，不影响劳动合同的履行。用人单位发生合并或者分立等情况，原劳动合同继续有效，劳动合同由承继其权利和义务的用人单位继续履行。变更后的劳动合同文本由用人单位和劳动者各执一份。

3. 劳动合同的解除和终止

（1）劳动合同的解除　劳动合同的解除是指劳动合同当事人在劳动合同期限届满之前依法提前终止劳动合同的法律行为。《劳动合同法》中关于合同解除的规定主要有：

1）用人单位与劳动者协商一致，可以解除劳动合同。

2）劳动者提前30日以书面形式通知用人单位，可以解除劳动合同。劳动者在试用期内提前3日通知用人单位，可以解除劳动合同。

3）用人单位有下列情形之一的，劳动者可以解除劳动合同：

① 未按照劳动合同约定提供劳动保护或者劳动条件的。

② 未及时、足额支付劳动报酬的。

③ 未依法为劳动者缴纳社会保险费的。

④ 用人单位的规章制度违反法律、法规的规定，损害劳动者权益的。

⑤ 因法律规定的情形致使劳动合同无效的。

⑥ 法律、行政法规规定劳动者可以解除劳动合同的其他情形。

用人单位以暴力、威胁或者非法限制人身自由的手段强迫劳动者劳动的，或者用人单位违章指挥、强令冒险作业危及劳动者人身安全的，劳动者可以立即解除劳动合同，不需事先告知用人单位。

4）劳动者有下列情形之一的，用人单位可以解除劳动合同：

① 在试用期间被证明不符合录用条件的。

② 严重违反用人单位的规章制度的。

③ 严重失职，营私舞弊，给用人单位造成重大损害的。

④ 劳动者同时与其他用人单位建立劳动关系，对完成本单位的工作任务造成严重影响，或者经用人单位提出，拒不改正的。

⑤ 以欺诈、胁迫的手段或者乘人之危，使对方在违背真实意思的情况下订立或者变更劳动合同致使劳动合同无效的。

⑥ 被依法追究刑事责任的。

5）劳动者有下列情形之一的，用人单位提前30日以书面形式通知劳动者本人或者额外支付劳动者1个月工资后，可以解除劳动合同：

① 劳动者患病或者非因工负伤，在规定的医疗期满后不能从事原工作，也不能从事由用人单位另行安排的工作的。

② 劳动者不能胜任工作，经过培训或者调整工作岗位，仍不能胜任工作的。

③ 劳动合同订立时所依据的客观情况发生重大变化，致使劳动合同无法履行，经用人单位与劳动者协商，未能就变更劳动合同内容达成协议的。

6）有下列情形之一，需要裁减人员20人以上或者裁减不足20人但占企业职工总数 10% 以上的，用人单位提前 30 日向工会或者全体职工说明情况，听取工会或者职工的意见后，裁减人员方案经向劳动行政部门报告，可以裁减人员：

① 依照企业破产法规定进行重整的。

② 生产经营发生严重困难的。

③ 企业转产、重大技术革新或者经营方式调整，经变更劳动合同后，仍需裁减人员的。

④ 其他因劳动合同订立时所依据的客观经济情况发生重大变化，致使劳动合同无法履行的。

裁减人员时，应当优先留用下列人员：

① 与本单位订立较长期限的固定期限劳动合同的。

② 与本单位订立无固定期限劳动合同的。

③ 家庭无其他就业人员，有需要扶养的老人或者未成年人的。用人单位裁减人员，在 6 个月内重新招用人员的，应当通知被裁减人员，并在同等条件下优先招用被裁减人员。

7）劳动者有下列情形之一的，用人单位不得解除劳动合同：

① 从事接触职业病危害作业的劳动者未进行离岗前职业健康检查，或者疑似职业病病人在诊断或者医学观察期间的。

② 在本单位患职业病或者因工负伤并被确认丧失或者部分丧失劳动能力的。

③ 患病或者非因工负伤，在规定的医疗期内的。

④ 女职工在孕期、产期、哺乳期的。

⑤ 在本单位连续工作满 15 年，且距法定退休年龄不足 5 年的。

⑥ 法律、行政法规规定的其他情形。

8）用人单位单方解除劳动合同，应当事先将理由通知工会。用人单位违反法律、行政法规规定或者劳动合同约定的，工会有权要求用人单位纠正。用人单位应当研究工会的意见，并将处理结果书面通知工会。

（2）劳动合同的终止　劳动合同的终止是指终止劳动合同的法律效力。劳动合同订立后，双方当事人不得随意终止劳动合同。只有法律规定或当事人约定的情况出现，当事人才能终止劳动合同。《劳动法》第 23 条规定："劳动合同期满或者当事人约定的劳动合同终止条件出现，劳动合同即行终止。"

《劳动合同法》对劳动合同终止的具体情形作了规定。规定指出，有下列情形之一的，劳动合同终止：

① 劳动合同期满的。

② 劳动者开始依法享受基本养老保险待遇的。

③ 劳动者死亡，或者被人民法院宣告死亡或者宣告失踪的。

④ 用人单位被依法宣告破产的。

⑤ 用人单位被吊销营业执照、责令关闭、撤销或者用人单位决定提前解散的。

⑥ 法律、行政法规规定的其他情形。

4.《劳动合同法》的特别规定

《劳动合同法》第 5 章对一些特殊的劳动合同作出了规定，其中与建设工程关系较为密切的条文有：

（1）集体合同　企业职工一方与用人单位通过平等协商，可以就劳动报酬、工作时间、休息休假、劳动安全卫生、保险福利等事项订立集体合同。集体合同草案应当提交职工代表大会或者全体职工讨论通过。

在县级以下区域内，建筑业、采矿业、餐饮服务业等行业可以由工会与企业方面代表订立行业性集体合同，或者订立区域性集体合同。集体合同订立后，应当报送劳动行政部门；劳动行政部门自收到集体合同文本之日起 15 日内未提出异议的，集体合同即行生效。

依法订立的集体合同对用人单位和劳动者具有约束力。行业性、区域性集体合同对当地本行业、本区域的用人单位和劳动者具有约束力。

集体合同中劳动报酬和劳动条件等标准不得低于当地人民政府规定的最低标准；用人单位与劳动者订立的劳动合同中劳动报酬和劳动条件等标准不得低于集体合同规定的标准。

（2）劳务派遣　劳务派遣单位应当依照公司法的有关规定设立，注册资本不得少于 50 万元。劳务派遣单位即用人单位，应当履行用人单位对劳动者的义务。劳务派遣单位与被派遣劳动者订立的劳动合同，应当载明被派遣劳动者的用工单位以及派遣期限、工作岗位等情况。

劳务派遣单位应当与被派遣劳动者订立 2 年以上的固定期限劳动合同，按月支付劳动报酬；被派遣劳动者在无工作期间，劳务派遣单位应当按照所在地人民政府规定的最低工资标准，向其按月支付报酬。

劳务派遣单位派遣劳动者应当与接受以劳务派遣形式用工的单位（以下称用工单位）订立劳务派遣协议。劳务派遣协议应当约定派遣岗位和人员数量、派遣期限、劳动报酬和社会保险费的数额与支付方式以及违反协议的责任。用工单位应当根据工作岗位的实际需要与劳务派遣单位确定派遣期限，不得将连续用工期限分割订立数个短期劳务派遣协议。

劳务派遣单位应当将劳务派遣协议的内容告知被派遣劳动者。劳务派遣单位不得克扣用工单位按照劳务派遣协议支付给被派遣劳动者的劳动报酬。劳务派遣单位和用工单位不得向被派遣劳动者收取费用。

劳务派遣单位跨地区派遣劳动者的，被派遣劳动者享有的劳动报酬和劳动条件，按照用工单位所在地的标准执行。

用工单位应当履行下列义务:
① 执行国家劳动标准,提供相应的劳动条件和劳动保护。
② 告知被派遣劳动者的工作要求和劳动报酬。
③ 支付加班费、绩效奖金,提供与工作岗位相关的福利待遇。
④ 对在岗被派遣劳动者进行工作岗位所必需的培训。
⑤ 连续用工的,实行正常的工资调整机制。

用工单位不得将被派遣劳动者再派遣到其他用人单位。被派遣劳动者享有与用工单位的劳动者同工同酬的权利。用工单位无同类岗位劳动者的,参照用工单位所在地相同或者相近岗位劳动者的劳动报酬确定。

13.4.3 劳动保护

1. 劳动安全卫生

劳动安全卫生是指国家为了劳动者在生产过程中的安全与健康而采取的各项保护措施,是保证职工肌体不受伤害,保持和提高劳动者持久的劳动能力的组织和技术措施的总称。根据《劳动法》的有关规定,用人单位和劳动者应当遵守如下有关劳动安全卫生的法律规定:

1) 用人单位必须建立、健全劳动安全卫生制度,严格执行国家劳动安全卫生规程和标准,对劳动者进行劳动安全卫生教育,防止劳动过程中的事故,减少职业危害。

2) 劳动安全卫生设施必须符合国家规定的标准。新建、改建、扩建工程的劳动安全卫生设施必须与主体工程同时设计、同时施工、同时投入生产和使用。

3) 用人单位必须为劳动者提供符合国家规定的劳动安全卫生条件和必要的劳动防护用品,对从事有职业危害作业的劳动者应当定期进行健康检查。

4) 从事特种作业的劳动者必须经过专门培训并取得特种作业资格。

5) 劳动者在劳动过程中必须严格遵守安全操作规程。劳动者对用人单位管理人员违章指挥、强令冒险作业,有权拒绝执行;对危害生命安全和身体健康的行为,有权提出批评、检举和控告。

6) 国家建立伤亡事故和职业病统计报告和处理制度。县级以上各级人民政府劳动行政部门、有关部门和用人单位应当依法对劳动者在劳动过程中发生的伤亡事故和劳动者的职业病状况,进行统计、报告和处理。

2. 女职工和未成年工特殊保护

国家对女职工和未成年工实行特殊劳动保护。未成年工是指年满16周岁未满18周岁的劳动者。

(1) 女职工的特殊保护 根据我国《劳动法》的有关规定,对女职工的特殊保护规定主要包括:

1）禁止安排女职工从事矿山井下、国家规定的第四级体力劳动强度的劳动和其他禁忌从事的劳动。

2）不得安排女职工在经期从事高处、低温、冷水作业和国家规定的第三级体力劳动强度的劳动。

3）不得安排女职工在怀孕期间从事国家规定的第三级体力劳动强度的劳动和孕期禁忌从事的活动。对怀孕 7 个月以上的女职工，不得安排其延长工作时间和夜班劳动。

4）女职工生育享受不少于 90 天的产假。

5）不得安排女职工在哺乳未满 1 周岁的婴儿期间从事国家规定的第三级体力劳动强度的劳动和哺乳期禁忌从事的其他劳动，不得安排其延长工作时间和夜班劳动。

（2）未成年工的特殊保护　根据我国《劳动法》的有关规定，对未成年工的特殊保护规定主要包括：

1）不得安排未成年工从事矿山井下、有毒有害、国家规定的第四级体力劳动强度的劳动和其他禁忌从事的劳动。

2）用人单位应当对未成年工定期进行健康检查。

13.5　与工程建设相关的其他法律典型案例分析

13.5.1　案例 1

1. 基本案情

李某被某公司招聘后签订了三年期限的劳动合同。劳动合同期满后，李某不同意与该公司续签合同，劳动合同随即终止，李某也离开公司。由于李某为公司服务时，享受到公司的福利分房，而离开公司时，公司要求其上交，李拒绝后，公司也拒绝为其转移档案。两年后，李某回到公司，以档案关系没有转移，自己和公司仍保持着事实劳动关系为理由，要求公司补发两年多的基本生活费和补缴各项社会保险费，遭到公司拒绝。

2. 案件审理

遭到公司拒绝后，李某向当地劳动争议仲裁机构提出申诉。仲裁机构认为，李某的档案仍在公司，与该公司存在事实劳动关系，裁决该公司补发李某基本生活费和补缴各项社会保险费。该公司不服裁决，起诉到当地人民法院，法院审理认为，李某与该公司不存在劳动关系，判决李某败诉，公司胜诉。李某不服一审判决，上诉至市中级人民法院，中级人民法院判决维持一审法院的判决。

3. 案例评析

本案在处理中遇到的法律问题是李某与该公司有无劳动关系，李某的档案在该公司是否就与该公司保持着事实劳动关系。这是本案是与非的关键。对于劳动关系的认定，目前有劳动合同确立的劳动关系和事实上形成的劳动关系两种情况。因此，需要从两方面分析判断。

首先，从劳动关系看，劳动合同是确立劳动关系的法律凭证。本案中，李某与该公司订立了三年期限的劳动合同，劳动合同期满后双方没有续订劳动合同。根据我国《劳动法》第 23 条"劳动合同期满或者当事人约定的劳动合同终止条件出现，劳动合同即行终止"的规定，李某与该公司的劳动合同已依法终止。

其次，从事实上形成劳动关系看，关于什么是事实劳动关系，我国目前尚未有明确的法律界定。不过，从劳动行政部门的意见中可以得出，事实劳动关系是相对于劳动合同确立的劳动关系而言的，即应当按照法律规定建立劳动关系而没有履行法律手续，在用人单位和劳动者之间形成了劳动力的使用和被使用关系，而且这种关系是一种既成事实、客观存在的劳动权利和义务关系。本案中，李某与该公司劳动合同终止后已离开公司两年，这两年中李某没有向该公司履行一天劳动义务，没有形成劳动力的使用被使用关系，即没有以劳动为条件形成相互之间的一种权利和义务关系。因此，李某与该公司根本不存在事实劳动关系。

本案处理中，仲裁机构之所以作出了错误的裁决，是因为把计划经济条件下那种以档案为基础的人事行政管理关系依然看成是市场经济条件下的劳动关系。李某的档案关系在该公司，李某就与该公司存在劳动关系的裁决，既无法律依据，也无事实依据。因此，本案的结论是：档案关系不等于劳动关系。

当然，本案中的用人单位在与劳动者劳动关系终止后未能及时为其转移个人档案也是不妥的。公司与劳动者之间的债务纠纷应通过有关的政策或法律途径来解决，不应以扣压档案的方式来处理，从而造成了这次不该发生的争议。这一教训用人单位应当吸取。

13.5.2 案例 2

1. 基本案情

45 岁的龚先生是某公司的聘用人员，已在公司工作 20 多年。一直以来，公司和他签的劳动合同都是一年期的。今年年初，龚先生与公司的劳动合同期满，公司却不再与他续约。情急之下，龚先生把公司告上法庭，要求公司继续聘用他或给付经济补偿金。

2. 案例评析

根据我国《劳动法》劳动者在单位连续工作满 15 年，且距退休年龄不到 5 年者，单位不能与其解除劳动合同。连续工作满 10 年以上；用人单位初次实行劳动合同制度，或是国有企业改制重新订立劳动合同时，劳动者在该用人单位连续工作满10年且距法定退休年龄不足10年；连续订立两次固定期限劳动合同等，只要劳动者提出，用人单位都必须与其签订无固定期限合同。本案中，某公司拒绝继续聘用龚先生的行为是违法行为，应责令该公司与龚先生签订无固定期限合同，或给付相应的经济补偿金。

13.5.3 案例3

1. 基本案情

某建筑安装有限责任公司在与外来农民工签订劳动合同时，都要求劳动者先交3000元的入厂押金。张某与该企业签订了为期3年的劳动合同，也交齐了入厂押金。可过了1年，张某认为，在这家企业工作自己不会有更好的发展，于是向企业提出提前解除劳动合同的书面申请，企业同意了他的申请，但告知其3000元押金要被没收。张某不服，向当地劳动争议仲裁委员会申诉，要求该建筑安装有限责任公司退还他所交的押金。

2. 案例评析

我国《劳动法》规定，用人单位在招用劳动者时，不得要求劳动者提供担保或者以其他名义向劳动者收取财务。用人单位违反上述规定的，由劳动行政部门责令限期退还劳动者本人，并以每人500元以上2000元以下的标准处以罚款；给劳动者造成损害的，应当承担赔偿责任。本案例中，该建筑安装有限责任公司收取劳动者3000元押金的行为是违法行为，应于裁决生效当日如数退还张某所交的3000元押金，并给予该公司罚款处罚。

第14章 工程建设纠纷的解决途径

14.1 概述

14.1.1 工程建设纠纷的概念和类型

1. 工程建设纠纷的概念

工程建设纠纷是指工程建设当事人之间在工程建设过程中发生的，以权利和义务为内容的各种争议的总称。工程建设纠纷主要包括平等主体的工程建设当事人的纠纷、不平等主体的行政管理方与行政被管理方的纠纷两大类。

2. 工程建设纠纷的类型

根据纠纷发生在工程建设环节的不同可以分为工程招标投标纠纷、工程勘察设计纠纷、工程施工纠纷、工程质量纠纷、工程竣工验收纠纷、建设工程监理纠纷等；根据纠纷发生的地域不同可分为国际工程纠纷和国内工程纠纷等；根据纠纷当事人主体是否平等可以分为民事纠纷和行政纠纷等。

（1）民事纠纷　民事纠纷是平等主体的当事人之间发生的以权利和义务为内容的纠纷，是工程建设活动中出现最多的纠纷，主要包括合同纠纷和侵权纠纷。前者如工程施工合同纠纷；后者如施工单位未采取相应的安全措施导致人身伤害而产生的纠纷等。

（2）行政纠纷　行政纠纷是指行政管理方与行政被管理方之间因工程建设管理而发生的纠纷。如招标、投标过程中行政监督单位徇私干预招标、投标而引起的纠纷。

14.1.2 工程建设纠纷解决的途径

工程建设纠纷的解决途径主要包括私力救济、社会救济和公力救济三类。

1. 私力救济

私力救济是指无中立的第三方介入，依靠当事人自身或者其他私人力量（如武力、说服和权势等）解决纠纷。私力救济包括自决和和解两种解决方式。自决是纠纷主体一方凭借私力强行使对方服从。该方式不利于对弱者的保护并具有野蛮的特性，现代法治社会一般禁止通过自决方式解决纠纷。和解是双方在平等自愿的基础上协商解决纠纷。

工程建设纠纷和解解决有以下特点：简便易行，解决成本最低；纠纷的解决依靠当事人的妥协与让步，没有第三方介入，有利于维护当事人的友好合作关系；和解协议不具有强制执行的效力。

2. 社会救济

社会救济是指依靠社会力量解决纠纷的活动，包括调解（诉讼外调解）和仲裁。

（1）调解　调解是指第三方应纠纷当事人的请求，依据一定的道德和法律规范，居中对当事人进行劝说，使其达成谅解和让步从而解决纠纷的一种方式。

工程建设纠纷调解解决有以下特点：第三方介入作为调解人；能够较经济、较及时地解决纠纷；有利于消除当事人的对立情绪，维护双方的长期合作关系；调解协议不具有强制执行的效力。

（2）仲裁　仲裁即公断，是指纠纷当事方依据有关规定或者当事方协议，将争议提交到一定的机构，由该机构居中裁决的制度。

和其他争议解决方式相比，仲裁具有以下优点：

1）一裁终局。工程建设纠纷当事人解决其争议的方式多种多样，但是，只有诉讼判决和仲裁裁决才对当事人具有约束力并可强制执行。仲裁裁决不能上诉，一经作出即为终局，对当事人具有约束力。仲裁裁决虽然可能在裁决作出地被法院裁定撤销或在执行地被法院裁定不予承认和执行，但是，法院裁定撤销或不予承认和执行的理由是非常有限的，在涉外仲裁中通常仅限于程序问题。

2）当事人意思自治。在仲裁中，当事人享有选定仲裁员、选择仲裁地、仲裁语言以及适用法律的权利。当事人还可以就开庭审理、证据的提交和意见的陈述等事项达成协议，设计符合自己特殊需要的仲裁程序。在当事人没有协议的情况下，则由仲裁庭自由决定。因此，与法院严格的诉讼程序和时间相比，仲裁程序更为灵活。

3）仲裁具有保密性。仲裁案件不公开审理，可以有效地保护当事人的商业秘密和商业信誉。

4）裁决可以在国际上得到承认和执行。截至 2010 年 11 月 11 日，《承认及执行外国仲裁裁决公约》（《纽约公约》）的缔约国已达到 145 个。缔约国根据该公约，仲裁裁决可以在这些缔约国得到承认和执行。此外，仲裁裁决还可根据其

他一些有关仲裁的国际公约和条约得到执行。《纽约公约》于1987年对我国生效,我国在加入《纽约公约》时作出了商事保留和互惠保留。

3. 公力救济

公力救济是指国家机关依权利人请求,运用公权力对被侵害权利实施的救济。它包括行政救济和司法救济。行政救济是通过行政机关自身纠正违法与不当的行政行为、保障公民权利的救济方式,主要包括行政复议和行政赔偿。司法救济在工程建设领域的主要表现形式是民事诉讼和行政诉讼。公力救济相对私力救济和社会救济,是最具权威和最有效的解决途径。

14.2 证据制度

"以事实为根据,以法律为准绳"作为一个统一体是我国诉讼的基本原则,《刑事诉讼法》、《民事诉讼法》和《行政诉讼法》对此均有规定。司法机关必须以客观事实为基础,按照事物的固有面目去认识事物,不能主观臆断,才能查明案件的事实真相,为正确适用法律打下坚实基础。而事实需要用证据来证明。证据对事实的证明分为三种情形:一是证明事实为真实;二是证明事实是虚假;三是事实真伪不明。前两种情形,司法机关依实体法规范作出裁判即可;对于第三种,司法机关无法适用实体法,只能根据证明责任规则进行裁判,由承担证明责任的当事人承担不利后果。

14.2.1 证据和证据资格

1. 证据

证据是指证明事实存在与否的根据。一个材料是否可以被称为证据,主要取决于它是否被有关人员用做证明的根据。

2. 证据资格

证据资格是指证据在司法、执法、仲裁、公证等活动中能够被采纳所必需的标准。这些标准主要是:

(1) 客观性标准 证据的客观性是指证据事实是伴随着案件的发展过程遗留下来的,不以人的意志为转移而存在的事实。首先,证据的内容具有客观性。证据的内容是对客观事物的反映,这种反映可能有错误和偏差,但是它必须以客观事物为基础。纯粹的主观臆断和毫无根据的猜测等,都不属于证据。其次,证据的形式具有客观性。证据本身具有客观存在的形式,是一种客观存在的东西,是人们可以某种方式感知的东西。无论是物证、书证,还是证人证言、鉴定结论,都必须有其客观的存在形式。

(2) 关联性标准 事物之间的证明作用是以事物之间的联系为基础的。有联系才能证明,没有联系则不能证明。在具体诉讼活动中,一般把证据的关联性分解为以下三个问题:第一,这个证据能够证明什么事实;第二,这个事实对解决案件中的争议问题有没有实质性意义;第三,法律对这种关联性有没有具体的要求。

(3) 合法性标准　具体表现为法律事务中使用的证据是否符合法律的要求或规定。在司法实践中,有些证据表现为合法的,有些证据表现为非法的。合法的证据一般包括下列内容:证据的主体必须符合有关法律的规定;证据的形式必须符合有关法律的规定;证据的收集程序必须符合法律的有关规定;证据的收集方法或提取手段必须符合法律的有关规定。

14.2.2　证据的种类

我国《民事诉讼法》规定的证据的种类共有7种:书证、物证、视听资料、证人证言、当事人的陈述、鉴定结论和勘验笔录。《行政诉讼法》规定的证据种类比民事诉讼的证据多了一种:现场笔录。

1. 书证

书证是指以文字、符号所记录或表示的证明待证事实的文书。比如,合同、会计账簿、书信、票据、裁判文书等。

2. 物证

物证是指用物品的外形、特征、质量等说明待证事实的一部或全部的物品。比如,采购过程中封存的样品、被损坏的机械设备、有质量问题的混凝土等。

3. 视听资料

视听资料是指利用录音带、录像带、光盘等反映出的图像和音响及计算机储存的数据、资料来证明案件事实的证据。其特征是以其音响、影像、文字或其他信息等内容来证明案件的事实,其内容的显示需要借助于科学仪器,并且它一般是以动态的内容来起证明作用的。比如,用录音机录制的当事人的谈话、用摄像机拍摄的施工活动、用计算机存储的数据和资料等。

4. 证人证言

证人证言是指诉讼参加人以外的人知道本案的有关情况,应人民法院传唤到庭所作的陈述,或者向人民法院提交的书面陈述。

5. 当事人的陈述

当事人的陈述是指案件的直接利害关系人向人民法院提供的关于案件事实和证明这些事实情况的陈述。

6. 鉴定结论

鉴定结论是指人民法院审理民事案件,对某些专门性问题,指定专门机关进行技术鉴定所作出的结论。如损伤鉴定、产品质量鉴定、文书鉴定等。

第14章 工程建设纠纷的解决途径

7. 勘验笔录

勘验笔录是指人民法院对能够证明案件事实的现场或者不能、不便拿到人民法院的物品，就地进行分析、检验、勘查后作出的记录。如对有争议的建筑物进行拍照，确定方位并以文字、表格、图画等形式将所得结果作出的记录。人民法院在勘验物品或现场时，勘验人员必须出示有关证明，勘验时应邀请当地基层组织或者有关单位派人参加。当事人或其成年家属应当到场，拒不到场的，不影响勘验工作的进行。

8. 现场笔录

现场笔录是指行政机关及其工作人员在执行职务的过程中，在实施具体行政行为时，对某些事项当场所作的能够证明案件事实的记录。行政机关在执行职务过程中所作的现场笔录，应由执行职务人、当事人、见证人等有关人员签名或盖章。

14.2.3 证明对象

证明对象是指需要用证据加以证明的案件事实。证明对象的范围包括：

1. 实体法律事实和程序法律事实

实体法律事实包括：

1) 当事人之间产生权利和义务关系的法律事实。如合同签订等。
2) 当事人之间变更权利和义务关系的法律事实。如合同变更。
3) 当事人之间消灭权利和义务关系的法律事实。如合同解除。
4) 妨碍当事人权利行使、义务履行的法律事实。如不可抗力的发生等。
5) 当事人之间权利和义务发生纠纷的法律事实。如是否构成侵权的事实，一方主张赔偿另一方不同意赔偿的事实等。具体案件中，作为证明对象的实体法律事实往往是由原告的诉讼请求而定的；并根据被告积极的抗辩对实体证明对象予以调整和补充。

具有程序意义上的事实，虽然不直接涉及当事人的实体权利，但对当事人的实体权利和对诉讼程序会发生很大的影响，能够产生诉讼法上的效果。比如，关于法院是否有管辖权的事实，关系受诉法院能否对该案件进行审判；关于某一审判人员是否具有回避情形的事实，关系该审判人员是否能参加该案件的审理等。

2. 外国法、地方性法规

对于国内法，当事人不承担证明的义务。因此，一般情况下，案件所适用的法律是否存在及其内容，并不需要当事人加以证明。但对外国法、地方性法规，法官则未必了解，因此就需要当事人对此加以证明。

3. 经验法则

经验法则是指人们从生活经验中归纳获得的关于事物因果关系或属性状态的

法则或知识。经验法则既包括一般人日常生活所归纳的常识，也包括某些专门性的知识，如科学、技术、艺术、商贸等方面的知识。

14.2.4 证明责任

裁判机关进行裁判，首先要确定有关法律要件事实是否存在，才能适用相应的法律规范。但有的案件中，无论当事人如何举证，法院如何运用职权调查，当事人所主张的事实存在与否仍然无法得到证明，法院也不能拒绝作出裁判，法院在此时应当如何裁判的问题，就是通过证明责任及其分配制度来解决的。

1. 证明责任

证明责任是指当事人通过提出证据证明自己主张的有利于自己的事实，避免因待证事实处于真伪不明状态而承担不利裁判后果。证明责任包括以下含义：提供证据的责任；说服事实裁判者的责任；不能提供证据导致案件事实处于真伪不明状态时承担不利后果的责任。

2. 证明责任分配

证明责任分配是指裁判机关在裁判中按照一定规范或标准，将事实真伪不明时所要承担的不利后果在双方当事人之间进行划分。

（1）我国民事诉讼证明责任分配　具体如下：

1）一般分配规则。我国《民事诉讼法》第64条第1款规定，当事人对自己提出的主张，有责任提供证据。简言之，就是"谁主张，谁举证"。当事人对自己提出的诉讼请求所依据的事实或者反驳对方诉讼请求所依据的事实有责任提供证据加以证明。没有证据或者证据不足以证明当事人的事实主张的，由负有举证责任的当事人承担不利后果。

2）补充规则。

① 证明责任分配的倒置。证明责任分配的倒置，是法律直接规定主张有利于自己的事实者不负担证明责任，而由对方当事人承担证明责任；对方当事人在不能履行证明义务时，将承担败诉的后果。比如，建筑物或者其他设施以及建筑物上的搁置物、悬挂物发生倒塌、脱落、坠落致人损害的侵权诉讼，由所有人或者管理人对其无过错承担举证责任。

② 司法裁量。证明责任的分配一般是由法律明确规定，不能由司法自由裁量；但是，由于发生在社会生活中的案件繁杂多样，而且新的类型纠纷也不断出现，通过授予司法裁量权来决定特殊案件的证明责任分配是必要的。最高人民法院《关于民事诉讼证据的若干规定》第7条规定，"在法律没有具体规定，依本规定及其他司法解释无法确定举证责任承担时，人民法院可以根据公平原则和诚实信用原则，综合当事人举证能力等因素确定举证责任的承担。"

（2）我国行政诉讼证明责任分配　我国关于行政诉讼证明责任主要规定在

《行政诉讼法》和最高人民法院《关于行政诉讼证据若干问题的规定》中。这些规定的主要内容有：被告行政机关在行政诉讼中承担证明责任；原告承担初步证明责任和特殊事项的证明责任；人民法院有权要求当事人提供证据和补充证据。

14.2.5 证据的收集与保全

当事人进行诉讼或者仲裁，应当对自己提出的请求所依据的事实或者反驳对方请求所依据的事实提供相应的证据加以证明。没有证据或者证据不足以证明当事人的事实主张的，由负有证明责任的当事人承担不利后果。当事人提供证据的方式多种多样：当事人直接占有或者控制的证据如借据、合同书、遗嘱等，可以将证据直接提交给人民法院；可以在诉讼文书中表明证人的姓名、住址以及证人证明的事实，应当由人民法院传唤证人出庭作证；对方当事人或者案外人手中掌握、并且一方当事人又无法获得的证据，当事人可以在诉讼文书中说明书证、物证、视听资料等证据的所在之处，当事人可以申请法院调查收集。由于当事人及其代理人没有强制取证的能力，法院也必须承担有关的证据调查义务。其目的是汇集足够证明案件事实的证据资料，以查明案件事实。

1. 当事人收集证据

工程建设活动持续时间较长，当事人为了维护自己的合法权益，应注重对关键事实相应的证据进行收集，主要有：加强合同、签证等文书档案的管理；加强以票据为主的财务管理等。

2. 法院调查收集证据

（1）法院主动调查收集证据 《民事诉讼法》第64条第2款规定，"当事人及其诉讼代理人因客观原因不能自行收集的证据，或者人民法院认为审理案件需要的证据，人民法院应当调查收集。"《关于民事经济审判方式改革问题的若干规定》第3条规定，由人民法院负责调查收集的证据包括：

1）当事人及其诉讼代理人因客观原因不能自行收集并已经提出调取证据的申请和该证据的线索的。

2）应当由人民法院委托鉴定或勘验的。

3）当事人双方提出的影响查明案件主要事实的证据互相矛盾，经过庭审质证无法认定的。

4）人民法院认为应当由自己收集的其他证据。上述情形下，法院有权主动调查和核实证据。

（2）法院根据当事人申请调查收集证据 当事人及其诉讼代理人因客观原因不能自行收集的证据，可由当事人申请法院调查收集。申请书应当载明被调查人的姓名或者单位名称、住所地等基本情况、所要调查收集的证据的内容、需要由人民法院调查收集证据的原因及其要证明的事实。当事人及其诉讼代理人申请人民法院调查收集证据，不得迟于举证期限届满前7日。法院对当事人及其诉讼代理人的申请不予准许的，应当向当事人或其诉讼代理人送达通知书。通知书中应当告知不予准许的决定以及理由。当事人及其诉讼代理人可以在收到通知书次日起3日内向受理申请的法院书面申请复议一次。法院应当在收到复议申请之日起5日内作出答复。

3. 证据保全

证据保全是指在证据有可能毁损、灭失或以后难以取得的情况下，用适当的方式和手段将证据固定下来，妥善保管，以便当事人和司法人员在诉讼活动中使用。

采取证据保全措施时，应当根据不同证据的特点，采取不同的方法。对证人证言，应当采取作笔录或录音的方法；对书证的保全，应当采取拍照、复制的方法；对物证的保全，可以采取通过现场勘验，制作笔录、绘图、拍照、录像、保存原物的方法等，客观真实地反映证据。

工程建设活动中，对施工的进度情况、停工原因等，应坚持甲乙双方代表签字；对施工中发现的质量问题应当及时进行现场摄影或者摄像，必要时及时请有关技术监督部门进行鉴定。

14.2.6 质证和证据的审核认定

1. 质证

质证是指在诉讼或仲裁活动中，一方当事人及其代理人对另一方当事人及其代理人出示的证据进行说明、质疑、辩驳以及用其他方法表明证据效力的活动及其过程。它是当事人双方反驳和攻击对方证据的重要手段。证据应当在法庭上出示，由当事人质证。未经质证的证据，不能作为认定案件事实的依据。质证时，当事人应当围绕证据的真实性、关联性、合法性，针对证据证明力有无以及证明力大小，进行质疑、说明与辩驳。

2. 证据的审核认定

证据的审核认定是指法庭或者仲裁庭围绕当事人主张的案件事实和当事人在庭审中争议的焦点问题，对证据材料进行审查核实、鉴别真伪，分析证据之间的关联以及证据与案件事实的关系，确定其真实性和证明力，从而正确认定案件事实的活动。

审判人员或者仲裁员应当依照法定程序，全面、客观地审核证据，依据法律的规定，遵循职业道德，运用逻辑推理和日常生活经验，对证据有无证明力和证明力大小独立进行判断，并公开判断的理由和结果。

单一证据可以从下列方面进行审核认定：证据是否原件、原物，复印件、复制品与原件、原物是否相符；证据与本案事实是否相关；证据的形式、来源是否符合法律规定；证据的内容是否真实；证人或者提供证据的人，与当事人有无利害关系。

数个证据对同一事实的证明力，可以依照下列原则认定：国家机关、社会团体依职权制作的公文书证的证明力一般大于其他书证；物证、档案、鉴定结论、勘验笔录或者经过公证、登记的书证，其证明力一般大于其他书证、视听资料和证人证言；证人提供的对与其有亲属或者其他密切关系的当事人有利的证言，其证明力一般小于其他证人证言。

14.3 仲裁制度

14.3.1 仲裁和仲裁法

1. 仲裁的概念

仲裁是指双方当事人在纠纷发生前或纠纷发生后达成仲裁协议，自愿将纠纷交给仲裁机构作出裁决，并约定双方有义务执行该裁决的一种解决纠纷的方法。

2. 仲裁的种类

仲裁的种类依划分标准不同而不同主要有以下几种：国内仲裁和国际仲裁；临时仲裁和机构仲裁；依法仲裁和友好仲裁。

3. 仲裁法

（1）仲裁法的概念　仲裁法是国家制定或认可的，规范仲裁法律关系主体的行为和调整仲裁法律关系的法律规范的总称。仲裁法有广义和狭义之分。狭义的仲裁法即仲裁法典，是国家最高权力机关制定颁行的关于仲裁的专门法律。我国1994年8月31日第八届全国人大常委会第九次会议通过，1995年9月1日起施行的《中华人民共和国仲裁法》（以下简称《仲裁法》），即为狭义的仲裁法。广义的仲裁法除指仲裁法典外，还包括所有涉及仲裁制度的法律规范，比如，民事诉讼法中关于仲裁的规定。

（2）我国仲裁法的仲裁范围　仲裁范围是指可仲裁的纠纷的范围。根据《仲裁法》第2条、第3条的规定，我国的仲裁范围为平等主体的公民、法人和其他组织之间发生的合同纠纷和其他财产权益纠纷，但不包括婚姻、收养、监护、扶养、继承纠纷；依法应当由行政机关处理的行政争议；劳动争议和农业集体经济组织内部的农业承包合同纠纷。

14.3.2 仲裁协议

1. 仲裁协议的概念和类型

仲裁协议是指当事人自愿将他们之间可能发生或者已经发生的特定纠纷提交

仲裁解决的协议。

仲裁协议的类型主要有仲裁条款、仲裁协议书和其他文件中包含的仲裁协议。仲裁条款是指当事人在签订的合同中订立的将有关争议提交仲裁的条款，它是仲裁协议中最常见的形式，订立于争议发生之前，存在于有关合同中，具有与该合同其他条款不同的性质。仲裁协议书是指当事人在争议发生前后，订立的同意将争议提交仲裁解决的书面协议，是独立的契约。其他文件，如当事人相互间来往的信函、数据电文（包括电报、电传、传真、电子数据交换和电子邮件）等，如果其中包含当事人愿意将可能发生或者已经发生的特定争议提交仲裁的内容，那么这些内容就是仲裁协议。

2. 仲裁协议的内容

仲裁协议的内容主要包括：请求仲裁的意思表示；仲裁事项；选定的仲裁委员会。仲裁事项是当事人提交仲裁的争议范围。当事人只有把订在仲裁协议中的事项提交仲裁时，仲裁机构才会受理。如果把不属于仲裁协议中指定的事项提交仲裁，仲裁机构不会受理。

拟订仲裁协议应注意的问题主要包括：当事人应当尽可能在纠纷发生之前签订仲裁协议，原因是比较容易达成仲裁协议、一定程度上可以督促当事人履行合同；涉外仲裁的，中方当事人尽可能将仲裁机构选定为中国的涉外仲裁机构，原因是没有语言障碍，节省仲裁成本；如果确定不能在中国涉外仲裁机构进行仲裁的，应首先考虑选择对中国比较友好的第三国仲裁机构进行仲裁。

3. 仲裁协议的效力

仲裁协议的效力是指仲裁协议的有效性和有效的仲裁协议对有关当事人和机构的约束力。

1）仲裁协议效力的表现。对当事人的效力表现在：当事人负有将纠纷提交仲裁的义务，失去了就纠纷向法院起诉的权利。若一方当事人就仲裁协议范围内的事项向法院起诉的，另一方当事人可以依据仲裁协议要求法院驳回原告的起诉。对仲裁机构的效力表现在：当事人之间签订的仲裁协议是仲裁机构受理案件的前提，仲裁机构只能依据仲裁协议对当事人约定的仲裁事项进行仲裁。对法院的效力表现在：仲裁协议排斥了法院对纠纷案件的管辖权；仲裁协议是法院强制执行仲裁裁决的依据。

2）仲裁协议效力的确认。当事人对仲裁协议的效力有异议的，可以请求仲裁委员会作出决定或者请求人民法院作出裁定。一方请求仲裁委员会作出决定，另一方请求人民法院作出裁定的，由人民法院裁定。当事人向人民法院申请确认仲裁协议效力的案件，由仲裁协议约定的仲裁机构所在地的中级人民法院管辖；仲裁协议约定的仲裁机构不明确的，由仲裁协议签订地或者被申请人住所地的中级人民法院管辖。申请确认涉外仲裁协议效力的案件，由仲裁协议约定的仲裁机构所在地、仲裁协议签订地、申请人或者被申请人住所地的中级人民法院管辖。当事人对仲裁协议的效力有异议,应当在仲裁庭首次开庭前提出。当事人在仲裁庭首次开庭前没有对仲裁协议的效力提出异议,而后向人民法院申请确认仲裁协议无效的,人民法院不予受理。仲裁机构对仲裁协议的效力作出决定后,当事人向人民法院申请确认仲裁协议效力或者申请撤销仲裁机构的决定的,人民法院不予受理。

3)仲裁协议的无效和失效。仲裁协议无效的情形主要有:

① 约定的仲裁事项超出法律规定的仲裁范围的。

② 无民事行为能力人或者限制民事行为能力人订立的仲裁协议。

③ 一方采取胁迫手段,迫使对方订立仲裁协议的。

④ 仲裁协议对仲裁事项或者仲裁委员会没有约定或者约定不明确的,当事人可以补充协议,达不成补充协议的,仲裁协议无效。

⑤ 仲裁协议约定两个以上仲裁机构的,当事人可以协议选择其中的一个仲裁机构申请仲裁,当事人不能就仲裁机构选择达成一致的,仲裁协议无效。仲裁协议的失效是指一项有效的仲裁协议因特定事由的发生而丧失其原有的法律效力。仲裁协议失效的情形主要有:第一,当事人协商一致放弃有效的仲裁协议;第二,仲裁裁决得到履行或执行导致仲裁协议失效;第三,仲裁裁决被法院裁定撤销或者不予执行导致仲裁协议失效。

4)仲裁条款的独立性。一般认为,仲裁条款是与有关合同的其他条款相分离的单独协议。合同无效或被撤销、被解除,仲裁条款也并不当然无效,当事人仍可据以向仲裁机关申请仲裁。

14.3.3 仲裁的主要程序

1. 申请和受理

(1)申请 申请仲裁是指平等主体就公民、法人和其他组织就他们间发生的有关财产权益纠纷,依据仲裁协议,提请仲裁委员会进行仲裁的行为。

申请仲裁应当符合的条件:有仲裁协议;有具体的仲裁请求和事实、理由;属于仲裁委员会的受理范围。当事人申请仲裁,应当向仲裁委员会递交仲裁协议、仲裁申请书及副本。仲裁申请书应当载明下列事项:当事人的姓名、性别、年龄、职业、工作单位和住所,法人或者其他组织的名称、住所和法定代表人或者主要负责人的姓名、职务;仲裁请求和所根据的事实、理由;证据和证据来源、证人姓名和住所。

(2)受理 受理是指仲裁委员会收到纠纷当事人的仲裁申请后,经审查认为符合法定的申请仲裁条件的,决定接受并开始组织实施仲裁活动的行为。

仲裁委员会收到仲裁申请书之日起5日内,认为符合受理条件的,应当受理，并通知当事人；认为不符合受理条件的，应当书面通知当事人不予受理，并说明理由。

仲裁委员会受理仲裁申请后，应当在仲裁规则规定的期限内将仲裁规则和仲裁员名册送达申请人，并将仲裁申请书副本和仲裁规则、仲裁员名册送达被申请人。被申请人收到仲裁申请书副本后，应当在仲裁规则规定的期限内向仲裁委员会提交答辩书。仲裁委员会收到答辩书后，应当在仲裁规则规定的期限内将答辩书副本送达申请人。被申请人未提交答辩书的，不影响仲裁程序的进行。

2. 仲裁庭的组成

仲裁委员会受理仲裁申请后，需要组成仲裁庭来仲裁案件。仲裁庭是指依照当事人的约定或者仲裁规则的规定由仲裁员组成的审理仲裁案件的临时组织。

（1）仲裁庭的组成　仲裁庭有合议制仲裁庭和独任仲裁庭。某一具体案件适用什么形式，由当事人自愿选择。

我国《仲裁法》规定，仲裁庭可以由 3 名仲裁员或者 1 名仲裁员组成。由 3 名仲裁员组成的，设首席仲裁员。当事人约定由 3 名仲裁员组成仲裁庭的，应当各自选定或者各自委托仲裁委员会主任指定 1 名仲裁员，第三名仲裁员由当事人共同选定或者共同委托仲裁委员会主任指定。第三名仲裁员是首席仲裁员。当事人约定由 1 名仲裁员成立仲裁庭的，应当由当事人共同选定或者共同委托仲裁委员会主任指定仲裁员。当事人没有在仲裁规则规定的期限内约定仲裁庭的组成方式或者选定仲裁员的，由仲裁委员会主任指定。

（2）仲裁员的回避　仲裁员有以下情形之一的，必须回避，当事人也有权提出回避申请：是本案当事人或者当事人、代理人的近亲属；与本案有利害关系；与本案当事人、代理人有其他关系，可能影响公正仲裁的；私自会见当事人、代理人，或者接受当事人、代理人的请客送礼的。

当事人提出回避申请，应当说明理由，在首次开庭前提出。回避事由在首次开庭后知道的，可以在最后一次开庭终结前提出。仲裁员是否回避，由仲裁委员会主任决定；仲裁委员会主任担任仲裁员时，由仲裁委员会集体决定。

仲裁员因回避或者其他原因不能履行职责的，应当依照本法规定重新选定或者指定仲裁员。因回避而重新选定或者指定仲裁员后，当事人可以请求已进行的仲裁程序重新进行，是否准许，由仲裁庭决定；仲裁庭也可以自行决定已进行的仲裁程序是否重新进行。

3. 仲裁的审理

仲裁审理是指仲裁庭按照法律规定，对当事人提交仲裁的纠纷作出裁决的过程。

（1）仲裁审理的方式　仲裁案件的审理有两种形式：开庭审理和书面审理。开庭审理是在仲裁庭的主持下，在当事人和其他仲裁参与人的参加下，按照法定程序，对案件进行审理的方式。书面审理是在当事人和其他仲裁参与人的不到庭参加审理，仲裁庭根据当事人提供的书面材料进行审理的方式。我国《仲裁法》规定，仲裁应当开庭进行。当事人协议不开庭的，仲裁庭可以根据仲裁申请书、答辩书以及其他材料作出裁决。可以看出：我国的仲裁审理以开庭审理为原则，以书面审理为补充。

（2）开庭前的准备　仲裁委员会应当在仲裁规则规定的期限内将开庭日期通知双方当事人。当事人有正当理由的，可以在仲裁规则规定的期限内请求延期开庭。是否延期，由仲裁庭决定。

（3）开庭审理　具体如下：

1）开始开庭。首席仲裁员应核对当事人及其代理人的身份，确认其资格，接着宣布案由和仲裁庭组成人员。告知当事人有关的仲裁权利和义务，询问当事人是否提出回避申请。在当事人无异议的情况下，宣布正式开庭。

2）庭审调查。庭审调查一般按照下列顺序进行：当事人陈述；告知证人的权利和义务，证人作证，宣读未到庭的证人证言；出示书证、物证和视听资料；宣读勘验笔录和鉴定结论。当事人应当对自己的主张提供证据。仲裁庭认为有必要收集的证据，可以自行收集。仲裁庭对专门性问题认为需要鉴定的，可以交由当事人约定的鉴定部门鉴定，也可以由仲裁庭指定的鉴定部门鉴定。根据当事人的请求或者仲裁庭的要求，鉴定部门应当派鉴定人参加开庭。当事人经仲裁庭许可，可以向鉴定人提问。证据应当在开庭时出示，当事人可以质证。在证据可能灭失或者以后难以取得的情况下，当事人可以申请证据保全。当事人申请证据保全的，仲裁委员会应当将当事人的申请提交证据所在地的基层人民法院。

3）当事人辩论。当事人辩论一般按照下列顺序进行：申请人及其仲裁代理人发言；被申请人及其仲裁代理人发言；双方相互辩论；辩论终结时，首席仲裁员或者独任仲裁员应当征询当事人的最后意见。

4）开庭笔录。开庭笔录是对开庭审理活动的记录。仲裁庭应当将开庭情况记入笔录。当事人和其他仲裁参与人认为对自己陈述的记录有遗漏或者差错的，有权申请补正。如果不予补正，应当记录该申请。笔录由仲裁员、记录人员、当事人和其他仲裁参与人签名或者盖章。

5）和解和调解。仲裁和解是指申请仲裁后，双方当事人自愿协商达成和解协议。当事人申请仲裁后，可以自行和解。达成和解协议的，可以请求仲裁庭根据和解协议给出裁决书，也可以撤回仲裁申请。当事人达成和解协议，撤回仲裁申请后反悔的，可以根据仲裁协议申请仲裁。仲裁调解是指仲裁庭在作出裁决前，在仲裁庭主持下，双方当事人自愿协商、共同达成调解协议。仲裁庭在作出裁决前，可以先行调解。当事人自愿调解的，仲裁庭应当调解。调解不成的，应当及时作出裁决。调解达成协议的，仲裁庭应当制作调解书或者根据协议的结果制作裁决书。调解书与裁决书具有同等法律效力。调解书应当写明仲裁请求和当事人协议的结果。调解书由仲裁员签名，加盖仲裁委员会印章，送达双方当事人。调解书经双方当事人签收后，即发生法律效力。在调解书签收前当事人反悔的，仲裁庭应当及时作出裁决。

6）仲裁裁决。仲裁裁决是指仲裁庭对当事人提交仲裁的纠纷进行审理后所作出的权威性判定。仲裁裁决是由仲裁庭作出的。独任仲裁庭进行的审理，由独任仲裁员作出仲裁裁决；合议仲裁庭进行的审理，则由3名仲裁员集体做出仲裁裁决。裁决应当按照多数仲裁员的意见作出，少数仲裁员的不同意见可以记入笔录。仲裁庭不能形成多数意见时，裁决应当按照首席仲裁员的意见作出。仲裁裁决书是仲裁庭对仲裁案件所作处理的书面陈述。应当写明仲裁请求、争议事实、裁决理由、裁决结果、仲裁费用的负担和裁决日期。当事人协议不愿写明争议事实和裁决理由的，可以不写。裁决书由仲裁员签名，加盖仲裁委员会印章。对裁决持不同意见的仲裁员，可以签名，也可以不签名。

14.3.4 仲裁裁决的撤销

撤销仲裁裁决是指对符合法定应予撤销情形的仲裁裁决，经由当事人提出申请，人民法院组成合议庭审查核实，裁定撤销仲裁裁决的行为。

我国《仲裁法》规定，仲裁实行一裁终局制，仲裁裁决一经作出，即发生法律效力，当事人不能就同一纠纷再向仲裁委员会申请仲裁，也不能就同一纠纷向人民法院起诉或上诉。实践中，有些仲裁裁决可能出现不同程度的偏差或错误。《仲裁法》中设置申请撤销仲裁裁决这种司法监督机制，对确保仲裁裁决的合法性和公正性具有非常重要的意义。

1. 申请撤销仲裁裁决的条件

按照我国《仲裁法》的规定，申请撤销仲裁裁决必须符合下列条件：

（1）申请的主体必须是仲裁当事人　由于仲裁当事人与仲裁裁决的结果有直接的利害关系，仲裁裁决也决定着当事人的合法权益是否受到了侵害。因此，法律规定提出申请撤销仲裁裁决的主体是当事人，包括仲裁申请人和被申请人。

（2）必须向有管辖权的人民法院提出　当事人申请撤销仲裁裁决，必须向仲裁委员会所在地的中级人民法院提出。

（3）必须在法定的期限内提出申请　我国《仲裁法》规定，当事人申请撤销仲裁裁决的，应当自收到裁决书之日起6个月内提出。如果当事人在规定的期限内没有提出撤销仲裁裁决的申请，则表明他放弃了此项权利，双方当事人都应自觉履行裁决书中规定的各自的义务；否则，权利方当事人可以申请执行。

（4）必须有证据证明仲裁裁决有法定的应予撤销的情形　当事人申请撤销仲裁裁决时，对所主张的撤销理由，必须有相当证据加以证明。没有证据，人民

法院不予受理；当事人所提供的证据能否证明，则需要人民法院审查认定。

2. 申请撤销仲裁裁决的理由

当事人申请撤销仲裁裁决，必须具有法定理由。根据《仲裁法》的规定，有下列情形之一的，当事人可以申请撤销仲裁裁决：没有仲裁协议；仲裁的事项不属于仲裁协议的范围或者仲裁委员会无权仲裁；仲裁庭的组成或者仲裁的程序违反法定程序；仲裁裁决所依据的证据是伪造的；对方当事人隐瞒了足以影响公正裁决的证据；仲裁员在仲裁该案时有索贿受贿、徇私舞弊、枉法裁决的行为。

根据《仲裁法》的规定，除上述几项外，如果仲裁裁决违背社会公共利益，人民法院也应当裁定撤销该仲裁裁决。保护公共利益是现代各国的通例，也是我国的仲裁准则之一。

3. 管辖法院对撤销仲裁裁决申请的处理及其法律后果

人民法院在受理当事人提出的撤销仲裁裁决的申请后，必须组成合议庭对当事人的申请及仲裁裁决进行审查。经审查，人民法院可以根据不同的情况作出不同的处理。

（1）通知仲裁庭重新仲裁　根据仲裁法的规定，人民法院受理当事人撤销仲裁裁决的申请后，如果认为可以由仲裁庭重新仲裁的，可以通知仲裁庭在一定期限内重新仲裁，并裁定中止撤销程序。仲裁庭拒绝重新仲裁的，人民法院应当裁定恢复撤销程序。

重新仲裁是法院认为仲裁裁决的瑕疵可以通过仲裁庭重新仲裁的方式给予补救时，给予仲裁庭自我弥补程序缺陷，从而保持仲裁裁决效力的一种程序。对重新仲裁应当注意两点：

1）根据仲裁法有关规定的精神，重新仲裁无须另行组成仲裁庭，因为仲裁庭的组成方式和仲裁员本身就是由当事人直接选定或委托指定的，体现了当事人的自由意志。由原仲裁庭重新仲裁，既尊重了当事人的意愿，也给仲裁庭一个自我纠正错误的机会，从而有利于仲裁庭作出公正裁决。

2）对法院重新仲裁的通知，是否采纳，由仲裁庭决定。仲裁庭既可以决定重新仲裁，也可以拒绝重新仲裁。仲裁庭拒绝重新仲裁的，人民法院应当裁定恢复撤销程序，进而决定是否撤销仲裁裁决。

（2）撤销仲裁裁决　人民法院受理当事人提出的撤销仲裁裁决的申请后，经审查核实，认定当事人提出的申请所依据的理由成立，即应当在2个月内裁定撤销该仲裁裁决。

仲裁裁决被人民法院依法撤销后，当事人之间的纠纷并未解决，当事人可以重新寻求解决纠纷的方法。

（3）驳回撤销仲裁裁决的申请　人民法院经过审查未发现仲裁裁决具有法定可被撤销的理由的，应在受理撤销仲裁裁决申请之日起2个月内作出驳回申请的裁定。对人民法院依法作出的驳回当事人申请的裁定,当事人无权上诉。撤销仲裁裁决的申请被驳回后,双方当事人必须按照仲裁裁决所确定的权利和义务自动履行。如果不自动履行仲裁裁决,权利方当事人可以向法院申请强制执行。

14.3.5 仲裁裁决的执行

仲裁裁决的执行,又称仲裁裁决的强制执行,是指人民法院依当事人申请,将裁决书中的内容付诸实施的行为。通常情况下,当事人协商一致将纠纷提交仲裁,都会自觉履行仲裁裁决。但实际上,由于种种原因,当事人不自动履行仲裁裁决的情况并不少见,在这种情况下,另一方当事人即可请求法院强制执行仲裁裁决。

1. 申请执行的条件

(1) 必须有当事人的申请 一方当事人不履行仲裁裁决时,另一方当事人向人民法院提出执行申请,人民法院才可能启动执行程序。是否向人民法院申请执行,是当事人的权利,人民法院没有主动采取执行措施对仲裁裁决予以执行的职权。

(2) 当事人必须在法定期限内提出申请 仲裁当事人在提出执行申请时,应遵守法定期限,及时行使自己的权利,超过了法定期限再提出申请执行时人民法院不予受理。关于申请执行的期限,我国《仲裁法》规定,当事人可以依照《民事诉讼法》的有关规定办理,即申请执行的期限:双方或一方当事人是公民的为1年,双方是法人或者其他组织的为6个月。此期限从法律文书规定履行期间的最后1日起计算;法律文书规定分期履行的,从规定的每次履行期间的最后1日起计算。

(3) 当事人必须向有管辖权的人民法院提出申请 当事人申请执行仲裁裁决,必须向有管辖权的人民法院提出。

2. 执行的程序

当事人向有管辖权的人民法院提出执行申请后,受申请的人民法院应当根据《民事诉讼法》规定的执行程序予以执行。

14.3.6 仲裁裁决的不予执行

人民法院接到当事人的执行申请后,应当及时按照仲裁裁决予以执行。但是,如果被申请执行人提出证据证明仲裁裁决有法定不应执行的情形的,可以请求人民法院不予执行该仲裁裁决;人民法院组成合议庭审查核实后,裁定不予执行。

根据《仲裁法》和《民事诉讼法》的规定,对于国内仲裁而言,不予执行仲裁裁决的情形包括:当事人在合同中没有仲裁条款或者事后没有达成书面仲裁协议的；裁决的事项不属于仲裁协议的范围或者仲裁机构无权仲裁的；仲裁庭的组成或者仲裁的程序违反法定程序的；认定事实的主要证据不足的；适用法律确有错误的；仲裁员在仲裁该案时有索贿受贿、徇私舞弊、枉法裁决行为的。

人民法院经组成合议庭审查核实仲裁裁决，确认有以上情形之一的，应当作出不予执行的裁定，并将此裁定送达双方当事人和仲裁委员会。仲裁裁决被人民法院依法裁定不予执行的，当事人不能申请人民法院再审。就该纠纷双方当事人可以重新达成仲裁协议，并依据该仲裁协议申请仲裁，也可以向人民法院提起诉讼。

14.4 诉讼制度

14.4.1 诉讼概述

1. 诉讼概念

诉讼，俗称"打官司"，是指司法机关在当事人和其他诉讼参与人的参加下，为解决案件而依法定程序所进行的全部活动。

2. 诉讼的特征

（1）诉讼是由多方主体参加而形成的一种活动　首先，诉讼一定要有法院参加。人民法院是我国最高权力机关全国人民代表大会授权其行使审判权的审判机关，没有法院的参加就构不成诉讼。其次，诉讼还必须有控告方和明确的被告方的同时参加。两者缺一不可。因为法院遵循着"不告不理"的原则，即没有控告方的起诉，法院不得主动启动诉讼程序。

（2）诉讼是各种主体严格依法进行的活动　在诉讼中，每一主体都必须严格依法进行活动。如人民法院必须合法、适当、及时地行使审判权，按法律规定的步骤和方式组织庭审活动，不能违反程序。控告方和被告方也应依法行使其相应权利，履行必要的义务。

（3）诉讼是由许多个诉讼程序和诉讼阶段组成的　首先，诉讼是由许多个诉讼程序组成的。诉讼程序通常可分为审判程序和执行程序，审判程序又包括一审程序、二审程序、再审程序等。在民事诉讼中还有特殊诉讼程序，如特别程序、督促程序、公示催告程序、破产程序等；在刑事诉讼中则又有死刑复核程序。其次，在每一个程序中又由若干个诉讼阶段组成。如在一审程序中有起诉与受理、审理前的准备、开庭审理、裁判等诉讼阶段。

（4）诉讼终结所形成的裁决具有法律约束力　人民法院依法作出的裁判，一旦生效就具有强制性，即当事人必须无条件地执行，否则将要承担法律责任。如依据我国《民事诉讼法》（2007年10月28日修正）第102条第1款第6项规定，对拒不履行人民法院已经发生法律效力的判决、裁定的诉讼参与人，人民法院可以根据情节轻重予以罚款、拘留，构成犯罪的，依法追究刑事责任。

3. 诉讼的分类

基于诉讼所要解决的案件的不同性质，可分为刑事诉讼、民事诉讼和行政诉讼三种。

刑事诉讼是指国家机关在当事人及其他诉讼参与人的参加下，依照法定的程序，揭露犯罪、证实犯罪、惩罚犯罪的活动。民事诉讼是指人民法院在双方当事人和其他诉讼参与人参加下，审理和解决民事案件的活动，以及处理由这些活动所产生的诉讼关系的活动。行政诉讼是指公民、法人或其他组织认为行政机关具体行政行为侵犯其合法权益，在法定期限内依法向人民法院起诉，由人民法院依法审理裁决的活动。

工程建设领域纠纷解决的途径涉及的诉讼主要是民事诉讼和行政诉讼。

14.4.2 民事诉讼

1. 民事诉讼法

民事诉讼法是规定民事诉讼程序的法律，是国家的基本法之一，它是人民法院审理民事案件的操作规程，也是当事人和其他诉讼参与人进行诉讼的行为规范。

1982年3月，五届全国人大常委会第二十二次会议审议通过了《中华人民共和国民事诉讼法（试行）》。在试行九年的基础上，根据积累的经验和改革开放出现的新情况，对民事诉讼法（试行）进行了修改和补充，于1991年4月七届全国人大常委会第四次会议通过了《中华人民共和国民事诉讼法》。随着改革开放和社会的发展，1991年通过的《民事诉讼法》的规定已经不能完全适应司法实践的需要，因此有必要完善。在2007年10月十届全国人大常委会第三十次会议审议修正了1991年通过的民事诉讼法。

2. 民事审判的基本制度

民事审判的基本制度是指人民法院审判民事案件所必须遵循的基本操作规程。它对于人民法院正确、及时审理民事案件，有效保护当事人的合法权益具有重要意义。根据《民事诉讼法》第10条的规定，民事审判的基本制度包括合议制度、回避制度、公开审判制度和两审终审制度。

（1）合议制度 合议制度，简称合议制，是由3名以上的审判员或者审判员与陪审员组成审判集体，代表法院行使审判权，对案件进行审理并做出裁判的制度。按照合议制度组成的法庭称为合议庭。由一名审判员代表人民法院审理案件并做出裁判的制度称为独任制，按照独任制组成的法庭称为独任庭，是合议制和合议庭的对称。合议制度是民主集中制在人民法院审理案件时的具体体现。合议庭的组成人员必须是单数，以保证在评议案件时少数服从多数原则的实现。实行合议制度可以充分发挥审判人员的集体智慧，集思广益，同时可以防止审判人员独断专行，保证案件公正审判。

（2）回避制度　回避制度是指审判人员以及其他有关人员与其审理的案件有特定关系，在符合法律规定时，应当退出或者避开该案件的审理。实行回避制度可以保证审判人员公正审理，依法办案，避免以权谋私或者徇私枉法，违法审判，从而更好地保护当事人的合法权益。

（3）公开审判制度　公开审判制度是指人民法院审理民事案件时，除法律规定可以不公开的以外，允许群众旁听、允许记者公开报道。人民法院审理民事案件，除涉及国家秘密、个人隐私或者法律另有规定的以外，应当一律公开进行。离婚案件，涉及商业秘密的案件，当事人申请不公开审理的，可以不公开审理。实行公开审判制度，将人民法院的审判活动置于人民群众的监督之下，有利于增加审判透明度，增强审判人员的责任感，保证案件的审判质量。同时，通过公开审判，向人民群众进行法制宣传教育，提高他们的法制观念，从而起到预防纠纷，减少诉讼的效果。

（4）两审终审制度　两审终审制度是指民事案件经过两级人民法院的审理，第二审人民法院的裁判是发生法律效力的终审裁判，当事人不能再行上诉的制度。我国的人民法院分为四级，即最高人民法院、高级人民法院、中级人民法院、基层人民法院。各级人民法院都可以受理其有权管辖的第一审民事案件，当事人对第一审人民法院作出的裁判不服的，可以向其上一级人民法院提起上诉，由上一级人民法院进行再次审理。但是，最高人民法院审理的第一审案件，即是终审裁判，不能上诉。实行两审终审制度，当事人对一审裁判不服可以提起上诉，有利于人民法院对一审确有错误的裁判及时纠正，有利于人民法院较快的审结案件，及时确定当事人的民事权利和义务，维护社会经济生活的正常秩序。

3. 诉讼参加人

（1）当事人　具体如下：

1）民事诉讼当事人。民事诉讼当事人，是指因民事上的权利和义务关系发生纠纷，以自己名义进行诉讼，并受人民法院裁判拘束的利害关系人。

民事诉讼当事人的特征：

① 以自己的名义进行诉讼。不以自己名义而以他人名义进行诉讼的人如诉讼代理人，不是民事诉讼的当事人。

② 与案件有直接利害关系。当事人必须是发生民事争议的一方，与案件有直接利害关系。

③ 受人民法院裁判拘束。当事人进行诉讼的目的是要求人民法院对他们之间的民事权利和义务关系作出裁判。虽然是以自己名义参加诉讼，但不受人民法

院裁判拘束的人，如证人、鉴定人，不是民事诉讼的当事人。

当事人在不同的诉讼程序中称谓不同：在一审普通程序和简易程序中称为原告和被告；在二审程序中，称为上诉人和被上诉人；在执行程序中，称为执行申请人和被申请人。

民事诉讼当事人的诉讼权利包括：委托诉讼代理人的权利；申请回避的权利；搜集、提供证据的权利；进行辩论的权利；请求调解的权利；提起上诉的权利；申请执行的权利；查阅并复制本案有关材料和法律文书的权利等。民事诉讼当事人的诉讼义务主要包括：依法行使诉讼权利；遵守诉讼秩序；履行发生法律效力的裁判。

2）共同诉讼人。当事人一方或者双方为两人以上的诉讼为共同诉讼。两人以上的一方当事人就是称为共同诉讼人。共同诉讼分为必要的共同诉讼和普通的共同诉讼。两者的主要区别在于：诉讼标的是共同的，是必要的共同诉讼；诉讼标的是同类的，是普通的共同诉讼。诉讼标的是民事诉讼中法院裁判的对象，即诉讼请求。必要共同诉讼的目的是防止矛盾判决；普通共同诉讼目的主要在于节省诉讼成本。

3）诉讼代表人。当事人一方或双方人数众多时，一般不构成一个固定的组织，无法作为一个法人实体进行诉讼。同时，一个诉讼程序也无法容纳过多的诉讼当事人，为了诉讼经济的目的，有必要由多数当事人选任代表人进行诉讼。被推选出来的代表本方当事人进行诉讼的人称为诉讼代表人。当事人一方人数众多一般指10人以上。被推选的诉讼代表人的人数为2~5人。

诉讼代表人的条件：是本案的当事人；具有诉讼行为能力；具备与进行该诉讼相适应的能力，能善意地履行诉讼代表人的职责。诉讼行为能力是指当事人能够通过自己的行为亲自行使诉讼权利，履行诉讼义务的能力。

4）诉讼第三人。民事诉讼中的第三人是指对原、被告所争议的诉讼标的认为有独立的请求权，或者虽没有独立的请求权，但案件的处理结果与其有法律上的利害关系，而参加到正在进行的诉讼中的人。第三人参加诉讼的目的在于彻底解决彼此有联系的纠纷，维护利害关系人的合法权益，节省诉讼成本。第三人以是否具有独立请求权为标准分为：有独立请求权的第三人和无独立请求权的第三人。

（2）诉讼代理人　诉讼代理人是指以当事人的名义，在一定权限范围内，为当事人的利益进行诉讼活动的人。被代理的一方当事人称为被代理人。诉讼代理人代理当事人进行诉讼活动的权限称为诉讼代理权。以诉讼代理权发生的原因为标准，诉讼代理人可分为法定代理人和委托代理人。

法定代理人是指根据法律规定取得代理权，代理无诉讼行为能力的当事人进行诉讼的人。《民事诉讼法》第57条规定，无诉讼行为能力人由他的监护人作为法定代理人代为诉讼。法定代理人之间互相推诿代理责任的，由人民法院指定其中一人代为诉讼。

委托代理人是指受当事人、法定代理人的委托，代为诉讼行为的人。《民事诉讼法》第 58 条规定，当事人、法定代理人可以委托 1~2 人作为诉讼代理人。律师、当事人的近亲属、有关的社会团体或者所在单位推荐的人、经人民法院许可的其他公民，都可以被委托为诉讼代理人。

委托诉讼代理人的注意事项：

① 委托他人代为诉讼，必须向人民法院提交由委托人签名或者盖章的授权委托书。

② 授权委托书必须记明委托事项和权限。

③ 诉讼代理人代为承认、放弃、变更诉讼请求，进行和解，提起反诉或者上诉，必须有委托人的特别授权。

④ 侨居在国外的中华人民共和国公民从国外寄交或者托交的授权委托书，必须经中华人民共和国驻该国的使领馆证明；没有使领馆的，由与中华人民共和国有外交关系的第三国驻该国的使领馆证明，再转由中华人民共和国驻该第三国使领馆证明，或者由当地的爱国华侨团体证明。

4. 主管

主管是指国家机关和社会组织之间行使职权履行职责的范围和权限。法院在民事诉讼中的主管是指法院受理民事案件的范围和权限，是明确法院和其他国家机关、社会组织之间解决民事纠纷的分工。

根据《民事诉讼法》第 3 条的规定，人民法院受理公民之间、法人之间、其他组织之间以及他们相互之间因财产关系和人身关系提起的民事诉讼。主要有以下几类：

1）平等主体之间发生的财产权和人身权纠纷。主要包括：由民法调整的物权关系、债权关系、知识产权关系、人身权关系引起的诉讼；由商法调整的商事关系引起的诉讼；由经济法调整的经济关系中属于民事性质的诉讼。

2）由劳动法调整的用人单位和劳动者之间因劳动关系发生的纠纷。

3）法律明确规定依照民事诉讼法解决的其他纠纷。比如，专利纠纷、企业法人破产还债程序处理等。

5. 管辖

民事诉讼中的管辖是指确定各级人民法院、同级人民法院之间受理第一审民事案件的分工和权限。主管解决的是哪些纠纷可以通过民事诉讼途径来解决，而管辖解决的是当事人应该向哪一个具体法院来提起诉讼。我国的人民法院有四级，除最高人民法院外，每一级法院都不止一个，这需要将民事诉讼受案范围在不同级别和不同地域的人民法院之间进行分工。

（1）级别管辖　级别管辖是指上、下级法院受理第一审民事案件的分工和权限。民事诉讼法主要根据案件的性质、诉讼标的的金额大小和案件影响程度来进行划分不同级别人民法院管辖的。

1)基层人民法院管辖第一审民事案件,但民事诉讼法另有规定的除外。由于民事诉讼法规定由其他各级人民法院管辖的案件数量较少,这样规定意味着大多数第一审民事案件都归基层人民法院管辖。原因是:在我国的法院组织系统中,基层人民法院数量多、分布广,由基层人民法院管辖第一审民事案件,有利于当事人参与诉讼,有利于人民法院审理案件。

2)中级人民法院管辖的第一审民事案件包括:重大涉外案件;在本辖区有重大影响的案件;最高人民法院确定由中级人民法院管辖的案件。涉外案件是指具有涉外因素的案件,即民事法律关系的主体、内容和客体三者之一含有涉外因素的案件。重大涉外案件是指争议标的额大、或者案情复杂,或者居住在国外的当事人人数众多的涉外案件。一般涉外案件基层人民法院可以管辖。

为了保证涉外民商事案件审判质量,依法保护当事人的合法权益,2002年2月25日最高人民法院颁布了《关于涉外民商事案件诉讼管辖若干问题的规定》,该规定将部分涉外民商事案件的管辖权集中到了最高人民法院指定的少数法院管辖。

3)高级人民法院管辖在本辖区有重大影响的第一审民事案件。

4)最高人民法院管辖的第一审民事案件包括:在全国有重大影响的案件;认为应当由本院审理的案件。

(2)地域管辖 地域管辖是按照人民法院的主管范围和当事人住所地划分同级人民法院之间审判第一审民事案件的权限。

1)一般地域管辖。一般地域管辖是指以当事人住所地与法院辖区的关系来确定管辖法院。一般地域管辖的原则是"原告就被告",即民事诉讼由被告住所地人民法院管辖。被告是公民的,被告住所地为其户籍所在地;被告是法人或者其他组织的,法人或者其他组织的主要营业地或者主要办事机构所在地为其住所地。实行"原告就被告"原则,有利于人民法院调查、核实证据,迅速查明案情;有利于传唤被告出庭应诉;有利于防止原告滥用诉权,给被告造成不应有的损失。

2)特殊地域管辖。特殊地域管辖是指以诉讼标的所在地或者引起民事法律关系发生、变更、消灭的法律事实所在地为标准确定的管辖。是相对一般地域管辖而言的,是法律针对特别类型案件的诉讼管辖作出的规定。与工程建设关系最为密切的是因合同纠纷提起的诉讼。

《民事诉讼法》第24条规定,因合同纠纷提起的诉讼,由被告住所地或者合同履行地人民法院管辖。合同履行地是指合同规定的履行义务的地点。合同履行地应当在合同中明确约定。对履行地约定不明确的合同,应当根据《合同法》

第 62 条的规定来确定履行地，即"给付货币的，在接受货币一方所在地履行；交付不动产的，在不动产所在地履行；其他标的，在履行义务一方所在地履行"。确定合同履行地在实践中是相当复杂的问题，当事人之间常常对如何确定合同履行地产生分歧，并由此引发管辖权争议。最高人民法院在《关于审理建设工程施工合同纠纷案件适用法律问题的解释》中明确规定"建设工程施工合同纠纷以施工行为地为合同履行地"。

《民事诉讼法》第 25 条规定，合同的双方当事人可以在书面合同中协议选择被告住所地、合同履行地、合同签订地、原告住所地、标的物所在地人民法院管辖，但不得违反本法对级别管辖和专属管辖的规定。这是关于协议管辖的规定。协议管辖是指双方当事人在纠纷发生之前或者之后，以书面方式约定解决他们之间纠纷的管辖法院。目的是防止地方保护主义影响案件的公正审判。适用协议管辖必须符合下列几个条件：

① 协议管辖只限于合同纠纷案件，并且只限于第一审民事经济纠纷案件中合同案件。

② 当事人协议选择管辖法院的范围，只限于被告住所地、合同履行地、合同签订地、原告住所地、标的物所在地人民法院。

③ 当事人必须以书面合同形式选择管辖，包括书面合同中的协议管辖条款或者诉讼前双方当事人达成的管辖协议，口头协议无效。

④ 当事人必须进行确定的、单一的选择，不得选择两种或者两种以上法院。

⑤ 当事人选择法院不得违反有关级别管辖和专属管辖的规定。当事人在协议时不能将依法由基层法院管辖的诉讼约定由中级以上法院管辖，否则会造成审级关系的混乱。专属管辖是强制性管辖，因此不允许当事人通过协议改变专属管辖。

3）专属管辖。专属管辖是指对某些特定类型的案件，法律强制规定只能由特定的人民法院行使管辖权。《民事诉讼法》第 34 条规定，因不动产纠纷提起的诉讼，由不动产所在地人民法院管辖；因港口作业中发生纠纷提起的诉讼，由港口所在地人民法院管辖；因继承遗产纠纷提起的诉讼，由被继承人死亡时住所地或者主要遗产所在地人民法院管辖。

（3）移送管辖　移送管辖是指已经受理案件的法院，发现本法院对该案件没有管辖权，而将案件移送给有管辖权的法院审理。受移送的人民法院认为受移送的案件依照规定不属于本院管辖的，应当报请上级人民法院指定管辖，不得再自行移送。其目的是防止在法院之间反复移送，拖延时间，影响当事人的合法权益。

（4）指定管辖　指定管辖是指上级法院以裁定方式指定其辖区内的下级法院对某一案件行使管辖权。其目的在于使不明的管辖得到明确，使有争议的管辖问题得到解决。

（5）管辖权异议　管辖权异议是指当事人向受诉法院提出的该法院对本案无管辖权的主张。当事人对管辖权有异议的，应当在提交答辩状期间提出。受诉法院在收到当事人提出的管辖权异议后，应当认真审查。经审查异议成立的，法院应将案件移送有管辖权的法院审理。异议不成立的，应裁定驳回异议。

6. 财产保全

财产保全是指法院在诉讼开始后，或者诉讼开始前，为保证日后给付判决的顺利执行，而对当事人争议的财产或者与本案有关的财产依法采取的各种强制性保护措施的总称。财产保全制度是为了保证将来生效判决得以实现的法律制度，有利于解决执行难的问题，有利于降低判决实现的成本，维护人民法院生效判决的权威性。

（1）财产保全的分类　根据申请保全的时间，财产保全可分为诉讼中的财产保全和诉讼前的财产保全。

1) 诉讼中的财产保全。诉讼中的财产保全，又称诉讼保全，是指人民法院审理民事案件，在判决前，对于因当事人一方的行为或者其他原因，可能使判决不能执行或者难以执行，根据当事人的申请，或者必要时依职权而采取的限制当事人对其财物进行处分的强制措施。

诉讼中保全必须具备以下条件：

① 案件必须具有给付内容。采取诉讼保全，是对财物实行保全，因此案件必须具有财产给付内容。

② 因当事人一方的行为或者其他原因，可能将来作出的判决不能执行或者难以执行，即存在实施财产保全的客观需要。

③ 必须是法院受理案件后、作出判决前。如果法院的判决已经生效，当事人只能申请强制执行，不能申请财产保全。

④ 当事人提出申请或者人民法院依职权采取财产保全措施。

⑤ 人民法院责令申请人提供担保的，申请人应当提供。财产保全措施的适用可能会给被申请人造成经济损失，为了平等地保护双方当事人的利益，申请人申请诉讼中财产保全，人民法院责令申请人提供担保的，申请人应当提供。不提供担保的，申请就会被驳回。

人民法院接受申请后，对情况紧急的，必须在 48 小时内作出裁定；裁定采取财产保全措施的，应当立即开始执行。

2) 诉讼前的财产保全。诉讼前的财产保全，又称诉前保全，是尚未起诉时申请的财产保全，是指在诉讼前，对于因情况紧急不立即限制财产转移，将会使利害关系人的合法权益受到难以弥补的损害，依据利害关系人的申请而采取的财产保全措施。

诉讼前保全必须具备以下条件：

① 案件必须具有给付内容。

② 债权、债务关系明确。申请诉前保全的利害关系人，应当提供证据证明其对被申请人有财产上的权利。

③ 因情况紧急，不立即采取财产保全措施将会使申请人的合法权益受到难以弥补的损害。情况紧急是指申请人来不及起诉，必须立即采取财产保全措施；受到难以弥补的损害是指被申请人可能随时转移被申请保全的财物，而该财物一旦转移，申请人的财产权利就难以实现。

④ 必须是在提起诉讼前申请财产保全。

⑤ 必须由利害关系人提出财产保全的申请。利害关系人是指与被申请人发生争议，或者认为被申请人侵害其权利的人。

⑥ 申请人必须提供担保。因为诉前财产保全是在起诉前进行的，利害关系人是否起诉、起诉后能否胜诉不能确定，而财产保全措施的适用可能会给被申请人造成经济损失，所以申请人申请诉前财产保全必须提供担保。

人民法院接受申请后，必须在48小时内作出裁定；裁定采取财产保全措施的，应当立即开始执行。

（2）财产保全的范围　《民事诉讼法》第94条规定，财产保全限于请求的范围，或者与本案有关的财物。限于请求的范围是指保全财物的价值与请求保全的数额基本相等。比如，原告诉讼请求被告支付5万元货款，同时申请财产保全，被告银行有10万元存款，那么财产保全的范围不能超过5万元。与本案有关的财物是指保全的财物是本案的诉讼标的物，或者是与本案有牵连的其他财物。比如，当事人双方对一房屋的所有权有争议，当事人只能对该房屋申请财产保全。

（3）财产保全的措施　财产保全采取查封、扣押、冻结或者法律规定的其他方法。查封是指在被申请人的财产上贴上人民法院的封条，就地封存，不准任何人移动和处分。这种方法主要是针对不动产和不宜移动的动产等采取的。扣押是指人民法院依法对需要保全的财产予以强制扣留，以便使保全对象脱离当事人等的控制，这种方法主要是针对一般动产采取的。冻结是指对被申请人的存款、资产、债权、股权等收益采取的保全措施。人民法院发出协助执行通知书，请银行和有关企业冻结被申请人的财产，不得提取和转移。法律规定的其他方法是指由我国确定有效的有关法律规范明确规定的其他保全办法，如对不宜长期保存物品可以变卖，保存价款；对于不动产可以采用扣押有关权利证书并通知有关产权登记部门不予办理该项财产的转移手续的财产保全措施。

（4）财产保全的解除　财产保全因下列原因而解除：第一，被申请人提供担保的，人民法院应当解除财产保全；第二，在诉前财产保全中，申请人在人民法院采取保全措施后 15 日内不起诉的，人民法院应当解除财产保全；第三，据以保全的条件和原因不复存在，如被申请人已经履行义务或申请人撤回保全申请的，人民法院应当解除财产保全。

7. 先予执行

先予执行是指人民法院在审理民事案件中，因当事人一方生活或者生产的急需，在作出判决前，根据当事人的申请，裁定一方当事人给付另一方当事人一定数额的款项或者特定物，或者停止或实施某些行为，并立即执行的法律制度。执行本应在判决发生效力之后，先予执行是为了解决一方当事人由于生活或者生产的迫切需要，必须在判决前采取措施，以解燃眉之急。否则，就不能采取先予执行措施。

先予执行的适用范围包括：追索赡养费、扶养费、抚育费、抚恤金、医疗费用的；追索劳动报酬的；因情况紧急需要先予执行的。

先予执行的适用条件包括：当事人之间权利和义务关系明确，不先予执行将严重影响申请人的生活或者生产经营的；被申请人有履行能力；当事人需提出申请。只有当事人生活或者生产经营十分困难，并主动申请，人民法院才能作出先予执行的裁定。

人民法院裁定先予执行后，经审理，判决存在两种可能，申请人胜诉或者败诉。申请人胜诉的，先予执行的部分可以在判决中冲抵。申请人败诉的，申请人就要返还被申请人先予执行的部分，而且因先予执行给被申请人造成财产损失的，申请人应当赔偿。如果申请人提供了担保，可以用担保的财产予以赔偿。

8. 第一审普通程序

普通程序是指人民法院审理第一审民事案件通常使用的程序。依照法律规定，我国人民法院审理民事案件实行两审终审制，那么民事案件的审判程序就有第一审和第二审之别。在第一审程序中，根据案件的复杂程度不同，分为普通程序和简易程序。其中普通程序内容系统完整、适用广泛，是整个民事审判程序中最基本的程序，包括起诉与受理、审理前的准备和开庭审理三个阶段。简易程序是基层人民法院和它的派出法庭审理事实清楚、权利义务关系明确、争议不大的简单的民事案件适用的程序。

（1）起诉和受理　起诉是指公民、法人和其他组织之间因财产关系和人身关系发生纠纷，其中一方向人民法院提出诉讼请求，要求人民法院行使国家审判权解决纠纷，以保护自己合法权益的诉讼行为。受理是指人民法院对原告的起诉进行审查后，认为符合法定条件，决定立案审理的行为。

《民事诉讼法》第 108 条规定，起诉必须符合以下条件：第一，原告是与本案有直接利害关系的公民、法人和其他组织。所谓原告与本案有直接利害关系，是指当事人自己的民事权益受到侵害或者与他人发生争议。只要为保护自己的民事权益而提起诉讼的人,才是本案的原告。第二,有明确的被告。没有明确的被告,只有起诉的,没有应诉的人,人民法院就无法进行审判活动。第三,有具体的诉讼请求和事实、理由。具体诉讼请求是指原告必须明确其实体权利主张的内容和范围。事实主要是指原、被告之间发生纠纷的民事法律关系产生、变更和消灭的事实。理由是指证明其诉讼请求合理合法的根据。第四,属于人民法院受理民事诉讼的范围和受诉人民法院管辖。

起诉的方式有书面和口头两种方式,以书面方式为主。起诉应当向人民法院递交起诉状,并按照被告人数提出副本。书写起诉状确有困难的,可以口头起诉,由人民法院记入笔录,并告知对方当事人。

人民法院收到起诉状或者口头起诉,经审查,认为符合起诉条件的,应当在7日内立案,并通知当事人;认为不符合起诉条件的,应当在7日内裁定不予受理;原告对裁定不服的,可以提起上诉。

(2) 审理前的准备 审理前的准备是指人民法院受理原告的起诉以后到开庭审理之前为保证庭审顺利进行的一系列准备工作的总称。主要准备工作有:

1) 在法定期限内送达诉讼文书。人民法院受理案件后,分别向原、被告发送案件受理通知书和应诉通知书,并在立案之日起5日内将起诉状副本发送被告。

2) 告知当事人相关的诉讼权利和义务及合议庭的组成人员。

3) 审判人员认真审核诉讼材料,调查收集必要的证据。审核诉讼材料主要是指承办案件的审判人员对原告的起诉状、被告的答辩状以及他们提出的证据材料和其他诉讼材料进行审查和核实。人民法院调查收集证据分两种情况:一是当事人及其诉讼代理人因客观原因不能自行收集的证据,可以申请人民法院调查收集;二是人民法院认为审理案件需要的证据,依职权主动调查收集。

4) 追加当事人。必须共同进行诉讼的当事人没有参加诉讼的,人民法院应当通知其参加诉讼。

(3) 开庭审理 开庭审理是指人民法院在当事人和其他诉讼参与人的参加下,按照法定程序在法庭上对案件进行全面审查并作出裁判的过程。主要分为以下四个阶段:

1) 开庭准备。由书记员查明当事人和其他诉讼参与人是否到庭;由书记员宣布当事人及其诉讼代理人入庭,并宣布法庭纪律;审判长核对当事人,查明原告、被告及其诉讼代理人的身份情况,查明诉讼代理人有无授权委托书;审判长宣布案由及开始庭审,对依法不公开审理的案件应当说明理由;审判长宣布合议庭组成人员、书记员名单,并逐项告知当事人法律规定的诉讼权利和义务,审判长询问各方当事人是否申请回避。

2) 法庭调查。法庭调查是指人民法院依照法定程序、在法庭上对案件事实进行调查，对各种证据予以核实的活动，是开庭审理的核心。其主要任务是进一步明确当事人的诉讼请求，在当事人均在场的情况下，查明案件事实、审查核实证据，为认定案件事实、正确适用法律提供事实依据。法庭调查的程序：当事人陈述；告知证人的权利和义务，证人作证，宣读未到庭的证人证言；出示书证、物证和视听资料；宣读鉴定结论；宣读勘验笔录。当事人经法庭许可，可以向证人、鉴定人、勘验人发问。当事人要求重新进行调查、鉴定或者勘验的，是否准许，由人民法院决定。

3）法庭辩论。法庭辩论是在法庭调查的基础上，当事人运用法庭调查的证据和有关法律规定，对认定案件事实、确定诉讼请求等方面仍有争议的问题进行辩论，反驳对方的意见，阐明自己主张的正确性的过程。其目的是认定事实、辩明是非。法庭辩论的程序：原告及其诉讼代理人发言；被告及其诉讼代理人答辩；第三人及其诉讼代理人发言或者答辩；互相辩论。法庭辩论终结，由审判长按照原告、被告、第三人的先后顺序征询各方最后意见。审判长询问当事人是否愿意调解。当事人自愿调解的，应当进行调解。

4）案件评议、宣告判决。法庭辩论结束后，当事人不愿调解或者调解不成的，合议庭应当休庭对案件进行评议。评议由审判长主持，秘密进行，并实行少数服从多数的原则。合议庭评议结束后，根据案件审理情况，决定是当庭宣判还是定期宣判。当庭宣判的，由审判长宣布继续开庭并宣读裁判并在10日内发送判决书；定期宣判的，应当另定宣判日期，宣判后立即发给判决书。

人民法院适用普通程序审理的案件，应当在立案之日起6个月内审结。有特殊情况需要延长的，由本院院长批准，可以延长6个月；还需要延长的，报请上级人民法院批准。

9. 第二审程序

第二审程序是指当事人不服第一审人民法院的未生效裁判，在法定期限内向上一级人民法院提起上诉，上一级人民法院对案件进行审理所适用的程序。

（1）提起上诉的条件 具体如下：

1）上诉的对象必须是依法可以上诉的裁判。

2）上诉的主体必须是合格的上诉人和被上诉人。第一审程序中的原告、被告、共同诉讼人、诉讼代表人、有独立请求权的第三人，判决承担民事责任的无独立请求权的第三人，均可作为上诉人。被上诉人一般是在第一审程序中的对方当事人。

3）上诉的提起必须在法定期限内。当事人不服地方人民法院第一审判决的，有权在判决书送达之日起15日内向上一级人民法院提起上诉。当事人不服地方人民法院第一审裁定的，有权在裁定书送达之日起10日内向上一级人民法院提起上诉。

4）上诉必须提交上诉状。一审宣判时或判决书、裁定书送达时，当事人口头表示上诉的，人民法院应告知其必须在法定上诉期间内递交上诉状。未在法定上诉期间内递交上诉状的，视为未提出上诉。

（2）上诉的提出方式　上诉状应当通过原审人民法院提出，并按照对方当事人或者代表人的人数提出副本。当事人直接向第二审人民法院上诉的，第二审人民法院应当在5日内将上诉状移交原审人民法院。

（3）上诉的审查和受理　第二审人民法院依照法定程序，对当事人提起的上诉进行审查，符合条件的就会决定立案审理。

（4）上诉的审理　具体如下：

1）审理范围。第二审人民法院应当对上诉请求的有关事实和适用法律进行审查。对上诉人上诉请求的有关事实和适用法律进行审查时，如果发现在上诉请求以外原判确有错误的，也应予以纠正。

2）审理方式。第二审人民法院对上诉案件，应当组成合议庭，开庭审理。经过阅卷和调查，询问当事人，在事实核对清楚后，合议庭认为不需要开庭审理的，也可以径行裁判。径行裁判是指上诉人民法院不开庭审理，合议庭在阅卷、调查、询问当事人，审查、核实案件事实和法律适用情况的基础上，对案件直接作出裁判的审理方式。

（5）上诉案件的裁判　第二审人民法院对上诉案件进行审理后，分别情况作出处理：

1）驳回上诉、维持原判。原判决认定事实清楚，适用法律正确的，判决驳回上诉，维持原判决。

2）依法改判。原判决适用法律错误的，依法改判；原判决认定事实错误，或者原判决认定事实不清，证据不足的，可以在查清事实后改判。

3）撤销原判，发回重审。原判决认定事实错误，或者原判决认定事实不清，证据不足，裁定撤销原判决，发回原审人民法院重审。

4）原判决违反法定程序，可能影响案件正确判决的，裁定撤销原判决，发回原审人民法院重审。当事人对重审案件的判决、裁定，可以上诉。

10. 审判监督程序

审判监督程序是指人民法院为了纠正已经发生法律效力裁判中的错误而对案件再次进行审理的程序。审判监督程序的启动方式包括三种：当事人申请再审；人民法院决定再审；人民检察院抗诉再审。

（1）当事人申请再审的条件　具体如下：

1）当事人对已经发生法律效力的判决、裁定，认为有错误的，可以申请再审。

2）当事人申请再审，应当在判决、裁定发生法律效力后2年内提出；2年后据以作出原判决、裁定的法律文书被撤销或者变更,以及发现审判人员在审理该案件时有贪污受贿,徇私舞弊,枉法裁判行为的,自知道或者应当知道之日起3个月内提出。

3) 当事人必须向有管辖权的人民法院提出申请。即向作出裁判的原审人民法院的上一级人民法院申请再审。

4) 当事人申请再审的事由必须符合以下情形之一:有新的证据,足以推翻原判决、裁定的;原判决、裁定认定的基本事实缺乏证据证明的;原判决、裁定认定事实的主要证据是伪造的;原判决、裁定认定事实的主要证据未经质证的;对审理案件需要的证据,当事人因客观原因不能自行收集,书面申请人民法院调查收集,人民法院未调查收集的;原判决、裁定适用法律确有错误的;违反法律规定,管辖错误的;审判组织的组成不合法或者依法应当回避的审判人员没有回避的;无诉讼行为能力人未经法定代理人代为诉讼或者应当参加诉讼的当事人,因不能归责于本人或者其诉讼代理人的事由,未参加诉讼的;违反法律规定,剥夺当事人辩论权利的;未经传票传唤,缺席判决的;原判决、裁定遗漏或者超出诉讼请求的;据以作出原判决、裁定的法律文书被撤销或者变更的。

(2) 人民法院决定再审　各级人民法院院长对本院已经发生法律效力的判决、裁定,发现确有错误,认为需要再审的,应当提交审判委员会讨论决定。最高人民法院对地方各级人民法院已经发生法律效力的判决、裁定,上级人民法院对下级人民法院已经发生法律效力的判决、裁定,发现确有错误的,有权提审或者指令下级人民法院再审。

(3) 人民检察院抗诉再审　最高人民检察院对各级人民法院已经发生法律效力的判决、裁定,上级人民检察院对下级人民法院已经发生法律效力的判决、裁定,发现有可以抗诉的法定事由的,应当提出抗诉。地方各级人民检察院对同级人民法院已经发生法律效力的判决、裁定,发现有以抗诉的法定事由的,应当提请上级人民检察院向同级人民法院提出抗诉。人民检察院抗诉案件的主要来源,一是当事人向人民检察院提出申诉,人民检察院经过审查,认为生效的裁判确有可以抗诉的法定事由的,应当向人民法院提出抗诉;二是人民检察院依职权提起抗诉,主要是针对违反公共利益的裁判。

11. 执行程序

执行程序是指法定的执行机关运用国家强制力,采取法定措施,迫使义务人履行法律文书确定的义务所遵循的程序。因为民事诉讼的当事人一般都能自觉履行发生法律效力的法律文书,所以执行程序不是民事诉讼过程中必经的程序。

(1) 执行依据和执行管辖　执行依据是指申请人据以申请执行和执行人员据以执行的凭证,即法律规定由人民法院执行的法律文书。作为执行依据的法律文书主要有:人民法院制作的生效的民事判决书、裁定书和调解书;人民法院依督促程序发布的支付令；生效的具有财产内容的刑事判决书、裁定书；仲裁机构制作的生效的裁决书；公证机构制作的依法赋予强制执行力的债权文书。

执行管辖是指生效的法律文书由哪一个具体的人民法院负责执行。发生法律效力的民事判决、裁定以及刑事判决、裁定中的财产部分，由第一审人民法院或者与第一审人民法院同级的被执行的财产所在地人民法院执行。对于其他法律文书的执行，除我国涉外仲裁机构所作的仲裁裁决和国外仲裁裁决由中级人民法院执行外，一般均由被执行人住所地或者被执行的财产所在地人民法院执行。

（2）执行的进行　具体如下：

1）执行开始。执行开始包括申请执行和移送执行两种方式。申请执行是指享有权利的一方当事人在对方拒绝履行义务的情况下，根据生效的法律文书申请人民法院强制执行的方式。移送执行是指人民法院作出裁判后，因情况特殊而认为有必要时，不需当事人申请，依职权将生效的法律文书直接移交给执行机构执行的方式。

2）案件受理与被执行人财产的查明。人民法院执行机构收到执行申请后，应当及时进行审查，认为符合受理条件的，应当在7日内立案。执行的实质是财产执行，因此执行案件立案后查明被执行人的财产就成为执行进行中的最大问题。对被执行人财产调查的方法主要有法院调查、被执行人申报、申请执行人调查、群众举报等。

3）采取执行措施。执行措施的采用，根据执行依据所确定的给付内容有所不同。比如，被执行人未按执行通知履行法律文书确定的义务，人民法院有权向银行、信用合作社和其他有储蓄业务的单位查询被执行人的存款情况，有权冻结、划拨被执行人的存款。对于没有银行存款的，人民法院有权查封、扣押、冻结、拍卖、变卖被执行人应当履行义务部分的财产。强制迁出房屋或者强制退出土地时，被执行人是未成年公民的，应当通知被执行人或者他的成年家属到场；被执行人是法人或者其他组织的，应当通知其法定代表人或者主要负责人到场。拒不到场的，不影响执行。被执行人是公民的，其工作单位或者房屋、土地所在地的基层组织应当派人参加。执行员应当将强制执行情况记入笔录，由在场人签名或者盖章。强制迁出房屋被搬出的财物，由人民法院派人运至指定处所，交给被执行人。被执行人是公民的，也可以交给他的成年家属。因拒绝接收而造成的损失，由被执行人承担。

（3）执行行为异议和案外人异议　执行行为异议是指当事人、利害关系人认为执行行为违反法律规定的，向负责执行的人民法院提出书面异议请求纠正的制度。它是针对执行过程中执行机构的违法行为提出的。当事人、利害关系人提出书面异议的，人民法院应当自收到书面异议之日起15日内审查，理由成立的，裁定撤销或者改正；理由不成立的，裁定驳回。当事人、利害关系人对裁定不服的，可以自裁定送达之日起 10 日内向上一级人民法院申请复议。

案外人异议是指在执行过程中，本案当事人之外的人认为执行机构对执行标的的执行侵害了其实体权利，向执行的人民法院提出的异议。执行过程中，案外人对执行标的提出书面异议的，人民法院应当自收到书面异议之日起 15 日内审查，理由成立的，裁定中止对该标的的执行；理由不成立的，裁定驳回。案外人、当事人对裁定不服，认为原判决、裁定错误的，依照审判监督程序办理；与原判决、裁定无关的，可以自裁定送达之日起 15 日内向人民法院提起诉讼。

(4) 执行和解与执行担保　执行和解是指在执行过程中，当事人双方自行协商达成协议，经人民法院审查批准后，结束执行程序的行为。和解协议只对当事人双方有约束力，当事人没有履行和解协议的，申请执行的一方当事人可以申请人民法院恢复对原生效法律文书的执行。

执行担保是指执行过程中，被执行人向人民法院提供担保，经申请执行人同意后，人民法院可以在一定期间内暂缓执行程序的进行。如果超过了暂缓执行期限，被执行人仍未履行的，人民法院将会直接依职权执行担保财产。

(5) 执行中止和执行终结　执行中止是指在执行过程中，因发生法定事由暂时停止执行，待法定事由解除后再恢复执行。执行中止的法定情形有：申请人表示可以延期执行的；案外人对执行标的提出确有理由的异议的；作为一方当事人的公民死亡，需要等待继承人继承权利或者承担义务的；作为一方当事人的法人或者其他组织终止，尚未确定权利和义务承受人的；人民法院认为应当中止执行的其他情形。

执行终结是指在执行过程中，因发生法定事由，执行已经没有必要或者无法继续进行，从而依法结束执行程序。执行终结的法定情形有：申请人撤销申请的；据以执行的法律文书被撤销的；作为被执行人的公民死亡，无遗产可供执行，又无义务承担人的；追索赡养费、扶养费、抚育费案件的权利人死亡的；作为被执行人的公民因生活困难无力偿还借款，无收入来源，又丧失劳动能力的；人民法院认为应当终结执行的其他情形。

14.4.3　行政诉讼

行政诉讼是指行政相对人认为行政机关和法律法规授权的组织作出的具体行政行为侵犯其合法权益，依法向人民法院起诉，由人民法院对被诉具体行政行为的合法性进行审查并作出裁判的活动。人民法院审理行政案件，除依照行政诉讼法及其司法解释外，可以参照民事诉讼的有关规定。

1. 行政诉讼的受案范围

人民法院受理公民、法人和其他组织对下列具体行政行为不服提起的诉讼：对拘留、罚款、吊销许可证和执照、责令停产停业、没收财物等行政处罚不服的；对限制人身自由或者对财产的查封、扣押、冻结等行政强制措施不服的；认为行政机关侵犯法律规定的经营自主权的；认为符合法定条件申请行政机关颁发许可证和执照，行政机关拒绝颁发或者不予答复的；申请行政机关履行保护人身权、财产权的法定职责，行政机关拒绝履行或者不予答复的；认为行政机关没有依法发给抚恤金的；认为行政机关违法要求履行义务的；认为行政机关侵犯其他人身权、财产权的。法律、法规规定可以提起诉讼的其他行政案件。

2. 行政诉讼的起诉和受理

（1）起诉应当符合的条件　具体如下：

1）原告是认为具体行政行为侵犯其合法权益的公民、法人或者其他组织。

2）有明确的被告。

3）有具体的诉讼请求和事实根据。

4）属于人民法院受案范围和受诉人民法院管辖。

（2）起诉期限　公民、法人或者其他组织直接向人民法院提起诉讼的，应当在知道作出具体行政行为之日起3个月内提出。法律另有规定的除外。

公民、法人或者其他组织向行政机关申请复议的，复议机关应当在收到申请书之日起2个月内作出决定。法律、法规另有规定的除外。申请人不服复议决定的，可以在收到复议决定书之日起15日内向人民法院提起诉讼。复议机关逾期不作决定的，申请人可以在复议期满之日起15日内向人民法院提起诉讼。法律另有规定的除外。

（3）受理　人民法院应当组成合议庭对原告的起诉进行审查。符合起诉条件的，应当在7日内立案；不符合起诉条件的，应当在7日内裁定不予受理。7日内不能决定是否受理的，应当先予受理；受理后经审查不符合起诉条件的，裁定驳回起诉。受诉人民法院在7日内既不立案，又不作出裁定的，起诉人可以向上一级人民法院申诉或者起诉。上一级人民法院认为符合受理条件的，应予受理；受理后可以移交或者指定下级人民法院审理，也可以自行审理。

3. 行政诉讼的第一审程序

（1）审前准备　审前准备主要包括组成合议庭、送达诉讼文书、处理管辖权争议、审阅诉讼材料、人民法院搜集证据等。

（2）庭审程序　庭审程序具体包括以下几个阶段：开庭准备、宣布开庭、法庭调查、法庭辩论、合议庭评议和宣判。人民法院应当在立案之日起3个月内作出第一审判决。有特殊情况需要延长的，由高级人民法院批准，高级人民法院审理第一审案件需要延长的，由最高人民法院批准。

（3）裁判结果　人民法院经过审理，根据不同情况，分别作出以下判决：

1）具体行政行为证据确凿，适用法律、法规正确，符合法定程序的，判决维持。

2）具体行政行为有下列情形之一的，判决撤销或者部分撤销，并可以判决被告重新作出具体行政行为：主要证据不足的；适用法律、法规错误的；违反法定程序的；超越职权的；滥用职权的。

3）被告不履行或者拖延履行法定职责的，判决其在一定期限内履行。

4）行政处罚显失公正的，可以判决变更。

4. 行政诉讼的第二审程序

（1）上诉期限　当事人不服人民法院第一审判决的，有权在判决书送达之日起 15 日内向上一级人民法院提起上诉。当事人不服人民法院第一审裁定的，有权在裁定书送达之日起 10 日内向上一级人民法院提起上诉。逾期不提起上诉的，人民法院的第一审判决或者裁定发生法律效力。

（2）上诉审理方式和审理期限　人民法院对上诉案件，认为事实清楚的，可以实行书面审理。人民法院审理上诉案件，应当在收到上诉状之日起 2 个月内作出终审判决。有特殊情况需要延长的，由高级人民法院批准，高级人民法院审理上诉案件需要延长的，由最高人民法院批准。

（3）裁判结果　人民法院审理上诉案件，按照下列情形，分别处理：

1）原判决认定事实清楚，适用法律、法规正确的，判决驳回上诉，维持原判。

2）原判决认定事实清楚，但是适用法律、法规错误的，依法改判。

3）原判决认定事实不清，证据不足，或者由于违反法定程序可能影响案件正确判决的，裁定撤销原判，发回原审人民法院重审，也可以查清事实后改判。当事人对重审案件的判决、裁定，可以上诉。

5. 行政诉讼的审判监督程序

（1）审判监督程序的启动

1）当事人对已经发生法律效力的判决、裁定，认为确有错误的，可以向原审人民法院或者上一级人民法院提出申诉，但判决、裁定不停止执行。

2）人民法院院长对本院已经发生法律效力的判决、裁定，发现违反法律、法规规定认为需要再审的，应当提交审判委员会决定是否再审。上级人民法院对下级人民法院已经发生法律效力的判决、裁定，发现违反法律、法规规定的，有权提审或者指令下级人民法院再审。

3）人民检察院对人民法院已经发生法律效力的判决、裁定，发现违反法律、法规规定的，有权按照审判监督程序提出抗诉。

（2）再审案件的审理　人民法院按照审判监督程序再审的案件，发生法律效力的判决、裁定是由第一审人民法院作出的，按照第一审程序审理，所作的判决、裁定，当事人可以上诉；发生法律效力的判决、裁定是由第二审人民法院作出的，按照第二审程序审理，所作的判决、裁定是发生法律效力的判决、裁定；

上级人民法院按照审判监督程序提审的，按照第二审程序审理，所作的判决、裁定是发生法律效力的判决、裁定。人民法院审理再审案件，应当另行组成合议庭。

14.5 工程建设纠纷典型案例分析

14.5.1 案例1

申请人：张某

被申请人：广州某有限公司

1. 基本案情

申请人申请仲裁称：2005年4月，申请人与被申请人签订了××商业广场商铺租赁合同，确认由申请人承租被申请人的两个商铺。申请人与被申请人签订了××商业广场商铺装饰工程施工合同，由被申请人承包该工程的施工；工期为2005年12月15～25日，逾期竣工的，每逾期一天，被申请人支付申请人3‰的违约金。合同签订后，申请人依约向被申请人支付了有关款项共计35000元。但被申请人没有按照约定的期限将商铺交付给申请人使用，一拖再拖，已经长达5个月之久。申请人为开业所做的各种准备均作废，且错过了时机，为此遭受了严重损失。申请人签订合同的目的已经无法实现。为此，申请人申请仲裁，仲裁请求为：裁决解除××商业广场商铺装饰工程施工合同，被申请人支付28350元违约金给申请人；裁决被申请人支付申请人为仲裁所付的律师费2000元；本案的仲裁费用全部由被申请人承担。

被申请人当庭辩称不同意申请人的仲裁请求，理由是：解除合同缺乏事实及法律依据，双方签订施工合同后，被申请人严格按照合同约定进行了施工；被申请人已在合同约定的期限内进行了装修，但是申请人不来收铺，并非被申请人不交铺；律师费不是本案的必然费用，且申请人所要求律师费没有证据上的支持。

本案中，双方当事人的争议焦点集中在两个方面：

第一，申请人解除合同的理由是否成立。

申请人认为，被申请人没有按照约定的期限将装修完毕的商铺交付给申请人，使申请人为开业所做的各种准备均告无用，且错过了时机，签订合同的目的无法实现，故其有权要求解除合同。被申请人则认为，双方签订的合同中并没有解除条件的约定，且不符合法定解除条件，被申请人已经完成约定的装修任务，是申请人自己不来收铺，故合同不能解除。

第二，2000元律师费是否属于赔偿的范围。

申请人认为，律师费是申请人为实现权利所支出的费用，是已经发生的，律师费应当赔偿。被申请人则认为，在我国现行法律制度下，诉讼仲裁并不必然请律师，并且从证据上看，申请人提供的证据并不能证明2000元的律师费已经发生。

事实认定：

2005年12月14日，申请人与被申请人签订了××商业广场商铺装饰工程施工合同，约定申请人将广场底层两个商铺发包给被申请人装修，按工程预算清单包工、包料的大包干方式承包，工期自2005年12月15日开工，于2005年12月25日竣工，工程价款35000元，合同签订后3天内付70%，余款在工程竣工验收，且被申请人提出的结算报告及有关资料经申请人审查合格后7日内付清。合同还约定，工程竣工后，被申请人应通知申请人验收，申请人自接到验收通知日内组织验收，并办理验收、移交手续，如申请人在规定时间内未能组织验收，需及时通知被申请人，另定验收日期。由于被申请人的原因，逾期竣工，每逾期一天，被申请人支付申请人3‰违约金。因一方原因，合同无法继续履行时，应通知对方，办理合同终止协议并由责任方赔偿对方由此造成的经济损失。各方发生争议时，在不影响工程进度的前提下，各方可采取协商解决或请有关部门进行调解，当事人不愿通过协商、调解解决或者协商、调解不成时，双方同意由广州市仲裁委员会仲裁。此外，合同还对双方的工作、工程质量、材料供应、安全生产和防火等事项进行了约定。

2006年5月10日，申请人与广东某律师事务所签订委托代理合同，约定申请人委托律师所律师代理其与被申请人之间的装修施工合同纠纷一案的仲裁，申请人向律师所支付律师费2000元。同月23日，申请人向律师所支付了律师费2000元。被申请人对申请人提供的委托代理合同和税控专用发票两份证据原件的真实性不能确认，但没有合理的怀疑理由，且没有提供相反的证据，故仲裁庭对该两证据予以认定。

2006年8月17日，广州市公证处出具（2006）穗证内经字第×号公证书，证明该公证书所附的照片是在案涉商铺现场拍摄所得。现场照片显示，案涉商铺已经装修。

以上事实有双方确认其真实性的商业广场商铺装饰工程施工合同、收款收据、公证书以及仲裁庭认定的委托代理合同和税控专用发票等书证及双方的陈述笔录为证。

2. 案件审理

根据《中华人民共和国合同法》第287条、第268条、第114条和《中华人民共和国仲裁法》第43条、第29条以及《中华人民共和国律师法》第23条的规定，裁决如下：解除申请人与被申请人之间签订的××商业广场商铺装饰工程施工合同；被申请人支付违约金28350元给申请人；被申请人支付律师费2000

元给申请人；本案仲裁费2655元，由被申请人承担。

3. 案例评析

申请人可以要求解除合同。申请人与被申请人之间的施工合同属于建设工程合同，《中华人民共和国合同法》"建设工程合同"一章中无解除合同的规定，而该法第287条规定"本章没有规定的，适用承揽合同的有关规定。"而该法"承揽合同"一章中第268条规定"定作人可以随时解除承揽合同，造成承揽人损失的，应当赔偿损失。"申请人不需要任何理由便可以随时解除与被申请人之间的施工合同，不过应当赔偿被申请人因此造成的损失。因此，尽管仲裁庭确认申请人以被申请人迟延完工交付致使其合同目的无法实现而解除合同的理由不成立，但对于申请人申请裁决解除施工合同的请求仍予以支持。

双方签订的《商业广场商铺装饰工程施工合同》第9.2条规定，"由于乙方的原因，逾期竣工，每逾期一天，乙方支付甲方3‰违约金"。该约定合法有效，且双方均未要求增加或减少，故被申请人支付给申请人的违约金应按此标准执行。按此标准计算，违约金的数额为每日105元。自2005年12月26日开始计算至裁决合同解除之日2006年9月22日，累计逾期270天，应付违约金总额为28350元。

《广州仲裁委员会仲裁规则》第9条规定，"当事人协议将其争议提交本会仲裁的，即视为同意按照本规则进行仲裁。"该规则第76条规定"仲裁庭有权在裁决书中裁定败诉方应当补偿胜诉方因为办理案件所支出的合理费用，但补偿金额最多不得超过胜诉方所得胜诉金额的10%"。本案申请人的仲裁请求均得到仲裁庭的支持，即申请人"胜诉"，"胜诉"金额为28350元，按照《广州仲裁委员会仲裁规则》的规定，仲裁庭可以裁决被申请人补偿申请人为办理案件所支出的费用限额为2835元，而申请人请求的数额仅为2000元，未超出仲裁规则的规定，仲裁庭予以支持。

本案是由于被申请人未按期完工所引起的，未按期完工的责任在被申请人，申请人并无过错，且申请人的仲裁请求得到了仲裁庭的支持，因此，被申请人应承担本案全部仲裁费。

14.5.2 案例2

原告：光明公司。

法定代表人：张力（化名），总经理。

被告：利华公司。

法定代表人：郑民（化名），总经理。

1. 基本案情

2002年8月10日，北京市某区法院依法组成合议庭，对光明公司诉利华公司承揽合同纠纷案，公开开庭进行审理。原告法定代表人张力，被告委托代理人曹建到庭参加了诉讼。审判长在告知当事人的诉讼权利和义务后，要求原告首先陈述提起本案诉讼的事实及诉讼请求。

原告光明公司诉称：1999年初，被告与天津铁路分局唐山水电段（以下简称唐山水电段）签订了一份建设工程施工合同，唐山水电段委托被告拆除燕郊火车站旧水塔，工期从1999年4月22日至5月31日，承包价为178000元。因为多种原因，被告未能拆除该水塔。被告该项目负责人王仪找到我公司，我公司同意承接该工程，并于1999年5月28日与被告签订了一份设计施工合同。该合同约定：工程总价款为7万元，我方进场后，被告即付给我方2万元，水塔落地即付清其余工程款5万元。同年5月29日，被告付给我公司工程款2万元。同年6月10日我方将水塔拆除。同年6月12日，唐山水电段验收合格。但被告拖欠剩余工程款5万元，虽经我方多次催要，至今未按约定付款。故我方于2002年5月10日起诉至法院，要求被告支付拖欠的工程款5万元，支付违约金21000元，并承担本案的诉讼费。

被告利华公司辩称：原告与我公司签订的合同未成立。我公司考虑到不安全因素，不同意原告爆破水塔，因此，我公司没有在合同上盖章。王仪无权代表公司在合同上签字，他在合同上签字属个人行为。原告张力作为教学实验对该水塔进行了爆破。王仪私自挪用材料费2万元，支付张力的劳务费，该行为未经公司同意，我公司已对王仪作出处分，所以该2万元不是我公司支付原告的工程款。因为合同未成立，所以原告要求我公司支付工程款5万元及违约金则没有依据。假如合同成立，因为原告从未向我公司催要过欠款，该债权也已经过了诉讼时效，所以我方请法院依法驳回原告的诉讼请求。

2. 案件审理

审判长：本案原、被告双方在开庭前进行了证据交换，合议庭决定对以下证据不予采纳：原告方的证据9（一张收条）。其内容为"今收到张力送至材料5份，照片3张。落款为：周振民，利华公司，1999年12月21日。"该证据用以证实原告曾向被告主张债权。不予采纳的理由为：在庭前证据交换中，被告方认为该证据的内容证实不了原告曾向被告主张债权，而且被告公司根本就没有周振民这个人。本合议庭曾告知原告补充其他证据对该证据予以佐证，但原告未能对该证据予以补强。本合议庭认为该证据不能证实本案待证事实，所以决定不予采纳。

审判长：本合议庭在庭前主持了原、被告双方的证据交换，听取了原告、被告双方关于本案争议焦点的意见，刚才又听取了原、被告双方的陈述，合议庭将双方当事人对本案的争议焦点归纳为：

1）原告诉被告承揽合同纠纷案有没有过诉讼时效？

2）原告与被告的委托合同是否成立？

审判长：下面由原、被告围绕争议焦点，对庭前已交换的证据进行举证、质证。在举证中，每份证据要说明：证据名称、内容、用以证实的案件事实；在质证中，应围绕对方证据的合法性、关联性、真实性及充分性进行质疑。下面首先由原告举证。

原告共有八份证据，分成三组进行举证（以下选择第一组为例）。

第一组证据：证据1，利华公司与唐山水电段签订的一份建设工程施工合同。该合同约定：利华公司承包唐山水电段燕郊火车站旧水塔的拆除工程，工程款为178000元，工期从1999年4月22日至5月31日，王仪为利华公司驻工地代表。该证据证实王仪在燕郊火车站旧水塔的拆除工程上有代理权。证据2，两张进账单。付款单位均为利华公司第二施工队，收款单位为北京××爆炸及安全技术联合开发公司，金额各为1万元，交款日期均为1999年5月29日。该证据证实在我公司与利华公司签订合同的第2天，被告利华公司就履行了部分合同义务。证据3，唐山水电段出具的证实材料。该材料的主要内容为："我段所管辖的燕郊火车站旧水塔由光明公司爆破成功。爆破前由王仪带领光明公司的张力会同我段负责人与天津铁路分局的领导一起讨论了爆破方案，同意按张力的方案实施。2000年和2001年张力多次来电诉说王仪拖欠工程款，我方也曾几次催促王仪转告利华公司应按合同付款。"该证据证实王仪曾协助我公司履行合同，以及唐山水电段曾替我公司向利华公司催要欠款。第一组的三份证据证实：我公司有理由相信王仪在燕郊火车站旧水塔的拆除工程上有代理权，王仪以利华公司的名义与我公司签合同的行为应属于表见代理，所以利华公司与我公司签订的合同是有效的。

原告：我方提供的证据3、证据7及证据8证实我公司曾于2000年、2001年多次向被告催要债权，从而导致诉讼时效的中断，所以我公司于2002年5月10日起诉被告并未超过诉讼时效。

审判长：下面由被告对原告方的证据进行质证。

被告：原告方第一组的三份证据不能充分证实王仪有权代表利华公司与原告签合同。原告方的证据4——水塔定向倒塌设计施工合同。该合同不但我公司没有盖章，而且签字人王仪也没我公司授权，所以该合同不成立。原告方的诉讼请求没有合同依据。原告方的证据6利华公司给唐山水电段开具的两张发票。与本案没有关联性。原告方的证据3——唐山水电段出具的证实材料，该材料中关于"我方也曾几次催促王仪转告利华公司应按合同付款"的内容是不真实的。事实上，唐山水电段根本没有催促王仪转告我公司应按合同付款。原告方的证据7——证人彭有武的书面证言。因为证人彭有武没有出庭作证，所以我方对该书面证言的真实性表示怀疑。原告方的证据8——证人李峰的证言。因证人李峰承认"对光明公司负有治理责任",即证人李峰与原告方有利害关系,所以我方对该证言的真实性表示怀疑。假如该证言是真实的,也只能证实原告方曾向王仪的父母及儿子主张过债权,王仪的父母及儿子代表不了利华公司,而且他们也没有转告王仪或我公司,所以该证据证实不了原告曾向我公司主张过债权,与待证案件事实没有关联性。

审判长:下面由被告方举证。

被告方共有三份证据。

证据1——证人王仪的证言。现我方申请证人王仪出庭作证(作证过程略。在整个庭审过程中,证人王仪一直颠着腿,一副很随便的样子,并且有时说话反应较慢)。

证据2——利华公司对王仪的处分决定。其主要内容为:王仪私自将2万元材料费给张力作为劳务费,该行为违反了公司的财务纪律,公司给王仪记过一次,并将该2万元逐月从王仪的工资中扣除。该证据证实支付到光明公司账上2万元,不是我公司履行合同的行为,而是王仪的个人行为。

证据3——证人郑民的书面证言。其主要内容为:王仪和张力来征求我对水塔定向倒塌设计施工合同的意见,作为利华公司的法定代表人,我当场表示不同意。该证据用以证实被告未与原告签订爆破合同。

审判长:下面由原告方对被告方的证据进行质证。

原告:关于被告方的证据2——利华公司给予王仪的处分。我方认为该证据不具有真实性。通过王仪的工作,利华公司仅支付2万元就完成7万元的工程,为公司挣得178000元工程款,公司还给他处分,这不符合常理。关于被告方的证据3——证人郑民的书面证言,因郑民是利华公司的法定代表人,所以其内容应属于当事人陈述,不属于证人证言,而且该陈述也是不真实的。关于被告方的证据1——证人王仪的证言。我方认为该证言多处不真实。证人王仪对自己雇用的施工队长彭有武都说不熟悉,可见其不老实的品格,而且王仪至今仍是利华公司的员工,与利华公司有利害关系,所以对于其有利于利华公司的证言,应不予采信。

合议庭在听取了原、被告双方的辩论后,进行了休庭合议,并当庭进行认证。

审判长:被告方的证据2——利华公司对王仪的处分决定。合议庭认为原告方的质证理由成立,对该证据不予认定。原告方的证据8——证人李峰的证言。合议庭认为被告方的质证理由成立,对该证据不予认定。至于被告提出的张力进行教学试验的主张,因为只有证人王仪的证言证实,根据最高人民法院《关于民事诉讼证据的若干规定》第69条第2款的规定:与一方当事人有利害关系的证人出具的证言不能单独作为认定案件事实的依据。因为证人王仪与利华公司有利

害关系,王仪所作的对利华公司有利证言,并且没有其他证据予以补强,所以不予认定。

原告方的证据 1、证据 2、证据 4、证据 5、证据 6 及证据 3 中关于王仪带张力与唐山水电段商谈的内容,被告方没有提出异议或被告方证人王仪予以认可,对以上证据予以认定。以上证据证实:爆破水塔属于被告方的工程,被告方的工作人员王仪不仅以被告人的名义与原告签订了合同,而且还预付了工程款,作了有关的协调工作。虽然,被告方提出了反证,即证据 3——证人郑民的书面证言。但该证据不但与原告法定代表人张力的陈述相矛盾,而且其证实力明显弱于原告方的证据。根据最高人民法院《关于民事诉讼证据的若干规定》第 73 条规定的"高度盖然性"证实标准,即:"双方当事人对同一事实分别举出相反的证据,但都没有足够的依据否定对方证据的,人民法院应当结合案件情况,判定一方提供证据的证实力是否明显大于另一方提供证据的证实力,并对证实力较大的证据予以确认。因证据的证实力无法判定导致争议事实难以认定的,人民法院应当依据举证责任分配的规则作出裁判"。所以对证人郑民的书面证言不予认定。根据我国《合同法》第 49 条关于表见代理的规定:行为人没有代理权以被代理人名义订立合同,相对人有理由相信行为人有代理权的,该代理行为有效。所以王仪以利华公司的名义与原告签订合同的行为应属于表见代理,该合同是有效的。原告完成了合同规定的爆破任务,被告拖欠合同款应属于违约行为。

原告方证据 3、证据 7 证实了多次向被告方催要欠款的事实,虽然,被告当事人与被告方证人王仪予以否认。但是根据最高人民法院《关于民事诉讼证据的若干规定》第 72 条第一款规定"一方当事人提出的证据,另一方当事人认可或者提出的相反证据不足以反驳的,人民法院可以确认其证实力"及第 73 条规定的"高度盖然性"的证实标准,因为原告方的证据的证实力明显大于被告方证据的证实力,且与以上认定的合同成立及被告方违约的事实相互印证,所以合议庭对原告多次向被告方催要欠款的事实予以认定。根据《中华人民共和国民法通则》第 140 条关于诉讼时效中断的规定,因原告方曾向被告方请求债权,从而导致诉讼时效的中断,所以原告方的债权并未过诉讼时效。

经调解无效,合议庭依法作出判决,支持了原告的诉讼请求。

3. 案例评析

本案进行了庭前的证据交换,在庭审开始就对于不具有关联性的证据予以排除,节省了开庭时间。庭前证据交换时,当事人双方已了解了对方的证据情况,在开庭时对本案的争议焦点很轻易地达成了共识,在审判人员的主持下,针对本案的争议焦点进行举证,提高了庭审效率。当事人双方都申请了各自的证人出庭作证,并对证人进行了充分质证,从而便于审判人员对证人进行察言观色,贯彻了审判中的直接言辞原则,有利于法官形成正确的心证。本案在举证中运用了一证一说明，分组举证，综合论证的技巧，使待证案件事实一目了然。

在本案的质证中，采用以当事人质证为主，法官询问为辅的质证方法，从而贯彻了诉讼中的当事人主义和对抗制的审判原则，即当事人双方各自提供对自己有力的证据，并对对方证据的合法性、关联性、真实性提出质疑。在本案中，原告方的证据8、证据9都因与待证事实没有关联性而被排除。质疑证据的真实性是本案质证的重点，原告方运用了根据日常生活经验进行逻辑推理的方法，质疑被告方的证据2（利华公司给予王仪的处分）的真实性，并得到合议庭的支持，最终将该证据排除。在本案质证中还采取了对质询问，通过证人王仪和证人彭有武的对质，从而证实了证人王仪不老实的品格，达到了质疑证人王仪所作证言的真实性的目的，减弱了王仪的证言的证实力。

本案的认证焦点在于对证人王仪所作的有利于利华公司的证言是否采信的问题。本案合议庭在综合审查判定全案证据的基础上，根据最高人民法院《关于民事诉讼证据的若干规定》规定的"高度盖然性"证实标准，认为在证实本案争议焦点事实上，原告方的证据的证实力明显大于被告方证据的证实力，所以对证人王仪所作的有利于利华公司的证言不予采信。本案合议庭还实行了当庭认证，当庭阐述了认定证据或不予认定证据的理由，贯彻了心证公开原则，增加了认证的公开性和透明性，也便于当事人双方和社会公众对法官认证实施有效地监督，从而保障裁判结果的公正性。

第 15 章
建设法律责任

15.1 法律责任概述

15.1.1 法律责任的概念和特点

1. 法律责任的概念

法律责任是指行为人由于特定的法律事实所引起的应当承受的某种不利的法律后果。

引起法律责任的特定的法律事实多数是指违反了法定或约定的作为和不作为的义务。作为是指人的积极的身体活动，直接做了法律所禁止或合同所不允许的事自然要导致法律责任。不作为是指人的消极的身体活动，行为人在能够履行自己应尽义务的情况下不履行该义务，也要承担法律责任。区分作为与不作为，对于确定法律责任的范围、大小具有重要意义。

特定的法律事实，有时也指依据一定的价值目标由法律规定的要求承担一定义务的事实，主要是指民法中所列的几种特殊侵权责任。

2. 法律责任的特点

法律责任作为社会责任的一种，与其他社会责任相比，其特点在于：

（1）法律责任的法定性　法律责任的法定性主要体现在，承担法律责任的最终依据是法律，法律责任体现为法律规范的否定性后果。

（2）法律责任的国家强制性　法律责任的追究最终是由国家强制力保证，由有关国家机关按照法定的权限和程序以理性与和平的方式追究，当然这并不排除有些责任可以由责任人主动承担，国家强制力以潜在的方式存在。

15.1.2 法律责任的构成要件

法律责任的构成要件是指构成法律责任的各种必须具备的条件或必须符合的

标准，它是国家机关要求行为人承担法律责任时进行分析判断的标准。法律责任的认定和归结不一定都是由违法行为引起的，但是在大多数情况下违法行为是法律责任的前提，所以法律责任要件与违法行为的构成条件有密切联系。

法律责任的构成要件有两种：一类是一般构成要件，即只要具备了这些条件就可以引起法律责任，法律无须明确规定这些条件；另一类是特殊构成要件，即只有具备法律规定的要件时，才能构成法律责任。特殊要件必须有法律的明确规定。

1. 一般构成要件

根据违法行为的一般特点可把法律责任的构成要件概括为：主体、过错、违法行为、损害事实和因果关系5个方面。它们之间互为联系，互为作用，缺一不可。

1）主体，即责任主体，是指违法主体或者承担法律责任的主体。责任主体是法律责任构成的必备条件。违法的主体必须是达到法定责任年龄的，有责任能力的自然人或社会组织、法人、国家机关及其公职人员。没有达到法定责任年龄和不能理解、辨认和控制自己行为的精神病患者，即使他们的行为造成了社会危害，也不构成违法，不能承担法律责任。

2）过错，即承担法律责任的主观故意或者过失，是行为人实施违法行为的主观心理状态。不同的心理状态对认定某一行为是否有责任及承担何种法律责任有着直接的联系。如果行为在主观上既没有故意也没有过失，则行为人对损害结果不必承担法律责任。

3）违法行为。违法行为在法律责任构成中居于重要地位，是法律责任的核心构成要素。它是构成法律责任的决定性条件，违法行为可以是作为，也可以是不作为，它以行为人在法律上是否负有作为或不作为的义务为依据。如果没有违法行为，就无须承担法律责任，而且合法行为还要受到法律的保护。所以，只要行为没有违法，尽管造成了一定的损害结果，也不承担法律责任。如正当防卫、紧急避险等行为就不承担法律责任。

4）损害事实，即违法行为侵犯他人或社会的权利和利益所造成的损失和伤害，包括对人身的、财产的、精神的（或者三方面兼有的）的损失和伤害。损害应当具有客观性，即已经存在，而不是推测的、臆想的、虚构的、尚未发生的情况。没有存在损害事实，则不构成法律责任。其次，损害事实不同于损害结果。损害结果是违法行为对行为指向的对象所造成的实际损害。由此可见，有些违法行为尽管没有损害结果，但是已经侵犯了一定的社会关系或社会秩序，因而也要承担法律责任，如犯罪的预备、未遂、中止等。

5）因果关系指违法行为与损害事实之间存在着客观的、必然的因果关系。是"引起与被引起"的关系，就是说，一定损害事实是该违法行为所引起的必然结果，该违法行为正是引起损害事实的原因。在法律责任的构成中，因果关系是十分重要的条件因素,确定因果关系是认定法律责任的重要环节。

2. 特殊构成要件

特殊构成要件是指法律特殊规定的法律责任的构成要件,他们不是有机地结合在一起的,而是分别同一般要件构成法律责任。

1) 特殊主体。在一般构成要件中只要违法者具备了相应的行为能力即可成为责任主体,而特殊主体则要求违法者必须具备一定的身份和职务,才能承担法律责任。主要指刑事责任中的职务犯罪,如贪污、受贿等,以及行政责任中的职务违法,如徇私舞弊、以权谋私等。

2) 特殊结果。在一般构成要件中,只要有损害事实的发生就要承担相应的法律责任,而在特殊结果中则要求后果严重、损失重大,否则不能构成法律责任。如质量监督人员对工程的质量监督工作粗心大意、不负责任,致使应当发现的隐患而没有发现,造成严重的质量事故,那么他就要承担玩忽职守的法律责任。

3) 无过错责任。一般构成要件都要求违法者主观上必须有过错,但许多民事责任的构成要件则不要求行为者主观上是否有过错,只要有损害事实的发生,那么,行为人就要承担一定的法律责任。这种责任,主要反映了法律责任的补偿性,而不具有法律制裁意义。如我国《道路交通安全法》第七十六条规定:"机动车发生交通事故造成人身伤亡、财产损失的,由保险公司在机动车第三者责任强制保险责任限额范围内予以赔偿;不足的部分,按照下列规定承担赔偿责任:①机动车之间发生交通事故的,由有过错的一方承担赔偿责任;双方都有过错的,按照各自过错的比例分担责任;②机动车与非机动车驾驶人、行人之间发生交通事故,非机动车驾驶人、行人没有过错的,由机动车一方承担责任;有证据证明非机动车驾驶人、行人有过错的,根据过错程度减轻机动车一方的赔偿责任;机动车一方没有过错的,承担不超过百分之十的赔偿责任。"这条规定,适用的是无过错责任原则,体现了对交通事故受害人的人文关怀。

4) 转承责任。一般构成要件都是要求实施违法行为者承担法律责任,但在民法和行政法中,有些法律责任则要求与违法者有一定关系的第三人来承担。如未成年人将他人打伤的侵权赔偿责任,应由未成年人的监护人来承担。

15.1.3 法律责任的种类

根据不同的标准,可以对法律责任作出不同的分类。依据行为违法的不同和违法者承担法律责任的方式的不同,法律责任可分为民事责任、行政责任、经济责任、刑事责任、国家赔偿责任和违宪责任。这里仅介绍前4种。

1. 民事责任

民事责任是指由于违反民事法律、违约或者由于违反民法的规定所应承担的一种法律责任。根据承担民事责任的原因,将民事责任分为:由违约行为(或不履行其他义务）产生的违约责任，由民事违法行为，即侵权行为产生的一般侵权责任，由法律规定产生的特殊侵权责任。

2. 行政责任

行政责任是指因违反行政法或因行政法规定而应承担的法律责任。行政责任按照承担主体分为一般主体的行政责任和特殊主体的行政责任，前者是公民和法人等行政相对人因违反行政管理法律、法规的行为而应承担的行政责任；后者是指国家机关及其工作人员在行政管理中因违法失职而产生的法律责任。与此相适应的行政责任的承担方式分为两类：一类是行政处罚；另一类是行政处分。

3. 经济责任

经济责任是指经济法律关系主体因违反经济法律和法规而应承担的法律责任。由于经济法律关系包含了行政法律关系和民事法律关系的内容，因此，其法律责任的承担方式主要是行政责任和民事责任的承担方式，同时，如果违反经济法律关系的行为也触犯了刑法的规定，则也必须承担刑事责任。

4. 刑事责任

刑事责任是指违反刑法所应承担的法律责任。刑事责任只有过错责任，不存在无过错责任，刑事责任的承担必须认定一定主体的主观上的故意和过失，而且主观过错是故意还是过失及其程度，对刑事责任的有无、大小都有重要意义。刑事责任的特点有：

1）产生刑事责任的原因在于行为人行为的严重社会危害性，只有行为人的行为具有严重的社会危害性即构成犯罪，才能追究行为人的刑事责任。

2）刑事责任是犯罪人向国家所负担的一种法律责任。刑事责任的大小、有无都不以被害人的意志为转移。

3）刑事责任是一种惩罚性责任，是所有法律责任中最严厉的一种。

4）刑事责任的追究必须以刑法为依据，强调罪刑法定。

15.1.4 法律责任的竞合

1. 法律责任的竞合的概念和特点

法律责任的竞合是指由于某种法律事实的出现，导致两种或两种以上的法律责任的产生，而这些责任之间相互冲突的现象。竞合，从语义上讲，是竞相符合或同时该当之意，即同一行为同时符合不同法律责任的构成要件，从而导致了不同法律责任间的冲突。法律责任竞合是法律上竞合的一种，它既可发生在同一法律部门内部，如民法上侵权责任和违约责任的竞合，也可发生在不同的法律部门之间，如民事责任、行政责任和刑事责任等之间的竞合。

法律责任竞合的特点：

1）数个法律责任的主体为同一法律主体。不同法律主体的不同法律责任可以分别追究，不存在法律责任的冲突和竞合的问题。

2）法律责任主体实施了一个法律行为，并且该行为符合两个或者两个以上的法律责任构成要件。

3）数个法律责任之间独立存在并相互冲突。如果数个法律责任可以被吸收或者并存，则不会产生法律责任竞合的问题。

2. 法律责任竞合的处理方法

对于发生在不同法律部门之间的责任竞合，不同责任并存，可以同时追究，例如，在刑事附带民事诉讼中，责任人同时承担了刑事责任和民事责任。对于发生在同一法律部门的责任的竞合，目前在实践中，较多的是指民事上的侵权责任和违约责任的竞合，各国的法律规定有所不同，有的国家禁止竞合，规定不得将违约行为视为侵权行为；有的国家则允许或有限制的允许竞合，赋予当事人选择请求权。我国在民法领域采用了后一种做法，根据我国《合同法》第122条规定，在发生违约责任和侵权责任竞合的情况下，允许受害人选择其中一种责任提起诉讼。比如，出卖人交付的物品有瑕疵，致使买受人的合法权益遭受侵害，买受人向出卖人既可以主张侵权责任，又可以主张违约责任，但这两种责任不能同时追究。

15.2 建设工程常见法律责任

15.2.1 民事责任

1. 民事责任的概念

民事责任是指民事主体不履行民事义务，侵犯他人合法权益，依照民法应当承担的法律后果。民事责任也是一种法律责任，因而，它具有各种法律责任所共同具有的特点。但民事责任同行政责任、刑事责任、违宪责任等法律责任相比，又具有自身的特点：

1）民事责任是民事主体违反民事义务所应承担的法律责任。

2）民事责任是违约人和侵权行为人对受害人承担的一种法律责任。

3）民事责任是以财产责任为主，对受害人具有补偿性的一种法律责任。承担责任的范围与所造成的损失或损害的大小相适应，一般具有补偿和恢复原状的性质。

民事责任制度是民法中的一项重要制度，它以其强制性确保民事法律规范的贯彻实施。

2. 民事责任的种类

民事责任依据不同标准，可以作不同的分类。如违约责任和侵权责任；财产责任和非财产责任；过错责任和非过错责任；有限责任和非有限责任；单方责任和双方责任；单独责任和共同责任；按份责任和连带责任等。这里仅介绍违约责任和侵权责任。

我国《民法通则》根据民事责任的承担原因将民事责任划分为两类，即违反合同的民事责任（违约责任）和侵权的民事责任（侵权责任）。

（1）违约责任 民事责任是指当事人不履行合同义务或者履行合同义务，但不符合约定条件而应承担的民事责任。违反合同的情况主要有完全不履行、不完全履行和迟延或提前履行等。这些都会给对方当事人的生产、生活产生一定的影响，甚至带来经济损失。因此，违反合同应承担相应的民事责任。

根据《民法通则》的规定，违反合同的民事责任方式主要有以下几种：

1）继续履行合同义务。

2）支付违约金。

3）赔偿损失。

4）采取补救措施。

（2）侵权责任 侵权责任，即侵权行为的民事责任，是指侵权行为人侵害社会公共财产或者他人财产、人身权利而应承担的民事法律责任。侵权责任不同于违约责任，其区别主要体现在以下几个方面：

1）侵权行为违反的是法定义务，违约行为违反的是约定义务。

2）侵权行为侵犯的是绝对权，违约行为侵犯的是相对权。

3）侵权行为的法律责任包括财产责任和非财产责任，违约行为的法律责任仅限于财产责任。

侵权责任可以分为一般侵权责任和特殊侵权责任两类。

1）一般侵权责任。一般侵权责任都是过错责任，即侵权行为人致人损害时，如果主观上有过错就应负责任，否则，就可以免除责任。一般侵权责任主要有以下几种情况：

① 财产权的民事责任。侵占国家的、集体的财产或者他人财产的，应当返还财产；不能返还财产的，应当折价赔偿。损害国家的、集体的财产或者他人财产的，应当恢复原状或者折价赔偿。受害人因此遭受重大损失的，侵害人应当赔偿损失。

② 侵害公民生命健康权的民事责任。这是工程建设领域较常见的一般侵权责任。例如，施工单位将工程违法分包给不具有相应资质和用人单位资格的"包工头"，后者的雇员在从事施工活动中因安全生产事故遭受人身损害的，施工单位与该"包工头"构成共同侵权，应当承担连带赔偿责任。

对公民身体造成伤害的，应当赔偿医疗费、因务工减少的收入、残废者生活补助费等费用；造成死亡的，并应支付丧葬费、死者生前抚养的人必要的生活等费用。

③ 侵害知识产权的民事责任。公民、法人的著作权（版权）、专利权、商标专用权、发现权、发明权和其他科技成果权受到剽窃、篡改、假冒等侵害的，有权要求停止侵害、消除影响、赔偿损失。

④ 侵害公民的姓名权、肖像权、名誉权、荣誉权等人身权的民事责任。受害人有权要求停止侵害、恢复名誉、消除影响、赔礼道歉，并可以要求赔偿损失。

2）特殊侵权责任。这是由法律直接规定某些行为应承担的民事责任，一般在损害事实与损害结果之间有因果关系的条件下就可以构成，承担责任的主体也不限于行为人。可见，特殊侵权责任与一般侵权责任不同，除非是由于受害人自己的过错造成的损失可以免除责任外，无论侵权行为人主观上有无过错，都要承担民事责任，或者为他人的行为承担民事责任。

根据《民法通则》规定，特殊侵权责任包括以下几种情况：

① 国家机关或者国家机关工作人员在执行职务中，侵犯公民、法人的合法权益造成损害的，应当承担民事责任。

② 因产品质量不合格造成他人财产、人身损害的，产品制造者、销售者应当依法承担民事责任。运输者、仓储者对此负有责任的，产品制造者、销售者有权要求赔偿损失。

③ 从事高空、高压、易燃、易爆、剧毒、放射性、高速运输工具等对周围环境有高度危险的作业造成他人损害的，应当承担民事责任；如果能够证明损害是由受害人故意造成的，不承担民事责任。

④ 违反国家保护环境防止污染的规定，污染环境造成他人损害的，应当依法承担民事责任。

⑤ 在公共场所、道旁或者通道上挖坑、修缮安装地下设施等，没有设置明显标志和采取安全措施造成他人损害的，施工人应当承担民事责任。

⑥ 建筑物或者其他设施以及建筑物上的搁置物、悬挂物发生倒塌、脱落、坠落造成他人损害的，它的所有人或者管理人应当承担民事责任，但能够证明自己没有过错的除外。

⑦ 饲养的动物造成他人损害的，动物饲养人或者管理人应当承担民事责任；但由于受害人或第三人的过错造成损害的，可以免除其责任。

⑧ 无民事行为能力人、限制民事行为能力人造成他人损害的，由监护人承担民事责任。监护人尽了监护责任的，可以适当减轻他的民事责任。无民事行为能力人、限制民事行为能力人有属于自己的财产的，从本人财产中支付赔偿费用。不足部分，由监护人适当赔偿，但单位担任监护人的除外。

3. 民事责任的承担方式

承担民事责任的方式，我国《民法通则》规定有以下几种：

1）停止侵害。当侵权行为人实施的侵权行为处于继续状态时，受害人可以依法要求法院责令加害人停止侵害其人身权或财产权的行为。

2）排除妨碍。当侵权行为人实施的侵权行为使受害人的财产权利、人身权利无法正常行使时，受害人有权请求排除妨碍。

3）消除危险。当侵权行为人的行为对他人的人身财产安全造成了威胁，或存在对他人人身、财产造成损害的危险时，处于危险中的人有权要求行为人采取措施消除危险。

4）返还财产。当侵权行为人没有合法依据，将他人财产据为己有时，受害人有权要求其返还财产。

5）恢复原状。恢复原状是指侵权行为致使他人的财产遭到损坏或形状改变，受害人有权要求加害人对受损财产进行修复或采取其他措施，使其回复到原来状态。

6）修理、重作、更换。

7）赔偿损失。当侵权行为人给他人造成财产或人身损害时，应当给予赔偿。所谓赔偿，就是以金钱方式对受害人遭受的损失进行弥补。一般而言，赔偿包括对财产损失的赔偿、对人身损害的赔偿以及精神损害的赔偿。

8）支付违约金。

9）消除影响、恢复名誉。消除影响是指行为人因其侵权行为在一定范围内对受害人的人格权造成了不良影响，应该予以消除。恢复名誉是指侵权行为人因其侵权行为导致受害人人格评价降低，应该使受害人的人格利益恢复至未受侵害前的状态。

公民的姓名权、肖像权、名誉权、荣誉权受到侵害的，有权要求恢复名誉，消除影响。法人的名称权、名誉权、荣誉权受到侵害的，也可以要求恢复名誉，消除影响。

10）赔礼道歉。适用于对公民的姓名权、肖像权、名誉权、荣誉权的侵害及对法人的名称权、名誉权、荣誉权的侵害。

以上承担民事责任的方式，可以单独适用，也可以合并适用。在上述10种民事责任承担方式中，除修理、重作、更换和支付违约金仅适用于违约责任外，其余8种均可适用于侵权责任。人民法院在审理民事案件时，除适用上述各种责任方式外，还可以对违反民法的人处以训诫，责令具结悔过，收缴非法所得，并可以依法处以罚款和拘留等。

15.2.2 行政责任

1. 行政责任的概念

行政责任是指有违反有关行政管理的法律规范的规定，但尚未构成犯罪的行为所依法应当受到的法律制裁。行政责任主要包括行政处罚和行政处分。

其中，行政处罚是指国家行政机关及其他依法可以实施行政处罚权的组织，对实施行政违法行为的公民、法人或者其他组织实施的一种行政制裁。行政处罚是行政违法行为引起的法律后果。所谓行政违法是指公民、法人或者其他组织违反国家行政管理秩序，尚不构成犯罪的，依照法律应当由国家行政机关给予行政处罚的行为。例如，公民违反治安秩序，公安机关应当依照治安管理处罚条例对该公民给予拘留或者其他法律规定的行政处罚。

行政处分是对国家工作人员及由国家机关委派到企业事业单位任职的人员的行政违法行为所给予的一种惩戒措施，包括警告、记过、降级、降职、撤职、开除等。行政处分是调整国家行政职位关系的行政纪律措施。行政机关工作人员执行国家公务，负有专门的职权和职责，应当受国家行政纪律的约束。

行政处罚和行政处分既不应相互代替，也不能加以混淆。

2. 行政处罚的种类和设定

在我国工程建设领域，对于建设单位、勘察、设计单位、施工单位、工程监理单位等参建单位而言，行政处罚是较为常见的行政责任承担形式。《中华人民共和国行政处罚法》（以下简称《行政处罚法》）是规范和调整行政处罚的设定和实施的法律依据。

（1）行政处罚的种类　根据《行政处罚法》第8条规定，行政处罚的种类包括：

1）警告。这是违法者承担的行政责任中最为轻微的一种。它是由行政机关对违法行为人违法行为所作出的一种谴责性警示。国家设定和适用警告处罚的目的，主要是使行为人形成心理精神压力和不利的社会舆论环境，纠正违法行为并使其不再犯法或继续犯法。

2）罚款。这是行政机关对违法者的一种经济制裁，是行政机关对行政违法行为人强制收取一定数额金钱，剥夺行为人一定财产权利的制裁方法。广泛适用于各类行政违法行为，在违反工程建设法律规范的行政责任中，罚款也是适用范围较为广泛的一种。

3）没收违法所得、没收非法财物。没收违法所得是行政机关将行政违法行为人占有的、通过违法途径和方法取得的财产收归国有的制裁方法；没收非法财物是行政机关将行政违法行为人非法占有的财产和物品收归国有的制裁方法。

比如，在我国工程建设领域，根据《招标投标法》的规定，投标人相互串通投标或者与招标人串通投标的，投标人以向招标人或者评标委员会成员行贿的手段谋取中标的，中标无效，处中标项目金额5‰以上10‰以下的罚款，对单位直接负责的主管人员和其他直接责任人员处单位罚款数额5‰以上10‰以下的罚款；有违法所得的，并处没收违法所得。

4）责令停产停业是行政机关强制命令行政违法行为人暂时或永久地停止生产经营和其他业务活动的制裁方式。责令停产停业通常都有一定的期限，指令违法行为人在此期间整改。在违法行为人整改并认识到自己的违法行为之后，应允许其恢复营业。

5）暂扣或者吊销许可证、暂扣或者吊销执照。这是行政机关暂时或永久撤销行政违法行为人拥有的国家准许其享有某些权利或从事某些活动的资格，使其丧失某些权利和活动资格的制裁方法。这是一种比责令停产停业更为严厉的处罚，主要适用于比较严重的违法行为。例如，根据《安全生产法》的规定，生产经营单位不具备《安全生产法》和其他有关法律、行政法规和国家标准或者行业标准规定的安全生产条件，经停产停业整顿仍不具备安全生产条件的，予以关闭；有关部门应当依法吊销其有关证照。

6）行政拘留。这是治安行政处罚种类，只能由全国人大的法律规定，是行政责任中一种较为严厉的责任形式，是公安机关短期剥夺违法者人身自由的行政责任形式。行政拘留的期限是1日以上15日以下。

7）法律、行政法规规定的其他行政处罚。

结合《行政处罚法》规定的6种具体行政处罚种类，我国工程建设领域的法律、行政法规所设定的行政处罚种类主要有：警告，罚款，没收违法所得，没收违法建筑、构筑物和其他设施，责令停业整顿，责令停止执业业务，降低资质等级，吊销资质证书（同时吊销营业执照），吊销执业资格证书或其他许可证、执照等。

（2）行政处罚的设定　行政处罚的设定是指国家有权依法设立行政处罚，赋予行政机关行政处罚职权的立法活动。《行政处罚法》根据我国的立法体系，对不同法律规范性文件设定各类行政处罚的权限划分作出了规定：

1）法律。全国人大及其常委会制定的法律，可以设定各种行政处罚，但限制人身自由的行政处罚，只能由法律设定。

2）行政法规。国务院制定的行政法规，可以设定除限制人身自由以外的行政处罚。如果法律对违法行为已经作出行政处罚规定，行政法规需要作出具体规定的，不得超出法律规定的给予行政处罚的行为、种类和幅度的范围。

3）地方性法规。地方人大制定的地方性法规可以设定除限制人身自由、吊销企业营业执照以外的行政处罚。如果法律、行政法规对违法行为已经作出行政处罚规定，地方性法规需要作出具体规定的，不得超出法律、行政法规规定的给予行政处罚的行为、种类和幅度的范围。

4）部门规章。国务院各部、委制定的规章设定行政处罚有两种情形：一是制定执行有关行政处罚的法律、行政法规的规章，但有关行政处罚的具体规定不得超出法律、行政法规规定的给予行政处罚的行为、种类和幅度的范围；二是对

违反行政管理秩序的行为,法律、行政法规没有作出规定的,可以设定警告或者一定数量罚款的行政处罚,罚款的限额由国务院作专项规定。

5)地方政府规章。地方政府规章的设定权类似于部门规章,地方政府规章可以在法律、法规(包括行政法规和地方性法规)规定的给予行政处罚的行为、种类和幅度的范围内作出具体规定。尚未制定法律、法规的,地方政府规章可以设定警告或者一定数量罚款的行政处罚。罚款的限额由省、直辖市、自治区人大常委会规定。

根据《行政处罚法》第14条规定,除法律、法规和规章(包括部门规章和地方政府规章)以外的其他规范性文件不得设定行政处罚。

3. 行政处罚程序

行政处罚的程序是指享有行政处罚决定权和执行权的机关或组织作出行政处罚决定,对行政违法行为人实施行政处罚的具体方式、方法和步骤。《行政处罚法》明确规定,没有法定依据或者不遵守法定程序的,行政处罚无效。可见,具有法定依据和遵守法定程序,是行政机关实施的行政处罚具备合法性所必须满足的前提条件。

其基本程序是由行政处罚的决定程序和执行程序两部分组成的。

为保障和监督建设行政执法机关有效实施行政管理,保护公民、法人和其他组织的合法权益,促进建设行政执法工作程序化、规范化,根据《行政处罚法》,原建设部发布实施了《建设行政处罚程序暂行规定》(1999年2月3日,建设部令第66号)。结合《行政处罚法》和《建设行政处罚程序暂行规定》的有关规定,建设行政处罚程序应遵守如下规定:

(1)行政处罚的决定程序 决定程序是整个行政处罚程序的关键,是保障正确实施行政处罚的前提条件。《行政处罚法》、《建设行政处罚程序暂行规定》基于建设行政处罚的不同情况,规定了简易程序、一般程序和听证程序。

1)简易程序。即当场处罚程序,是指国家行政机关或法律、法规授权的组织对符合法定条件的行政处罚事项,当场作出行政处罚决定的处罚程序。它的法定条件是:违法事实确凿;有法定依据;给予较小数额(公民处以50元以下、对法人或者其他组织处以1000元以下)的罚款或警告的行政处罚。简易程序的内容有:表明身份;确认违法事实;说明处罚理由和依据;制定行政处罚决定书;交付行政处罚决定书和备案五个方面。

2)一般程序,又称普通程序,它是指除法律特别规定应当适用简易程序和听证程序以外的行政处罚普遍应适用的程序。一般程序的基本步骤是:立案;调查;决定;制作处罚决定书;说明理由并告知权利;当事人陈述和申辩;行政处罚决定书的送达。

3)听证程序,指针对行政执法机关作出吊销资质证书、执业资格证书、责令停产停业、责令停业整顿（包括属于停业整顿性质的，责令在规定的时限内不得承接新的业务）、责令停止执业业务、没收违法建筑物、构筑物和其他设施以及处以较大数额罚款等行政处罚，而设定的行政处罚程序。听证的目的在于广泛听取各方面的意见，通过公开、合理的程序形式，使行政处罚建立在合法适当的基础上，避免违法或不当的行政决定给行政相对人带来不利或不公正的影响。对于适用听证程序的行政处罚，行政机关在作出行政处罚决定前，应当告知当事人有要求举行听证的权利；当事人要求听证的，行政机关应当组织听证。当事人不承担行政机关组织听证的费用。

（2）行政处罚的执行程序　行政处罚的执行程序是指有关国家机关保证行政处罚决定所确定的当事人的义务得以履行的程序。行政处罚决定一旦作出，就具有法律效力，当事人应当在行政处罚决定的期限内予以履行。当事人对行政处罚决定不服申请行政复议或者提起行政诉讼的，除法律另有规定的以外，行政处罚不停止执行。

（3）行政处罚程序的一般规定　具体如下：

1）公民、法人或者其他组织违反行政管理秩序的行为，依法应当给予行政处罚的，行政机关必须查明事实。违法事实不清的，不得给予行政处罚。

2）行政机关在作出行政处罚决定之前，应当告知当事人作出行政处罚决定的事实、理由和依据，并告知当事人依法享有的权利。行政机关及其执法人员违反该规定，未告知的，行政处罚决定不能成立。

3）行政机关必须充分听取当事人的意见，对当事人提出的事实、理由和证据，应当进行复核；当事人提出的事实、理由或者证据成立的，行政机关应当采纳。行政机关不得因当事人申辩而加重处罚。行政机关及其执法人员违反该规定，拒绝听取当事人的陈述、申辩的，行政处罚决定不成立。

15.2.3　刑事责任

1. 刑事责任及刑法的概念、基本原则

刑事责任是指犯罪主体因违反刑法，实施了犯罪行为所应承担的法律责任。刑事责任是法律责任中最强烈的一种，其承担方式主要是刑罚，也包括一些非刑罚的处罚方法。

刑法是国家的基本法律之一，是规定犯罪、刑事责任与刑罚的法律。具体而言，刑法是以国家名义规定什么行为是犯罪和应负刑事责任，并给犯罪人以何种刑罚处罚的法律。

刑法的基本原则：

1）罪刑法定原则。即定罪判刑必须以现行法律明文规定为准，对于现行法律没有明文加以规定的行为不得定罪、处罚，也就是"法无明文规定不为罪"、

"法无明文规定不处罚"。

2）平等适用刑法原则。我国《刑法》第 4 条规定："对任何人犯罪，在适用法律上一律平等。不允许任何人有超越法律的特权。"刑法面前人人平等，任何人犯罪，都应该受到法律的追究；任何人不得享有超越法律规定的特权；对于一切犯罪行为，不论犯罪人的社会地位、家庭出身、职业状况、政治面貌、才能业绩如何，都一律平等地适用刑法，在定罪量刑时不应有所区别，一视同仁，依法惩处。

3）罪责刑相适应原则。其基本含义是：犯多大的罪，就应当承担多大的刑事责任，法院也应判处其相应轻重的刑罚，做到重罪重罚，轻罪轻罚，罚当其罪，罪刑相称。

2. 犯罪及犯罪构成

我国《刑法》第 13 条明确规定，"一切危害国家主权、领土完整和安全，分裂国家、颠覆人民民主专政的政权和推翻社会主义制度，破坏社会秩序和经济秩序，侵犯国有财产或者劳动群众集体所有的财产，侵犯公民私人所有的财产，侵犯公民的人身权利、民主权利和其他权利，以及其他危害社会的行为，依照法律应当受刑罚处罚的，都是犯罪，但是情节显著轻微危害不大的，不认为是犯罪。"它具有三个共同特征：社会危害性；刑事违法性；应受到刑事处罚性。

犯罪构成则是指认定犯罪的具体法律标准，是我国刑法规定的某种行为构成犯罪所必须具备的主观要件和客观要件的总和。按照我国犯罪构成的一般理论，我国刑法规定的犯罪都必须具备犯罪客体、犯罪的客观方面、犯罪主体、犯罪的主观方面这四个共同要件：

1）犯罪客体。犯罪客体是指我国刑法所保护而被犯罪行为所侵害的社会关系。由于犯罪的社会危害性集中表现在犯罪对社会关系已经造成或者可能造成的侵害上，因此，犯罪客体是任何犯罪成立必不可少的要件。如果行为不侵犯任何客体，也就是不侵犯任何社会关系，就意味着该行为不具有社会危害性，也就不构成犯罪。我国《刑法》第 13 条和分则的规定，具体指明了刑法所保护的社会关系的种类。

2）犯罪的客观方面。犯罪的客观方面是犯罪活动的客观外在表现。它包括危害行为，危害结果，危害行为和危害结果之间的因果关系，犯罪的时间、地点、手段等。犯罪的客观方面是犯罪构成的核心。犯罪客体只有通过表现于外部的危害行为才会受到侵犯，犯罪的主观方面只有外化为犯罪客观方面才能为人们所认识并具有法律意义，犯罪主体只是因为实施了一定的危害行为才成为犯罪主体。因此，可以说犯罪客体、犯罪主体和犯罪的主观方面都是说明犯罪客观方面行为的社会危害性及其严重程度的事实特征。可见，犯罪客观方面在犯罪构成中居于极为重要的地位。

3) 犯罪主体。犯罪主体是指实施了犯罪行为并应承担刑事责任的人。犯罪主体是犯罪构成的一个必要要件。根据我国《刑法》的规定，犯罪主体分为两类：一种是达到刑事责任年龄，具有刑事责任能力，实施了犯罪行为的自然人；另一种是实施了犯罪行为的企业事业单位、国家机关、社会团体等单位。按照对犯罪主体是否有特定要求，又可分为一般主体和特殊主体。比如，贪污罪、挪用公款罪的犯罪主体只能是国家工作人员。

4) 犯罪的主观方面。犯罪的主观方面是指犯罪主体对自己所实施的危害社会行为及其危害结果所持的心理态度，包括犯罪故意和犯罪过失。根据我国《刑法》规定，一个人只有在故意或过失地实施某种危害社会的行为时，才负刑事责任。所以，故意或过失作为犯罪的主观方面，也是构成犯罪必不可少的要件之一。犯罪故意是指明知自己的行为会发生危害社会的结果，并且希望或者放任这种结果发生的心理态度；犯罪过失是指行为人应当预见自己的行为可能发生危害社会的结果，因为疏忽大意而没有预见或者已经预见而轻信能够避免，以致发生这种结果的心理状态。

3. 刑罚及刑罚的种类

刑罚是刑法规定的由国家审判机关依法对犯罪分子所适用的限制或剥夺其某种权益的最严厉的强制性法律制裁方法。犯罪是刑罚的前提，刑罚是犯罪的法律后果。

根据我国《刑法》第32条规定，我国刑罚分为主刑和附加刑两大类。根据《刑法》第33条规定，主刑包括管制、拘役、有期徒刑、无期徒刑和死刑5种。我国《刑法》第34条规定，附加刑包括罚金、剥夺政治权利和没收财产3种。

(1) 主刑 具体分为以下几种：

1) 管制。管制是对犯罪分子不实行关押，但限制其一定自由，由公安机关予以执行的刑罚方法。被判处管制的犯罪分子，在执行期间，应当遵守下列规定：遵守法律、行政法规，服从监督；未经执行机关批准，不得行使言论、出版、集会、结社、游行、示威自由的权利；按照执行机关规定报告自己的活动情况；遵守执行机关关于会客的规定；离开所居住的市、县或者迁居，应当报经执行机关批准。对于被判处管制的犯罪分子，在劳动中应当同工同酬。

管制的期限为3个月以上2年以下。管制的刑期，从判决执行之日起计算，判决执行以前先行羁押的，羁押1日折抵刑期2日。被判处管制的犯罪分子，管制期满，执行机关应即向本人和其所在单位或者居住地的群众宣布解除管制。

2) 拘役。拘役是对犯罪分子实行短期剥夺人身自由，由公安机关就近执行劳动改造的刑罚方法。拘役是介于管制和有期徒刑之间的一种刑罚，是运用较广的一种刑罚。拘役的期限为1个月以上6个月以下。在执行期间，被判处拘役的犯罪分子每月可以回家1~2天；参加劳动的，可以酌量发给报酬。拘役的刑期，从判决执行之日起计算；判决执行以前先行羁押的，羁押1日折抵刑期1日。

拘役与《治安管理处罚条例》中规定的拘留，都是短期剥夺自由的强制方法，但两者却存在着明显的区别：

① 性质不同，拘役是刑罚方法，而拘留属于治安行政处罚。

② 适用的对象不同，拘役适用于犯罪分子，而拘留适用于违反《治安管理处罚条例》，尚未达到犯罪程度的一般违法分子。

③ 适用机关不同，拘役由人民法院适用，而拘留由公安机关适用。

3）有期徒刑。有期徒刑是剥夺犯罪分子一定期限的人身自由，实行强制劳动改造的刑罚方法。有期徒刑是我国刑法中适用最为广泛的一种刑罚，既可以适用于罪行较重的犯罪分子，也可以适用于罪行较轻的犯罪分子。

有期徒刑的期限，为6个月以上15年以下。有期徒刑的刑期，从判决执行之日起计算；判决执行以前先行羁押的，羁押1日折抵刑期1日。被判处有期徒刑的犯罪分子，在监狱或者其他执行场所执行，凡有劳动能力的，都应当参加劳动，接受教育和改造。

4）无期徒刑。无期徒刑是剥夺犯罪分子终身自由，并强制劳动改造的刑罚方法。无期徒刑是仅次于死刑的一种严厉的刑罚，是介于有期徒刑和死刑之间的不可缺少的一种刑罚。无期徒刑主要适用于那些不必判处死刑，而又需要与社会永久隔离、罪行严重的危害国家安全的犯罪分子和其他重大刑事犯罪分子以及严重的经济犯罪分子。被判处无期徒刑的犯罪分子，在监狱或者其他执行场所执行，凡有劳动能力的，都应当参加劳动，接受教育和改造。

5）死刑。死刑是剥夺犯罪分子生命的刑罚方法，是刑罚中最严厉的惩罚手段。死刑只适用于罪行极其严重的犯罪分子。对于应当判处死刑的犯罪分子，如果不是必须立即执行的，可以判处死刑同时宣告缓期2年执行。死刑除依法由最高人民法院判决的以外，都应当报请最高人民法院核准。我国《刑法》第49条规定："犯罪的时候不满18周岁的人和审判的时候怀孕的妇女，不适用死刑。"

(2) 附加刑 具体分为以下几种：

1）罚金。罚金是人民法院判处犯罪人向国家缴纳一定数额金钱的刑罚方法。罚金具有广泛的适用性，既可适用于处刑较轻的犯罪，也可以适用于处刑较重的犯罪。根据《刑法》第53条规定，罚金的缴纳分为5种情况：限期一次缴纳；限期分期缴纳；强制缴纳；随时缴纳；减少或者免除缴纳。

罚金与行政处罚是有区别的，其区别在于：

① 性质不同，罚金是刑罚方法，而罚款是一种行政处罚。

② 适用的对象不同，罚金是对触犯了刑律的犯罪分子或者犯罪单位适用，而罚款是对一般的违法分子或者违法单位适用。

③ 适用机关不同，罚金由人民法院适用，而罚款由公安机关、海关、税务、

工商行政管理等有关部门适用。

2）剥夺政治权利。剥夺政治权利是指剥夺犯罪人参加国家管理和政治活动权利的刑罚方法。根据我国《刑法》第54条规定，剥夺政治权利是剥夺犯罪分子以下权利：选举权和被选举权；言论、出版、集会、结社、游行、示威自由的权利；担任国家机关职务的权利；担任国有公司、企业、事业单位和人民团体领导职务的权利。附加适用剥夺政治权利的对象，主要是危害国家安全的犯罪分子、故意杀人、强奸、放火、爆炸、投毒、抢劫等严重破坏社会秩序的犯罪分子和被判处死刑、无期徒刑的犯罪分子。

剥夺政治权利的期限一般为1年以上5年以下。判处管制附加剥夺政治权利的，剥夺政治权利的期限与管制的期限相同，同时执行。对于被判处死刑、无期徒刑的犯罪分子，应当剥夺政治权利终身。附加剥夺政治权利的刑期，从徒刑、拘役执行完毕之日或者从假释之日起计算；剥夺政治权利的效力当然施用于主刑执行期间。

3）没收财产。没收财产是指将犯罪分子个人所有财产的一部或全部强制、无偿地收归国有的刑罚方法，是我国刑罚的附加刑中最重的一种。根据《刑法》第59条、第60条规定，没收全部财产的，应当对犯罪分子个人及其扶养的家属保留必需的生活费用。在判处没收财产的时候，不得没收属于犯罪分子家属所有或者应有的财产。没收财产以前犯罪分子所负的正当债务，需要以没收的财产偿还的，经债权人请求，应当偿还。

附加刑可以与主刑合并适用，也可以独立适用。

4. 工程建设领域中常见的刑事犯罪

（1）重大责任事故罪　根据《刑法》第134条及《刑法修正案》（六）的规定，重大责任事故罪是指在生产、作业中违反有关安全管理的规定，或者强令他人违章冒险作业，因而发生重大伤亡事故或者造成其他严重后果的行为。

重大责任事故罪的犯罪构成及其特征是：本罪的犯罪客体是生产安全；客观方面，表现为在生产、作业中违反有关安全管理的规定，或者强令他人违章冒险作业，因而发生重大伤亡事故或者造成其他严重后果的行为。犯罪主体属于一般主体，包括建筑企业的安全生产从业人员、安全生产管理人员以及对安全事故负有责任的包工头、无证从事生产、作业的人员等。犯罪的主观方面表现为过失。这种过失不论是表现为疏忽大意，还是表现为过于自信，行为人在主观上的心理状态都是一样的，即在主观上都不希望发生危害社会的严重后果。

重大责任事故罪属过失犯罪，犯本罪的，处3年以下有期徒刑或者拘役；情节特别恶劣的，处3年以上7年以下有期徒刑。

（2）重大劳动安全事故罪　根据《刑法》第135条及《刑法修正案》（六）的规定，重大劳动安全事故罪主要指安全生产设施或者安全生产条件不符合国家规定，因而发生重大伤亡事故或者造成其他严重后果的行为。

重大劳动安全事故罪的犯罪构成及其特征是：本罪的犯罪客体是劳动安全；犯罪的客观方面，表现为安全生产设施或者安全生产条件不符合国家规定，因而发生重大伤亡事故或者造成其他严重后果的行为；犯罪主体是特殊主体，即直接负责的主管人员和其他直接责任人员。其中，"直接负责的主管人员"包括生产经营单位的负责人、生产经营的指挥人员、实际控制人、投资人。"其他直接责任人员"包括对安全生产设施、安全生产条件负有提供、维护、管理职责的人；犯罪的主观方面表现为过失，即在主观上都不希望发生危害社会的严重后果。但行为人对安全生产设施或者安全生产条件不符合国家规定，则可能是故意的，也可能是过失。

重大劳动安全事故罪属过失犯罪，犯本罪的，处3年以下有期徒刑或者拘役；情节特别恶劣的，处3年以上7年以下有期徒刑。

（3）工程重大安全事故罪　根据《刑法》第137条规定，工程重大安全事故罪，是指建设单位、设计单位、施工单位、工程监理单位违反国家规定，降低工程质量标准，造成重大安全事故的行为。

工程重大安全事故罪的犯罪构成及其特征是：本罪的犯罪客体，是公共安全和国家有关工程建设管理的法律制度；犯罪的客观方面表现为违反国家规定，降低工程质量标准，造成重大安全事故的行为；犯罪主体是特殊主体，仅限于建设单位、设计单位、施工单位和工程监理单位；犯罪的主观方面表现为过失，但行为人违反国家规定、降低质量标准则可能是故意，也可能是过失。

工程重大安全事故罪属过失犯罪，犯本罪的，处5年以下有期徒刑或者拘役，并处罚金；后果特别严重的，处5年以上10年以下有期徒刑，并处罚金。

（4）工程建设领域中其他常见的刑事犯罪

1）串通投标罪。根据《刑法》第223条规定，串通投标罪是指投标人相互串通投标报价，损害招标人或者其他投标人利益，情节严重的行为，以及投标人与招标人串通投标，损害国家、集体、公民的合法利益的行为。

本罪的主观方面，表现为故意。犯本罪的，处3年以下有期徒刑或者拘役，并处或者单处罚金。

2）贪污罪。根据《刑法》第382条规定，贪污罪，是指国家工作人员利用职务上的便利，侵吞、窃取、骗取或者以其他手段非法占有公共财物的行为。

贪污罪是故意犯罪，犯本罪，数额较大（5000元至2万元以上）的，处5年以下有期徒刑或者拘役；数额巨大（10万元以上）的，处5年以上有期徒刑，可以并处没收财产。

3）公司、企业人员受贿罪。是指公司、企业的工作人员利用职务上的便利，索取他人财物或者非法收受他人财物，为他人谋取利益，数额较大的行为。

公司、企业人员受贿罪是故意犯罪，犯本罪，数额较大（5000元至2万元以上）的，处5年以下有期徒刑或者拘役；数额巨大（10万元以上）的，处5年以上有期徒刑，可以并处没收财产。

4）向公司、企业人员行贿罪。是指为谋取不正当利益，给予公司、企业工作人员以财物，数额较大的行为。

向公司、企业人员行贿罪是故意犯罪，犯本罪，数额较大（5000元至2万元以上）的，处3年以下有期徒刑或者拘役；数额巨大（10万元以上）的，处3年以上10年以下有期徒刑，可以并处罚金。单位犯本罪的，实行双罚制，即对单位判处罚金，并对其直接负责的主管人员或其他责任人员作出相应处罚。

5）签订、履行合同失职罪。国家机关工作人员签订、履行合同失职被骗罪，是指国家机关工作人员在签订、履行合同过程中，因严重不负责任被诈骗，致使国家利益遭受重大损失的行为。

国家机关工作人员签订、履行合同失职被骗罪是过失犯罪，犯本罪，处3年以下有期徒刑或者拘役；致使国家利益遭受特别巨大损失的，处3年以上7年以下有期徒刑。

6）非法低价出让国有土地使用权罪。这是指国家机关工作人员徇私舞弊，违反土地管理法规，非法低价出让国有土地使用权情节严重的行为。

非法低价出让国有土地使用权罪是故意犯罪，犯本罪，处3年以下有期徒刑或者拘役；致使国家或者集体利益遭受特别重大损失的，处3年以上7年以下有期徒刑。

7）强迫职工劳动罪是指用人单位违反劳动管理法规，以限制人身自由方法强迫职工劳动，情节严重的。

强迫职工劳动罪是故意犯罪，犯本罪，实行单罚制，即对用人单位的直接责任人员，处3年以下有期徒刑或者拘役；并处或单处罚金。

8）挪用公款罪是指国家机关工作人员利用职务上的便利，挪用公款归个人使用，进行非法活动的，或者挪用公款数额较大、进行盈利活动的，或者挪用公款数额较大、超过3个月未还的行为。

挪用公款罪是故意犯罪，犯本罪，处5年以下有期徒刑或者拘役；情节严重的，处5年以上有期徒刑；挪用公款数额巨大不退还的，处10年以上有期徒刑或者无期徒刑。

9）重大环境污染事故罪是指违反国家规定，向土地、水体、大气排放、倾倒或者处置有放射性的废物、含传染病病原体的废物、有毒物质或者其他危险废物，造成重大环境污染事故，致使公共财产遭受重大损失或者人身伤亡的严重后果的行为。

重大环境污染事故罪是过失犯罪，犯本罪，处3年以下有期徒刑或者拘役，并处或者单处罚金;后果特别严重的,处 3 年以上 7 年以下有期徒刑,并处罚金。单位犯本罪的,对单位判处罚金,对其直接负责的主管人员和其他直接责任人员依照上述规定处罚。

15.3 建设工程法律责任的认定与处理

15.3.1 违反《建筑法》的法律责任

1. 建设单位的法律责任

1) 未取得施工许可证或者开工报告未经批准擅自施工的,责令改正,对不符合开工条件的责令停止施工,可以处以罚款。

2) 建设单位违反本法规定,要求建筑设计单位或者建筑施工企业违反建筑工程质量、安全标准,降低工程质量的,责令改正,可以处以罚款;构成犯罪的,依法追究刑事责任。

2. 建筑施工企业的法律责任

1) 建筑施工企业超越本单位资质等级承揽工程的,责令停止违法行为,处以罚款,可以责令停业整顿,降低资质等级;情节严重的,吊销资质证书;有违法所得的,予以没收。建筑施工企业未取得资质证书承揽工程的,予以取缔,并处罚款;有违法所得的,予以没收。以欺骗手段取得资质证书的,吊销资质证书,处以罚款;构成犯罪的,依法追究刑事责任。

2) 建筑施工企业转让、出借资质证书或者以其他方式允许他人以本企业的名义承揽工程的,责令改正,没收违法所得,并处罚款,可以责令停业整顿,降低资质等级;情节严重的,吊销资质证书。对因该项承揽工程不符合规定的质量标准造成的损失,建筑施工企业与使用本企业名义的单位或者个人承担连带赔偿责任。

3) 建筑施工企业违反本法规定,对建筑安全事故隐患不采取措施予以消除的,责令改正,可以处以罚款;情节严重的,责令停业整顿,降低资质等级或者吊销资质证书;构成犯罪的,依法追究刑事责任。

建筑施工企业的管理人员违章指挥、强令职工冒险作业,因而发生重大伤亡事故或者造成其他严重后果的,依法追究刑事责任。

4) 建筑施工企业在施工中偷工减料的,使用不合格的建筑材料、建筑构配件和设备的,或者有其他不按照工程设计图或者施工技术标准施工的行为的,责令改正,处以罚款;情节严重的,责令停业整顿,降低资质等级或者吊销资质证书;造成建筑工程质量不符合规定的质量标准的,负责返工、修理,并赔偿因此造成的损失;构成犯罪的,依法追究刑事责任。

5）建筑施工企业违反本法规定，不履行保修义务或者拖延履行保修义务的，责令改正，可以处以罚款，并对在保修期内因屋顶、墙面渗漏、开裂等质量缺陷造成的损失，承担赔偿责任。

3. 工程发承包单位的法律责任

1）发包单位将工程发包给不具有相应资质条件的承包单位的，或者违反本法规定将建筑工程肢解发包的，责令改正，处以罚款。

2）承包单位将承包的工程转包的，或者违反本法规定进行分包的，责令改正，没收违法所得，并处罚款，可以责令停业整顿，降低资质等级；情节严重的，吊销资质证书。

承包单位有前款规定的违法行为的，对因转包工程或者违法分包的工程不符合规定的质量标准造成的损失，与接受转包或者分包的单位承担连带赔偿责任。

3）在工程发包与承包中索贿、受贿、行贿，构成犯罪的，依法追究刑事责任；不构成犯罪的，分别处以罚款，没收贿赂的财物，对直接负责的主管人员和其他直接责任人员给予处分。

对在工程承包中行贿的承包单位，除依照前款规定处罚外，可以责令停业整顿，降低资质等级或者吊销资质证书。

4）违反本法规定，涉及建筑主体或者承重结构变动的装修工程擅自施工的，责令改正，处以罚款；造成损失的，承担赔偿责任；构成犯罪的，依法追究刑事责任。

4. 工程监理单位的法律责任

工程监理单位与建设单位或者建筑施工企业串通，弄虚作假、降低工程质量的，责令改正，处以罚款，降低资质等级或者吊销资质证书；有违法所得的，予以没收；造成损失的，承担连带赔偿责任；构成犯罪的，依法追究刑事责任。

工程监理单位转让监理业务的，责令改正，没收违法所得，可以责令停业整顿，降低资质等级；情节严重的，吊销资质证书。

5. 设计单位的法律责任

建筑设计单位不按照建筑工程质量、安全标准进行设计的，责令改正，处以罚款；造成工程质量事故的，责令停业整顿，降低资质等级或者吊销资质证书，没收违法所得，并处罚款；造成损失的，承担赔偿责任；构成犯罪的，依法追究刑事责任。

6. 处罚

1）本法规定的责令停业整顿、降低资质等级和吊销资质证书的行政处罚，由颁发资质证书的机关决定；其他行政处罚由建设行政主管部门或者有关部门依照法律和国务院规定的职权范围决定。依照本法规定被吊销资质证书的，由工商行政管理部门吊销其营业执照。

2）违反本法规定，对不具备相应资质等级条件的单位颁发该等级资质证书的，由其上级机关责令收回所发的资质证书，对直接负责的主管人员和其他直接责任人员给予行政处分；构成犯罪的，依法追究刑事责任。

7. 主管部门的法律责任

1）政府及其所属部门的工作人员违反本法规定，限定发包单位将招标发包的工程发包给指定的承包单位的，由上级机关责令改正；构成犯罪的，依法追究刑事责任。

2）负责颁发建筑工程施工许可证的部门及其工作人员对不符合施工条件的建筑工程颁发施工许可证的，负责工程质量监督检查或者竣工验收的部门及其工作人员对不合格的建筑工程出具质量合格文件或者按合格工程验收的，由上级机关责令改正，对责任人员给予行政处分；构成犯罪的，依法追究刑事责任；造成损失的，由该部门承担相应的赔偿责任。

8. 其他法律责任

在建筑物的合理使用寿命内，因建筑工程质量不合格受到损害的，有权向责任者要求赔偿。

15.3.2 违反《招标投标法》的法律责任

1. 应该招标而未招标的法律责任

必须进行招标的项目而不招标的，将必须进行招标的项目化整为零或者以其他任何方式规避招标的，责令限期改正，可以处项目合同金额0.5%以上1%以下的罚款；对全部或者部分使用国有资金的项目，可以暂停项目执行或者暂停资金拨付；对单位直接负责的主管人员和其他直接责任人员依法给予处分。

2. 招标代理机构的法律责任

招标代理机构违反本法规定，泄露应当保密的与招标投标活动有关的情况和资料的，或者与招标人、投标人串通损害国家利益、社会公共利益或者他人合法权益的，处5万元以上25万元以下的罚款，对单位直接负责的主管人员和其他直接责任人员处单位罚款数额5%以上10%以下的罚款；有违法所得的，并处没收违法所得；情节严重的，暂停直至取消招标代理资格；构成犯罪的，依法追究刑事责任。给他人造成损失的，依法承担赔偿责任。上述所列行为影响中标结果的，中标无效。

3. 招标人的法律责任

1）招标人以不合理的条件限制或者排斥潜在投标人的，对潜在投标人实行歧视待遇的，强制要求投标人组成联合体共同投标的，或者限制投标人之间竞争的，责令改正，可以处1万元以上5万元以下的罚款。

2）依法必须进行招标的项目的招标人向他人透露已获取招标文件的潜在投

标人的名称、数量，或者可能影响公平竞争的有关招标投标的其他情况的，或者泄露标底的，给予警告，可以并处 1 万元以上 10 万元以下的罚款；对单位直接负责的主管人员和其他直接责任人员依法给予处分；构成犯罪的，依法追究刑事责任。上述所列行为影响中标结果的，中标无效。

3）依法必须进行招标的项目，招标人违反本法规定，与投标人就投标价格、投标方案等实质性内容进行谈判的，给予警告，对单位直接负责的主管人员和其他直接责任人员依法给予处分。上述所列行为影响中标结果的，中标无效。

4）招标人在评标委员会依法推荐的中标候选人以外确定中标人的，依法必须进行招标的项目在所有投标被评标委员会否决后自行确定中标人的，中标无效。责令改正，可以处中标项目金额 0.5% 以上 1% 以下的罚款；对单位直接负责的主管人员和其他直接责任人员依法给予处分。

4. 投标人的法律责任

1）投标人相互串通投标或者与招标人串通投标的，投标人以向招标人或者评标委员会成员行贿的手段谋取中标的，中标无效，处中标项目金额 0.5% 以上 1% 以下的罚款，对单位直接负责的主管人员和其他直接责任人员处单位罚款数额 5% 以上 10% 以下的罚款；有违法所得的，并处没收违法所得；情节严重的，取消其 1～2 年内参加依法必须进行招标的项目的投标资格并予以公告，直至由工商行政管理机关吊销营业执照；构成犯罪的，依法追究刑事责任。给他人造成损失的，依法承担赔偿责任。

2）投标人以他人名义投标或者以其他方式弄虚作假，骗取中标的，中标无效，给招标人造成损失的，依法承担赔偿责任；构成犯罪的，依法追究刑事责任。

依法必须进行招标的项目的投标人有前款所列行为尚未构成犯罪的，处中标项目 0.5% 以上 1% 以下的罚款，对单位直接负责的主管人员和其他直接责任人员处单位罚款数额 5% 以上 10% 以下的罚款；有违法所得的，并处没收违法所得；情节严重的，取消其 1～3 年内参加依法必须进行招标的项目的投标资格并予以公告，直至由工商行政管理机关吊销营业执照。

5. 评标委员会的法律责任

评标委员会成员收受投标人的财物或者其他好处的，评标委员会成员或者参加评标的有关工作人员向他人透露对投标文件的评审和比较、中标候选人的推荐以及与评标有关的其他情况的，给予警告，没收收受的财物，可以并处 3000 元以上 5 万元以下的罚款，对有所列违法行为的评标委员会成员取消担任评标委员会成员的资格，不得再参加任何依法必须进行招标的项目的评标；构成犯罪的，依法追究刑事责任。

6. 中标人的法律责任

1）中标人将中标项目转让给他人的，将中标项目肢解后分别转让给他人的，违反本法规定将中标项目的部分主体、关键性工作分包给他人的，或者分包人再次分包的，转让、分包无效，处转让、分包项目金额 0.5% 以上 1% 以下的罚款；有违法所得的，并处没收违法所得；可以责令停业整顿；情节严重的，由工商行政管理机关吊销营业执照。

2）中标人不履行与招标人订立的合同的，履约保证金不予退还，给招标人造成的损失超过履约保证金数额的，还应当对超过部分予以赔偿；没有提交履约保证金的，应当对招标人的损失承担赔偿责任。

中标人不按照与招标人订立的合同履行义务，情节严重的，取消其 2～5 年内参加依法必须进行招标的项目的投标资格并予以公告，直至由工商行政管理机关吊销营业执照。

因不可抗力不能履行合同的，不适用前两款规定。

7. 行政处罚

本章规定的行政处罚，由国务院规定的有关行政监督部门决定。本法已对实施行政处罚的机关作出规定的除外。

8. 行政监督机关的法律责任

对招标投标活动依法负有行政监督职责的国家机关工作人员徇私舞弊、滥用职权或者玩忽职守，构成犯罪的，依法追究刑事责任；不构成犯罪的，依法给予行政处分。

9. 其他法律责任的规定

1）招标人与中标人不按照招标文件和中标人的投标文件订立合同的，或者招标人、中标人订立背离合同实质性内容协议的，责令改正；可以处中标项目金额 0.5% 以上 1% 以下的罚款。

2）任何单位违反本法规定，限制或者排斥本地区、本系统以外的法人或者其他组织参加投标的，为招标人指定招标代理机构的，强制招标人委托招标代理机构办理招标事宜的，或者以其他方式干涉招标投标活动的，责令改正；对单位直接负责的主管人员和其他直接责任人员依法给予警告、记过、记大过的处分，情节较重的，依法给予降级、撤职、开除的处分。个人利用职权进行前款违法行为的，依照前款规定追究责任。

3）依法必须进行招标的项目违反本法规定，中标无效的，应当依照本法规定的中标条件从其余投标人中重新确定中标人或者依照本法重新进行招标。

15.3.3 违反《勘察设计管理条例》的法律责任

1. 建设单位的法律责任

发包方将建设工程勘察、设计业务发包给不具有相应资质等级的建设工程勘察、设计单位的，责令改正，处 50 万元以上 100 万元以下的罚款。

2. 勘察、设计单位的法律责任

1) 非法承揽业务的责任。建设工程勘察、设计单位超越其资质等级许可的范围承揽建设工程勘察、设计业务的；以其他建设工程勘察、设计单位的名义承揽建设工程勘察、设计业务的；允许其他单位或者个人以本单位的名义承揽建设工程勘察、设计业务的，责令停止违法行为，处合同约定的勘察费、设计费1倍以上2倍以下的罚款，有违法所得的，予以没收；可以责令停业整顿，降低资质等级；情节严重的，吊销资质证书。未取得资质证书承揽工程的，予以取缔，依照前款规定处以罚款；有违法所得的，予以没收。以欺骗手段取得资质证书承揽工程的，吊销资质证书，依照本条第一款规定处以罚款；有违法所得的，予以没收。

2) 非法转包的责任。建设工程勘察、设计单位将所承揽的建设工程勘察、设计转包的，责令改正，没收违法所得，处合同约定的勘察费、设计费25%以上50%以下的罚款，可以责令停业整顿，降低资质等级；情节严重的，吊销资质证书。

3) 不按规定进行设计的责任。勘察单位未按照工程建设强制性标准进行勘察的；设计单位未根据勘察成果文件进行工程设计的；设计单位指定建筑材料、建筑构配件的生产厂、供应商的；设计单位未按照工程建设强制性标准进行设计的。有上述行为之一的，责令改正，处10万元以上30万元以下的罚款。造成工程质量事故的，责令停业整顿，降低资质等级；情节严重的，吊销资质证书；造成损失的，依法承担赔偿责任。

3. 勘察、设计执业人员的法律责任

1) 未经注册，擅自以注册建设工程勘察、设计人员的名义从事建设工程勘察、设计活动的，责令停止违法行为，没收违法所得，处违法所得2倍以上5倍以下罚款；给他人造成损失的，依法承担赔偿责任。

2) 建设工程勘察、设计注册执业人员和其他专业技术人员未受聘于一个建设工程勘察、设计单位或者同时受聘于两个以上建设工程勘察、设计单位，从事建设工程勘察、设计活动的，责令停止违法行为，没收违法所得，处违法所得2倍以上5倍以下的罚款；情节严重的，可以责令停止执行业务或者吊销资格证书；给他人造成损失的，依法承担赔偿责任。

4. 处罚

本条例规定的责令停业整顿、降低资质等级和吊销资质证书、资格证书的行政处罚，由颁发资质证书、资格证书的机关决定；其他行政处罚，由建设行政主管部门或者其他有关部门依据法定职权范围决定。依照本条例规定被吊销资质证书的，由工商行政管理部门吊销其营业执照。

5. 行政监督机关的法律责任

国家机关工作人员在建设工程勘察、设计活动的监督管理工作中玩忽职守、滥用职权、徇私舞弊，构成犯罪的，依法追究刑事责任；尚不构成犯罪的，依法给予行政处分。

15.3.4 违反《建设工程质量管理条例》的法律责任

1. 建设单位的法律责任

1）建设单位将建设工程发包给不具有相应资质等级的勘察、设计、施工单位或者委托给不具有相应资质等级的工程监理单位的，责令改正，处 50 万元以上 100 万元以下的罚款。

2）建设单位将建设工程肢解发包的，责令改正，处工程合同价款 0.5% 以上 1% 以下的罚款；对全部或者部分使用国有资金的项目，并可以暂停项目执行或者暂停资金拨付。

3）建设单位有下列行为之一的，责令改正，处 20 万元以上 50 万元以下的罚款：

① 迫使承包方以低于成本的价格竞标的。

② 任意压缩合理工期的。

③ 明示或者暗示设计单位或者施工单位违反工程建设强制性标准，降低工程质量的。

④ 施工图设计文件未经审查或者审查不合格，擅自施工的。

⑤ 建设项目必须实行工程监理而未实行工程监理的。

⑥ 未按照国家规定办理工程质量监督手续的。

⑦ 明示或者暗示施工单位使用不合格的建筑材料、建筑构配件和设备的。

⑧ 未按照国家规定将竣工验收报告、有关认可文件或者准许使用文件报送备案的。

4）建设单位未取得施工许可证或者开工报告未经批准，擅自施工的，责令停止施工，限期改正，处工程合同价款 1% 以上 2% 以下的罚款。

5）建设单位有下列行为之一的，责令改正，处工程合同价款 2% 以上 4% 以下的罚款；造成损失的，依法承担赔偿责任：

① 未组织竣工验收，擅自交付使用的。

② 验收不合格，擅自交付使用的。

③ 对不合格的建设工程按照合格工程验收的。

6）建设工程竣工验收后，建设单位未向建设行政主管部门或者其他有关部门移交建设项目档案的，责令改正，处 1 万元以上 10 万元以下的罚款。

2. 勘察、设计、施工、工程监理单位法律责任

1）勘察、设计、施工、工程监理单位超越本单位资质等级承揽工程的，责令停止违法行为，对勘察、设计单位或者工程监理单位处合同约定的勘察费、设计费或者监理酬金1倍以上2倍以下的罚款；对施工单位处工程合同价款2%以上4%以下的罚款，可以责令停业整顿，降低资质等级；情节严重的，吊销资质证书；有违法所得的，予以没收。

未取得资质证书承揽工程的，予以取缔，依照前款规定处以罚款；有违法所得，予以没收。以欺骗手段取得资质证书承揽工程的，吊销资质证书，依照本条第1款规定处以罚款；有违法所得的，予以没收。

2）勘察、设计、施工、工程监理单位允许其他单位或者个人以本单位名义承揽工程的，责令改正，没收违法所得，对勘察、设计单位和工程监理单位处合同约定的勘察费、设计费和监理酬金1倍以上2倍以下的罚款；对施工单位处工程合同价款2%以上4%以下的罚款；可以责令停业整顿，降低资质等级；情节严重的，吊销资质证书。

3）承包单位将承包的工程转包或者违法分包的，责令改正，没收违法所得，对勘察、设计单位处合同约定的勘察费、设计费25%以上50%以下的罚款；对施工单位处工程合同价款0.5%以上1%以下的罚款；可以责令停业整顿，降低资质等级；情节严重的，吊销资质证书。

工程监理单位转让工程监理业务的，责令改正，没收违法所得，处合同约定的监理酬金费25%以上50%以下的罚款；可以责令停业整顿，降低资质等级；情节严重的，吊销资质证书。

4）违反本条例规定，有下列行为之一的，责令改正，处10万元以上30万元以下的罚款：

① 勘察单位未按照工程建设强制性标准进行勘察的。
② 设计单位未根据勘察成果文件进行工程设计的。
③ 设计单位指定建筑材料、建筑构配件的生产厂、供应商的。
④ 设计单位未按照工程建设强制性标准进行设计的。

上述所列行为，造成工程质量事故的，责令停业整顿，降低资质等级；情节严重的，吊销资质证书；造成损失的，依法承担赔偿责任。

5）施工单位在施工中偷工减料的，使用不合格的建筑材料、建筑构配件和设备的，或者有不按照工程设计图纸或者施工技术标准施工的其他行为的，责令改正，处工程合同价款2%以上4%以下的罚款；造成建设工程质量不符合规定的质量标准的，负责返工、修理，并赔偿因此造成的损失；情节严重的，责令停业整顿，降低资质等级或者吊销资质证书。

6）施工单位未对建筑材料、建筑构配件、设备和商品混凝土进行检验，或者未对涉及结构安全的试块、试件以及有关材料取样检测的，责令改正，处10万元以上20万元以下的罚款；情节严重的，责令停业整顿，降低资质等级或者吊销资质证书；造成损失的，依法承担赔偿责任。

7）施工单位不履行保修义务或者拖延履行保修义务的，责令改正，处10万元以上20万元以下的罚款，并对在保修期内因质量缺陷造成的损失承担赔偿责任。

8）工程监理单位有下列行为之一的，责令改正，处50万元以上100万元以下的罚款，降低资质等级或者吊销资质证书；有违法所得的，予以没收；造成损失的，承担连带赔偿责任：

① 与建设单位或者施工单位串通，弄虚作假、降低工程质量的。

② 将不合格的建设工程、建筑材料、建筑构配件和设备按照合格签字的。

9）工程监理单位与被监理工程的施工承包单位以及建筑材料、建筑构配件和设备供应单位有隶属关系或者其他利害关系承担该项建设工程的监理业务的，责令改正，处5万元以上10万元以下的罚款，降低资质等级或者吊销资质证书；有违法所得的，予以没收。

10）涉及建筑主体或者承重结构变动的装修工程，没有设计方案擅自施工的，责令改正，处50万元以上100万元以下的罚款；房屋建筑使用者在装修过程中擅自变动房屋建筑主体和承重结构的，责令改正，处5万元以上10万元以下的罚款。有上述所列行为，造成损失的，依法承担赔偿责任。

3. 其他相关部门人员的法律责任

1）发生重大工程质量事故隐瞒不报、谎报或者拖延报告期限的，对直接负责的主管人员和其他责任人员依法给予行政处分。

2）供水、供电、供气、公安消防等部门或者单位明示或者暗示建设单位或者施工单位购买其指定的生产供应单位的建筑材料、建筑构配件和设备的，责令改正。

3）注册建筑师、注册结构工程师、监理工程师等注册执业人员因过错造成质量事故的，责令停止执业1年；造成重大质量事故的，吊销执业资格证书，5年以内不予注册；情节特别恶劣的，终身不予注册。

4）给予单位罚款处罚的，对单位直接负责的主管人员和其他直接责任人员处单位罚款数额5%以上10%以下的罚款。

5）建设单位、设计单位、施工单位、工程监理单位违反国家规定，降低工程质量标准，造成重大安全事故，构成犯罪的，对直接责任人员依法追究刑事责任。

6）建设、勘察、设计、施工、工程监理单位的工作人员因调动工作、退休等原因离开该单位后，被发现在该单位工作期间违反国家有关建设工程质量管理规定，造成重大工程质量事故的，仍应当依法追究法律责任。

4. 处罚

本条例规定的责令停业整顿、降低资质等级和吊销资质证书的行政处罚，由颁发资质证书的机关决定；其他行政处罚，由建设行政主管部门或者其他有关部门依照法定职权决定。依照本条例规定被吊销资质证书的，由工商行政管理部门吊销其营业执照。

5. 主管部门法律责任

国家机关工作人员在建设工程质量监督管理工作中玩忽职守、滥用职权、徇私舞弊，构成犯罪的，依法追究刑事责任；尚不构成犯罪的，依法给予行政处分。

15.3.5 违反《安全生产法》的法律责任

1. 安全生产监督管理部门相关法律责任

1）负有安全生产监督管理职责的部门的工作人员，有下列行为之一的，给予降级或者撤职的行政处分；构成犯罪的，依照刑法有关规定追究刑事责任：

① 对不符合法定安全生产条件的涉及安全生产的事项予以批准或者验收通过的。

② 发现未依法取得批准、验收的单位擅自从事有关活动或者接到举报后不予取缔或者不依法予以处理的。

③ 对已经依法取得批准的单位不履行监督管理职责，发现其不再具备安全生产条件而不撤销原批准或者发现安全生产违法行为不予查处的。

2）负有安全生产监督管理职责的部门，要求被审查、验收的单位购买其指定的安全设备、器材或者其他产品的，在对安全生产事项的审查、验收中收取费用的，由其上级机关或者监察机关责令改正，责令退还收取的费用；情节严重的，对直接负责的主管人员和其他直接责任人员依法给予行政处分。

3）承担安全评价、认证、检测、检验工作的机构，出具虚假证明，构成犯罪的，依照刑法有关规定追究刑事责任；尚不够刑事处罚的，没收违法所得，违法所得在5000元以上的，并处违法所得2倍以上5倍以下的罚款，没有违法所得或者违法所得不足5000元的，单处或者并处5000元以上2万元以下的罚款，对其直接负责的主管人员和其他直接责任人员处5000元以上5万元以下的罚款；给他人造成损害的，与生产经营单位承担连带赔偿责任。对有上述违法行为的机构，撤销其相应资格。

2. 生产经营单位相关法律责任

1）生产经营单位的决策机构、主要负责人、个人经营的投资人不依照本法规定保证安全生产所必需的资金投入，致使生产经营单位不具备安全生产条件的，责令限期改正，提供必需的资金；逾期未改正的，责令生产经营单位停产停业整顿。

有上述违法行为，导致发生生产安全事故，构成犯罪的，依照刑法有关规定追究刑事责任；尚不够刑事处罚的，对生产经营单位的主要负责人给予撤职处分，对个人经营的投资人处2万元以上20万元以下的罚款。

2）生产经营单位的主要负责人未履行本法规定的安全生产管理职责的，责令限期改正；逾期未改正的，责令生产经营单位停产停业整顿。

生产经营单位的主要负责人有上述违法行为，导致发生生产安全事故，构成犯罪的，依照刑法有关规定追究刑事责任；尚不够刑事处罚的，给予撤职处分或者处2万元以上20万元以下的罚款。

生产经营单位的主要负责人依照上述规定受刑事处罚或者撤职处分的，自刑罚执行完毕或者受处分之日起，5年内不得担任任何生产经营单位的主要负责人。

3）生产经营单位有下列行为之一的，责令限期改正；逾期未改正的，责令停产停业整顿，可以并处2万元以下的罚款：

① 未按照规定设立安全生产管理机构或者配备安全生产管理人员的。

② 危险物品的生产、经营、储存单位以及矿山、建筑施工单位的主要负责人和安全生产管理人员未按照规定经考核合格的。

③ 未按照规定对从业人员进行安全生产教育和培训，或者未按照规定如实告知从业人员有关的安全生产事项的。

④ 特种作业人员未按照规定经专门的安全作业培训并取得特种作业操作资格证书，上岗作业的。

4）生产经营单位有下列行为之一的，责令限期改正；逾期未改正的，责令停止建设或者停产停业整顿，可以并处5万元以下的罚款；造成严重后果，构成犯罪的，依照刑法有关规定追究刑事责任：

① 矿山建设项目或者用于生产、储存危险物品的建设项目没有安全设施设计或者安全设施设计未按照规定报经有关部门审查同意的。

② 矿山建设项目或者用于生产、储存危险物品的建设项目的施工单位未按照批准的安全设施设计施工的。

③ 矿山建设项目或者用于生产、储存危险物品的建设项目竣工投入生产或者使用前，安全设施未经验收合格的。

④ 未在有较大危险因素的生产经营场所和有关设施、设备上设置明显的安全警示标志的。

⑤ 安全设备的安装、使用、检测、改造和报废不符合国家标准或者行业标准的。

⑥ 未对安全设备进行经常性维护、保养和定期检测的。

⑦ 未为从业人员提供符合国家标准或者行业标准的劳动防护用品的。

⑧ 特种设备以及危险物品的容器、运输工具未经取得专业资质的机构检测、检验合格，取得安全使用证或者安全标志，投入使用的。

⑨ 使用国家明令淘汰、禁止使用的危及生产安全的工艺、设备的。

5) 未经依法批准，擅自生产、经营、储存危险物品的，责令停止违法行为或者予以关闭，没收违法所得，违法所得10万元以上的，并处违法所得1倍以上5倍以下的罚款，没有违法所得或者违法所得不足10万元的，单处或者并处2万元以上10万元以下的罚款；造成严重后果，构成犯罪的，依照刑法有关规定追究刑事责任。

6) 生产经营单位有下列行为之一的，责令限期改正；逾期未改正的，责令停产停业整顿，可以并处2万元以上10万元以下的罚款；造成严重后果，构成犯罪的，依照刑法有关规定追究刑事责任：

① 生产、经营、储存、使用危险物品，未建立专门安全管理制度、未采取可靠的安全措施或者不接受有关主管部门依法实施的监督管理的。

② 对重大危险源未登记建档，或者未进行评估、监控，或者未制定应急预案的。

③ 进行爆破、吊装等危险作业，未安排专门管理人员进行现场安全管理的。

7) 生产经营单位将生产经营项目、场所、设备发包或者出租给不具备安全生产条件或者相应资质的单位或个人的，责令限期改正，没收违法所得；违法所得5万元以上的，并处违法所得1倍以上5倍以下的罚款；没有违法所得或者违法所得不足5万元的，单处或者并处1万元以上5万元以下的罚款；导致发生生产安全事故给他人造成损害的，与承包方、承租方承担连带赔偿责任。

生产经营单位未与承包单位、承租单位签订专门的安全生产管理协议或者未在承包合同、租赁合同中明确各自的安全生产管理职责，或者未对承包单位、承租单位的安全生产统一协调、管理的，责令限期改正；逾期未改正的，责令停产停业整顿。

8) 签订安全生产管理协议或者未指定专职安全生产管理人员进行安全检查与协调的，责令限期改正；逾期未改正的，责令停产停业。

9) 生产经营单位有下列行为之一的，责令限期改正；逾期未改正的，责令停产停业整顿；造成严重后果，构成犯罪的，依照刑法有关规定追究刑事责任：

① 生产、经营、储存、使用危险物品的车间、商店、仓库与员工宿舍在同一座建筑内，或者与员工宿舍的距离不符合安全要求的。

② 生产经营场所和员工宿舍未设有符合紧急疏散需要、标志明显、保持畅通的出口，或者封闭、堵塞生产经营场所或者员工宿舍出口的。

10）生产经营单位与从业人员订立协议，免除或者减轻其对从业人员因生产安全事故伤亡依法应承担的责任的，该协议无效；对生产经营单位的主要负责人、个人经营的投资人处2万元以上10万元以下的罚款。

11）生产经营单位的从业人员不服从管理，违反安全生产规章制度或者操作规程的，由生产经营单位给予批评教育，依照有关规章制度给予处分；造成重大事故，构成犯罪的，依照刑法有关规定追究刑事责任。

12）生产经营单位主要负责人在本单位发生重大生产安全事故时，不立即组织抢救或者在事故调查处理期间擅离职守或者逃匿的，给予降职、撤职的处分，对逃匿的处15日以下拘留；构成犯罪的，依照刑法有关规定追究刑事责任。

生产经营单位主要负责人对生产安全事故隐瞒不报、谎报或者拖延不报的，依照前款规定处罚。

13）有关地方人民政府、负有安全生产监督管理职责的部门，对生产安全事故隐瞒不报、谎报或者拖延不报的，对直接负责的主管人员和其他直接责任人员依法给予行政处分；构成犯罪的，依照刑法有关规定追究刑事责任。

14）生产经营单位不具备本法和其他有关法律、行政法规和国家标准或者行业标准规定的安全生产条件，经停产停业整顿仍不具备安全生产条件的，予以关闭；有关部门应当依法吊销其有关证照。

15）本法规定的行政处罚，由负责安全生产监督管理的部门决定；予以关闭的行政处罚由负责安全生产监督管理的部门报请县级以上人民政府按照国务院规定的权限决定；给予拘留的行政处罚由公安机关依照治安管理处罚条例的规定决定。有关法律、行政法规对行政处罚的决定机关另有规定的，依照其规定。

16）生产经营单位发生生产安全事故造成人员伤亡、他人财产损失的，应当依法承担赔偿责任；拒不承担或者其负责人逃匿的，由人民法院依法强制执行。

生产安全事故的责任人未依法承担赔偿责任，经人民法院依法采取执行措施后，仍不能对受害人给予足额赔偿的，应当继续履行赔偿义务；受害人发现责任人有其他财产的，可以随时请求人民法院执行。

15.3.6 违反《建设工程安全生产管理条例》的法律责任

1. 建设单位的法律责任

1）建设单位未提供建设工程安全生产作业环境及安全施工措施所需费用的，责令限期改正；逾期未改正的，责令该建设工程停止施工。建设单位未将保证安全施工的措施或者拆除工程的有关资料报送有关部门备案的，责令限期改正，给予警告。

2）建设单位有下列行为之一的，责令限期改正，处20万元以上50万元以下的罚款；造成重大安全事故，构成犯罪的，对直接责任人员，依照刑法有关规定追究刑事责任；造成损失的，依法承担赔偿责任：

① 对勘察、设计、施工、工程监理等单位提出不符合安全生产法律、法规和强制性标准规定的要求的。

② 要求施工单位压缩合同约定的工期的。

③ 将拆除工程发包给不具有相应资质等级的施工单位的。

2. 勘察单位、设计单位的法律责任

勘察单位、设计单位有下列行为之一的，责令限期改正，处10万元以上30万元以下的罚款；情节严重的，责令停业整顿，降低资质等级，直至吊销资质证书；造成重大安全事故，构成犯罪的，对直接责任人员，依照刑法有关规定追究刑事责任；造成损失的，依法承担赔偿责任：

1）未按照法律、法规和工程建设强制性标准进行勘察、设计的。

2）采用新结构、新材料、新工艺的建设工程和特殊结构的建设工程，设计单位未在设计中提出保障施工作业人员安全和预防生产安全事故的措施建议的。

3. 工程监理单位的法律责任

工程监理单位有下列行为之一的，责令限期改正；逾期未改正的，责令停业整顿，并处10万元以上30万元以下的罚款；情节严重的，降低资质等级，直至吊销资质证书；造成重大安全事故，构成犯罪的，对直接责任人员，依照刑法有关规定追究刑事责任；造成损失的，依法承担赔偿责任：

1）未对施工组织设计中的安全技术措施或者专项施工方案进行审查的。

2）发现安全事故隐患未及时要求施工单位整改或者暂时停止施工的。

3）施工单位拒不整改或者不停止施工，未及时向有关主管部门报告的。

4）未依照法律、法规和工程建设强制性标准实施监理的。

4. 建设工程物资供应单位的法律责任

1）为建设工程提供机械设备和配件的单位，未按照安全施工的要求配备齐全有效的保险、限位等安全设施和装置的，责令限期改正，处合同价款1倍以上3倍以下的罚款；造成损失的，依法承担赔偿责任。

2）出租单位出租未经安全性能检测或者经检测不合格的机械设备和施工机具及配件的，责令停业整顿，并处5万元以上10万元以下的罚款；造成损失的，依法承担赔偿责任。

3）施工起重机械和整体提升脚手架、模板等自升式架设设施安装、拆卸单位有下列行为之一的，责令限期改正，处5万元以上10万元以下的罚款；情节严重的，责令停业整顿，降低资质等级，直至吊销资质证书；造成损失的，依法承担赔偿责任：

① 未编制拆装方案、制定安全施工措施的。

② 未由专业技术人员现场监督的。

③ 未出具自检合格证明或者出具虚假证明的。

④ 未向施工单位进行安全使用说明，办理移交手续的。

施工起重机械和整体提升脚手架、模板等自升式架设设施安装、拆卸单位有上述规定的第1）项、第3）项行为，经有关部门或者单位职工提出后，对事故隐患仍不采取措施，因而发生重大伤亡事故或者造成其他严重后果，构成犯罪的，对直接责任人员，依照刑法有关规定追究刑事责任。

5. 施工单位的法律责任

1）施工单位有下列行为之一的，责令限期改正；逾期未改正的，责令停业整顿，依照《中华人民共和国安全生产法》的有关规定处以罚款；造成重大安全事故，构成犯罪的，对直接责任人员，依照刑法有关规定追究刑事责任：

① 未设立安全生产管理机构、配备专职安全生产管理人员或者分部分项工程施工时无专职安全生产管理人员现场监督的。

② 施工单位的主要负责人、项目负责人、专职安全生产管理人员、作业人员或者特种作业人员，未经安全教育培训或者经考核不合格即从事相关工作的。

③ 未在施工现场的危险部位设置明显的安全警示标志，或者未按照国家有关规定在施工现场设置消防通道、消防水源、配备消防设施和灭火器材的。

④ 未向作业人员提供安全防护用具和安全防护服装的。

⑤ 未按照规定在施工起重机械和整体提升脚手架、模板等自升式架设设施验收合格后登记的。

⑥ 使用国家明令淘汰、禁止使用的危及施工安全的工艺、设备、材料的。

2）施工单位挪用列入建设工程概算的安全生产作业环境及安全施工措施所需费用的，责令限期改正，处挪用费用20%以上50%以下的罚款；造成损失的，依法承担赔偿责任。

3）施工单位有下列行为之一的，责令限期改正；逾期未改正的，责令停业整顿，并处5万元以上10万元以下的罚款；造成重大安全事故，构成犯罪的，对直接责任人员，依照刑法有关规定追究刑事责任：

① 施工前未对有关安全施工的技术要求作出详细说明的。

② 未根据不同施工阶段和周围环境及季节、气候的变化，在施工现场采取相应的安全施工措施，或者在城市市区内的建设工程的施工现场未实行封闭围挡的。

③ 在尚未竣工的建筑物内设置员工集体宿舍的。

④ 施工现场临时搭建的建筑物不符合安全使用要求的。

⑤ 未对因建设工程施工可能造成损害的毗邻建筑物、构筑物和地下管线等采取专项防护措施的。

施工单位有前款规定第④项、第⑤项行为，造成损失的，依法承担赔偿责任。

4）施工单位有下列行为之一的，责令限期改正；逾期未改正的，责令停业整顿，并处 10 万元以上 30 万元以下的罚款；情节严重的，降低资质等级，直至吊销资质证书；造成重大安全事故，构成犯罪的，对直接责任人员，依照刑法有关规定追究刑事责任；造成损失的，依法承担赔偿责任：

① 安全防护用具、机械设备、施工机具及配件在进入施工现场前未经查验或者查验不合格即投入使用的。

② 使用未经验收或者验收不合格的施工起重机械和整体提升脚手架、模板等自升式架设设施的。

③ 委托不具有相应资质的单位承担施工现场安装、拆卸施工起重机械和整体提升脚手架、模板等自升式架设设施的。

④ 在施工组织设计中未编制安全技术措施、施工现场临时用电方案或者专项施工方案的。

5）施工单位的主要负责人、项目负责人未履行安全生产管理职责的，责令限期改正；逾期未改正的，责令施工单位停业整顿；造成重大安全事故、重大伤亡事故或者其他严重后果，构成犯罪的，依照刑法有关规定追究刑事责任。

作业人员不服管理、违反规章制度和操作规程冒险作业造成重大伤亡事故或者其他严重后果，构成犯罪的，依照刑法有关规定追究刑事责任。

施工单位的主要负责人、项目负责人有前款违法行为，尚不够刑事处罚的，处 2 万元以上 20 万元以下的罚款或者按照管理权限给予撤职处分；自刑罚执行完毕或者受处分之日起，5 年内不得担任任何施工单位的主要负责人、项目负责人。

6）施工单位取得资质证书后，降低安全生产条件的，责令限期改正；经整改仍未达到与其资质等级相适应的安全生产条件的，责令停业整顿，降低其资质等级直至吊销资质证书。

6. 主管部门法律责任

县级以上人民政府建设行政主管部门或者其他有关行政管理部门的工作人员，有下列行为之一的，给予降级或者撤职的行政处分；构成犯罪的，依照刑法有关规定追究刑事责任：

1）对不具备安全生产条件的施工单位颁发资质证书的。

2）对没有安全施工措施的建设工程颁发施工许可证的。

3）发现违法行为不予查处的。

4）不依法履行监督管理职责的其他行为。

7. 相关人员法律责任

注册执业人员未执行法律、法规和工程建设强制性标准的，责令停止执业 3

个月以上 1 年以下；情节严重的，吊销执业资格证书，5 年内不予注册；造成重大安全事故的，终身不予注册；构成犯罪的，依照刑法有关规定追究刑事责任。

8. 处罚

本条例规定的行政处罚，由建设行政主管部门或者其他有关部门依照法定职权决定。违反消防安全管理规定的行为，由公安消防机构依法处罚。有关法律、行政法规对建设工程安全生产违法行为的行政处罚决定机关另有规定的，从其规定。

15.4 建设工程法律责任典型案例分析

15.4.1 案例 1

1. 基本案情

陕西省某县中学教学楼工程由榆林市某规划设计院设计（项目负责人宋某），延安市某建筑工程总公司施工（项目经理杜某）。该工程于 1998 年 7 月 6 日开工，1999 年 10 月 31 日竣工验收，2000 年 4 月 4 日正式投入使用。6 月 5 日，校方发现部分大梁及五层多功能厅、阶梯挑梁出现不同程度的裂缝，最宽处达 1.5mm 左右。经省质量安全监督总站组织省设计院、省监测中心专家对事故进行全面分析鉴定，并经建设部建筑管理司质量技术处、勘察设计司技术质量处负责同志现场察看，一致认为，造成质量事故的主要原因是：施工图设计文件未严格按该地区 6 度抗震设防的规定进行设计，结构体系不合理，整体性差，构造措施不符合要求；施工单位施工的混凝土梁不能满足设计混凝土强度的等级要求，梁的质量不均匀，离差太大。

2. 案件处理

事故发生后，陕西省建设厅、榆林地区建设局、某县建设局等有关部门非常重视，采取了一系列有效措施保证师生的安全，并对事故进行了认真地调查处理。2001 年 8 月 3 日，陕西省建设厅就这起事故的处理情况发出了《关于某县中学教学楼质量事故的通报》，对责任单位和责任人作出了严肃处理。

我国根据《建筑法》、《建设工程质量管理条例》以及陕西省建筑市场、建设工程质量管理的有关规定，对该教学楼工程质量事故有关责任单位和责任人处理如下：

1）对事故主要责任方榆林市某规划设计院责令停业整顿，整顿经榆林市建设局验收合格后，方可承接新的设计任务。收回该项目设计负责人宋某二级注册建筑师资格证书，5 年内不得承担设计任务。

2）对事故次要责任方延安市某建筑工程总公司黄牌警告，收回项目经理杜某三级项目经理资格证书，一年内不得担任施工项目经理。

3）对未认真履行建设单位职责、向延安市某建筑工程总公司介绍不符合条件的联营单位，并对事故负有一定责任的某县中学，由某县县委、县政府调查处理。

4）对既无施工企业资质，又无企业法人营业执照的某县东关建筑队，由某县政府依法处理。

5）对在质量监督过程中把关不严的某县质监站予以通报批评。

6）事故造成的经济损失，待加固结束后由榆林市建设局根据各方责任大小另行处理。

3. 案例评析

建设行政管理部门及有关部门应当从这次质量事故中认真吸取教训，本着对国家、对人民生命财产高度负责的精神，认真贯彻《建设工程质量管理条例》，加强建筑市场管理，落实建筑市场主体各方质量责任制，严格执行工程建设强制性标准，依法查处工程质量事故，防止重大事故的发生。

15.4.2 案例2

1. 基本案情

奉贤县贝港桥，位于奉贤县南桥镇新建西路的贝港河上，该桥东西方向共三孔，两个边孔跨径各为16m，采用非预应力预制梁，中孔跨径为20m，采用预应力预制梁，全长52.54m，桥宽16m。1995年12月26日下午4时15分，贝港桥两个桥墩突然下沉，致使整个桥面中间部位下沉后呈V字形。该工程1995年5月4日开工，同年10月16日桥梁部分竣工，因桥接坡未完成，在桥梁坍塌时，尚未验收使用。经过调查，事故原因查明，造成这起桥梁下沉坍塌事故的主要原因是两个桥墩的钻孔灌注桩施工质量低劣，桩身质量差，长度不足，桩尖没有达到设计要求的持力层，由于承载力不足，造成桥梁突然下沉。

2. 事故责任及处理

1）某市政建设工程公司按工程承包合同承担桥梁下部结构施工，该公司承接任务后，转包给陈某私人承包施工。施工时偷工减料弄虚作假、施工质量低劣。在施工过程中，施工单位未按规定在桩基施工完成后应及时报质监站核验桩基质量，直至桥基和下盖梁完成后即1995年8月10日，才通知奉贤县质监站核验检查质量，奉贤县质监站于8月11日到位检查时指出了贝港桥存在的包括钻孔灌注桩成桩后无质量检查报告等五个问题，并要求弄清情况后，再进行下一步施工。施工单位对质监站指出的质量问题，既未进行检测，也未予以答复而继续施工。同时该公司为市政三级资质企业，按规定仅能承担跨度为15m以下的桥梁，也未办报批手续，属擅自越级施工。因此，该施工企业应对这起事故负主要

责任。为此对其作出降低一级资质,赔偿事故直接经济损失 80% 的决定。

2)奉贤县市政管理所是该工程的建设单位,在工程开工前,将本工程的桥基进行了设计修改,其修改设计未提交原设计单位同意,却转给了无桥梁设计资质的奉贤县建筑设计所出图;在发包工程时,未对施工企业进行资质审核;违反规定,将工程发包给不具备相应资质的施工单位施工。施工现场管理形同虚设,质量管理严重失控,对质监站提出的整改意见,没有督促施工单位落实,而让其继续施工,因此对这起事故负重要责任。对该单位给予通报批评,赔偿事故直接经济损失 20%。

3)该市政建设公司法定代表人管理不严,违反规定擅自越级承包施工,将工程交给公司以外私人承包施工,负有领导责任,给予行政撤职处分。该公司技术负责人质量管理不严,未落实桩基质量验收措施,负有技术把关不严之责,给予行政记过处分。该工程承包方陈某,在施工中偷工减料、弄虚作假,致使工程质量低劣,对酿成这起重大事故应负有直接责任,由司法部门立案侦查,追究刑事责任。县市政管理所法人代表管理不严,违反规定,将工程发包给无桥梁设计资质的非桥梁设计单位修改设计,将工程发包给无相应资质企业施工,对现场管理人员缺乏教育,质量管理失控,负有领导之责,给予行政撤职处分。现场项目负责人对施工企业监督检查不严,质量管理失控,工作失职,给予留用察看一年处分。

3. 案例评析

本案中,施工单位某市政建设公司和建设单位奉贤县市政管理所违反了多项法律禁止性规定。具体有:

1)《建设工程质量管理条例》第 7 条第 1 款规定:"建设单位应当将工程发包给具有相应资质等级的单位。"第 54 条规定:"违反本条例规定,建设单位将建设工程发包给不具有相应资质等级的勘察、设计、施工单位或者委托给不具有相应资质等级的工程监理单位的,责令改正,处 50 万元以上 100 万元以下的罚款。"

2)《建设工程质量管理条例》第 25 条规定:"施工单位应当依法取得相应等级的资质证书,并在其资质等级许可的范围内承揽工程。禁止施工单位超越本单位资质等级许可的业务范围或者以其他施工单位的名义承揽工程。禁止施工单位允许其他单位或者个人以本单位的名义承揽工程。施工单位不得转包或者违法分包工程。"该条例第 60 条第 1 款规定:"违反本条例规定,勘察、设计、施工、工程监理单位超越本单位资质等级承揽工程的,责令停止违法行为,对勘察、设计单位或者工程监理单位处合同约定的勘察费、设计费或者监理酬金 1 倍以上 2 倍以下的罚款;对施工单位处工程合同价款 2% 以上 4% 以下的罚款,可以责令停业整顿,降低资质等级;情节严重的,吊销资质证书;有违法所得的,予以没收。"第62条规定:"违反本条例规定,承包单位将承包的工程转包或者违法分包的,责令改正,没收违法所得,对勘察、设计单位处合同约定的勘察费、设计费25%以上50%以下的罚款;对施工单位处合同价款0.5%以上1%以下的罚款;可以责令停业整顿,降低资质等级;情节严重的,吊销资质证书。"

15.4.3 案例3

1. 基本案情

本案有两个被告人,一个是企业法人,另一个是与该企业法人有牵连的朱某。被告人上海某置业有限公司(以下简称法人被告),是香港某公司在沪投资成立的外商独资房地产开发经营企业。被告人朱某是香港某公司的董事兼副总经理,以与法人被告合作经营的方式负责上海内销房地产业务。1994年2月21日,香港某公司董事会决定,被告人朱某可分得合作所得纯利润的30%并可预提。1994年3月8日,被告人朱某与法人被告签订协议,约定凡由法人被告出资、被告人朱某经营的内销房地产,被告人朱某得纯利润的30%,法人被告得纯利润的70%。截至1995年6月,双方联合开发了7个内销房项目,均由朱某具体联系、具体操作,并负责经营管理。

期间,被告人朱某将其中170万元以现金或存款凭证等方式送给国家工作人员某三人。1996年5月2日,上海市人民检察院分院向上海市中级人民法院提起公诉,指控法人被告犯有单位行贿罪,提请法院分别追究法人被告及其直接责任人被告人朱某的刑事责任。

2. 争议焦点

1)单位犯罪的特点和单位犯罪的刑事责任各有什么特点?
2)本案法人被告犯单位行贿罪在事实和证据上是否成立?
3)是否可认定本案法人被告犯单位行贿罪?

3. 案例评析

1)单位犯罪的特点和单位犯罪的刑事责任的特点。单位犯罪是指公司、企业、事业单位、机关、团体为本单位谋取非法利益,经单位集体研究或者由负责人决定,由单位直接责任人员具体实施的犯罪。一般具有以下特点:一是单位本身犯罪,而不是单位的各个成员犯罪之和;二是经过单位集体研究决定或由负责人决定的,并且与其经营活动具有密切关系的;三是出于为本单位谋取非法利益。

由于单位犯罪具有以上特点,所以,单位犯罪的刑事责任则一般具有以下特点:①具有整体性,即单位犯罪责任是单位整体的刑事责任,而不是单位内部各成员的刑事责任。②具有双重性,即原则上除追究单位整体的刑事责任外,还要追究单位直接负责的主管人员和其他直接责任人员的刑事责任。③具有局限性,即单位不可能成为一切犯罪的主体,并且适用刑罚也是有限的,即只能判处罚金。

2）本案法人被告认定犯单位行贿罪事实不清同时证据不足。根据刑法理论，犯罪构成有四个共同条件，即犯罪客体、犯罪客观要件、犯罪主体与犯罪主观要件。单位行贿罪的主观要件是故意犯罪，但是，本案中认定法人被告有单位行贿故意的事实是不清的，证据是不足的。首先，被告人朱某不是法人被告的董事兼副总经理，只是香港某公司的董事兼副总经理。其次，可预提利润是法人被告与被告人朱某的约定，朱某预提利润是按约行使权利，至于被告人朱某预提利润后如何处置，与法人被告已无关。再次，没有证据能证明法人被告的法定代表人及有关董事知道被告人朱某要向国家工作人员酬谢的事实。最后，也没有证据证明法人被告为此谋取不正当利益的目的。

认定法人被告具备犯罪客观要件在事实和证据上也是有问题的。首先，没有证据证明被告人朱某是以法人被告的名义给予他人现金的。其次，不能证明被告人朱某给予他人的现金就是法人被告的。再次，被告人朱某已预提的 30% 利润远远超过人民币 170 万元。若认定被告人朱某用于送人部分的钱是法人被告的，而其个人投资或存入银行的钱属于被告人朱某本人的，明显违背逻辑。刑事诉讼依据的案件事实是指能够为证据所证明的事实，不能为证据所证明，就不能说是事实；本案中认定法人被告犯单位行贿犯罪的事实不清，证据不足。

3）本案现有的材料并不能证明法人被告已构成单位行贿罪。单位行贿罪是指为谋取不正当利益而行贿，或者违反国家规定，给予国家工作人员以回扣、手续费，情节严重的行为。而单位行贿罪，应该同时具备下列四个要件：①犯罪主体是法人，载体是法人的主管人员或其他工作人员。②犯罪的主观方面是法人具有行贿的直接故意，且具有谋取不正当利益的目的。③犯罪的客观方面表现为法人违反规定给予国家工作人员财物。④犯罪的客体是侵犯国家机关的廉洁性。

本案法人被告的行为并不符合单位行贿犯罪的构成要件。首先，本案中并不存在代表法人意志行贿的载体；其次，本案的法人被告并不存在行贿他人的故意，也没有谋取不正当利益的目的；再次，法人被告在客观方面并没有实施行贿的行为。所以，本案现有材料并不能证明法人被告已构成行贿罪。

15.4.4 案例 4

1. 基本案情

1999 年 1 月，被告某部门按上级政府要求承担某办公大楼重新修建的任务后，被告陈某以某建设公司名义与该部门进行协商，双方达成施工承包合同，约定由建设公司为该部门承建修建任务。陈某承包上述工程后，又与原告宁某商定，并以建设公司的名义分别于 2000 年 6 月 25 日、同年 10 月 10 日及同年 12 月 15 日与宁某签订承包合同书各一份，共约定宁某分包总造价为 238100 元的部分工程。合同签订后，宁某组织人员实施了施工，工程在合同签订次年即陆续完工交付，并投入使用。施工过程中，宁某从陈某处已结部分工程款尚欠工程款180408元。2002年4月18日，陈某以建设公司法定代表人的身份向宁某发出信函，对未能及时给付工程款表示遗憾，认为未能及时给付的原因系有关单位领导的行为所致。宁某追索工程款多年未果，于是委托律师向区人民法院提起诉讼。原告宁某委托代理人经向工商部门查询发现，建设公司未到工商部门依法进行登记。向法院提出诉讼时，将建设公司列为被告。

案发后查明，2004年1月11日，陈某以建设公司的名义与发包部门签订备忘录一份，该备忘录载明：双方总工程款为560900元，发包部门尚欠建设公司工程款230000元。原告宁某诉称，被告陈某假借某建设公司名义与发包人某部门达成总承包协议后，又将其中的一段工程分包给宁某；但宁某按照协议施工完毕数年之后，仍被拖欠工程款180408元，经多方交涉无结果；现请求法院判决被告陈某、某部门向宁某支付上述工程款，并相互承担连带责任。

被告陈某辩称，我单位是按上级的要求组建的联营企业，我本人并不是法定代表人；由于在实际施工过程中相关人员存在违法乱纪的行为，造成我单位严重亏损，资产和债权严重流失；我为此已多次向有关部门作过反映，至今没有结果；现请求法院驳回原告宁某的诉讼请求。

被告某部门辩称，我单位尚欠工程款是事实，但拖欠的责任不在我单位，且原告宁某与我单位并无直接的合同关系，请求法院依法判决。

2. 案件审理

区法院审理后认为，被告某部门将其承担的工程发包给未经工商登记的建设公司进行施工，被告陈某又以建设公司名义将部分工程分包给原告宁某个人施工，双方所签订的承包合同违反法律、行政法规的强制性规定，属无效合同。行为人陈某（被告）以至今未经工商登记的公司的名义进行民事活动，因此引发的民事责任应由其本人承担。鉴于宁某按合同约定完成了施工任务，工程已交付使用，且两被告对其施工质量未提出异议，故宁某要求陈某支付工程款的请求依法应予支持。某部门作为施工项目的发包人，依法应在欠付承包商陈某的工程款范围内对宁某承担责任。因此，根据《中华人民共和国合同法》和最高人民法院《关于审理建设工程施工合同纠纷案件适用法律问题的解释》的有关规定，作出了前述判决。

3. 案件评析

本案主要涉及建设工程分包纠纷的法律适用问题。所谓分包，是指从事工程总承包的承包人将所承包的建筑工程的一部分发包给具备相应资质的承包单位的行为。法律允许分包，但是分包必须遵循一定的规则进行，否则即构成违约或者违法行为，甚至合同无效。分包必须遵循的规定是：一是总承包合同必须是有效合同。二是承包人分包时必须分包给具有相应资质的分包单位。三是分包必须基

于合同的约定或者取得发包人的许可。四是施工总承包的，建筑工程主体结构的施工必须由总承包单位自行完成。五是分包只能进行一次，不得层层分包。本案被告陈某以未经工商登记的企业名义实施民事活动，而原告宁某不具备分包工程的相应资质，因而不仅总承包合同无效，而且分包合同无效。这就产生三个问题：分包无效的法律后果问题；所谓承包单位建设公司的法律责任由谁承担问题；能否要求拖欠工程款的发包单位承担法律责任问题。

1）关于本案分包无效的法律后果问题。《中华人民共和国合同法》第52条规定："有下列情形之一的，合同无效：……违反法律、行政法规的强制性规定。"该法第279条同时规定："建设工程竣工后，发包人应当根据施工图及说明书、国家颁发的施工验收规范和质量检验标准及时进行验收。验收合格的，发包人应当按照约定支付价款，并接收该建设工程。建设工程竣工经验收合格后，方可交付使用；未经验收或者验收不合格的，不得交付使用。"2005年1月1日起施行的最高人民法院《关于审理建设工程施工合同纠纷案件适用法律问题的解释》第1条规定："建设工程施工合同具有下列情形之一的，应该根据《合同法》第52条第（五）项的规定，认定无效：承包人未取得建筑施工企业资质或者超越资质等级的。"该解释第2条同时规定："建设工程施工合同无效，但建设工程经竣工验收合格，承包人请求参照合同约定支付工程款的，应予支持。"根据上述法律和司法解释的精神，分包合同即便无效，只要建设工程经竣工验收合格的，仍应参照合同约定支付工程款。

2）关于所谓承包单位建设公司的法律责任由谁承担问题。最高人民法院《关于适用〈中华人民共和国民事诉讼法〉若干问题的意见》第49条规定："法人或者其他组织应登记而未登记即以法人或者其他组织名义进行民事活动，或者他人冒用法人、其他组织名义进行民事活动，或者法人或者其他组织依法终止后仍以其名义进行民事活动的，以直接责任人为当事人。"故本案应列行为人陈某为被告。

3）关于能否要求拖欠工程款的发包单位承担法律责任问题。根据传统理论和法律规定，合同行为具有相对性，发包商和承包商属于一层法律关系，承包商和分包商属于一层法律关系；一旦发生拖欠工程款行为，分包商就只能向承包商追索而不能向发包商直接追索。但近年来由于层层拖欠工程款引发的农民工工资的纠纷日益增多，严重影响社会稳定和构建和谐社会目标的实现，引起社会各界特别是司法界的广泛关注，很有必要针对实际情况，采取新的法律对策。为此，最高人民法院《关于审理建设工程施工合同纠纷案件适用法律问题的解释》第26条第2款规定："实际施工人以发包人为被告主张权利的，人民法院可以追加转包人或者违法分包人为本案当事人。发包人只在欠付工程价款范围内对实际施工人承担责任。"本案发包人至今仍拖欠工程款，法院理应依据最新的司法解释，判其在欠付工程款范围内对分包人直接承担责任。

参 考 文 献

[1] 全国人大常委会法制工作委员会经济法室，国务院法制办农业资源环保法制司，住房和城乡建设部城乡规划司、政策法规司. 中华人民共和国城乡规划法解说［M］. 北京：知识产权出版社，2008.
[2] 隋卫东，王淑华，李军. 城乡规划法［M］. 济南：山东大学出版社，2009.
[3] 金国辉. 建设法规概论与案例［M］. 北京：清华大学出版社，北京交通大学出版社，2008.
[4] 张培新. 建筑工程法规［M］. 2版. 北京：中国电力出版社，2008.
[5] 朱昊. 建设法规案例与评析［M］. 北京：机械工业出版社，2007.
[6] 法律出版社法规中心. 中华人民共和国城乡规划法注释本［M］. 北京：法律出版社，2007.
[7] 卢谦. 工程招投标与合同管理［M］. 北京：中国水利水电出版社，2007.
[8] 全国一级建造师执业资格考试用书研究中心. 建设工程法规及相关知识［M］. 北京：中国建筑工业出版社，2010.
[9] 何佰洲. 工程合同法律基础［M］. 北京：中国建筑工业出版社，2006.
[10] 张俊杰. 工程建设法律法规教程［M］. 北京：中国计量出版社2009.
[11] 李永福，史伟利，张绍河. 建设法规［M］. 北京：中国电力出版社，2006.
[12] 黄河. 房地产法［M］. 4版. 北京：中国政法大学出版社，2008.
[13] 高富平，黄武双. 房地产法学［M］. 2版. 北京：高等教育出版社，2006.
[14] 奚晓明. 最高人民法院建筑物区分所有权、物业服务司法解释理解与适用［M］. 北京：人民法院出版社，2009.
[15] 江伟. 民事诉讼法［M］. 3版. 北京：高等教育出版社，2007.
[16] 何家弘，刘品新. 证据法学［M］. 北京：法律出版社，2004.
[17] 何佰洲. 工程建设法规教程［M］. 北京：中国建筑工业出版社，2009.
[18] 黄进，宋连斌，徐前权. 仲裁法学［M］. 北京：中国政法大学出版社，2008.